当代世界学术名著·经济学系列

（美）戴维·F·诺布尔(David F. Noble)/著
李风华/译

中国人民大学出版社

“当代世界学术名著”
出版说明

中华民族历来有海纳百川的宽阔胸怀，她在创造灿烂文明的同时，不断吸纳整个人类文明的精华，滋养、壮大和发展自己。当前，全球化使得人类文明之间的相互交流和影响进一步加强，互动效应更为明显。以世界眼光和开放的视野，引介世界各国的优秀哲学社会科学的前沿成果，服务于我国的社会主义现代化建设，服务于我国的科教兴国战略，是新中国出版的优良传统，也是中国当代出版工作者的重要使命。

我社历来注重对国外哲学社会科学成果的译介工作，所出版的“经济科学译丛”、“工商管理经典译丛”等系列译丛受到社会广泛欢迎。这些译丛多侧重于西方经典性教材，本套丛书则旨在逐译国外当代学术名著。所谓“当代”，我们一般指近几十年发表的著作；所谓“名著”，是指这些著作在该领域产生巨大影响并被各类文献反复引用，成为研究者的必读著作。这套丛书拟按学科划分为若干个子系列，经过不断的筛选和积累，将成为当代的“汉译世界学术名著丛书”，成为读书人的精神殿堂。

由于所选著作距今时日较短，未经历史的充分洗练，加之判断标准的见仁见智，以及我们选择眼光的局限，这项工作肯定难以尽如人意。我们期待着海内外学界积极参与，并对我们的工作提出宝贵的意见和建议。我们深信，经过学界同仁和出版者的共同努力，这套丛书必将日臻完善。

中国人民大学出版社
2002 年 6 月

“经济学系列”策划人语

经济学到了20世纪才真正进入一个群星璀璨的时代。在20世纪，经济学第一次有了一个相对完整的体系。这个体系包容了微观经济学和宏观经济学这两个主要的领域。经济学家们在这两个主要的领域不断深耕密植，使得经济学的分析方法日益精细完美。经济学家们还在微观和宏观这两个主干之上发展出了许多经济学的分支，比如国际经济学、公共财政、劳动经济学等。体系的确立奠定了经济学的范式，细致的分工带来了专业化的收益。这正是经济学能够以加速度迅猛发展的原因。

走进经济学的神殿，人们不禁生出高山仰止的感慨。年轻的学子顿时会感到英雄气短，在这个美轮美奂的殿堂里做一名工匠，付出自己一生的辛勤努力，哪怕只是为了完成窗棂上的雕花都是值得的。

然而，21世纪悄然降临。经济学工匠向窗外望去，发现在更高的山冈上，已经矗立起一座更加富丽堂皇的神殿的脚手架。我们的选择在于：是继续在20世纪的经济学殿堂里雕梁画栋，还是到21世纪经济学的工地上添砖加瓦。

斯蒂格利茨教授，这位21世纪的首位诺贝尔经济学奖得主曾经发表过一篇文章，题为《经济学的又一个世纪》。在这篇文章中他谈到，20世纪的经济学患了“精神分裂症”，即微观经济学和宏观经济学的脱节，这种脱节既表现为研究方法上的难以沟通，又反映出二者在意识形态上的分歧和对立。21世纪将是经济学分久必合的时代。一方面，宏观经济学正在寻找微观基础；另一方面，微观经济学也正在试图从微观个体的行为推演出总量上的含义。这背后的意识形态的风气转变也值得我们注意。斯蒂格利茨教授曾经讲到，以下两种主张都无法正确估计市场经济的长期活力：一种是凯恩斯式的认为资本主义正在没落的悲观思想；另一种是里根经济学的社会达尔文主义，表达了对资本主义的盲目乐观。我们已经接近一种处于两者之间的哲学，它将为我们的时代指引方向。

21世纪的经济学将从纸上谈兵转变为研究真实世界中的现象。炉火纯青的分析方法和对现实世界的敏锐感觉将成为经济学研究的核心所在。

“当代世界学术名著·经济学系列”所翻译的主要是处在20世纪和21世纪之交的经济学著作。这些著作在学术的演进过程中起到的更多是传承的作用。它们是20世纪经济学的集大成者，也是21世纪经济学的开路先锋。这些著作的作者大多有一个共同的特征。他们不仅是当代最优秀的经济学家，而且是最好的导师。他们善于传授知识，善于开拓新的前沿，更善于指引遥远的旷野中的方向。如果不惮“以偏概全”的指责，我们可以大致举出21世纪经济学的若干演进方向：博弈论将几乎全面地改写经济学；宏观经济学将日益动态化；政治经济分析尝试用经济学的逻辑对复杂的政策决策过程有一个清晰的把握；经济学的各个分支将“枝枝相覆盖，叶叶相交通”；平等、道德等伦理学的讨论也将重新进入经济学。

介绍这些著作并不仅仅是为了追踪国外经济学的前沿。追赶者易于蜕变成追随者，盲目的追随易于失去自己的方向。经济学是济世之学，它必将回归于现实。重大现实问题的研究更有可能做出突破性的创新，坚持终极关怀的学者更有可能成长为一代宗师。中国正在全方位地融入世界经济，中国的国内经济发展也到了关键的阶段。我们推出这套丛书，并不是出于赶超的豪言或是追星的时髦。我们的立足点是，在世纪之交，经济学的发展也正处于一个关键的阶段，这个阶段的思想最为活跃，最为开放。这恰恰契合了中国的当前境况。我们借鉴的不仅仅是别人已经成型的理论，我们想要从中体会的正是这种思想的活跃和开放。

这套丛书的出版是一项长期的工作，中国社会科学院、中国人民大学、北京大学、南京大学、南开大学、复旦大学、中山大学以及留学海外的许多专家、学者参与了这套译丛的推荐、翻译工作，这套译丛的选题是开放式的，我们真诚地欢迎经济学界的专家、学者在关注这套丛书的同时，能给予它更多的支持，把优秀的经济学学术著作推荐给我们。

献给母亲与父亲

劳动资料不仅是人类劳动力发展的测量器，而且是劳动借以进行的社会关系的指示器。

——卡尔·马克思

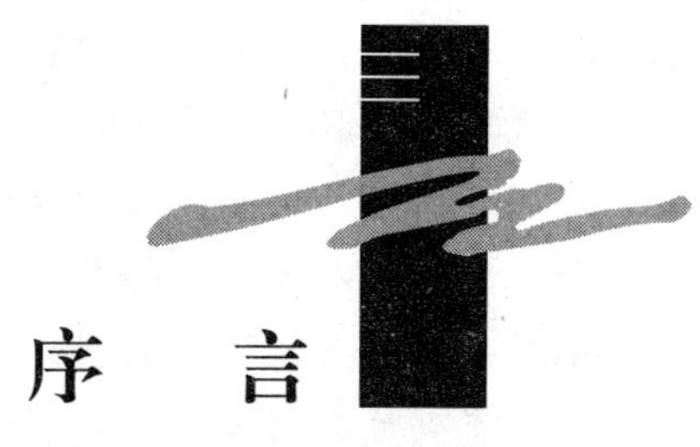

序　言

本书的主题并不是美国的技术，而是美国社会。虽然关注的焦点集中在事物方面，但真正关注的是人，是把他们联结而又隔离开来的社会关系。因为它是我们全部技术得以诞生的基础，是赋予技术以形式和意义的权力与希望。由于某些原因，这些显而易见的真理为现代美国人所忽视，相反，他们坚信，是技术塑造了他们，而不是他们塑造了技术。我们的文化将技术客观化，将它们与人类事务分离开来，并置于人类事务之上。于是技术不仅被视做一种自主的过程，具有自动生长的独立生命，而且也很自然地被视做沿着一条唯一的道路发展。如此被定义为一种完全摆脱对社会权力和目标的依赖的事物，技术似乎成为一种施加于人类

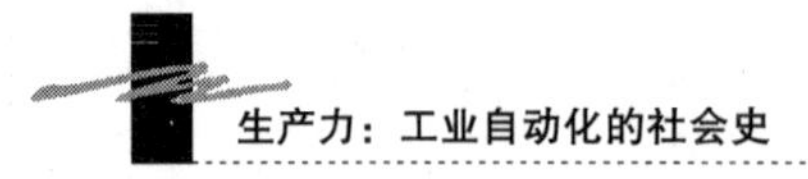

社会的外部力量，决定着人们只能应对它而调整自身的各种事务。

很久以前，我们这个社会就将社会目标抛弃，任由市场的自动机制摆布，并将事物赋予至高无上的地位，置于人类之上（爱默生写道，“事物跨上鞍骑，驱使着人类”）。如此，技术毫无障碍地呈现出美妙的外形，成为故事的主题。并且这样做的时候，技术还演变为一只可随手牵来的替罪羊，或者说一剂到处敷用的万用灵药——当我们反击批评声音，转移人们的注意力，将争论非政治化，或者将仍然困扰着美国的对立和不平等之类的讨论斥为无意义的时候，技术便成为我们的决定性武器。

当这个短暂帝国面临着突如其来的严重的解体威胁时，美国人仍然坚信他们的国家认同和命运那种史诗般的神话，并期待有朝一日东山再起。这个神话的永恒主题便是人们对于技术至上的集体崇拜。不管遇到什么问题，技术成为随手拈来的典型的美国式答案，它已被看做这个国家各类问题的根本理由和最确定的解。过去人们认为技术威胁了田园牧歌般的天真无邪的生活，现在则把它誉为合众国的道德内核。过去人们攻击技术为失业与社会解体的征兆，现在吹捧它是职位的创造者，是开启社会繁荣和安乐之门的钥匙。过去人们诅咒技术是社会堕落的根源，现在则宣称它是生态平衡的唯一保障。过去人们把技术斥为剥削与暴政的帮凶，现在则夸它是在更为广泛的领域内解放与民主的武器。过去人们将它视为战争的潜在根源，现在则称赞它为和平的守护者。人们曾经辱骂技术是人类的当代奴隶主，现在则尊崇它为人类自由与力量的最高表现。

美国在二战后成为地球上权力最大和最繁荣的国度，其他的工业化国家在它面前俯首称臣，世界的资源都任由它处置。今天，这种无可匹敌的霸权遭到了政治上和经济上的挑战。当美国人看到他们的梦想与统治开始走向衰落的时候，他们再一次乞灵于技术，指望依靠它来摆脱这种困境。最初，这种宗教的复兴——它在很大程度上承担了文化侵略的职责——主要发生在言辞层面。进步的观念被改造成“创新”，工业化则重新流行，并被目之为“再工业化”（reindustrialization），技术则获得了重生，成为“高科技”。但是这种言辞上的胜利无助于我们认识困境，找到出路。恰恰相反——也许是某些人有意为之——这些新近的口号令美国人仍然沉湎于他们的梦幻之中，表达了人们绝望中的心情，从而使他们免于反思深深隐藏于社会中的冲突。技术在美国国内经济和世界经济中的重要性日益增长，使得人们愈益难以质疑这些最新的口号，也使得这种质疑愈益必要。简言之，这种对技术的文化崇拜将注意力全部集中在流行与预测的事物上，集中在——假定我们掌握了技术——永远变化的事物上面，它使得美国人忽视和忘记了那些不变的事物，那些仍然塑造社会和技术的统治地位的基本关系。

我无意在此追溯技术决定论的意识形态起源，它只是被抽空内容的启蒙时代之进步观念的残余。我将指出，技术长期以来已经成为资本主义的合法性的关键支柱，并使“命运裁决一切”成为一种支配性观念。由于多年来提倡者、批评家和专家的鼓吹，这种思想习惯也为历史学家所接受，他们完全沉浸于其中，不假思索地承认这些鼓吹声音的正确性，并且认为这是一种简便的解释历史的方式。这种意识形态无孔不入，它不仅反映了人们对商品的机器化生产的深刻迷恋以及异化劳动中的疏离，而且也体现了这个事实，即人们渴望过一种扁平化的生活。技术决定论提供了一种对事物——尤其是那些问题重重的事物——的简单解释，并向人们展现出一种不可避免的必然结局。对现状的承认只是这个发展阶段中的必要步骤，技术决定论消融了人们改变现状的责任，令他们屈服于那些掌控技术者的规划。这种意识形态如此扁平化了生活，它一方面磨耗着生命，注入种种强迫症与宿命论，另一方面，它又滋生出种种粗糙的关于错误前景的未来主义想象。

本书的目的是澄清这些使我们避免思考的思维习惯，从而更好地理解美国技术与产生这些技术的美国社会。因此，本书对技术的关注并不是由于作者对技术本身或者技术史感兴趣，在这个问题上，作者承认，技术发展对于人类历史是相当重要的。但是对自动化控制机床的演进加以探究的目的并不在此，而是为了去掉技术崇拜上的神圣光环，从而挑战和超越那些人为限制我们想象和自由行动的种种迷恋与梦幻。因此，目的不在于审视技术本身，而是将它撇在一边，开辟反思与革命的道路。

“技术”一词在美国文化中所承担的无上权威掩盖了这一名词所指称的事物所蕴含的含糊内容。当然，如果我们对于技术发展的实际过程一无所知，并盲目向它屈服，或者从狭隘界定的技术目标来看，那么技术似乎确实具有独立的生命。如果我们认同那些掌控技术者的霸权，技术发展的道路确实呈现出一种单线程的路径。最后，如果我们没有看到技术背后人类的选择、意愿和强迫的话，技术确实呈现出对我们生活的独立影响。在这种情形下，人们倾向于将技术视为一种不可简约的基本事实，一个给定的第一原因，而不是一段凝固的历史，一些冻结的人类奋斗的碎片。总之，这种技术自主性和必然性的表象，虽然也能够自圆其说，并且具有意识形态上的优势，但终究是虚假的，是我们无知造成的结果。因为技术发展过程本质上是一种社会过程，而这种社会过程很大程度上隐含着不确定性和自由。在能源和物质的现实约束条件之上，还存在着一个领域，其中人类的思想和行动具有决定性。在那里，技术并非必要条件。它仅仅存在于人们从中做出选择的可能范围之内。技术的社会史应当深入必然性的表象之下，阐明技术所蕴含的种种可能性，揭示社会采纳或者拒绝某种技术的路径。

在稍早的一部著作《有意为之的美国》（*America by Design*）中，我探讨了20世纪美国的制度、观念和社会群体如何在各种可能的技术中做出选择的历史，以此对技术决定论提出了挑战。这些探讨在本书属于必要的知识准备，我将进一步阐述这些制度、观念和社会群体在阶级冲突的环境中如何运转，如何不理智地受到了进步这种包罗万象的意识形态的扭曲，并最终如何确定某种具体技术的设计方案和用途。* 虽然最近许多人在社会研究中承认这一观点，即社会决定技术，但他们的研究仍然缺乏有关社会如何决定技术的具体历史的分析。本书的研究便是朝着这个方向努力的成果。

本书将追踪自动化控制机床的设计与用途的变迁过程，从发明者头脑

---

* 在《有意为之的美国》中，我附带提到，故事（科技的兴起）的主角几乎毫无例外都是男性。在此有必要重复这一结论。因为人类的自动化工程，就跟其他的科技企业一样，仍然是在极大程度上属于男性的职责和事业。为什么会这样呢？对于技术以及创造技术并依赖于技术的社会来说，这一事实究竟有什么意义呢？不容置疑的是，任何一种将技术发展作为社会现象来研究的技术社会史都必须认识到男性在该领域中占统治地位这一事实，它与男性在政治或文化领域占统治地位的现象具有同等重要的意义。技术的演进史应当怎样反映出男性支配建立在技术之上的社会和科技企业这一必然结果？男性支配社会和科技企业之后，又是怎样影响了技术发展的路径，以及社会整体发展的道路？这些都是一些浅显而又重要的问题。与《有意为之的美国》一样，本书并没有探讨这些问题，这并不是有意忽略。作者认为需要另外撰文来探讨这些问题。因为男性在各个方面都处于统治地位，这使得男性在技术上的统治成为一种难以察觉的现象，从而使得这一现象难以界定和评价。因此，与阶级关系所明显造成的影响与扭曲不同，我将以一种略带玄思的迂回笔触来处理男性统治这一浅显事实所蕴含的微妙含义。这不仅要求一种截然不同的叙述方法，而且也完全不处在一个研究层面，根据现有的处理方式，我无法使两者融合无间。在同一个研究中将这两个层面上的主题合并也许会导致两败俱伤。很显然，在阐述男性技术统治的衰落时，比较适当的做法是把它看做男性的社会统治的一个侧面，而不是另一个分析层面的中心环节。为了避免这些错误与困难，我决定在另一个研究项目中探讨性别差异对于技术发展路径的影响，现在我已着手于这个研究课题。

中的观念一直到车间中的生产过程。之所以选取机床是因为它是现代工业的内脏，而选取自动化是因为它是20世纪生产技术的标志。全书的着重点放在这一技术发展过程中的社会基础上，并且将揭示出这种发展过程的含糊不清之处：技术发展的可能及其约束、失去的机会与所选择的路径。我将不去探讨技术上的约束是如何激发各种社会潜能的——这是一种典型的技术决定论——而将探究各种社会约束条件是如何限制和界定技术上的可能的。我的目的是阐明在技术发展中也存在着一块自由王国，它跟政治一样。

一旦技术发展恢复了本来面目，被视做政治，进步这一观念却模糊起来：何种进步？为了谁进步？因为什么进步？意识到这种观念的模糊和不确定性，将有助于削弱技术在我们意识和想象中所占据的坚固地位，同时也有助于削弱某些人对于我们生活的影响，这些人的社会权力长期以来为表面上不可避免的技术路径所掩盖和神化。意识到这一点，我们就能够认识和理解更为宽广的技术可能与政治潜力，并且接受更为宏大且久远的进步观念，这种进步观念要求用为人类发展和社会平等的奋斗取代对于技术拯救人类的盲目信仰，在那里，人类将恢复自信，重新成为被称为“历史”的这幕故事的主角。研究的目的并不是在剥去技术的神秘外衣的同时，又引进另一种相对更为宽松的技术决定论。本书不坚持任何技术上的预设，所有的预设都是人类的。

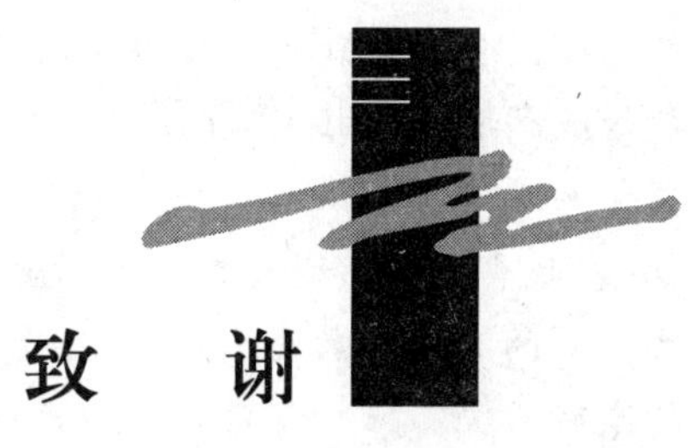

致　谢

在这个后来发现相当困难的研究项目中，我非常有幸地遇到一些为我提供了实质性的鼓励的人，他们包括：杰里米·布雷歇尔（Jeremy Brecher）、迈克·库利（Mike Cooley）、莱尔德·卡明斯（Laird Cummings）、戴维·迪克森（David Dickson）、马克斯·杜拿特（Max Donath）、迪特尔·厄恩斯特（Dieter Ernst）、琼·格林鲍姆（Joan Greenbaum）、托马斯·P·休斯（Thomas P. Hughes）、菲利普·克拉夫特（Philip Kraft）、埃弗雷特·门德尔松（Everett Mendelssohn）、戴维·蒙哥马利（David Montgomery）、弗里德·纳肖德（Frieder Naschold）、克里斯滕·尼高（Kristen Nygaard）、托马斯·史勒辛格（Thomas Schlesinger）、哈

利·沙伊肯（Harley Shaiken）、凯瑟琳·斯通（Katherine Stone）、詹姆斯·威克斯（James Weeks）、约瑟夫·魏岑鲍姆（Joseph Weizenbaum）、兰登·维纳（Langdon Winner）和安德鲁·津巴利斯特（Andrew Zimbalist）。我要特别感谢西摩·梅尔曼（Seymour Melman）和斯坦·韦尔（Stan Weir）的洞见与激发人心的热情、弗兰克·埃姆斯帕克（Frank Emspak）的冷静的现实感、迈克·库利的创见、罗伊·史密斯（Roe Smith）的富有教益的批评，以及托马斯·弗格森（Thomas Ferguson）的通力合作。我还要感谢阿里夫·德里克（Arif Dirlik）和道格·黑曾（Doug Hazen）仔细通读我的初稿，感谢技术史学会的成员们对我的工作的一贯而慷慨的支持，感谢罗尼·科马罗（Ronni Komarow）一丝不苟的校对和敏锐的眼光。

本书记载了这段历史中许多人的试验与成就，他们中的一些人不辞辛劳为我提供了当时事件的回忆与反思，我对此深表感激。他们对本书的贡献是无法估量的，这有助于我理解各种零碎而杂乱的文献。关于文献，我无法获得美国空军的档案，因为在我着手研究之前，这些档案已经被销毁。因此，我从众多的档案管理员和图书管理员那里获益匪浅，其中我尤其感激麻省理工学院档案馆的海伦·斯洛特金（Helen Slotkin）。最后，我诚挚地感激国家科学基金会对我的早期研究所提供的资助，劳伦斯·古德温（Lawrence Goodwyn）和杜克大学慷慨批准的学术休假，诺普夫出版公司的阿什贝尔·格林（Ashbel Green）的信任和耐心，以及刘易斯·芒福德（Lewis Mumford），他在他的著作中倾注了一生的心血。

戴维·F·诺布尔

目　录

第一部分　命令与控制

第二部分　机器设计中的社会选择

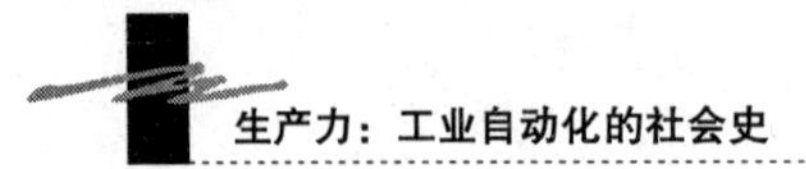

第三部分　新工业革命：没有变化的变迁

第一部分

命令与控制

我们不过是使用新的工具和能源来推进资本家和军工企业早已开创的过程……不仅仅旧的技术形式约束了新技术经济的发展，而且新的创造与工具也每每用于维持、更新和稳定旧社会的秩序结构……旧有目的与新手段的结合，这是当前秩序中最突出的特征。

——刘易斯·芒福德，《技术与文明》

(*Technics and Civilization*)

第1章　背景：海外战争

对美国来说，二战后的几十年是一个扩张
的时代，它造就了技术的成就和辉煌。美国人 3
充满了骄傲、自信和胜利者的乐观，对潜在的
战争威胁不屑一顾。他们把失败的帝国抛在脚
下，雄心勃勃地着手建立自己的帝国。他们的
领导者认定，自己具备无可匹敌的军事、经济
和工业上的能力，并宣称未来将是无止境的繁
荣与稳定，他们能够达成任何想达成的目标和
愿景。但是除了这些美梦之外，美国人也为他
们国外和国内的噩梦所萦绕：一个为两个超级
大国所割裂的世界；一个为资本主义生产所导
致的不可遏止的对抗而分裂的人性。查尔斯·
E·威尔逊（Charles E. Wilson）是通用电气公
司的总裁，战争生产委员会的副主席，后来成

为艾森豪威尔总统的白宫顾问。他在 1946 年说："美国的问题完全可以用两个词概括，海外是苏联，国内是劳工。"[1] 在那个时代，美国人对未来的看法既有乐观主义的成分，也有难以摆脱的噩梦，而这些观点也影响了科学和技术的成就。

苏联曾经是合众国的盟友，现在已经受到战争的重创。但无论是在二战前抑或二战后，那种假想的苏维埃侵略的威胁都被美国军事和外交政策的制定者们用来作为借口，用以推行在和平时期维持永久的全球驻军的策略。有时军事领导人尤其极力推动和平时期武力的扩张。他们总是拿第一次世界大战后仓促的裁军说事，认为这导致了美国的"虚弱"，而这种虚弱恰恰刺激了德国和日本的侵略。他们决意不再重复二战中动员整个国家所带来的巨大创伤。他们深知建立在空中力量和导弹之上的现代战争的意义，
4 认为这要求国家具备快速的动员能力，美国不能寄希望于盟国的援助，或者指望宽阔海洋的隔离而能够给自己留下备战的时间。因此，早在向广岛投下原子弹和苏联决定在东欧建立一个缓冲区之前，美国的军事领导人就决定准备一支长期维持和平的武装力量，这支武装力量可以实现迅速的全球动员，威慑潜在的侵略者，并且在必要的情况下，能够针对威胁世界和平的潜在力量给予先发制人的打击。国家的安全必然要求美国在全球执行警察任务。因此，在 1943 年，海军副总司令詹姆斯·福雷斯特尔（James Forrestal）就在积极推动建立一支"维持全球安全的武装力量，确保具有良好意愿的人们有充分的能力来制止世界上的各种邪恶力量"。"我们现在有这个能力，"他宣称，"我们必须维持这种能力。"[2]

当战争结束的时候，原子弹与苏联扩张的幽灵已经成为他的"国家备战意识形态"——他的传记作者迈克尔·S·谢利（Michael S. Sherry）就是这样称谓他的观念——中不可分割的组成部分。原子弹上升到大规模的威慑和报复的战略地位。苏联人脑海里深深铭记着一战后美国和英国的入侵以及德国人的大杀戮——后者导致苏联死了 2 000 万人——因而试图防御自身以避免攻击。但苏联的这种做法被美国陆军部的情报局视为"肆无忌惮主宰世界的企图"。基于这样的看法，美国领导人需要构建一支积极防御的武装力量，它不仅能够保证时刻防备苏联人的攻击，而且能够保证美国充当一名世界警察。这种对二战后的构想建立在核威慑、空军部队、全球军事基地、和平时期的征兵以及随时干预全球事务的能力之上。除此以外，它还要求国家拥有一个永久的战争经济体，它的基础包括军方与工业的密

切联系、和平时期的军备生产（尤其是飞机与导弹）、持续的武器研制以及由军方主导下的用于军备竞赛的研发基础。[3]

德怀特·艾森豪威尔（Dwight Eisenhower）1945 年成为美军总参谋长，他也持这样一种看法。但这种观念并不能一下子为所有人接受。正如这些计划者们所预料的，一个疲于战争的民族对这种二战后加强军备的号召持怀疑态度，在最初几年之内，军事上的战略都让位于保证全球稳定和美国繁荣的政治和经济战略。1947 年，外交官乔治·凯南（George Kennan）提出有名的通过政治和经济手段来遏制共产主义的政策（它以核威慑为后盾）。不久马歇尔计划就出炉了，其目的是重建欧洲，扩大美国产品和服务的市场，并且通过加强中右翼力量来遏制和拉拢当时在欧洲遍地出现的共产主义力量。但是，苏联对西柏林的封锁、1949 年 8 月的原子弹试爆成功以及共产主义在中国的胜利，使得备战的声音重新抬头。国家安全委员会开始积极推动加强军备的计划，以免“自由世界”成为共产主义的傀儡，这反映出保罗·尼兹（Paul Nitze）和迪安·艾奇逊（Dean Acheson） 5
等外交官的鹰派观点占据上风这一事实。最后，1950 年夏季朝鲜战争的爆发，紧接着中国的介入，使得美国进入国家紧急状态。中国的介入被视为以苏联为领导的“国际共产主义阴谋”存在的铁证，“国际共产主义阴谋”后来成为冷战的口号，以及永久备战的理由。艾奇逊后来对鹰派人士讲话时回忆道：“朝鲜战争的爆发拯救了我们。”[4]

军队急剧扩张，而军事工业则再一次增长到二战时的水平。军方决定研制氢弹，将飞机的产量提高 5 倍（同时加速研制导弹），装甲车的产量提高 4 倍，与军事相关的电子设备则提高 4.5 倍。1951 年的军费预算膨胀到接近最初预计的 4 倍。更为重要的是，“这种战时的预算水平将永远持续下去”，这将创造出一个永恒的战争经济体。1945—1970 年，美国政府在军事上的开支达到 1.1 万亿美元，这一数额超过了美国 1967 年所有产业和住宅价值的总和。此外，一个规模庞大的“军事工业联合体”——正如艾森豪威尔称呼的——已然崛起，它吸收了大量的产业和技术人才。1945—1968 年，美国国防部的工业体制提供了价值高达 440 亿美元的产品和服务，它超过了通用电气公司、杜邦公司和美国钢铁公司销售额的总和。[5]

现在这种永久备战经济和军事工业联合体打着国家安全的旗号，将军事的烙印深深地打在广泛的民用工业和科研活动之上。为了满足军事任务的需要，比如战斗的灵活性、战术的优越性以及战略上的反应与控制，性能而不是成本被赋予首要的重要性。它还要求严格的命令、精确的专业化、迅速沟通、执行命令时尽可能避免任何信息传递或判断的错误。最后，人们执迷于高科技以及资本密集的现代手段，以确保绩效与任务的达成，从而实现遏制共产主义，维护国家安全这一目标。军备竞赛反映了这些军事上的要求，其中有三个产业尤其突出，它们是飞机制造业、电子工业和机床业。[6]

飞机作为武器的重要性得到了认可，这在很大程度上推动了这一产业的扩张。1939 年，飞机和相关零部件（机身、发动机和各种配件）的生产工人只有 63 000 人。在战争期间，就业人数达到创纪录的顶峰，为 1 345 000人，而在 1946 年，人数回落到 237 000 人。但在 1954 年，由于冷战需要加强军备以及着重加强空军力量的战略，飞机制造业所雇佣的工人人数达到 800 000，并且该产业成为美国雇佣人数最多的产业。军事对于该产业的影响可以从民用飞机与军用飞机生产数量上的比例可以看出。1939
6 年，有将近 1/3 的飞机产出用于军事目的。1946 年，军用的机身吨位产出占到总产出的一半。到 1953 年，这一比例急剧上涨，民用机身的总吨位产出只占到总产出的 7%，93%都是军用产品。[7]

产业经济学家弗兰克・A・斯宾塞（Frank A. Spencer）曾经将 1946—1960 年这段时间描述为“对于空中运输的前景抱有无限乐观”的时代，此时“战争的环境极其有利于迅速的经济增长”。[8] 人们对于军事的热情对此负有很大责任。1945—1947 年间，飞机制造业经历了一段收缩时期，1948 年通过的《追加国防拨款法》推动着军用飞机生产扩张计划，使得 1949 年的产出比 1946 年的产出扩大了 3 倍。最新制造出的飞机和导弹远比此前任何时期的产品更为先进。为了满足军事用途对于快捷性、更可靠的安全性能以及优越的战术灵活性的要求，飞机上安装了无线电制导设备和通讯系统。马力更大的喷气机引擎和燃气涡轮使用了更轻但更为坚固的材料，从而可以承受高空和高速度所带来的压力和温度。飞机设计，包括具有更高强度的整体加强结构和可用于稳定的超音速飞行的精制翼面，都已达到一个相当复杂的新水平。这样，在 1953 年，飞行前的生产设计时间要比战争期间生产所耗的时间多 27 倍之多，而技术人员在总的生产人数中所占的比例由 1945 年的 9%提高到 1954 年的 15%。管理人员的人数则增加了将近 1 倍，用以确保对生产实施更为严密的控制，从而达到军事用途所要求的规格。[9]

空气动力学、冶金和电子学以及飞机引擎设计的进展使得超音速飞行在1947年10月成为现实，而这几乎全是在军方的资助下实现的。用工业史学家约翰·F·汉涅斯基（John F. Hanieski）的话来说，“冷战的形势造就了一种紧急状态”。[10]但科学研究、工程设计以及试验等本身并不等于生产。当设计日益先进与复杂，生产设备与工具也必须同样复杂。随着军备竞赛的升级，工艺设计的进步，设计图纸也迅速变换，由此也需要各种适用面更为广泛且更为灵活的生产设备以及能够满足迅速改变设计和短期生产周期的特种机床和特种刀具。北美航空公司的董事长J. H. 金德尔伯格（J. H. Kindelberger）深知这类设备“对于和平时期的小规模订单来说不具有经济上的可行性”，特种机床通常只用于大规模的生产，这样高产量就可以抵消这种设备的高成本。但他知道国家安全和军事目的而不是传统上的经济目标将成为该行业的目标，也承认这种“飞机生产对大型特种机床的需求有时仅仅只限于某一类飞机”。“我们必须对生产手段的改变持进步态 7
度，并继续研制新型机床和设备以满足大规模生产的需要。我们应该在庞大的产业范围内与各方合作，”他向同事们推荐道，“其中也包括政府，我们可以在那些具有广泛用途但投资对于公司来说相当巨大的工程中与它们合作。”[11]

伴随着针对研制飞机所下的命令还有用于研发飞机的军事津贴，这些津贴的拨款对象包括波音公司（Boeing）、洛克希德飞机制造公司（Lockheed）、北美航空公司、道格拉斯飞机制造公司（Douglas）、马丁飞机制造公司（Martin）和共和飞机制造公司（Republic）等机身制造公司与通用电气公司、普惠公司（Pratt and Whitney）等发动机制造厂商以及邦迪克斯公司（Bendix）、莱特航空工业公司（Wright Aeronautical）和雷神公司（Raytheon）等零部件制造厂商。在1964年，飞机工业中90%的研发经费都来自政府拨款，其中最主要的赞助者是美国空军。[12]这不可避免地影响了相关的电子和机床制造行业，它们是制导和通信系统以及现代生产设备的制造来源。一旦落入了军事工业联合体的怀抱并且养成讲究性能与控制的工作惯例，这些反过来会影响技术发展的路径。“通常而言，由军方制定制导导弹的技术规格，”空气喷射通用公司（Aerojet-General Corporation）的总裁丹·A·金博尔（Dan A. Kimball）在1956年解释道，“如果没有导弹的规格要求，那么我们就不会制造。我们发现，制造水平取决于军方的要求。它们的要求提高了我们的研制水平，而研制又反过来更进一步拉高

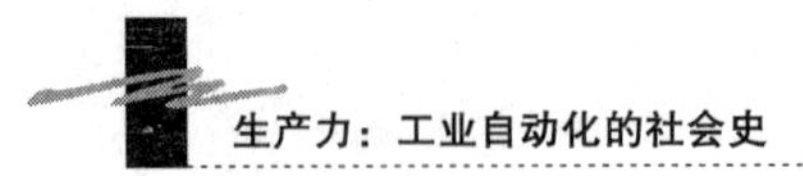

了它们的要求。”[13]

二战前电子工业的最主要的产品是收音机，它早在 20 世纪 30 年代就已经产生。在二战期间，电子工业急剧膨胀，并朝多个方向发展。用电子工业的杂志《电子科技》（*Electronics*）的话来说，“它进入了一个充满创造力并且快速扩张的时代。在几十亿资本流入的刺激下，它从原来的规模较小的消费者导向的收音机制造厂商变成了生产各种耐震的军事设备的生产英雄。”[14]由此可见，现代电子工业与飞机工业相似，在很大程度上是军事的创造物。在战争期间，电子工业的销售额几乎增加了 20 倍，就业人数则增加了 4 倍。此后，该产业从未萎缩到二战前的水平。雷达成为该产业的主打产品，它耗去了国家 25 亿美元（曼哈顿计划也只有 20 亿美元）。电路小型化是现代微电子学的先驱，它因为军方为研制低空爆炸信管而投入的 10 亿美元而获得了发展，全行业近 1/3 的人都参与了它的研制过程。与声呐设备和远距离无线电导航系统相似，炮火控制设备、工业控制设备和步话机也是二战时的发明。最重要的发明可能是电子计算机，它最初的发明目的是用于弹道计算以及原子弹爆炸的分析。战争结束以后，电子工业持续增长，
8 这主要是因为军方需要飞机和导弹制导系统、通信系统、控制设备、工业控制设备、用于防空的高速电子计算机和控制网络（比如半自动地面防空警备系统）以及所有这些设备都需要的晶体管。《电子科技》比较谨慎地认为，电子工业“自二次世界大战以来在国防中取得了它所应有的地位”。[15] 20 年后再来回顾这个时代，这句话仍然是正确的。TRW 公司（汤普森·拉莫·伍尔德里奇公司）的西蒙·拉莫（Simon Ramo）回忆道，“五角大楼的决策主导了电子工业的进程。”[16]在 1964 年，电子设备产业有将近 2/3 的研发费用（比如通用电气公司、西屋公司、美国无线电公司、美国电话电报公司、飞歌公司、IBM 公司、斯普瑞·兰德公司的研发费用）仍然来自政府。[17]

与飞机制造业和电子工业相比，机床制造业相当弱小，但对于依赖于机床制造的经济来说却至关重要。因为用于加工各种金属产品的金属加工设备（切削设备和模锻设备）都是机床自己生产的。与绝大多数其他金属加工业相类似，机床工业主要采用一种劳动密集型的小批量的生产方式。当其他的金属加工产业使用机床生产各种各样的产品时，机床加工业却使用机床和其他加工设备生产机床的零部件。因此它既是机床的生产者，也是机床的使用者。虽然在这一行业也存在一些大公司，比如辛辛那提铣床

公司（Cincinnati Mill，现在成为辛辛那提米拉克伦公司）、华纳和斯韦齐公司（Warner and Swasey）、卡尼和特雷克公司（Kearney and Trecker，现在成为克罗斯和特雷克公司（Cross and Trecker）的子公司）以及吉丁斯和刘易斯公司（Giddings and Lewis），但该行业绝大部分企业都是小规模的生产特种机床或通用机床（车床、铣床、钻床等）的制造商。机床业是一种兴衰交替的行业。因为它为工业提供了主要设备，而制造商看好市场行情时往往会购入新设备，不看好则仍使用旧设备，机床业往往被视做工业的晴雨表。它相当敏感地反映更大范围内的经济趋势和军事趋势。

机床业在第二次世界大战初期拒绝了扩张——因为厂商担心将会导致生产能力过剩从而削弱了产品需求——但为战争生产的压力，尤其是飞机、武器和坦克的生产，最终促成了产出的高涨。1940 年，全美国范围内只有 28%的机床是 10 年内生产的。至 1945 年，这一比例上升到 62%。正如人们所预测的，这对该行业造成了二战后的“宿醉”。有 30 万台机床被人们视为是多余的，并被低价抛入市场。[18]再加上萎缩的飞机制造业，这种剩余机床的抛售使机床行业产生了严重的衰退，而出口上的增加也只是暂时缓解了该行业的萧条状况。直到 1950 年 4 月，机床行业的销售额才恢复到 1945 年的水平。二战后的产业萎缩进一步加强了该产业长期以来就存在的集中趋势，这种集中趋势早在战争期间就存在着加速的迹象，它导致就业 9
人数的急剧下降，尤其是妇女的就业。

冷战使机床行业恢复了生机。复苏的一大原因就是在美国空军的庇护下飞机制造业的大规模扩张，这使得飞机制造商急需新型和先进的机床。机床制造商成为飞机制造商所签合同下的分包人，而政府则再一次成为该行业的大客户。1957 年，政府拥有全国所有机床的 15%，成为这类设备最大的所有者，这些机床全部都坐落于各个飞机制造厂之内。不久，全国机床制造商协会便将其总部从克利夫兰搬迁到华盛顿市，这是机床产业最大主顾美国国防部的所在地。[19]

飞机制造商是机床产业的第二大客户，为了满足飞机制造对精密机床的需求，在政府的资助下，机床研究与开发的经费在 1950—1957 年间提高了 8 倍。[20]此外，机床业与电子工业的联系也日益紧密，后者为新型机床提供电动机和自动控制设备。[21]机床业也与飞机制造业及电子工业一样，不可避免地使用庞大的开支，以满足军事上对于性能、命令和现代技术方法的需求。虽然人们通常把机床制造商称之为头脑顽固的保守商人，但事实上他们早已适应按性能而不是成本行事，这种生产态度应当追溯到19世纪在军队主管下该产业的起源时期。[22]总之，这些制造商更多地关注能够获得超额利润的特种设备的生产，而不是利润偏低的标准设备的生产。他们没有去想如何节省成本和减低价格，而是千方百计地宣扬其产品的优良性能和满足顾客的要求，与此同时大幅度提高产品价格，好趁该行业的黄金时期最大限度地攫取利润。冷战对工业的影响最大的地方是讲究性能而不是成本。经济学家西摩·梅尔曼（Seymour Melman）1959年在向欧洲生产力委员会（European Productivity Agency）提交的有关机床工业的报告中，抱怨要求提高马力、规模和多用途的压力太大，这使得成本迅速提高，甚至使得使用者往往无法利用新增加的功能。4年后，他在一篇题名为《没有生产率的利润》（*Profits Without Productivity*）的文章中重复了他的指责，这一次他专门指明，“自美国国防部成为机床业最大的买主后，机床业对其他客户要求削减价格的要求就不那么敏感了。”[23]

10 这个日渐崛起的军事工业联合体事实上涉及三个方面：它将产业与军方联系起来，同时也使科学与两者结盟。在大萧条时代，美国人已经表达了对于科学拯救这一美妙神话的质疑，并且开始对科学的用途和合理控制进行政治辩论。在那个艰苦时代，人们对技术优越性的信仰让位于对技术导致失业的担心，他们对工业工程师和学院里的科学家所承诺的美妙前景持谨慎的怀疑。在科学界，认为科技导致进步的信仰者们不得不力图辩明自己的观点，而工程师阶层持续蔓延的失业则进一步磨耗着这一信念。

如果说备战以及战争本身将这个国家从萧条中拯救出来，那么它也为科学家和工程师提供了日益增长的就业机会，使他们再一次有机会显示科技的威力，并让公众恢复了对科学和技术进步的信仰。科学家乐此不疲地宣扬他们在雷达、火箭和核弹方面的成就，以提升自己在公众心目中的地位。在人们（以及他们自身）的眼中，他们成为战争中富有传奇色彩的真正的民族英雄。为了保持他们这种英雄地位，为了平息大萧条时代对科学的排斥和怀疑，尤其是为了重新燃起美国传统的技术乐观主义精神，他们在二战后很快就成为谋取私利的文化进攻的先遣部队。这种进步主义的文化进攻大获成功，在和平时期，科学界也从军方和政府那里取得了前所未有的对科研的支持。此时，普遍的公众支持也产生了效果，他们的新成就也回报了人们的热情，从而进一步推动了他们的文化进攻，使它们更加有效。

战争期间的军事科技研究主要由科学研究开发局（Office of Scientific

Research and Development，OSRD）主导，这是一个民间机构，万尼瓦尔·布什（Vannevar Bush）任局长。布什曾任麻省理工学院的系主任，是雷神公司的创建者之一和美国电话电报公司的董事，他发明了用于弹道计算的计算机，并主持过原子弹计划。他可以说是正在崛起的军事工业科学联合体的象征。他通过将研发合同给予各种主要非政府的产业和大学科研机构，在某种程度上引导着 OSRD 的研究方向，使得民间机构控制了军事设备的研究开发。曼哈顿计划和放射试验室可能是最好的例子，李·杜布里奇（Lee Dubridge）领导着放射试验室，共有 69 个科研机构的科学家和 19 个大学的试验室参与此事。[24] 不管是研究的规模，还是这种与政府的组织和契约关系，都是史无前例的。有人认为，“研究中心作为一种制度形式，诞生于第二次世界大战”。[25] 至 1944 年，政府用于研究上的开支每年高达 7 亿美元，是 1938 年的 10 倍，其中的研究绝大部分是由非政府的科研机构来 11
完成的。在 1940 年，政府科研项目的 70%都是由政府科研机构来实施，而到了 1944 年，70%的科研项目都是由非政府机构来完成——其中私人企业占 50%，大学科研机构占 20%。在 1939 年，美国电话电报公司的贝尔试验室的研发经费中只有 1%是用于政府的项目，在 1943 年，这一比例上升到 83%。由于政府的科研合同往往要满足战争的紧急要求，OSRD 的管理者们更倾向那些已经做出过相当成就的大机构，他们认为这些机构能够迅速完成任务。因此，政府在科研上的投入加大，也多少促成了科研机构的日趋集中，这个趋势早在二战前就已初显端倪。在获得政府总额达 10 亿美元的科研合同的 200 家工业企业中，86%的企业获得了金额的 50%多，而 10%的企业则获得了 40%的科研经费。战争期间，贝尔试验室获得了 4 200 万美元的科研合同，通用汽车公司获得了 3 900 万美元的科研合同，它们都拥有产品的专利权。在大学科研机构中，这种情况大致相仿。最大的科研合同承包者都是那些最优秀的大学、如麻省理工学院，5 600 万美元；加州理工学院，4 000 万美元；哥伦比亚大学，1 500 万美元；哈佛大学，1 000 万美元。在获得总额为 10 亿美元科研经费 1/4 的 200 家教育机构中，19%的大学获得了其中的 2/3。[26] 当战争结束时，没有人愿意放弃他们已经到手的好处。

各个大学已经习惯了工业企业下单的方式以及军方的慷慨。科学家成为“智囊团”而“科学研究则日益兴隆，成为一种影响广泛且获益颇丰的职业”。[27] 战争期间，“成本并不是人们考虑的因素，最主要的动力是不惜任何代价，跟上工作进度。财政和行政方面的政策则屈从于这些工作的技术需要。”[28]历史学家丹尼尔·凯维斯（Daniel Kevles）注意到，“战争使得教授们在研究时极少考虑资金上的约束。麻省理工学院的年轻物理学家们往往已经习惯订购新型设备，这些设备的价格在二战前足以让整个学院都望而却步。”[29]对那些后来在战争结束后在科学界占支配地位的人——不管他此时是教授还是学生——来说，“将学院原有的教学与科研计划与因军事上讲求性能从而开支庞大的研发计划结合起来的做法”是极具吸引力的。[30]

两个研究电子工业的历史学家注意到，当战争接近尾声的时候，“人们觉得他们能够做成任何事情”。[31]当时的科学家绝大多数都属于那种很年轻而敏感的大学毕业生，他们也许是过早地卷入了这一宏大事业中来，他们朝气勃勃，富有锐气，这在很大程度上应归功于他们的爱国热情。他们满
12 怀着“希冀与梦想”，渴望“征服无数新的世界”。[32]他们没有时间停下来思索。他们不过刚刚启程。对他们而言，二战时所形成的慷慨的科研条件构成了二战后的科研模式。“人们指望这些年轻的科学家们对战争做出辉煌的贡献与成就，”负责海军科研的海军少将朱利叶斯·A·富雷尔（Julius A. Furer）这么表彰布什的成就，“您在各个方面所取得的成功完全超出了人们的预期，正是由于您，海军与科学家们之间的合作才实现了真正的无缝对接。”“海军将领们担心他们无法控制这些智力超群的精英，”富雷尔在他的日记里写道，“我告诉他们，我可以毫无困难地使这些人（科学家）像一支球队那样共事。”[33]

这些科学家与军队一样，希望在战争结束后还能一起合作。根据一位研究二战后军备竞赛的史学家的论述，科学家自己“促进了将二战时与军方的合作固定下来”。由于受到军备竞赛的影响，“科学家们从事军事科技研究并非不抱任何目的，也不是因为受了愚弄。他们真心认同这种研究的意义，努力争取项目，并且从未质疑这种研究。”[34]

早在1941年，麻省理工学院的校长与OSRD的负责人卡尔·康普顿（Karl Compton）就指出，二战时的科研“将会产生新成果、新技术和新的认识，它们将在和平时期的民间应用上具有极其重要的价值，这预示着二战后的科技将进入一个新的繁荣时代”。[35]“康普顿和其他的支持纯科学研究的人都看到一个将这笔意外横财转化为永久的联邦政府支持的机会，”迈克尔·S·谢利得出结论，“虽然战争对于促进工业动员政策的现代化来说

作用较缓，但更为巧妙的科研备战的宣传家则并非如此。他们将武器的研制视为和平时期战争动员机制中不可分割的一部分。”[36]爱德华·L·鲍尔斯（Edward L. Bowles）是麻省理工学院的电气工程师和国防部长亨利·L·斯廷森（Henry L. Stimson）的科学顾问，早在1945年就要求在科学家、教育机构和军方之间建立一种“持续的工作伙伴关系”，“我们不能坐等战争爆发后，才不得不将这三种力量融为某种机器”，这种二战后的整合“绝对不可以停留在学说层面；它必须成为我们思想意识中的组成部分，牢牢地根植于我们的灵魂，并成为一种不可战胜的哲学”。[37]

“早在广岛爆炸之前，”丹尼尔·凯维斯注意到，“政府机构中的官员们普遍认为，在战争结束之后长期维持强大的武装力量将要求民间的科研力量继续参与到军方的武器研发中去。”[38]但是关于这种关系应当采取什么样的具体方式这个问题，人们却有着不同的看法。这些争论可以分解为彼此相关的不同问题，它们都起因于史无前例的政府对在工业和技术领域中私人科研活动的大规模资助。在战争期间，研究的方向是由军方所制定的标准来执行的；但在和平时期，什么样的标准和谁的标准应置于研究的首要地位呢？应当怎样鼓励在公共资助下私人科研机构中的研发行为，从而可以满足更大范围内的公共利益和公平的要求？政府应当如何在实现对公共支出实施民主控制的同时保证科学的自主与完整？在二战后初期有关科研政策的争论中，这些问题并未得到解决，而科学家也并未认真看待这些问题，因为他们模棱两可的地位仅仅允许他们分得并吃掉自己分内的蛋糕。 13

一方面，他们强烈要求联邦政府在和平时期对他们的科研予以资助；另一方面，他们对于军方以备战为名而干预科研活动又表示欢迎。只要能够满足自己科研过程中的科学猎奇心态，他们就对自己所从事的工作中所蕴含的军事目的不再质疑。他们仅仅坚持所研究的问题必须是有趣的——能够保证他们改进其研究领域的科技水平——并且对他们的干预不可以过分琐碎。另一方面，他们坚决反对政府对科研活动的审查与控制。比如，在工业和军方对科研的控制问题，万尼瓦尔·布什非常熟悉，他并不是一位批评者。然而，当国会可能对科研活动进行审查时，他摇身一变，以一位所谓纯科研的支持者的面目出现，主张不惜一切代价捍卫追求真理的自由权利。他坚持认为，“研究者在探索未知世界”，因此“不可以屈从于严密的控制”。[39]

科学家在本质上坚持一种积极追求自身目标的哲学，这符合他们的产业界同仁所接受的古典经济学理论。[40]他们认为，如果科学家按照自己的方式来自由追求其事业，以满足他们对自然的科学好奇心，他们的努力——根本无需有意识地在这方面用力——最终将有助于普遍的善。市场中那只看不见的手将个人对私利的追求转换成普遍的利益，它在科学的领域中也同样发挥作用。对科学家有利的事情，对科学也有利；而对科学有利的事情，对社会也有利。古典经济学家用看不见的手来描述市场机制，它使供求平衡，从而满足社会的需求。但科学家无法说明这样的机制，他们仅仅从信仰的角度来为自己的地位辩护。当然，他们可以不无道理地认为，科学可以满足社会的需求，只要它与社会其他部分紧密相联，从而符合社会大多数人的利益。但这必须涉及科学的政治性质——这恰恰是科学家所极力避免的。这样，他们的信念仍然是一种宗教，建立在一个宿命式的科学永远服务于公共利益这种虚构观念之上。根据这种并不十分严格的
14 逻辑，任何过多的政府干预，哪怕打着民主的旗号，仍然会产生有害的后果，正像政府对所谓自我运行的市场机制过多干预一样：它将颠覆进步的微妙机制，并对社会产生无可挽回的损害。总而言之，在社会进步的名义之下，科学家认为他们自己的群体以及独特的制度具有不容置疑的特权：由公众资助但不受社会的干预。

可想而知，当科学界的代言人试图将 OSRD 在战争期间构建的军方下科研订单的模式永久固定下来的时候，他们最初希望在无需议会立法的情况下实现这一目的。1943 年，两个巴尔的摩的银行家提出建立一个由军方资助但由民间科学家主持的国家安全研究局的设想，这两位银行家当时正在 OSRD 设在约翰·霍普金斯大学的应用物理试验室任职。贝尔电话试验室的前任总裁、美国电话电报公司的副总裁和美国科学院的院长弗兰克·朱厄特（Frank Jewett）对这一想法提出修正意见，他建议通过私立的国家科学院来对这一研究局进行管理。这一想法也得到美国陆军部的二战后研究委员会（War Department Committee on Postwar Research）的支持，该委员会的成员包括朱厄特、麻省理工学院的卡尔·康普顿和杰罗姆·亨萨克（Jerome Hunsaker，后者还是美国航天顾问委员会的主席），其主席是通用电气公司的董事长查尔斯·E·威尔逊。人们把这称为“学院计划”，它反映了科学家们对科研资金和自主的双重疑虑以及对政府的立法过程的深刻的不信任。丹尼尔·凯维斯这样写道，威尔逊委员会的成员们“坚信科

学家——至少是学院里的科学家——无需向平常的民主控制屈服”，从这一信念可以看出他们的“政治上的保守主义倾向”，尤其是“那种将公众责任交付给私人的信念”。[41]

朱厄特和他的同事特别担心来自西弗吉尼亚的参议员哈利·基尔戈(Harley Kilgore)。基尔戈是参议院中战争动员委员会的主席，主张联邦政府对政府在科研上的开支给予严密控制，而在公共资助的研究所中产生的专利应当归公众所有，他还认为科学家应当与其他的利益群体共同分享对于科研过程的控制。学院计划的支持者认为他们的优势在于，国会已经赋予美国科学院以合法的资格，因此可以通过行政命令来实施学院计划，这样科学家就不用与基尔戈打交道。1944 年末，在美国科学院与陆军和海军的将领们的支持下，国家安全研究局得以成立，预计其研究经费全都来自军方拨款。卡尔·康普顿任主席，在此期间经费则来自卡耐基机构（布什任总裁），该研究局开始寻求研究项目，并预备按照 OSRD 的经验与各种非政府机构签订科研合同。在 1945 年 3 月的一次宴会上，科学界和军方的精英正式宣告研究局的成立，他们对彼此的爱国热情和致力于通过加强军备来促进和平进步的愿望表示庆贺。然而这种胜利的喜悦并不能持久。[42] *15*

刚过了一个月，罗斯福总统禁止任何军方拨款流入该研究局，从而扼杀了它。执行这一命令的负责人是国家预算局的局长哈罗德·史密斯(Harold Smith)，他留意到这些科学家试图规避国会并将自己从政府那里隔绝开来的做法。他还认为整个计划都是反民主的，并反对那种看法，即“研究者就像音乐家一样喜怒无常，为了满足他们不稳定的情绪，我们不必遵循绝大多数民主与良好组织所坚持的原则”。史密斯认为，真正的困难在于，这些科学家“甚至对民主的基本哲学毫无所知”。[43]《新共和》(*The New Republic*) 杂志赞同这一看法。它在一篇批评这个短命的研究局的文章中敏锐地指出，“相当多的知名科学家……与经常有往来的保守商人臭味相投”。文章还暗示道，“这可能意味着长期下去，美国科学院将攫取行政机构的权力。”该杂志宣称，“这一计划就像是木工协会单独选出一个负责规划公共事务的董事会，美国人民不应沉默。”[44]

国家安全研究局的终结意味着美国科学家不再能够承担军方拨款流向民间研究的通道职责。但是，这并没有打消科学家争取军方支持的梦想。没过多久，国会授权军方可以直接和各个大学签订研究合同，而且这一政策事后被证明是更为持久且有效的举措。美国海军率先承担起资助科学研究的责任。早在 1941 年，杰罗姆·亨萨克就在海军内部提出有关二战后科研的讨论，接任海军研发协调者这一职位的海军上将富雷尔则详细制定了支持科研的计划。[45]海军对于国会的授权早有预备，因此立刻建立了海军研究局（Office of Naval Research，ONR），负责与各个大学签订海军科研合同。不出数年，海军研究局就成为“有史以来和平时期最大的学术界与政府之间的合营企业”。[46]至 1949 年，它与 200 个大学签订了 1 200 项科研课题，参与的人包括 3 000 多位科学家和数目不相上下的学生。同等重要的是，海军研究局的合同条款都依据 OSRD 的模式，赋予科学家以相当程度的自主权力。丹尼尔·格林伯格（Daniel Greenberg）观察到，海军资助科学研究时，“承认科学家传统上对自由和独立的各种要求”，从而使得科学自治在公共资助的私人研究机构中得以以制度的形式延续下来。[47]在 1949
16 年，美国空军根据其科学顾问委员会的要求，也以海军的方式，成为以大学为研究基地来进行科研的主要资助者。美国空军所资助的研究集中于基于计算机控制的命令、控制和通信系统，飞机和导弹的研制、制导系统，以及包括机床自动化在内的工业自动化。至 1948 年，国防部在科研活动上的支出占联邦政府对大学的科研活动的资助（农业除外）的 60%。至 1960 年，这一比例上升到 80%。[48]

除了以国家安全的名义成功地争取到军方对二战后科学研究的支持之外，科学家还试图以促进经济创新的名义，创建一个永久的联邦机构，用以促进更为广泛的民用科学研究。负责这一事务的是那个在战争期间促成创建并主持 OSRD 的万尼瓦尔·布什。与他在军方中的同仁一样，布什深深明白二战后科学研究机构的重要性。而促使他致力于建立符合科学家期望的此类机构的动机，却是参议员基尔戈的类似举动。

还在战争期间，基尔戈作为参议院中战争动员委员会的主席，就曾拨款创设一个全新的科技动员局（Office of Science and Technology Mobilization）。他的直接动机是在 OSRD 之外提供更为公平的联邦资金分配，从而更为充分地将国家的科学资源动员起来以投入到战争中去。除了战争的因素，基尔戈更为关心的是，像科学之类的公共资源应当避免被“垄断者”私人控制，科学家应与其他人一样接受正常的民主控制，科学研究与其受科学家的单纯好奇和科学界的内部动力推动，不如对紧迫的公共需求做出反应。与其他新政者一样，基尔戈对大公司对科学的日益突出的控制感到不安，临时国家经济委员会（Temporary National Economic Committee）在

20 世纪 30 年代的一份报告中就指出这一现象，而且 OSRD 的做法更是加强了这一倾向。在战争期间，正如前面的叙述所说明的，几家大型的公司和私人大学像狮子一般吞噬了大量的防务合同，从而损害了众多小企业和不那么知名的大学的利益。[49]

此外，根据 OSRD 的处置，战争期间高达 90%的科研合同都赋予私人科研者在公共资助的研究中获得其发明的专利权的权利。基尔戈认为这一政策毫无理由地放弃了对公共资源的控制，这将对作战产生损害。他反对那种公司对科研成果的控制永远符合美国人民的根本利益的观点。基尔戈知道，虽然将专利权授予公司是一种激励，鼓励它们创新观念，制造新型产品，采取新式工艺，但是这一政策有时也会产生事与愿违的后果。专利 17
权有时也会因为公司的利益而导致限制创新，从而损害了国家的备战努力和整个社会的经济发展。*[50]

尤其重要的是，基尔戈坚持认为，政府应当采取措施保证科学研究符合公平和民主原则，并且符合所有人的利益。司法部副部长瑟曼·阿诺德（Thurman Arnold）支持基尔戈的看法，他断定，“只有政府才能够打破由私人群体对科学试验所实施的垄断”。“自由放任政策不再是一个经济原则，”《纽约时报》的科学版编辑瓦尔德马·肯普弗特（Waldemar Kaempffert）呼应他们的观点：“至少在政府有关科学的政策方面，我们应当抛弃这一做法。”基尔戈决意更改政府资助科学研究的程序，从而确保二战后的科学研究不再遵循 OSRD 所建立的模式。他提议成立了科技动员局，它后来演变成国家科学基金会（National Science Foundation），该机构强调政治责任以及外行对科学的控制。根据政治负责的要求，它的负责人由总统任命而不是设立一个董事会，下设一个具有广泛代表性的咨询机构，它的组成人员包括各内阁部门首脑和民间人士，所代表的人士除了科学家和大型公司之外，还包括消费者、小型公司以及劳动者。此外，该机构还继续向私人公司和私立大学提供科研合同，但必须在公平的基础上进行，并且拥有所有专利的公共所有权。最后，基尔戈强调这一机构应当被视为满足社会需要的手段，而不仅仅是“为构建理论科学大厦而构建的工具”。总而言之，他认为

---

* 比如，战争期间，通用电气公司、国际通用电气公司（International GE）、硬质合金公司（Carboloy）和德国的克虏伯公司（Krupp）曾被指控共同制定了涉及使用硬质合金切削工具的限制贸易计划。该指控认为，对专利权的控制使得这些公司阻止美国工业引进更为先进的切削工具，从而损害了国家的备战。战争期间，该案被延迟审理，但在 1948 年，这些公司都被判定有罪。

这个新设立的联邦科研机构成为真正民主控制的对社会负责的科研活动的庇护者，而不仅仅对科学家提供资助。瑟曼·阿诺德把这一计划称为“科学大宪章”。[51]

布什对基尔戈创设一个对非科学家利益明确负责的科学机构的提议感到惊恐，于是联合他在陆军、海军、全国制造商协会和美国科学院的同仁们共同反对这一提议。弗兰克·朱厄特认为基尔戈计划把科学家变成了“国家的知识奴隶”。哈佛大学校长和OSRD的领导人之一詹姆斯·B·科南特（James B. Conant）警告说，基尔戈计划“将和平时期所有的科学家都置于独裁之下”。这类呼唤科学自由的声音听起来十分有力，但事实上，科学
18 从来就没有真正独立过。科学总是遵循着政治、工业或军事的重点工程通过总体资助模式或具体的管理监督为它所设立的导航方向，满足工业或军事方面的需求——如朱厄特的贝尔试验室或科南特的曼哈顿计划。问题不在于对科学的控制，而在于谁在控制——由人民通过他们的民主过程来实施控制，抑或是由军事工业教育的联合体所独自选出的精英来控制。[52]

布什的全部技术生涯都致力于解决各种公共事业企业、刚刚兴起的电子工业以及军事上的弹道学的问题，他攻击基尔戈对科研活动必须实用且有益社会的看法。作为“纯科学”的赞助者，他对基尔戈的机构大泼冷水，斥之为“喜欢捣鼓新奇玩意者的场所”。他还强烈反对基尔戈对政府拥有专利权以及外行控制科学的观点，认为前者将打消工业界研制创新的动机，后者将破坏科学家控制科学的学术专长。针对基尔戈的挑战，布什等人反提议，建议创设一个国家研究基金会（National Research Foundation，后来也称做国家科学基金会）。[53]

布什提议成立一个由委员会管理的机构，它不必向总统负责，这很有可能演变成他所主持下的科学界的机构。他还主张延续OSRD的专利政策，机构负责人有权将专利权授予科研合同的承包人；这种权利主要是用以鼓励专利权的实施（但政府在使用这些专利时无需交纳专利使用费）。布什计划的中心要点是科学的专业控制，而不是外行控制，从而确保在合同发包时的专业优势。布什在著名的《科学无止境》（*Science，the Endless Frontier*）的报告中提出他的设想。根据科学史作家丹尼尔·格林伯格的说法，该报告“提出了一个管理公式，它实际要求一种有资助而无控制的模式，从而赋予科学在公共议程中以独一无二的特权地位——总之，科学由科学家治理，但由公众付费”。布什承认，他是在向他的选

民要求一种非同寻常的特权，但他一如既往地坚持认为，这种自由对于良性科学是必要因素，而良性科学又是强盛而繁荣的社会中的必要因素。[54]

根据白宫参谋唐纳德·金斯利（Donald Kingsley）的回忆，这场布什与基尔戈之间的争论后来演变成一场战斗，“一方是一个由少数具有权势的教育机构、大公司和一大群遍布全国的科学家所紧密构成的‘小群体’，而另一方则是尽可能避免科研以及控制科研的群体过于集中的力量”。战争动员和恢复局（Office of War Mobilization and Reconversion）的参谋詹姆斯·R·纽曼（James R. Newman）认为布什计划“并不符合联邦机构所应具有的广泛而民主的目的”。来自俄勒冈的参议员指出，布什计划受“垄断利益集团所支 19
持”，而在“许多国有教育机构的教育家和科学家”那里遭到了反对。加利福尼亚大学洛杉矶分校的校长克拉伦斯·戴克斯特拉（Clarence Dykstra）将布什计划概括为“私立大学通过后门获得公共资助”的便捷门径，同时又不必担公共机构所应接受的责任。[55]

小型军工厂协会（Smaller War Plant Corporation）的理事E·莫里·马弗里克（E. Maury Maverick）将这些意欲自我授权的科学家议员视做歌剧中的女主角。“我极其不希望出现哪怕一丝一毫对这些伟大科学家的爱国热情的打击，”在一个关于二战后科学基金会立法的参议院听证会上，马弗里克这样回敬约翰·霍普金斯大学校长以赛亚·鲍曼（Isaiah Bowman），“他们的绝大多数证词都具有启发意义。但我提醒所有科学家注意，这个世界上除了他们之外还有其他爱国者，我认为激发他们的社会意识是一个不错的主意。让我们永远铭记，我们有一个公众的政府，我们的政府是公众的工具。只有政府的公共性才能够实现民主与自由。人民通过他们的政府来决定他们需要什么。科学家应当明白，由于他接受垄断者或大公司所提供的 5 万美元一年的薪水，这并不能保证他就能够脱离公共事务，当然他也许仍然是一位纯粹的科学家。”[56]

战争结束以后，这两个有关科学机构的提案的辩论在国会持续了好几年。杜鲁门政府支持基尔戈版本，但遭到国会山的强烈反对。1947 年，共和党控制的国会通过了布什提案，但杜鲁门政府予以否决，其理由与基尔戈的担心相似，“该提案包括一些条款，它们显著偏离了公共事务管理所必须遵循的基本原则，”总统如此写道，“这使我无法批准。事实上，它将重大国家政策的决定、巨额公共基金的支出以及重要的政府职能赋予一群本质上是私人的公民。它提议创设的国家科学基金会偏离了人民控制到如此程度，事实上意味着对民主过程缺乏信任。我并不接受这种观点。”杜鲁门坚持认为，“它认为我们传统的民主政府没有能力对鼓励科学研究和教育的计划加以适当管理。”[57]

在被否决之后，国家科学基金会提案在国会还继续延宕，在此期间，大学的研究者通过海军研究局接受通常不带附加条件的政府资助。最后在1950年，国会通过了一项事实上反映了布什方案胜利的折中方案，杜鲁门总统签署了该法案，他当时正沉浸在冷战与国家安全的考虑之中。1950年的法案仅仅只接受基尔戈和杜鲁门所要求的总统任命主席，但有一个私人
20 机构的科学家所组成的委员会供咨询。第一任主席艾伦·沃特曼（Alan Waterman）主持美国科学基金会长达10年之久，他曾任OSRD的高级主管，后来又担任海军研究局的首席科学家。他致力于延续战争期间构建的模式，即科学家在公共资助下（通过同行评议来）治理科学。“很显然它反映了国家科学委员会成员的观点，”美国科学基金会第4份年度报告声称，“无论是国家科学基金会还是其他的联邦机构，都不应引导科学研究的发展，任何这类做法都将失败。培养，而不是控制，在此才是可行且适当的途径。”[58]

这样，当冷战愈演愈烈，并最后发展到朝鲜战争这样的热战，关于二战后科研模式的争论也就画上了句号。这种在战争期间所创建并随后得以延续的科研模式被人们视为理所当然，而军事工业教育联合体的网络则围绕着科学日趋严密。尤其重要的是，科学研究都是以军事为导向，并为大型公司与精英大学所把持。在政府的资助下，这些机构仍然保留着私人所有权以及控制其事务的特权，虽然这些事务涵盖了美国科学研究的主体。科学家本身，与那些在防务项目上与之合作的商人（科学家有时自己也是其中的一分子）一样，取得了在政府资助下开展技术活动的权利，从而可以满足他们的科学好奇与热情，并在基本上不受公众监督的情况下自由地追求他们的专业目标与商业利益。

诚然，仍然有一批原子能科学家，他们承担起与核恐怖战斗的社会责任，质疑军备竞赛的路径与方向。但对绝大多数科学家来说，他们可以在自由地从事他们的工作的同时，而无视其社会目的与后果，事实上他们也是这样做的。从他们在其中出入的精英大学、科学界、军事界和工业界之外的人们的视角来看，他们与他们的军界和商界兄弟何其相似！他们唯一

不同的特征就是对科学发现与创造拥有一份虽有些幼稚但仍然是真诚的痴迷。

【注释】

[1] Charles Wilson，引自 Richard D. Boyer and Herbert M. Morais，*Labor's Untold Story*（United Electrical Workers，1955），p. 331，还可参见 James Matles and James Higgins，*Them and Us*（Prentice-Hall，1974），p. 155。还可参见 Charles E. Wilson，"For the Common Defense：A Plea for a Continuing Program of Industrial Preparedness，" *Army Ordnance*（March 1944），p. 285。

[2] James Forrestal，1943年5月10日在马里兰史学协会上的演讲，引自 Michael S. Sherry，*Preparing for the Next War*（Yale University Press，1977），p. 33。

[3] Sherry，*Preparing for the Next War*，pp. ix，182.

[4] Acheson，引自 Fred M. Kaplan，"The Cold War Policy，Circa 1950，" *The New York Times Magazine*，May 18，1980。

[5] Seymour Melman，"The War Economy of the United States，" in *The War Economy of United States*（St Martin's Press，1971）；还可参见他的 *The Permanent War Economy*（Simon and Schuster，1974）。

[6] 参见我的 "The Social and Economic Consequences of the Military Influence on the Development of Industrial Technologies，" in Lloyd J. Dumas，ed.，*The Political Economy Of Arms Reduction*，AAAS Selected Symposium No. 80（Westview Press，1982）。

[7] Mannie Kupinsky，"Growth of Aircraft and Parts Industry，1939—1954，" *Monthly Labor Review*（December 1954）.

[8] Frank A. Spencer，"Technology，Economics，and Corporate Strategy in U. S. 1946—1973，" *Business and Economic History*（February 1978），pp. 11－28.

[9] Aircraft Industries Association，*The Aircraft Yearbook for 1948*；John F. Hanieski，"The Airplane as an Economic Variable：Aspects of Technological Challge in Aeronautics，1903—1955，" *Technology and Culture*（1973）.

[10] 同上。

[11] J. H. Kindelberger，*Mobilization Planning for Aircraft*（Aircraft Industries Association，January 1950）.

[12] Edwin Mansfield，*The Economics Of Technological Change*（Norton，1968），p. 56.

[13] D. A. Kimball，"Guided Missiles，" in *Jane's All the World's Aircraft*（1955—1956），p. 53.

[14] *Electronics*（April 17，1980），p. 153.

[15] 同上，第 519 页。

[16] 出自同上，第 614 页。

[17] Mansfield, *Economics of Technological Change*, p. 56.

[18] *American Machinist* (November 1977).

[19] Melman, "The War Economy of the United States"。还可参见 Seymour Melman, "The Productivity of Operations in the Machine Tool Industry in Western Europe," *Report to the European Productivity Agency* (October 1959)。还可参见 Merritt Roe Smith, "Military Enterprise and the Innovative Process," in Otto Mayr and Robert Post, eds., *The American System of Manufactures* (Smithsonian Institution Press, 1981); Merritt Roe Smith, "Military Arsenals and Industry Before World War One," in B. F. Cooling, ed., *War, Business, and American Society* (Kennikat Press, 1977), p. 24。

[20] L. T. C. Rolt, *A Short History of Machine Tools* (MIT Press, 1965), p. 238.

[21] Mansfield, *Economics of Technological Change*, pp. 56—57.

[22] Merritt Roe Smith, *Harpers Ferry Armory and the New Technology* (Cornell University Press, 1977)。还可参见 Murray Brown and Nathan Rosenberg, "Patents, Research and Technology in the Machine Tool Industry, 1840 — 1910," in *The Patent, Trademark and Copyright Journal of Research and Education* (Spring 1961)。

[23] Melman 向生产力委员会提交的报告。还可参见他的 *Profits without Production* (Knopf, 1983); Melman, "Profits Without Productivity" in Melman, *The War Economy of the United States*。

[24] James P. Baxter, *Scientists Against Time* (Little, Brown and Company, 1946), pp. 11—21.

[25] J. L. Penick, ed., *The Politic of American Science*, *1939 to the Preen* (Rand McNally, 1965), p. 165.

[26] 同上，第 51 页。

[27] Ernest Braun and Stuart MacDonald, *Revolution in Miniature* (Cambridge University Press, 1978).

[28] Kent C. Redmond and Thomas M. Smith, *Project Whirlwind* (Digital Press, 1980).

[29] Daniel J. Kevles, "The National Science Foundation and the Debate over Postwar Research Policy, 1942—1945," *Isis* 68 (1977), p. 18.

[30] Redmond and Smith, *Whirlwind*.

[31] Braun and MacDonald, *Revolution in Miniature*.

[32] Redmond and Smith, *Whirlwind*.

[33] Furer, 引自 Baxter, *Scientists Against Time*, p. II, 还可参见 Sherry, *Prepar-*

ing for the Next War，p. 134。

[34] Sherry，*Preparing for the Next War*，pp. 127，158.

[35] Karl Compton，"Some Educational Effects and Implications of the Defense Program，" *Science* (October 17，1941)，pp. 368—369.

[36] Sherry，*Preparing for the Next War*，p. 133.

[37] Bowles，"Integration for National Security，" 引自 Sherry，*Preparing for the Next War*。

[38] Daniel J. Kevles，"Scientists，the Military，and the Control of Postwar Defense Research：the Case of the Research Board for National Security，1944—1946，" *Technology and Culture* 16 (1975)，p. 20.

[39] Bush 的国会证词，引自 Sherry，*Preparing for the Next War*，p. 136。

[40] 关于这些主题的详细论述，参见 Michael D. Reagan，*Science and the Federal Patron* (Oxford University Press，1969)，pp. 40—41。

[41] Kevles，"Scientists，the Military，" p. 45.

[42] Kevles，"Scientists，the Military，" 也可参见 Sherry，*Preparing for the Next War*，pp. 138—158。

[43] Smith，引自 Sherry，*Preparing for the Next War*，p. 153。

[44] "Science and National Defense，" *The New Republic* (January 4，1945)，p. 8.

[45] "The Bird Dogs，the Evolution of the Office of Naval Research，" *Physics Today* (August 1961)，pp. 30—35.

[46] Penick，*The Politic of American Science*，p. 165.

[47] Daniel S Greenberg，*The Politics of Pure Science* (World，1967)，pp. 136—137.

[48] 参见第 6 章。关于科学研究的统计数据，参见 Kevles，"The National Science Foundation，" p. 20；Sherry，*Preparing for the Next War*，p. 234；*Science Indicators* (National Science Board，1979)，p. 182。

[49] 关于临时国家经济委员会，参见 David F. Noble，*America by Design* (Knopf，1977)，尤其是第 5 章，Kevles，"The National Science Foundation"。

[50] Sherry，*Preparing for the Next War*，p. 156。也可参见 Kevles，"National Science Foundation"，脚注来源：Boyer and Morais，*Labor's Untold Story*，p. 331。还可参见 Matles and Higgins，*Them and Us*；*and The UE Guide to Automation* (United Electrical Workers，1960)，preface。

[51] Arnold and Kaempffert，引自 Kevles，"National Science Foundation"。关于证词的全文，可参见 Penick，*The Politic of American Science*，pp. 41—42。

[52] Jewett and Conant，引自 Kevles，"National Science Foundatlon"。还可参见 James Conant，"Science and Society in the Postwar World，" *Vital Speeches* (April 15，

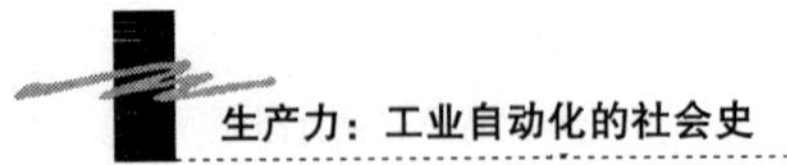

1943）以及他的“America Remakes the University,” *Atlantic Monthly*（May 1946）。

［53］Bush，引自 Greenberg，*Politics of Pure Science*，p. 104。

［54］Greenberg，*Politics of Pure Science*，p. 107。

［55］Donald Kingsley 1946 年 12 月 31 日写给 John R. Steedman 的信，发表在 Penick，*The Politics Of American Science*，pp. 72—73。

［56］Maverick 的证词，引自 Penick，*The Politics of American Science*，p. 79。

［57］杜鲁门 1947 年 8 月 15 日的否决词，引自 Penick，*The Politics of American Science*，p. 87。

［58］National Science Foundation，*Annual Report*，引自 Greenberg，p. 189。

第2章 背景：国内战争

军事工业科学联合体在20世纪40年代出现 21
并巩固了它的地位，它反映了社会学家查尔斯·赖特·米尔斯（C. Wright Mills）所称的“军事统治”，说明“现代美国资本主义朝着一种永久的战争经济演进的巨大结构变迁”。米尔斯注意到，面对着二战期间轴心国的挑战以及二战后所谓的苏联或共产主义的挑战，“高度备战”日益被人们视为“美国正常并且似乎永恒的状态”。[1]在这种情况下，军方、公司、大学以及科研机构中的高层圈子彼此重叠，构成具有政治和经济权力的精英阶层。* 这个阶层的人们有着相同的世界观，而且也面临着通用电气公司董事长查尔斯·E·威尔逊所面临的两个同样的难题：不仅仅是“外部的苏联”，而且也有“国内的劳工”。[2]

与产业界和科学界相似，劳工阶级在战争期间也经历了巨大的变迁。工会会员从1940年的900万增加到1945年的1 500万，通过美国产业工人
22 联合会的政治行动委员会，工会具有相当广泛的政治影响。1944年，《时代》杂志将美国产联政治行动委员会的活动称为“在过去的美国一代人中最成功的政治宣传”，并将120名众议员、17名参议员、6名州长和罗斯福总统的当选成功都归功于它。[3]劳工游说者还成功地促进国会通过了《经济权利法案》。劳工史学家理查德·博耶（Richard Boyer）和赫伯特·马雷（Herbert Morais）指出，许多人都注意到“劳工组织的成员有了显著增长，而影响力也大大增强，对于产业界来说，这一趋势与苏维埃在世界范围内的影响扩大一样令人不安”。[4]

二战期间，劳工大军的成分也有了巨大的变迁，虽然这种变迁有可能只是暂时的现象。妇女进入了金属制造、化工、橡胶和飞机制造业，工会中的女性成员增加了460%；黑人则进入了汽车和飞机制造业，使得工会中黑人成员人数达到了85万。但很少有妇女或黑人成为熟练工人或工会领袖，这应归咎于劳工运动中的性别歧视。当战争结束时，绝大多数非熟练工的就业机会不复存在，数百万的妇女和黑人在这次产业收缩中丢掉了他们的工作。整个战争期间，工资一直保持在高于1941年15%的水平上——其依据是所谓的“小钢方案”（little steel formula）——与此同时，价格却上涨了45%，而利润则增加了250%。此外，产业关系的基本特点不是集体谈判，而是战争劳工委员会（War Labor Board）的强制仲裁以及劳工不得罢工的宣誓。[5]

---

* 关于这几个群体相互融合的程度，米尔斯的《权力精英》（*The Power Elite*）堪称最好的描述。在20世纪四五十年代，国防部的参谋人员有詹姆斯·福雷斯特尔（狄龙公司）、里德（Read，投资银行）和查尔斯·欧文·威尔逊（通用汽车公司），后者曾说过一句闻名天下的妙语，即“对通用汽车公司有利的，对美国也有利”。空军参谋长斯图亚特·赛明顿（Stuart Symington）曾任爱默生电气公司的总裁，而国防部副部长A. 洛维特（A. Lovett）则来自布朗兄弟和哈里曼投资银行。进入商界和大学的军方人士则包括卢修斯·克莱（Lucius Clay，大陆罐头公司）、詹姆斯·杜利特尔（James Doolittle，壳牌石油公司）、奥马尔·布拉德利（Omar Bradley，布洛瓦表业公司）、道格拉斯·麦克阿瑟（Douglas MacArthur，雷明顿·兰德公司）、艾伯特·魏德迈（Albert Wedemeyer，艾柯公司）、本·莫雷尔（Ben Morell，琼斯和拉夫林钢铁公司）、雅各布·埃弗斯（Jacob Evers，飞兆飞机制造公司）、艾拉·伊克尔（Ira Eaker，休斯设备公司）、布雷赫尼·萨默维尔（Brehen Somervell，科珀斯公司）、E. R. 克萨达（E. R. Quesada，洛克希德公司）、沃尔特·B·史密斯（Walter B. Smith，美国机器和铸造设备公司）和德怀特·艾森豪威尔（哥伦比亚大学）。

即使如此，战争期间仍然发生了 14 471 起罢工（共 700 万工人参加），超过以前任何一个时期（包括美国产业工人联合会成立的 20 世纪 30 年代）。绝大部分罢工都是针对美国政府、管理阶层和工会领域的自发反抗。[6] 二战时的劳工短缺、工会的迅速增长以及工业生产对于战争的极端重要性，所有这些都使工人产生一种自信和有力量感，它体现在较高的旷工率、职工流动率以及大量的自发罢工（wildcat strike，指未经工会批准的罢工——译者注）。劳工大军的成分变化，再加上大批新进入的成员尚不习惯或不能屈服于产业工作的严格纪律，尤其加重了普通工人的频繁变动工作和不遵守纪律的情况。最常见的停工原因就是对纪律的抱怨，譬如折磨或者解雇某个试图执行新的工会合同和工作规则的工会代表。工资也是一个主要的原因，还有一个是在许多“理性化的”低级别的工作中用非熟练工人来取代熟练工人（这也是熟练白种工人对黑人或妇女抱有相当程度敌意的原因之
一）。* 另一个重要的问题是劳动条件，工人忍受着劳动的高强度、长时间 23
以及恶劣的工作环境。1940—1945 年，共有 88 000 名工人死于工作事故，110 多万名工人受工伤，是美国在战斗中的人员伤亡的 11 倍。[7]

罢工的形式通常是自发性质的，工人自发组织，范围限于一个部门或者一个工厂，持续时间比较短。从区域来看，罢工主要集中在产煤区、底特律、阿克伦城、西海岸的飞机制造厂和东海岸的船舶制造厂。同情罢工（sympathy strike）也很经常。在福特公司，有 10%的罢工随后引发了同情罢工。考虑到 1941—1945 年福特公司一共发生了 773 起罢工（差不多每隔一天就有一次罢工），这个数字相当可观。美国汽车工人工会的地区领袖和国际领袖与管理层和政府合作，试图控制这种局面，但仍然无济于事。在一次自发罢工后，第 91 区的工会领袖向地方工会领袖无所顾忌地说：“这些人选我不是为了赢得这场战争，他们选我是希望我领导他们并代表他们。”[8]

与其他地方一样，福特公司的劳资冲突主要发生在车间层面，焦点是工资以及工人与直接管理他们的工头之间的对抗。1943 年 5 月，福特公司管理部门提供了“一份很长的关于工人恐吓他们工头的事件的清单”。[9] 1944 年 3 月，在规模庞大的红河联合工厂（River Rouge Complex）发生了

* 比如，一个曾在通用电气公司的布里奇波特工厂工作过的妇女回忆道：“冲床原来都由男工操作，并付以男工工资。对于那些被换掉的男工来说，女操作工就像是入侵者、篡位者或者夜里入室的小偷。”

一起最大的罢工。5 000 名飞机发动机制造厂的工人堵住了工厂大门和通道，发动了一起被称为“普遍暴动”的罢工，他们突击人事部门，将工人的档案搜出来带走。这一事件的直接起因就是解雇两个在工作场所吸烟的熟练工人——这一偶然事件更像是引发积压已久的愤怒的导火索。据说这两个工人宣称，工人在工厂劳动部门所设定的工作条件下工作就像是呆在监狱里一般。在福特管理部门看来，他们的处境也并未好到哪里去，当然原因并不相同。“公司与这样的工会签订合同，”福特公司的管理人员抱怨道，“这就跟维苏威火山签订不能爆发的合同一样。唯一不同的地方是火山爆发更为频繁，无法驾驭。”不久以后，在当地的工会选举中，此次罢工的领导者当选为该飞机制造工厂的工会副主席。[10]

福特公司是几大汽车巨头中最后一个向工会化屈服的公司，但这种“骚动”并不限于福特公司。1941 年，该年工人罢工的次数高过美国历史上除 1919 年之外的任何一年，共有 4 288 起罢工，参加人数高达 250 万。[11]联合汽车工会在阿里斯—查尔摩斯公司（Allis-Chalmers）的密尔沃基工厂——当时罗斯福总统威胁说要派遣军队占据工厂——和北美航空公司的洛杉矶工厂举行了罢工。在后一事件中，罗斯福总统并未命令军队接收工厂；全国联合汽车工会解雇了 5 名参与其事的国际代表，撤销了颁发给当地工会的许可证书，并以所谓的“怠工”名义停止其 8 名领导者的工作。[12]
24 1941 年还发生了钢铁工人针对伯利恒钢铁公司的罢工，其最后的成果是“小钢方案”和不再罢工的宣誓。国家干预的威胁与强迫仲裁的义务并未禁绝罢工（或者说怠工）。在飞机制造业，汽车联合工会和国际机械师协会竞相在大型的机身制造工厂发动罢工。根据《财富》杂志的报道，“生产是如此频繁地被中断”，以至于战争生产委员会（War Production Board）不得不命令这两个工会签署一个不得发动罢工的协议。但没有人对此在意。[13]在飞机制造业，转换工作和旷工现象仍然出奇地高（根据北美航空公司董事长的统计，换工率高达 75%），这种情形很快从这种订单生产的产业蔓延到大规模制造的产业。[14]1943 年共发生了 3 752 起罢工，是战争爆发第一年的 3 倍，该年的焦点是美国历史上最大的一次煤炭工人罢工。这次由美国矿工工会组织的罢工是一次有组织的工会罢工，其结果是导致了国会的第一份反罢工法案，即《史密斯—康纳利法》（Smith-Connally Act）。但矿工们仍然拒绝遵循该法，当罗斯福总统威胁说要派遣军队并逮捕工人时，矿工们嘲笑说，你又不能用刺刀来挖煤。[15]

1943 年 5 月，劳动统计局委员伊萨多·卢宾（Isador Lubin）向白宫参谋哈里·霍普金斯（Harry Hopkins）指出，“产业骚动仍然处在持续的增强过程中。”[16]虽然面临着大规模的报复行动，比如停职、逮捕工会领袖或迫使当地工会破产，1944 年参加罢工的钢铁工人仍然比上一年有所增加。该年共发生了 224 起汽车工人罢工，在 1944 年的各工会大会上，代表们明确表示放弃不再罢工的誓言。乔治·罗姆尼（George Romney）是汽车工业战争生产委员会的执行理事，他惊讶地指出，“在 1944 年的前 11 个月中，该行业所发生的罢工或怠工次数以及参加人数高过了该产业历史上的任何一个时期。”[17]经济学家萨姆纳·斯利希特（Sumner Slichter）警告道，“因为罢工而损失的时间在增长”，并指出《史密斯—康纳利法》——该法令要求罢工必须提前 30 天提出罢工申请，并且政府有权对罢工实行否决权——事实上已经成为一纸空文。“普遍地禁止罢工并不是办法，”他说，“这类禁止法令从来都没真正实行过。”斯利希特提出一个更为微妙而影响深远的举措，“对付这种情况，最聪明的办法莫过于让罢工工人将申请提交给工会领袖”，让工会领袖自己来监督他们的成员。[18]但是，正如禁止罢工法案以及动用军队和停职的威胁一样，这一方案也无济于事，至少在这个时候不能发挥作用。更糟糕的情况还在后头。

“第二次世界大战的结束标志着美国工业史上最大的工业危机的开始，”工业关系研究专家尼尔·W·张伯伦（Neil W. Chamberlain）如此写道。战火一停，放弃罢工的誓言就正式失效，新的力量更强的工会准备检验它们的队伍，而工人们也早对工资冻结政策积累了一肚子怒气，因为该政策使他们远远地落在飞涨的物价的后面。“所有这些情况都为劳资关系的爆炸作了铺垫。”“但是，”张伯伦接着说，“没有人希望这种爆炸规模庞大或者久
拖不决。”[19]在 1945 年和 1946 年，美国爆发了“资本主义国家历史上最大 25
的罢工浪潮”。1945—1955 年，一共发生了 43 000 起罢工，约 2 700 万工人放弃了工作。1946 年，工会发动了针对通用汽车公司、福特汽车公司、克莱斯勒汽车公司、通用电气公司*和西屋公司的全国性罢工，并取得了辉煌的胜利，此外还发动了煤矿工人罢工和运输工人罢工。罢工的中心议题是

* 由机械师领导的国际电气、无线电和机器工人联合会发动了针对通用电气公司的罢工，罢工在布里奇波特、费城和斯卡奈塔第遭到了暴力镇压。但在通用电气公司的总部所在地斯卡奈塔第，罢工获得了广泛的社区支持。参见第 7 章的相关论述。

工资，工会为它的成员赢得了大幅度的加薪。在1947年和1948年的产业衰退中，罢工仍在继续——其中最大的是奥克兰大罢工，但总体规模已经不如1946年。随着1949年产业的重新兴盛，罢工也持续增多，涉及面包括煤矿、钢铁、橡胶和汽车工业，参加人数达300万。这些罢工在“持续时间和强度方面创下了纪录”。[20]当这个国家全力以赴发动朝鲜战争的时候，罢工并没有丝毫减轻的迹象。1950年发生4 843起罢工，高于1949年和1937年。历史学家詹姆斯·格林（James Green）注意到，“朝鲜战争时期所发生的罢工，无论是次数还是参加人数（9 200万），都要高于1935—1939年时期（由美国产业工会联合会组织），更要远远高于二次大战期间。”[21]格林指出，“对共产党的镇压、美国产联的官僚作风、政府根据《塔夫脱—哈特莱法》（Taft-Hartley Act）而对劳工斗争日趋增多的干预，这一切似乎应当对工人阶级的斗争精神有抑制作用，但事实上并非如此。”[22]在朝鲜战争期间，罢工的主要目标并不是工资或者工会的合法性问题——它们分别是1946年罢工和20世纪30年代罢工的主题，相反，“它们都是一些要求缩短工时、提高工作条件、改善卫生条件，增加福利基金、养老金和其他收益的全国性罢工，此外还有些针对提高劳动强度的自发罢工。”[23]

西屋公司发生的罢工很有代表性。根据《财富》杂志1951年6月的一份报道，在西屋公司设在宾夕法尼亚州沙伦市的工厂中，由于在一个新工种的工时定额上存在着争议，生产变压器铁芯的部门的58名工人拒绝工作。这一举动随后引发了另外150名工人的同情罢工。最后的结果是，公司为抵制工人而停业。这是沙伦市不到一年内所发生的第23起罢工。在西屋公司在其他城市所设的工厂中，情形大致相仿。比如，在东匹兹堡的西屋公司的运营中心，1950年发生了88起怠工事件，1951年的前4个月中发生了33起怠工，而在莱斯特市和南费城的工厂则面临着“持续的怠工和罢工”。在东匹兹堡，这类事件主要是在车间层面。第33起怠工迫使厂方撤掉一名工头。“公司建立了一种新的制度，”《财富》报道，“它可以随时检查工头的行动，据说他们经常在工作时间在工厂里自由游荡，甚至还溜出来喝啤
26 酒。”工会一方，即国际电气、无线电和机器工人联合会（International Union of Electrical, Radio, and Machine Workers, IUE），则坚持说，工人被“锁在凳子上”。《财富》最后得出结论说，“没有人确切知道问题究竟出在哪里。”[24]

二战后的罢工和持续紧张的劳资关系对所有产业都有影响，那些与军

事有密切联系的军工产业也未能幸免。金属切削业在 1946 年发生了大规模的罢工。[25]机床业工人举行罢工，抵制一个相当保守的管理层，根据历史学家哈利斯·瓦戈纳（Harless Wagoner）的判断，该管理层“在劳资关系上相当反动”。该行业一贯“反对推行失业和事故保险”，“在雇主协会中抑制工会的扩张”，并且“认定应该通过缩短工时、降低工资或者失业来使工人承担需求减少的后果”。[26]1951 年布朗和夏普公司（Brown and Sharpe）爆发了许多次大规模罢工，而在爱克赛罗公司（Ex-Cell-O）则发生了“久拖不决的罢工”。在电子行业，通用电气公司、西屋公司、邦迪克斯公司、斯佩里公司和阿玛公司在二战后的 10 年中都爆发过罢工。在整个飞机制造业（包括机身生产、发动机生产以及零部件生产），二战后的前几年并没有发生罢工，但情况很快就急转直下，1948 年波音公司首先爆发一起长达 5 个月的罢工。机身制造工厂的工人受到战争结束后该行业收缩的严重打击，要求提高工资，改善工作条件和过低的职业分类。当冷战军备竞赛以及朝鲜战争引发产业恢复之后，工人仍然在贝尔公司、道格拉斯飞机公司、共和飞机公司、北美航空公司、洛克希德飞机公司以及莱特航空公司、通用电气公司的伊文达尔工厂和艾柯公司的发动机工厂举行罢工。[27]

在飞机制造业，管理层拥有极大的优势，这使得其雇员和工会的谈判力量相对比较薄弱。在艰难时期，行业要获得订单非常困难，工人不得不斗争以保住其职位。当该行业繁荣时，当工人和工会想要通过集体谈判来改善自己的地位时，却又面临着政府的干预。在道格拉斯飞机公司、洛克希德飞机公司和北美航空公司的罢工中，政府都进行了干预，以避免军事飞机生产的停顿。此外，该产业的企业家还通过南加州飞机制造协会，联合设置了一个复杂的工资制度，从而分化和控制工人。德怀特·艾森豪威尔在 1952 年当选为美国总统对美国劳工形成了一种不利的局势，而管理方很快就抓住了这个机会。[28]

比如，在北美航空公司，一个军工企业中联合汽车工会下属的地方工会在 1952 年和 1953 年号召工人罢工——其目的是获得与汽车工业工人等量齐观的工资，但这个工会在经历了 54 天的罢工之后，遭到了“丧失颜面的失败”。根据一篇关于劳工关系的文章的说法，“管理层完全俘获了工会的上层领导”，它们在合同中加入管理者拥有特权的条款，坚持既定的工资标准，关闭了工会制车间（union shop，指只雇用工会会员的车间或者限制非 27

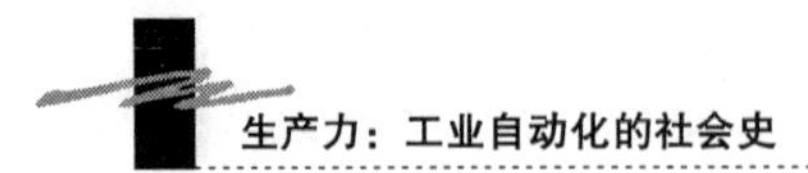

工会会员加入的车间。——译者注），并开除一些比较激进的地方工会领袖，甚至还强迫工会支付在生产过程中工会代表在交涉时造成的时间损失。但在接下来的一年，即1954年，“北美航空公司普遍发生了种种不合作和工作中断现象”。工人们强烈抱怨那些破坏罢工的人获得了好处，并且“对成员受骗和过度应用工作纪律的方式持续发泄不满”。[29]

《生活》杂志在1946年12月23日以下面这个标题总结出这个国家的领导人所主要关注的问题，“美国的主要问题是劳工”。[30]萨姆纳·斯利希特在《大西洋月刊》（*Atlantic Monthly*）发表了一篇题为《罢工告诉了我们什么》的文章，文章认为“所有这些没有解决的劳工问题中，最重要的是雇员介入公共事务的权利”。《大西洋月刊》的主编理查德·E·丹尼尔逊（Richard E. Danielson）也支持这种看法，他主张人们需要重新思考罢工权利这一原则。[31]政治家们、商界领袖以及学界顾问在公众对罢工的接受程度、在“关键产业”中终结罢工的紧急事件条款以及罢工的经济后果问题上存在着争议。[32]但普通民众并不关心这些，虽然他们在1946年是罢工的主要支持者。商人们也许可以在针对钢铁业、煤业、造船业和运输业的罢工的各种声音中辨识出他们自己的利益，但是萨姆纳·斯利希特一针见血地指出，“公众极其冷漠”。[33]

有几个因素使得事情朝着有利于产业界的方向发展。在公司制定的“高资历”政策鼓励下，退伍士兵重新进入劳动大军，破坏了工人之间的团结和非正式的同志关系，公司从而得以开除那些在战争期间给公司带来麻烦的工会代表。[34]比如，在位于布里奇波特的通用电气公司所属的工厂里，“二战时的工人被大批解雇，部分车间管理员以及退伍军人被重新安置在他们的岗位上，但开出的工资通常比原来更低。”[35]消费品生产行业经过一段相当短暂的景气时期——厌烦了配给制的美国人急于购买战争期间限量供应的商品——之后，随后的萧条导致了数万人失业，并消磨了工人的意志与自信。“1945—1946年的大罢工吓怕了垄断阶层，”史学家博耶和马雷注意到，“这更加令它们的领导者坚信，冷战是一个上天赐予的好机会，借此可以打败在规模、战斗力和团结方面都持续增强的工人运动。”“将军们谈起劳工问题的时候，都认为它对于为打赢海外的（冷）战争而巩固美国国内防线是非常必要的。”[36]

巩固国内防线就意味着将国内的敌人与国外的敌人相提并论。劳工斗
28 争被视为国际共产主义向美国劳工运动的渗透，富有战斗性的工人运动则

被看做是对国家安全的威胁。反对工会中的共产主义运动有一个很长的历史，并且往往涉及政治权利。1944 年，托马斯·E·杜威（Thomas E. Dewey）和国会议员马丁·迪尔斯（Martin Dies），联合另外 13 名共和党议员，一共印发了 300 万份宣传册，宣称罗斯福总统与美国产业工会联合会的政治行动委员会之间的联盟是一个共产主义阴谋。随着冷战的升级，对共产主义的攻击愈演愈烈，到处蔓延，而且并不限于传统上较为保守的政治家。在国会推翻了杜鲁门总统的否决之后，《塔夫脱—哈特莱法》生效，该法要求工会必须做出不信仰共产主义的宣誓，以此作为国家劳动关系委员会的保护与认可的前提。在美国商务部、国家制造者协会以及来自通用电气公司、阿利斯—查默斯公司（Allis-Chalmers）、内陆钢铁公司和克莱斯勒公司的游说者的共同努力下，《塔夫脱—哈特莱法》还禁止封闭工厂（closed shop，指只雇用某一工会会员的工厂——译者注）与同情罢工，鼓励各州为工作权利立法，允许就不公平的工人运动对工会提起诉讼，并赋予总统在紧急状态下有结束罢工的权力，并规定了用于强制仲裁的 8 天"冷却期"。该法案阻止了工人运动的发展，它以罚金、诉讼、法院禁令、指控和囚禁等方式来威胁劳工运动的积极分子和工会领导人。可想而知，劳工运动的领导人把该法称为"奴隶劳动法"；矿工联合会（UNW）的约翰·L·刘易斯（John L. Lewis）把它称为"美国法西斯主义第一次赤裸裸的进攻"。而另一边，《商业周刊》则欢迎该法案，将它誉为"为美国雇主而制定的新政"。[37]

对劳工的攻击并没有随《塔夫脱—哈特莱法》的生效而终止。政府发布忠诚命令，要求在与国防相关的工厂中清除各种"安全危险"，并且像雅各布·贾维茨（Jacob Javits）、约翰·F·肯尼迪（John F. Kennedy）和休伯特·汉弗莱（Hubert Humphrey）之类的自由派人士都登上了这辆反共产主义的花车。"作为一名美国参议员，"汉弗莱后来宣称，"我将严肃地质疑将敏感的军工生产的合同授予某些工厂的做法，因为这些工厂的工人被一个其忠诚纪录留有污点的组织所代表。"[38]他的讲话得到许多人的附和，其中包括空军参谋长斯图亚特·赛明顿（Stuart Symington）和参议员约瑟夫·R·麦卡锡（Joseph R. McCarthy）。

这股反共浪潮在 1949 年一共清洗了 11 个工会，它严重损害了工人运动，分裂了美国产业工会联合会，并引发了长期的对抗。与此同时，在军工行业，管理层则迅速抓住这种清理门户的机会，以实现自己的目的。

1948 年 10 月，通用电气公司被判与德国克虏伯公司在战争期间合谋限制硬质合金工具的销售并使其价格固定化，爱国热情成为时代的潮流。通用电气公司在斯卡奈塔第、林恩市、锡拉丘兹和伊利等城市的大工厂的管理层与麦卡锡参议员紧密合作，致力于在工厂中清除“安全危险”。这些反共行动不过是由通用电气公司副总裁莱缪尔·博尔韦尔（Lemuel Boulware）所
29 领导的一系列反劳工举措之一，据说博尔韦尔在 1946 年的罢工之后曾发誓，将不再容许这种劳工胜利。博尔韦尔宣称，工会“对斯大林有如此大的帮助，事实上成了共产主义的代理人”。1953 年麦卡锡主义达到了顶峰，通用电气公司的总裁拉尔夫·科迪纳（Ralph Cordiner）下令，对那些拒绝在议院反美行为调查委员会的誓词下作证的职工立刻予以停职。[39]

在艾柯一莱卡明公司的发动机部门，总经理 S. B. 威辛顿(S. B. Withington)“博士”与反共的猎手们合作，采纳了一项与通用电气公司相似的政策。联邦调查局的官员提醒发动机部门在斯特拉特福和威廉斯波特的工厂注意 5 个被怀疑是共产主义分子的雇员，这位执行官下令管理层“全天候监视”这 5 名雇员，并且在所有这类事情上，它们必须密切配合政府。但是，根据莱卡明管理层会议的备忘录的记载，这仍然不能够满足威辛顿的爱国热情。据说，“威辛顿先生认为，莱卡明公司应当找到清除这些雇员的确切办法。”结果，一位下属“被叫来准备一份关于这些共产主义分子的报告，以及一份可供其他工厂处理这类问题时作参考的纲要。威辛顿先生明确提出建议，即莱卡明公司‘清除掉他们’这一句可以置于报告末尾”。[40]

艾柯公司的信条——“艾柯公司打造美国防务，打造未来”——也可以用于整个飞机制造行业，该行业的管理层都获益于它们与军方的业务往来，尤其是国家进入紧急状态的时候。绝大多数机身制造行业的劳资协议都接受了政府的管制。[41]“为确保在国家紧急状态时期不发生任何可能的怠工，”一位加州大学洛杉矶分校的教授指出，“劳资协议中将近一半的篇幅都在处理与政府安全有关的管制、怠工或偷窃，在我们的研究对象中每三个工人就有两个工人签署了这样的协议。”[42]至 1963 年，有 25 000 多家私人工业企业接受了五角大楼的安全管制，国防部发布的手册中详细规定了如何将材料分门别类、检查雇员、监督参观人员、发放用以识别身份的证章并实施监控。在 1962 年，美国工业安全协会（American Society for Industrial Security）拥有遍布 48 个州的 2 490 名会员。

杰克·雷蒙德（Jack Raymond）在他的《五角大楼的权力》（*Power at*

the Pentagon）一书中指出，“安全部门的官员在军方当局的授意下运作……实际上夺走了大部分人事部门的权力。理论上，他们不应该具有雇佣或解雇的权力。但实际上，他们的话就是法律。”“如果安全部门对某个未来的雇员略示不满，我们根本不会与他接触，哪怕他是一个诺贝尔奖金获得者。”一名公司的管理人员向雷蒙德透露道。“在这个新的战争时代，”政治学家哈罗德·拉斯基（Harold Laski）总结道，“制造工厂本身就是一个军事单位，而在其中穿着制服工作的工人甚至根本没有意识到这一点。”[43]管理层当局高踞工人之上，原来是以私人财产所有者的代理人的身份而合法地拥有特 30
权，现在则打着国家安全的名义使自己的特权获得了国家权力的承认。

对于管理层来说，它们的日子已经好得不能再好了。面临着勃勃生机的劳工运动，管理人员到处强烈抱怨工会可能对管理层特权的侵占。“在多大程度上雇员有权对管理层口授指令，这是这个国家所面临的最紧急的问题之一。”《华盛顿邮报》在 1946 年 1 月的一篇社论中这样写道。通用汽车公司的一名法律顾问沃特·戈登·梅里特（Walter Gordon Merritt）在《纽约时报》撰文写道，“向工人这样的要求屈服意味着自由企业和高效管理的终结。”国家钢铁公司的董事长欧尼斯特·T·韦尔（Enest T. Weir）表达出同样的看法：“工会现在试图在价格、利润、生产进度、折旧准备金等等运营事务上做出管理决策。”[44]“工会对经理来说绝非好事，”一位经理哀叹道，“它使我们无法有效地进入针对各种可能的武力威胁而采取的备战常态。”“我们工作了很多年才消除运营上的漏洞，”另一位抱怨道：“现在它来势更猛了。一种新的不可预测的因素深深植入我们的内部。”总而言之，经理们的担心可以浓缩为一句简单的话，“谁在管理工厂——他们还是我们？”[45]

管理阶层决意阻击工会的挑战。当罢工运动在 1946 年达到顶峰的时候，《商业周刊》观察到，雇主们“已准备按照商界领袖的忠告行事，他们认为现在应该要站起来……反对工会对管理层权力的进一步侵入。”[46]“必须界定集体谈判的合法范围。”一家大公司的劳工关系经理呼吁道。直到现在，管理层仍然处在一个退却和休整的位置。“当此之际，”他警告说，“我们已经退到了底线，再也无路可退了——在这之外就是另一种新的经济体制，也许就是社会主义道路。”[47]新近成立的全国劳资会议的经理人员管理权委员会督促将管理层的特权条款写入所有的工会条款之中，以使经理人员在工会对管理层的渗透中维护自己的地位。工会对工人的雇佣、规模、临时停职、升职、纪律、工资和工作时间等事务都在发挥其影响力（虽然其影响远非具有决定性），现在它们试图涉及卫生和工作安全领域，一些合同之外的内容，甚至包括生产过程，如产品、工资比率和工作内容。“人们对技术变化的后果呈现出日益增长的兴趣，”尼尔·张伯伦注意到，它们“越来越集中在机器和设备类型以及生产方法上面。这可以说明一个相当有把握的推断，即在未来的生产方式中，工会将寻求加深和扩大其在管理层的影响。”[48]

31 面临着工作强度日益加大以及战争推动的工作理性化——它们导致工人技能的丧失和职位的下降，工会确实非常关心生产过程。但真正的问题并不是保健和安全措施、聘用或解雇，而是控制。“谁在统治工厂？”“虽然也存在一些例外，”管理学理论家沃特·F·泰特斯（Walter F. Titus）解释道，“但通常可以假定，管理人员的目标可以用一个词来概括：控制。”[49]“部门主管必须花费更多的精力……来控制他们的部下，这样工厂的其余人员才能够控制得住。”艾柯的一位经理这样告诉他的上级部门。[50]“公司里的权力必须集中，”另一位产业经理主张，“有时它必须让管理阶层拥有权力，这样它们就可以在必要的时候授权于人。”“但是，”他继续说，“在这种授权行为中，权力通常是要收回来的。但现在工会则走上前台，任何它们从管理层那里获得的权力，在管理层看来都是过分的，它们从未也不可能收得回来。一旦授权给工会，那就是永远失去了它。”[51]在 1946 年针对劳工运动的反扑中强加给工会的管理阶层特权条款，堪称一项成功的战果，它最终界定了管理层统治工厂的权利。“我们在一些子合同的条款上进行了过多的讨价还价，”一位管理者痛心地说道：“因为利润方面的条款模糊了关于控制的根本问题。”“在 1949 年，我们强硬起来，”另一位解释道：“不出人们的意料，天都似乎要塌下来。我们知道如何管理企业，不希望他们来对我们指手画脚。”[52]

产业战略家获得了学术顾问、职业谈判专家以及与国家劳资关系委员会有关的仲裁师的帮助，希望管理层权利条款能够澄清工厂中权威的归属。与此同时，他们共同努力，使集体谈判制度和上诉程序细化并得以巩固，将产业关系稳定下来。消除工厂里主要由自发罢工引起的各种冲突从而避免各种不测事件，并按照斯利希特所主张的，赋予工会以领导人约束其成员的职责。这些策略相当有效，但并未彻底解决问题。历史学家戴维·蒙哥马利指出，“在工会合同中广泛写入管理层权利条款，以及上诉程序日趋严密，这意味着有关工作步骤或安排的冲突现在又回到工会建立以前的那种地下的形式。”[53]

“在这里讨论的 6 个行业中（煤炭、钢铁、橡胶、汽车、电子制造业、肉类加工业），所有大公司都存在这类抱怨，”尼尔·张伯伦在 1948 年指出，“它们抱怨工会应当对更大程度上维持纪律权力的丧失负有责任，而不仅仅限于合同条款的规定或执行所要求的内容。工厂中非正式群体也受到了指责，因为这些群体对工会代表的威胁往往得逞，使得工会代表们相信，如果他们试图维持纪律，最终将由于抗议性的怠工而导致更大的生产损失，或者由于在对抗性冲突中，工会代表们所遭受的权力损失要比容许这些工 32
作松弛的现象来得更多。在汽车制造业和橡胶生产行业，管理层承认，在某些工厂中，工会代表要比工头具有更大的权力。”[54]这种情形在其他地方也差不多。

针对车间中持续的骚动，管理层试图更深入地调查普通工人的态度。它们聘请了一些人际关系专家，比如哈佛大学的埃尔顿·梅奥（Elton Mayo）——他以二战前在西部电子公司的霍桑工厂所做的研究而著称——和查尔斯·R·沃克（Charles R. Walker），后者是一名独立的咨询师，从耶鲁大学的人际关系研究所出来后创建了自己的公司。他们试图像麻省理工学院的道格拉斯·麦克格雷戈尔（Douglas McGregor）一样，对工人灌输一种“参与、合作伙伴以及负责”的精神，其方法包括塞西尔·亚当森（Cecil Adamson）的利润分享计划以及约瑟夫·斯坎伦（Joseph Scanlon）的以群体激励为特点的“斯坎伦方案”。“每个人都是资本家。”《生活》杂志一篇介绍亚当森方案的文章给出这样的一个标题。但结果并不尽如人意。[55]

比如说，艾柯—莱卡明公司的发动机部门聘请沃克“以期提高公司效率，减少公司运行成本”。但总经理仍然抱怨，“工会的人在控制这个工厂：现在几乎是一种无政府状态，他们诅咒所有的管理人员。”“他们甚至在工时定额上与我们对抗！”他极其愤怒地咆哮。[56]

1955 年夏季，莱卡明公司的生产管理人员会议的备忘录上记载着如下重要事项。

> 所有与会人员都应注意，整个工厂出现过多的闲散不干活的现象，当上班铃声响起时，人们才刚刚离开自助食堂，而不是赶在时间的前

> 面动身从而保证当铃声响起时可以开始工作。建议在每个员工的证件上贴上一个数字，该数字用以表示该职工的规定午餐时间——午餐时间可以是1、2、3等。这样，我们去检查食堂时就可以掌握该职工呆在食堂里的时间是否超过了他规定的午餐时间。[57]

另一位管理人员则督促对那些在下班之前离岗的职工发放更多的警告单。一名高级经理命令，“告诫所有监工，力求消除职工的待工时间以及种种露骨的磨洋工现象。”另一名高级经理则建议在冲床的计时器上建造一个密闭的盒子，一次仅仅允许一个人进入，这样可以避免一大群工人围绕着时钟虚掷光阴。一名机灵的经理想出以职工利益为代价而为公司节省每一分钱的妙计，“我们应当把时钟的指针由原来的每格6分钟改为每格记录1分钟。我认为这样能为公司节省许多原来被浪费掉的工作时间”，因为它消
33 除了原来由职工自己做主的6分钟时间。工厂主管也许是受了人际关系咨询师的影响，得出的结论是：“消除操作各种损失的最好方法是，每个人都应与组织接触，并做出更大的努力来完成所分配给他的职责，这样他就会觉得他拥有这个企业。”[58]

但隐含在这些经济问题之下的关键仍然是控制：“谁统治工厂”（和工厂中人们的生活）。威辛顿决定，“我们必须控制它，即使我们不得不这样做。”他宣称：工人与工会“必须安居其位，不得妄动”。威辛顿在进行一场艰巨的战斗。在莱卡明公司这样的机械工厂中，工人们操作机器，并且控制着车间。围绕着生产过程控制而展开斗争由来已久。一名莱卡明工厂的工会代表这样说明事情的症结：“每个人都希望控制生产；但唯一控制生产的途径就是使人们去工作。”[59]

自19世纪以来，劳动密集型的机械工厂一直是熟练工人的堡垒，也是许多车间斗争的阵地。弗雷德里克·泰勒（Frederick Taylor）把科学管理引入工厂的部分目的就是为了制止他所谓的“偷懒”（soldiering）。工人减缓工作速度有许多理由：为自己腾出一些时间，避免过于劳累，对他们本身的工作具有决定权，避免因为工作过度努力而丧失所谓计件工资的好处或者导致削减工资率，留下某些工作事务以避免歇业，发挥本人的创造性，最后但绝非不重要的是，表达工人内部的团结以及对于管理层的敌意。机械工与车间里的工友（装配工、操作工等）共同工作，遵从按工作性质规定的准则（如果有工会的话按工会章程行事），他们取得生产控制的主要手

段就是他们对用以制造金属部件的机床的手工控制。

机床操作并不是手工技艺，而是一种根据机器发展起来的技术。机械工自己所拥有的技术，再加上对走刀量、运转速度以及机械运动方向的控制，使得他能够生产出合格的零部件。同样是这门技术，既是生产所不可或缺的内容，另一方面也使得磨洋工成为可能。更为重要的是，技术使得工人事实上控制了车间。不管他们是否使用这种控制而增加产出（即克服“管理无效”），或者限制这种控制权力的使用，这从来不是管理人员所关心的主要内容。真正问题不过是这种权力是属于工人还是管理层。

泰勒及其信徒试图改变这种生产工艺本身，从而将技术从机械工那里夺取过来，交给管理阶层。一旦实现这一点，他们希望管理阶层能够通过计划和说明书而详细规定生产任务的各个细节，这样他们就可以监督和约束毫无所长的工人。但事情并不像他们希望的那样。人们并没有发展出绝 34
对的金属切削科学——这方面存在着太多棘手的变量。方法工程师、工时定额研究员，甚至还包括在二战中出现的经过军队训练的方法时间测量专家，不管他们如何改变操作的方式，都从未真正成功地夺走工人对生产的控制权。[60]

因此，当社会学家唐纳德·罗伊（Donald Roy）1944 年在坎特皮勒拖拉机公司（Caterpillar Tractor）当一名钻床操作工的时候，他发现工人的权威丝毫未损，并讲述了下面这个故事。

> 7:15，哨声响了。过了几分钟，主管史蒂夫过来严肃地说：“11 点钟之前我要你们生产出 25 个或 30 个这样的部件。”我朝他友好地笑了笑。“我是很认真的。”史蒂夫微微一笑。而挨着我们的麦克卡恩和史密斯则大笑起来。史蒂夫也禁不住笑了，然后走开。“他希望得到的东西与他最终得到的东西完全是两码事。”麦克卡恩说。[61]

与此同时，一个相当出色的操作工迈克在 3 个小时里仅仅产出了 9 件，他的副手乔极其佩服他的手段：“迈克说要从容做事，他果然做到了这一点。”“如果他们不喜欢，”迈克争辩道，“那他们来做好了。我可不想在这种事情上忙得屁颠屁颠的。”罗伊在他的钻床上观察到这完整的一幕。他指出，生产“自始至终就是一场战斗”。[62]

在通用电气公司设在布里奇波特的工厂里，这类事情也如出一辙。根据K. B. 吉尔登（K. B. Gilden）的小说《山海之间》（*Between the Hills and the Sea*）的描述，那里战争期间的生产情形是这样的：

> 乔治·德克森的职责是如何把活赶出来。他必须督促他手下的每个人竭尽全力做事。“我的老天啊，”在一片机器的轰隆声中，德克森对着装配工卢宁咆哮道，“请不要给我添乱了。我现在正缺人手呢，加把劲吧！”“你没发烧吧？”卢宁在一大堆铁器和回过火的零部件中艰难地直起身子。“上一周你就应该把这些上上周安排的机器装配好。现在你还想拖我后腿？”（上个星期卢宁就曾大声抱怨“他们要把我这身肉都剐走”，现在情形依然没变。德克森不管卢宁的抗议，把他做了一半的工作给停了，并给他安排了另一个任务。）车间里的其他工人都知道是怎么回事。光线很昏暗，但透过前面两排机器正在下滴的油，卢宁察觉到过道里有两个操作工正在偷偷地窥视自己。罗斯科和尤厄尔虽然没有听清楚他们说什么，但也约莫知道两个人之间发生了冲突。他们将视线从眼前的进料管道和轴杆移开，看着掉入篮子中的成品部件，让这些部件从自己的手指缝中滑落。他们偷偷地朝着他呲牙咧嘴，眨着眼睛，向他打气，并用油漉漉的食指与拇指打了个响指，这是他们
> 35 胜利的表示。“加紧做，卢宁，”德克森催道：“你不要为机器的事情操心，你完全可以做得了。你完全可以今天把活赶出来。”德克森走到罗斯科身边。“你来做卢宁手头的活，等他回来为止。”然后又跟尤厄尔说，“你替罗斯科看管他的机器，他去填卢宁的位置。只有几分钟，最多半个小时。”尤厄尔此时正在照管4部布朗和夏普牌螺钉机，但他“完全可以同时照看5部甚至7部螺钉机，德克森知道这一点……”然而尤厄尔无意在德克森也就是说在UV公司（小说中的公司，实际上是指通用电气公司）面前炫耀他的技术。如果那样做，他将每天被分配给5部机器，而不是现在的4部，并且不会加薪或者只是多了那么一丁点。加快进料、分料的速度将会带来许多意料不到的混乱后果，而且会引发各种紧张关系——这才是问题的关键。尤厄尔慵懒地站起身，工作帽斜斜地挂在头上。他像一名绅士一样，挺直腰杆从过道那头踱过来。他穿过人群时，一门心思想着自己的事情，对外面的世界不闻不问。“不，”尤厄尔以一种屈尊的态度对德克森说，“我只照看4部机器。”[63]

最后，在艾柯—莱卡明公司，生产部门的管理人员也面临着类似的困境。一个身为工会代表的珩磨机操作工做出 76 个产品，其中 64 个不合格。当要求他对这些部件返工时，他只花了 45 分钟就把每一个都做成符合规格的成品。他事后辩称这些部件难以操作，因为这道特殊的工序产生了大量热量，这致使部件发生膨胀，这使他无法准确地测量，因此为了确保产品符合规格，就必须等它们冷却下来再进行操作。但是该岗位的定额是每个部件只需费时 4.5 分钟，而不是 45 分钟，管理人员指责他有意限制产出，把他视为“怠工者”、“问题青年”。但他无所畏惧。这件事发生后不久，管理人员抱怨他的“工作态度”。这次他受到警告，说“仅仅发挥了 62%的效率”。第二天，管理人员发现，“他做着同样的工作，把产出降低了一半，仅仅只有 28.7%”。[64]

在车间层面，“劳工问题”仍然存在。把管理层特权条款写入合同，详细规定上诉程序，其目的是尽可能迅速地消弭车间里的斗争。管理层还采纳一些人际关系的技术与方法，有时还使用传统的威胁恐吓，在某种程度上，它们确实也起了作用。但是劳工问题根植于资本主义生产中的对抗关系，它仍然存在着。然而，两项重要的发展为管理层在对付“活劳动”的斗争中提供了新的机会。它们都有悠久的历史，并可以追溯到现代制造业的源头与工业革命。

第一项很久以前就被亚当·斯密研究过，即细致的劳动分工以及相应的工作简化，它剔除执行过程中的其他因素，并将绝大多数工作所需要的 36
技术都变得更为简单。对于制造业来说，这一方法使得管理层可以垄断“精神”活动，并将该职责分配给专家和工程师，管理层只需雇佣相对技术不高的廉价“人手”，并只需详细规定这些人的“手动”操作流程。其后果是大幅度地减少了工人的工资、自主权、判断能力以及权力的范围。[65]第二项发展就是机械化，后来就发展为自动化，它在机器中加入了灵活性、人工技能，最终，使机器具有自我调整和纠正能力的“智能”。自动化机器使管理层可以完全排斥工人，直接取得对生产过程的垄断。机器本身反过来又规定了和训练了操作它的工人，由此可以通过生产技术规格本身来间接地消除“劳工问题”。这两种趋势——一方面是细致的劳动分工与工作简化，另一方面是机械化和自动化——相辅相成，彼此促进。前者使得任务更为简单，从而也更易于用机械来操作，与此同时，也使大量非熟练工人很快就习惯了程式化的任务，从而可以用于自动化设备。后者对机器赋予了更多的“智能”，从而不需要很多的技术，可以将生产任务交给非熟练工人。第二种趋势以第一种趋势为前提，并扩展了第一种趋势，是一个必然的逻辑结论。人像机器一样工作，它开辟了机器不需要人而自动工作的道路。管理层从而可以不再依赖一批技术熟练因而具有相当自主性的工人。这样做，管理层不仅仅是出于对权力和利润的渴望，而且也出于一种意识形态上的信仰，即相信减低技术要求必然带来高效率，用机器取代工人可以实现更为集中的管理控制。因此，只要有可能，管理层就倾向于推动这两种趋势往前发展。在这方面，第二次世界大战提供了一个史无前例的机会，这在金属切削行业尤其突出。

劳工统计局在二战后发表的一项报告《机械工业就业前景》中得出的结论是，“战争期间，由于需要迅速增加金属产品的产出，该行业增强和加快了新型机床和技术的发明”。[66]这在飞机制造业尤其明显，在战争的头几年，该行业很快就从敲敲打打的手工操作转变成使用特种机床的大规模生产。特种机床、特种模具、特种夹具，这些都是用于大规模生产的设备，在该行业越来越普遍，而那种更为庞大笨重的可以高速运转并装载高速刀具的机床也渐趋常见。与此同时，劳动分工更加细密，更加大量地使用专门的装配工来操作用于长期生产的设备，而非熟练工人根据预先确定的操
37 作程式与速度来操作机器。这种做法在某些行业早已成为模式（比如汽车工业），但目前在整个金属切削业领域，这种高度机械化的大规模生产模式也在政府的津贴下得以建立起来。

此外还诞生了一些史无前例的改进，比如更大规模地使用水压控制、电压控制以及省却许多机械工作的更精确的铸造技术。这些新技术“还影响了许多机械操作所需要的时间或技术”，劳工统计局的这份报告指出，“当前和未来的技术进步将进一步削减机床业所需要的人力和劳动时间的数量。这一趋势不仅使得生产一个特定部件所需要的劳动数量减少，而且它更大的后果是可以使大量非熟练操作工人进入生产过程，从而取代那种技术全面的工人。”[67]

“啊，原来你希望我们像一个轮盘一样转着。自动化。那倒是很符合你们的利益，是不是？”通用电气公司布里奇波特工厂的一位女性工会代表极其愤慨地对她的老板说，“但我们不是机器人。我们有眼睛看，有耳朵听，还有嘴巴可以讲。”[68]对于通用电气公司或其他公司的管理层来说，这才是问题的实质所在。工人控制着机器，并且通过他们的工会对劳动分工和工

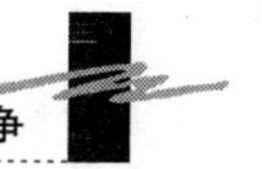

作内容具有真正的权威。管理层的反应是细致规定职位描述和相应的操作流程与时间。但是，在如何磨洋工以对付时间动作研究方面，工人完全称得上专家，其结果是，当操作流程与工人自己的利益相冲突时，工人尽可能忽略规定的方法与操作流程。永恒的问题与冲突的焦点仍然是"谁来决定工作的内容?"不管方法工程师如何细致地规定谁在什么时间应该做什么，但问题的真正答案仍然在真正的战斗中寻找。布里奇波特工厂的斗争可以说明，当管理层试图改变操作流程的方式时会发生什么样的事情。在 K. B. 吉尔登的《山海之间》中，卢宁是一个装配工，也是当地工会的领袖之一，而科芬是一名人事部经理。

> （对卢宁来说，）这种新型喷漆枪早在一年半以前就配给喷漆部门。自那次第三号喷枪装备之后，他就一直在争取撤销重要的工资级别，建立一种根据职位分类而自动进阶的单一工资比率制度。在职位分类这个大问题上，他与科芬并无分歧。但在许多细微的事情上，而且几乎是在所有的细节上，他们俩的观点往往对立。
>
> 科芬总是依据他那本手册。只要某个工种引进了新工具、新机床、新方法或者新材料，他就根据该书对这份职位进行分析，划定级别和工资比率。这个职位需要如此多培训经验、技能，包含如此多创造性工作， 38
> 以及风险：一共有 14 个不同类别的要素可以用来测量该工种，这些因子最后根据某个公式来计算出该工种的工资比率。在科芬看来，这完全是一种科学规定，这需要学过高等数学的人才能够学得会。
>
> "胡扯，"卢宁对科芬说，"为什么我们必须按公司的手册行事?"
>
> 他坚持认为，这一标准根本没用。他主张由本地工会自己建立一套职位评价体系。"我们很乐意接受公司的点数分配图、你的时间动作研究以及你所愿意给我们的其他材料，"他对科芬说，"我们会考虑它们的。"卢宁得到原来的分类专家加文以及特德的帮助，后者是普里西的弟弟，现在是州立大学的经济学讲师。在工厂里的工人的参与下，他提出了一个职位评价程序，这个程序可以说是非科学的，完全是经验估计的性质。
>
> 一旦更新工具、机床或工艺，就从新岗位上的工人中挑选出一位，这位工人在下班之后来到工会与从事相关工作的人们协商。关于这份职位的性质及其级别，人们展开坦率的讨论。"它的价值在哪里？为什

> 么？”新岗位上的工人将试图对该机器的运转以及工人的操作一步一步分解，以此证明该工种在给定的条件下应尽可能获得最高的工资比率与分类。而从事相关工作的人并不希望看到别人走在自己前面，就会提出他们的反对：“不，我在那里做同样的事情，但工资比率只有……”这种讨论可能只花费几分钟，也可能是几个小时，有的甚至要耗费几天的功夫。最后，根据所有参与人的经验，大家得出一个结论。
>
> 有时新岗位上的人的意见得到了大家的认可；有时被拒绝；有时大家意见完全一致；有时不存在共识；有时最后只有个别人不满；有时大多数人都不满。但这正是他们做事的方式。他们并不依据公司的手册行事，虽然公司的材料也在他们的考虑之中。他们的基本依据是，人们是不是愿意一周五天每天八个小时做这样的事情，同时还要考虑到在操作过程中常见的障碍与中断。[69]

这样，管理层与工会就会对彼此不同的职位分类争吵不休。“不要接受科芬那一点点臭钱，因为他会用重新分类、重新确定工资比率和重新定时的办法把那点钱再收回去，”工会成员们劝诫卢宁，“今年的合同要点是：保护工作第一位！”保护工作第一位在二战后成为劳资关系中最重要的主题，这是有理由的。[70] 1948—1960 年，蓝领工人的数目减少了 50 万。在 1956 年，白领工人人数第一次超过蓝领工人数目。[71]“上个月，通用电气公司在第九车间安装了一部有房子那么长的机器，原来需要 12 个人工作，现在只需要 3 个人，”20 世纪 50 年代早期，一位布里奇波特的工会代表说，“当地工会和国际工会向天呼吁，它们究竟得到什么呢？保住了 3 个人的工作。”[72]

39 职位降级与自动化的趋势在第二次世界大战以后更加明朗。管理层坚持它们对企业的控制权力，并试图经常调换工人的工作，并承诺工会将会在一个越做越大的蛋糕中分得更大的份额。工会由于内部的斗争而分裂，管理层无休止的攻击则削弱了它们的力量，并且由于它们将绝大部分精力放在如何保住自己的位置上，官僚气息日趋严重，渐渐放弃了围绕着生产开展的由普通工人所进行的斗争。正如产业关系专家玛格丽特·K·钱德勒（Margaret K. Chandler）所观察到的，劳工则处在一个被动受攻击的地位上。

> 在第二次世界大战结束后，从 20 世纪 40 年代末到 50 年代，许多观察家都注意到工会和管理层都存在着一个制度角色的转换。工会在过去的历史中是管理层权利的挑战者，现在则成为现状的防守者，面临着管理层试图改变现状的攻击，它极力维护传统状况。相反，管理层由原来维护现状的角色转变为促进创新的角色。

> 侵蚀模型（劳工对管理层权利的侵蚀）认为，管理层必定会集聚它们的权力或权利从工会那里将权利夺回来，这是管理层的唯一出路。事实上，改变这一状况的关键因素在于创建新工厂，引进新工艺，建立新型的组织结构，在这种组织结构中，既没有传统的管理层，也没有传统的工会运动。[73]

因此，在通用电气公司的布里奇波特工厂，“人力绩效”被列入“长期计划”。“我们有责任推行自动化，”管理层决定，“自动化程度越高，我们就越应该知道人们行事的动机，这样我们就可以有准备地让我们的雇员适应这一变化。我们要说服他们，我们所做的都对职工有利，那也是对我们公司有利，对我们有利。”[74]

但并不是所有人都相信这一点。人们出于各种不同的原因——比如对工作的控制，对精妙新型设备的技术热情，将机械化视为进步阶梯的意识形态信念，生产更多更便宜的产品的切身利益，对实现军事目标的关切——早已感觉到自动化的优势，但仍然有人不接受它是福音的说法。自动化有可能导致严重的问题——熟练工人的短缺。1952 年，劳工统计局受美国空军的委托，研究了最熟练的机械师中刀具和冲模制造工的流动问题。统计局惊讶地注意到，这些熟练工人的数量在减少，原因是退休、欧洲移民的减少以及缺乏适当的学徒计划。这些工人生产对大规模生产而言不可或缺的夹具、冲模和模板，因而十分重要。统计局指出，该行业在 1952 年
有 2 万家企业，但是每 100 个散工中只有 9 个学徒，远远低于所需要的数 40
量。统计局还注意到，如果机械工有机会提高自己的技能，那么刀具制造工也能够实现在职培训。在 1952 年将近有 10 万刀具和冲模制造工人，其中有一半并没有经历正式的学徒训练（在飞机制造业尤其突出，其中将近 2/3 的刀具制造工都是在岗位上习得技能，而在历史更为悠久的汽车业，这一数字只有 1/4）。因此，该报告断定，“非正式的在岗培训是新工人的一个重

要来源。人们应当对此给予更多的关注，以确保在这一工作过程中渐渐习得技能的工人有充分的机会来尽可能提高自身技能。”[75]

但是这一建议与金属切削业的主流趋势恰恰对立，后者一方面既减少了对技能的要求，另一方面也减少了工人提升技能的机会。早在 1947 年，劳工统计局就曾警告全能机械工——即能够操作各种类型的机器，适应各种工作，比如装配、设计和修理等的工人——的数目越来越少。统计局将这种情况归咎于老练工人的退休、战争期间学徒计划的削减以及“通过采用越来越自动化的机器而导致机床操作的简化”，这使得非熟练工无法在岗位上实现技能提升。统计局解释道，“半熟练的操作工通常很少有机会提高自己的技能”，他们只限于并不重要的常规操作，而且通常只会照看一种机器。该报告估计，下一个 10 年将需要另外 4 万名全能机械工，但又说明，无法确知这些人将来自何处。[76]

该报告还指出金属切削业中存在的另一个明显趋势，这是工人技能消失的反面：工程专业大学生就业机会的增加。“许多雇主愿意接受这些受过大学教育的人，”报告这样写道，“通常让他们在制造车间工作 1～2 年，然后如果此人属可造之材，则分派他一个工程设计、销售或主管的职位。”“这一行业中许多人认为，将工程学的教育与车间的经验结合起来，这使得此人最有望在金属加工业中提升到经理职位。”但这份报告也指出，不管工程师的受教育程度如何高，也不能弥补缺少熟练工人的损失，因为生产过程就是由他们来执行的。报告的结论十分清晰：必须设法提高熟练工人的供给，以满足未来 20 年的需求。[77]

该行业还有许多生产部门的主管也担心迫在眉睫的熟练工人短缺，随着时间的流逝，他们想尽一切办法，竞相从这个日渐萎缩的熟练工人市场
41 中招募雇员。但是没有人遵从劳工统计局的劝告来扩大这个市场。机床工业是熟练机械工的主要使用者，就是一个明显的例子。在 1930 年，建立手工艺传统基础之上的旧学徒体制已经日趋没落（也存在着例外，比如在布朗和夏普公司的学徒计划）。哈利斯·瓦戈纳注意到，一个重要的原因是，机床制造公司“不愿意为培训费用出钱”，而宁愿从各类技校或职业院校中招募它们的熟练工人。“全国机床制造商协会的公告和一些机床制造商经常强调技能培训的重要性以及它们在招聘、培训和挽留工人方面与其他行业进行竞争时所面临的困难。但没有证据能够说明，”瓦戈纳指出，“它们采取了实际和有效的措施来使招工更为容易，培训更为充分，或者使它们的

工资更有竞争力。”[78]

机床制造业对熟练工人的需求无法被满足，以及它们愿意采用自动化生产方法从而加剧这一短缺说明了这样一个事实，即在各行各业，管理层的需求总是多方面的，而且往往相互冲突。追求自动化的动机有：时尚的制造哲学，这种哲学更青睐机器而不是人；试图满足军方对性能的要求以获得津贴；自动化鼓吹者和实施者对技术的迷恋；管理层试图获得对生产更多控制并削弱工会的持久斗争；试图使桀骜不驯的工人接受更低工资、更严格的纪律以及经常失业的现实。但这些动机也许与该行业被视为压倒一切的目的与原则相冲突。由于掏空了熟练工人的资源，它们往往无法做到用最少的成本生产优质产品并获得最大的利润。

但从一种狭隘的观点来看，短期中所有的一切都非常完美。经理们执著于谁统治工厂的问题，继续抱怨熟练工人的短缺，但他们仍然继续推进自动化。在他们看来，完全可以通过一种让自己心安理得的逻辑来解决这一矛盾。既然缺乏足够的熟练工人来做事，那么就必须推行自动化。这确实是一种社会的必然。这样，熟练工人的短缺本来部分是自动化的产物，现在却成为更多自动化的最高理由。没过多久，这种颠倒的逻辑就成为整个行业中管理层的福音。它也在科学家和工程师那里站住脚跟，使他们按照管理层的要求，忙于研制各种自动化技术。他们也因此坚信，自己是整个社会的恩人，而不仅仅是美国社会中一部分人反对另一部分人时其中一方的代理人。

【注释】

[1] C. Wright Mills，*The Power Elite*（Oxford University Press，1956），p. 215.

[2] Wilson 引自 Boyer and Morais，*Labor's Untold Story*，p. 343。

[3]《时代》杂志引自 Boyer and Morais，*Labor's Untold Story*，p. 337。

[4] 同上。

[5] 同上。

[6] James Green，“Fighting on Two Fronts：Working Class Militancy in the 1940's，” *Radical America*（July-August 1975）.

[7] Nelson Lichtenstein，“Defending the No-Strike Pledge，” *Radical America*（July-August 1975）；还可参见 Nelson Lichtenstein，“Industrial Unionism Under the No-Strike Pledge，” Ph. D. dissertation，University of California，1974。

[8] 同上。

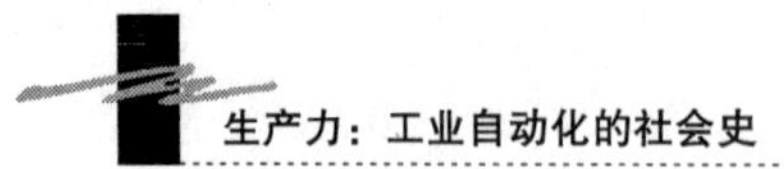

[9] Ed Jennings, “Wildcat! The Wartime Strike Wave in Auto,” *Radical America* (July-August 1975).

[10] 同上。

[11] Green, “Fighting on Two Fronts.”

[12] Arthur P. Allen and Betty V. H. Schneider, *Industrial Relations in the California Aircraft Industry* (University of California Institute of Industrial Relations, 1956).

[13] “Labor,” *Fortune* (June 1951), p. 49.

[14] Elton Mayo and George F. T. Lombard, “Teamwork and Labor Turnover in the Aircraft Industry of Southern California,” *Harvard Business Research Studies*, No. 32 (October 1944); J. H. Kindelberger, *Mobilization Planning for Aircraft*.

[15] Green, “Fighting on Two Fronts.”

[16] Lubin, 引自 Lichtenstein, “Defending thc No-Strike Pledge”。

[17] Romney, 引自 Jennings, “Wildcat!”

[18] Sumner Slichter, “The Labor Crisis,” *Atlantic Monthly* (February 1944), p. 40.

[19] Neil W. Chamberlain and Jane M. Schelling, *The Impact of Strikes* (Harper, 1954) p. 1.

[20] Arthur B. Shostak, *Blue-Collar Life* (Random House, 1969), p. 25.

[21] 同上。

[22] 同上，第 37 页。也可参见 Matles and Higgins, *Them and Us*, and *Boyer and Morais*, *Labor's Untold Story*。

[23] Green, “Fighting on Two Fronts.”

[24] “Labor,” *Fortune* (June 1951), p. 50。另请参见 Ronald Schatz, “The End of Corporate Liberalism: Class Struggle in the Electrical Manufacturing Industry 1933—1950,” *Radical America* (July-August 1975)；以及他的博士论文 “American Electrical Workers: Work, Struggles, Aspirations, 1930—1950,” University of Pittsburgh, 1978。“Work Stoppages in Electrical Machinery, Equipment, and Suppliers Industries, 1927—1960,” Bureau of Labor Statistics Report 213 (Government Printings Office, 1962)。

[25] “Dimensions of Major Work Stoppages, 1947—1959,” Bureau of Labor Statistics Bulletin 1298 (Government Printing Office, 1961).

[26] Harless Wagoner, “The U.S. Machine Tool Industry from 1900—1950,” Ph. D. dissertation, The American University, 1967, p. 577.

[27] BLS Bulletin 1298；也可参见 “Work Stoppages in Aircraft and Parts Industry, 1927—1959,” Bureau of Labor Statistics Report 175 (Government Printing Office, 1959)。

[28] “Postwar Adjustments of Aircraft Workers of Southern California,” *Monthly*

Labor Review (November 1946), pp. 706—711。Anna Berkowitz, "Collective Bargaining and Agreements in the Aircraft Industry," *Monthly Labor Review* (December 1951), pp. 664—668。与 Paul Schrade 的会面，他是前任美国汽车工会的地区负责人，North American Aviation, November 1980。

[29] Allen and Schneider, *Industrial Relations*.

[30] "A Major U. S. Problem: Labor," *Life*, December 23, 1946.

[31] Sumner Slichter, "What Do the Strikes Teach Us?" *Atlantic Monthly* (May 1946)。也可参见他后来的论文 "Are Profits Too High?" (July 1948) 以及 "How Big in 1980?" (November 1949)，还有 Richard E. Danielson, " The Right to Strike," *Atlantic Monthly* (January 1947)。

[32] Chamberlain and Schilling, *The Impact Of Strikes*; George A. Hildebrand, "The Economic Effects of Unions," in Neil Chamberlain, ed., *A Decade Of Industrial Relations Research* (Harper, 1958)。也可参见 Robert R. Young, "Enemies of Production," *Atlantic Monthly* (November 1946)。

[33] Slichter, "What Do the Strikes Teach Us?"

[34] Stan Weir, "American Labor on the Defensive: A 1940's Odyssey," *Radical America* (July August 1975).

[35] K. B. Gilden, *Between the Hills and the Sea* (Doubleday, 1971).

[36] Boyer and Morais, *Labor's Untold Story*, pp. 342—343.

[37] 同上；Matles and Higgins, *Them and Us*; Lewis, and *Business Week* 也引用了 Boyer and Morais, *Labor's Untold Story*. pp. 347—349。

[38] Humphrey，引用自 Matles and Higgins, Them And Us, p. 201。

[39] Boulware，引用自 Boyer and Morais, *Labor's Untold Story*, p. 366, and 在 Gilden, *Between the Hills and the Sea* 中有所描写。也可参见 Merlyn S. Pitzele, "Can American Labor Defeat the Communists?" *Atlantic Monthly* (March 1947)。

[40] Files on AVCO Lycoming Engine Division study, Charles R. Walker Collection, Sterling Memorial Library, Yale University.

[41] AVCO advertisement, *U. S. News and World Report*, 1956, n. d.

[42] Allen and Schneider, *Industrial Relations*.

[43] Jack Raymond, "Free Enterprise and National Defense," in Seymour Melman, ed., *The War Economy Of the United States*。也可参见 Raymond, *Power at the Pentagon* (Harper and Row, 1964)。Laski 引自 Raymond, "Free Enterprise"。

[44] Editorial, Washington *Post*, January 10, 1946; 还有 Walter Merritt and Ernest Weir，引自 Neil W. Chamberlain, *The Union Challenge and Management Control* (Harper, 1948), p. 2。

[45] E. Wight Bakke, *Mutual Survival: The Goal of Unions and Management* (Yale University Press, 1946), pp. 39, 46; Schatz, "The End of Corporate Liberalism."

[46] *Business Week*, January 1946，引自 Schatz, "The End of Corporate Liberalism"。

[47] Chamberlain, *The Union Challenge*, p. 138.

[48] 同上，第 87 页。

[49] Walter F. Titus, "The Kind of Information an Executive Needs to Operate a Factory," *Journal of the American Statistical Association* 31 (1936), p. 43.

[50] AVCO Files, Walker Collection.

[51] Chamberlain, *The Union Challenge*, p. 131.

[52] Margaret K. Chandler, *Managemet Rights and Union Interests* (McGraw-Hill, 1964), p. 69.

[53] David Montgomery, "The Past and Future of Worker's Control," *Radical America* (November 1979).

[54] Chamberlain, *The Union Challenge*, p. 79.

[55] John Chamberlain, "Every Man a Capitalist," *Life* (December 23, 1946).

[56] AVCO Files, Walker Collection.

[57] 同上。

[58] 同上。

[59] 同上。

[60] Roger Tulin, "Taylorism on Tape"，未出版的手稿；还可参见 Roger Tulin, *A Machinist's Semi-Automated Life* (Singlejack Books, 1982); David F. Noble, "Social Choice in Machine Design," in Andrew Zimbalist, ed., *Case Studies on the Labor Process* (Monthly Review Press, 1979); David Montgomery, *Workers' Control in America* (Cambridge University Press, 1979)。

[61] Donald F. Roy, "Quota Restriction and Gold Bricking in a Machine Shop," *American Journal of Sociology* 57。还可参见 Roy, "Work Satisfaction and Social Reward in Quota Achievement: An Analysis of Piecework Incentive," *American Sociological Review* 18; Roy, "Efficiency and the 'Fix': Informal Intergroup Relations in a Piecework Machine Shop," *American Journal of Sociology* 60; and Michael Burawoy, "The Organization of Consent: Changing Patterns of Conflict on the Shopfloor, 1945—1978," Ph. D. dissertation, University of Chicago, 1977。

[62] Roy, "Quota Restriction."

[63] Gilden, *Between the Hills and the Sea*, pp. 28—29.

[64] AVCO Files, Walker Collection.

[65] 参见 Harry Braverman, *Labor and Monopoly Capital* (Monthly Review Press,

1974)；Ben Seligman，*Most Notorious Victory* (The Free Press，1966)。

[66] *Employment Outlook in Machine Shop Occupations*，Bureau of Labor Statistics Bulletin 895 (Government Printing Office，1947).

[67] 同上。

[68] Gilden，*Between the Hills and the Sea*，pp. 28—29.

[69] 同上。

[70] 同上。

[71] Shostak，*Blue-Collar Life*，p. 25.

[72] Gilden，*Between the Hills and the Sea*.

[73] Chandler，*Management Rights and Union Interests*，pp. 69—70.

[74] Gilden，*Between the Hills and the Sea*.

[75] "The Mobility of Tool and Die Makers，1940—1951，" Bureau of Labor Statistics Bulletin 1120 (Government Printing Office，1953).

[76] *Employment Outlook in Machine Shop Occupations*，Bureau of Labor Statistics Bulletin 895 (Government Printing Office，1947).

[77] 同上。

[78] Wagoner，"The U. S. Machine Tool Industry，" p. 578.

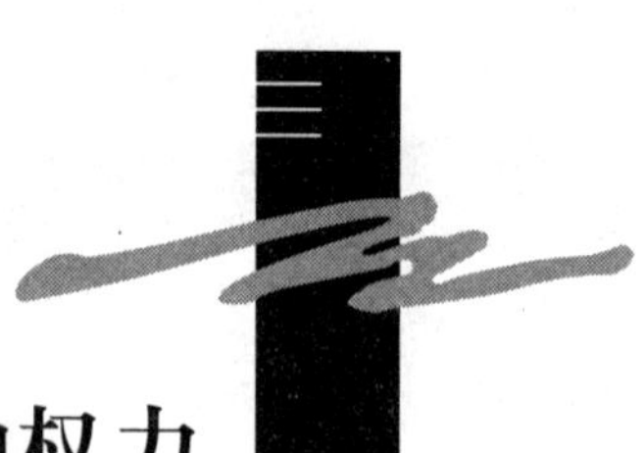

第3章　权力与观念的权力

42 科技工作者们在追随他们的缪斯的时候，总是声称他们在为整个社会服务*。他们通常都是自然真理的虔诚信仰者，拒绝任何政治以证明他们对权力和权威的蔑视，而其唯一的目标则是发展他们的学科。“科学家的首要任务就是在他的判断中消除自我。”一位19世纪的科学家如是写道；“我们必须忘却自我。”一位20世纪的工程师教育家这样宣称。他们仅仅要求自主，要求在执行工作时不被干预的特权，要求社会给予支持，从社会剩余中拿出一部分来为他们的开销付账。[1]

---

* 鉴于当代科学与工程学密不可分，本书在两者之间不做任何区分。参见 Noble, *America by Design*, Knopf, 1977。

在为他们的地位辩护，证明这种花费合理的时候，他们都无一例外地坚信，他们的认知与对事物的理解将会增加社会的产品和服务，减轻人类的劳作和痛苦，令生活更为便利，从而扩展了人类自由。这样，作为他们不可或缺的工作内容——或者说，他们的公共关系——成功地孕育和促进了技术进步的神话，这一神话的核心观念是科技进步是社会的福音，因此人们应当毫无保留地、尽可能迅速地推进科技的发展。他们鼓吹道，不管科技短期内会造成什么结果，最终而言，对社会的每一个人都有利。“抽象来说，”法国政治学家雷蒙·阿隆（Raymond Aron）注意到：“人类社会完全有可能会是这样，她并不关心增加机器以及它的生产能量，而是确保每一个人过上体面生活的最低要求都能被满足。”[2]然而在20世纪的美国，技 43
术进步的观念已经深深植根于人们的心中。人们坚信这样一条公理，即人类社会依赖技术而进步是确定无疑的、最安全的道路。当代，根本不必证明这一命题的真假，人们把它视为一条不证自明的真理。

然而，只要我们仔细观察，就会发现科学家和工程师并非空洞进步观念的自主代理人。他们的姿态只不过是为了把他们及其科研活动与政治审查隔离开来，从而确保公众对他们的支持（此外还包括确保“客观性”、洞见的主体间有效性以及价值中立）。但事实上，出于各种各样的理由——有些重要，有些细微，有些属于其事业的性质，有些是社会成员共同所具有的——他们与社会中其他人一样，也属于社会的成员。比如说，他们也受大的社会潮流以及他们在其中所处具体地位的影响，这就是说，作为个体和社会成员，他们也有自己的利益，并且这种利益不可避免地反映了他们的赞助方的利益。此外，他们还受科学界的潮流的影响，而他们的职业生涯全都融入了这个圈子。而在这两种潮流之中，最关键的仍属那种社会大众与科学界最近对科学和技术进步所抱有的认识与热情。[3]

社会大众的关注无一例外地与科学界的关注融合一起，相辅相成，最终共同绘出一幅单一的进步图景。因此，进步并非一种自发的过程，它反映了这两股相互交叉的关怀与热情。我们不难理解为什么会是这样——因为这两者都同属于人类的事务，但要明了它究竟如何发生却非易事。

首先，科学家和工程师的任务是探索物质和能源的性质，运用他们的知识服务于现实，并对他们的新技术的设计乃至用途做出决定，这一事务意味着他们与社会权力相当接近。他们与社会权力的联系使得他们能够获得科研所必需的社会资源：资本、时间、材料和人。因此技术人员往往与资本所有者和政府机构结盟并非偶然。在美国这种资本主义的环境中，这种联系已经成为科学和技术发展的前提条件。技术人员一而再、再而三地揣测和迎合那些权势人物所设立的准则，这样他们才能够从事他们的事业。因此，毫不奇怪，他们往往以各种微妙或不那么微妙的方式，发自肺腑地认同或有意识地采纳了其恩主的世界观，这种世界观然后通过教育、资助、回报结构和同行评议最终转换成一种职业习惯。

44 这种职业习惯又经过各种途径渗透到科技工作本身，不仅左右了技术人员的生活，而且也影响了他们的想象力、他们对何者可能的认识。比如说，一位工程师设计出一种新型的技术系统，该系统要良好运行就必须对试验室里其他的工程师实施大量的控制。人们会认为这一设计是相当荒谬的，不管它是如何一流与先进。但如果该工程师将同一技术系统献给产业经理或美国空军，该系统的成功运行要求对产业工人或士兵（或者他们所雇佣的工程师）的行为加以控制，这一设计将被视为可行的，即使它本身还相当不完善。这两种情形的区别就在于，经理或军方对工人或士兵（以及工程师）拥有权力，而该工程师对其同事并不拥有这种权力。社会的权力关系以及设计者在其中所处的位置，在很大程度上决定了技术的可能范围。绝大多数工业和军事系统的设计都蕴含着这样一种期望，即存在这样一种社会权力。这种权力由此决定了技术人员作为“可行的”系统的设计者的地位。技术人员依赖于他们与权力的关系，因为这种关系给他们带来了权力和资源，从而使他们可以梦想。他们认定，这种权力可以大大扩展他们的梦想，并最终实现他们的梦想。

如果说技术人员与社会中的权势人物的关系渗透进了他们的设计以及他们对何者可能的认知的话，那么我们也会看到，他们与“系统内”打交道的人的关系同样发挥着影响。再举一个例子，设想一个工程师为他的好友设计一部机器以庆贺她的生日。完成之后，他把它交给她，充满了职业的自豪感：“生日快乐！我为你建造了一部设计最为精良的机器。它的设计如此之佳，以至于连白痴也能够操作。”他的朋友当然不会把自己视同白痴，因而对此感到极其惊讶，甚至会怀疑他们之间的朋友关系，而工程师不得不为了这位并非白痴的朋友而重新设计。他会发现这相当困难，因为根据其专业知识所具有的天然倾向，他不知道该如何下手。（当然，他可以假定，他在为自己设计。）无论如何，如果他把同一部机器献给制造商，并同样声称，白痴都可以操作这部机器，他根本就不会遇到这种困境。制造

商脑子里充满了工作简化和摒弃技术的想法，他急需减低劳动成本并尽可能免除“劳工问题”。而作为一名雇主，他有权力强迫他的工人去做白痴也能做的工作。因此该制造商很可能对这部机器极其满意。事实上，这本来就是他的准则，这种准则深深地蕴含在工程师的“手艺”之中，并从一开始就决定了设计路线——工程师本人甚至都没有意识到这一点。[4]

因此，从实际的设计结果来看，这种关系相当重要，不管设计者与使 45
用者是否是一个人，不管他们是否彼此相识，不管他们是否彼此平等相待，不管他们彼此之间是否具有权力关系，也不管他们是否是朋友。总体而言，技术人员通常与握有权柄的人而不是权力对象具有相同的观念，他们与经理、军官走在一起，而不是工人和士兵。即使不考虑其他原因，单单由于技术人员几乎只为前者工作这一点，就足以决定他们是处于同一个世界。而技术人员与另一部分人即使存在着联系，那也是微乎其微，这使得他们往往忽略了这些人。

这并不是一种有意的选择，而是一种制度化的倾向。技术人员很少意识到，他专业上对不确定性的警觉，集中控制和减少“人类失误”——这是对那些无权无势者的所有判断和决定所给出的术语——的教育目标，这些都或多或少反映了他与权力之间已经形成习惯的关系。这种制度化倾向由来已久，但在美国的历史中，从来没有像第二次世界大战期间以及结束后的初期那样突出。这不仅仅是因为权力圈与科学界的相互融合达到史无前例的程度，而且也起因于新的世界霸权国家的要求与技术可能性之间存在着非比寻常的互补关系，这种技术可能性起源于科学与技术的相互无间的融合，它的基础是新出现的信息理论、通讯理论以及最贴身的控制理论。这些思想的权力与某些人的权力共同作用，使得他们不仅能够维持其权力，而且扩大了这种权力。

前面已经指出，在第二次世界大战结束之时，美国领导人在全球范围内开动了一部军事与工业机器。美国空军在全世界范围内都驻扎军队，这使得军事命令遇到了巨大的通讯和控制难题。军事战略家深谙现代武器的空前速度和毁灭性力量，他们寻求各种办法警惕敌军空军攻击，确保军队时刻处于备战状态，并努力提高自身武器的性能。与此同时，美国公司利用美国在世界上的军事和经济地位，极力推进多元化和国际化。它们的计划者也面临着管理规模庞大的公司的问题，力图将各种迅速扩展的运营部门置于集权控制之下。最后，二战后相当一段时间内，新近崛起的军事工业联合体的

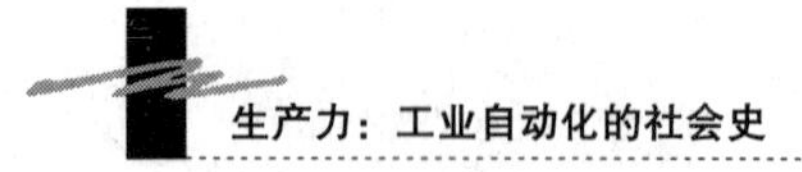

46 领导人抱有一种把海外苏联与美国国内劳工视为假想敌的偏执想法，这更加深了他们对控制问题的迷恋。[5]

部分是受了这些军事和工业问题的影响，技术界也正在研制新的控制工具。它们的理论和技术不仅迎合军方领导人和工业领袖的欲望，同时也是对它们自己欲望的满足。技术人员的首要动机仍然是技术原因，而他们的所作所为很大部分都具有一种控制的因素。科学家和工程师对物质和能源的属性及关系有着充分的了解，他们试图根据自己的目的来干预和操纵自然过程，并建造出各种可以扩大人类对事物控制的能力的工具。此外，技术人员真诚地喜爱并投身于发现和发明，他们有着强烈的动力去探索未知事物，完善他们的发明，从而充实知识，检验他们发明的各种新奇玩意，看它们能否“有效”。他们的形式逻辑分析和系统的研究探索程序孕育了这种控制的冲动，而热情和权力欲则起到推波助澜的作用。在20世纪中期，这种倾向导致了影响巨大的结果。原子弹成功地被用于攻击，它的能量被用于人类的——如果不是人道的话——目的。原子能科学家和工程师对它的投入部分是出于他们的爱国热情。对他们而言，他们对其试验的后果也存在着部分利益，因为这可以检验他们称之为“玩意”的东西能否真正发挥作用。如果真正有效，那么这就证实了他们的理论，并确立他们自身的权力和控制。[6]

在20世纪中期，科技的这种由来已久的基本倾向日益显现，甚至一时极其恐怖。也许更为重要的是，它还极其明晰和正式，各种关于通讯和信息控制的理论对它给予了理论和数学上的阐释，并把它用于各种工具之中。此前，控制在科学家和技术人员的头脑中还只是一种隐含的、未加反思的习惯，现在则成为一种自我明确意识到的事物，并为一种新的技术观念提供了基础。

所有技术成就都是在以往积累的成就之上取得的。任何时期，现存的全部技术都已包含了新技术发展的潜力，它界定了技术发展的可能与限度，这种可能与限度得到了技术界的认可与支持，它反映了更广范围内世界的需求。不存在完全无法想象的技术飞跃。新的技术集成虽然看上去与传统有着显著的差异，但事实上仍然是根植于传统，它追寻了历史上各种通常不被人注意的线索。当我们回顾历史时，这些线索似乎沿着彼此毫无关联的路径发展。但当这些路径彼此会聚时，技术集成就得以实现，并促进思想上的革命。技术界在二战后的几十年中充满了无法抑制的喜悦，它们发

现它们正处在这样一个革命当中，这种革命的深远影响仍然有待充分展开。 47
这一革命的基本元素就是二战时发展起来的电子学、自动跟踪系统和计算机。

电子学于20世纪30年代末诞生。[7]在理论层面，哈罗德·S·布莱克（Harold S. Black）和埃德温·H·阿姆斯特朗（Edwin H. Armstrong）各自阐明了像负反馈和正反馈之类的关键概念。哈里·尼奎斯特（Harry Nyquist）、R. H. 里夫斯（R. H. Reaves）和克劳德·E·香农（Claude E. Shannon）等人的开创性作品则提出相位控制（所有自动控制系统的基础）、脉冲编码调制（雷达和数字计算机控制系统的基础）、信息论（用于像计算机之类复杂交换电路的数学分析）等思想。此外，许多基本电子元件现在已经相当稳定而且成本低廉，可以大规模推广。早在二战之前就已出现了许多新的设备，其中包括光电传动装置（用于打开舱门或其他发动机）的光电管放大器、像伏特表与示波器之类的检测设备、脉冲发射机、电子显微镜，以及收音机、有声电影和早期电视机之类的消费产品。前面已经说明，二战期间，电子工业在迅速发展，并诞生了许多彼此类似的系统研制计划，比如“雷达”（无线电检测与测距）、“声呐”（声音导航测距）和“洛伦”（远距离无线电导航系统）。这些计划都集中于麻省理工学院的放射试验室等地，极大地推进了脉冲技术（它属数字电子技术的核心）和微波检测技术的发展，加深了人们关于锗、硅等半导体物质属性的基本知识。

其他计划则进一步推动了电子学的发展：研制雷达制导的炮火控制系统的项目集中在麻省理工学院的自动控制试验室，并最终产生了大量的用于位置测量和精确移动控制的远程控制装置；研制迫击炮炮弹的近炸引管的计划产生了微型接收器、早期集成电路以及各种稳定耐用的标准化电子元件。最后，当二战结束时，国家标准局和德国的试验室研制出用于有声电影的磁带、录音磁头（磁带播放机）、磁带录音机，以及信息存储和可程序化机器控制。总而言之，战争产生了大量的电子元件和设备，增进了人们对电子技术的认识，并培养出一支热爱电子学的队伍。

二战后的重大技术突破之一是贝尔试验室1947年发明的晶体管，它是
二战期间对半导体研究的成果。晶体管体积小，耗电低，最开始非常昂贵， 48
并且不稳定。它的制造与使用需要全新的制造工艺与系统设计，这本身就对当时电子管占统治地位的电子产业构成了重大的挑战。但通过军方的持

续的巨额资助，人们克服了最初的困难。而军方则需要将这些设备用于飞机和导弹控制、制导和通讯系统，以及构成防务网络核心的以数字来命令和控制的计算机。

二战后军方仍然是电子产业的最大客户。第二次世界大战结束后的20年中，电子产业主要有飞兆公司（Fairchild）、得州仪器公司和惠普公司（Hewlett-Packard）等新创办的企业以及像通用电气公司、美国无线电公司、西屋公司、雷神公司、美国电话电报公司、贝尔试验室以及西部电气公司等大型企业，它们很早就把为军方研制和试验的成果用于商业。

自动跟踪系统[8]是一种根据负反馈原理而研制成功的控制设备，其中输出信号根据一个持续自我纠正的控制“环”来影响输入信号。比如说，将一个自动调温装置与一个加热器连结起来，就构成了一个控制系统，该调温装置是调整温度的控制装置，它本身也被对象的温度激活。因此，当温度低于某一个点时，该调温装置就会自动打开加热器。调温装置的输出由此导致温度的升高，当温度达到给定的某点时——也就是说，控制装置此前的输出通过加热器导致了一个新的输入信号——该调温装置关闭加热器。这类反馈控制装置可以追溯到几个世纪以前。安德鲁·米克（Andrew Meikle）在1750年发明了自动旋转装置，从而增加风车的效能；詹姆斯·瓦特（James Watt）则发明了飞球调速器来控制蒸汽机的速度。在整个18世纪和19世纪，自动控制技术无论在理论上还是在实践中，都停留在机械水平上。詹姆斯·克拉克·麦克斯韦尔（James Clerk Maxwell）于1868年第一次对调节器给出数学上的证明，半个世纪以后，尼古拉·米诺尔斯基（Nikolai Minorsky）用该理论来解释轮船舵机的工作原理。

随着电子技术的出现和用于制动的电子发动机的广泛应用，机械理论现在让位于电子理论和电子自动控制系统。在第二次世界大战期间，由于军方急需研制以雷达制导的炮火控制系统，电子自动控制系统无论在理论上还是实践上都获得了迅速的发展。二战时的研究沿着早期哈罗德·黑曾（Harold Hazen）、诺伯特·维纳（Norbert Wiener）等人的数学成就继续发展，集中关注像针对飞机的炮火射击问题。但这些研究工作也产生了在数学模型之上用于电子控制系统的设计程序。战争结束时，已经产生了一种可以广泛应用且易于操作的自动控制理论。此外，人们还掌握了成熟的自
49 动控制技术，其中包括用于制动的精确控制系统，用于传送电子信息的脉冲装置，用于将距离、热量、速度等类似数据转换为电子信号的传感器，

以及许多相关的启动、控制和传感设备。最后，二战时的研究计划还培养了一大批熟悉最新的自动控制理论的科学家和技术人员，他们能够熟练地实际应用这类系统，并热切地将这类成果向全世界推广。

研究计算机史的学者[9]通常将数字计算机的起源追溯到算盘，将模拟计算机的起源追溯到纳皮尔（Napier）的杆和滑尺。至 17 世纪，帕斯卡和莱布尼兹对计算机做出了贡献，19 世纪的查尔斯・巴贝奇（Charles Babbage）发明了差分机。显然，每一种技术都有它遥远的先驱，不论它是何等模糊与沉寂，计算机也不例外。但真正具有深远社会影响的计算机，还只是最近几十年的发明。现代模拟计算机主要是根据数字与距离、角度、电压、位移等之间的关系来工作，它起源于 20 世纪 30 年代。数字计算机能够极其迅速地对信息单位进行加减，从而能够描述复杂的逻辑过程，它是战争的产物。

在 1930 年，万尼瓦尔・布什在麻省理工学院组装成他的微分分析器。它是一个机械模拟装置，它可以用于解公共事业网络中电量传输过程中所涉及的微分方程，后来用于军事上的弹道计算和电路分析。布什的分析器规模庞大，占了一整座房间。它是一个巨大的成就，让许多麻省理工学院的工程师们第一次接触到计算机。但是，由于部件是由机械制造的，计算机出现了部件磨损、机构连接部件的速度等问题，导致了其精确性有限。这些机械连接存在许多问题，为了得出适当的“模拟”，必须对它们做出改进。布什认识到了这一点，与他的同事塞缪尔・考德威尔（Samuel Caldwell）共同合作，用电子元件取代了机械部件，从而提高了这部机器将机械测量转换成电子信号过程中模拟的速度与准确性。后来，他们又加进必要的打孔纸带来重新改装机器，从而消除了改变机械连接的必要性。最终的成果是一部可程序化的电子机械模拟计算机，可以让工程师做各种设计方面的试验，而不必接触真实的世界。这部机器是 20 世纪 50 年代用于模拟工业过程的电子机械和电子模拟计算机的前驱。模拟计算机很快就被应用于工业控制系统，比如炼油厂和化工厂。

虽然现代数字计算机的前身可以追溯到查尔斯・巴贝奇和赫尔曼・霍尔瑞斯（Herman Hollerith）的工作，但它的诞生仍应归功于国际商用机器 50
公司（IBM）的工程师和哥伦比亚大学在 J. B. 沃森（J. B. Watson）航天研究中心的研究人员的军事科技实践，阿兰・图林（Alan Turing）和约翰・冯・诺依曼（John von Neumann）的数学洞见以及克劳德・香农的信息理论。哈佛大学的数学家和物理学家霍华德·艾肯（Howard Aiken）受到巴贝奇思想的启发，在国际商用机器公司和军方的协助下，于 1937 年建造了世界上第一部自动化的通用数字计算机。艾肯的这部计算机名叫标志 1 号自动序列控制计算器，它是一部电子机械设备（电气驱动，机械传动），使用十进制系统而不是二进制系统，可以在 3 秒钟之内计算出两个 10 位数字的乘积。它长达 50 英尺，高 8 英尺，与布什的微分计算机一样，也用于弹道计算。

与此同时，乔治·斯蒂比兹（George Stibbitz）在贝尔试验室建造了贝尔继电计算机，它使用了电子加法回路和废弃的电话系统继电器。贝尔继电计算机 1940 年在达特茅斯学院展出，这是美国第一次使用建立在布尔代数基础之上的二进制计算机。（在英国，英国工程师在图林的帮助下建立他们自己的用于密码破译的数字计算机，它叫巨人（Collosus），使用二进制，这是第一部使用电子管而不是继电器的计算机。此时在柏林，康拉德·楚泽（Conrad Zuse）正在沿着相同路线研制他的 Z—3 计算机。）在同一时期，艾奥瓦州立大学的约翰·V·阿塔纳索夫（John V. Altanasoff）创建了一种专用的计算机，它使用真空管来执行数字计算。在 1974 年，一个美国的法庭宣布阿塔纳索夫为电子数字计算机的真正创始人。

“虽然用于商业以及科研的计算器也刺激了美国早期计算机的研制，”《电子学》杂志得出这样的结论，“但正是用于第二次世界大战的武器研制才真正成为电子数字计算机诞生的契机。”[10]这一努力的成果就是宾夕法尼亚大学莫尔电子工程学院为陆军研制的埃尼阿克（ENIAC，电子数字积分计算机），这是一部高速的通用计算机，主要用于弹道计算，其制造工程师是 J·普雷斯波·埃克特（J. Presper Echert）和 J. W. 莫奇利（J. W. Mauchly）。埃尼阿克集中体现了脉冲电路和一般电子学说在战争时期的进展。该计算机采用十进制，安装了 18 000 个电子管和 1 500 个继电器，共 40 英尺长，20 英尺高。由于它使用电子信息操作而不是机械操作，因此可以仅需 0.003 秒就能够运算 10 位数的数字。除了弹道运算外，它还用于原子弹计划和普林斯顿大学数学家约翰·冯·诺依曼给莫尔学院带来的问题。冯·诺依曼曾参与埃尼阿克计划，深知“存储程序”的重要性，它可以令后来的计算机运算速度更快，具有更为通用的目的，并可以大幅
51 减少设计程序的繁重任务。当战争结束的时候，冯·诺依曼获得了美国陆军、海军、空军以及原子能委员会的支持，在高级研究所主持了另一台自

动高速电子数字通用计算机。

埃尼阿克的研制者埃克特和莫奇利在二战后创建了自己的公司，推出了商用的电子计算机。后来他们把公司卖给了雷明顿·兰德公司，后者生产犹尼万卡计算机（UNIVAC），是国际商用机器公司在商用计算机上的主要竞争对手。国家统计局 1951 年购进了一台犹尼万卡计算机，哥伦比亚广播公司 1953 年购进一台，通用电气公司 1954 年购进一台。第一代计算机仅仅用于替代机械计算器来进行数据处理，随着 IBM 360 计算机的问世，许多公司和政府机构开始建立自己的电子数据处理中心。

晶体管以及后来集成电路的诞生推动人们去研制运算速度更快、体积更小而且更稳定的计算机，而程序设计方法的进展则令新技术更容易获得人们的认可。早期的程序设计[11]主要是通过机器语言来完成的，也就是说，它的每一步都完全反映在计算机的物理部件之中。阿黛尔·戈德斯坦（Adele Goldstine）是早期的程序设计先驱之一，她为埃尼阿克设计了第一部程序。格雷斯·霍珀（Grace Hopper）则为标志 1 号计算机设计程序，并对后来商业通用算法语言（COBOL）的研制做出了重要贡献。机器语言的设计要求设计者不仅熟悉他所要解决的问题，而且也要熟悉计算机的构造本身。设计要求对总体运算的各个方面所涉及的分散的算法指令做出详尽的规定。冯·诺依曼引入了“存储程序”这一概念，大大减轻了这一工作。设计者可以预先把某些标准的运算写入计算机的存储器，这样免除了使用者再次输入这部分程序相关的算法指令这一极其繁重的工作。现在使用者只需从计算机的存储器中调出相关的指令，它就能够自动地运行所需的计算。存储程序的概念很快为所有的计算机语言所采纳，这使得计算机在向易操作性方面跨出了一大步。各种计算机语言的进展都蕴含了在存储器中加入“汇编语言”从而令一部通用机器转换成专用机器的过程。所谓汇编语言是一种复杂的主程序，它能够将简写的具体程序转换成机器能够理解的机器语言。当汇编语言发明以后，计算机使用者就可以在无需了解机器语言或者机器的工作原理的情况下，自由地使用简写的语言来对计算机下指令。格雷斯·霍珀发明了犹尼万卡算法简码，随后 IBM 发明了 A-O 编译程序，为该公司的高速编码系统打下了基础。最后，在 20 世纪 50 年代末，
人们发明了得到更为广泛运用的公式翻译程序语言（FORTRAN）和商业 52
通用算法语言。虽然计算机硬件和语言软件系统的进展使得计算机的用途有了更广的前景，但在 20 世纪 50 年代，计算机的主要用户仍然是政府机

构，确切地说，主要是军队。比如说，单单美国空军的半自动地面防空警备系统（SAGE）就雇佣了美国的大部分程序员，并促进了这一新领域中的劳动分工。

半自动地面防空警备系统主要是围绕着一部可以实施“命令与控制”的高速电子数字计算机而运转的，它的制造商是迈特公司（MITRE Corporation），它是麻省理工学院所创建的并在二战后初期抽资后留下的公司之一。该计算机的原型是麻省理工学院的飓风计算机，后者是第一个使用磁芯存储器（而不是速度更慢且更不稳定的真空管存储器）的电子计算机。飓风计算机是麻省理工学院的自动控制试验室为海军研制飞行培训模拟器而研制出来的产物。在电子工程师杰伊·福雷斯特（Jay Forrester）的指导以及美国空军随后的资助下，这个打算用于模拟器的电子机械模拟控制装置最终改为数字计算机，因为它能够保证足够快的速度从而可以充当极其复杂的持续反馈控制系统的组成部分。因此，飓风计算机已不仅仅是一部解决科学问题的计算工具。虽然它在处理信息方面还不是特别快，但它已经能够用于“实时”（也就是说，计算上不存在明显的延迟）持续监视和控制许多自动化设备。这种多功能的“命令与控制”计算机的第一次大规模应用是应用于半自动地面防空警备系统，正如一个美国空军上校所说的那样，“作为自动跟踪装置，它可以覆盖与整个美洲大陆一样大小的区域。”最终的发展表明，这种计算机对于工业自动化的未来发展极其关键。[12]

电子学、自动控制系统和计算机方面与战争相关的进展在二战后都会聚在一起，创造出一种具有强大力量的全新技术与控制理论。科学家和工程师在弹道计算、炮火控制、近炸引管、雷达、潜艇测距、核武器和飞机制导系统等军事方面的工作研制出大量的自动化装置，更为重要的是，这些成就改变了人们的观念。战争结束不久，麻省理工学院的电子工程师克劳德·香农指出了数学家乔治·布尔（George Boole）的通用二进制方法与开关电路的操作之间的联系，这不仅为用数学描述复杂电路提供了一个基础，而且也阐明了逻辑过程与机器过程之间的关联。英国数学家阿兰·图林在理论上证明了建造一部电子数字“思想机”的可能性，并通过为破译
53 密码而建造的巨人计算机将该理论变为现实。麻省理工学院的工程师哈罗德·黑曾、戈登·布朗（Gordon Brown）等人致力于改进自动雷达制导的防空炮火控制系统，他们在自动控制理论上的成就澄清了自动纠错系统的数学形式和一般理论基础。诺伯特·维纳拥有类似的炮火控制系统的工作

经验，他提出了根据信息而不是物质或能量的反馈系统的一般原理。维纳将生物系统与机械系统相类比，将它们的运作还原为自我调节过程中的信息交换，并把他的这种宏伟想法命名为“控制论”（cybernetics，源出希腊语，意为舵手或管理者，指任何自我纠错系统中的控制机构）。与此相似，约翰·冯·诺依曼也从战争期间有关电子数字计算机的工作经验中得出一套自动装置或思想机的一般理论，该理论将人类思想简化为类似的通用形式过程，并建立了决策的数学理论。[13]

最后，英国和美国的物理学家和数学家们通过对雷达系统、潜艇、舰艇、飞机侦测等军事系统的研究，开创了一个全新的运筹学（operations research，OR）领域。按照运筹学先驱埃利斯·约翰逊（Ellis Johnson）的说法，运筹学为“针对一组涉及人机系统的备选行动方案的价值、有效性以及成本的预测或比较”提供了量化的手段，从而可以分析“其中人与机器的全部因素”。运筹学在二战后得到了计算机的帮助，发展更是如虎添翼。在军方以及二战时的研究者的努力下，运筹学获得了广泛的应用。美国海军通过海军研究局与麻省理工学院联合建立了运筹评估小组，专门从事导弹、雷达、反潜艇武器和原子能武器的研制评估。美国空军与道格拉斯飞机公司合作，在 1946 年创建了兰德计划，该计划由兰德公司资助，两年后由福特基金会接管。由工业界和学术界热衷于运筹学的人在全国科学委员会下创建了运筹学委员会，它极大地促进了运筹学技术的进展。在军方、全国科学委员会以及大学的各分支机构的推动下，解决各类问题的运筹学方法现在普遍为产业界所熟悉，尤其受到飞机制造业的欢迎。[14]

运筹学家们并不仅仅把他们的数学模型技术限于军事方面的用途，还把它们扩展到交通流量控制、警察及火力资源配置、炼油工厂管理以及图书馆管理等问题。他们坚持运筹学的基本原理，广泛应用运筹学的各种技术。菲利普·摩尔斯（Philip Morse）曾任参谋长联席会议的武器系统评估小组的技术指导，他认为运筹学的基础“是唯一科学且能够取得成效的模拟方法，即量化模拟”。埃利斯·约翰逊主张“运筹学不可以接受任何直接的权威，也不对任何行动负责。它在各方面都必须与行动本身分开，并且
不偏不倚地和科学地得出结论”。运筹学家们对世事不感兴趣，相当冷淡， 54
并极其推崇他们的“科学”方法相对于各个领域中的“操作行为”的优越性。他们还强调了他们对于追求控制所做出的贡献。“运筹学是一种科学方法，它为执行部门就其控制下的各种程序做出决策提供了一个定量的基

础，”摩尔斯解释道，“与其他学科一样，它致力于揭示各种现象中所存在的规律，并将这些规律与其他知识联系起来，从而人们可以对这些现象给予修正或控制。运筹学所研究的不是电子、金属、燃气发动机、昆虫或个人的行动，而是关注应如何给一个团队或一组设备分派任务。”对象包括如“一支部队，一个飞机战斗群，或一个工厂等”。摩尔斯在1953年指出：“现在我们正努力跨出第一步，即从各种浅显的观察中抽象出简单理论，因此数学模型是我们的关注所在。但此后，我们必须将这些模型做得更为精致……而这就要求我们必须进行有控制的运筹试验，通过使用除具体工具之外的所有人力与机器部件，建立模拟实际运筹的机制。我们还必须控制试验从而使得它可以在各个重要的方面完全能够复制。要做到这一点，我们有很长的路要走。”[15]

在产业界，运筹学的进展与系统工程、科学管理一道，共同促成了包罗万象的“系统分析”方法的产生。其中数学模型、成本收益分析、计算机编程、逻辑模拟、不确定性理论、线性规划以及武器系统分析等技术与来自电路理论、控制理论、经济学、生态学、生物学甚至社会心理学和哲学的概念与方法任意组合。它们共同引发了一种庞杂的新型“元理论”，一些利用计算机来操作的实用技术，一个将各种形式技术、概念和范畴混杂一起的大杂烩以及许多相当模糊、抽象并且似乎具有普遍性的术语。在该理论看来，每件事情和每个人都可以视为一个更大的整体（“系统”）中与其他部分相联合的组成部分（“成分”），因此都可以应用系统分析。系统分析在20世纪60年代取得了很大的胜利和荣耀。

就在这个时候，这种基于计算机的技术不仅在军事和工业决策上发挥了很大的作用，而且也在政府事务中占据关键的地位。1961年，国防部长罗伯特·麦克纳马拉（Robert McNamara）任命智囊集团兰德公司的查尔斯·希契（Charles Hitch）为部长助理，通过系统分析对国防部的工作进行流程再造。不久，国防部的人员和工作方法就从五角大楼流出，进入到政府的各个社会公共事务部门。这种趋势不仅发生在联邦政府层面，在州政府以及市政府中也普遍存在。1964年，加利福尼亚州州长帕特·布朗（Pat
55 Brown）呼吁该州的航天公司使用这种新方法来研究运输、废弃物管理、贫穷、犯罪以及加州航天工程师的失业等问题。系统分析家们热烈地响应了这一要求，他们坚信在计算机技术和空间技术的帮助下，能够解决任何地球上的问题。系统分析家们坚信他们的形式方法要优于那些“传统的”经验更为丰富的知名专家所提出的各种方案——批评家艾达·霍斯（Ida Hoos）指出，他们把自己的无知错误地认为是一种客观性——并将所有的现实世界都视为他们的研究领域，不管是社会生活世界还是物质世界。电子工程师杰伊·福雷斯特以发明用于电子高速计算机的磁芯存储器而著称，他后来又开创了“系统动态分析”这个新的领域，并继续将它应用于工业、城市、国家乃至全球“系统”。也许没有人能够比他的话更为准确表达这种新的对于“系统”的信仰。“人脑模型中的不确定性使得我们无法准确预测系统中各个部分相互作用的后果，”他解释道，“但是电脑模型完全根除了这种不确定性。”无论“系统”是一种生产工艺、一个制造厂、一座城市还是整个地球，它的运转最终都可以还原为一组“比率方程”，它“陈述了系统的政策”。“完全存在一种更好的行为模式，”福雷斯特坚持认为，“只要我们对动态系统有了更深入的理解，并按照该行为模式而承受自我约束以及各种外在的压力。”[16]

在运筹学家和系统分析家们看来，社会分析与物质世界的分析一样，需要将现实世界分解成各种分立的成分，确定它们之间的数学关系，并将它们重新组合成一个全新的数学建构的整体——这是一个现在似乎能够发挥逻辑必然性力量，并因此适合于形式控制的“系统”。在许多观察者看来，这些新理论与它们所反映的新技术一样，可以说是“适逢其时地”出现，因为此时工业、军事以及政府的运转日益复杂，难于管理。“为什么说是适逢其时呢？”30多年后计算机历史研究专家约瑟夫·魏岑鲍姆追问道。他指出，“因为它及时地拯救了现存的政治与社会结构，这是完完全全的拯救，甚至是使它更加根深蒂固。否则的话，这些政治与社会结构将发生根本性的变革，或者至少在各种力量所施加的要求中摇摇欲坠。”这些基于计算机的新技术“被用于维护美国的社会和政治制度。面对巨大的要求变迁的压力，它至少是暂时支撑起这些制度，使它们免于崩溃。”[17]这些新技术、新手段与既得利益阶层的要求之间之所以能够无间配合绝非偶然，因为科学家和工程师的军事研究工作与他们的发明、试验以及理论，不仅仅源于他们的智力和想象，而且也出于他们的资助者的权力。正是现存制度
的政治和军事力量，才使得他们各种奇妙的想法得以实现，让他们各种耗 56
资巨大的复杂发明得以用于实践。正是这类社会权力引导着技术人员的工作，给他们下达各种必须满足的指令，同时也赋予他们实现梦想的信心。这些新技术和新理论在形式上具有决定论的特征，并且蕴含内在的强迫性

力量。它混合了科学研究者长期以来就抱有的冲动与热情，同时也反映出那些社会权势阶层的需要，大大地增强了他们的控制权力，让他们继续自以为全能的妄想。由此，科学界与权力阶层，在精神和行为上都走到一起，共同维持一种总体控制的世界观。

【注释】

[1] C. Pearson, *The Grammar of Science* (Dent, 1911), p. 11，引自 Joseph Weizenbaum, *Computer Power and Human Reason* (W. H. Freeman, 1976), p. 25。关于工程师教育中对忘却自我的要求，参见 Noble, *America by Design*, p. 175, Edwin Layton, "Mirror-Image Twins," *Technology and Culture* 12 (October 1971), 562—580。

[2] Raymond Aron 引自 Steve J. Heims, *John Von Neumann and Norbert Wiener: From Mathematics to the Technologies of Life and Death* (MIT Press, 1980), p. 291。

[3] 关于科学与工程学的社会环境，参见 Noble, *America by Design*。

[4] 关于技术与权力的问题，参见 Lewis Mumford 的作品，尤其是两卷本的 *Myth of the Machine* (Harcourt Brace Jovanovich, 1970)，以及 "Authoritarian and Democratic Technics," *Technology and Culture* 5 (Winter 1964)。

[5] 参见 Sherry, *Preparing for the Next War*, and Harry Magdoff, *The Age of Imperialism* (Monthly Review Press, 1968)。

[6] 关于科学与控制思想，可参见 William Leiss, *The Domination of Nature* (G. Braziller, 1972)。关于工程学的狂热与内在的冲动，参见 Eugene Ferguson, "Enthusiasm and Objectivity in Technological Development," AAAS Symposium, December 1970; Samuel Florman, *The Existential Pleasures Of Engineering* (St. Martin's Press, 1976); Jacques Ellul, *The Technological Society* (Knopf, 1964)。

[7] 有关电子学的论述吸纳了下列材料的内容："Survey of the History of Electronics," *Electronics*, April 17, 1980 (Fifty Year Commemorative Issue); Braun and MacDonald, *Revolution in Miniature*; Dirk Hanson, *The New Alchemists* (Little, Brown, 1982)。

[8] 有关自动控制的论述吸纳了下列材料的内容：Steven Bennett, *A History of Control Engineering* (Peter Peregrinus, Ltd., 1979); Steven Bennett, "The Emergence of a Discipline: Automatic Control, 1940—1960," *Automatica* 12 (1976), pp. 113—121; Otto J. Mayr, *The Origins of Feedback Control* (MIT Press, 1969); Harold Chestnut, "Feedback Control Systems," in Eugene M. Grabbe, ed., *Automation in Business and Industry* (John Wiley, 1957); Heims, *John Von Neumann and Norbert Viener*, pp. 216—217; Norbert Wiener, *Cybernetics* (MIT Press, 1961)。

[9] 有关计算机的论述吸纳了下列材料的内容：Thomas M. Smith, "Origins of the Computer," in Melvin Kranzberg and Carroll Pursell, eds., *Technology in Western Civili-*

zation (Oxford University Press, 1967), II; Redmond and Smith, *Project Whirlwind*; Herman Goldstine, *The Computer from Pascal to Von Neumann* (Princeton University Press, 1972); Nancy Stern, *From ENIAC to UNIVAC* (Digital Equipment Corporation Publishing Services, 1982); Heims, *John Von Neumann and Norbert Wiener*; Weizenbaum, *Computer Power and Human Reason*; Hanson, *The New Alchemists*; Willis H. Ware, "Digital Computers," in Grabbe, *Automation in Business and Industry*。

[10] Electronics, April 17, 1980, p. 180。

[11] 有关程序设计的论述吸纳了下列材料的内容: Weizenbaum, *Computer Power and Human Reason*; Hanson, *The New Alchemists*: Joan Greenbaum, *In the Name of Efficiency* (Temple University Press, 1981); Philip Kraft, *Programmers and Managers* (Springer Verlag, 1977); Philip Kraft, "The Industrialization of Computer Programmers," in Andrew Zimbalist, ed., *Case Studies on the Labor Process* (Monthly Review Press, 1979)。

[12] 美国空军上校,引自 Weizenbaum, *Computer Power and Human Reason*, p. 30。

[13] 该叙述主要取材于 Weizenbaum, *Computer Power and Human Reason*; Heims, *John Von Neumann and Norbert Wiener*. 以及 Hanson, *The New Alchemists*。

[14] Ellis A. Johnson, "The Executive, the Organization, and Operations Research," in Joseph F. McCloskey and Florence Trefethen, *Operations Research for Management* (The Johns Hopkins University Press, 1954), p. xii。更多有关运筹学史和系统分析的信息,可参见: Florence Trefethen, "A History of Operations Research," in McCloskey and Trefethen, *Operations Research for Management*; P. M. S. Blackett, "Operational Research," *Advancement Of Science* 5 (April 1948); Sir Robert Watson-Watt, *Three Steps to Victory* (Odhams Press, Ltd., 1957); Philip Morse, *In at the Beginnings* (MIT Press, 1977); John McDonald, "The War of Wits," *Fortune* (March 1951); H. H. Happ, *Gabriel Kron and Systems Theory* (Union College Press, 1973); E. S. Quade, eds, *Analysis for Military Decisions* (Rand McNally, 1967); Bernard Crick, *The American Science of Politics* (Routledge and Kegan Paul, 1959); Robert Boguslaw, *The New Utopians* (Prentice-Hall, 1965); Bruce L. R. Smith, *The RAND Corporation* (Harvard University Press, 1966); Ida R. Hoos, *Systems Analysis in Public Policy* (University of California Press, 1972); Simon Ramo, "The New Pervasiveness Engineering," *Journal Of Engineering Education* 53 (October 1962), pp. 65—73; Herman E. Koenig and Thomas J. Manetsch, "From Physical to Socio-Economic Systems," *Engineering Education* (June 1967), p. 704。

[15] Morse, *In at the Beginnings*; Johnson, "The Executive"; Philip Morse, "Progress in Operations Research," in McCloskey and Trefethen, *Operations Research for*

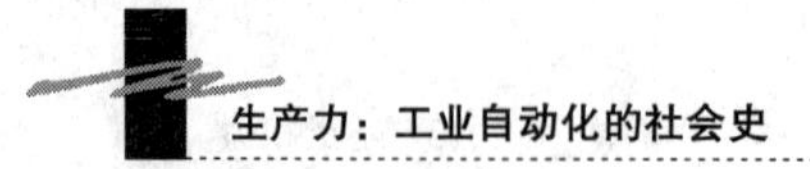

Management.

[16] Hoos，*Systems Analysis in Public Policy* p. 119；Forrester，引自 Weizenbaum，*Computer Power and Human Reason*. pp. 247，249。

[17] Weizenbaum，*Computer Power and Human Reason*，p. 31.

第4章　关于自动化工厂的争议

这种新式的以计算机技术为基础的总体控制思想很快就传播开来，而这并不能仅仅归结为它自身逻辑所具有的诱惑力。除了在军方内部之外，它还在工业界——尤其是那些与军方或军方资助的科技界有着密切联系的工业企业——扎下根来。众多的技术迷鼓吹着这种新观念，那些兜售这类战争工具的人则到处散播它，军方则打着提高性能、控制力以及国家安全的名义对它给予资助，它们强调技术上的必要性，使它名正言顺，并誉之为人类的进步。工业界的管理层也很快就激起了热情，与这种浪潮相伴而来的是时尚、声誉、爱国热情以及获利丰厚的合同。这种新观念不仅契合那种高效率就要求工作简化、资本替代劳动、管理层 57

集中控制生产等传统信念，而且也与二战后管理层要捍卫和扩大管理层权利从而将控制劳动本身视为目的这一当务之急相对应。

但是，二战后对自动化控制的热情中所隐含的冲动并不全是新事物。除了意识形态、技术、经济、军事和政治方面的因素之外，还有一种心理因素，那就是人类对自动化和遥控的原始崇拜。正如历史学家西尔沃·贝迪尼（Silvo Bedini）所说的，“人类最早制造出来的复杂机器就是自动机，人类通过它来模仿自然并驯服各种自然力。”这类自动机可以追溯到古代埃及，在17世纪，它的制造就极其灵巧，达到相当高的水准。它们是“人类实现像鸟一样飞翔、像鱼一样游戏并成为自然的主宰这个梦想的第一步”。
58 这种对权力的欲望，这种像上帝一般“用机械工具来模拟生命”的追求，这种使用自动化来扩展人类控制能力的喜悦，最终都导致各种机械原理和设备的发现与发明，而它们则随后用来削减或简化人类的劳动。[1]

此外，这种由来已久的自动化崇拜最终与资本主义的内在逻辑融会在一起，并赋予“劳动”一种衍生的特殊附加含义。除了工作或劳作这种传统的内涵之外，在资本主义体制之下，人民大众一律被视做被名为“劳动”的商品，这种商品通过“劳动力市场”这种机制而标上价格，为人雇佣或者解雇。这一双重含义以及它所引发的意识形态混乱的结果是，通过所谓节省劳动的设备来削减劳动，这不仅意味着减轻工人的劳作（一种致力于解放、提高并尊重人类的传统高尚追求），而且也意味着对工人本身的削减，这是雇主为了借着提高人类境况的名义而实现其狭隘的经济利益的实质。总之，一旦工人被仅仅看做是一种生产要素，而不是作为社会成员，所谓的进步就必然牺牲他们的利益，压制他们的需求和抗议。这种削减人类劳动的力量在道德上是盲目的，但在社会中却大行其道，它不仅摧毁了工人的生活手段，甚至连他们的社会身份也无法容忍。资本主义精神就这样强占了人类对自动化的原始崇拜，利用它来满足自己的物质和金钱目的，现在它的梦想已不再是那种自动飞行的小鸟或自行演奏的乐师，而是形形色色的自动化工厂。

自动化工厂之类的梦想很久以来就是乌托邦思想的主要内容，早期工业理论家就把它视为尊严与权威的手段，比如查尔斯·巴贝奇的《论机器和制造业的节约》（*On the Economy of Machinery and Manufactures*，1825）将这种工厂描述为数学原理的物质实体，安德鲁·尤尔（Andrew Ure）的《制造业的哲学》（*Philosophy of Manufactures*，1830）则描述了一部巨大的自动运行的机器。因此，原始的自动化崇拜与资本主义的逐利

野心都接受技术必要性的逻辑表象。一个世纪以后，二战后总体控制的意识形态取得了支配地位，这些欲望都披了科学的外衣，给人以一种理性的假象。现在，美国工业界的统治者们打着理性的旗号，凭着自利的嗅觉，借助于庞大的财富与权力以及大量的自动化研究的成就，为了扩充他们的权力与控制而匆匆奔向那因技术而久已延搁的自动化工厂梦想。

自动化工厂最先在能够连续作业的产业中实现，而不是传统的分批作业的行业。在这里，新型的自动化测量、监视和控制设备第一次作为人工监视和人力操作的替代物出现在世人面前。自动化生产工艺不仅要求在每 59
个生产环节上都实现自动化，而且也要求生产过程中的半成品从一个工作地点到另一个工作地点的转移也实现自动化。如果产品本身是一种液体或者气体，如此更容易转移，因为它可以通过管道或者膜片实现转移。出于这种原因，生产过程的整体自动化控制最初出现在可以实施连续作业的行业，使它们摒弃间歇式的批量操作而采用连续性的操作。

在烟草、罐头、染料、橡胶和造纸业中，批量生产工艺早已采纳了测量和调整像温度、压力、流量等变量的自动化工业控制机构，其主要结构有流管隔膜自动调节阀和各种气压设备、液压设备以及后来的电子机械设备。20世纪20年代以来的自动化工业控制的进展表现在，许多行业开始采取连续作业生产以及系统控制方法在电力领域的出现。所有连续生产工艺都使用了各种新型设备——传感器和操纵装置（传动装置）——用以监控和调整那些对于人工监视和控制而言过于复杂的操作过程。布朗仪器公司、泰勒仪器公司（Taylor Instrument）和福克斯波罗公司（Foxboro）等持续不断地改进这些设备。乳品业第一个采用连续生产工艺。该行业发明了多种精微控制生产过程中的温度的方法，以满足20年代联邦政府颁布的灭菌规定。在接下来的10年中，随着将牛奶温度迅速升至规定的华氏160度并迅速冷却的速调技术的发明，该行业又发明了更先进的连续流控制技术，它可以自动分离和重新循环那些未达到规定温度的牛奶。1925年，碳制品化工公司进行天然气的分解试验，得到了乙醇、乙二醇等化合物。由于工作对象是气体，它比液体更不稳定，因此必须采用迅速的连续流生产工艺，而这必然要求使用可以监控操作过程的自动化设备。其他化工企业也很快跟上。炼油企业从燃气裂化炉的间歇裂化生产转为裂化炉的连续裂化生产，后来改造为连续的催化裂化生产，同时也研制出一整套自动化控制体系。电力行业的生产本身就是一种连续生产，在通用电气公司的加布里

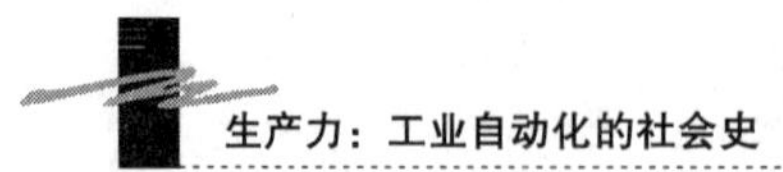

埃尔·克朗（Gabriel Kron）等开创者的作品中，电网分析采用了网络动态分析或其他复杂系统等数学模型。在20世纪30年代，以各种回路和电流波节方程与“窗口—网格”理论为主要内容的电网理论开始让位于电子学以及分析最优化复杂系统的“状态—空间”理论——通信和自动控制理论中分析与控制的基础。[2]

60 二战期间的三个工程极大地促进了工业控制的发展，它们分别是：合成橡胶的生产，它以“纯品分馏”法从酒精中提取丁二烯，这要求温度的严格控制；大批量的高辛烷航油生产（产量从1940年每天3万桶增加到1945年的每天50万桶）；原子弹计划，它建有庞大的气体扩散工厂，技术要求极其严格，共建有长达11英里的控制面板，每英里平均装备有1万台仪器。二战期间工业控制所取得的最重要的进展就是更快且更稳定的电子监控设备、可以迅速调节阀门的电子机械伺服系统以及“围绕着仪器”来设计生产工艺的各种方法。1946年，《财富》杂志大肆宣扬这些新型设备的优点以及它们的应用前景。但该文作者也指出，这些令人兴奋的进步也存在着黑暗的一面，一个小小的错误将导致一系列的连锁反应，控制面板“对于操作者来说，无法理解，甚至对于工程师来说也极其困难，外行更是无从明白”。“设备24个小时连续不断地记录有关温度或者压力的数据，这些记录也许永远不会出现在大众的视野中。”《财富》杂志总结道，并指出两个彼此依存的危险，一个是工人对于工艺的困惑与疏离，另一个是工人现在可以自由地“讨论政治”并且“加入工会”。[3]

工业控制的进展孕育了一批经验老到而充满热情的工程师，他们在二战结束的时候设法为他们的发明找到新的应用途径，孜孜以求地拓展他们的事业。在这里，军方再一次证明它们是最大且最热心的主顾，将通信、制导和控制系统的各种技术融合起来。除了电子、橡胶、化工行业之外，工业控制技术还渗透到食品加工、纺织、钢铁、印刷和汽车制造等行业。至20世纪50年代，模拟计算机控制率先应用在电力业和炼油业。计算机被用来监控操作、记录数据并对操作者发出指示。得克萨斯石油公司（Texaco）设在阿瑟港的炼油厂在1959年全部实现生产过程的数字计算机控制。一年以后，孟山都公司（Monsanto）在其设在路易斯安那的氮肥厂采用数字计算机控制，古特里奇公司（B. F. Goodrich）在肯塔基州的卡尔弗特市所设的乙烯塑料厂也使用了同样的技术。不久，全国各地的轧钢厂和使用鼓风炉、各种化工设备的工厂都纷纷采用计算机控制设备。

炼油厂和化工厂的经验很能说明采用大规模的自动化连续生产工艺的社会后果。[4]1949—1951 年，IBM 组织了工业计算机研讨会，极大地促进了新型控制设备在工业中的应用。许多工厂随后就安装了小型的模拟计算机。1955 年，大型模拟计算机第一次实现了生产过程中的应用——当时是化工蒸馏，意味深长的是，这次应用计划得到了俄亥俄州的莱特训练基地的空军的资助。（几年以后，集装箱运输——码头作业的机械化——也同样 61
得到军方的支持，这次资助者是美国海军。[5]）20 世纪 50 年代末期，飞机制造业开始引进数字计算机。1959 年 3 月，汤普森·拉莫·伍尔德里奇公司专门为生产控制设计了一台数字计算机，安装在得克萨斯石油公司设在阿瑟港的炼油厂。至 1964 年，炼油厂共安装了 100 台左右的数字计算机。石油化工业的计算机主要用于控制氮肥、乙烯、合成橡胶、丙烯腈的生产以及碳氢化合物的氧化过程。

开环控制系统最先开始应用计算机。将计算机与工厂所有的测量和监控设备相连接，它就能够监控所有的生产过程，执行计算，并输出“操作指令”。计算机实际上并未执行操作，而是操作工按照计算机输出的指令执行规定的调节。20 世纪 60 年代，炼油厂开始采用闭环反馈控制系统。这里，计算机不仅与监控设备和测量设备相连接，而且与伺服控制阀门相连，它们可以监控生产过程，执行数据的计算，并且自动做出调整。至 60 年代末，一座“现代化”的工厂的生产过程中，70%～80%的操作都是由这种闭环控制系统来执行的。但这类系统并不灵活，很难根据工厂的变化做出更改。因此，为了更好地应用计算机，人们在 70 年代开始对工厂重新进行设计，从而更进一步推进了二战时提取浓缩铀的工厂“围绕着仪器”生产的创新。

推动自动化的因素相当复杂，包括了各种经济的、技术的和政治的目的。其中一支重要的力量就是系统工程师的热情，它反映了人类对自动化和遥控的崇拜。“数字计算机——未来按钮炼油厂的钥匙”，1959 年的一期《石油和天然气杂志》（*Oil and Gas Journal*）推出这样的标题。1964 年，在计算机控制热潮的影响下，该杂志回顾了工业应用自动化的历史，并更为大胆地预测了未来的发展前景。计算机将从一个操作单位的控制发展到整个炼油厂的“水平控制”。作者宣称，“发展到后来，我们可以用一部中央计算机来控制几座炼油厂。”像这种对于计算机控制的热情在管理层和技术人员那里极其流行，但他们往往忽略了这一事实，即计算机控制的迅速引进牺牲了经济效益与实用性。两个流程工程师在《烃制造》（*Hydrocar-*

bon Processing）杂志发表了一篇文章，反映了他们对该行业中的计算机革命有着更清醒的认识：“由于数字计算机的通用性质，它可以执行各种计算和职能——它仅仅受工程师的智慧以及计算机的内存容量和运算速度的限制。”

62 因此，人们往往倾向于给计算机分派越来越多的任务，有时没有考虑到这种任务导致程序设计极其复杂、增加额外的硬件，以及它的经济收益。计算机还承担已有职能之外的其他某些职能（记录数据、工厂会计的材料平衡等）。计算机销售商竭力说服人们相信执行这些新增加的职能的成本非常小。但由于程序的复杂性以及系统的可操作性要求必须增加额外的硬件，比如要求更多的内存，这些成本往往出乎意料地高昂，与新职能所增加的收益往往不成比例。

他们建议，在生产过程中使用计算机控制“应当对生产过程及其经济环境有着彻底的认识与理解”，并强调“计算机硬件与程序应当尽可能简单，从而可以与当前的工作性质相配套”。[6]

并不是所有的设计者都听得进这一忠告。系统设计日趋复杂，而崩溃的潜在可能性也在增加。为避免事故发生，设计者安装警报装置以提醒操作者存在着危险，但这些措施也不得不屈服于对复杂系统的追求。用通用电气公司的一位应用工程师的话来说，“警报装置如此之多，报警如此之频繁，以至于操作者很快就置它们不顾了。而这样做，他们很容易忽略真正重要的信息。”——这正是核电厂控制所面临的问题。《财富》杂志在1946年就注意到，系统复杂性和自动控制本身将导致操作者的困惑与疏离，从而可能产生危险的后果。《石油和天然气杂志》通常对计算机控制抱有一种乐观的看法，但在一篇关于亚特兰大公司在费城的催化炼油厂采用IBM制造的计算机控制的文章中，也承认这种危险。“根据单位算子来操作从而使得喷水、燃烧油、低再生温度和多余氧气等等操作自由（无效）不复存在，”该杂志指出，“提供稳定而安全的操作这一任务变得更为艰巨。一个微小的故障将使整个单位的生产变得无效；而一个重大的故障将造成灾难性的后果。”[7]

用计算机控制炼油厂的另一面是消除所谓的无效工人的生产控制并实际上消除了工人本身。《石油和天然气杂志》发表的一篇名为《关于炼油仪器和控制的专门报告》的文章得出结论说，“削减劳动并没有什么好处，至

少现在没有。”该文章的几位作者承认闭环控制系统中操作者的重要性：“事实上，计算机控制的关键问题不是去掉操作者，而是如何更有效地使用操作者。”“优秀的操作者应当展现出合乎实情的判断、常识以及敏锐的感觉，”他们主张，“操作者必须对某些紧急状态具有控制能力，从而可以修正计算机所要求的行为。”无论如何，操作工的控制能力必须给予限制。 63
“让操作者具有控制能力又带来这样的问题，即如何确保不发生失误。”毕竟技术知识并不掌握在操作工手里，而是在“工艺工程师和数学家那里，工程师将工艺知识还原为数学描述，而数学家则在这些数学描述中找到最优的操作方法”。结果，操作者从外面的人工监控和操作转向里面的中央计算机室和自动控制，“计算机系统中建立起一个详尽的制约平衡程序”，用以自动监督并更改操作者的决定。“操作者所做的更改……必须接受检验，”他们指出，“这种检验程序事先由工厂的监督管理决定，并存入电脑的内存。”监督程序现在扩展到计算机上，它不仅可以监控化工工艺，也可以监控操作工的人为活动。[8]

操作工厌恶并抵制这种对他们控制工作权力的侵犯。一位控制工程师后来回忆道，“最初，在完成某些闭环控制的目标任务上，操作工与计算机展开了竞争，他们不久就发现，只要他们集中注意力，谨慎操作，他们也能够做得像计算机一样好。”但他们很快明白，他们无法持续这样做下去，或者即使做到了，却带来了疲劳与伤痛。因此，也许这是不可避免的结果，他们向计算机屈服，并试图利用它来追求自己的利益。维修工人也受到了影响。《石油和天然气杂志》一针见血地指出，“某些设备的定期维修现在已被理性的计算机决策所取代。”结果是显而易见的：此前工人虽然也曾在不依靠理性的情况下成功地控制炼油过程，但在计算机革命以后，管理层却不再指望工人的这种老套路，也没有这个必要。

管理层极力说服工人接受新的现实。在某些工厂里，“许多操作工的思想也被糅合到控制的逻辑中”——但对究竟有什么补偿或者对谁有利却并未做出说明。“小心应对工人，”炼油厂的管理人员警告道，“他能够让这个计划（安装计算机控制系统）成功运行，也能够让它失败。”“计算机控制并不大可能减少工作岗位，至少在最近的将来是如此，”他们以一种辩护姿态说，“操作工必须知道这一点，他们应当努力应对挑战，才能够实现这一计划。”[9]

但绝大多数工人仍然失去了工作。根据劳工统计局的资料，由于生产的急剧扩张，炼油业的总就业人数从 1947—1957 年仅仅略有增加，从 145 800人扩张到 153 900 人，此后便稳步下降，至 1964 年降到 113 900 人。对于生产工人来说，就业岗位一直在减少，最开始比较缓慢，但后来就加
64 快速度。1947 年，生产工人共有 113 800 人，1957 年为 112 500 人，而在 1964 年，这一数字下降到 81 900 人。同一时期，生产工人的就业人数占总就业人数的比例从 78%下降到 72%，而非工会会员的技术与管理人员的比例则相应地增长。《石油和天然气杂志》得出结论说，“原来将削减人力作为采用数字计算机控制的理由几乎肯定是错误的，操作人员虽然减少了，但必须增加额外的技术人员。”根据一项调查研究报告，采用新技术之后，该行业的生产率从 1947—1966 年增加了大约 250%。采用该技术的另一个直接后果是，同一时期的操作工人就业人数下降了 31%。该报告指出，“在某一年份的高资本支出，两年后生产工人的就业机会就发生明显的下降，这种情况每四例就有三例是这样。”而冲击最大的工种是木工、电工、机械工、油漆工、管道安装工、装配工、焊工、操作工以及非熟练工人。劳工统计局也注意到，“熟练的维修工也受到工艺设计、自动化焊接以及新式制造技术中计算机应用的严重影响。”[10]

除了这种直接的失业之外，还有一种“沉默的解雇”——公司停止招募新的雇员以补充那些因正常减员而离开的工人。这是引进新技术所造成的一种不那么引人注目但影响深远的后果。那些直接失业的人们丢掉了他们的工龄、工资以及福利。其中一些人只是暂时的失业，后来被重新录用或者能够幸运地找到另一份工作。但对于不那么幸运的人来说，这意味着永久的失业。当时一份名为《工作削减的分析》(*The Anatomy of a Work-force Reduction*) 的研究论文指出，在汉贝尔石油公司 (Humble Oil) 设在贝敦市的大型炼油厂所解雇的工人中，38%都属于社会学家称之为“长期失业”的那一类。遭受冲击最严重的是黑人、妇女、青年（低于 22 岁）、老人（超过 45 岁）以及其他少数族裔。[11]

这家贝敦工厂雇佣的工人从 1948 年的 6 725 人剧减至 1962 年的 3 816 人，减少比例为 43.5%（是同期美国炼油业工人就业人数下降比例的两倍）。“在总就业人数中就业机会的失去都集中在生产工人这一部分，”该研究指出，“该炼油厂在 1948—1962 年期间，生产工人的就业机会的下降占总就业人数下降的 80%。”并且，“当炼油业的就业机会削减的时候，”作者们指出，“该行业正在大规模地应用高新技术，尤其是自动化控制。”[12]

伴随着新型的计算机控制技术引入炼油业的是工人大规模的失业以及工人丧失对生产的控制，代表该行业大多数工人的石油化工原子能工人协会（OCAW）对这一事实感到极其震惊。工人失业，其位置由可以不加入 65
工会的技术人员所取代，这对工会来说意味着其成员的地位更低，更少可供利用的资源与缩水的权力。公司试图利用新技术来获得对工作内容和任务的控制，这对于工会用以保护其成员的传统工作规范构成了冲击。工会强烈抵制管理层对工会权利的侵犯——正如此前管理层抵制工会对它们“管理权利”的侵蚀——主张炼油业的技术进步所带来的负担不应全部落在生产工人这一特殊的群体上。一个研究产业关系的学者注意到，“工会并没有蓄意阻止技术进步”；工会承认它能带来生产率的提高与更多的社会利益。它仅仅坚持认为，不应单独让工人来承担这种社会收益的成本，因此工厂应极力维持尽可能多的工人就业机会。石油化工原子能工会协会不得已准备与管理层妥协，最终放弃艰难赢得的各种工作纪律，接受永不罢工的誓约。工会现在只有招架的份，工人完全明白这一点。但它仍然要求更高的工资与福利，并尽可能地维持某些职位，或者尽量使失业的后果不那么严重：签约期更长的合同、更高的解雇费、安装新设备时的预先通知、减少加班、限制工作外包、提供新的培训计划以及长期以来所追求的不减低工资情况下的缩短每周工时。它们实现了某些目的，但并不是全部。成员的流失与处于不利位置，严重削弱了工会在集体谈判中的作用。也许最严重的是，它的主要武器——罢工——已经不那么有效。自动化不仅激起了工人罢工，而且也使他们的罢工不那么有效。[13]

20 世纪 60 年代初期石油化工原子能工人协会举行的一次罢工使他们痛苦地明白了这一点。这次罢工的对象是美孚石油公司、海湾石油公司与壳牌石油公司。罢工的焦点集中在工会“要求控制工作纪律、工作任务的分配以及用以削减成本提高效率的减员计划”。1959 年，石油化工原子能工人协会针对美国石油公司举行了一次关于“职业安全问题”的罢工，这次罢工坚持了半年，但“工会最终失败，因为它无法使工厂关闭，从而施加足够的压力来赢得它的要求”。这次针对美孚石油公司、海湾石油公司和壳牌石油公司的罢工也遭到同样的失败，原因也相同：由于采用了新技术，“公司发现只要有了监管人员就能够使工厂运转起来”。1962 年 8 月壳牌石油公司的工人举行罢工，“工会彻底失败，因为公司在休斯顿的炼油厂在罢工期间依然能够利用几乎全部的生产能力来生产”。工会不得不接受公司解雇

433 名工人这一现实。在海湾石油公司设在阿瑟港的炼油厂，“面对高度自动化的炼油设备，人们清楚地认识到，工会的传统武器——罢工——已经失效”。[14]

更让工会难堪的是这一事实，罢工给了主管人员和技术人员采用更多
66 自动化设备的机会，从而免去了与工人或工会打交道的需要。1964 年，《石油和天然气杂志》信心十足地报道：“自动化使得主管人员在无需工会会员的操作工的情况下有效地运转工厂，它打败了石油化工原子能工人协会。数年来工会从未赢得过一次罢工，其中有三次大的罢工使它既损了钱，又丢了面子。”这种做法也招致了批评。政策制定者把工人的流动性视为解决各种社会问题的根本之道，一位工会的观察者最近对此评论道：“我们不是吉卜赛人。”[15]

自动化工业控制最先出现在连续作业的产业中是一件非常自然的事情，因为复杂、高速的操作需要施以细致而连续的控制，而大规模生产又足以抵消购买各种固定的自动化设备的高昂成本。金属切削业中绝大多数加工作业仍然是采用通用设备的劳动密集型的批量生产方式，除了少数例外情况，取得巨大进步的工业控制在这里并没有什么进展。所谓自动化的试验中心，它局限于那些对固定的特种设备投入巨额资金来大量生产制品且可以连续作业的行业，尤其是汽车制造行业。

福特公司的技术总监德尔·哈德（Del Harder）在 1947 年提出了“自动化”（automation）这一概念，但当时他使用这个概念并不是用来指称那种在二战期间研制出来的高度精密的电子通讯和伺服系统，更不是计算机控制，而是仅仅指称更多地采用各种专用部件且零件可以更换的电子机械设备、水压设备及气压设备，这些设备早已出现一段时间了。随着机械制动器、凸轮和水压的——后来改为电子的——传动装置的采用，金属切削业的生产设备就已经实现了“半自动化”。事实上，19 世纪的美国制造系统——一个英国的委员会 1854 年如此称呼——部分就建立在这种半自动的专用设备之上，如此就可以实现重复使用，而这对于零件互换的制造工艺来说至关重要。当南北战争结束的时候，螺钉机、六角车床等机器早已设计成包括根据预先规定的步骤来操作的机械运动。华生表业公司（Waltham Watch Company）在 1888 年最先开创性地使用传送装置。在 20 世纪 30年代的时候，传送装置在汽车工业里已经相当普遍。半自动设备和

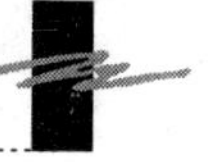

传送装置使得在工厂运转中实现整体控制成为可能。在金属切削业中，67
1920年A.O.史密斯在密尔沃基的汽车车身厂最先实现了整体控制。

1947年，哈德要求在发动机组的大规模生产线上，更多地采用这类自动操作设备和平衡各种操作的序列控制机制。福特公司的自动化部门负责实现工厂设备尽可能高速地运转。至1948年10月，自动化部门成立了18个月之后，工程师们耗费了300万美元实现了500台设备的自动化，预期将生产效率提高了20%，并削减了1 000份工作。这一计划与福特公司在克利夫兰的新设工厂一样，引起了媒体的高度关注。通用汽车公司的各级管理人员被禁止使用自动化这一语词，这不仅仅是因为它将引起主要竞争对手的批评，而且也因为这一语词已经被赋有“恶劣的”含义。[16]

具有讽刺意义的是，在金属切削业，人们的愤怒都集中在自动化上，但该行业的自动化控制程度远远不及连续作业的产业。自动化控制仅仅限于固定的或专用的特种设备，如重型冲床、制造发动机的联合机床以及传送带。这里几乎不使用电子设备，几乎不存在任何反馈控制或计算机应用。但在20世纪40年代末和50年代初，人们并没有这种对自动化控制的不同程度和类型加以明确辨析的观念。那时的人们对科学进步的任何奇迹都抱有强烈的兴奋，但却很少进行深入的理解与反思。公众对于自动化的热情与争论往往都忽略了各种具体的现实问题。正如我们已经指出的，技术人员面对这类奇妙的幻想也不能免俗。尽管他们的情绪倾向通常比较严肃，而且其职业训练也要求实际的可操作性，但他们毕竟也生活在这个往往将未来远景与现实处境相混淆的世界里，其中，现实不仅仅受到日常生活和工作中各种世俗约束的界定，而且也受到技术发展水平的最前沿所施加的影响。

1946年11月的《财富》杂志用了很大的篇幅来讨论“自动化工厂”。“无需劳动者的机器给我们带来了迫在眉睫的威胁与期望。”该杂志如此宣称，“现在已经是万事俱备。”这是两个年轻的加拿大人在那篇《无需人的机器》(Machines Without Men) 文章中精心论证的观点，它在工业界中的技术人员那里获得广泛的回响。两位作者，一位名叫J.J.布朗 (J.J.Brown)，是一名31岁的物理学家，另一位叫E.W.利弗 (E.W.Leaver)，是一名30岁的发明家，他们都曾参与加拿大在二战时期的雷达研制。《财富》杂志指出连续作 68
业控制在二战期间的进展（尤其是合成橡胶、航空燃料和浓缩铀的生产）对于自动化工厂的意义，并热情地向美国读者介绍这两位加拿大专家，说他们“建议把工厂和装配线的制造工艺改造成化工厂的那种自动化程度”。（意味深长的是，紧接下来的一篇文章探讨新泽西州美孚石油公司的“劳工和平”。）根据《财富》杂志编辑的看法，这两位作者提出了一种以 20 世纪的电子学为基础的新型机器设计理论，其中设计者的关注焦点从产品转移到机器的职能，从而将专业化生产技术改造为灵活的整体制造技术。根据《财富》的看法，正是技术的进展才使得这种设计理论的变化成为可能，并将导致“又一次工业革命”。[17]

“设想一下，”这些技术革命家建议道，“一座像水力发电厂那样干净、宽敞并且连续作业的工厂。”车间里几乎没有人，控制室安装主控制面板，面前坐着几个技术极其高超的技术人员。[18]“精确的”和“永不疲倦的”电子元件使得机器具有灵活性而且实现了自动化，生产具有很高的效率，远远超过任何人工劳动，而且“持续不断地”做下去。根据布朗和利弗的论述，这种新型的工业系统由三类“机器单元”组成。第一类是发送、接收并处理信息的机器，包括获得信息的监视器、传送信息的通道、记录和储存信息的介质以及计算或者处理这些信息的计算机。这些包括传声器、热电偶、光电管、振动传感器、温度计、打孔卡与纸带、磁带、钢丝录音机和电影，以及像电子积分计算机之类的“电子管计算器”。

其次是机器控制单元，它用来接收从计算机发出的经过处理的信息，将它转换成命令信号，通过桥接电路、闸流管和伺服电动机来控制制造机器的运转。为确保控制的精确性与连续性，这些机器单元还安装了比较仪、监视器和传感器，与伺服电动机共同构成一个闭环反馈系统。最后是制造设备本身：诸如传送机器、送料管等传递零部件的传送装置；进行各种复杂操作的机床；用来监控和操作工作对象的“手臂机器”或工业机器人。布朗和利弗描述了这种未来工厂的主要特征之后，还讨论了将这种设计付诸现实所要遵循的路径。跟其他工厂一样，在建设之前也需要规划出蓝图，但是工艺图纸是交付给计算机的，因此必须详细描述各个规定的操作过程。
69 计算机处理这些信息，然后自动地将它们送往机器，后者自动地采取各种操作，然后就是检测、传送、装配和包装。作者解释道：“在这样的工厂里，人力仅限于管理层和工程技术人员，前者决定哪些产品该生产多少，后者执行前者的决策。”这就是“新工业秩序”的蓝图。

与《财富》的编辑一样，布朗和利弗也深知他们的建议可能会遇到工业界的怀疑和劳工界的抵制。为此，他们花了很长的篇幅，以极具吸引力

并尽可能不带威胁的方式来描摹他们所看到的远景。受到技术狂热的推动，他们还试图从经济意义、技术进步以及军事必要性等方面证明这一建议的合理性，并辩称他们的主张不仅可以立即付诸实践，而且对社会也大有裨益。他们宣称这一新工业秩序意味着高的生产率，从而产品也将更便宜；它在制造方面更为精确，从而提高了产品的质量、可靠性与互换性；它可以在更短的时间内重组设备生产新产品（这将产生一个可以“立刻转产”的工业），从而构建一个更具有回应性并在经济上具有竞争力的供给体系；它在技术上更具有灵活性和适应性，从而不那么依赖于中心城市里大量的不熟练劳动力，这将导致工业的分散化；它将减少固定设备上的资本支出，这使得投资决策的风险大大降低，并使得工业界不必过多地依赖金融机构。除了令经济体系更为灵活、分散、高效、回应迅速、独立自主和具有竞争力之外，这一未来的新型工业秩序还将有助于军事体系提高多样化作战与迅捷备战能力，建立更为稳固的防卫系统，从而确保国家更为安全。

但是从旧工业体系转换为新工业体系，其中要遇到一些困难与障碍，两位作者也承认这一点。首先就必须将旧有的工厂和设备，连同旧的思想都一股脑儿端掉，而这必然会遭到那些习惯于传统生产方式的人们的不满与抵制。其次，需要在新设备上面投入一笔相当大的初始资本，而且在一段时间内，人们会感觉无法驾驭这些复杂的而且在短期内并不稳定的新型精密设备。但这个耗资不菲的不稳定的调试阶段最终总会得以渡过，人们将获得丰富的经验，并在其各个组成部分上削减成本，使产品的价格具有竞争力（两位作者注意到，单单在美国就有 1 万多制造商使用这类新型设备）。在所有问题中最棘手的无疑是劳工失业。布朗和利弗承认，“自动化工厂将会引发临时失业的浪潮。”但是他们仍然坚持第一次工业革命以来进步主义者的传统：对未来抱有信心，把劳工因传统的生活手段而导致的失业描述为人类从多余的无益劳作摆脱出来的解放。

他们建议，首先在“落后的”行业中实施自动化，比如金属切削业，
这些行业工资菲薄，工作条件恶劣，生产效率低下，而且还存在着劳工 70
“短缺”的现象。其次，现代自动化工艺将工人从日益递降的工作序列中解放出来。两位作者指出，“当前自动化控制手段和设备的应用的整体趋势是将工人降为一种没有技能和力量的若有若无的存在物。”这种新技术则有可能“提升”人的技能，将生产工人移至技术人员的岗位上，从而扭转工业发展所带来的破坏性和贬损性的趋势。

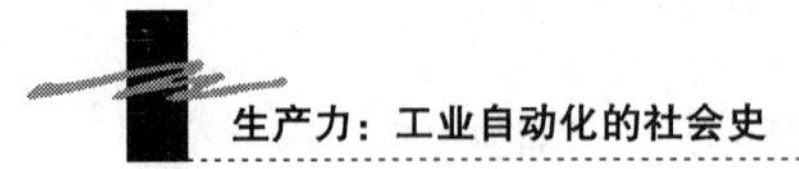

布朗和利弗明白，这种新工业秩序所面临的真正挑战来自社会，而不是技术。如果社会试图从科学和技术的发展中获益，并在这一过程中避免灾难性的后果，那么就必须对传统的工作方式和社会组织形式予以变革。他们认识到维持就业的重要性，如此这种新秩序才具有社会稳定性和经济可行性。“绝不可以对劳工规模进行大规模的削减，”他们呼吁道，“因为这类机器只有在有大规模的市场需求时才可能存在。因此必须维持一个庞大的具有支付能力的工薪群体。”为了实现这个目标，他们建议，在采用了这种取代劳工的新技术之后，应该开展各种广泛的技术培训项目，通过提高生产率而减少每周的工作时间（“一周工作两到三天完全是可行的”），通过减少浪费和提高生产效率而提高工资。他们总的观点与科学管理之父弗雷德里克·W·泰勒（Frederick W. Taylor）和20世纪30年代的著名进步主义者德克斯·S·金贝尔（Dexter S. Kimball）的看法相似，更不用提爱德华·贝兰米（Edward Bellamy）、索斯汀·凡勃伦（Thorstein Veblen）和专家治国论者的观点。这两位年轻的技术革命者最后的结论是，这个新体系“必然将人类的生活水平提高到一个更高的从未曾有过的水平。”因此，他们敦促公司的管理层——这是他们预期的听众——采纳这一新型的机器设计观点，去建构新型的工业秩序。[19]

> 用人工来看管机器充其量只是权宜之计。我们现在正开始制造各种先进的设备，它们在制造、控制、保证安全和监测方面都远远优于人力。这方面的进展现在还刚刚起步，但这类机器已经存在，它们比人眼看得更清楚，比人脑的计算更可靠，比声音传播得更快更远，比我们的记忆力记录得更准确，比人手操作得更快更好。这些设备不受任何人类自身能力的限制。它们并不在意长时间的工作。它们从未感觉到饥饿与疲惫。它们对工作条件从不抱怨，永远不会根据公司的支付能力来要求提高工资（作者在此极其微妙地影射1946年的罢工浪潮中工人和工会的要求）。在做同样的工作时，它们不仅比工人更少出问
> 71 题，而且即使一旦它们的工作有不到位的地方，它们也会用中央控制室的警铃来通知我们。

“在每一个无需带着情感的思考、计划和执行的部门，”两位作者不无情绪色彩地解释道，“我们都能够建造在同类工作上优于人力的机器。为什

么不使用它们呢?”这一问题很快就在技术界和其他群体那里获得了回应。

并不是每一个人都抱有如此乐观的态度。比如，诺贝特·维纳就不这样看，他是一位在麻省理工学院任职的伟大数学家，是研制计算机和伺服系统的先驱之一，是将人与机器联系起来研究的控制论之父。虽然维纳的成就对二战后的整体控制论观点的发展起了实质性的促进作用，但他本人并不接受这套看法。他不为他的同事所抱有的那种原始的技术狂热与复杂的理论辩护所动，也没有沾染上当时军方和企业管理层常见的冲动。虽然在描述人机互动系统时，他在自动跟踪系统的控制理论中寻求譬喻，但他从未接受同仁所抱有的那种形式决定论。这一点使他不同于约翰·冯·诺依曼，后者的公理数学观反映出与军事权威和权力之间所存在的密切关系。维纳坚持各种系统非决定性，对并它们的运行抱有一种概率论的认识。他的观点是有机的、生态的并且是人性的，显示出长期以来他对基于意识自主的生物学和道德理论的兴趣。他还特意强调，生命系统是开放的、偶然的，而不是封闭的、决定性的，因为社会系统的“掌舵人”——亦即自我纠错机制——本质上是人性的，它的动力不是形式逻辑，而是技术、经验和目的。他着重指出，任何这类系统的技术部分都应设计成辅助人类，符合人性，从而维持和提升人类生活。他指出，那种极端决定性的系统以牺牲或蔑视人类的方式来实现技术可能性，最终都会失败。

极端决定性的系统否认了人类的充分潜能以及经验、技能和隐含知识的积累，这必然严重损害人类实现各种可能性的动力。此外，由于限制人类思想和行动的充分发展，该系统也可能会诱发不稳定，甚至崩溃，因为它仅仅局限于负反馈：自我调节和自我纠错。最后，由于忽略了适宜人类的时间标度，这些仅仅在技术上相容的系统削弱了人类对机器的控制（维纳认为，电子计算机的度度使得相对比较慢的人类纠错的努力无济于事）。但维纳并未将整体控制误解为技术对人类的疯狂攻击。他完全明白，它也反映了人类的目的，那些权势人物的目的。[20]

维纳将美国社会中占支配地位的对权力和利润的追求视为一种本质上不 72
稳定的而不是自我纠错的力量。他认为这类现存社会制度下的驱动力最终将导致灾难性的后果。“在工业家如何看待新近出现的生产潜能方面，我们已经有了太多的经验，”维纳写道，“工业界到处都是那种新型工具，人们采用这些工具只是为了追逐眼前的利润，而无视它们所可能带来的长期的危害。”[21]

因此，与他的多数同事形成鲜明对照的是，维纳认识到二战后对控制论和控制技术的迷恋所隐含的各种危险，他还决定在这个问题上做出努力以改变现状。首先，他坚信通过个人行为来树立道德模范具有重要的政治意义，因此自二战结束以后他就有意识地一以贯之地采取不合作的做法，这使得他被排斥在权力圈之外。（他很早就从声望极高的美国科学院中退出来，以抗议“它的正式权力所具有的排他性以及内在的压制独立研究的倾向”。[22]）其次，他向人们宣扬控制论和控制技术所具有的危害，并试图将技术进步引向一个更具人性化的方向。维纳在各种公共演讲、期刊文章和著作中批评那种流行的进步崇拜观，提醒人们警惕通讯和控制技术的不可避免的扩张，并预测，未来社会中自然资源将耗竭，社会则出现对“普通人的有系统的剥夺”。[23]他写道，“自我们不幸发明原子弹之后，我们各种论文已经表明，美国人拥有大量的‘懂得如何做’的知识。”“但有一件比‘懂得如何做’更重要的事情，在这方面美国人无论知道多少也不为过。它就是‘懂得为什么’，”他谨慎地说，“通过它我们不仅可以确定如何实现我们的目的，而且也决定我们的目的究竟是什么。”维纳要求：“那些自动化工具的使用者应当好好反思他们的真实目的。”[24]维纳经常提及“猴爪”的故事（其中父亲苦苦希望获得金钱，这一愿望完全得到实现，但可怕的是，它是儿子死亡的抚恤金），并倡议建立“一个经常的反馈机制，其中个人可以对已经启动的流程进行干预并紧急叫停，从而重新思考以回应各种出乎意料的后果并有机会重新表达其愿望”。维纳的目标是建构一种实用的技术哲学，以应对 20 世纪后半叶所遇到的各种挑战，并克服二战后流行的整体控制观所蕴含的内在危险。为此，他要求其读者停下来深刻反思这种新技术：“当前所面临的选择是，你希望它在你的生活中扮演着怎样重要的角色，你希望与它处在一个什么样的关系之中。”[25]

与他的许多同事一样，维纳在二战期间也参与过有关战争的研究计划。但他对军事在科技上的影响总是抱着怀疑与鄙夷的眼光，最反感那些试图
73 通过公共部门尤其是军方来追求其私人目的的科学家。广岛的原子弹爆炸以及科学家在研制原子弹中所发挥的作用令他震惊不已。* 他认为，正是曼

---

* 1945 年 10 月，维纳在一封写给他的朋友乔治·德桑蒂利亚纳（Giorgio de Santillana）的信中谈到爆发第三次世界大战的问题：“我无意让我的研究陷入到这样一个两难境地中。我已严肃地考虑放弃科学研究的可能性，因为我无法确保发表的发明成果不被他人错误地利用。”这个月他还撰写了一封致麻省理工学院校长的信函，表明他有意退出该校，并“完全彻底地放弃科学工作”，但第二封信并没有发出去。[26]

哈顿计划的巨额研制费用促使军方使用原子弹以证明该投资的正确性。但这并不仅仅如此，爱国主义也不是唯一的理由。“虽然明知它拥有巨大的杀伤力却仍然使用原子弹，”他后来写道，“不仅仅可以归之于爱国主义，而且也归之于那些参与研制原子弹的人的个人前途。”他认为，将原子弹投放在东方的日本人身上，其中大有深意。“我与许多应用科学界的大牌人物有过交往，我非常清楚他们鄙视所有异族人物，尤其是那些非欧洲族裔。”他那些具有军方倾向的同事自私自利，相信种族主义并且乐意为权力执掌者服务，维纳对此表达了深刻的忧虑，除此以外，他还对他们在自动化问题上所表示出来的原始的技术狂热、幼稚的激情和过于简单化的想法而感到不安。维纳回忆道，在这种精密技术的背后，“我感觉到制造者的那种不惜试水的欲望”。“那种用摁按钮的方式来进行战争的想法，”他继续写道，“对他们来说是一个巨大的诱惑，他们坚信自己发明的力量，并对人类抱有深深的怀疑。这样的人我见过许多，我深知是什么促使他们固执己见。”曼哈顿计划的成功说明了这一事实，即“一群政府领导的制造家……深知现在他们在权力斗争中已经多了一件应急的法宝。”他最后得出结论说：“极其不幸的是，战争及其随后的不安定的和平把他们推向了前台。”[27]

战争结束以后，维纳对控制论所具有的军事应用前景感到极其不安，尤其是此时军方人员前来向他请教相关问题并征求建议。一次，他的一个同事打听他的工作，维纳知道他正在参与军方的项目，因此拒绝回答。他还向其他科学界同行发表了一封公开信，并取消了他在两个与军方有关的学术会议上的日程。他还要确保他在普林斯顿大学将要发表的一篇论文必须保持其“极其抽象”的性质。[28]

维纳的信发表在 1947 年 1 月的《大西洋月刊》上，标题是《一个叛逆的科学家》(A Scientist Rebels)。这封信写给一位在飞机和导弹公司任职的没有具名的科学家，它公开表达了他的反军国主义立场以及对各种军事科研保密的鄙夷态度。“战争期间，各类军方机构为了限制参与相关科研项目 74
乃至同一科研项目的科学家之间的自由交流，而采用各种措施，”维纳写道，“这些措施仍然如故。很明显，如果它们在和平时期继续下去，这一政策将使得科学家持一种不负责任的态度，最终它将导致科学的死亡。”维纳的呼吁，与其说提倡信息的自由交流，毋宁说是要求科学家担当责任，这种责任本身将要求科学家在某些场合下限制信息的自由交流。尤其是原子弹投放在广岛和长崎之后，这样做更有必要。“思想的交流是科学的一个伟大传统，”维纳指出，“但是当科学家成为一位生死的判官时，就必须对它施加某些限制。”当看到几乎没有科学家愿意承担生产控制的责任，并使它按符合社会利益的方向发展时，维纳决意扮演一位针对自身的检查员。维纳宣称：“我将不再发表那些若落入不负责任的军人手里将产生危害的作品。”“我当然知道，”他解释道，“这样做我就是在扮演审查自己思想的检查员，而且可能会失于武断，但我绝不会接受一个我自己没有参与其中的审查行为。”“制导导弹的实际用途只能是不分青红皂白地杀害外国公民。如果我不想参与轰炸和屠杀那些手无寸铁的人们——我当然无意这样做，那么我必须郑重地承担起应有的责任，跟那些我向他披露科学思想的人一样。”*[29]

如果说维纳在美国所面临的苏联问题上不甚热心，拒绝公开参与冷战的科研，那么在美国的国内“问题”上，他也同样抱有迟疑态度。维纳的父亲是哈佛大学研究斯拉夫语言的教授，一位乌托邦式的社会主义者。维纳自己很小的时候就研读过伯特兰·罗素和艾尔弗雷德·诺思·怀特黑德的作品。他的出身与工会不存在任何关系。但当他青年时期担任记者的时候，他在波士顿报道过发生在马萨诸塞州劳伦斯市的几次著名大罢工。根据他自己的叙述，他对劳工运动抱有深深的同情。[30]他深知军国主义与公司对劳工的攻击之间存在着关联。比如，早在朝鲜战争时，他在致美国联合汽车工会的沃尔特·鲁瑟（Walter Reuther）的信中写道：

> 穷兵黩武至少延迟了社会进步的步伐，甚至逆转了它的发展方向。
> 75 我们不可忘记，这个国家中有不少人是抱着冷笑的态度来看待社会进步的延迟甚至是退步的。对某些商人和军人来说，现在是大好时机，他们正可以借此一劳永逸地摆脱工会、各种形式的社会化政策以及所有那些针对赤裸裸追求个人利益所施加的限制。这种趋势可能很容易地走向法西斯主义。[31]

---

* 维纳信守了他的誓言，拒绝参与任何军事研究，即使他所处的麻省理工学院事实上已经成为军事研究基地，它的科学资助中90%以上都来自国防部。但维纳并未放弃科学研究，而是把他的研究方向转向了医学，尤其是医学修复设备的研制。他希望这样能化干戈为玉帛。他的同事们都深深陷入了军事科学的研发活动中，他们虽继续公开表达对维纳的尊敬，但并不接受维纳的社会观点，而是把它说成是幼稚的“哲学说教”，对科学研究界限的践踏，还有一些人甚至把这当成是维纳衰老的确证。

早在第二次世界大战期间，维纳就注意到自动化以及它对劳工运动、工人以及社会整体所可能产生的影响，当冷战愈演愈烈的时候，他的这种关切也日益加深。“如果我们任由劳工需求方面的变化自由地发挥其影响，”他后来回忆道，“我们的时代有可能会发生有史以来最大规模的失业。在我看来，我们完全有可能避免这种灾难发生。但若它真的发生了，那肯定是因为我们都陷入了空谈与幻想，并且坐以待毙。”这时维纳写出两本令他声誉大振的著作，一本是《控制论》(*Cybernetics*，1948)，该书详述了科学的最新进展以及计算机控制和自动化的应用，另一本是《人对人的利用》(*The Human Use of Human Beings*，1950)，该书探讨了控制论革命对于人类和社会的影响。

1949年春，工业界许多人向维纳请教工业控制中的问题。通用电气公司设在纽约州斯卡奈塔第市的工业控制部门的菲利普·阿尔杰（Philip Alger）拜访了维纳，向他请教自动跟踪系统的问题，并邀请他在斯卡奈塔第市作演讲。维纳拒绝了。当年5月，通用电气公司设在马萨诸塞州的林恩市分公司的爱德华·林奇（Edward Lynch）建议他对当地的控制工程师发表演讲。维纳再一次拒绝。他明白，当他对自己实施思想审查的时候，他的沉默并不能保证别人的沉默。于是，他决定走向工会，向它们提醒自动化的危害。他向一位研究者写了一封信，但没有回音。然后他与打字工人协会的人员联系，但这些工会成员正忙于他们当前的斗争，无法分心来关注长期的发展问题，不管这些问题具有何等危害。在绝望之中，他于1949年8月向沃尔特·鲁瑟写了一封信。毫无疑问，这封信堪称20世纪科学文献中最著名的信函之一。[32]

在信中，维纳简要描述了这种新型技术的发展状况，包括自动跟踪系统、可程序化机器与计算机。“这种工具极其灵活，并可用于大规模生产，”他对鲁瑟说，“毫无疑义，它们必然会走向没有雇员的工厂。”“在现存的工业格局之下，”他说，“这类工厂所造成的失业将是灾难性的。我的猜测是，10～20年内，这种相当危急的情形必然会发生。”与他在《大西洋月刊》上的文章相呼应，他在这里清楚地表达了他的立场。

> 我不希望看到我对这种情形负责。因此，我已经毫无条件地拒绝 76
> 那些向我咨询的工业公司所提出的要求。

> 我不希望自己做出任何对劳工不利的事情，我完全明白，任何与奴隶劳工——不管这奴隶是人还是机器——竞争的工人必定会接受奴隶劳工的工作条件。对我而言，如果继续保持远离世事的姿态，这只能是导致这些思想的发展终将落入那些对劳工组织不那么友好的人手中。我没有看到有这样的群体，一方面由于有充分的诚意来让人放心地把这些思想交付与它，另一方面又具有坚实的经济和社会地位从而确保这些成果能牢牢地掌握在自己手中。

维纳提醒鲁瑟道，“面对机器大规模替换劳工这一极其紧迫的威胁，您应当对此保持充分的关切，并且在审慎判断而不是激情冲动的层次上，提出一个针对该问题的政策。”维纳建议鲁瑟“在这个问题上要抢在现在这些工业公司的前面”，从而确保技术的进步能够惠及劳工。或者，“也可能是这样，您会觉得必须完全压制这些思想。”“不论是哪种情形，”维纳肯定地说，“我都很愿意忠实地支持您，并在这个我视为是一种公共政策的问题上并不要求任何个人的回报。”“无论如何，我必须警告您，”他总结道，“在这个问题上我的消极作为，绝不意味着，他人在面对这些思想时也抱有消极无为的态度。”而且他有些惊讶地注意到，在这个时刻，“这类思想可谓甚嚣尘上。”[33]

【注释】

[1] Silvo, A. Bedini, “The Role of Automata in the History of Technology,” in Kranzberg and Pursell, *Technology in Western Civilization*, II; Derek J. DeSolla Price, “Automata and the Origins of Mechanism and Mechanistic Philosophy,” *Technology and Culture* 5 (1964)；还可参见 Mumford, *Technics and Civiliztion* (Harcourt, Brace, 1934) 和他的 *Myth Of the Machine*。

[2] 关于工业控制的讨论取自下列文献：“Taylor Instrument,” *Fortune* (August 1946); H. H. Happ, *Gabriel Kron*; Charles M. Bacon, “From Electrical Networks to Systems,” *Journal of Engineering Education* (May 1967); Harold Chestnut, “Application of Kron's Concepts to the Field of Systems Engineering,” in Happ, *Gabriel Kron*; Simon Ramo, “Automation in Business and Industry,” in Grabbe, *Automation in Business and Industry*; S. Bennett, *A History of Control Engineering*; John Diebold, *Automation* (Van Nostrand, 1952); Ben Seligman, *Most Notorious Victory*; James Bright, “The Development of Automation,” in Kranzberg and Pursell, *Technology in Western Civilization*, II;

"From Art to System," *American Machinist*, November 1977；Grabbe, *Automation in Business and Industry*；Charles R. Walker, *Toward the Automatic Factory* (Yale University Press, 1957)。

[3] "Taylor Instrument."

[4] 关于自动化在炼油业的应用，我应当感谢Peter Hayes的帮助，他在这个问题上的研究相当深入。此处的讨论取自下列文献："Technological Trends in Major American Industries," Bureau of Labor Statistics Bulletin 1474 (February 1966), pp. 179－184；"Taylor Instrument"；Theodore J. Williams, "Systems Engineering in the Process Industries," E. P. Schock lecture, University of Texas, Austin, October 16, 1959；Edward John Williams, "The Impact of Technology on Employment in the Petroleum Refinery Industry in Texas, 1947—1966," lecture, University of Texas at Austin, December 1971；"Labor Outlook," *Oil and Gas Journal* (October 26, 1964)；T. C. Wheny and J. R. Parsons, "Guide to Profitable Computer Control," *Hydrocarbon Processing* (April 1967)；"Digital Computers: Key to Tomorrow's Pushbutton Refinery," *Oil and Gas Journal* (October 5, 1959)；"Justification for Optimizing Control Strengthens with Time," *Oil and Gas Journal* (October 25, 1965)；"Designing Plant Models for Improved Control," *Oil and Gas Journal* (December 8, 1980)；"Humble to Drop 500 Baytown Workers," *Oil and Gas Journal* (October 1, 1962)；"Refinery Strike: Suggest Plant Can Be Run with Still Fewer Men," *Oil and Gas Journal* (November 12, 1962)；L S. Belzung, John P. Owen, and John F. MacNaughton, *The Anatomy of a Workforce Reduction* (Center for Research in Business and Economics, University of Houston, 1966)。关于自动化工艺的应用以及对劳工的影响，还可参见Walker, *Toward the Automatic Factory* (steel mill)；Duncan Gallie, *In Search of the New Working Class* (Cambridge University Press, 1978) (petroleum refining)；以及Geoff Bernstein的未发表的手稿对于自动化在提纯铀方面的应用, senior thesis, Harvard University, 1980。

[5] 关于集装箱运输对码头工人的影响，参见Stan Weir, "Effects of Containerization on Longshoremen" (U. S. Department of Labor, 1977)；Herb Mills, "Mechanization of the San Francisco Waterfront," in Zimbalist, *Case Studies on the Labor Process*；and Lincoln Fairley, "ILWU-PMA Mechanization and Modernization Agreement" (U. S. Department of Labor, Labor-Management Services Administration, 1977)。还可参见Ben Seligman, *Most Notorious Victory*, p. 245。

[6] "Digital Computers: Key to Tomorrow's Pushbutton Refining," p. 140；"Labor Outlook," Wheny and Parsons, "Guide."

[7] William E. Miller, "Digital Computer Applications to Process Control," *Proceedings Of the First International Conference*, September 1964；"Taylor Instrument", *Oil*

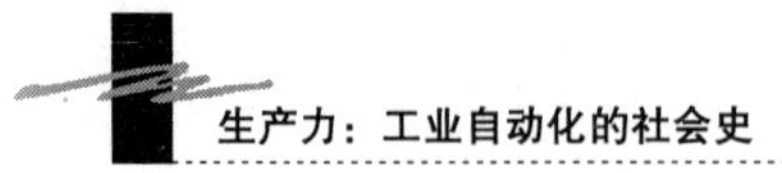

and Gas *Journal* (October 28, 1963), p. 84.

[8] "Special Report on Refinery Instrumentation and Control," *Oil and Gas Journal* 59, No. 41.

[9] Miller, "Digital Applications," p. 3; "Computer Control in Refining," *Oil and Gas Journal* (October 26, 1964), p. 104.

[10] "Technological Trends in Major U. S. Industries"; "Justification for Optimizing Control," *Oil and Gas Journal*.

[11] Belzung et al., *Anatomy Of a Workforce Reduction*.

[12] 同上。

[13] E. J. Williams, "The Impact of Technology on Employment."

[14] "Job Security Now OCAW's Chief Concern," *Oil and Gas Journal* (February 12, 1962), p. 80; "Union Weighs Automation," *Oil and Gas Journal* (December 19, 1956), p. 86.

[15] "Labor Outlook," Oil and Gas Journal (October 26, 1964); Ed Mann, 引自 Staughton Lynd, "Reindustrialization: Brownfield or Greenfield?" *Democracy* July 1981 (manuscript version)。

[16] "From Art to System," *American Machinist* (November 1977); Bright, "The Development of Automation."

[17] "The Automatic Factory," *Fortune* (November 1946).

[18] Eric W. Leaver and J. J. Brown, "Machines Without Men," *Fortune* (November 1946).

[19] 扩展阅读文献可参见 Frederick W. Taylor, *Principles Of Scientific Management* (Harper, 1911); Thorstein Veblen, *Engineers and the Price System* (Viking, 1940); Edward Bellamy, *Looking Backward* (The Modern Library, 1942); Samuel Haber, *Efficiency and Uplift* (University of Chicago Press, 1964); Noble, *America by Deign*。

[20] Heims, *John Von Neumann and Norbert Wiener*, passim.

[21] Wiener, 引自 Hanson, *The New Alchemists* p. 62。参见 Norbert Wiener, *The Human Use of Human Beings* (Houghton Mifflin, 1950)。

[22] Heims, *John Von Neumann and Norbert Wiener* p. 175.

[23] 同上, pp. 337—338。

[24] Wiener, 引自 Hanson, *The New Alchemists*, p. 62。

[25] 引自 Heims, *John Von Neumann and Norbert Wiener*, p. 340。

[26] 同上, pp. 188—189。

[27] Norbert Wiener, *I Am a Mathematician* (Doubleday, 1956).

［28］同上。

［29］Norbert Wiener，"A Scientist Rebels，" *Atlantic Monthly*（January 1947），p. 46.

［30］Heims，*John Von Neumann and Norbert Wiener*，p. 214；也可参见 Wiener，*I Am a Mathematician*。

［31］Norbert Wiener to Walter Reuther，July 26，1950，Wiener Papers，MIT Archives.

［32］Wiener correspondence，Wiener Papers，MIT Archives；Wiener，*I Am a Mathematician*.

［33］Norbert Wiener to Walter Reuther，August 13，1949，Wiener Papers，MIT Archives.

第二部分

机器设计中的社会选择

社会选择既体现为那种轰轰烈烈的斗争，也存在那种点点滴滴的渐进式决策的形式。有些人不理解机器研制中所包含的社会选择，这暴露出他没有能力观察到这种积累性的效应，当这些效应最终聚集起来爆发的时候，它们看上去似乎是一种完全外在的、非人的力量。

从最终的结果来看，绝不可以认为，我们名之为“机器”的那个事物……是技术自身的无意识的副产品，然后通过各种各样的灵巧改进而最终覆盖了社会生活的整个领域。恰恰相反，机械规律以及许多原始的发明创造本身就是为实现机械式生活方式而有意识努力的结果；隐藏其中的动机并不是技术上的效率，而是统率他人的神圣或权力……机器扩展了这些目的，并为它们的实现提供了一种物质手段。

——刘易斯·芒福德，《技术与文明》

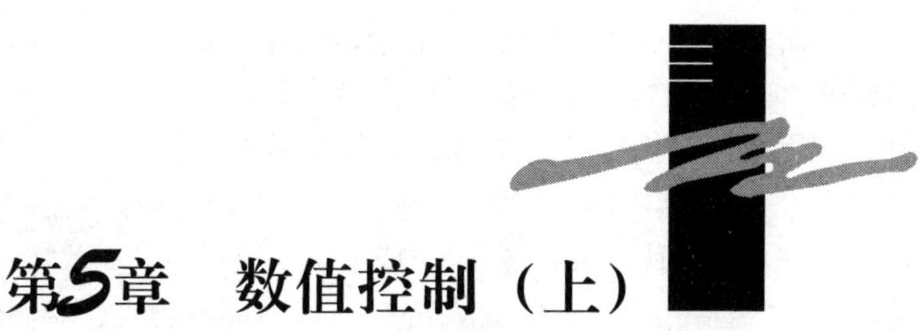

第5章 数值控制（上）

从战争中崛起的技术人员在四处寻找机会。他们热衷于为他们发明的种种新设备找到用途，试验他们的新技术，并开始将他们有关自动化控制的观念应用于实践。军方乐意满足他们的欲望。产业界的管理层，尤其是那些与军方有密切联系的人也很快接上趟。他们得到军方资助试验的保证之后，又企图将这些新技术用于满足追逐利润并更多控制生产的渴望。其中的一个关注焦点就是机床的自动化。* 79

* 在自动化控制机床的设计问题上，我更多关注于阐明研制过程的一般模式，而不是具体哪个发明者的贡献或独创性。对于像“谁最先发明”这类问题，我很愿意把它留给追索专利权的律师们。因此我完全同意艾博特·佩森·厄舍（Abbot Payson Usher）的看法，他在叙述提花织机的发明历史的过程中指出：“最终的成就应当归功于全部这一过程所有人的贡献，这是一条规则而不是例外。公众对于区别谁的作用更大这类问题确实不够细致，但是如果我们走到另一个极端，把全部的荣誉都献给提出原理的最核心概念这一过程，而拒绝承认设计、研制，并钻研其中各种问题等过程的重要性，那么这将是不公正的。在这个过程中，每一步都是同等的重要。”

从历史上看，通用机床（车床、铣床、钻机、刨机等）上的改进设计者通常都是那些本人是机械工或曾经是机械工的人，这些人对机械抱有感情，但无意使它们自动化从而将之从生活中排除出去。“有一种看法认为，19世纪上半叶英国第一代机械工发明的机器使得全国的手工艺者都失去了工作，这完全是一种错误的观点，”技术史专家L. T. C. 罗特（L. T. C. Rolt）这样写道，“恰恰相反，这些机械工……他们本身就是技术高超的手工艺者，他
80 们改进这些工具主要是为了满足自己的日趋严格的手艺标准。”[1]

通用机床是一种用途相当广泛的设备，一个熟练的机械工通过灵巧地运用曲柄、控制杆和把手就能够将他的技艺、知识和目的灌注到机器上，从而生产出各种各样的机械部件。反馈控制的过程是通过具有感觉功能的、灵敏的和长期经验的手、耳、眼来完成的。机床设计上的改进被视为对机械工的辅助，它可以提高精确性，更方便操作并且耗费更少的人力。像进给刀架、导螺杆、自动进刀、机械制动、分度装置以及用来机械控制操作序列的制动挡板等发明，其主要的目的是为了减少工作的需要的体力与脑力，从而让机械工更好地利用他的技能。他可以把注意力集中于机器的切削动作，将进刀恰好停留在他所要求的位置。通过这种电动进刀，他可以省却许多气力。但这一切都在他的掌握之中。这些改进是为了更好地服务于他，而不是为了取代他。

然而，这类技术改进也往往服务于其他目的。管理层有时会在某些特定的操作环节或者有限的一组运动上，将机械工的技术加入机器之中。这样，通过凸轮、齿轮、分度装置和序列控制装置，通用机床也具有用于特殊用途的“自动运转”的作用，简言之，通用设备便成为特种设备。同理，通用设备在安装上精密的模具和夹具（模具用以固定和引导车刀，而夹具将工作件固定在一个位置上）之后，也成为一种特种设备。自动运转装置与特种装置（模具、夹具以及用于确保产品统一规模的精密标尺）开辟了
81 一条通用件生产方式，并最终导向了大规模生产。*[2]它们还使制造业的工

* 模具与夹具在金属切削业中的应用最早可以追溯到19世纪初，这两种器具是通用件生产中的核心部件。最后，在该世纪的最后10年中，“工具制造工”成为一种专门的职业，与机械工区别开来。这种新职业是科学管理的产物，其目标是将技术的重心从生产车间转向了工具车间。但即使管理层试图利用这种新型的工具制造技术，从而雇佣非熟练的廉价机器操作工，但制造并贮藏这种工具仍然耗资不菲，这对制造业来说带来沉重的压力——一个信奉泰勒学说的人早在1914年就警告过这一缺陷。使用廉价劳动力所节约的成本往往被工具的昂贵价格所抵消。正如我们将要看到的，引进数控技术的部分目的也是为了克服模具和夹具的高成本与不灵活性，更重要的是，对工厂实施控制，消除工人的技术优势。然而，这一解决方案所需的高昂成本本身也成为一个“问题”。有意思的是，在这几次采用高成本技术从而雇佣低成本劳动力并帮助管理层获得对生产的集中控制的情形中，为技术改造付费的都是国家——19世纪早期是军械部，一战前后则是陆军和海军，20世纪后半叶则加入了空军。似乎存在这样一种模式，其中政府打着国家安全的名义，在管理层与劳工的对立中，系统地支持前者。

作日趋简单，劳动分工日趋细致，管理层的权力日趋加强。一旦某部机器仅仅只用于某个特定的操作，它就可以由一个工资相当低廉的非熟练工人来操作，他既不需要思想，也不需要技巧，却能生产大量的零部件。原先是机械工按照他们自己的目的来控制机器的运转，现在则是机器本身就蕴含了由工程师、工具制造工和装配工所设定的目的，并被用来控制操作工的动作。

工程师是新近技术革命的设计者，在他们看来，几乎可以不需要人工操作者。在各类工程学杂志中，机器被描述成似乎有了自己的生命，它与使用者完全无关。在这种机制中，人处于后台，就像附属的幻影，而操作机器这一行为则以被动语态加以描述。根据这种看法，机床是“一部由各类装置组合起来的机器，其中切削工具在材料上操作，从而得出所要求的形状、大小以及精密程度”。[3]从理论上说，人们不难想象一部无需人操作的机器，这对工程师来说尤其具有吸引力，因为他们没有实际的机器操作经验，并把机床的自动化视为不过是自动化控制技术发展过程中面临的又一次有趣的挑战。

但在现实生活中，机械工这个“幻影”却处于金属切削业的中心地位。即使管理层采用特种设备来实现它们的管理目标并维持对工厂的控制，但在关键的工具制造、设计、装置、维修过程上，它们也不得不依赖工具制造工和各类机械工的技艺和创造性，而在成品的制造与检验上也依赖操作工的技能发挥。没有他们的合作，优质品生产就是一句空话。更重要的是，由于特种设备不够灵活，而且重装模具成本高昂，这使得它仅仅应用于大规模的生产。然而在这一行业，绝大部分订单都是小批量的短期生产。这样，通用设备仍然占据着金属切削业的核心地位，不管工程师和科学管理者如何努力，机械工在生产过程中的至高无上的地位不可动摇。

因此，机床自动化最终的困难就在于：如何使通用设备自动运行（即根据管理层的指令自动操作，而无需劳工的干预），与此同时还能满足短期生产所要求的灵活性。这一问题的解决之道就是可编程序自动化（programmable automation），即通过各种“程序”——贮存在一个永久性的介质中并用以控制机器的指令——使通用设备临时改变为一种特种设备。这样，产品的变化只需要在程序上做出改动，而不是依赖机械工来重新装模或重 82
新改装机器本身（比如自动化六角车床时就必须重新配置部件）。可编程序

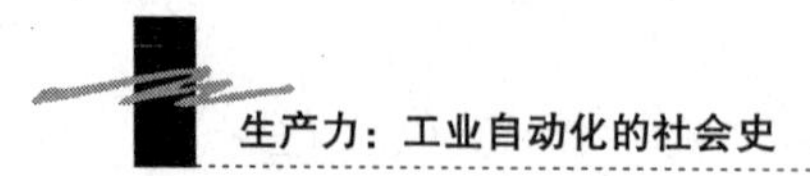

自动化不仅使得自动化操作更为灵活，它还使得管理层对生产机器具有直接的控制，从而削弱了机械工在工厂中的地位。

一个可部分实现机床可编程序自动化的方案就是跟踪控制（tracer control)。[4]跟踪控制的目的是保证物件断面的精确复制，机器要实现这点相当困难，耗时而且成本不菲。在这里，“程序”指一种所要求断面的模板或模型。一旦为机器操作定下一个具体的轮廓，记录针就跟踪确定的模板，编程信息则自动传输到切削工具上，后者则在工作件上复制出相同的断面。跟踪控制就像配钥匙的机器一样，钥匙原件被用做复制件的模板。如果要改变断面，仅仅改变模板就够了。

最早的跟踪控制技术是19世纪托马斯·布朗夏尔（Thomas Blanchard）发明的仿形切木车床，军械制造商用它来生产枪托。一旦将一部成品枪托作为原型，仿形车床就跟踪一个指针运动，并引导一个切削器具在工作件上复制出相同的断面。机器能够自动而准确地控制整个断面的切削过程，从而不必让机械工在工作中停下来检查切削是否精确。在布朗夏尔车床中，跟踪模板的指针与在工作件上动作的切削工具直接相连，指针在模板上的运动轨迹有力地移动刀具在工作件上进行加工。这种技术对于木制品生产来说已经足够——虽然模板往往会磨损不少（从而丧失了精确性）——但对于金属切削来说远不充分，因为它需要力量更大的杠杆作用。

1921年，在约瑟夫·凯勒公司工作的约翰·肖（John Shaw）发明了用于金属切削的凯勒电子机械仿形系统，它由塑模石膏或木制模型、电子传感器、电动机以及机械传动装置构成。在这种凯勒雕刻机中，指针的作用本质上仅仅限于提供信息，而不是动力，后者由传感器所带动的电动机来提供。在1930年，辛辛那提铣床公司采纳了一种液压靠模铣床，其发明者是汉斯·厄恩斯特（Hans Ernst）和伯纳德·萨松(Bernard Sasson)，它采用一种液压系统，具有良好的可靠性。当第二次世界大战爆发的时候，已经出现了各类组合使用电子、机械、液压、气压装置的靠模铣床。1942年，通用电气公司发明了全部使用电子装置的跟踪控制系统。

在战争结束的时候，跟踪控制在金属切削业中已经发展成为一种相当先进的技术，它被广泛运用于各种要求极其严格和精密的机械工艺。但是
83 跟踪技术也存在着不足，这对那些迷恋整体控制和自动化工厂的人来说尤

其无法忍受。第一，跟踪技术只是一种局部的自动化，因为针对部件的每一个断面都必须制造一个单独的模板，而不能够做到针对一个部件只需要一个模板。第二，装配工作极其复杂而成本居高不下，尤其是那些部件的三维都需要进行加工的生产过程。第三，重复使用模板不可避免地导致表面磨损，从而降低了精确度。第四，绝大部分模板仅仅只能用于某种工艺或者该工艺的一部分，贮藏模板本身就耗资不少，还需要建立复杂的存货与检索系统。最后，从管理层的角度来看，最重要的是，跟踪技术不仅严重依赖于那些装配机器并监控操作过程的机械工的技艺，而且还依赖于制造模板的模型工的技艺。

二战结束后不久，很快就出现其他的可编程序机床自动化方案。用于六角车床的“线板”控制技术让操作工只需改变电子继电器的线路就能够控制机器的运动。但程序无法永久贮存，机械工不仅控制加工过程，还控制着程序的运行。战争期间，德国工程师发明了一种整体机床控制的光电系统。经过瑞士的康特拉维斯公司（Contraves A. G.）的进一步开发，该系统也成为一种类似的跟踪系统，其中电子眼对导螺杆的运动在纸带上所留下的轨迹做出反应，产生动作信号并传递给伺服马达，后者带动整个机器的运动。[5]

在纽约州的斯卡奈塔第市，通用电气公司的工程师洛厄尔·霍姆斯（Lowell Holmes）看到1946年的《财富》杂志上关于“无需人的机器”的文章后，大为兴奋，并试图采纳这种光电方案，但最终由于生产控制带存在困难而不得不放弃这一计划。他转向另一种实现可编程序机床自动化方案，这种方案最早出自发明家劳埃德·B·斯波诺格尔（Lloyd B. Sponaugle）和利夫·埃里克·德内高（Leif Eric de Neergaard）在战争最后几年中所做出的创新。他们的创新被称为“记录—回放”方法或者“动作”方法，其中记录的内容包括机床和指针的动作，这些运动的信息贮存在磁带或打孔纸带上，然后重放并自动产生与机床相同的动作，从而生产出符合规格的部件。根据其开发者与推广者的说明，这种方法的最大优势就在于制造和贮存程序极其方便。机械工只需要手工生产第一个部件或跟踪一次模板，而后生产相应部件的动作信息就自动贮存起来。然而在那些能够决定这种方法的命运的人看来，这种方法可以复制技术，这既是它的长处，但也是它的短处所在。它对于传统的机器加工来说，已经是一大进步，但仍严重依赖于机械工的技术（程序本身就反映了机械工的技艺和控制），从

84 而远不能满足管理层的终极目标和技术狂热者的梦想。根据当代一位机床自动化史的专家唐纳德·P·亨特（Donald P. Hunt）的说法，通用电气公司等公司所以废除记录—回放技术不用，这是因为“它的纸带制作方法”被视为是“不能令人满意的”。[6]（参见第7章。）

最终成功的可编程序机床自动化的方法是数值控制（numerical control，N/C）。在数值控制系统中，用于控制机床的运动信息与记录—回放技术相似，它也贮存在像磁带或打孔纸带之类的永久介质之中。但这两种方法所贮存的信息性质却有着天壤之别。用来生产具体部件的机床刀具的运动用数学方式加以详细描述，它对应该部件的设计规格，并记录为数值信息，加以编码后贮存在介质之中。生产一个部件的整个过程，包括机械工的技术，都被简化为形式的抽象的描述，加以编码，然后（往往通过计算机）完全转化为内插值替换的数据，以实施机器的控制。在动作方法中，当机械工按照他自己对设计图的解释来操作机器时，蕴藏在他身上的技艺与知识得以自动记录下来，但并没有做出正式的或明确的表述；而在数值控制方法中，所有的解释都由一个“部件程序设计者”来完成，他在自己的办公桌上，用数学和代数语言精确地描述出此前机械工所看到、听到和感觉到的东西。如果说记录—回放系统是技术的复制者和扩大者，从而扩展了机械工的能力，那么数值控制系统则是技术的抽象合成者，它削弱了机械工的作用，甚至根除了他存在的理由。总之，用一位早期数值控制装置的发明者的话来说，数值控制系统是一位“自动机械工”。[7]

从根本上说，数值控制系统确实克服了将通用机床自动化用于短期生产这个问题，它使得管理层能够对机器实施更直接的控制，从而实质性地实现了管理层对生产的控制。但这绝不仅仅是数值控制系统所以令人们兴奋的唯一理由，而且也不属于最重要的理由。1977年《美国机械师》所登载的一篇回顾数值控制系统历史的文章指出，“当我们回顾这段历史的时候，给人的感觉就好像是，应该是某个人为了将小批量的生产实现自动化而考虑研制机器的自动化控制系统的可能性。但事实上绝非如此。”[8]最开始的时候，两个相互交织的因素刺激了这种创新：一个是反映了技术进步的军事要求，一个是受军方资助所鼓舞的科技界的技术追求。美国空军在研制高性能战斗机的过程中，需要对部件加工提出极其精密的规格。这种新型飞机中的各种复杂构件仅仅允许极小的尺寸公差，传统的加工手段对

于这种极其严格的高成本生产工艺要求来说似乎派不上用场。* 与此同时，根据美国海军和空军武器研制合同来工作的技术人员正在想方设法来扩大有关信息系统的知识并进一步改进控制技术和计算技术。他们的成果就是数值控制技术，它恰恰能够一方面满足了军方更多直接控制生产过程（基于质量控制和“安全”目的的理由）和生产机动性的要求，另一方面又迎合了技术人员在解决问题时对那些抽象而正式的、能够用数量描述的决定论式方案的偏好。此外，在这种新技术的研发过程中，军方希望达到令出必行的控制，因此耗巨资鼓励技术人员研发远程控制技术，以期彻底消除所谓的“人工误差”与不确定性。在这些军方和技术人员的欲望的刺激下，数值控制系统的研发借着国家安全和科学进步的名义得到了大笔资助，它反映、满足并推动着工业中管理层的目标，对金属切削业来说堪称最为绝妙的出路，这不仅仅是因为它能够在该行业发挥作用，而且是因为它构成了实现完全由计算机控制自动化工厂这一目标的不可或缺的阶段。 85

数值控制系统中编程的抽象形式方法最初是用来描述和控制各种线程和符号模式，比如自动提花织机与钢琴自动弹奏机，而不是描述部件的数学性质以及相对应运动的几何特征。接下来的进展可以追溯到20世纪初。1912年，纽约发明家以马利·沙伊尔（Emmanuel Scheyer）为他发明的一部称之为运动机（Kinautograph）的机器申请专利。沙伊尔发明这部机器是为了裁剪布料，但他在其专利申请书中强调他的专利可以广泛应用于各类 86
多轴控制的机器，其中也包括机床。[9]

沙伊尔使用“与钢琴自动演奏机相似的”打孔纸带作为程序介质，用

* 当然，这些飞机的规格并不是绝对的。它们反映出空军更偏好那种能够装载大重量的飞机（可以配置大型的电子设备和武器），与此同时，要求发动机更小，从而产生的推力也较小。为了达到这些飞机的性能指标，相对于发动机推力的飞机重量就必须减轻。空军不希望机型更小或者机型很大但配有大型发动机，因此不得不通过新型加工方法来减轻其部件的重量。这样，人们就想到了数值控制。值得注意的是，苏联人并不这样做。相反，苏联空军更喜欢那种机型更小的配有大型发动机的战斗机。整个飞机的各个部件的重量要高过美国飞机，但整个飞机的重量却比较轻。比如说，1949年，美国空军开始资助数值控制系统的研制，当年米格-15在发动机与飞机重量的比值上是0.5，而F-80为0.3；10年以后，米格-19的比值是0.70，而F-86为0.38。总而言之，美国空军通过采用新型加工手段来提高性能，而苏联空军则靠扩大发动机规格并减小飞机规格，减低复杂性来提高性能。因此，可以说，并不存在绝对的理由来促使美国空军提出数值控制的要求。关于这个问题的相关讨论，参见 Leon Trilling，“The Role of the Military in the Development of the Aerospace Industry，” in Merritt Roe Smith，ed.，*Military Enterprise and Technological Change：Perspectives on the American Experience*（MIT Press，1987）。

上述观点与数据来源于特里林（Trilling）博士，他是麻省理工学院的航空学教授，对苏联的航空技术素有研究。

液压或电子控制系统和复合齿轮传动链来带动工作平台的运转。由于不包含反馈装置，准确性与可重复性可能不是很好，而且不清楚是否已经生产出一部完整的样机，尽管其中一些部件显然已经生产出来。瑞士人马克斯·申克尔（Max Schenker）于 1926 年为他的发明成功地申请了美国专利，他研制了一种更为先进的用于车床的控制系统。该系统使用了打孔卡作为信息存贮介质，这一点与 19 世纪的自动提花织机以及国家统计局的霍尔瑞斯发明的制表机相似，此外该系统还将两轴走刀与工作件的进给连接起来，使之以一个固定的速度比率运转，从而实现程序化控制。在说明这个新奇的思想时，申克尔将工作件置于一个直角坐标系当中，并将它们与“固定在机座上的测量基座”相比较。这样他就能够用数学方法来对车床的运动方向和速度进行程序化的描述。并且由于能够不时将机器的位置与测量基座相比较，该系统还能够消除误差不断扩大的现象。（这一思想后来成为数值控制中点对点定位系统的基础。）申克尔还认识到在实际加工过程中用来传感和纠正误差的反馈系统的重要性——就像一个机械工经常所做的调整那样——但那时他想不出用什么办法来实现这一点。

克莱图斯·基利恩（Cletus Killian）是自动化机床控制领域中一位较早的探索者，他也是可编程电子机械计算机的创始人之一。他是一位才华横溢而不迷信传统的工程师、数学家和物理学家。他对计算问题很感兴趣，他曾在海军气象台工作过，任务是计算各种天文数据，后来在美国专利局计算机部任专利审查员，再后来又到商业计算机制造商雷明顿·兰德公司任工程师。早在 20 世纪 20 年代，基利恩就设想出一种数字通用计算机，他
87 称之为“卡库莱克斯”（Kalkulex）系统，这是一种机械装置模型，可以输入程序从而从事精密的数学运算。基利恩离开雷明顿·兰德公司以确保他对该发明有充分的权利，他声称自己发明了一种“全新的事物”，它可以用来编程，从而超越了所有现存的机械计算器。虽然他的思想是极其深远的，但在实际操作层面上却受限于当时的部件，这使得该机器成为一部庞大而昂贵的“机器怪物”。此外，基利恩无法说服专利局相信存在着这样的机器。

不仅卡库莱克斯远远超出了当时人们的理解，在自动机床控制问题上，基利恩也同样走在时代的前面。他对各种方法进行试验，其中包括光电装置，但最后确定为一种他称之为“自动机械工”的系统。这是一种数字化控制系统，其中包括数值信息、特种自动同步马达、打孔纸带，并且能够自动控制铣床的两轴。基利恩的说法是，自动机械工不过是卡库莱克斯计

算系统的一个应用而已，20 世纪 40 年代初马萨诸塞州的伍斯特市的控制试验室就在研制这种机器，它能够成功地切削各种简单和复杂的部件。[10]

最开始的时候，基利恩的机器控制项目与新英格兰纸业公司等公司的项目放在一起，后来卡尼和特雷克机床公司看中了该设想的前景，成为控制试验室的一位资助者。但不管是基利恩，还是卡尼和特雷克机床公司，他们最终都没有成功地将自动机械工研制出来。一个原因是该设备在理念上过于先进，并且付诸实践存在很大的困难；另一个原因是——根据基利恩的助手的回忆——“用缓慢的人工手段”来制作纸带是一个“非常麻烦的问题”。* 基利恩为他的发明申请专利，但没有成功，这显然是由于这一事实，即他坚持对极其广泛的可能性拥有权利，其中包括卡库莱克斯计算系统的全部应用前景。控制试验室的所有者罗伯特·C·特拉弗斯（Robert C. Travers）是一个企业家，他支持基利恩的研究，并敦促他将专利要求限制在较为狭窄的应用前景，从而至少为其发明提供某些保护。但基利恩拒绝了这一建议，并于 1943 年离开了试验室，仍然为他的发明而奋斗。在 20 世纪 50 年代，他曾分别为销售商赫尔曼·H·库辛公司（Herman H. Cousin）** 以及辛辛那提的勒布朗（LeBlond）机床公司工作。但他的发明没有得到实质性的进展，自动机械工从未发明出来。1960 年，此时距他第一次为机床控制系统提交专利申请已经过了 25 年，距其逝世只有 2 年，基利恩终于为他的自动机械工申请到姗姗来迟的专利。但不管是对他的机床控制系统还是他的数字计算机来说，此时已经过了收获的季节了。[11]

但基利恩在自动化机床控制上的开创性工作仍然影响了他人，他叫艾伯特·加勒廷·托马斯（Albert Gallatin Thomas），一位二战后进入控制试验室的多产发明家。托马斯来自弗吉尼亚州的夏洛茨维尔市，毕业于麻省理工学院，他对技术研究的兴趣极其广泛。早在麻省理工学院读书的时候，他就曾参与万尼瓦尔·布什的多个研究项目。战争期间，他在布什领导下的科学研究与发展局中工作，参与了无线低空引爆项目。战争结束后，他曾在格伦·L·马丁公司的飞机公司设在巴尔的摩市的工厂中短暂地工作

---

* 后来，基利恩发明了一种较为简便的生产程序带的方法，其中使用了卡库莱克斯计算机和打孔设备。这些程序只需以“片断”或者子流程的形式做出准备，它们与直线、圆弧等对应，然后按恰当的顺序将它们组装成一个“主带”。

** 约翰·迪博尔德（John Diebold）在他的《自动化》（*Automation*）这本书中错误地将基利恩为卡辛斯和托马斯公司所做的发明当成为罗伯特·C·特拉弗斯公司的发明。

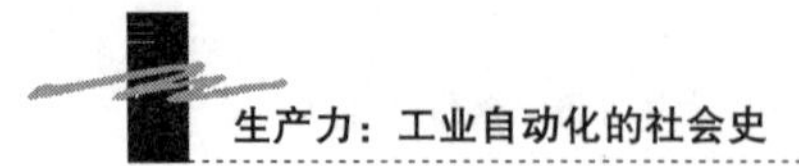

88 过，担任一名专利工程师。托马斯对最近的科技进展相当熟悉，并且对机床控制有着自己的思想。到达伍斯特市之后，他决定研制一个光电线程控制系统，这个系统与早些年德国所研制的那种以及基利恩的系统相类似。但托马斯显然受到基利恩后来的方案的影响，托马斯很快就转向数字模式（也就是说离散指令而不是连续指令），并且很快就研制出一种将离散脉冲转换成连续动作的步进电动机以及一种贮存程序信息的胶片介质，并将它们应用于一个三轴的铣床。该系统还安装了一个光电设备，可以根据刀具磨损而自动进行调节。但托马斯最终还是放弃了这种数值控制方法，因为制作胶片或纸带极其困难，并将研究的注意力转向了动作方法（参见第 7 章）。1948 年，约瑟夫·特雷克逝世，卡尼和特雷克机床公司将控制试验室的设备和材料都转移到密尔沃基市。但特拉弗斯和托马斯拒绝搬迁，由于在那个时候卡尼和特雷克机床公司自身没有财力再支持这项研究，数值控制系统的开创性进展就这样胎死腹中。[12]

二战期间在贝尔试验室工作的数学家乔治·斯蒂比兹——他还建造了贝尔继电计算机——也发明了一种机床控制技术。斯蒂比兹设计了一种相当先进的控制系统，其中由一个换向器来实施样本数据的反馈。最初设计该机器的目的是用于贝尔试验室的动态防空检验，但从未实际投入这一试验。后来得克萨斯大学的战争研究试验室把它用于控制凸轮切削的铣床，目的是生产用于所谓得克萨斯检测器（炮火控制模拟器）的各种规格和线程的凸轮。该自动铣床只有单轴控制，但在斯蒂比兹系统中完全可能实现多轴的控制。它具有反馈控制功能，并采用了战争期间发明的闸流管伺服马达。由一个五孔电传打字带（在凸轮曲面上规定了约 24 000 个点）包含的增量指令来实施控制；在近 20 分钟的凸轮切削过程中，精确度可以达到 0.001 英寸或更高。但是，制作纸带的工作极其繁重。它要求在凸轮曲面上计算出近 1 000 个点。这些数据都打在一个纸带上，并输入一个内插转换器（它也由斯蒂比兹所建造），后者再加入其他 23 000 个点，并确保生产出更为平滑的断面。因此，斯蒂比兹机器本质上是一种为了一个特定目的而订制的（主要是针对已经粗加工后的凸轮进行精加工）机器，而且这也是迄今为止这类机器的唯一一部模型。[13]

所有这些进展还没有获得人们的关注就从舞台上销声匿迹了。物理学家弗雷德里克·W·坎宁安（Frederick W. Cunningham）的发明虽然也没有逃过这种命运，但毕竟也曾短暂地吸引了人们的注意力。坎宁安在纽约
89 的布鲁克林区的阿玛公司任职，该公司由阿瑟·戴维斯和戴维·玛霍德于

1918年创建。在接下来的1/4个世纪中，该公司为美国海军生产各类测试设备、控制设备与计算机，后来为美国空军研制炮火控制设备。此外，阿玛公司在海军用的探照灯研制方面也走在前列，并在旋转罗盘的制造上与埃尔默·斯佩里公司（Elmer Sperry）展开竞争。按该公司的宣传材料的说法是，至第二次世界大战结束的时候，阿玛公司（后来成为美国博世联合技术公司的子公司）多年来已经“与美国海陆空三军保持着紧密的合作”。这种对军工生产的严重依赖使得该公司在战争结束的时候处于一个相当困难的境地。《商业周刊》指出，“战火停了，而阿玛公司生产的却是除了军队谁也无法使用的高技术含量的产品——炮火控制设备”，具体包括模拟计算机、诸如解算器之类的控制元件、感应电位计、感应电动机和发电机、步进电动机、自动同步发电机以及各类机械差动装置。该公司极力为它们的产品线打开一个民用品市场。阿玛开始做广告，把这些产品含糊地称为“脑材”——用于计算机元件的糟糕品牌。“机床制造商先生们，未来就在于此，”该公司宣称它提供，“各种新奇设备，它们可以帮助人们早早实现自动化工厂的梦想。”根据《商业周刊》的叙述，阿玛公司“成功地在产业界掀起了一股好奇的旋风，然而订单寥寥无几”。终于，在1950年，该公司展出第一部数控车床，其中应用了“阿玛控制系统”。《商业周刊》说，“现在阿玛公司认为，它终于探出一条带来滚滚订单的路子。”[14]

阿玛车床是弗雷德里克·坎宁安的设计产物。作为一名在麻省理工学院学习过的物理学家，他早在1934年去阿玛公司之前就已在比色法和自动伺服系统方面做过许多开创性的研究。当他还是一名本科生的时候，他就与麻省理工学院教授阿瑟·C·哈代（Arthur C. Hardy）合作研制出一台分光光度计（其中使用了伺服系统），并把它卖给了通用电气公司。（根据坎宁安的说法，哈代赚取了全部荣誉和报酬，甚至在他们就发明权利产生争端的时候，哈代把试验室锁住，不让这位年轻的大学生进入。）在阿玛公司，坎宁安将他在伺服系统上的经验用于炮火控制的研究，战争结束后，他负责为这种军事技术寻求商业上的应用。“把刀剑化为犁铧。”他回忆道。1947年前后，他开始研制机床。[15]

坎宁安的正式职责是研制立体测距仪，但同时也兼职审查阿玛公司中发给车床的100来个工作顺序单，他认为对于小批量生产来说，自动化车床具有优势。坎宁安说服了其顶头上司克利福德·福斯（Clifford Foss），后者又说服他的上司乔治·阿金斯（George Agins），从而有时间来研究这一任务。但他并没有助手。直到公司总经理赫伯特·C·格特曼（Herbert C. Gutterman）听到这个消息后，向一个记者吹嘘，说自动化车床已经有了。当时根本连个影子还没有，为了圆谎，他给坎宁安配备了助手，并敦
90 促他们紧迫从事。他给了他们两个星期，最后用了六个星期的时间完成。坎宁安当时正在基韦斯特市研制反潜设备。他设计了这种系统，遥控其助手如何组装成一台设备。他本人也制作了用来生产斜面的第一卷纸带。[16]

阿玛车床是一种伺服控制的数字系统，它可以直接转刀或者逐步递减，也可以是先分步转刀并最后由手工停机。数值信息是通过一条宽纸带（实际上是空白褐色纸）的输入而实现机器的控制，纸上包含各类坐标、点与方向的信息，机器根据它们来决定在何处终止刀具运动以及以何种速度来运刀。根据迪博尔德和《商业周刊》的叙述，这种车床只需 4 分钟就可以加工出一个部件，而熟练车工要根据设计图纸并时时测距，最终耗去 30 分钟来完成这一工作。误差达到了 0.0005 英寸。[17]

“我们的目的是，”坎宁安写道，“制造出一部可以从各种作业间实现迅速转换的机器。我们只需要花几秒钟的时间就可以更换工作件与纸带，而制作纸带的时间也只有几分钟。”但是坎宁安忘记提醒，这两种任务是由完全不同的人来完成的，而且事实上制作纸带所需要的时间要多得多。正如《商业周刊》所指出的，“虽然它需要一个熟练的机床工程师来制作指令纸带，但培训机床操作工的成本大大降低。一个不熟练的操作工也可以通过它来加工部件。而且，他还可以同时看管好几部机器。”因此，该系统的最大优势不是它降低了总体成本（一个生产工艺师的时间成本是相当高的），而且有了它就可以雇佣不熟练的从而工资较低的操作工。“事实上，”坎宁安指出，“操作工完全可以不理解机器运转的原理。”在坎宁安看来，削减成本这一目标最终可以通过减少装配时间，削减加工时间以及雇佣最廉价的非熟练操作工来实现。他还注意到，“如果信息能够贮存在电传打字带上的话，那甚至有可能会出现这样一种有趣的场面，电传信号将使全世界的人无事可干。”[18]

阿玛车床在 1950 年公开展出。当时就引来了许多咨询，但没有接到一个订单。因此，1951 年后，阿玛公司停止了纸带控制机床的研制，而转向了海军的订单，它们由于朝鲜战争的爆发而日渐增多。根据坎宁安的说法，有几个理由要停止这一计划。首先，必须优先执行新的军工任务。其次，

公司高层发生了变动，格特曼的继任者对这一计划不感兴趣。最后，1952—1953 年期间，阿玛公司发生的一次罢工也使该计划中止了相当长一段时间。公众并不知道坎宁安是该系统的发明者。他准备前往美国博世公司在马萨诸塞省的斯普林菲尔德市的一家工厂，在一台安有换刀装置的大型车床上试验该系统，但他并没有机会实现这一点。管理层坚持认为，首 91
先必须做一个“市场调查”，但市场调查也没有实施，最后这一计划就不了了之。让阿玛公司后来难堪的是，当时公司的管理层认定，“数值控制注定没有出路”。

1951 年 9 月，空军装备司令部的制造专家托马斯・G・爱德华兹（Thomas G. Edwards）访问阿玛工厂时检查该车床。爱德华兹当时是麻省理工学院的一个数值控制系统的督查官，该系统的简单性给他留下了深刻的印象，但他仍有疑惑，因为他并没有实际观察到它的运作。车床当时已经不在那儿，他所看到的只是一些图片。他感到惊奇，甚至不相信。“如果有实际的运转，”他在报告中写道，“那么该设备所有的相关信息就可以加以评估，从而也帮助我们理解其中的关键之处。过分强调该设备的简单与紧凑是没有任何意义的。”他这样写，显然在将它与麻省理工学院正在研制的复杂系统相比较。但爱德华兹仍然“十分谨慎，避免做出批评”，并建议为空军装备司令部做个试验，如果必要的话，可以由政府来支出相关费用。他强调指出，“应当尽可能快地对该工艺做出评价。”然而这番话并没有下文，原因可能有两个。第一，阿玛系统是一个用于小型发动机车床的两轴步进控制，而当时空军装备司令部所要寻求的是用于铣磨复杂铸件的五轴连续通路控制系统。坎宁安完全能够设计一个多轴系统，但阿玛公司并不愿意往这个方向努力。更重要的是，在朝鲜战争期间，公司当时为炮火控制系统的订单就已忙不过来，很有可能根本就没听取爱德华兹的建议。几个月之后，爱德华兹就离开了空军装备司令部。[19]

坎宁安则继续他的数值控制研究。他在研制军用 T－41 测距仪的时候，明白非圆形齿轮的生产存在着巨大的困难，因此决定将数值控制完全能够用于生产这类复杂的部件。他将费勒牌 72 型刨齿机作了改进，安上伺服马达，并使用胶片作为介质，从而研制成一个可以同时控制刀具旋转、工作件旋转以及进刀的系统。（其各自的控制脉冲分别对应于 0.01 齿轮齿、2 弧分与 0.000 25 英寸。）连续的脉冲流将很快生产出所需要的齿轮。

但是，制作胶带仍然是一件繁重而耗时的工作。该程序由人工来计算，每个齿轮需要耗时 100 个小时。然后编码，并用坎宁安制作可以准确录下光线序列的设备输入 16 毫米的胶片。再用一组光电管——坎宁安自己设计的“读数器”——来读出该胶片。这时，该机器无论是从形式还是从用途来看，都已完全不同于上面提出的车床。它是一部采用连续通路的三轴机器。
92 其目的是生产那些其生产如果不是不可能那也是极其困难的部件，而不是为了制造相当简易的部件，后者的目的是为了削减劳工成本或数目。胶带制作工作的困难与高成本从而可以被该机器所独有的性能所抵消。

坎宁安在其家乡康涅狄格州的斯坦福镇安装好这部机器，并把它投入商业用途，为各类精密仪器（绝大部分是军用设备）生产非圆形齿轮。6 年后，也就是 1960 年，他离开阿玛公司，全身心投入到坎宁安产业公司中去，该公司是由他的几个儿子所开办，全部设备就是一部刨齿机、一部小型铣床以及其他几部机器。他的刨齿机引起了一些人的注意，但几乎没人想到去购买，因为其用途过于狭窄。但是，在早期的几个所谓的连续通路数值控制系统中，坎宁安的控制系统却给一些观察者留下了深刻的印象，尤其是它的简单。《美国机械师》后来指出，“然而，成为后续研制的原型的，却是麻省理工学院那部最初极其笨重且并不精确的机器。”[20]

麻省理工学院的自动机床控制系统所以最终成为主流系统应完全归功于军方的资助，它在研制之初也受到 F. P. 卡拉瑟斯（F. P. Caruthers）的开创性工作的影响。[21] 与坎宁安一样，卡拉瑟斯在设计上也贯彻着简单和实用的原则，其目的是创建一部现有工厂中熟练工人完全可以接受、理解并紧密控制的自动机床系统。与其他技术人员——比如那些沿着麻省理工学院道路研制的工程师——不同，卡拉瑟斯认为摒弃这些生产人员没有必要，也没有意义。他将自动化控制视为现有能力的扩展、补充和提高，而对熟练工人的技能与智慧的依赖则将使得设计更为简单，也不那么严格，这样做是减轻了人们的辛苦劳动，而不是取代了人工。

卡拉瑟斯在普林斯顿大学学习电子工程，毕业后首先在公用事业中任职，不久就进入到脉冲技术和自动化控制这一充满着挑战的科技领域，当时他任战时海军检验斯佩里导航仪的技术监督。战争结束后，他加入了老同学塞缪尔·汤姆逊（Samuel Thomson）开办的汤姆逊设备公司，这是一个设在长岛的专用金属切削工厂。他立即将他的新技术知识应用到机床控制问题的研究上。1949 年，卡拉瑟斯设计并制造出一部极其坚固且超常精确的自动可编程车床。该机器显然是第一部多用途的自动化机床；它使用了一个专用的分级转换开关和继电器（以及反馈传感器来实现自动停机），系统可以实现编程控制，而且其用途可以用于各类不同的工作任务，这样做也只需改变电路而不是改装机械凸轮与齿轮。最开始的时候，改变这些 93
电路从而更改机器的职能，需要按不同的配置极其繁复地更换电线，后来只需用一个与接线总机相似的线路连接板就行了，这样极大地简化了给机器重新编程的工作，也容易让操作工掌握。随后的5年中，卡拉瑟斯为汤姆逊设备公司建造了一些这样的自动化控制机床。他决定进一步简化编程工作，用一个胶带读数系统来取代线路连接板，从而使电路自动根据已经编好程序的打孔胶带工作。他将早已准备好的35毫米胶带用于打孔胶带（这是一个需事先设置好的装置），用一个普通的矿用照明灯作为胶带读数的光源。程序预先就在胶带上设定，机器只需根据胶带的变换而执行其加工职能。汤姆逊设备公司总共生产了四部这类胶带控制的机器，当需要的时候，可以将胶带与线路连接板接起来，从而可以同时控制四轴机器的操作。

如果卡拉瑟斯继续沿着这条道路走下去，他也许会制造出一种与现在的数值控制系统完全不同的版本。但他现在开始考虑胶带控制的价值。线路连接板赋予了操作工对程序以及加工过程完全的控制，而胶带控制则消除了这种车间里的控制，连同操作工的经验与技能。此外，在胶带控制方法中，生产高质量部件的全部压力都留给了离线制作胶带的人，在卡拉瑟斯看来，这种制作胶带的工作过于繁重，而且如果车间工人有着丰富的经验，基本上就不必要了。因此，卡拉瑟斯试图一方面通过线路连接板而维持车间工人的丰富经验，另一方面通过胶带读数系统来实现控制的自动化，并将两者结合起来。1956年秋，他设计了一种新型的工厂用可编程数值控制系统，他把它命名为“自控机”（Automatrol）。第二年，他离开汤姆逊公司，来到另一家设在长岛的特种自动化设备公司，并在那儿完成了专用机床控制系统的研制工作。

该专用机床的设计目的是为了实现加工的多用途，可操作性，并让车间的操作工实现对它的完全控制。它吸取了胶带控制机制的优点，但并不需要胶带。在真正的胶带控制中，人们必须制作所有的程序胶带（这一工作通常不是在机器旁边完成的），机器加工的顺序与职能完全固定下来，车间操作工的干预仅仅限于工人控制程序速率与进刀速度。在专用机床中，
程序带被分解成几个片断，每个对应不同的程序元素（即具体的机器职能 94

与加工动作）。操作工的工具不是胶带，而是一组标准的事先打好的铁“钥匙”。然后按顺序将它们插入一个旋转的鼓膜（一个类似于胶带读取装置的光学读数系统），并生产出相应的部件。这样，操作工自己也可以组装这些程序，甚至在第一次试刀的时候，就可以自由地更改顺序或加减操作程序从而最优化制造程序。此外，操作工还可以根据刻度盘进行所规定的粗加工或精加工，他还可以自由地设定进给与加工的速度，这在很大程度上依赖于他在金属切削方面多年操作而积累起来的经验。这种专用机床并不存在像胶带之类的特定程序的永久贮存，但它很容易记录下铁钥匙的顺序以及刻度设置，有利于将来进一步的自动化。专用机床使得机械工可以充分利用自动化程序控制的好处，并且可以改造这种新型技术，从而使它服务于自己而不是降低自己的作用。在卡拉瑟斯看来，这意味着更好的性能，更为便宜和简单的机器，更为可靠的质量以及更多的职位。

特种自动化设备公司在专用机床的宣传材料中着意强调了其车间控制的优点；该公司宣称，专用机床实现了自动化，“而无需将熟练的装配工、操作工等生产工人变成电子工程师或程序设计师……在数值控制问题上，我们不需要那种复杂的工程学方法。这种简单的编程免除了那些成本居高不下且耗时长久的复杂纸带或磁带编码工作”。特种自动化设备公司还着意强调，在该系统中，通过车间编程，“操作工可以实现完全的生产控制”，而且采用人工代用装置的人工操作模式“使得操作工可以完全掌握专用机床”。1960 年，该系统在芝加哥的机床博览会上第一次展现在世人面前。威廉·斯托克（William Stocker）在《美国机械师》杂志上赞扬专用机床为一种新型的“独特的数值控制方案”；“该系统没有离开车间去编程与准备纸带，而是容许人们在机器上面具有完全的装备与编程能力”，它结合了“数值控制的优势与装配工的知识，从而让他在整个生产过程中对机器保持全部的控制”。特种自动化设备公司的总工程师丹·卡希尔（Dan Cahill）——他本人也曾经是一名机械工——坚持认为，可以用这个方案来“提高数值控制的应用”，因为它“将数值控制与经验丰富的装配工的知识相结合，而不是将控制功能与车间里的操作完全分离”。

专用机床当时引起了不少人的兴趣，并卖出几台给吉肖特机床公司和琼森和拉姆斯机床公司。（吉肖特机床公司当时也正在研制车间编程系统，
95 参见第 7 章；琼森和拉姆斯机床公司在 20 世纪 60 年代中期买下了专用机床的专利权，此前它曾投入了 200 万美元与超声波设备公司——这是一家由麻

省理工学院毕业的工程师所开办的公司，它后来研制出主流的数值控制系统——合作研制数值控制，但没有取得任何成果。）但专用机床即使具有如此明显的优势，它仍然受到占主流的空军资助的机床自动化控制系统的挑战。不管是特种自动化设备公司，还是琼森和拉姆斯机床公司，都没有雄厚的资助来推广它们的产品，而主流的数值控制系统技术的推广费用很大程度上来自政府的资助。也许更重要的是，专用机床设计与工业界中有权购买和安装新设备的管理层和工程师的倾向相对立。对他们中的绝大多数人来说，专用机床最突出的长处恰恰就是它的致命缺点。比如，吉肖特机床公司的工程师 L. A. 利弗（L. A. Leifer）一开始就挑出专用机床的一些“不受欢迎的特点”，尤其是“操作顺序、速度和进刀等都掌握在装配工和操作工的手中”。因此，“该系统无助于管理层实现对生产过程的紧密控制”。利弗并不看好用该系统来实现对六角车床的自动化控制，而是强调像通用电气公司、西屋电气公司等所设计的直接的数值控制系统的优越性。他虽然也承认这些系统存在着许多障碍，但仍然坚持所谓胶带控制具有节约装配时间的优点，因为像“选择轴速、进刀速度、工作面流程类型以及其他程序功能等装配事务是不可以指望操作工来实现的”。“更为重要的是这个问题，”利弗指出，“即加工的速度和顺序必须按照计划部门所设定的要求来行事，而车间里的加工时间绝不可以由操作人员加以更改。”这样，令人不感意外的是，吉肖特公司最终并未采用机床控制的专用机床方案，尤其是后来该公司为吉丁斯和刘易斯公司所兼并，后者是直接的数值控制的推广商。而其他的制造商或机床使用者或者是根本就没有听说过有这样一个系统，或者也同样倾向于那种后来成为主流方向的系统——有的是出于技术狂热，有的是有国家资助（吉丁斯和刘易斯公司的研制工作由美国空军资助），有的则出于管理层的传统欲望。

工业界的管理层并未抓住专用机床所提供的机会，工会也同样放过了它。在卡拉瑟斯看来，其系统的主要优点就是不会使操作工的技能归于无用或者甚至排挤工人，这一点区别于自动化控制设计中的主流方向。在1960年的机床博览会上，他试图向美国联合汽车工会的一个高级成员推销该系统，认为工会应该订制该系统，并警告道，如果采用另一种正在研制的系统，那么工人及其工会最终将被扫地出门。“我已经尽自己的力量来支持你们，”卡拉瑟斯对他说，“现在，是你们来支持我的时候。”虽然该人对
这一建议有些兴趣，但后来就没有了下文。金属切削业的工会从未支持过 96

专用机床，或在该技术上任何其他具有潜在倾向于劳工的技术进步，而是把这个问题完全留给了管理层。“如果那时他们听了我的，”几十年后卡拉瑟斯推测道，“世界将与现在完全不一样。”卡拉瑟斯对自动化而导致的结构性失业感到深深不安，他认为，如果金属切削业采用了专用机床系统，不仅其性能会更为优越——“只要有了熟练的操作工，专用机床完全可以打败那些标准的数值控制设备”——而且“更多的人仍然能够工作”。然而，在面临着自身就业的压力下，卡拉瑟斯不得不抛下了专用机床，离开了特种自动化设备公司，先后去邦迪克斯公司、费拉蒂公司、休斯公司任职，最后来到麦克唐奈·道格拉斯公司，后者是计算机制造的主要推动者。在此期间，他持之以恒地宣扬简便、经济以及车间控制（参见第9章有关邦迪克斯以及点对点控制的内容）。但正如他后来的回忆所指出的，他与其他从事自动化设计的科技人员基本上隔绝无闻，那些人走的是一种完全不同的道路。

密歇根州特拉维斯市帕森斯公司当时是全国最大的直升机旋翼叶片的生产商，其总裁约翰·T·帕森斯（John T. Parsons）也是一位数值控制系统研制的先驱者。他不仅是一位干练的企业家和富有想象力的发明家，还是一位天生的推销商。“过去那些日子里，我们带着思想而不是数字来推销产品。”帕森斯公司的工程师弗兰克·斯图伦（Frank Stulen）回忆道，帕森斯“深谙人情，富有热情，能说会道，并且充满着信心”去有效地完成其目标。帕森斯了解阿玛公司所进行的试验。“坎宁安与我之间的差别就在于，”他后来指出，“我知道如何让人们接受这种思想。”如果没有他在数值控制方面的努力，这个概念也许不会那么早就能够让人们接受，因此数值控制学会将帕森斯称之为“数值控制之父”，而制造业工程师学会则称“这位工业家和发明家关于数值控制的天才思想标志着第二次工业革命的起点”。这些迟到的赞誉并不能真正说明约翰·帕森斯的真正成就。“与学院派不同，我出身于工厂。”帕森斯这么说明自己。这既是他的长处所在，也是其弱点所在。[22]

帕森斯的父亲卡尔·帕森斯是一位瑞典马车制造商，后来移居美国，并成为一位汽车金属车身制造业的先驱。卡尔·帕森斯曾先后为米切尔汽车公司、卡迪拉克公司和斯图德巴克公司工作，他工作非常努力，而且富有创造才能（他发明了第一扇隐藏式的门折页）。后来他自己开办了一家公司，该公司在费舍车身取得支配地位之前，是汽车车身行业中的老大。卡尔·帕森斯赚了大钱，成为底特律汽车工业第二大巨头，在格罗斯朋特市安家，还是底特律运动俱乐部的成员。约翰·帕森斯虽然出身于工厂，但 97
与绝大多数出身于工厂的人不同，因为他父亲拥有工厂。约翰为他的父亲工作，并且对试验有着非比寻常的兴趣。“我最大的癖好就是琢磨如何制造事物，恰好我也有这样的条件来满足我这一癖好。”他后来对《美国机械师》的记者如是说。他还知道，即使他遇到了麻烦，他也可以轻而易举地摆脱。他家里的优越家境给他增添了无比的信心和勇气。他很早就涉足制造业与商务：17 岁那年他负责签订其父亲与克莱斯勒汽车公司的合同。他在工具车间修理过冲模，调试过各类冲压设备，在其父亲的得力助手瑞典裔机械工阿克塞尔·布罗格伦（Axel Brogren）的悉心指导下，他从车间中直接学到了各种制造工艺。这些经验帮了帕森斯的大忙，尤其是第二次世界大战期间，当时人们在商务上的谈判方式主要是寒暄与简短的谈话，这对他来说可谓如鱼得水，而且市场需求给他留下了发挥其抱负与创新的广阔空间。[23]

早在战争期间，帕森斯就从克莱斯勒汽车公司那里取得一些供应燃烧弹弹罩的子合同，并从陆军装备军那里获得供应地雷和弹舱的主合同。由于军事战略方面的原因，这些军工合同要求承包商在底特律之外加以生产，这也是约翰·帕森斯定居在特拉维斯市的原因。他研制出好几种专门的用于生产军火的自动生产设备，包括专用的控制加热的设备、自动流水线、重力导板以及许多部分开关促动的装置，所有这些发明的目的都是减少生产时间、削减贮备量，最重要的是减少了劳工。除了这些军火生产之外，帕森斯也寻找新的生产线，用以保证在战争结束后帕森斯公司的特拉维斯工厂仍然有活可做。威廉·斯托特（William Stout）是一名飞机工程师，设计过福特公司的三引擎飞机，他认为商业直升机在二战后可能成为一个相当火暴的行业（这一预言从未实现）。帕森斯与直升机制造商西科尔斯基公司（Sikorsky）联系。地处西北的西科尔斯基公司严重缺乏熟练工人，不得不将部分直升机制造业务转包出去，帕森斯得以揽到直升机旋翼叶片的生产合同。不久，他就将该产品传统上的订制的手工生产转变成一个大规模的生产工艺，这样做的时候，他开始考虑数值控制这个问题。[24]

帕森斯在生产动叶片的时候采用了他在汽车制造工业中所学习到的工艺，比如用克莱斯勒公司的粘合金属的塑料连接取代点焊。在空军装备司令部以及设在莱特基地的制造中心那里，帕森斯以发明家以及解决问题的能手而赢得了令人艳羡的声誉。但是，当帕森斯于1945年向莱特基地提交他的金属叶片的设想时，他仍然遇到人们的怀疑与抵制，特别是螺旋桨试验室的实际主管卡耐基公司航空工程师弗兰克·斯图伦持反对态度。有意
98 思的是，帕森斯很快就雇佣斯图伦在帕森斯公司中设立一个发动机部门。但是，他们也同样遇到旋翼叶片设计与生产的困难。[25]

直升机动叶片的设计极其艰难，这里有好几个原因。与飞机上的螺旋桨不同，后者是固定在飞机里面旋转，但旋翼叶片在每一次旋转中都必须不时改变倾斜度。此外与螺旋桨不同的是，旋翼叶片必须具有足够坚固的结构从而足以提升起机身。因此必须计算出各种空气动力数据从而确定翼型，并进而确定叶片的尺寸及其式样（大小、重量及结构），后者反过来也反映了用以提升飞机的空气动力、翼形以及结构要求，其设计极其复杂。通常情况下，一个人借助马尔尚牌计算器或20英寸的计算尺，也需要耗费1年的时间来设计一片旋翼动片。斯图伦及其团队在这方面具有丰富的经验。1947年，空军装备司令部要求他们组建一支空气动力研究团队来研制旋翼。研制过程中涉及许多参数曲线、机翼数据表格等，单单考虑所需要计算的数据量之大，就说明这显然是一项极其繁复而枯燥的工作。不得已，斯图伦与其他研究人员开始认真思考各种可能的减轻工作量的途径。[26]

还在莱特基地的时候，斯图伦就从他的一个参与设计螺旋推进器的工程师朋友那儿得知，北美航空公司就曾使用过IBM公司的计算设备来解决类似的工程学问题。那个时候，这类设备几乎仅仅用于计算问题。（他还略微知道科技人员是如何使用宾夕法尼亚大学的埃尼阿克计算机来解决军事上的难题的事。）斯图伦告知帕森斯有关IMB设备的事情，帕森斯马上让他赶往大瀑布城去了解IBM是如何解决设计问题的。IBM公司的设备从未有过这类用途，但该公司向客人展示了如何使用这类机器。按照斯图伦的说法，帕森斯通常“根据直觉与预感而迅速做出决策”。帕森斯决定租下IBM公司的602A型乘数器、一架制表机、分选机以及键盘穿孔机。不久，帕森斯公司不仅可以使用该设备来解决工程学问题，从而将繁重的分析工作削减至几天之内，而且研制出一种用于生产控制和盘存的打孔卡片记录系统。斯图伦后来回忆道，这些进展决定了帕森斯公司的工程部具有了一种“数字倾向”。[27]

帕森斯不仅遇到了设计难题，而且也遇到了制造难题。其中最大的障碍就是制造出精确的模板，用于叶片生产从而确保断面符合规格。事实上模板已经成为一种精确加工的标尺。每块叶片大约需要 20 块模板，它们根据叶片的长度而彼此在接触点上交叉。为了满足规格，叶片接触点的断面 99
就必须一丝不苟地符合相应模板的断面。这是检验生产质量的唯一方法(因为不可能检验接触点之间的断面)。因此，模板本身的精确程序对于叶片制造过程来说至关重要——帕森斯便是在这儿遇上难题。战争期间帕森斯与西科尔斯基公司有业务往来，后者经常抱怨他们生产的旋翼叶片参差不齐，并指责帕森斯没有准确地复制西科尔斯基的主模板。战争结束后，西科尔斯基公司将所有的模具都从帕森斯公司那儿撤回，而此时帕森斯公司正在为贝尔公司、希利尔公司、韦尔托公司等直升机制造商生产叶片，也必须确保模板极其精确。传统上确定模板断面的方法是计算曲线上的一组点（两英尺的曲线上须确定 17 个点），然后使用曲线板来描述连接这些点的曲线。

确定模线之后，就切削断面（钻孔然后锯出断面），最后用人工将它锉成。杰里·怀亚特（Jerry Wyatt）是帕森斯公司的设计人员，他回忆道，“这一工作存在着很大的主观成分”，这一过程极其繁重而且耗时很久，而且根本无法确保其精确度，因为在手工锉磨的过程中，“有时候你下手重了，有时候你下手轻了”。然而 0.02 英寸的误差都不容许。帕森斯与他的技术人员也曾想过其他方法，比如图形技术——在图纸上计算曲线下的面积，而不是沿着有限点来接近曲线。但当他得到 IBM 公司的计算设备时，帕森斯想出了一个崭新的方法。[28]

帕森斯询问斯图伦，能否在这一曲线上计算出更多的点，比如 200 个而不是 17 个点，每个点都根据直角坐标系来确定其具体的 x 值和 y 值。帕森斯根据他多年来在汽车工业的制造经验，判断出，一旦确定这些彼此紧挨着的点，就不再需要以人工来近似地锉出曲线这一传统手段。相反，它只需用精密钻头沿曲线钻出切线上的每一个点，留下一个个 0.000 5 英寸高的扇面，然后将这些扇面着色，并将它们锉掉，从而完成断面。这一方法完全消除了传统的布置过程，并彻底改变了加工这一概念。机械工不再需要沿曲线操作；现在，一旦直角坐标系上的点计算出来，并按图纸确定下来，操作工所需要做的只是根据数字操作，在钻每个孔之前根据两轴来重新校准机器。

帕森斯的第一部数值控制机床是一部精密坐标镗床。第一次“机器控制”是由杰里·怀亚特完成的。斯图伦和另一位工程师伦纳德·利根（Leonard Ligon）则按照帕森斯的要求做出计算工作，并画出图纸，确定每
100 个点的 x 值和 y 值。怀亚特使用这种新方法，根据 IBM 机器的坐标生产出第一块模板。但这一方法也极为复杂，因为每个孔彼此紧密连接，而且事实上也不可能用肉眼来观察出来；而且操作者很容易就忽略应该钻的孔——怀亚特用一个尺子在所需要工作的坐标上做出标志，以避免漏掉或重复。这一方法非常有效，精确程度大大提高（由原来 17 个点方法中标准的 0.009 英寸误差缩小到 200 个点方法中的 0.001 英寸误差）。

然后，怀亚特让一个名叫格伦·德威特（Glenn DeWitt）的老机械工来操作机器，他则专门做最后的锉削工作，根据图纸做出计算并检验所钻孔的精确性。他觉得这种方法过于繁琐，而且在钻孔与计算上都出现了错误，但与传统方法比较，这是一个很大的“跨越”；绝大部分繁重工作（布置与锉磨）都已消除；从而也不存在相应的“臆测、颤抖与失败”。“那时我是这个国家最快乐的人。”怀亚特回忆道。因为他能够参与这个被证明是重大创新的过程。然而德威特显然并不那么愉快。根据怀亚特的回忆，当工程师向德威特提交一大批数字的时候，他颇有些“不以为然”的意思。怀亚特指出，德威特最终承认这种新方法的优点，然后“喝了个烂醉如泥”——“也许是因为做了太多模板的缘故。”[29]

这个新方法很快就成为生产工艺中的标准。根据斯图伦的说法，钻孔过程本身并不再需要“多年的经验”，只需“根据数字来做事就够了”。因为“不需要多少技术”，结果，劳工成本给削减了，因为可以雇佣更廉价的操作工来做这份工作。（当时特拉维斯市的帕森斯公司并没有工会；1950 年，美国联合汽车工会才在该厂建立起组织。）后来，在向美国空军推广他们的方法时，斯图伦和帕森斯还着重强调，该方法大量削减了技能，现在任何人都可以从事。*

对帕森斯来说，这种方法仍然还要求太多的人工技能。机器操作工必须将纸上的数字转换为金属板上的孔，这是一种极其繁琐而且极易出错的工作。帕森斯注意到，现在影响精确的因素，不再是布置人员，而是机器

* 正如斯图伦后来的回忆指出的，意料之中的“最大问题”是帕森斯自己的师父老机械工阿克塞尔·布罗格伦，他当时还在底特律工厂。“在很长一段时间内，他对这种方法持怀疑态度。”[30]

操作工。他推断，既然用打孔卡片来操作机械计算器从而确定坐标上的各点，为什么不能够用打孔卡片来确定机械钻头本身的位置，从而完全消除人工操作者——以及人工误差？

最开始，帕森斯想用机械方法来解决机械问题，他使用了一台德维利 101
格牌坐标镗床，该镗床由一组极其精确的量尺控制，这些量尺的长度只有极其细微的差别。通过将这些量尺一个一个送入机器（就像机关枪的子弹带一样），由导螺杆的旋转来引导这些量尺，而量尺的差异将确定工作台的运动增量。但这个想法从未进展到制图阶段，因为帕森斯很快就遇到了一个极大的难题。

1948 年，美国空军启动了“重型压床”计划，以生产对正处于设计中的高速飞机原型来说必不可少的大型锻件和冲模。帕森斯公司驻莱特基地的代表罗伯特·斯奈特（Robert Snyder）给公司送去一些洛克希德公司和共和钢铁公司关于该新型飞机的图纸，其中包含了一个彻底新型的结构：复合硬质机翼。

帕森斯仔细研究了图纸，对空军如何使用传统方法加工这些部件存在疑问。他相信传统的使用模板以及大量人工的靠模方法并不能完成这一任务，因此必须加大研究自动化控制的投入。现在他不再仅限于两轴控制钻床，而且也考虑断面铣削的三轴控制。他对这个问题的解决办法类似于钻床问题，但不是沿着曲线钻出一系列的孔，而是沿着断面纵向切削出深浅不同的口子（使用球端铣床）。在钻孔方法上，钻出的扇面被用来着色并最后用手工锉成，从而完成该断面。同样，在铣削方法上，口子的大小和深度都事先计算好，所有的加工过程都依据“数字”来完成。在帕森斯看来，这一方法的关键之处就在于加工过程的“数学控制”，从而可以在不需要传统加工技能的情况下完成目标。[31]

帕森斯马上与莱特基地的制造方法部门联系，询问美国空军如何加工这些复合硬质蒙皮。他得知，吉丁斯和刘易斯公司与卡尼和特雷克机床公司已建议使用传统靠模方法来生产，但它们的建议已被美国空军以不符合要求而拒绝。帕森斯提出他的“数学”方法，制造工艺专家乔治·威尔考克斯（George Wilcox）敦促他去拜访洛克希德公司去听听那里的意见。1948 年 6 月，帕森斯与洛克希德公司的乔治·巴本（George Papen）会晤，后者是美国空军重型压床计划的主管，帕森斯后来称他是“工业界中第一个觉醒过来而看到数值控制前景的人”。巴本很看好帕森斯的工艺，不久美国空军要求帕森斯做一次示范演示。该演示于 1948 年 12 月在特拉维斯市举行。美国空军和工业界的代表在那里观看到帕森斯公司的模板钻孔操作的
102 过程，这是他们第一次看到“根据数字”来加工部件。第二天，他们都飞往底特律的斯奈德发动机公司，在那里帕森斯和斯图伦成功地演示了如何将他们的数学方法应用于断面切削。他们使用了一台瑞士造的坐标镗床，斯图伦事先就（用 IBM 制造的打孔机）设定所有精度、偏角、切削深度以及路径，然后逐步铣削一个 16 英寸跨度的机翼模型，并依次递减至 6 英寸然后 4 英寸的翼弦。然后按随机跨度选择出一个接触点，再用帕森斯—斯图伦方法在另一部机器上生产该点的模板。把该模板与前面加工的机翼模型相合时，两者完全契合，从而证明数学方法的可靠性。帕森斯把他的想法卖给了美国空军，但他仍然在很大程度上依靠铣床的人工操作。他知道，自己的想法的真正可取之处就在于自动机床控制。[32]

1949 年 1 月，约翰·帕森斯拜访了 IBM 公司的总裁托马斯·J·沃森（Thomas J. Watson），试图说服他研制一种打孔机控制系统。沃森不能肯定 IBM 研制它的可行性，建议双方共同合作开发。沃森提议双方合资办一个公司，而无需政府的资助。帕森斯由于没有充足的资本来创建公司，因此不得不搁下这个方案。但在 1948 年 12 月 27 日，帕森斯公司与 IBM 公司早已签约，共同开发制造工艺，其中 IBM 公司开发打孔机器控制系统，而帕森斯公司则在美国空军的资助下研制机器。[33]

由于在自动控制机器系统的研究上并没有新的进展，帕森斯把注意力放在改进这一新型工艺上。他给万尼瓦尔·布什写信说明他的想法，后者此时是军事研究与开发局的局长。该信随后就转到美国空军和海军等下属的研究单位。他写了一本小册子推销他的看法，把该系统命名为“卡登”铣床。该册子封面上画了一架现代喷气式飞机，在一台类似桥梁的大型铣床上盘旋。该册子迫不及待地宣称：“帕森斯工业公司制造：自动调整打孔卡片控制铣床，可以二维或三维铣削任何简单或复杂形状，无需模板、样品或模型，比此前任何实际的误差度更小。”帕森斯的观念相当宽泛而影响深远。他从未准确阐明“卡片控制”的机器如何运行，而只是模糊地描述打孔卡片如何控制机器的运转，它们反映了结合计算机与现代断面铣床的效果。“大量的手工操作阻碍了我们应用高效的计算机与仿型工具，现在是我们把这两者结合起来应用的时候了。”帕森斯如此写道，并详细描述了他的模板制造过程。他宣称：“卡登铣床消除了手工操作，直接通过打孔卡

片将计算出来的数据输入机床。”“要缩短新型飞机从概念到实际飞行的时 103
间”，关键就在于“制造过程必须做到前所未有的精密程度”。而“解决之道”就在于“通过打孔卡片直接将设计图纸上的尺寸转换为产品的尺寸，而不需模板、样品或模型”——因为它们意味着更高的成本，更长的生产时间以及更大的误差。加工过程由一部刨铣床来完成，其中采用切入式磨削，最后以手工弯折而结束。卡登铣床的加工对象包括：部件原型、复合硬质部件、锥形圆材、复合锥形部件、复合曲线、冲模、检验模板、大型模型。该新型系统的好处就在于所需劳工更少，加工时间更短，减少加工空间（无需靠模工作台），更为精确，改善存货与生产控制，减少库存，提高制造的灵活性，从而降低了总体的生产成本。

1948年11月，《商业周刊》登载了一则有关卡登系统应用于制造冲模的故事。杂志重复了帕森斯有关新型铣床的观念，并指出斯奈德机床和工程技术公司正在设计该系统，而IBM则在研究机床控制系统。文章还指出，在该系统中，潜在的用户不能得到计算和打孔设备，帕森斯将在特拉维斯市为他们提供这些服务。这是很重要的一点，可此可见帕森斯完全明白生产的现实情况。虽然他在推广时说得天花乱坠，但他主要的动力仍在于制造过程中所面临的现实问题，其着眼点并不限于军工上的性能要求或技术进步本身，而在于工业中现实的变化需要。值得注意的是，他并未忘乎所以地吹嘘他的系统能够解决所有问题。文章指出，这种新型系统在“较为简单的冲模部件上运行效率最高”，还说“帕森斯甚至走得更远”，强调“在许多工作职能上，现有标准的机器（仿形雕刻机、制模机、仿形铣床）比这种新设备做得还好”。帕森斯并不是一个梦想家，他所做的是解决现实的制造问题。他的方法获得广泛的承认，全国各地大大小小的公司都纷至沓来询问相关事宜，其中包括汤姆逊公司、西屋公司、雷明顿·兰德公司、美国博世公司（阿玛公司的母公司）、斯科维尔公司（Scovill）、希克公司（Schick）、克蒂斯一赖特公司（Curtiss-Wright）以及国际联合收割机公司。[34]

1949年6月15日，帕森斯获得了美国空军一份金额为20万美元的合同，要求在21个月之内设计并制造出一部“自动断面切削机器”，该机器须由打孔纸带或胶片控制，能够在“与机翼部件相似的断面上……执行自动断面的切削”。机器必须具备三轴控制——纵向操作、横向操作及深度操
作，“人工控制进刀与运转速度”，还配有消除齿隙并补偿导螺杆误差的机 104

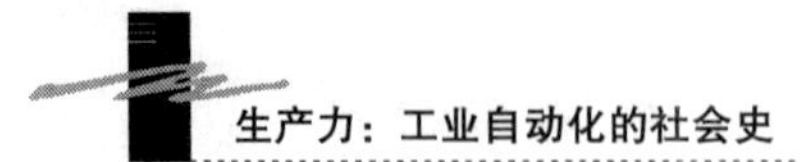

制，确保误差保持在每个零件 0.003 英寸之内。该合同并未涉及 IBM 公司，但要求该公司自费设计“卡片控制机制”，并因此而拥有该系统的专利权。斯奈德机床和工程技术公司将建造这部长宽高分别为 6 英尺、6 英尺和 10 英尺的刨铣床。时间分配上，6 个月用于设计，5 个月用于模型的建造与检验，4 个月用于详图设计，最后 6 个月用于建造并检验这部“自动断面切削机”。[35]

帕森斯现在有了空军的合同，有一个富有吸引力的概念，而且也获得了金属切削业的注意。但他知道他的公司当时本身并没有这个能力制造出这么一部自动铣床。除了依靠自己的技术人员之外，他还得指望斯奈德机床和工程技术公司和 IBM 公司将这个概念转变成一部现实的机床。最开始，他打算雇请一位电子工程师，这样大部分工作就能够在帕森斯公司内部完成。“开始我们并没有很好地把内部组织起来，”斯图伦回忆道，“但帕森斯能够把人们团结起来……我们是这个领域的先行者，因为我们有顶尖的工程技术人员，而且我们反应迅速。而且帕森斯作为一个管理者，当然不会阻碍我们的科研。帕森斯起了很大的推动作用。他慧眼识珠，并且在必要的时候能够获得别人的帮助。”

其中一个就是罗伯特·H·马什（Robert H. Marsh），马萨诸塞州阿索尔市国家螺旋钻公司的年轻工程师。马什分析过金属切削钻床、铣床车刀、零件曲线的数学特征，他在《商业周刊》上读过帕森斯的数学铣削方法后，与帕森斯联系，表明了对该系统的兴趣。帕森斯与空军的合同一签订，马上雇请马什作为斯图伦下面的项目工程师。马什是麻省理工学院毕业，了解有关自动控制试验室中炮火控制的情况。他向帕森斯建议道，那里的技术人员知道如何去做，尤其是自动伺服系统问题。他认为，相比较当时所考虑的采用步进切入磨削的电子机械方法，用电子控制连续通路方法来控制断面铣床更有效。因为后者的抛光更为平滑，从而免去了手工锉磨的必要，而且由于它具有反馈的功能，从而可以确保更高的精密程度。帕森斯被这个观念吸引住了，虽然他知道这种更为先进的方法需要更多的知识，也许很可能极其复杂而成本高昂。这位车间出身的发明家完全醉心于雇请这些“学院人士”的前景，他们在战争期间的经历堪称是一种传奇，而且他们在智慧上的成就也令帕森斯深感敬佩。他指示马什与麻省理工学院自
105 动控制试验室联系，探讨双方合作的可能性。马什回头报告说麻省理工学院对此有兴趣，帕森斯决定签订正式的合作协议。在帕森斯看来，麻省理

工学院只是一个服务提供商（提供有关自动控制的知识），一个具有良好声誉的子合同承包者。麻省理工学院将为帕森斯提供一种机器控制系统，而 IBM 公司则提供卡片读数机制。作为空军合同的主承包商与该思想的主创者，帕森斯将把它们所提供的内容组合起来，融入斯奈德公司和帕森斯公司的工程技术人员所建造的机器之中。一旦该原型的性能通过了检验与演示，帕森斯将把这种新型自动化设备制造出来并推向工业界的市场。然而在另一头，麻省理工学院却有着自己的想法与规划。[36]

【注释】

[1] L. T. C. Rolt, *A Short History of Machine Tools*. p. 14. 还参见 Robert S. Woodbury 有关机床史的系列著作，尤其是有关铣床的历史（麻省理工学院出版社）。

[2] Smith, *Harpers Ferry Armory and the New Technology*; Nathan Rosenberg, "Technological Change in the Machine Tool Industry"。也可参见 David Montgomery, *The Fall of the House of Labor* (Cambridge University Press, forthcoming); Daniel Nelson, *Frederick W. Taylor and the Rise of Scientific Management* (University of Wisconsin Press, 1980)。

[3] Braverman, *Labor and Monopoly Capital*, p. 185.

[4] William Pease, "An Automatic Machine Tool," *Scientific American* (September 1952); 1977 年对 Giddings and Lewis Machine Tool Company 公司的 Harry Ankeney 的访谈; Darren B. Schneider, "Photoelectric, Tracer, Numerical Contouring and Numerical Positioning Systems," William D. Cockrell, ed., *Industrial Electronics Handbook* (McGraw-Hill, 1958), pp. 5—129, 5—166; Roy B. Perkins, "Evolution of Numerical Control," American Society of Tool and Manufacturing Engineers, Paper 463 (1963); Dan Goldberger, "The Development of Numerical Control Technology," term paper, MIT, December 1978。

[5] Erik Christenson, *Automation and the Workers* (London: Labour Research Department, 1968); Schneider, "Photoelectric Tracer"; Darren Schneider, "Programmed Machine Tools," October 25, 1957, typescript.

[6] 1977 年 3 月和 6 月对 Lowell Holmes 的访谈; Holmes to author, February 25, March 9, and June 13, 1977; Holmes, "G. E. History Relevant to N/C," typescript。Lloyd Blair Sponaugle, "Method of Operating Machine Tools and Apparatus Therefor," U. S. Patent No. 2, 484, 968 (issued October 18, 1949); Leif Eric de Neergaard, "Method and Means for Recording and Reproducing Displacements," U. S. Patent No. 2, 628, 539 (issued February 17, 1953); Donald P. Hunt, "The Evolution of a Numerically Controlled Machine Tool," M. S. thesis, MIT School of Management, 1959。

[7] Cletus H. Killian, “Automatic Machinist,” U. S. Patent No. 2, 947, 928 (issued August 2, 1960).

[8] *American Machinist* (November 1977) p. G—10.

[9] Goldberger, “The Development of N/C Technology”; Pease, “An Automatic Machine Tool”; Perkins, “Evolution of N/C”; Hunt, “Evolution of an N/C Machine Tool”; Ernmanuel Scheyer, “Automatically Controlled Mechanism,” U. S. Patent No. 1, 172, 058 (issued February 15, 1916); Max Schenker, “Method for Machining Materials,” U. S. Patent No. 1, 771, 192 (issued July 22, 1930).

[10] Killian, “Automatic Machinist”; 对 Joe Gano (1981 年 11 月)、Ann Dougall (1984 年 11 月)、Robert C. Travers 先生 (1982 年 3 月)、Jimmie Killian 博士 (1982 年 8 月)、George W. Killian (1982 年 8 月)、Donald Human (1982 年 9 月) 等人的访谈; George Killian to author, Septenmber 3, 1982。

[11] “Agreement between the Controls Corporation and the Kearney and Trecker Products Corporation,” January 31, 1945; Cyril M. Hajewski, senior patent attorney, Kearney and Treckcr, to author, April 21, 1982; “License Agreement,” between Cletus Killian and Herman H. Cousins and Company, March 20, 1952; “Agreement” between Killian and Cousins and George B. Brown, April 19, 1950; Killian patent applications serial numbers 481940 (filed April 5, 1943) and 487443 (filed January I, 1944); interviews with Joe Gano (November 1981) and Daniel W. LeBlond, president, LeBlond Makino Machine Tool Company, September 1982; Diebold, Automation, pp. 85—86.

[12] 有关 Thomas 更多的论述，参见第 7 章。

[13] John E. Ward, “N/C Milling Machine at the University of Texas,” memorandum to William M. Pease, August 5, 1952, MIT Servomechanisms Laboratory Numerical Control Project Files, MIT Archives.

[14] 1978 年 7 月对 Frederick W. Cunningham 的访谈; “Buttoned-Up and Navigating Blind,” Arma Corporation advertisement, *Scientific American* (September 1952); “Here Comes the Future, Mr. Machine Tool Manufacturer,” Arma Corporation advertisement, *Business Week*, April 22, 1950; “Automatic Machining Reaches Market,” *Business Week*, July 15, 1950。

[15] 对 Cunningham 的访谈; Frederick W. Cunningham, “The Control of Color,” pamphlet privately printed, Stamford, Connecticut。

[16] 对 Cunningham 的访谈。

[17] 关于 Arma 车床，参见：“Automatic Machining Reaches Market,” *Business Week*, July 15, 1950; William M. Stocker, Jr., “Production Man's Guide to N/C,” American Machinist Special Report No. 446 (July 15, 1957); American Machinist, November

1977；Diebold，Automation，p. 85。

[18] Frederick W. Cunningham，“Controlling Machine Tools Automatically,” *Mechanical Engineering*（June 1954）p. 488；“Automatic Machining Reaches Market.”

[19] *American Machinist*，November 1977，p. G—10；Cunningham. interview；Thomas G. Edwards，“Trip to the Arma Corporation,” memorandum to the Air Materiel Command，September 14，1951，N/C Project Files，MIT Archives（Edwards was Air Force monitor for the N/C Project，参见第7章），“Questions on Armamatic Control System,” July 18，1950，N/C Project Files，MIT Archives。

[20] 对 Cunningham 的访谈；Anderson Ashburn，“Film Runs Non-Circular Gear Shaper,” American Machinist，February 1953，p. 149；A. E Magnell，“New Under the Sun,” The Hartford Courier，n. d.；Frederick W. Cunningham，“Unusual Applications of Automatic Controls,” paper delivered to the New York chapter of the American Institute of Electrical Engineers，January 9，1953；Frederick W. Cunningham，“Employing Computer Components in Machine Control” Machine Design，July 1950，p. 153。

[21] 有关 Caruthers 的材料来自 1983 年 9 月对他的访谈、他的简历以及 *The Pulse Of Long Island*（published by the Long Island Section of the Institute of Radio Engineers，March 1960，p. 3.）所提供的他的简短传记。关于其技术工作上的描述取自他在汤姆逊设备公司的研究记录（1950—1956），以及 brochures of Automation Specialties，Inc.，Jones and Lamson，and Jordan Controls，Inc.；William M. Stocker，“Set-Up Man Programs This Numerical Control System,” *American Machinist/Metalworking Manufacturing*，September 5，1960；L. A. Leifer，“Automatic Control of Turret Lathes Using Punched Tape or Magnetic Tape,” Gisholt Engineering Division，August 1960（courtesy L. A. Leifer）。

[22] 1979 年对 Frank Stulen 的访谈；1979—1982 年对 John T. Parsons 的访谈；Parsons 的日记、私人文件；*American Machinist*. November 1977，p. G—6。

[23] 1979 年对 Frank Stulen，John T. Parsons，Carl Parsons（John T. Parsons's son）和 Axel Brogren 等人的访谈；*American Machinist*，November 1977，pp. G—3，6。

[24] 对 John T. Parsons 的访谈；films of his World War II bomb factory in Traverse City Michigan。

[25] 对 Stulen 和 Parsons 的访谈；Parsons 的日记与信件。

[26] 对 Stulen 和 Parsons 的访谈。

[27] 对 Stulen 的访谈。

[28] 1979 年对 Stulen，Parsons，Jerry Wyatt，Win Brownlee 和 Leonard Ligon 等人的访谈，地点是密歇根州的特拉维斯市。

[29] 同上。

[30] 对 Stulen 和 Brogren 的访谈。

[31] 对 Parsons 的访谈；John T. Parsons，“Preliminary Report on Digitron，” August 29，1952（typescript）；John T. Parsons，“The Digitron Story，” 1955（typescript），Parsons，diary notes；L. V. Colwell to John T. Parsons（re：Lockheed proposal），August 12，1948，Parsons files；Lockheed Aircraft Corporation，wing panel drawing，PD 903－02，July 30，1948，Parsons files；Parsons Industries，“Cardamatic Milling，” promotional brochure；“Faster Diemaking，” *Business Week*，November 6，1948，p. 70。（The same page which announced Parsons's idea also carried an advertisement by the Haloid Company of Rochester，New York，announcing its new line of products called “xerox”。）

[32] “Faster Diemaking，” *Business Week*，November 6，1948，p. 70；*American Machinist*，November 1977，pp. G－3，6.

[33] 对 Patsons 的访谈，其信件及私人文件；“Faster Diemaking”。

[34] 1948 年 8 月 31 日研究和开发局的 L. R. Hafsted 与 John T. Parsons 的谈话，Parsons 的私人文件；“Cardamatic Milling”；“Faster Diemaking”；letters of inquiry，Parsons files。

[35] 美国空军与帕森斯公司的合同，编号为 AF 33（038）6878，“Design，Construction，and Installation of an Automatic Contour Cutting Machine，” June 1949。不幸的是，现在已经不可能从美国空军的角度来重建数值控制的历史。根据俄亥俄州 Wright-Patterson 空军基地的空军装备司令部的档案记载，所有有关空军数值控制工程的记录（从该合同起多达 10 年），都已经被销毁。

[36] 1978 年和 1979 年对 Stulen 和 Parsons 的访谈；Parsons 的日记。

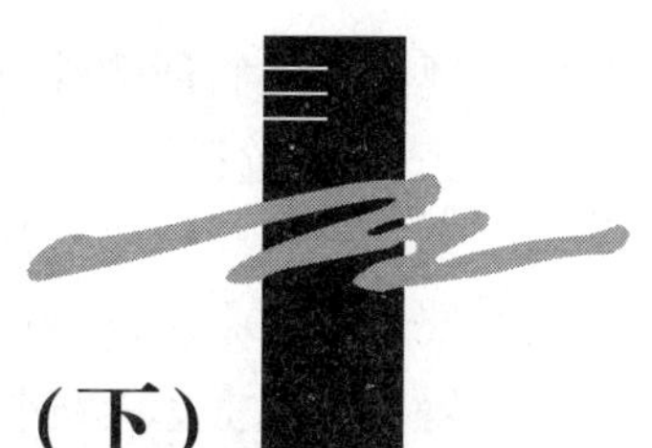

第6章 数值控制（下）

1940 年戈登·布朗与艾伯特·C·霍尔（Albert C. Hall）创建了自动控制试验室。它一方面源起于海军前一年在麻省理工学院电子工程系启动的培训炮火控制军官计划，另一方面源起于麻省理工学院与斯佩里陀螺仪公司的合作协议，双方共同研制舰载防空炮的远程控制系统。根据麻省理工学院校史专家卡尔·怀尔兹（Karl Wildes）的叙述，布朗负责这个“控制相当松散的组织”，其教学与科研的内容“奇妙地混合了传统的学术教学课程与最尖端的军事研发工程”。除了学院的高级教职员工之外，试验室还有许多大学生与研究助理。布朗鼓励他们积极参与，发挥他们的创造力。“这些大学生与研究助理刚刚进入他们的职业生涯，并注 106

定将展现出的他们创造性与实力，去寻找并征服各个新的领域。他们富有锐气与热忱”，给试验室带来了紧张的活力。而试验室则以其“不拘一格的气氛”来激励这些年轻人尽可能发挥他们的创造激情。战争期间，试验室的人员曾多达100名，他们研制出各种远程控制系统，分别用于40毫米炮推动装置、舰载雷达天线装置、机载雷达与指挥塔设备、稳定天线、指挥仪、炮架等。结果，该试验室“在各类机器的研究、设计、制造以及实测方面积累了丰富的经验”，尤其是在模拟伺服控制方面。[1]

战争快要结束的时候，自动控制试验室参与了另一项大型的科研活动，研究数字计算机。飓风计划（Whirlwind Project）最初起源于海军下的一份
107 关于设计可编程飞行模拟器的合同，该合同最初要求设计一部模拟计算机。杰伊·W·福雷斯特是自动控制试验室的研究人员，他毕业于麻省理工学院，当时负责这一海军的科研计划与模拟计算机的研制。早在战争期间，福雷斯特就参与过雷达、炮火以及飞行的控制系统的研究，在反馈回路设计、远程控制伺服系统、各类电子机械设备方面具有丰富的经验。然而飞行模拟器计划提出了前所未有的难题，模拟方法似乎对此束手无策。因此，福雷斯特转向计算与控制的数字方法，而为海军研制飞行模拟器的数字计算机的飓风计划则成为自动控制试验室的科研焦点。[2]

为了充分理解帕森斯在麻省理工学院的遭遇，追溯一下飓风计划的演变历程是很有益的，理由有二：首先，它构成了帕森斯计划诞生的背景，其次，它建立了一种技术发展与制度关系的模式，该模式在帕森斯计划中再度出现——它是帕森斯永无歇止的困惑的根源。[3]

麻省理工学院所以能够接下海军的飞行模拟器合同，这是因为，作为一个非营利教育机构，它能够比其他竞争的工业企业支付更少的费用。海军航空局的特种装备部曾收到25个工商企业的投标书。特种装备部主任路易·德弗洛雷斯（Luis de Florez）上校是麻省理工学院的毕业生，他提出了飞行模拟器这一想法，最初他曾想把合同给贝尔电信试验室或者西部电气公司。德弗洛雷斯在给航空局的上级报告中这样解释给予麻省理工学院的理由：“海军的协调者预期这样做将大大减低成本，因为麻省理工学院作为一个非营利组织，它比私营工业组织有着更低的直接成本与运营费用。”*

* 廉价的学生劳动力与免税特权是麻省理工学院在争取政府合同中打败私有企业的原因。但是，这种减低成本的优势往往被另一些因素所抵消，比如相对缓慢的节奏（与私有企业比较）、耗时颇多的教学要求以及更偏好于研究的倾向，这些都是麻省理工学院运作项目的特征。

此外还有其他理由。德弗洛雷斯与麻省理工学院的人有着良好的私人关系，他经常就技术问题向他们请教。学院在战争期间与政府建立了极其紧密的业务往来。这些关系关键时刻就能发挥作用，它们体现在放射试验室与自动控制试验室所拥有的巨大影响力与随心所欲行事的作风上。所有这些都最终促使政府偏向了麻省理工学院。

纳撒尼尔·塞奇（Nathaniel Sage）是麻省理工学院工业合作部的主任，德弗洛雷斯在大学生联谊会的会友，他对这种关系的建立起了关键性的作用。正如研究飓风计划的历史学家肯特·雷蒙德（Kent Redmond）与托马斯·史密斯（Thomas Smith）解释的，“战争期间的合作关系堪称史无前例，塞奇就好像在一片新发现的海洋中航行一样，可以自由地决定用以指导麻省理工学院与政府的合同关系的程序与方式。这种关系本身的特殊性，
战争的紧迫性再加上塞奇的丰富经验与人脉资源，使得他有能力引导政府 108
去接受他提出有关合同的建议。”这些建议赋予了麻省理工学院拥有比典型的工业或政府合同“更大的运作自由”。而且它也不妨碍塞奇致力于在政府的要害部门安插麻省理工学院的人士的做法。* 当麻省理工学院与政府谈判的时候，很多情况下谈判对手都是自己的校友。正如它削减成本从而构成对工业企业的优势一样，这种关系又赋予麻省理工学院在争取政府合同时相对于其他教学机构以及工业企业的优势。其结果是，麻省理工学院后来严重依赖这些合同，指望它们为其迅速扩张的运行预算提供经费，几乎成了一个国防部下属的科研机构。[4]

相对于政府科研机构而言，麻省理工学院的力量日益扩张，以至于它有能力重新改写政府资助科研的合同以满足自己的要求，这样做的时候，它就取得了对这些计划的控制。这也是海军的飞行模拟器的研制计划最后演变成为飓风计算机计划的原因所在。1944 年，德弗洛雷斯设想建造一部可编程标准地面教练机，能够模拟各种飞机的飞行环境。在那之前，每部飞行模拟器的培训只能针对一种专门的飞机，因为当时的飞机都大规模生产，型号有限。但在研制各种高速原型飞机时，若针对每一种飞机都建造

---

* 他们包括：万尼瓦尔·布什，二战时任科学研究与发展局的局长，二战后任国防部的研究与发展局的局长；杰罗姆·亨萨克，国家航空顾问委员会的主任；德弗洛雷斯，负责特种装备部；佩里·克劳福德（Perry Crawford），不久后任特种装备部计算机处的主管；乔治·瓦莱（George Valley），后来成为空军防空系统工程委员会的主任（该委员会除了军方人员之外，全部由麻省理工学院的教职人员组成）。

一部新的飞行模拟器，成本将高得惊人，而且耗时也会特别久。但建造这样一部标准飞行模拟器存在着极大的困难，它不仅需模拟出飞行员控制下的飞机动作——这一目标已经极其艰巨，而且还需足够灵活——这一任务更加复杂——从而模拟出各种飞机的飞行特征。因此需要一部计算机来贮存各种飞机的信息——以模拟形式贮存——并执行各种计算从而控制根据飞行员的指令而规定的动作。

德弗洛雷斯是麻省理工学院亨萨克的学生，他认为吸引麻省理工学院的专家来研制模拟计算机与控制是一件“很自然而且方便”的事情。最开始的时候，他设想聘请麻省理工学院的科研人员作为咨询专家，实际的工程设计与制造则由贝尔试验室来完成。与后来帕森斯所想的一样，德弗洛雷斯将麻省理工学院视为一个咨询师，一个麻省理工学院之外的科研计划的服务供应商。但德弗洛雷斯提出这一标准飞行模拟器的想法之后，他在国家航空顾问委员会遇到一些反对意见，因为它把这一计划视为海军在越
109 俎代庖。德弗洛雷斯去找他以前的老师，现任国家航空顾问委员会的主任亨萨克，试图从他那里得到支持。[5]

但亨萨克对这个计划的看法完全不同于德弗洛雷斯。他知道设计和制造飞行模拟器所遇到的各种困难，但他仍然认为这个想法很有价值。更为重要的是，他坚信该模拟器“是一个隐含重要研究价值的新型工具”；除了它作为一个飞行模拟器之外，其设备还可以用于飞机的辅助设计，因为飞机的可控动作必须在建造之前就有明确的把握。德弗洛雷斯把该问题与麻省理工学院的其他研究人员做了说明，他们支持亨萨克的看法，要求重新界定研究计划。其结果是飞行稳定性和控制分析器（Aircraft Stability and Control Analyzer，ASCA），它将海军最初的概念扩展为“飞机模拟的一般领域”。雷德蒙和史密斯指出，当海军的研制合同最终签订的时候，“令人惊讶的是，它根本没有把该模拟器用做飞行训练的教练机，而是当做对大型多引擎飞机的稳定性、控制和操作特征进行数据测量的工具”，从中“我们可以推断，即使不是麻省理工学院的工程师们直接做出这些规定，至少他们的建议发挥了最大的影响”。[6]

麻省理工学院成功地修订了合同之后，学院的科研人员就可以自由地使用政府经费来“征服新的领域”。学院的科研人员很快把该计划扩大，与此同时也增加了经费。ASCA 计划为麻省理工学院提供大量的经费，使其科研人员可以开展最前沿的研究，资助大学生，还可以用于自动控制试验

1900 年左右出现的一幅宣传画，内容是一劳永逸解决工厂管理者问题的技术方案，其中工人在像“士兵一样按规定步骤操作”。美国历史博物馆机械和民用工程档案部的史密森协会提供。

传统的由机械工控制的机床（平衡臂铣床）。埃里克·布雷巴特提供。

1900年的机械工厂。埃里克·布雷巴特提供。

打孔卡片控制的自动提花织机，用于在布料上织出图案。美国历史博物馆史密森协会提供。

弗雷德里克·坎宁安博士，数值控制的先驱。摘自《美国机械师》1953 年 1 月 2 日刊。《美国机械师》许可刊载。

使用打孔纸带控制的阿玛车床。这是最早的数值控制的机械之一。小弗雷德里克·坎宁安提供。

艾伯特·加勒廷·托马斯，早期自动控制机床的设计者。罗伯特·特拉维斯先生提供。

正在制造过程中的自动化控制铣床，由托马斯设计。罗伯特·特拉维斯先生提供。

第一部自动专用系统的机床及其设计团队，后排右数第三位是系统的发明者 F. P. 卡拉瑟斯。F. P. 卡拉瑟斯提供。

约翰·帕森斯，公认的数值控制之父。摘自《商业周刊》1948 年 11 月 6 日刊。

约翰·帕森斯最初的卡登铣削系统的设计图纸。摘自 1948 年卡登机宣传册。约翰·帕森斯提供。

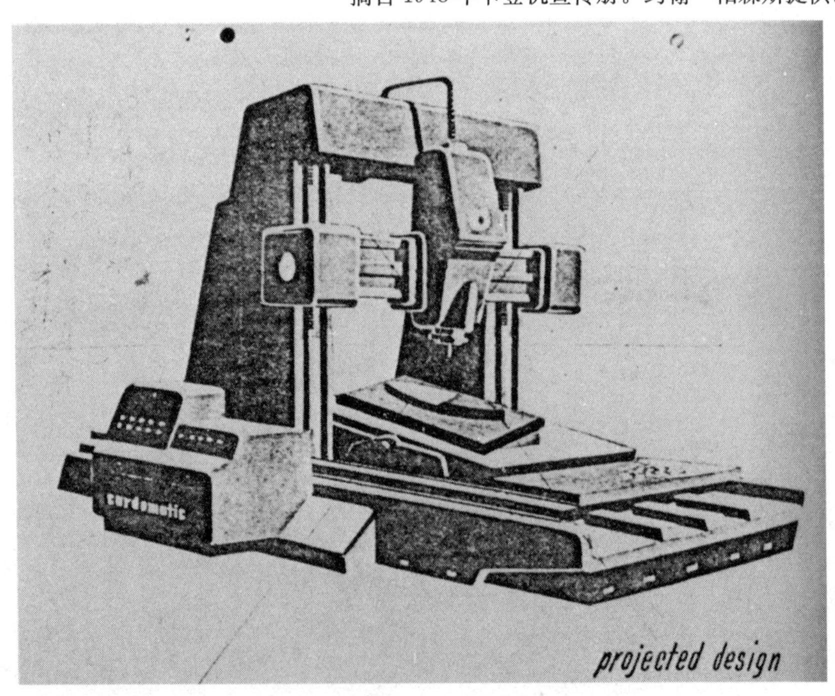

诺伯特·维纳，控制论之父，他曾强调军国主义与技术性失业的危害。麻省理工学院档案。

杰伊·W·福雷斯特，麻省理工学院飓风计划的负责人。麻省理工学院档案。

戈登·布朗，麻省理工学院自动控制试验室主任。麻省理工学院档案。

威廉·皮斯，麻省理工学院数值控制计划的负责人。麻省理工学院档案。

室的其他科研活动，这些科研活动由于战争结束而不再有经费来源。但从海军的角度来看，现在还不是任由麻省理工学院肆意扩展研究领域的大好时机。战争结束后，海军获得的拨款大幅度削减，这促使海军不得不向麻省理工学院施加压力，从而力图把计划控制在恰当的范围之内。当帕森斯出现的时候，海军与麻省理工学院之间的关系已经相当紧张了。

从一开始，德弗洛雷斯就遭到海军航空局气动与水利部主任 W. S. 迪尔（W. S. Diehl）上校的强烈反对。迪尔提交了一份“强烈否定” ASCA 计划的报告，把它描述为“完全是物理学家的幻想与工程师的噩梦”，坚持认为这在技术上不可行。但是麻省理工学院、德弗洛雷斯和亨萨克最终战胜了“预言家迪尔上校”——历史学家史密斯和雷蒙德如此称呼他。亨萨克再次敦促推进 ASCA 项目，“不仅仅是因为它具有极大的应用前景，而且也因为这项研究本身就极有价值”。对麻省理工学院来说，它所关心的不外乎是研究经费的到位与后续的资助，因为这意味着其活动范围的不断扩张。[7]除了
迪尔之外，没有人“能够如此深刻地预测到实现该初始目标将要遭遇到的 110
各种巨大困难”。

福雷斯特是由戈登·布朗引入 ASCA 计划的，他利用模拟设备研究出电子机械攻击计划系统。当时国家还处于战争之中，“研究成本根本不成问题，”福雷斯特的第一个助手罗伯特·埃弗雷特（Robert Everett）回忆道，“该计划就像是温室中的植物一样疯长。”这样一种狂热的气氛中养成了大家大手大脚使用经费的习惯，当战争结束的时候，人们仍然无法扭转过来。这种战争养成的习惯促使人们去追求那种观察者视为“对和平时期来说堪称危险的、不现实的大型研究计划”。福雷斯特本人对它们有着“强烈的迷恋”，甚至使一些人感到不安。“他在机械模拟计算方面具有深厚的专业知识，”雷蒙德和史密斯指出，“然而他也恰恰对机械数字计算极其无知，这导致他很晚才想到 ASCA 计划需要利用恰当的计算机。”福雷斯特与其同事采用“需要大量人工的转移工程学方法来设计模拟计算机器”，但进展极其缓慢。他们终于认识到这一任务极其艰巨，不得不放弃模拟解决方案。电子机械方案太慢、过于复杂而且精确程度不高，而电流模拟方案缺乏敏感性与精确性，而且在更换程序时要大幅度改变线路。[8]

福雷斯特先后与电子工程系的数学家塞缪尔·考德威尔（Samuel Caldwell）、计算机先驱万尼瓦尔·布什、考德威尔的学生佩里·克劳福德——他有一篇论文讨论从数字到模拟的转换（数字计算在防空炮火控制方面的

应用）——讨论过，决定采用数字方法。克劳福德在离开麻省理工学院就职于德弗洛雷斯的特种设备部下属的计算机处的主管之前，在学院的高级研究中心向福雷斯特介绍有关埃尼阿克、电子数据计算机、贝尔继电计算机以及冯·诺依曼的计算机工程的情况，他敦促福雷斯特在 ASCA 计算机中采用电子管和脉冲电路。克劳福德指出数字计算机的优势，包括更为灵活、更为简单并且更为精确。其缺点是更高的研发成本以及技术知识储备不足。福雷斯特现在相信了数字方法的优势；事实上，这是唯一可能达到实时模拟所要求的高速运算的方法，而且更为重要的是，它预示了一个令所有人兴奋的广泛研究领域。

早在 1946 年 1 月，福雷斯特就写信给特种设备部的 H. C. 克努岑（H. C. Knuntsen）少尉，提到有关“通用计算机”的宏伟计划，其应用范围并不限于 ASCA 计划。他认为该通用计算机可以作为炮火控制系统的基础、处理“命令与控制”等战斗信息的中心，此外还可以应用于雷达跟踪、
111 飞机稳定性和控制分析、制导导弹的稳定性和弹道分析、伺服系统、鱼雷系统、核物理、热力学、流体力学、电子学、民用机械工程以及物理学和社会科学的数据处理。[9]

在麻省理工学院，为海军的飞机稳定性和控制分析器所研究的数字计算机不久便被视做学院的通用计算机研究工程。* 麻省理工学院与海军特种装备部的工程师们都“充满憧憬地认识到，他们现在正研制一部具有革命性意义的设备，该设备将难以想象地提高实战中搜索目标时的速度与精度。”现在他们全身心投入到这部通用数字计算机的研制中去，而不是原来的 ASCA 计划。但海军并没有这样的热情，由于拨款的大幅削减，它们正在考虑逐步撤销整个特种设备部。[10]

海军研究局（Office of Naval Research，ONR）接替了特种设备部主管的 ASCA 计划，并不想接受佩里·克劳福德的领导。（克劳福德很快就离开，进入研究与发展局。）当国家安全不再存在那种威胁的时候，军费预算

---

* 飓风计划的扩展使得麻省理工学院摒弃了其他的计算机研制项目，比如分析中心的洛克菲勒电子计算机（Rockefeller Elctronics Computer，REC）项目。塞缪尔·考德威尔早在二战前就提出了洛克菲勒电子计算机的基本思路，并且在二战后成功地为该项目筹集到资金。当飓风计划启动的时候，人们并不把它视为 REC 的竞争者，因为它具有“有限的应用范围”。麻省理工学院校长卡尔·康普顿仍然与洛克菲勒基金谈判，以争取对 REC 项目的资助。但到了 1947 年 6 月，飓风计划已经远远超出了最初的研究范围，考德威尔放弃了洛克菲勒电子计算机项目，他向康普顿说明，“福雷斯特先生相信他最后的机器将能够满足海军与麻省理工学院的双重要求。”

很快就降下来，海军也不得不接受国防部与国会的严格审计。至 1948 年 7 月，福雷斯特已经耗费 150 万美元，并建议为第二年的科研申请 100 万美元的经费。此外，1948 年 6 月，飓风计划第 9 号通报宣称，“飞机座舱模拟设备（ASCA）的设计工作已被无限期推迟。”这意味着 ASCA 已经成为一个没有明确目标或“任务”的计算机研究计划。在海军研究局看来，这是无法容忍的。海军研究局要求尽快终结研究项目，海军研究局的数学家迈纳·里斯（Mina Rees）写信给纳撒尼尔·塞奇，建议“马上采取措施终结该研究计划中任何长期的研究活动。”[11]

此时，海军与麻省理工学院的矛盾可谓一触即发。学院各个部门都紧密团结起来以捍卫飓风计划。它们所要捍卫的，并不仅仅是所要研制的通用计算机。雷蒙德和史密斯解释道，“学院的领导认识到，现在是一个关键的时刻，他们必须在这个问题上坚持自己的立场，如此才能为私立大学接受军方后续资助项目建立一种可行的规则与长期的合作关系。东部权势集团是一个松散但具有很大影响力的民用工程科学家组织，他们希望继续维持由联邦政府来资助私立组织进行科技研究的做法。麻省理工学院校方应 112
该考虑到出于这种长远打算的因素。”不管他们的动机是什么，麻省理工学院的领导人“对研究计划所做的准备已经完全超出了海军研究局所能资助的限度”。麻省理工学院为飓风计划准备了一个大规模的宣传造势活动，详细了描述该通用计算机的可能用途，并把它比做雷达或原子弹的研制。福雷斯特宣称计算机构造了一个新的工程学领域，要推进该领域的充分发展就必须投入几百万的资金。他还阐释了计算机的可能应用范围，包括集中空中交通管制、军事炮火控制以及——与本书的主题尤其相关的——“工艺过程的控制”。[12]

在海军研究局的眼里，飓风计划已经失去了控制。该计划当时占了海军研究局总预算的 5%，而且仍然在增长。此外，自动控制研究室的气氛“相当活跃”，这意味着在这个削减预算的时代还“要获得更多的拨款”。迈纳·里斯认为，飓风计划“在其参与人员及其建筑上耗钱无度是相当有名的”。她认为飓风计划“从数学角度来看是不切实际的”，“在技术上过分复杂”，并且没有具体的目标。然而，1949 年春，海军研究局组织了一个专家委员会来审查飓风计划，对它好评有加。审查该计划的并不止海军研究局一家。研究与发展局的特别委员会负责审查所有政府资助的计算机研制计划，它在 1949 年 12 月发布了一份报告，对该计划进行全面批评。据麻省理工学院校史专家卡尔·怀尔兹的说法，“它建议，除非飓风计划能够找到适当的应用途径，否则将停止对它的资助。”因此，怀尔兹说，“1949 年末对于福雷斯特及其飓风计划的同事来说是一个低谷。”福雷斯特竭尽所能试图为他的计算机找到应用途径。他与空军的空军装备司令部签订了一个空中交通管制计划（Air Traffic Control，ATC），后者给他解决了部分的资金紧缺，随后参与飓风计划的大学生开始联合写一篇论文（罗杰·西森（Roger Sisson）与阿尔弗雷德·苏斯金德（Alfred Susskind）），还有一个参与人员（罗伯特·威泽（Robert Wieser））被调到空中交通管制计划。[13]

在 1949 年的下半年，福雷斯特全力以赴寻求该新型计算机的应用途径以及研究经费，这使得他的研究团队开始与空军有了更紧密的联系。此外，这也说明了，麻省理工学院在获取工业界的资助方面下了大力气。* 也就在这一年，麻省理工学院设立了一个工业联络办公室（Industrial Liaison Office，ILO），打算促进它与工业界的联系。福雷斯特与工业联络办公室的人走得很近，他向他们指出飓风计划对于工业界的利益，并建议该办公室启
113 动“一项数字计算机在工业问题上的应用研究”。最开始，福雷斯特曾考虑过石油工艺控制，但是帕森斯自动化机床工程提供了另一种前景更为光明的可能用途。[14]

帕森斯数值控制计划渐渐发展到追随飓风计划所树立的模式。一方面，双方在该计划的控制制度——谁负责该工程——上发生了持续的斗争。另一方面，双方就该计划的技术内涵——什么样的标准、规格以及研究重点——也有着不同的理解。麻省理工学院渐渐将该计划的控制从帕森斯那里夺过来——动机是它与空军有着独立的业务以及利益——从而使该计划朝着有利于其成员的技术、制度和事业方向发展。** 与此同时，麻省理工学

---

* 当年 6 月和 7 月，由普罗沃斯·朱利叶斯·斯特拉顿（Provost Julius Stratton）主持的麻省理工学院委员会评审了空军的坎布里奇研究试验室的科研情况以及麻省理工学院与空军装备司令部的关系，并考虑增加空军的资助。该年夏天，詹姆斯·基里恩校长开始从西海岸的一些大型机身制造商那里寻求研究经费。

** 从一开始，麻省理工学院校方就参与了自动控制试验室与帕森斯公司之间的业务往来，从而将计划打上了麻省理工学院的名号。最后，它还公开宣称是它发明了数值控制。（麻省理工学院与其技术人员一起，对于帕森斯的专利技术获得了部分专利许可费。）因此，很难将该试验室的行为与学院的政策区别开来，基于这个理由，本文在描述该事件的时候同时使用“麻省理工学院”与“自动控制试验室”。

院还坚持自己对该计划的技术内涵的界定——首先是因为帕森斯的顺从而后又受到空军的研究目标的鼓舞——从而对帕森斯的管理造成了极大的困难，并为学院最终取得对该计划的控制而开辟了道路。不久，帕森斯完全失去了对该计划的控制，而本来占次要地位的空军与麻省理工学院的利益却决定了技术的走向。它们现在完全不受这位中西部制造商的实际利益的影响——整个计划得以启动，应归功于他那从生产实践与需求中培养出来的洞见与创造性。

这里将要叙述的故事可谓极其复杂，有时候一些似乎是极其世俗和微不足道的事件却共同决定了制度模式、技术重点，最终决定了技术本身。我们首先来看麻省理工学院与帕森斯公司最初订立的合同，该合同相当简略，并未说明两者在研究重点、彼此的利益以及预期成果方面所持的不同观点。

制造商帕森斯公司所关注的只是有效且经济的生产，目的是寻求解决新型飞机设计中的实际金属切削问题的技术方案。另一方面，麻省理工学院的科技人员所关注的是如何推进他们的研究，使他们成为其研究领域中的技术领跑者，具体来说，就是提高计算机在电子控制系统中的设计与应
用水平。两者之间的冲突很快就表现出来，在不到半年的时间里深刻影响 114
了计划的进展。最后麻省理工学院通过杰伊·福雷斯特对该计划的重新改造，从而取得了对它的控制。

两者的冲突在于对机器性能的规定，帕森斯要求采用深度切削定位方案，而麻省理工学院采用抱负更大的三轴连续通路控制方案，其中必须使用最先进的计算能力。麻省理工学院的方案最后成为主导方案，但该计划的命运似乎是由一些微不足道的小事件来决定的，首先就是抛弃 IBM 公司的卡片读数系统（取而代之的是麻省理工学院的磁带读数研制计划），其次是抛弃帕森斯公司本来打算的斯奈德牌专用铣床（取而代之的是空军资助的辛辛那提机床公司产的液压传动机床，它安装在麻省理工学院校内，学院可以控制它）。此外，麻省理工学院还利用它巨大的影响力、技术声誉以及它对更大范围内的国家利益的忠诚来与帕森斯公司竞争。一旦帕森斯公司被排挤出该项目，麻省理工学院就可以毫无障碍地按照自己的方式来决定它的技术内容，然后在其他潜在使用者和制造商那里演示从而获得更多的支持，最终研制出自动可编程方法，使得这种过于先进的设备不仅得以实现，而且在经济上也是可行的。

1949 年 7 月初，福雷斯特从戈登·布朗那里第一次听到帕森斯的计划。根据马什的建议，帕森斯打电话给布朗寻求机床设计上的帮助，7 月他们拟定了一个工作协议。罗伯特·埃弗雷特是飓风计划的副手，在与布朗及自动控制试验室的科技人员会面以后向福雷斯特汇报了会谈情况，并强调了该机床设计任务中应用计算机的可能性。他指出，“我们没有理由拒绝运行（IBM）601 型计算机一个星期，然后可以花上几个小时的铣床操作时间。”并且“该机器可以应用实质性的连续运行计算能力”。埃弗雷特见福雷斯特对此很感兴趣，建议将西森和苏斯金德从空中交通管制研究项目抽调到帕森斯研究项目，并要求他们将论文改为探讨数字模拟的转换问题。“我认为这个项目是很有价值的。但一个小时的讨论很难估计整个研究工程的规模，”他认为，“这项任务可能难以估计出所需要的时间与经费。”福雷斯特当时已经养成了思考问题不考虑时间与经费的习惯，他把这项新任务视为一个开放的研究领域。几个月以后，他写信给海军研究局的 J. B. 皮尔森（J. B. Pearson）说明数字计算机在军事以及工业上的可能用途，并举出帕森斯的机床作为一个突出的事例。*[15]

115 戈登·布朗鼓励帕森斯向麻省理工学院求助，除了对飓风计划的关心之外，还有他自己的理由（当时飓风计划仍然放在自动控制试验室；福雷斯特是试验室的副主任）。布朗的自动控制试验室也许是麻省理工学院中工业倾向最强的研究计划，而且在学院内部也招致人们的批评，说它更像是一个“车间”，而不是一个教育机构。布朗坚持认为，工业和军事合同提供了一个“真实世界的”环境，这对于工程学教育来说是再理想不过了，但他也承认这种方式也存在一些问题。虽然他很乐意从工业界那里争取对试验室的资助，但他也设法克服这类合同中的短视的直接的目标导向，这对

---

* 福雷斯特在财政上的难题最终在 1950 年 11 月完全得到解决，当时美国空军决定给飓风计划予以资助，当时该计划已经成为防空系统中核心的命令与控制部分。这一思想是由麻省理工学院的物理学教授乔治·E·瓦莱（George E. Valley）提出来的，他是空军科学顾问委员会的成员，他向万尼瓦尔·布什建议成立一个委员会来研究苏联跨过北极来攻击美国的可能性（苏联人在 1949 年 8 月引爆了他们的第一枚原子弹）。当年 12 月，防空系统工程委员会（ADSEC）在坎布里奇召开第一次会议，该委员会由军方人员以及麻省理工学院的教职员瓦莱、C. S. 德雷珀、H. G. 史蒂夫、H. G. 霍顿以及 W. R. 霍桑组成。从一开始，防空系统工程委员会就认为有必要建立一个基于计算机的命令与控制系统，1950 年 3 月，福雷斯特被邀请成为该委员会的“永久客座顾问”。与此同时，飓风计划的关注点从商业上的空中交通控制转移到军事上的防空。1950 年 6 月，朝鲜战争爆发，美国空军立即为飓风计划注入资金，作为其全力投入的防空系统中的一部分。1951 年秋，飓风计划已经脱离了自动控制试验室，成为麻省理工学院数字计算机试验室的项目，受福雷斯特领导。

于开创性研究与大学教育来说都不是非常恰当。为了超越这类合同的局限性从而保证研究的连续性，同时也避免不断地给学生分派新任务，布朗向麻省理工学院工业合作部的主任纳撒尼尔·塞奇求助，希望能够在合同经费之外再争取学院资助的一般性经费。在帕森斯工程启动几个星期之后，布朗向塞奇写信指出，"该工程是我们很乐意参与的项目。"布朗解释说，当帕森斯找他来商讨该问题时，他正在根据飓风计划的工程师威廉·林维尔（William Linvill）刚完成的有关样本数据自动控制系统的博士论文"来建立一个试验系统"。他认为，既然ASCA计划已经搁浅，帕森斯计划是一个非常好的工具。这"对于林维尔先生和（大学生）R.J. 科切伯格（R. J. Kochenburger）所进行的基础研究来说，是一个绝妙的机会"。此外，它还可以"让贝塔楼（飓风计划）与32号楼（自动控制试验室）的工作联系更为紧密。"*[16]

与罗伯特·埃弗雷特一样，布朗最开始也认为帕森斯计划对于他的目标来说仍然不足。"我在预算上受到了约束，其次缺乏任何实际有用的信息好让帕森斯公司或莱特空军基地扩大初始研究计划的范围。"布朗在给塞奇的信中说，"因此，参与那种只需应用我们已有的知识的工业项目，这是与学校的目的相冲突的，我们必须把自己的科研保持在高于现有急需的技术 116
水平一至两个层次之上。"为解决这一冲突，布朗决定同时满足两者，一方面与帕森斯合作，解决他的现实问题，另一方面把它视为实现更大更长远目标的阶梯。"在我看来，这是毫无疑问的，"他对塞奇说，"在这个项目上，我们应当全力以赴与帕森斯合作；但是，"他接着说，"我们还必须明白，针对帕森斯所认为他们需要的直接解决方案，一旦我们其中的一个或两个科研人员还另外提出一种更为长远的方案，接下来的一年里，我们就必须更好地引导该领域的科研以填补两者之间的差距。"换句话说，一旦麻省理工学院能够针对这个问题提出自己的解决方案，布朗便不再按帕森斯的方案去实施。[17]

帕森斯所关注的是针对困难的制造问题找出切实可行的方案，而自动控制试验室的科研人员有着不同的兴趣，他们的目的主要是实现其专业上的科学进步以及学院的利益。最开始的时候，他们彼此相辅相成，正如布

---

* 1960年，布朗提到机床计划，将它视为试验室在反馈控制上的科研与教学促进数字计算的主要功绩。

朗的继任者后来回忆的，“帕森斯打电话给布朗的时候，可谓一拍即合。”但在此时，双方利益一致仅仅只是对麻省理工学院的人而言；帕森斯对学院的企图浑然不觉，而继续相信他不过是雇请自动控制试验室作为其工程的子合同承包商。*

担任这项科研项目的工程师是威廉·皮斯（William Pease）与詹姆斯·麦克多诺（James McDonough），他们刚刚完成自动控制试验室承担的布鲁克黑文反应堆的控制系统——它是一个应用连续过程控制技术的国家资助项目——的研制，正在寻求“征服新的世界”。他们的利益与布朗而不是帕森斯的利益相契合。“我们很年轻，而且抱负远大，”皮斯回忆道，“我们很快就意识到，我们的设想要比帕森斯最初所建议的想法要宏大得多。”麦克多诺也持同样看法。“我们试图超越加工机翼这个直接的问题。”他回
117 忆当时他们更多地关注那些更为广泛的“理论知识”。“我们希望解决从固体材料中切削形状这个更为一般的问题。”“帕森斯对此感到不安，”皮斯回忆道，因为“他希望得到更快的实际结果（以符合其空军合同对性能及交货限期的要求）。”麻省理工学院的人视帕森斯为“推销员”、“业务技术专家”、“乡巴佬”，而帕森斯认为麻省理工学院的人傲慢、自高自大——甚至“根本不懂任何机床或实际应用的问题”。但帕森斯对他们在技术上的造诣仍然十分尊敬，他后来这样说，“在这个（自动化控制）专业领域里，他们的知识与经验确实相当高超……我完全给这些家伙所压倒。”帕森斯公司的年轻工程师马什也同样感觉受到了轻视，但总工程师弗兰克·斯图伦并不这样看：“麻省理工学院走的完全是象牙塔路线——进行耗资巨大的试验，虽然精致，但不实用。我们不难认为帕森斯是一个商人和外行，在该领域的知识极其幼稚，而麻省理工学院都是些专家。”但是，“有思想的却是他，而不是麻省理工学院。”[18]

---

* 根据皮尔森的回忆，“空军不过是把该计划当成是一个具有革命性的原则的演示。”因此，设想是把该计划当成是证明数值控制是最简单和最经济的制造方式。当与麻省理工学院的科研人员讨论过之后，他认识到连续通路方法的巨大优势，并预期到最终将朝那个方向去发展。他后来回忆道：“我们完全有理由假定，一旦帕森斯证明他的想法是对的，空军将很乐意为帕森斯的研究提供进一步的资助。”但与此同时，帕森斯觉得自己已经完全证明了自己的概念的正确性，因此坚决要求按其合同的要求去执行。在麻省理工学院的压力下，他同意研究连续通路方法以证明其最初想法的正确性，在研究的进程中，他开始同意忽视合同的要求和预算——此时他并未充分理解研究的走向。自那以后，帕森斯在研究方向上越来越依赖于麻省理工学院的科技人员。后来帕森斯反映他是如何走到这个地步的：“布朗完全有理由与我讨论他的长期目标，并制定一个研究规划，但他从未这样做。相反，他试图尽可能地摆脱我，这样他就可以在机床领域中单独与空军合作。”

事实上，帕森斯不仅仅是拥有思想。他满腔热情地与斯奈德机床工程公司一道制造卡登机，并推向市场。“在完成这个合同之后，”马什代表帕森斯公司向麻省理工学院的技术人员解释道，我们“希望能够生产出为大众所用的铣床”。他强调指出：“必须能够以合理的价格批量生产这种为空军装配的铣床和计算器，从而让该铣床能够广泛应用于金属切削业。”当帕森斯来坎布里奇的时候，他已经有一个设计工程师埃里克·卡尔斯滕（Eric Carlsten），与斯奈德机床公司合作研制卡登刨铣机。

由于麻省理工学院抱着完全不同的目标，因此两者之间的冲突不可避免会爆发。在双方合作的头 6 个月里，帕森斯在麻省理工学院面前一步一步退却。不久，帕森斯的计划已经不再是原来所要求的内容，他失去了他与麻省理工学院签订的合同，而那个实现制造其新型机床的梦想也破灭了。在双方彼此斗争的进程中，技术渐渐发展和定型为现在这个状况。[19]

第一个关键问题就是机器的基本性能标准：它实际上能够做什么。帕森斯的想法是采用切入磨削的刨铣机，可以根据坐标数据来逐步换位，从而自动控制球端刀具的位置与深度。一旦刀具的深度与进给位置确定下来，那么只需沿着轴线进行切割；采用一个万能夹具从各种角度夹住工作件，通过切削深度与起点的改变就能够近似地切削出机翼所要求的各个断面。最后将扇面锉掉从而结束整个过程。对于帕森斯来说，机床控制任务包括 118
点对点的刀具精确定位，其中进刀点之间的距离约为 0.25 英寸。帕森斯最初提出这个想法的时候，使用了一组量尺带。德弗利格公司与普惠公司已经使用了单个的量尺来定位机床，因此建议采用量尺带来连续定位刀具并非不切实际的空想。马什加入帕森斯公司后，他建议自动伺服技术可以用来解决这个问题，比如战争期间研制的模拟连续控制技术。马什说服帕森斯与麻省理工学院的自动控制试验室联系，尝试采用连续控制方法，而不是点对点的控制技术。

麻省理工学院在模拟伺服控制方面具有丰富的经验，但现在开始转向数字控制伺服系统。ASCA 计划本来就是这样的一个系统，但最后决定放弃该项计划，而专注于研制计算机本身，也就是后来的飓风计划。威廉·林维尔的论文是后来转向数字伺服系统控制的重要步骤，但对于从间歇数据获取运动的连续控制来说，它还仍然停留在理论层面。正如布朗所承认的，机床控制的连续通路方法将成为麻省理工学院研制数字控制的首次试验；

它可以用来检验林维尔的论文，并将他的想法付诸实践。帕森斯的较为简单的点对点定位系统并不是一个恰当的途径，因为点与点之间的运动并不是连续控制，它仅仅是一个读数系统。事实上，根据数字信息来实施连续通路控制仅仅意味着近似连续性，它极其紧密地在相同的空间里排列更多的点（每点的距离是 0.000 5 英寸而不是 0.25 英寸），而输入机器的控制数据量将大得多，而且速度相当快，这要求非常庞大的计算能力——因此是飓风计划的理想试验产品（正如贝尔试验室的乔治·斯蒂比兹很早就预见到的），这就是该方法区别于定位系统的地方。因此，虽然帕森斯所带来的合同要求在断面铣削上采用切入磨削法并采用点对点定位控制系统，但他从一开始就受到麻省理工学院与马什所施加的压力，要求转向连续通路控制方向——这是一种显然更具有挑战性、极其复杂而且耗资巨大的方案（参见第 9 章有关点对点控制方法的进展）。

受到连续通路控制方法的鼓舞，计划负责人皮斯与麦克多诺很快就抛弃了最初的想法——机翼曲面的自动加工——而考虑一种更具有一般性、更为宏大的应用方法。他们设想一种连续通路控制系统同步控制三轴的动作，从任何固体材料上切削任意数学描述的形状或曲面。“麻省理工学院的
119 解决方案是具有综合性的加工与编程方式，”帕森斯后来回忆道，“这是一种你最不可能去考虑的方法。”帕森斯公司的总工程师斯图伦并不接受这种方案，其理由是它要求有庞大的计算量，他对连续通路方法提出了批评。在卖给空军的卡登机方案中，他曾做出其中的计算工作，深知这类计算工作需要耗费多大的时间与精力。帕森斯犹豫了一段时间之后，决意采纳麻省理工学院的方案，其理由主要是马什所建议的，该方案能够提供更为平滑的表面，并且该方案将其最初想法的各种潜在可能都发掘出来。虽然斯图伦对此抱怀疑态度，但他仍然没有意识到这一任务的艰巨程度，也不能预知这一计划终将不是他的资金所能满足，也非他最终能够控制。而在那个时候，麻省理工学院自动控制试验室的工程师们也无法完全明白他们所要遇到的困难。*[20]

---

* 帕森斯后来回忆道，“斯图伦在没有计算机的情况下成功地设计出机翼样板，并且该样板正是我的加工合同所要求的。我们根本没有必要生产那种精确度达到 0.000 5 英寸的面板，因为我们已经成功地制造出精确度达 0.005 英寸的机翼曲面。1948 年 12 月的演示就包含了斯图伦所设计的图纸，其标题按我的要求题为‘曲面能够铣削到何种平滑程度’。它力图证明，凹凸曲面能够磨削到误差低于 0.003 英寸，这正是我的加工合同所要求的规格。”

工程扩展除了增加大量的计算工作之外，采用三轴连续通路控制还意味着必须抛弃帕森斯最开始的想法中另外两个组成部分——IBM公司的卡片读数器与斯奈德专用刨铣机。麻省理工学院与帕森斯公司的合同签订后一个月，学院工程师拜访了IBM公司，认为该卡片读数器对于连续通路控制方法并不适用，因为它无法快速提供控制信息（尽管该读数器能够与麻省理工学院所采用的打孔纸带取得一样的速度）。马什建议IBM公司从卡片存贮信息改为磁带存贮信息，这样读取速度更快，但IBM公司无意进行这方面的研制工作。这样，麻省理工学院的科技人员决定自己承担研制机器控制中读数器的工作，从而抛弃了IBM公司的方案。

最终采用的读数介质是打孔纸带，而不是磁带或胶带。[21]帕森斯习惯于按潜在的工业用户的需求来考虑，他希望该介质能够让用户看到程序本身（采取打孔的形式）。此外，飓风计划早已将打孔纸带用在电传打字机上（飓风计划中第一个数字控制纸带就是经过改装后的电传打字机纸带）。因此该机器是以纸带控制而不是以卡片控制。不久，帕森斯因为促销方面的 120
原因考虑改动卡登机的名称。最后，麻省理工学院将重点放在采用三轴控制上，并建议放弃斯奈德刨削机，而采用它自己为空军准备的立式铣床，其理由是这种铣床在控制系统的应用面更广，有利于进行试验。这样做事实上排除了帕森斯公司作为空军之外的唯一计划参与方，最终使得麻省理工学院掌握了机床控制本身。[22]

1949年10月，麻省理工学院对这一扩展的研究计划提出了初步的设计方案，正如预料中的那样，计算问题成了最大的困难。该月发布的研究计划通报指出，“总而言之，要达到规定的精确性与速度，就必须有一部高速的数字计算机来加以计算……我们建议初期计算工作由麻省理工学院研制的电子数字计算机来进行……作为研究的组成部分，我们正在研究以飓风计算机来执行编程、计算和记录的各种程序。”（原文如此——原注）还有部分初始研究工作则致力于用于伺服驱动的从模拟到数字的转换问题、从模拟到数字的定位指示器的研制或者说用于反馈控制的工作台测量设备。[23]

10月底，帕森斯本人初次造访麻省理工学院，第一次明白他现在的处境。他对问题的看法（空军合同的义务）与麻省理工学院的理解之间的巨大差别是一目了然的。皮斯声称，“主要的问题是计算”，而帕森斯坚持认为，“基本问题是铣床能够生产出合乎要求的机翼曲面。”帕森斯承认计算及其相关的应用问题确实很重要，但它们是问题的背景；就他而言，机翼问题才是真正的急务。在场的空军代表埃尔默·伯德格（Elmer Burdg）指出，“麻省理工学院的做法将会制造出一部不适用于生产的机器。”至少在其初期是如此。皮斯承认伯德格说的有道理，但他仍然坚持采用三轴控制，而不是斯奈德机器。麻省理工学院还希望在建造机器之前能够有更多的时间研究该问题。帕森斯开始怀疑麻省理工学院企图完全夺取计划的控制权，并继续坚持采用斯奈德机器。帕森斯后来仍然认为，要求放弃斯奈德机器是麻省理工学院试图取得整个工程的控制权的一部分。

帕森斯坚持按照规定的空军合同来行事。布朗与皮斯、麦克多诺以及自动控制试验室的其他技术人员一样此时还不能理解数值控制的商业前
121 景*，而是以“国家利益”的名义来为自己的立场辩护。布朗向伯德格求助，为使他站在自己这一边，他宣称，“麻省理工学院与政府的关系要比帕森斯公司更为重要。因此我们有必要从问题的整体层面上考虑，而不是局限于一份数额不大的合同。我们应当在总体国家利益的层面上维持麻省理工学院与政府的关系。”

帕森斯目瞪口呆，只能无力地抗议，“所有人都抱有长远的眼光，但我们必须一步一步去做。”“帕森斯最开始反对扩张研究计划，”皮斯后来回忆道，“他与布朗在谁是真正的老板问题上纠缠不休，但最后接受了我们的方案。”经过这两天的会议——其中包括两次参观飓风计划——帕森斯同意重新修订与空军签订的合同，抛弃了为麻省理工学院提供纸带读数器的子合同商 IBM 公司，新合同的条款反映出扩张的研究计划。**[24]

麻省理工学院的工程技术人员仍然继续他们的初步设计工作。麻省理工学院的数字控制系统包含着一系列的操作过程。首先，必须将蓝图中有关部件的数字描述转换为切削工具生产该部件的详细通路信息（工作台运动)。其次，经过计算后的切削通路信息再转换为用以引导伺服马达的数十万个实际运动信号（插值问题)。再次，这些数字信号必须同步输入到各个不同的控制马达，转换为模拟信号，产生循环运动，并放大到可以驱动马

* 参见下面有关超声波公司的讨论。

** 机器类型原来规定为“刨削机”，现在则未加以规定，另一处则以数轴之间的“协调”取代了机床的“刻度系统”。

达（信号分配、解码和动力问题）。最后，为确保精确性，用反馈来实现控制闭环——包括在整个加工过程中实时测量工作台位置，将信息转换为数字脉冲，反馈并与最初的控制集中相比较（传感器问题）。当 1951 年第一部机器制造出来的时候，麻省理工学院的技术人员在所有这些领域都展开了研究工作。* 但主攻方向是数据计算与插值领域。

“从一开始就很明显，”唐纳德·亨特在他那本有关该计划的内部史中写道，“整个加工过程的控制系统所要求的计划功能（计算与编程）不可能由人工来完成；要实现这一功能就必须使用计算机。”相应地，“与机器设计和建造同步进行的，还是飓风计算机应用于数据处理的研究。”然而需要执行多少计算量取决于用以输入控制系统的信息类型。皮斯和他的试验室 122
同事此时对数字系统或具体的数字计算机所知甚少；他们都是模拟控制工程师。因此，在工程所能够取得的成就方面，他们往往大大低估计算过程所遇到的困难和复杂程度。

最开始的时候，他们设想将部件的几何特征直接输入系统（以一组方程或坐标点的形式），让机器自动将断面信息转换为机床中心通路的描述（刀具的实际操作路线，它与部件曲面平行，以及刀具的操作半径）。但这一想法后来证明过于宏大（由此可见他们在计算机方面经验的缺乏远甚于斯图伦）。幸运的是，科切伯格很快就抛弃了这种想法，建议“可行的办法也许是根据切削的进度来按序列处理数据（而不是整个部件的几何形状）。这意味着在处理数据之前，必须先规定好切削路径”。总之，事先就必须做大量工作（不论用或不用另外一部计算机）从而简化机器的数据处理功能。“最开始我们设想，控制方法是对曲面以及刀具的几何运动范围给出数学描述，然后让控制系统规定出相关的刀具路径从而加工出规定的形状，”麦克多诺后来写道，“但我们吃的苦头远比我们得到的东西多。我们不得不退回来，决定让部件程序设计者确定控制的刀具路径。”这样首先遇到的难题就是繁重的“部件程序设计”——逐步将设计图所规定的部件规格转换为机器运动的详细描述。[25]

帕森斯最初设想的切入磨削系统中的信息准备也极其繁重，但相比较

* 其中重要的有转换问题与传感器问题，前者主要基于林维尔、科切伯格以及苏斯金德的研究，后者主要基于麦克多诺在干涉测量、光电以及电子机械设备上的开创性试验（最终的成果是电子机械的齿条—齿轮传动装置，它用于将角度变换位置转换为数字信息）。

多轴连续通路控制系统所要求的信息来说就很简单了*——麻省理工学院的工程师们现在也发觉到这一点。科切伯格批评了他们那种抱负过于远大的完全自动化程序设计方案，之后，他们开始处理部件编程问题。但是，他
123 们又提出一个野心勃勃的计划，这次他们建议一个“绝对值”系统，其中刀具路径上所有的点都用一组多项式来表达为绝对坐标值。这次福雷斯特提出了反对意见，他根据自己的计算机经验，提出了麦克多诺后来称做“该计划中最富有创意的几个关键想法之一”。这完全低估了他的贡献：没有福雷斯特关键时期的介入，这些工程师永远只能在他们的设计图纸上画一些空中类似阁楼的东西。福雷斯特只是告诉他们，这种设想的“绝对值”机床控制系统所耗的工程量将远远超过飓风计划的内容。[26]

该绝对值方法存在的主要问题对福雷斯特来说再熟悉不过了：计算机的存贮能力。控制系统必须贮存所有每个以绝对值规定的点的信息，但就当时可行的存贮技术来说（真空管存贮以及福雷斯特的磁芯存贮），它将要求组装庞大的设备。为绕开这个问题，福雷斯特设计了一个更为简单的“增量”或“相对”系统。其中刀具路径的点并不是按绝对坐标值来规定，而是以与前一个点的相对距离来加以规定，以运动与时间单位的标准增量加以测量。** 这样在控制问题上的重新转向大大减少了所要求的计算与存贮能力，从而使得该系统更具有可操作性。

福雷斯特的创意大大减少了控制系统的复杂性，但比起帕森斯所设想

---

* 前者只需要规定起点的坐标、深度以及位置。实际的切削过程只需沿单轴进行自动化进给，这一过程没有控制信息，也没有需要加以规定的数据。通过改变工作件的角度（使用万能工作台），并改变不同切入点的切削深度和切削位置就可以近似地模拟断面。另一方面，在连续通路方法中，在整个切削过程中，需要掌握三轴切削的详细信息，因此需要规定更多的数据。在定位系统中，将刀具从点 A 移动到点 B，需要两组坐标数据。但在连续通路系统中，除了点 A 与点 B 的信息之外，还需要对两点间数以千计的紧密衔接的点都必须做出规定，此外再加上变化的进给速度信息，从而接近于连续控制。这就是插值问题。

** 在福雷斯特的方案（源自雷达与计算机脉冲电路技术）中，一个振荡“时钟”成为控制系统的核心；它产生一个脉冲流，并当做基准时间标准，因此也成为将多轴运动同步化的手段。每个脉冲对应于一个置值距离——0.000 5 英寸的增量——而脉冲流则按要求以固定量以及固定速率（固定时钟速率的乘数）分派给不同的控制轴，这样就能在正确的方向上产生精确的动作量。该方法通过不同轴的一组直线切削来接近断面——由此而得名为“线性插值”法。根据线性插值法，输入信息并不需要规定刀具路径上任何绝对坐标值，只需要规定每一直线切削线段的终点的值，它被描述为与前一个切削线段终点的距离以及每一次直线切削的加工时间。控制单位将贮存这些少量的指令，时钟分配系统将生成有关规定速率及工作量的完全插值的增量信息，并且重复生成（连续将它与三个位置指示器反馈来的信息进行比较以消除错误）。通过这种手段，该方案大幅减少了所要求的存贮能力，从而大大简化了编程计算工作。（但是，它仍然有一个实践上的缺陷。对一个部件的完全编程工作按一个绝对的“零”起点展开，自那以后的每一个点仅仅参考前一点，这样一来，在加工过程中，在被打断之后重新配置刀具的时候，就不得不要求整个程序从头开始。）

的任何方案来说仍然要复杂得多。直到1949年末，麻省理工学院的技术人员还只是仅仅提及整个工程扩大后的范围。事实上，他们只是在自己内部达成了一致意见，然后逐步告诉帕森斯进展情况。现在他们完全明白他们过去一直所做的事情，他们也明白，合同修订以及偶尔提交给帕森斯的进展通报并不能反映工程的真正性质。帕森斯试图通过斯图伦和马什将工程 124
按合同要求来实施。正如布朗所预计的，麻省理工学院的人知道，按照该工程的扩展计划，帕森斯根本就不可能履行他的合同义务。然而，他们并未公正地处理这个问题，而是选择布朗的建议方案，一方面接受帕森斯的资助，另一方面却仍然按扩展了的工程计划去实施。

这种运作方式很大程度上与福雷斯特有关系。他敦促皮斯和其同事与帕森斯开展一个开诚布公的谈话，从而让事情得到恰当的处理，并让对项目计划的描述符合实际的进展，但他们并未听从他的建议。最后事情到了摊牌的阶段，该年12月21日，福雷斯特和埃弗雷特找到皮斯和科切伯格来商议帕森斯计划。“我对他们这种做事情的方式表示不满，”福雷斯特在他的笔记中写道，“正如我过去多次所做的那样，我再次指出，他们可以说是在做无法实现的任务，这一任务的不成功将对飓风计划有恶劣的影响，而且我认为，他们没有对帕森斯和莱特基地更为清晰地说明现在所做的工作将蕴含的工作量是错误的做法。”布朗对福雷斯特“指摘帕森斯计划”大为光火，但他终于明白事情的重要性。他在与塞奇、皮斯和福雷斯特分别就整个事情商谈过后，他批示福雷斯特重新改造整个研究计划。[27]

“正如一个崭新事业的初创阶段所经常发生的那样，”福雷斯特在他那本有关帕森斯计划的冗长备忘录中写道，“有5～10个因素使得最初对工程成本和期限的估计显得过于乐观。”“从现有掌握的信息来看，”他建议道，“必须对整个计划重新修订，并重新谈判签署一个新的基本合同……”（“成本再加上固定费用从而能够让该扩展计划最终得以完成。”）“最大的危险，”福雷斯特强调指出，是“在没有通盘的系统规划情况下，过于幼稚地估计机械设计、车间加工以及试验室研究工作。”福雷斯特认为，麻省理工学院技术人员最新“提出的结构图可能还是过于复杂，恐怕无法执行”，而这很大程度上是随意设计而没有通盘考虑的结果。福雷斯特坚持认为，有必要对他们“施加压力使其先从事设计和试验室的工作”，然后再制定出整体的系统设计以及综合性的研制计划。

“任何有关该计划实施的要求都必须做出明确说明，”福雷斯特宣称，并强调，“我认为，这些目标通过项目本身来实现，而不是由资助者来提供。”这意味着项目人员必须有充分的时间“去熟悉这些问题”，包括机床、金属切削的实践，“从而能够提出敏锐的意见”。“到目前为止，”他抱怨道，
125 “他们只是敷衍了事地对待各种建议、技术规格、合同条款以及资助者的想法。”

“我最重要的建议，”福雷斯特指出，“与第一个阶段（规划研究）有关，要求给出一年的时间，继续在一个相当基础的行动层次上详细规划该研究项目。”并且“慎重考虑最终系统的性质”，包括“总体集成系统设计”的格式。（他认为“系统必须兼容各种提供数据的计算方法”，建议“彻底详尽地研究使用通用数字计算机来处理铣床数据……我认为可以把飓风计划当做样板”。）最后，福雷斯特为该项目制定了一个计划进度表（其中包括研究“计算”的充裕时间以及经费预算的可行性报告）。福雷斯特归纳道：“这些建议主要是根据飓风计划的程序而提出的。”它们之所以也适用，是因为“飓风计划与铣床计划之间存在很多相似的地方”。[28]

如果说麻省理工学院的其他技术人员在这个问题上还只是遮遮掩掩的话，那么福雷斯特则完全撕下了这层面具：试验室人员必须完全控制该项研究计划，按照自己的方式去从事研究，而不必顾及帕森斯的想法、他的资助以及空军合同中所规定的义务。一个星期后，布朗将福雷斯特的备忘录交给帕森斯，他的反应是可想而知的。帕森斯认为福雷斯特的建议是“没有道理的”，甚至是“极其荒谬的”，他认为合同已经明确规定了研究的目标，而且自动控制试验室的人们对机床与飞机生产几乎是一无所知（因此需要时间来学习和适应），而在这两个领域中，他以及自己公司的人已经拥有相当丰富的经验。

帕森斯质问道：“难道我们还要在这个事情上再耗去一年的时间来‘深思’吗?”“现在已经把问题弄复杂了，惹出了麻烦。我们必须改变这种想法，并放低我们的要求，”他再次建议回到最初的切入磨削方法，“我不希望到时生产的物品不符合我们的规格。因此我们不可以放弃这种方法，因为在第二种方法上我们已经陷入了困境。”然而布朗、福雷斯特以及试验室的技术人员决意按照福雷斯特的建议去做。布朗对他说：“我们相信，不管是我们还是谁，根据你所提供的资助金额，没有人能够制造出你所期望的产品。”帕森斯反驳道：“要是我不想扩大研究计划的话，我们早就做到了。”

但麻省理工学院的人并没有听他的。布朗宣称："真正的问题是集成设计，它所蕴含的所有技术细节都归我们负责。"布朗主张"麻省理工学院现在可以制定一个宏大的研究计划，"警告帕森斯不要拿合同之类的事物来"拖我们的后腿"，并坚持认为，"作为合作方，麻省理工学院有权自己做出决定。"[29]

"如果我心肠还硬一些的话，我早就把工程叫停了，"帕森斯后来回忆 126
道，"但是我（跟空军一样）仍然盲目信任他们的技术资质、知识以及麻省理工学院的科研氛围。"不管怎么说，现在为时已晚。福雷斯特在该年 12 月重新修改了计划内容，次年 1 月，虽然在帕森斯的反对之下仍然得以通过。修改后的计划实际上为后来的研究工作设立了新的研究方向，后来的工作通报也承认这一点。麻省理工学院的方法占据了上风，甚至在马什的工作报告中也可以看出这一点。他在 1 月的工作报告中以极其抽象的理论和试验术语来描述研究计划的进展，而不像以前所专注的金属切削业中的机床控制和改进。他将工程的进展视为"数字信息第一次应用于伺服系统的自动控制，从而将建造出第一部通过数字计算机器的输出来控制的自动化机床"，它的意义是"控制工程学的巨大飞跃"。他还是第一个使用了"数值控制"（numerical control）这一术语的人。"对我们来说，这一术语是完全崭新的。"帕森斯后来解释道，其中"我们"指的是麦克多诺和他自己。因为这一概念用一个相当简单的非技术性语言表达出了它的内容，"这样只要使它能够为人们接受，人们就会接受我们的产品。"现在麻省理工学院的人已经认识到这一创新的长远价值，并已将它视为他们自己的发明。[30]

1950 年下半年，麻省理工学院的工程师们沿着福雷斯特所制定的道路前进。他们编写了系统结构图，钻研线性插值问题，并建立一个校正平台来检验和演示导螺杆运动的数字控制原理。当年 6 月，他们完成了机床控制单位的草图设计和性能规格的正式报告，并提交给帕森斯。

与此同时，在这些表面的事务背后，该计划的研究范围与方向又发生了决定性的变化，它的路线仍然是麻省理工学院那抱负更为宏大的想象。这一次，研究重心从机翼部件的断面加工问题转向了更大的锻模加工以及整个三维轮廓问题。

研究重点的转变起因于空军对以重型冲床生产大型飞机部件而提出的更高要求（从而保证部件能够达到更高的强度重量比）。空军的目的是制造高性能的飞机和导弹，它相应地要求研制出一部自动化五轴控制（X，Y，Z三轴再加上工作台转动和刀具旋斜）的“万向断面铣床”，用以加工大型铸件和锻模。根据空军的命令，洛克希德公司进行了调查研究，以查明为满足五角大楼不断提升的性能要求，飞机工业所应做到的要求。13家飞机公司都指出，需要一部大型的由通用模板控制的靠模机床来加工这些大型铸件。没有一家公司对数值控制技术感兴趣，但空军装备司令部认为麻省理工学院的方法也许是这个问题的最佳解决方案，因为当时麻省理工学院的工程师刚刚建议设计一种通用系统来切削“任意可以用数学来描述的断面”。麻省理工学院的人们现在已经适应了空军的最新倾向，他们在报告中开始强调数值控制机床可以用来加工铸件与锻模，而不仅仅是早期的机翼加工。不久，这一研究方向的微妙改变就有了明确的决定性举措，放弃斯
127 奈德专用机床——皮斯很早就建议这样做。取代它的是辛辛那提铣床公司生产的标准液压传动立式铣床，它由空军资助，安装在麻省理工学院的自动试验室。* 这样，麻省理工学院与空军的合作更加紧密，现在它自然要恣意追求自己的技术狂热，而对帕森斯提出的约束条件不屑一顾。[32]

毫无疑问，在这个时候，根据空军合同的规定，帕森斯计划早已实质性地偏离了最初的轨道。而且，工程师们也并未按照预算支出，帕森斯对支付他们的账单而头痛。“每个月我们都收到麻省理工学院的账单，然后我们出钱买单，”帕森斯后来回忆道，但“自麻省理工学院不按合同办事后，便不再按时支出。我认为成本支出过高。它已经达到8万美元，我觉得除非由空军再签订一个补充合同，否则我无法再投钱下去。”

---

* 在2月的时候，斯奈德“演示设备”仍然是该计划的核心部件，但在5月的时候，就“无声无息”地消失了。最开始的时候，麻省理工学院的工程师反对使用斯奈德机床的理由是它有限的加工能力。他们认为它无法充分显示他们心目中控制系统的潜能。帕森斯坚决否认这一点，认为这部专门设计的斯奈德机器在这方面要优于任何传统的机床。铸件与锻模问题的提出使得麻省理工学院有了更多的理由，因为它更符合系统设计能力的早期设想，并超越了帕森斯的想法。此外，还存在另外一个因素。空军现在更多地站在麻省理工学院一边。它承诺以政府拨款的形式为麻省理工学院免费安装一部标准铣床。这样，麻省理工学院更有了经济上的理由来抛弃斯奈德机床：它太贵了。加上这一经济上的理由，麻省理工学院迫使帕森斯放弃他自己的机器。“麻省理工学院一心想按它自己的想法去做，”帕森斯后来回忆道，给他“施加了很大的压力”。“他们拒绝使用斯奈德机器，而更倾向于空军资助的机器，这样好完全控制该研究项目。他们并不希望其他什么人控制该项目。在这个问题上，他们从未退让。”5月底，帕森斯接到空军的通知，要求“结束斯奈德机器”。“我希望使用我自己的机器。”帕森斯在他的日记中写道。他完全明白，放弃它就意味着将工程交给了麻省理工学院，甚至将终结他本人制造机床的梦想。但他承认，没有空军的资助，“我将不得不因为缺乏资金而放弃它”。他在这个问题上失败了之后，还试图请求空军将该标准机床安装在他在特拉维斯市的工厂而不是麻省理工学院，但也遭到了拒绝。[31]

因此，帕森斯强烈要求修改合同条款与预算，以符合项目进展的现实情况；此时他已不再打算要求项目按最初的合同进行了。而这样做，他必须与莱特空军基地再一次进行谈判，以说服他们接受自己的主张。1950年，他与空军就这个问题进行了商谈。

当年8月的时候，帕森斯认为空军装备司令部的代表H.E.塞纳特（H.E.Sennett）“乐于与人合作”。“他向我们保证，只要我们能够成功地在单轴控制上做出演示，一定会追加资金。”帕森斯在他的日记中写道。12月中旬的时候，空军再度确认了这种态度。帕森斯写道，空军装备司令部“同意追加 128
221 000美元，从而使卡登机的总研制经费达到496 000美元（包括所有的超支），并迫切希望我们早点装备起来。”但使他惊讶的是，两个星期后，“空军不同意对卡登机的合同进行修订。谈判完全没有成功。莱特基地认为我们误导了他们，完全没有按照合同行事……他们有的是足够的钱，但并不愿意把钱用在我们身上，”帕森斯失望地写道，“我无法理解，为什么他们的态度发生了转变。”[33]

帕森斯的合同处境非常不妙，因为这是他的合同，而且仍然由他来负责。帕森斯公司的谈判者埃尔摩·鲁姆莱（Elmo Rumley）后来回忆道，“我们不得不更改旧的合同，重新订立一个。我们别无其他办法。”然而这是一项非常困难的任务，因为过去以来帕森斯一直在满足——当然是极不情愿地——麻省理工学院的要求，致使项目早已偏离了合同条款，并远远超出了预算。这个时候甚至已经很难看出合同与实际的科研进展之间的关系。鲁姆莱说帕森斯“在技术方面过于尊敬麻省理工学院的权威”。这里并不是他的圈子，他也不适应“与麻省理工学院这种过惯大手大脚花钱且自由闲荡的教育机构打交道”。麻省理工学院与帕森斯公司之间有着太多的没有记录的电话沟通，而较少对它们在合同上予以明确清晰的义务界定。“他太信任人们的口头承诺。他敞开自己的胸怀，而麻省理工学院的人则利用这一点。对于麻省理工学院那些雄心勃勃的技术人员来说，这简直是无法抵挡的诱惑。”*[34]

* 几年后，帕森斯自己承认，在与麻省理工学院打交道方面他确实缺乏准备。“与戈登·布朗这样的谋士打交道，我确实经验不足。我在汽车工业里做生意，就只凭一条，一个人说的话就不可以改口，不管这个人是帕森斯，还是汽车工业巨头派出的采购商。通常情况下，汽车公司的采购商都会承认他此前口头下的订单。这种购买订单即便是订到三个月以后的供货，也是很常有的事情……我错误地认为，在麻省理工学院这样一个极富声望的（非营利）组织中，我与布朗或塞奇这样层次的人面对面打交道时，根本就不会出什么差错。我完全错了……坦率地说，我认为，麻省理工学院在这项研究合同上的所做所为，是我做了一辈子生意所碰到的最不道德的事情。”

在他自己的公司内部，帕森斯也遇到严重的问题。自 1948 年夏以来，它就陷入了财务危机，1949 年 3 月，债权人设立了一个委员会来监督公司的运营。公司内部彼此勾心斗角，大量的批评声音认为帕森斯对一种新型旋翼叶片花了太多的钱，在卡登机上耗去过多的时间。很多人“对他的能力表示怀疑”，按债权人委员会的看法是，他“陷入了困境”。他被降职为车间工长，1952 年 1 月，他被解雇（两年后，他被重新雇用，1954 年 6 月
129 恢复原职）。总之，帕森斯公司决定，帕森斯必须完全放弃卡登机的项目，并让鲁姆莱取代帕森斯，负责合同的一切事宜，削减公司的债务，并从研究项目中完全脱身出来。鲁姆莱本人对卡登机的印象很深刻，并希望重新把它做起来，但他也无能为力。“我们现在已经一文不名了……只差一步就会破产”，而且麻省理工学院与空军完全知道这一点。“我们需要一大笔资金来继续这个项目。帕森斯公司必须筹集到 1/10 的资金，但是我们没法做到这一点。帕森斯公司完全处于一个弱势地位。我们并非有意退出这个项目，我们是被迫的。”[35]

空军现在可以在比帕森斯公司更大的空间里来对待这项计划，并决定直接与麻省理工学院签订合同。空军完全熟悉帕森斯公司的财务状况以及帕森斯在公司中的地位，怀疑如果扩展合同的话，帕森斯是否有能力执行整个计划。这样，经过一段寻求其他公司资助的简短经历之后，空军最后还是在麻省理工学院的屡屡游说之下，听从了它的意见。*

最后，也许最重要的是，麻省理工学院以及试验室的技术人员完全是肆无忌惮地追求他们自己的目标。学院希望自己来签订这个合同有几个方面的理由：可以继续进行满足他们技术狂热并且前景可观的研究；可以确保长期的科研；保证试验室的日常经费、人员开支以及大学教学。[36]布朗根本不相信鲁姆莱有能力管理这个项目，现在帕森斯已经失去了他的公司，布朗自然想挖掘这个“金矿”（鲁姆莱的说法），获得没有限制的资助从而进行他深知帕森斯公司不可能支付得起的研究计划。布朗“完全无意让帕森斯公司还插手其中”，鲁姆莱回忆道，“他明确地说明，他并不认为帕森斯公司在其中有任何权利，因为公司不能为麻省理工学院开出它们所希望的哪怕一张空白支票。”因此，麻省理工学院根本无意支持帕森斯的修改合同计划——那样的话会让帕森斯仍然控制着研究计划，至少一直到机床制

* 由于空军有关该计划的文件已经销毁，我们现在已经很难完全理解空军这样做的动机。

造完工（当时还只是完成了 30%）——而是决意自己与空军签订合同。“我原以为麻省理工学院至少不会与帕森斯公司竞争，”鲁姆莱回忆道，“但麻省理工学院确实在与帕森斯公司竞争，它们给空军承诺更低的运营费用；它们本来只是子合同承包商，但现在它们却急切地想独吞空军合同。”在整个秋天，麻省理工学院的人们就不断显露出这样的意思；但在与帕森斯公司共同制定补充协议的时候，他们仍然要求把麻省理工学院而不是特拉维斯市的“制造工厂”确定为成品机器的“最后检测地点”，正如原来的合同一样，并仍然坚持把帕森斯公司当做研究计划的资助商。而在 12 月，在帕森斯不知情的情况下，他们将自己的合同协议送往空军。皮斯回忆道，“这 130
一次，美国空军希望直接与麻省理工学院合作，一脚把中间人帕森斯踢开。”[37]

为什么麻省理工学院希望帕森斯公司“出局”（鲁姆莱的说法），还有另外一个理由。鲁姆莱发现，“麻省理工学院的利益并不仅仅局限于教学。”鲁姆莱在坎布里奇市与他们谈判的时候，就曾听说过，“街对面的公司就是布朗自己创立的，他迫切希望接手这个项目。”布朗对外称麻省理工学院不存在任何商业利益，并把这当做是一大美德（与帕森斯公司的商业利益对立），但对他自己以及同事的商业利益则绝口不提。布朗是超声波公司的一名董事，皮斯不久就成为它的一名顾问，后来任该公司的副总裁。这家设立在马萨诸塞州的公司已经创办五年，* 在布朗的指引下，正全力进入前景可观的自动化工业控制这一新领域。“他们对这一领域抱有很高的期望，”布朗在一封写给他的一名未来雇员的信中说道，这时距他向空军表白自己的爱国热情已经过去几个月了，“我决意想方设法来帮助他们。”他聘请皮斯作为技术顾问。皮斯建议道：“我认为他们有个领域可以进入。”他说的就是数值控制。至 1953 年，这家公司的重要人员中，高达 3/4 的人都来自自动控制试验室，那时超声波公司已经成为机床控制领域中占据优势地位的厂商，这在很大程度上应归功于它与麻省理工学院在数值控制研究计划上的联系。[38]

与此同时，帕森斯与鲁姆莱不得不与空军签订一份新合同，其中他们的合同义务被削减，而麻省理工学院则通过一份大幅扩展的新合同完全取

* 它是从雷神公司的潜艇数字部门分离出来的，由麻省理工学院的校友哈罗德·丹瑟斯（Harold Dansers）与威廉·范艾伦（William van Allen）创立，其主要业务是超声波的工业应用。

得了项目的控制权。帕森斯后来说，“这样的结果是，不管是帕森斯公司，还是我个人，都无法从事它的商业化运作。”当合同终止后的一段时间里，帕森斯仍然无望地推广他的自动化系统，现在他把它称做“迪吉”（digitron）系统，认为它适宜于实际的生产过程。他发行了一本促销的小册子，后来甚至试图又到空军那里争取合同以支持他的商业化，但并没有成功。空军现在把全部的鸡蛋都放在麻省理工学院的篮子里。1953 年，帕森斯——当时是一名销售人员，后来成为 F. L. 雅各布斯（F. L. Jacobs）公司的工厂经理——将他的注意力转向了工厂管理。通过与帕森斯公司的谈判，帕森斯取得了迪吉系统的全部权利。他以此作为最初契约的组成部分，从空军那里获得一小笔资金，并申请专利。帕森斯认为他应该为他的发明申请专利，以免再次失去。[39]

由于帕森斯公司已基本出局，麻省理工学院的研究计划急速扩张。现
131 在麻省理工学院已经成为主要的合同承包商，直接受空军的管理，现在三轴机器控制可以不受限制地发展。7 月，原用于飓风计划的电传打字带全部改为铣床控制带。他们根据帕森斯与斯图伦的计算为模型机翼部件编制程序，并为飓风计划的自动打孔带制定了一个库存程序。当年秋天，根据实际的切削工作对该系统进行检验、调试和可靠性鉴定。到机器已经完工并且可用于演示的时候，该计划已经使用了近 12 人一年的工程量（绝大部分耗在了“数据系统”上），经费则耗去了 30 多万美元。但是麻省理工学院却认为，这仅仅是一个开始。1951 年 11 月，麦克多诺在备忘录中写道，空军现在对数值控制的另一项更具挑战性的应用感兴趣，即五轴连续通路控制，空军装备司令部敦促麻省理工学院与洛克希德公司讨论其工业规格，并承诺“继续予以支持”。“只要我们需要更多的经费，”麦克多诺写道，“我们就可以得到。”[40]

帕森斯离开研究项目后，麻省理工学院立即散播信息，宣传“他们”的研究工作进展。1951 年 5 月以后，在麻省理工学院的邀请下，大批参观者涌入自动控制试验室来观摩这部机器的演示。几个月后，麻省理工学院发动了一场“联络攻势”，试图与飞机制造业（接下来就是机床业与电子工业）建立相关的“合作点”，推进这种新型技术的应用，并使其技术人员了解它的工业需求和工业现状——获得帕森斯已有的第一手经验。项目代表参观了西海岸的 5 家机身制造公司，取得了实际生产的样品部件，用以检测它们的机器，并评估其性能。该机器的大部分金属切削业务都来自飞机制

造业，但很快，试验室几乎成了一家金属切削工厂，为私人企业生产各种部件并收取费用（比如为帕森斯公司生产旋翼叶片）。空军加大了推广方面的资金投入，试验室的人员也四处宣传，还为这部机器拍了一部电影，好让那些不能来麻省理工学院的人看到它的演示过程。（后来，帕森斯想获得一个拷贝，用于他自己的促销，但被麻省理工学院拒绝。并且在这个“信息扩散”的过程中，帕森斯持续地要求获得该系统的信息、相片以及详细的技术资料，但都没有回音。“麻省理工学院以为我们会追随他们的成功之道。”帕斯斯在他的日记中写道。）[41]

造访试验室最勤的人是一群哈佛商学院的人，他们是麻省理工学院的校友戴维·布朗、佩里·尼斯（Perry Nies）以及他们的同事。他们来此是研究自动化控制的商业前景。他们所关注的问题并不限于学术，他们也希 132
望进入这个领域，并计划在“数值编程控制”方面建立一家小公司。他们想“把它设在麻省理工学院”，并且“在条件成熟的时候然后分离出去”，但仍然与试验室保持密切的联系，并通过它获得空军以及相关工业的订单。他们的目的是“把整个计划卖给现有的公司，并作为其组成部分而运营”，以此进入这种似乎具有“广泛的市场前景”以及“高额利润”的“前沿行业”。这些年轻的创业者在试验室花了很多时间来学习该系统的知识，到了当年 9 月，其中一些已经成为超声波公司的数值编程部门的职员。[42]

也就在 1952 年 9 月，麻省理工学院公开演示其研制成果，安排了一场长达三天的大型演示，观摩的人来自 130 家公司，共有 215 人（包括超声波公司的 3 名代表，没有包括皮斯与布朗；帕森斯与斯图伦不得不通过空军才获得了麻省理工学院的邀请）。《商业周刊》、《时代杂志》、《新闻周刊》以及《美国机械师》都给予了大幅报道。（但都没有提及帕森斯。）“麻省理工学院把全部功劳都揽在自己头上。”帕森斯在他自己的日记中写道。戈登·布朗在写给国家机床制造商协会会长的信中写道：“麻省理工学院的直接目标是让我们发明的技术实现工业上的应用。”《美国科学家》打算出一辑有关自动化控制的专刊，编辑杰拉尔德·派尔（Gerard Piel）向布朗寻求建议，布朗推荐由皮斯写一篇有关“麻省理工学院系统”的文章。（诺伯特·维纳推荐的文章并未刊出。）该专刊 9 月出版，恰恰与麻省理工学院的公开演示同时，其中根本就没有提及帕森斯的参与或贡献（以及专利权）。而且目录标示的整页广告内容本应是数值控制的控制带，但实际上出现的是超声波公司的设备。[43]

“我们把这部机器视为机床应用数值控制的第一例，”皮斯对那些观摩演示的人写道，“只有进一步在工业中应用才能发挥它的潜在性能。任何进一步的扩展都有赖于贵公司的兴趣以及您所提出的评价、赞扬与批评。我们希望得到更为深入的讨论，欢迎您直接写信给我们，就机床应用数值控制方面发表您的看法与建议。”这完全是一副促销的语气。皮斯现在已经成为自动控制试验室的主任（超声波公司的董事戈登·布朗现在任麻省理工学院医学系统系主任），并越来越多地为超声波公司做咨询业务，担任该公司与其潜在客户（共和航空公司、维德曼（Wiedemann）机床公司、格伦·
133 马丁公司、通用打铆机公司等）之间的掮客。此时自动控制试验室几乎成了一间为各公司举办的展厅，皮斯除了为它们提供工业和技术信息之外，还准备好了合同。最后，1953 年秋，他在超声波公司的咨询业务极其繁忙，以致干脆离开了麻省理工学院，成为该公司的副总裁。*[44]

“这部机器演示成功以后，”弗兰克·赖因特耶斯（Frank Reintjies）后来写道，“学院的任务就完成了。”系统的技术可行性已经得到了证明，“知识层面上的疑难得到了解决”。至少在试验室的条件下，机器能够有效地运行。赖因特耶斯指出，“但是，自动控制试验室决定在验证其技术可行性之后，仍然继续运作，决定将其概念推向实践。”这样做有几方面的理由。第一，铣床项目为自动控制试验室提供了大部分的经费来源，管理者指望它能够继续为预算做出贡献。第二，许多项目的技术人员现在已经有了或者期望拥有与军工相关的商业利益，而这有赖于该项目的继续运营（“我们认为，麻省理工学院的声望有助于我们向工业企业推广我们的产品。”麦克多诺向空军指出这一点，当然他特别期望飞机工业联合会与空军的引荐）。第三，该项目已经并将继续给麻省理工学院带来广泛而热烈的关注，把它塑造成工业进步的推动者。“这个项目带来了一个前所未有的机会，”参与的技术人员后来写道，“我们可以向学生和外面的人展示，麻省理工学院的教学和科研活动是如何促进科技进步的。”第四，技术人员对这种新发明有着由衷的兴奋，他们感到自己正在推进制造业的革命。[45]

---

* 由于缺乏充足的资本，董事们不信任，在商业方面经验有限，而且市场反应不理想，超声波公司不得不在 1962 年放弃了工业控制业务。此前它已改为高级工业公司（Advance Industries），并研制出琼斯和拉姆斯公司机床等控制系统。皮斯于 1955 年离开超声波公司，加入反馈控制公司，后来进入雷神公司，后者在麻省理工学院的大批“校办企业”中属较早的一个。

早在这次大型演示会的前一年，1951 年冬，纳撒尼尔·塞奇写信给空军，建议在技术研制阶段之后进一步扩展。“万事俱备，”他写道，“现在只需规划如何展示数值控制技术的商业前景，并为数控机床的商业化生产及使用打下基础。”根据福雷斯特早已提出的建议，麦克多诺几个月后写信给莱特空军基地，建议由试验室来“整理这些数据以促进数控机床的商业化”。空军对这种新型制造技术的推广很感兴趣，决定资助全面的研究计划，其中包括经济可行性的研究。在整个 1953 年和 1954 年，麻省理工学院仍然是机床自动化控制研究的中心。研究该项目的历史学家亨特指出，随着工业界对自动化控制技术的兴趣以及需求的与日俱增，项目的技术人员 134
开始扮演着“工业公司的一般技术咨询者的角色”。他们在全国巡回演讲并放映其电影，调查机床和电子控制工业的潜在供应商，为潜在的客户提供暑期课程，接待来自全世界的 3 000 多名参观者。除此以外，他们还代表美国空军在飞机制造业中实施这种复杂的新型技术。1952 年，麻省理工学院与邦迪克斯研究室合作研制用于铣床的两轴控制系统，生产用于邦迪克斯飞机燃料控制系统的凸轮。第二年，他们与位于巴尔的摩市的格伦·马丁公司的工程师联合研究，与邦迪克斯公司、卡尼和特雷克公司的技术人员一道，推出麻省理工学院版的数值控制的第一种商用机器（这里也得到空军的资助）。同一年，自动控制试验室还单独与吉丁斯和刘易斯公司签订一个合同，研制一部电子指挥仪，将通用电气公司的主记录—回放控制系统改造为数值控制系统。第一部通用电气公司与吉丁斯和刘易斯公司联合制造的“数字记录”系统，安装在洛克希德公司的一部表皮铣床上，其研制经费也来自空军。[46]

1954 年初，空军向应用政府资助的数值控制制造系统的飞机工业征求意见。空军希望该工业自己出经费来实施这种新型技术的商业化，但没有企业愿意这样做，这很大程度上是因为这种系统过于复杂，而且成本居高不下。即使那些曾亲眼观摩这种新型控制系统的人，对这种玩意能否在工厂的生产过程中得到实际应用也持怀疑态度。空军不得不也担负起把这种技术从试验室“转移到”工厂的费用，资助它们的商业化，理由是“它蕴含了太高的财务风险，飞机工业显然无力以私人资本来承担这笔费用”。[47]

与此同时，麻省理工学院的人则极力证明该系统的成本收益是合算的。1951—1954 年，自动控制试验室在模拟工厂条件（事实上相差很远）下替客户加工了一些产品。这些“学院小子”——那些精明的商人常常这样轻蔑地称呼他们——决意证明，他们有这个“本事”在“现实条件”下开动这部机器。

在那些做实务的人看来，“我们是失败者。”皮斯后来回忆道。1954年
135 夏，在管理学院的两名青年经济学家罗伯特·格雷戈里（Robert Gregory）和托马斯·阿特沃特（Thomas Atwater）的协助下，试验室开始对自己多年来积累的数据进行经济分析。他们的目的是想说服工业界，证明数值控制的经济可行性。“在数值控制的经济可行性方面，我们有自己的想法，”研究者的报告指出，“现在我们所需要做的只是向工业界证明它的价值……在这里，我们尽可能不逾越现有的铣床应用范围。”这反映了空军与试验室的共同愿望。他们还“注意到与此竞争的控制设备”，那些都是私人企业提出的。因此，他们审查了国家航空顾问委员会与得克萨斯大学的研制活动，也提及琼斯和拉姆斯公司、达科（Dacco）公司（当时正与福特公司谈判，但没有结果）以及阿玛公司。报告指出，与帕森斯一样，阿玛公司的坎宁安“担心，人们不愿意购买麻省理工学院的精密带控制系统那类功能较少的设备。此外，他还担心麻省理工学院的高价系统使得购买者望而却步”。专用机床设计者卡拉瑟斯也持这种观点，此外还有发明家艾伯特·G·托马斯，后者使用特种步进马达发明了一种更为简单的数值控制系统。托马斯在麻省理工学院演示之后，写信给《商业周刊》询问道：“为什么麻省理工学院非得使用250个电子管和175个继电器才能使一部铣床自动运转？”他声称，他自己的系统只使用了9个闸流管，就可切削出与麻省理工学院的机器同样精密的任意三维形状。[48]

这两位青年经济学家马上就遇到严重的问题。如何将空军性能要求转换为计量经济学术语存在着很大的不确定性——比如，对“防卫机动性”赋以多大的值？他们决定按传统的私营生产部门的方式来评估其成本收益，不管这种方式与数值控制在“现实世界”中的应用存在着多大的距离。他们决定“比较数值控制生产部件的成本与传统方式生产相同部件的成本”，以此检验合作企业采用数值控制后在“增加收益或削减成本”方面的经济效果。[49]

但在这里，他们也遇上了麻烦。许多部件都是试验室生产出来的，从来没有用传统方法生产过，或者从未按数值控制所要求的精密程度来生产。几乎不可能以准确的计量方式来评估数值控制对于机器装配、预加工和手工磨光等辅助工序的效果。最令人沮丧的是，各家公司“极不情愿透露它们

自己的生产成本数据，要么也只是虚开的经营费用和捏造的不确定性的容 136
许成本。公司的账面上根本就不会专门为单个的部件而计算出其所耗的成本”。

帕森斯在比较计算这类成本的时候有着丰富的经验，但这些经济学家（还有自动控制试验室的技术人员）则完全缺乏经验。帕森斯对于传统制造方法的实践及经济成本有着敏锐的直觉，因此能够抓住比较两者的要害之处——数值控制方法的潜力。也就是说，他必须将这种未经检验的方法与他所熟悉的另一种制造方法相比较，如此，根据他已有的经验，面对新的挑战，他能够对数值控制（他自己的版本）给予一个估计值。而经济学家则恰恰相反，他们不仅对数值控制一无所知，就是对数值控制所要取代的传统制造方法，也所知甚少。因此，他们不仅要推测出数值控制的价值，也要推测出传统制造方法的价值。（而他们对传统制造方法缺乏经验，这使得他们对数值控制的估值要比帕森斯的更不可靠。）简言之，这些经济学家对两种制造方法的相对价值缺乏“感觉”，因此不得不建构一种形式化的——很大程度上是没有意义的——评估方法，从而来比较两种他们都是一无所知的制造方法。

最后，他们决定选取新英格兰的不同工厂生产的样品部件作为样品，用它们的估计值与数值控制的试验室成本来做比较。被选取的公司提供部件的设计图、相片以及相同的零件，并被要求提供详细的操作、人工以及加工每个零件所需的估计成本等信息，描述出所采用的生产工艺，并估计制造出小批量部件所需要的时间。[50]

但这里也存在着各种困难。不同的工厂有着不同的估值，他们发现各个公司就“生产一个零件耗费多少成本”问题的估值存在着“很大的余地”。这些也是它们的商业秘密，关系到它们的生存。但不管怎么说，研究者现在至少有了数据可以进一步检验，虽然这些数据并不能说明什么问题，但有一件事是毋庸置疑的：数值控制方法成本居高不下，这在很大程度上是由于编程所需的令人不敢问津的成本，而且“在各个方面，试验室的估计成本都是偏高的”。1955 年春，他们将报告提交给试验室的高级主管乔治·牛顿（George Newton）。听到这个消息，牛顿显然并不那么乐意。[51]

> 从你们提交的材料中，我的理解是，你们认为，基于许多原因，
> 从麻省理工学院的机器上所获得的成本数据与他们从外部企业所获得 137

的成本数据，在很大程度上是不可比的；并且就数值控制应用于铣床的经济意义来看，也很难得出确切的结论。如果这就是你们得出的结论，那么我们更加有理由将你们的报告主体部分置于附录。

在阅读每个工程的详细分析报告的时候，我注意到，在绝大多数工种上，自动控制试验室数值控制技术的成本都要高于商业技术的成本。既然如此，我们应该在行文上尤加小心，以避免读者有这样的印象，认为麻省理工学院的成本与传统制造技术的成本不具有可比性，是我们有意避免数值控制是不经济的制造方法这一真实结论而做出的托词。坦率地说，我对如何写这份报告以避免读者得出这样的结论感到很困惑，我认为有关各方有必要好好坐下来讨论这个问题。[52]

这是一个难题。第一份有关这种新技术的经济研究显然不那么令人乐观。最后，试验室修正了一些数据，并只让那些有利的观点留在报告里。经济学家避免正面肯定这份报告。“这些结论不应毫无保留地被接受，”他们在最后的报告中如此谨慎地写道，“结论依据的是一些少数的不确定的样本操作，而且无法确定其中的不确定因素。”他们强调指出这一事实，“数值控制并不能说取得彻底的经济成功”，“其主要的原因在于编程的巨额成本”。即使如此，他们也以不容置疑的口吻说道：“比较研究证明，数值控制现在对传统的制造方法形成了竞争。”并热情地推断，如果在机器设计、制造、编辑以及控制带制作方面做出改进的话，数值控制可望超过传统制造技术。这两位经济学家如此将数值控制的成功从失败的鳄吻中抢救出来后，要求公开他们的成果。赖因特耶斯非常高兴地批准了，仅仅要求“如果你们还要添加一些段落的话，我们很希望能介绍一下自动控制试验室”。[53]

1956年，斯坦福研究院的彼得·蒂尔顿（Peter Tilton）也对数值控制进行经济可行性的研究。蒂尔顿对任何技术都不存在着利益，他对其前景表示怀疑，原因就在于连续通路方法的过高成本。相对于蒂尔顿的怀疑，赖因特耶斯证明自己并不是自己试验室的研究的热心支持者。蒂尔顿专门来到麻省理工学院来讨论数值控制的经济意义，但令人失望的是，赖因特耶斯回避任何严肃的争辩。“这种技术是如此新型，”赖因特耶斯承认，“对数值控制方法与传统方法进行详尽的经济比较是极其困难的。”但是数值控制的工业界用户很快发现，即使对两者予以粗略的比较，这一结论也站得住脚。[54]

1954年初，麦克多诺与塞奇试图又为自动控制试验室争取一份空军合 138
同，以便在现有协议在11月到期后再进一步扩展数值控制的研究计划。“我们相信，”他们写道，“我们至少还应在数值控制领域再坚持一年，从而确保领先于外面研究数值控制的人。”此时麦克多诺还主要参与了吉丁斯和刘易斯公司的项目，他和塞奇都渴望投入到产业界，更新麻省理工学院的设备（将电子管换成晶体管），继续进行它的经济可行性研究，扩大五轴断面的加工能力，更重要的是，推进自动编程技术。他们的建议遇到了两方面的阻力。

空军已经对试验室广泛的联络活动表示不满。而且重要的是，空军期望早点甩掉麻省理工学院这个包袱，从而将该技术进一步研制的成本推给工业界。研究该项目的历史学家唐纳德·P·亨特解释道，“在目前这个阶段，空军认为，数值控制已经发展到这个地步，工业界能够而且也会接受它，并会按照自身的需要来利用这门技术，因此政府不必再给予它任何资助。”这显然是对现状的乐观估计，要使目前尚在观望的工业界敢冒这个险，政府事实上还需再投入数百万美元，从而为数值控制创造和确保它的市场。政府基于这种判断，拒绝了麻省理工学院进一步推进铣床项目的建议。但是根据经济可行性研究的结论，政府最终同意资助进一步的研究，以推进自动编程技术的开发（见下文）。[55]

另一种反对力量则来自麻省理工学院内部。学院的其他部门对自动控制试验室再次持批评意见，认为对于一个教育机构来说，试验室在工业倾向方面走得太远。麻省理工学院已经备受各界的抨击：麻省理工学院与私人企业竞争工业咨询业务；与工业厂商竞争政府合同；利用自身的声望来帮助和促进其员工的各类工商业务；而且在这些事务中，麻省理工学院坚持令人怀疑的专利政策；此外学院人员一方面身居各类有权制定合同的政府咨询委员会的要职，另一方面同时又是这类合同的承包者，这里蕴含着不同利益的冲突。麻省理工学院校长詹姆斯·基利恩很在乎这些批评意见，并要求学院清除这类行为。为了贯彻和实施这一新政策，他建立了一个监督“外联行为”的委员会——戈登·布朗就是其中的一名成员——专门审查咨询、顾问、专利政策以及新企业的创建等活动。虽然委员会最终的建议是相当温和的，包括为教职员提供更高的工资以抵御外部的诱惑，外联行为的定期报告，对走得过火的教职员提出警告，但是也毕竟指出了这一事

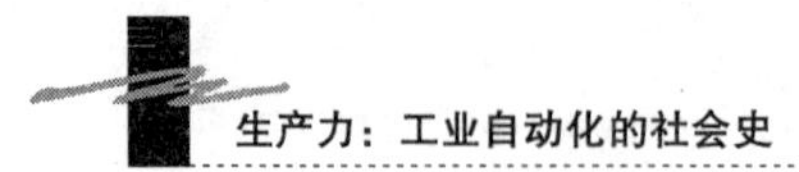

139 实，“在很多情况下，人们获得利益的动机往往占据了主导地位”，并建议基利恩“必须采取某些措施以制止它们”。[56]

麻省理工学院的这种新气象（虽然仍然比较宽容）并不鼓励寻求新的工商业务。基利恩和普罗沃斯特·朱利叶斯·斯特拉顿对自动控制试验室施加压力，要求它们撤销其工业研究合同。1956 年 1 月，麦克多诺与铣床研究项目的其余 9 名技术人员离开了麻省理工学院去继续追求他们的事业。吉西斯和刘易斯公司为他们提供了资本、大量的技术资料以及合同，他们成立一家新公司——协和控制技术公司（Concord Controls），为吉丁斯和刘易斯公司制造控制系统。“我希望，”基利恩警告布朗道，“他们在宣传其新组织的时候，不得以任何方式令新闻媒体认为他们与麻省理工学院存在着任何关系或特殊渠道。”赖因特耶斯通过布朗向基利恩保证，他们“完全是按照学院的要求，彻底与麻省理工学院脱离了联系”。[57]

听到铣床项目终止的消息，帕森斯写信给麻省理工学院，打听试验铣床设备的最终处理，并要求把它移交给他在密歇根州的工厂。他的建议遭到了拒绝。相反，在这些设备用于编程的试验与教育一段时间后，学院讨论是否将它捐献给史密斯研究所，最后是把它们予以肢解，机器则卖给了当地的废旧机器收购商。[58]

格雷戈里与阿特沃特的经济研究更加坚定了斯图伦和其他潜在的工业用户先前就有的怀疑（以及空军装备司令部的托马斯·G·爱德华兹），他们认为，编程或控制带的准备工作构成了数值控制的应用中最大的障碍。从一开始，麻省理工学院的工程师们的骄傲以及对金属切削业的无知，使得他们对解决这个问题抱着幼稚的乐观看法。正如早期的计算机开发人员曾把编程视为一种书记性的工作一样，自动控制试验室的人认为将机械师的技术融合进控制带是一件相当容易的事情，但是他们错了。并且定位控制所需的编程已经够繁重，连续通路控制的编程更是繁琐到了极点。正如麻省理工学院的校史专家卡尔·怀尔兹所说的，很显然，在编程上所耗的工作完全是“多余的”，是数值控制的“最大的劣势”。* “为了生产数控机床

---

* 早在 1952 年，帕森斯就坚持认为，“麻省理工学院对飓风计划的痴迷把编程弄得过于复杂”，这些准备工作本来根本就不必要这样耗时良久且麻烦不断。20 世纪 60 年代，他致力于研制并推广他认为是一种更为简单的编程方法（“部件带”方法），但他缺乏资金来推进这一事业。

所需的控制带，”飓风计划的阿诺德·西格尔（Arnold Siegel）解释道，“即使是一个极其简单的零件，也需要大量的时间和人工来计算。”其中包括确定刀具的路径、该路径上的每个点的位置，以及直线切割的工序（插值前的总输入数据），最后还要将这些数据转移为八进制的数系，然后再转换为机床控制输入带所需的二进制的逻辑数据。项目的研究人员在认识到这一程序的繁重之后，他们就试图应用飓风计算机来做这些事情，以减轻工作，减少错误几率以及所耗的时间。1955 年，他们创建了一个子程序的程序库。计算机内存中的每个子程序都包括用于某个特定的切削工序（圆、曲线等）的指令，这样就能够迅速检索并成为加工程序的一个组成部分。这部分工作主要是由助理研究员约翰·鲁尼恩（John Runyon）来完成的，他编制完部件所需的程序之后，还利用飓风计算机设计了自动打孔的程序。[59] 140

自动控制试验室主要是依靠参与飓风计划的数学家——他们在数字计算机试验室——来为铣床准备控制带。但这样做也存在问题。因为针对每一个新部件，自动控制试验室的机床使用者都必须等飓风计划的程序员来修正原来的指令或者写一个全新的程序。这往往需要耗费几个星期的时间，这使得机床使用者完全依赖于计算机程序员。阿诺德·西格尔是麻省理工学院的毕业生，他的解决办法是让机床使用者——他不熟悉计算机但知道如何完成加工任务——也能够使用计算机。此时别人也正在设计像公式编译程序语言之类的语言，如此用户就无需学习机器语言或计算机的指令。西格尔致力于用部件几何形状的类似英语的描述来设计飓风计算机的程序，并使它能够自动地转换为部件程序带。他认为，用户根本不必学习计算机或其指令，因此也就不那么依赖于计算机程序员。1955 年 1 月，西格尔证明，“理论上可以设计一种飓风计算机的程序，它能够将问题的语言描述（以用户理解的但相当严格的词汇）转换成数控机床带；该描述可以打印在电传打字机上，而数字计算机则执行它的翻译、转换以及最终的打孔工作。”[60]

西格尔创建了一整套程序系统，包括子程序库、将这些子程序自动集成为一个完整的部件程序的执行编译器、用于编译器的类似英语的输入指令，它们可以用于二维的两轴加工过程。1955 年春，由于自动控制试验室的预算“缩水”，尤其是数值控制研究项目所获支持“显著减少”，麦克多诺和赖因特耶斯建议空军将该系统扩展为三维系统（为许多飞机加工所需），

141 空军给予资助以“广泛研究编程”来实现三维加工的充分潜能，并使得数值控制在经济上是可行的。试验室的助理主任在写给空军装备司令部的信中说，“经济研究表明，对某些加工工序来说，人工编程的成本如此之高，以至于无法抵消使用数控铣床所节约的成本。”“因此很有可能，”他强调指出，“在最近的将来，数值控制的用户仍然会遇到相当高的编程成本，除非研制出更有效的技术。”他承认，现在人们有了初步的认识，即“这个内在的困难很大程度上应归咎于我们最初对编程的乐观态度”。[61]

尽管有些姗姗来迟，但自动控制试验室的工程师们毕竟认识到他们的极端复杂的加工系统的真正缺点。他们现在要求空军给予进一步的资助，以克服早期研究所遗留的问题。L. E. 贝克利（A. L. Beckley）强调指出，“要达到这个目的，所需的研究量必然是相当大的。”这不可以是一种“业余性质”的科研，而“必须让一个由几个人组成的团队完全投入到里面去”。空军已经支持甚至是鼓励他们走得这么远，现在若想从已有的投入中取得成果的话，也不得不继续投入。但与以前一样，空军希望能够进一步扩展控制的性能。研究人员刚刚实现三轴控制的可能性，现在就投入到五轴控制的研究中去。麻省理工学院最新的建议是将自动编程系统用于三维断面的三轴控制，五角大楼批准了这一请求，并强调指出，“从空军装备司令部的角度来看，研究工作中最重要的是实现五轴铣床的自动编程。”此外，空军还要求系统兼容性以及编程标准化，如此才能“将机床控制信息在商业沟通渠道中传播，并且在紧急状况下，能够迅速地将整套加工程序从一套装置转换到另一套装置”。空军希望该自动编程系统既是通用的，同时也可以做无限次修改，并能够适应五轴控制。它给了麻省理工学院一个大型合同，以研制满足这些要求的系统。[62]

这个挑战性任务落到了道格拉斯·罗斯（Douglas Ross）及其合作者的身上，他们构成了自动控制试验室的计算机应用项目组。罗斯以数学指导的身份来到麻省理工学院，并在那儿获得了炮火自动控制系统的数学经验。但不管是他，还是西格尔，“抑或计算机应用项目组的其他成员，对金属加
142 工都是一无所知”。“我们根本不知部件编程为何物，”罗斯后来回忆道，“而对金属切削也只有极其粗浅的了解。”因此，可以想象得出，“他们是在理论上而不是在实践上设计了一种语言”。现代工业的尖锐批评家哈里·布雷弗曼（Harry Braverman）后来将它称为现实加工过程的一次性“影子”替代品。[63]

罗斯和他的同事以西格尔的两维系统为起点，开始试图扩展它以执行三维的操作。他们很快就发现用于这类控制的子程序库根本就不可行，因为用于挑选并协调的执行程序，或者说引导程序，无法协调更为复杂的用于三维加工的子程序，更不用提五轴控制的子程序。子程序库必须极其庞大，而且执行时相当缓慢。子程序的挑选本身就已是一件相当困难的任务，但通常情况下还必须对它们做出修改才能够应用于新的加工。为了满足空军所附加的要求，罗斯和他的同事采取了一种方法。“一旦认识到这些缺点，”罗斯回忆道，“我们就在通用计算机的自动编程方面取得了显著的成功。”办法是采用高水平语言，从而能够“从专门设计的、易于使用并不那么专门的语言中生成机器语言中详细规定的指令”。这促使罗斯认识到部件编程问题的一个基本解决方案，根据与具体的几何曲面类型无关的三维向量来建立一个通用框架系统，它可以无限添加程序，既可以为每个具体的应用编写程序，同时又与任何机床控制系统兼容。

罗斯与哈里·波普（Harry Pople）以及计算机应用项目组的其他成员合作，设计出自动程序设计工具（Automatically Programmed Tools，APT）系统语言。它构成了罗斯称之为编程问题的“系统解决方案”，“其思想是任何一类问题的解决方案都可以细化为解决单个问题”。他解释道：“这些方法的实质是，如何移动切削刀具从而在空间中制造出一个特定的曲线或区域，它与所涉及的具体的曲线或维度没有关联。”程序设计上通过 APT 系统逐步进行设计（第一步：点；第二步：空间曲线；第三步：面），这样对于程序设计来说，其任务更为复杂，更具挑战性，但对于系统使用者来说则简便得多。APT 的概念就在于将一部通用的计算机临时转换成一部专门的 APT 计算机，从而就可以应用 APT 语言来进行部件的程序设计。[64]

1956 年秋，APT 的概念得到了系统的表述，1957 年春，飞机工业联合会下属的数值控制子委员会将 19 家飞机制造厂商史无前例地联合起来，共同研制 APT 系统，以确保整个行业内的系统兼容性。在罗斯的倡议和空军的支持下，麻省理工学院成为空军资助项目的官方协调者。1959 年，第二代 APT 系统研制成功。此时，自动控制试验室再次申请空军的科研合同，143
以资助部件编程工作中的计算机辅助设计应用，但遭到了拒绝。此时麻省理工学院的数值控制项目已经持续了 10 年之久，终于画上了句号。[65]后来，APT 系统的开发转移到了武器研究所（现在是伊利诺伊技术研究所）。罗斯离开了麻省理工学院，与他的几个同事创立了全国第一家软件技术公司，软技公司（Softech），这也是麻省理工学院分立出来的一家公司。[66]

这样，麻省理工学院最终脱离了数值控制领域，它自信对金属切削业做出了巨大的贡献。但是，学院也显著增加了该行业的问题。正如精妙的多轴连续通路控制本身——复杂、昂贵并且难以操作——APT 编程系统也极其精密，而且成本居高不下。就空军来说，APT 系统具有许多优势，但也恰恰是这些优势，在工业用户那里却成了缺点。相比较早期用户所采用的各种子程序来说，它显然是一种更为基本的系统，因此更为灵活，也易于改写，从而能够应用于连续通路控制。但尽管它是如此基本的系统，它也要求更为繁琐的编程工作，要求技术更为熟练的程序员（当时所有的 APT 程序员都是职业数学家），要求尽可能大的计算机来处理庞大的信息量，并且包含着很多的出错机会。罗斯本人后来也承认，在“千辛万苦”研制与应用 APT 系统的过程中，相当一段时间内系统总“错误百出，很不稳定”。而且系统的维护成本也相当高。罗斯宣称，“唯一能够限制自动编程系统的可能性就在于想象力与其经济效益。”他也注意到 APT 语言所耗费的“巨额美元也意味着这一判断的局限性，它提醒我们，自动编程虽然很可能是生产复杂部件的最经济的制造方法，但仍然价格不菲”。[67]

【注释】

[1] Karl L. Wildes, “Electrical Engineering at the Massachusetts Institute of Technology,” 没有公开发表的手稿；Redmond and Smith, *Project Whirlwind*, pp. 1. 24—1. 29。

[2] 同上；Wildes, “Electrical Engineering”。

[3] 同上。

[4] 1944 年 11 月 27 日 De Florez 致航空局少将 D. C. Ramsey，引自 Redmond and Smith, *Project Whirlwind*, p. 1. 19。

[5] Redmond and Smith, *Project Whirlwind*, passim.

[6] 同上，p. 1. 17。

[7] 同上，p. 1. 20，1. 21。

[8] 同上，pp. 2. 09，1. 04，2. 10，3. 19，2. 21。

[9] 同上，pp. 2. 25 — 3. 7，3. 24；1946 年 1 月 28 日 Forrester 致海军中校 H. C. Knutsen，引自 Wildes, “Electrical Engineering”。

[10] Wildes, “Electrical Engineering,” pp. 5—124，5—129，5—130，5—134；Redmond and Smith, *Project Whirlwind*, p. 3. 30.

[11] Redmond and Smith, *Project Whirlwind*, p. 4. 26；Jay Forrester, “Forecast for

Military Systems Using Electronic Digital Computer," September 17，1948，Presidential Papers，MIT Archives；Mina Rees to Nat Sage，February 1949，MIT Presidential Papers；John von Neumann to Karl Compton，January 12，1948，Dean of Engineering Collection，MIT Archives；James Killian，memorandum of conversation with Alan Waterman，March 4，1949，and Ralph Booth to Nat Sage，April 27，1949，Presidential Papers，MIT Archives.

［12］Redmond and Smith，*Project Whirlwind*，pp. 6. 31，6. 32，7. 24，7. 27；Forrester，"Forecast for Military Systems"；1949年12月2日Jay Forrester致海军研究局上校J. B. Pearson，Dean of Engineering Collection，MIT Archives；1946年Forrester致Knutsen，引自Redmond and Smith，*Project Whirlwind*。

［13］Redmond and Smith，*Project Whirlwind*，pp. 8. 20，9. 3，9. 8；Wildes，"Electrical Engineering，" pp. 5—150，152.

［14］1949年10月25日Jay Forrester致Nat Sage，Whirlwind Collection，National Museum of American History，Smithsonian Institution；1950年3月3日Jay Forrester致Julius Stratton，Dean of Engineering Collection，MIT Archives；1949年9月9日James Killian致Donald Douglas，Presidential Papers，MIT Archives；1949年8月9日Julius Stratton致空军副部长Eugene M. Zuckert；1949年8月19日Stratton致海军研究局计算机处处长Charles Smith，head of ONR Computer Branch；1949年8月26日Jay Forrester致Charles Smith，Presidential Papers，MIT Archives；1949年1月24日Jay Forrester致工业联合办公室Robert Barta，Killian Memorandum on the ILO，June 22，1949，both Whirlwind Collection，National Museum of American History。

［15］Robert Marsh，"Preliminary Specifications for Cardamatic Milling Machine，" June 30，1949，N/C Project Files；Jay Forrester，memorandum to notebook，June 28，1949，Whirlwind Collection，National Museum of American History；1949年7月12日Robert Everett致Forrester，N/C Project File；1948年6月28日Alfred Susskind致Everett，N/C Project Files；Jay Forrester致Pearson上校；Redmond and Smith，*Project Whirlwind*，pp. 9. 19，10. 9。

［16］1949年7月15日Gordon Brown致Nat Sage，Dean of Engineering Collection，MIT Archives (Electronic Systems Laboratory files)；1949年8月5日T. K. Sherwood致James Killian，Dean of Engineering Collection，MIT Archives；1970年2月18日Gordon Brown致数值控制学会R. A. Jerue (Karl Wildes提供)；William K. Linvill，"Analysis and Design of Sampled-Data Control System，" M. S. thesis，June 1949，MIT；Frank Reintjes，talk on the history of the MIT N/C Project，Society for the History of Technology，Washington，D. C. ，September 20，1977；Donald P. Hunt，"The Evolution of an N/C Milling Machine"；Reiner H. Kraakman，"Machina Ex Deo?" senior thesis，Harvard University，

April 1971；Gordon Brown，"Some Comments on MIT's Role in the Development of Computers，" December 13，1960，Dean of Engineering Collection，MIT Archives。

[17] 1945 年 7 月 15 日 Gordon Brown 致 Nat Sage；对 Parsons 的访谈；Parsons，"The Digitron Story"。

[18] Reintjes，SHOT session；1978 年 8 月 7 日对 William Pease 的访谈；1970 年 3 月 12 日 William Pease 致数值控制学会 R. A. Jerue（Karl Wildes 提供）；Brown 致 Jerue，James McDonough，quoted in "NC-How It All Began，" *Metalworking Economics*（June 1970），1978 提对 Parsons 的访谈；1978 年对 Stulen 的访谈。

[19] Robert Marsh，"Statement of the Computer Problem for the Parsons Milling Machine，" September 9，1949；Marsh，"Preliminary Specifications for a Cardamatic Milling Machine，" June 30，1949.

[20] Robert Marsh，"Preliminary Specifications for the Parsons Milling Machine，" September 12，1949；Brown to Jerue；Reintjes，SHOT session；James McDonough，to notebook，August 18，1949，September 2，1949，N/C Project Files；Progress Report No. 1（October 21，1949），N/C Project Files；R. J. Kochenburger，"Recommendations Concerning Basic Design Principles，" Engineering Memorandum Number 1，September 28，1949，N/C Project Files；对 Parsons 的访谈。

[21] 1949 年 7 月 20 日 William Pease 致 Gordon Brown，memorandum on conference at IBM；James McDonough，"Conference with Parsons，" McDonough notebook，October 24，25，1949，N/C Project Files；对 Parsons 的访谈及其日记。

[22] 对 Parsons 的访谈；1950 年 7 月 7 日 John Parsons 致 Ralph Burton，Parsons Files；McDonough，"Conference with Parsons"；"Progress Report No. 2，" December 9，1949，N/C Project Files；Parsons，diary notes。

[23] "Progress Report No. 1，" July 21，1949，N/C Project Files.

[24] McDonough，"Conference with Parsons"；对 Pease 的访谈。

[25] Hunt，"Evolution of an N/C Machine Tool"；Kochenburger，"Recommendations Concerning Basic Design Principles"；McDonough，quoted in "NC-How It All Began"；John Ward，paper on N/C Project History，SHOT session，September 20，1977.

[26] Ward，SHOT session；John Ward，interview，1977；Hunt，"Evolution of an N/C Machine Tool"；McDonough，quoted in "NC-How It All Began."

[27] Jay Forrester，memorandum to notebook，December 27，1949，Whirlwind Collection，National Museum of American History.

[28] Jay Forrester 致 Gordon Brown，"Comments on Project 6696—Digital Control of a Machine Tool for Parsons Corporation，" December 30，1949，N/C Project Files。

[29] McDonough，"Conference with Parsons."

[30] 1980年对Parsons的访谈。项目进展通报：1950年1月12日，1950年1月31日，1950年1月6日，1950年3月6日，1950年4月6日，N/C Project Files；Pease致Jerue，数值控制协会。

[31] "Breakdown of an Automatic Mill," January 8, 1950 (typescript), McDonough, notebook, January 16, 1950, Engineering Memoranda, Progress Reports, March-June 1950, N/C Project Files; "Provisional Specifications Report," June 1950, N/C Project Files; Lockheed, "A Study of Aircraft Requirements for a Contour Milling Machine," Final Report to the Air Force, June 1950, AF 33 (38—9337), Parsons Files.

[32] 项目进展通报：第6号，1950年5月8日；项目进展通报：第7号，1950年7月6日；Robert Marsh, "Machine Tool Requirements of the Parsons Project," Parsons Project Engineering Memorandum No. 2, June 29, 1950; Engineering Report No. 2, June 30, 1950; Marsh, "Selection of Machine Tool," Parsons Project Engineering Memorandum No. 3, August 1950, all N/C Project Files; Parsons, diary notes, "The Digitron Story," "Preliminary Report on Digitron," August 29, 1952; 1955年4月4日Parsons致邦迪克斯公司的Murray Kanes; 1950年7月7日Parsons致Ralph Burton，都来自Parsons的档案。

[33] 1950年6月9日A. F. Sise致G. S. Brown; 1950年9月29日William Pease致John T. Parsons；项目进展通报：第2号，1950年10月9日；William Pease, proposal for "Supplemental Agreement No. 2 to Contract," September 29, 1950, all N/C Project Files; Parsons, "Parsons Development of a Digital Data Controlled Machine Tool Director," Parsons Files；对Parsons的访谈及其日记；Parsons, "The Digitron Story"; Parsons, "Preliminary Report on Digitron"; William Pease to File, regarding meeting at Wright Field and the Parsons Corporation, December 19, 1950, N/C Project Files。

[34] 1979年8月对Elmo Rumley的访谈；1979年对Frank Stulen的访谈。

[35] 1979年对Elmo Rumley, John Parsons, Frank Stulen的访谈；1955年8月23日Frank Stulen致John Parsons, Parsons Files。

[36] William Pease, note on phone call from Parsons and Rumley, December 19, 1950, N/C Project Files; "Proposal Supplement 2 to Fixed Price Contract for Supplies," December 19, 1950, N/C Project Files; 1950年12月9日William Pease致File; John Parsons, "History of Automatic Milling Machine Project to December 31, 1950," January 11, 1951, typescript, Parsons Files; 1951年1月19日William Pease致Gordon Brown，有关访问莱特基地的事情，N/C Project Files。

[37] 1979年对John Parsons, Elmo Rumley的访谈；"Proposed Supplement"；对William Pease的访谈；1951年1月24日Nat Sage致空军装备司令部的H. E. Sennett, N/C Project Files; John Parsons的日记；1980年对Joseph J. Columbro的访谈。

[38] 1979年8月对Rumley的访谈；有关超声波公司的材料，参见：records of the Corporation Division，Secretary of State，The Commonwealth of Massachusetts；*Moody's Industrial Manual*，1953，1956，1957，1958；对William Pease的访谈，and questionnaire completed for Dean A. Forseth and Edward B. Roberts，for their "Research Program on New Enterprise Formation and Growth，" August 7，1965（courtesy Edward B. Roberts）；1951年Gordon Brown致Ira H. Lohman，Dean of Engineering Collection，MIT Archives；Parsons，"Preliminary Report on Digitron"；Parsons，"The Digitron Story"。

[39] 对Parsons的访谈，"The Digitron Story"；1951年5月31日William Pease致John Parsons，N/C Project Files；Parsons的日记；Parsons，"Preliminary Report on Digitron"；1952年空军装备司令部的Harrison Price致Gordon Brown，N/C Project Files.

[40] 1951年6月至12月的项目进展通报，N/C Project；1951年6月9日William Pease致Albert Sise；1951年11月15日James McDonough致File；1951年12月21日Nat Sage致空军装备司令部的William J. Adams；1952年10月4日Elmo Rumley致Nat Sage；1952年10月16日Sage致Rumley；1952年12月17日和1953年1月6日Rumley致Sage；"N/C Controlled Milling Machine Motion Picture Film Presentations，" January 1，1954（typescript）；James McDonough，"Project Review Outline，" February 8，1953；1952年8月29日James McDonough致空军装备司令部的Adam Altglass；all N/C Project Files，MIT Archives。

[41] 1951年6月4日和1951年9月13日N/C的项目进展通报；1951年8月8日William Pease致P. H. Bruekner上校；F. T. Hulswit，"Report on West Coast Plant Trip，" September 4，1951，N/C Project Files；Parsons的日记。

[42] David Brown，Perry Nies，Richard Keller，Grafton Tanquary，Jack Jacoby，and Don Aufderheide，"A Small Business Base-Numerical Programming Controls"（typescript），n. d.，N/C Project Files.

[43] "Invitation List to September Demonstration，" July 1952；"A Series of Demonstrations and Discussions of the MIT N/C Milling Machine，" September 1952（brochure），N/C Project Files；Gordon Brown to Frederick S. Blackall，July 31，1952，N/C Project Files；1952年4月1日Gerard Piel致Gordon Brown and Donald Campbell；1952年8月22日Gerard Piel致Gordon Brown，Dean of Engineering Collection，MIT Archives，Scientific American，September 1952；对Parsons的访谈及其日记。

[44] 1952年9月30日William Pease致演示会的所有参加者，N/C Project Files；Pease，questionnaire，"New Enterprise Formation"；1952年8月5日William Pease致Theodore Wiedemann；1952年8月5日Pease致Adolph Kastelowitz；1952年9月11日Harry W. Mergler致James McDonough；1952年10月31日G. T. Willey致Pease；1952年11月28日David W. Brown致Adam Altglass上校；1952年12月3日空军装备司令部

Wilbur Carter 致 James McDonough；1953 年 11 月 16 日 R. W. Lawrie 致 Don Aufderheide；1952 年 12 月 17 日 C. O. Davis 致 H. P. Grossimon；1952 年 12 月 5 日 Grossimon 致 G. T. Willey；1953 年 10 月 Charles Wright 致 McDonough（没有具体日期）；1954 年 6 月 8 日 Pease 致 McDonough；1955 年 4 月 15 日 Frank Reintjes 致 Paul Kennedy，all N/C Project Files，MIT Archives。

[45] Frank Reintjes，SHOT session；Albert Sise to File，July 29，1954；Reintjes，"Activities of the Servomechanisms Laboratory，" October 14，1954（typescript）；1954 年 1 月 26 日 James McDonough 致空军装备司令部总司令；Servomechanisms Laboratory staff，"Project Summary No. 6873，Milling Machine，" n. d.（typescript），"N/C Project，" August 1，1954，MIT Servomechanisms Laboratory，"A Numerically Controlled Milling Machine，" Final Report to the Air Force，AF (038) 24007，Part I，July 30，1952；1952 年 9 月 9 日 Pease 致 9 月 演示会参观者，all N/C Project Files。

[46] 1951 年 12 月 21 日 Nat Sage 致 William Adams；McDonough，"Project Review Outline"；Harrison Price to Gordon Brown，April 24，1952；William Adams to James McDonough，February 11，1954，N/C Project Files；Hunt，"Evolution of an N/C Machine Tool"；1955 年 4 月 26 日 Pease 致 Parsons，Parsons Files；1980 年对 William Lambdin 的访谈；"History of Bendix Industrial Control Division"（typescript），February 12，1980，The Bendix Corporation（courtesy Michael D. Miller）；Martin Corporation，"History of Numerical Milling"（brochure，n. d.）；1954 年 3 月 9 日 McDonough 致空军装备司令部总司令；1954 年 3 月 9 日 McDonough 致 Adam Altglass；1954 年 5 月 4 日 R. W. Lawrie 致 Adam Altglass；1954 年 11 月 5 日 Frank Reintjes 致 William Lambdin，all N/C Project Files；Numericord，参见第 7 章。

[47] 1954 年 1 月 26 日 James McDonough 致空军装备司令部总司令；1954 年 1 月 11 日 William Adams 致 McDonough；1954 年 3 月 9 日 McDonough 致 Adam Altglass；1954 年 5 月 4 日 R. W. Lawrie 致 Adam Altglass，N/C Project Files。

[48] 对 William Pease 的访谈；Harry W. Mergler，George Moshos，and Allen E. Young，"Machine Tool Control from a Digital to Analog Computer，" National Advisory Committee on Aeronautics，n. d.，N/C Project Files；Harry W. Mergler，"Machining from Recorded Information，" *Control Engineering*（September 1956），p. 110；Robert Gregory and Thomas Atwater，"Progress Report on Economic Evaluation，" to Frank Reintjes，August 18，1954；1954 年 6 月 16 日 George C. Newton 致 Robert Gregory，Cunningham，quoted in Gregory and Atwater，"Progress Report on Economic Evaluation，" all N/C Project Files；Caruthers's interview，September 1983；A. G. Thomas，"MIT Tubes，" *Business Week*，September 27，1952。

[49] Robert Gregory and Thomas Atwater，"Economic Studies of Work Performed on

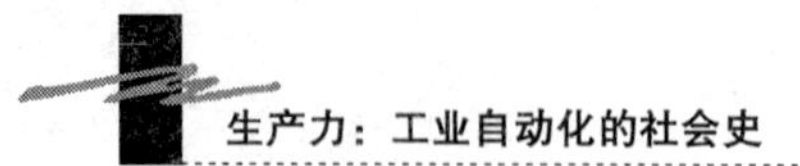

a Numerically Controlled Milling Machine," Engineering Report No. 18, March 11, 1956, N/C Project Files, MIT Archives.

[50] 同上。

[51] 同上。

[52] 1955 年 4 月 11 日 George C. Newton 致 Robert Gregory and Thomas Atwater, N/C Project Files, MIT Archives。

[53] Gregory and Atwater, "Economic Studies"; Frank Reintjes to Robert Gregory, December 5, 1955, N/C Project Files, MIT Archives.

[54] 1957 年 1 月 16 日 Frank Reintjes 致 Peter Tilton, N/C Project Files; 对 William Pease 的访谈; 1952 年 5 月 20 日 James McDonough 致 Peter Tilton, N/C Project Files; Peter Tilton, "Retrofit Applications of N/C for Machine Tools," December 1957, Stanford Research Institute Project No. 1896。

[55] 1954 年 3 月 9 日 James McDonough 致 Adam Altglass; Servomechanisms Laboratory Staff "Numerical Control Project," August 1, 1954; L. E. Beckley to R. T. Jameson, "Draft of new proposal for extension of contract beyond November 30, 1954," August 24, 1954; 1954 年 1 月 16 日 McDonough 致空军装备司令部总司令; 1955 年 7 月 1 日 Frank Reintjes 致 Adam Altglass; 1955 年 6 月 13 日 Frank Reintjes 致 Nat Sape, N/C Project Files; Reintjes, SHOT session。

[56] James Killian, memorandum to faculty, transmitting "Faculty Committee Report on Institute Policy Regarding 'Outside Activity,'" January 14, 1954, N/C Project Files, MIT Archives.

[57] 1954 年 7 月 29 日 Albert Sise 致 File, N/C Project Files; 对 William Pease 的访谈; 1955 年 11 月 4 日 Frank Reintjes 致 Gordon Brown, Dean of Engineering collection, MIT Archives; 1956 年 1 月 31 日 James Killian 致 Gordon Brown, Dean of Engineering Collection; 1956 年 1 月 31 日 Frank Reintjes 致 Gordon Brown, N/C Project Files; Records on Concord Control, Corporations and Taxation Department, Secretary of State, The Commonwealth of Massachusetts。

[58] 1955 年 8 月 9 日 F. L Foster 致 John Parsons, N/C Project Files; 1960 年 9 月 27 日 Richard Osborne 致 A. P. Rogers; 1961 年 4 月 7 日 George M. Newman 致 A. P. Rogers, N/C Project Files。The MIT machine was ultimately sold to the Michaels Machinery Company in Boxborough, Massachusetts。

[59] Philip Kraft, "The Industrialization of Computer Programming"; Wildes, "Electrical Engineering at MIT."

[60] 1955 年 2 月 21 日 R. W. Lawrie 致 Oliver A. Foss; James McDonough to Frank Reintjes, "Programming Study Program," May 20, 1955; L. E. Beckley to Commanding

General，"Memorandum on Programming Problem，" July 15，1955，N/C Project Files；Wildes，"Electrical Engineering"；Arnold Siegel，"A Translation for the Numerically Controlled Milling Machine，" January 26，1955；Arnold Siegel，"Information Processing Routine for Numerical Control，" Servomechanisms Laboratory Report No. 16，N/C Project Files；"Automatic Programming of N/C Machine Tools，" *Control Engineering*（October 1956），pp. 65—70；Rosenberg，参见第8章。

[61] 1955年6月29日Frank Reintjes致Gordon Brown；James McDonough to Reintjes，"Programming Study Program，" May 20，1955；1955年7月5日Beckley致空军装备司令部总司令，N/C Project Files。

[62] 1955年7月5日和10月10日Beckley致空军装备司令部总司令；Air Materiel Command Request for Proposal to MIT，March 1955；Purchase Request No. 709579，Air Materiel Command，February 7，1956，N/C Project Files。

[63] 1977年11月23日对Douglas T. Ross的访谈；Douglas T. Ross，"Origins of the APT Language for Automatically Programmed Tools"（Softech，Inc.，February 1978）；Harry Braverman，*Labor and Monopoly Capital*，p. 201。

[64] Ross，"Origins of the APT Language"，对Ross的访谈；Douglas T. Ross，"Automatic Programming，" *Aircraft Production*（May 1958），pp. 170—172。

[65] 1957年5月6日Frank Reintjes致George Kinney，"Automatic Programming for N/C Machine Tools"（mimeo.），January 13，1958；1958年11月13日Douglas T. Ross致O. Dale Smith；1958年11月24日Ross致Jerry Maurice，N/C Project Files；Douglas T. Ross，"Automatically Programmed Tools，" *Aircraft and Missiles Manufacturing*（May 1959）；Ross，"The APT Joint Effort，" *Mechanical Engineering*（May 1959）。

[66] Douglas T. Ross，"Problem Application Form for Computer Aided Design，" October 8，1959，N/C Project Files；Reintjes，SHOT session.

[67] Ross，"Origins of the APT Language"；Ross，quoted in "Scientists Developing Computer-Machine Tools for Aircraft Work，" *Wall Street Journal*，December 30，1957.

第7章　未曾选择的道路

144 至 20 世纪 50 年代中期，数值控制技术已经从军方的科技蓝图中演变成一项先进的——同时也相当复杂和昂贵的——机床自动化问题的解决方案。不久，随着政府对它进一步给予资助，它成为针对可编程自动化制造问题的唯一方案，不仅在美国，在其他工业化国家，它也得到了普遍的应用。1966 年，国家技术、自动化和经济进步委员会将这种新技术誉为“也许是制造业自流动装配线出现以来最重要的进展”。[1]

当代关于技术变迁的主流看法认为，像这样一种“成功”的技术，既然能够在社会中处于支配地位，一定是以某种“必然”的方式演变而成的。现代技术进步的意识形态隐含着这样一种观点，即技术进步的历程如同自然选择。它假定，人们考量了所有可能的技术方案，公正地评估各自的技术优势，最后根据冷冰冰的算计来对它们做出判决。因此，任何成功的技术——为人们所广泛接受并最后成为某个问题的唯一解决方案——必然是最好的，因为它经受了工程学试验的严格检验，并在市场竞争中脱颖而出。并且，由于它是最好的，因此它最终成为技术的单线进步路径中最新的并且是必经的阶梯。

这种有关技术进步的主流的“达尔文主义”观的立足点是对客观科学、经济理性以及市场的单纯信仰。它假定，所有的创造性发明都将相继通过这三个过滤器，它们能够保证，最后能够生存下来的必定就是“最好的”。145
第一个过滤器是客观技术，它将那些科学上有效的问题解决方案挑选出来。第二个过滤器是精明的商人所持有的经济理性，它排斥了那些异想天开的技术解决方案，而仅仅留下那些可操作性强且具有经济效益的方案。第三个过滤器是市场的自我纠错机制，它对那些决策不够明智的商人判处死刑，从而确保最优秀的技术能够生存下来。

这种看似头头是道的理论未免过于自信，而在解决现实问题时却往往不能称意。一方面，它将技术发展视为一种自发的中立的技术进程，另一方面，这种理论又将它视为一种冷冰冰的理性的且能够自我调节的经济过程，两者都未涉及人、权力、制度、彼此冲突的价值观以及追求各异的梦想。它留下了许多重要的疑问没有解答：什么是最好的技术？对什么人而言是最好的？为什么是最好的？根据什么标准、什么观念是最好的？根据谁的标准、谁的观念是最好的？

事实上，所谓“客观的专家”，在对待他的工作上与别人一样饱含偏见，受到了技术上的“大气候”、文化习惯、事业追求、知识的热爱、制度激励以及此前和其他的技术发展的影响——更不用提项目管理者与资助者的规格要求。人们不可能充分考虑所有的技术可能性，因为这些因素已经先决定了“现实的”技术可能性。事实上，所谓的底线——精明的商人也不过是虚构出来的一个形象。如果我们就近观察他们，就会发现，这些从经济以及实际可操作性角度来购买新设备的商人，与其试验室里的兄弟一样，也充满了偏见。他那表面上很冷静的判断，往往不过是为了掩饰他的真实动机，并被用来证明——有时用来隐瞒——真正的经济现实。最后，便是那所谓能够自我调节，纠正这类错误与欺骗行为的市场机制，也轻而易举地被垄断与国家力量所压倒，后者不计任何代价地维持那些权势更大的梦想家。

总之，“经济可行性”与“技术可行性”根本就不是什么经济概念或技术概念——正如我们的意识形态遗产所指出的——而是政治和文化概念。现存的各种技术很少经过极其严格的系统的“自然选择”。它们所以在经济上与技术上可行，那也是在人们决定利用社会剩余对它们的研制与用途进行投资之后。人们的决定并不仅仅是根据此前就对其经济与技术潜力进行的估测，还受到那些有权力制造它们的人们的政治利益、热情预期以及文化冲动的影响。

可见，并不是所有的技术路径一生下来就是平等的。虽然所有的新发明总是处在现存的“技术方案”之外，并对人们公认的技术方式构成了挑战，因此人们总是带着警惕与怀疑的态度来接受它，但是有些新发明符合
146 现存占主流地位的模式，而有些则不符合。然而通常情况下，人们只对那些并不符合其期望技术模式的新发明进行严格的技术与经济检验。而且，由于这些检验事实上根本就不是经济与技术检验，而只是政治与文化检验，因此它们必定会失败。

因此，如果一种技术（比如机床自动化）沿着某种方向发展，并最终以某种普遍采用的形式存在（比如数值控制），这很可能是这样一种情况，即它与其说反映了它在技术上或经济上的优越性，毋宁说选择者权力的影响极其巨大，并且支持该权力的文化占据了支配地位。反过来可以这样说，如果某些技术方案最终没能为人们所接受，这并不必然意味着它们在技术上或经济上居于劣势，而只是说明，根据那些执掌权力者的标准来看，它们劣于被选择方案并据此被加以否定。而且，一旦被否定，它们就会被摒弃，因为所有后来的资本都投入了那些为权势阶层所偏好的方案，这使得任何试图重新复兴这些方案的努力都显得“不现实”。[2]

有关技术进步的达尔文主义观点对适者生存原则赞扬备至，事实上，它所鼓吹的，与其说是技术或经济上的优越性，毋宁说是社会权力的强大。对这种观点来说，这仅仅只是一个合法化的问题，它认可社会权力及其主流价值观，对社会权力所做出的选择给予辩护，并赋予一种命运决定的尊严。在这样做的时候，它蒙蔽了整个社会，让人们看不到多种可供选择的技术路径，也看不清社会自身的历史、结构以及文化内涵的现实。出于这些原因，任何重新构建那失败的技术方案，沿着那未曾选择道路的前进，可以同时实现几个目的。首先，可以填补历史记录的空白，并对那些反历

史的技术进步神话所鼓吹的虚构故事予以反击。其次，让我们觉察到存在一个更广并且很大程度上可行的技术可能性。再次，它以全新的批判眼光来审视现存的技术，并促使我们对此加以反思。最后并且最重要的是，对失败的技术方案的研究，不但能揭示出技术发展的真实过程，而且也揭示出决定技术发展的社会权力、文化价值观以及主流思想的各种模式。

正如我们已经看到的，在数值控制方面，这种“最好的”方法并不仅仅为市场的经济标准所决定，而是由政府的军事需求所决定——如此为其独特的性能标准而创造出一个人为的市场。它也不是由任何压倒一切的技术逻辑来决定，而是由技术狂热者的特殊利益与梦想所推动。选择这种技术的，不是命运，而是人。反映并扩展资本及其政府的权威的社会合力最终压倒了其他的技术方案。这样，那些与数值控制比较起来成本更为低廉或工艺更为简单的制造方法——卡拉瑟斯、坎宁安、托马斯以及帕森斯所主张的——最终不得不退出竞技舞台，而他们所做出的不屈不挠的努力也付诸东流。在可编程自动化方面可以替代数值控制的记录—回放（或“动作”）方法也是一种失败的方案。麻省理工学院的唐纳德·亨特在写作他那本有关早期数值控制发展史的著作的时候，采取了一种达尔文主义的立场： 147
所有此前的技术都仅仅只是数值控制这一奇迹的序曲。在这本广受欢迎的书中，他简短地提及了通用电气公司的“记录—回放”系统，但轻描淡写地把它归为进步途中错误的方向。亨特随意地解释道，它之所以不成功，很大程度上是因为控制带的制作工作“不能令人满意”，[3]但是他并未解释它令什么人不满意，为什么不满意。为了更好地理解这一评价所隐含的意义，我们有必要更切近地了解这种被摒弃的技术。我再次说明，这里探讨的目的并不是去使失败的技术复活，而是为了帮助我们更好地理解否定它的社会。

与数值控制一样，记录—回放（record-playback，R/P）方法是可编程机床自动化的一个解决方案。其中也需要采用永久性存贮介质，以容纳变量信息和程序来控制通用机床。正如前面已经指出的，这种方法与数值控制方法的本质区别并不在于介质（磁带或打孔纸带），也不在于信息（数字的或模拟的），而在于生成存于介质的信息的方法，从而导致信息所指向的内容有了差异。我们可以比较提花织机与自动演奏钢琴来说明数值控制与记录—回放之间的区别。人们经常拿当代制造业的自动化技术与以前的各种技术进行类比——往往采用各种比喻而失于模糊——因此，我们最好是详细了解它们彼此各自的运转方式。

1804年，约瑟夫·玛丽·雅卡尔（Joseph-Marie Jacquard）根据里昂工厂主的要求建造了自动提花织机，这些工厂主们希望削减操作复杂的手工提花织机——当时这些机器用来织出精致的带图案的纺织品——的工人数目。此前有许多法国发明家一直在研究这方面的工作，他们发明了许多减轻操作工劳动强度，并令操作更为精确的设备。雅卡尔在他们的基础上，实现了雅克·德·沃康松（Jacques de Vaucanson）的虽富有创造性但未被接受的技术方案，它在工艺中完全排斥操作工。（正如沃康松的发明被工人运动所憎恨一样，雅卡尔的第一部织机也被里昂的纺织工人烧掉。）

在手工提花织机中，每一根经线都单独由手工来控制，这是一个极其复杂，需要大量劳动力的操作过程。当然也可以针对每个特定的织物图案所要求的走线顺序来实现机械化，但若需要生产另一种织物图案就需要改变机器装配，而这是一项极为繁重且耗时很久的工作。因此，这里需要可编程的机械化，这样不仅可以自动控制织机的运转顺序，而且也容易转变
148 该顺序本身。在雅卡尔设计的自动提花织机中，所有线头都接在各个金属钩上，这些金属钩轮流与中央控制设备的织针相连接。根据图案所需的走线，采用一组打孔纸卡来控制织机的运转，每一张卡片对应于走线所规定的梭子运转模式。这种系统在本质上是数字的，采用了二进制逻辑。在数值控制机器中，控制带上的每一个孔对应于不同的脉冲值；在这里，卡片上的每一个孔只容许每一个针通过，针则由导线引导并将线穿过孔。没有孔就不能实现这种方案。每一组卡片都规定好特定的织物图案；它们彼此无缝连接起来，输入中央控制设备以开动织针，并根据其自身的速度来自动控制织机。要改变图案，只需改变打孔纸卡的组合模式；而机器则不需做任何改动。因此，机器的编程仅仅只包括卡片准备工作，而这是一项形式化且极其繁重的任务。在设计图纸上首先就将所要编织的图案以极其详细的方式描述出来，并规定每个梭子的操作路径。然后将这些信息输入打孔卡片，后者以适当的方式组合来自动控制织机。[4]

早期的自动演奏钢琴也与自动提花织机以及更早的管状机机械音乐设备一样的方式来加以编程，唯一不同的是，控制模式是音符，对应的操作是键盘而不是织机上的图案与控制杆。[5]首先根据作曲家的曲谱音符，在一个纸格上详细标出键盘的运作。然后将纸格与一圆筒连接起来，在每个所

指示的点上固定一个铁针。这些针用来开动钢琴以“演奏”音乐。但采用这种圆筒与针（也可采用气动打孔卷纸来取代它们）的形式化方案最终让位于更为简单的音谱自记器的办法。音谱自记器是 18 世纪的发明，作为“敲针”方法的简化方案；它事实上只是记录了音乐家在键盘上敲打的指法。19 世纪 80 年代，J. 卡尔庞捷（J. Carpentier）对它进一步加以完善，并采用气动的打孔卷纸来控制。

卡尔庞捷的音谱自记器能够记录下任何键盘乐器所演奏的音乐。当演奏者敲打键盘，一支与键盘相连接的笔就在一个移动的卷纸上标下记号。演奏结束后，将这些纸上的记号打孔，然后用一个气动控制系统将卷纸重新回放，这个系统便是音谱自记器。将键盘上的指法记录在一筒卷纸上极大地简化了自动钢琴演奏机的编程工作，甚至还使得键盘的模仿能力超过了人类音乐家的极限（比如同时弹出 10 个以上的键）。但在其他方面，音谱 149
自记器则远远落后于人类的能力。钢琴卷纸所生成的只是音符，而不是音乐，因为它们不能复制出音乐演奏中所蕴含的种种节奏与强弱。“无论如何，”一位研究自动演奏钢琴机的历史学家认为，它所生成的音乐“根本不能与酒吧里一个蹩脚的演奏师相比。”[6]因此，自动演奏钢琴也采用了“人工表达控制”，这使得自动演奏钢琴的操作者能够加入自己的节奏以及理解，而不必去钻研数字上的表达问题。

此时，在研制具有完全复制能力的系统方面出现了重大的进展，该系统能够忠实地记录下演奏过程，不仅能够回放音符，而且也包括节奏、音调乃至强弱。这样，在 20 世纪的第一个 10 年里，韦尔特公司（Welte）、安皮柯公司（Ampico）以及艾利安公司（Aeolian）等公司的发明家们富有创造性地研制了各种能够记录演奏中全部精妙的机器。记录设备将键盘、音锤以及脚踏的全部动作记录在带子上，试验室可以对这些记录加以“更正”或者“改进”，然后再将它们转换成打孔卷带，用来播放。后来，这种记录演奏的方式让位于留声机与磁带录音机。但在 20 世纪 50 年代与 60 年代，这种复制钢琴演奏的技术重新复兴。1965 年，英国萨里的特伦斯·潘普林（Terence Pamplin）给自动钢琴演奏机装上最新式的电子控制技术。他的电子键盘控制系统被用做教学与作曲的工具，使得钢琴家能够同时记录下他演奏的过程，贮存记录以备将来的刻录，或者在钢琴上直接自动回放。

在加工自动化问题上，需要加以控制的并不是不同颜色的线头与织机的运转，也不是乐声与键盘，而是金属部件的几何形状与车床工作台、导板和主轴的移动。不管是数值控制技术还是记录—回放技术，两者的目标都是想减少生产成品金属部件所需熟练技工的数量，但它们的方式却截然有别。在这方面，数值控制技术更像是自动提花织机（数值控制协会每年颁发雅卡尔奖，这也间接说明了这一点）。在数值控制技术中，机械师的技术无足轻重，被视做不过是一系列操作过程中的一个环节，类似于织机中对各色线头的控制。数值控制技术认为，完全可以用一种抽象的形式的编程方法来表达加工过程，从而可以彻底消除机械师技术的必要。数值控制技术的目的是，直接从部件的数学描述转移到部件的自动加工，中间无需任何人工或车间工人的干预。按哈里·布雷弗曼的说法，数值控制编程是
150 一种“影子”的加工过程，它从实际的加工过程中脱离出来。从部件的蓝图开始，程序员就必须想象出加工部件所需的全部加工工序，然后一步一步在纸上完成这些工序，并写出详细的、正式的指令用于实际的机器加工。

在数值控制技术中，所有的信息都由程序员发出，输入到机器凸轮，而他的正式指令则对应于此后的每一步机器的操作。这些信息与指令合成起来，事实上取代了机械师的技术。这种方案的目的是根除机器操作中的“人工失误”，但同时也开辟了一种可能性，即进行那种超越机械师能力的加工。由于程序员直接与机器对话，这要求所有指令必须完全明确而且精准，并且事先必须预期所有的机器操作。这无疑使得编程工作成为一件极其繁重、细致、耗时良久且代价不菲的事情。

记录—回放编程与后期自动演奏钢琴机所采用的方案类似。在这里，机械师的技术更像是在弹奏音乐，而不是编织布料，并被视为构成了金属加工生产中传统智慧中不可或缺的组成部分。因此，记录—回放技术的目的并不是使用某种形式上的替代物来彻底根除技术，而是尽可能忠实地复制技术，并放大和扩展其应用的范围。记录—回放技术通过放大一部分工人的技术，从而有望削减对其他工人在这方面的技术要求。

正如一位支持者所描述的，记录—回放的编程方式是一边做一边编程——类似于留声机或记录钢琴。程序信息并不是一些对应于机器操作工序的抽象指令，而是已往操作过程的实际记录。机器将这些操作过程记录下来，贮存，然后将它们重新复制。当机械工操作的时候，“捕捉”机器的动作就构成了程序，这样，机械工的技术便被“捕捉”下来。根据传统的加工过程，机械工自己解释设计图的指令与操作单，并动手制作第一个部

件（如果必要的话，使用一个靠模记录针来描出断面）。因此，程序不仅仅记录了机器（与记录针）的动作，而且也记录了机械工的理解、技能、经验和判断——所有这些，都融合到了机器的动作中去。这种技术并不是带着怀疑的目光而将人类干预视为“人工失误”的源泉，而是抱着积极的态度来对待它，将它视为人类判断、技能以及创造性的源泉。这种技术很大程度上依赖于车间中的生产经验与合作，因此它并未超越人类机械工的能力范围（因此，可以应用于 90%的金属加工过程）。

与数值控制技术的发明者一样，记录—回放技术的支持者指望用它来
减少总体上对熟练劳动力的依赖，他们也相信，一旦生产出一卷控制带， 151
生产过程就可以放手让不熟练的操作工去做，后者只需装上或卸下自动机器就行了。在这个问题上，记录—回放技术的鼓吹者也遇到了重新回放程序时出现的各个问题，因为此时工作条件很有可能不同于做出最初记录的工作条件。不同的材料、温度、工作件的不规则、刀具磨损的程度不一以及机器的失灵——所有这些不可预测的问题都会影响到复制的准确性以及成品的质量。一句话，数值控制技术与记录—回放技术的研制者都相信，一旦准备好了控制带，操作工的干预可以减少到最低限度，甚至完全不需要——这是典型的工艺工程师的狂妄自大的想法——因此，他们都无法容忍在设计过程中考虑人工干预的情形。*

即使如此，记录—回放技术仍然不同于数值控制技术，它在关键的编程方法上严重依赖于车间里工人的干预。它的信息以动作的形式为内容，因此无需将生产技术还原至数学，也不必对机器的操作进行完备而详尽的预期，并规定精确的代数指令从而构成一个控制系统。这样，在记录—回放技术中，编程工作被大大简化了。在数值控制技术中，必须实际操作机器来检验程序，挑出它的错误，然后逐一纠正，而在记录—回放技术中，当在机器上编制程序的时候，同时可以对程序中的错误加以纠正。更重要的是，数值控制技术让编程工作在办公室中进行，管理层可以对它加以控制，而记录—回放技术则让编程工作在车间中进行，控制它的是工人或工会。

1968 年，英国工会联盟的技术咨询专家埃里克·克里斯滕森（Erick Christenson）对英国的自动控制系统的使用进行了调查。他发现，只有在采用记录—回放控制技术（当时有 6 个坐标镗床在使用）或其他的人工编程

---

* 卡拉瑟斯是一个极少的例外，参见前面的叙述。

技术（如六角床的插板编程技术）的情况下，机械工仍然保留着对生产过程的控制（因此，并非偶然的是，他们仍然维持着采用传统设备时的工资水平）。克里斯滕森认为，“车间通过第一个对机器加以编程的工人的技术，仍然保持着对生产过程的控制。”因此，这些技术与传统的技术一样，使得工会能够成功地争取对车间的控制。但克里斯滕森警告道，“这种情况看来无法持续更久的时间，因为绝大多数企业的目的都是尽可能地将控制权力从车间夺走，而将它置于计划部门。”[7]

当时一位数值控制的技术人员认为，人工编程方法具有一个“让人厌
152 恶的缺点”，就是让“操作的工序、速度、进给等……都留给装配工与机器操作工来做出决定”，因此，“这种系统无助于管理层对生产过程获得更多的控制”。[8]

机床采用记录—回放技术的历史可以追溯到第二次世界大战，当时一些独立的发明家建议采用记录与复制传统的加工技术来使加工自动化。美国最早提出这种技术方案的是发明家劳埃德·B·斯波诺格尔，但仅仅只是停留在专利上，从未真正研制出来。发明家利夫·埃里克·德内高在此基础上，制造出一部能够实际运转的机器。加拿大发明家埃里克·W·利弗接着与通用电气公司在纽约州斯卡奈塔第市的工厂的控制工程师一道研制出最早的用于机床的记录—回放控制系统。随后吉肖特机床公司、艾里逊设备公司、华纳和斯韦齐机床公司以及艾伯特·G·托马斯（Albert G. Thomas）等独立发明家也有了类似的发明。

所有这些系统的设计者，所以采用记录—回放技术，是因为它简单而且富有灵活性，空军监督麻省理工学院的数值控制计划的制造专家托马斯·G·爱德华兹也承认这一点。尽管他们在研制与宣传方面做了很大的努力，但这些成果最终仍然胎死腹中。进一步发展记录—回放技术的方案没有被人接受——除了在机器人技术领域，在该领域记录—回放技术直到最近仍然占据着统治地位。此后还有人试图采用最新的计算机技术来复兴这一机床控制技术——比如麻省理工学院的戴维·戈萨德（David Gossard）和福特公司的拉尔夫·库恩（Ralph Kuhn）——但仍然遭到了失败。因此，如果说重新描述这段试验的过程似乎在重复自身，这也只是因为实际的历史在一次又一次地重复自身。正如前面说过的，详细重构历史的关键是阐明这些事件中一再出现的模式，其目的不仅仅是指出被遗弃的技术

本来也具有可观的前景，而且也指出了所以否定这种技术的社会的性质。

1944 年，俄亥俄州阿克伦城的劳埃德·B·斯波诺格尔为他的自动控制机床技术申请专利，其方法是通过记录人工引导的机器动作来自动生成程序。斯波诺格尔的方法极其灵巧。[9]与自动雕刻机一样，它采用了一个仿形机，并沿着轴（最多三轴）将靠模指针沿着模型的断面的动作逐一分解成独立的动作单元（0.002 英寸）。（斯波诺格尔并未采用人们所熟悉的直角坐标所用的 x、y、z 轴，而是使用传统的进出、左右及上下。）当指针沿着人工在模型上的导引而移动时，指针的动作沿着工作介质的“道”或“轨迹”移动，并被记录为独立的符号（对应于 0.002 英寸的动作单元）。这些符号形式就是纸带上的孔、塑料或纸带上的金属点或线，或者 153
电影胶带上的曝光点。记录完成之后，通过各种光电、磁、气动或光学设备来读取这些数据，并生成动作信息输入到伺服马达，从而复制出机器的动作并复制出部件或模型。记录包含了各个分立动作的顺序、方向以及相对的距离。由于记录的信息不是连续的，而且 0.002 英寸单元对于加工来说仍然偏大，其最后的加工结果只是一个类似雕刻面的曲面，它接受原初的断面，但仍然有待人工加以最后的磨削。

斯波诺格尔竭力宣扬他的自动加工系统具有多种可能的用途与优点。*因为它可以编程，它在短期的小批量生产中具有极大的灵活性；斯波诺格尔指出，从一个部件转换到另一个部件，只需改变程序，而不需要改动机器。记录系统可以在记录过程中采用造价很低的专用模板，从而省去了贮存与检索模板的成本。永久记录极其准确，因为它不像模板那样有磨损。既可以在实际的加工过程中制作记录，也可以在一个微型的模板上制作记录（然后回放，生产出标准的部件）。将控制带连接起来，就可以得到连续的记录，从而可以生产无限多的部件。相同的记录还可以用来生产对称部件的“反面”或“补充”断面，这样只需要记录模型的一半就可以了。此外，记录还可以在多部机器上同时使用，不管是在一个车间里面还是相距遥远的距离，因为“两者的联系可以通过长距离的通讯系统来实现”。此外，还可以随时加以复制，并将它运送到世界各地，这样可以很容易地

* 该机床控制系统还包括一个反馈过程，其工作由一个叫“补偿器”的设备来完成，它持续将所规定的单元总量与实际加工的进度加以比较，通过增加或减少输送给导螺杆驱动马达的动力来缩小两者之间的差距。

装配到设备上兼容的控制系统中。最后，斯波诺格尔还坚信，“通过记录来实现操作的自动化，并控制所有操作过程”，生产加工过程将得到“更为准确的控制”，并“节约了大量劳动力”。总而言之，斯波诺格尔的记录—回放系统与后来那些人归功于数值控制系统的优点没有很大的差别。两者主要的差别就在于编程。

1945 年，也就是斯波诺格尔提交专利申请的第二年，纽约州的曼哈西特市的利夫·埃里克·德内高也提交了专利申请，其发明与斯波诺格尔相似，但在许多重要的细节方面存在着差别。[10] 与斯波诺格尔的设备一样，德内高“用于记录与复制刀具移动的方法与手段”主要应用于机床，但并不
154 限于机床，其基本原理是他称为“记录—回放”的概念。在这里，记录主要由人工引导的机器或靠模指针来完成，动作信息则贮存在磁带上或胶带上。记录则用于开动各种电子机械、气动、液动控制系统，并自动复制出机器的动作，从而生产相应的部件或模型。德内高所记录与复制的信息是“完全连续的无极移动”，从而有可能实现“彻底光滑的表面”。* 德内高所宣称的系统优势，与斯波诺格尔所宣扬的一样。他的发明以及随后的改进，事实上成为威斯康星州麦迪逊市的吉肖特机床公司（德内高 1950 年在该公司任职，见下文）后来所研制的机床控制系统的前身。

德内高的某些想法在通用电气公司设在纽约州斯卡奈塔第市的工厂中得到实施，这是记录—回放技术在机床控制中所实现的最有影响的成就。1946 年，工业控制部门两个年轻的工程师洛厄尔·霍姆斯（Lowell Holmes）与劳伦斯·皮斯利（Lawrence Peasles）正在为最新式的军事设备寻求其他的应用。霍姆斯带着极大的兴趣阅读了《财富》杂志 1946 年 11 月刊的《无需人的机器》，开始热切地探索各种具有灵活性的自动化途径。**

---

* 德内高发明了一种设备，用于记录动作速度与方向的连续模拟信息，然后将这种记录的信息转移为连续的操作信号。信息贮存为磁带或胶带上各种不同角度的模糊、透明或磁化沟痕，它们对应于操作的速度与方向。这种系统不包含反馈过程，他通过增加记录操作过程信息的程度来减少误差，从而也大幅降低错误发展的几率。与斯波诺格尔不同的是，德内高用直角坐标的 x、y、z 来定位他的机床控制系统，并且比斯波诺格尔更多地使用战争中发明的新型电子设备（比如伺服马达、传感器、自动同步发电机和电机放大机）。

** 埃里克·W·利弗是《财富》所刊这篇文章的作者之一。此时，利弗也正在进行相似的科研，并研制出一种用于机床的记录—回放技术，它与通用电气公司的霍姆斯及其同事所研制的技术极其相似，见下文。

通用电气公司的管理层非常支持这项事业，让霍姆斯制定了一个可编程机床控制技术的科研计划。事实表明，霍姆斯的一些直接上级也对这个技术试验抱着很大的热情，更重要的是，整个公司的管理层对自动化显示出前所未有的兴趣。要理解这一点，我们有必要简短回顾一下这项科研计划出台的社会背景，本书的第一部分已经简要勾勒出整个国家所面临的处境。鉴于通用电气公司在社会环境中以及后来在自动化发展中所处的重要 155
地位，首先有必要描述一下当时在斯卡奈塔第所发生的事情。[11]

纽约州的斯卡奈塔第是一个工业城市。作为重要的军工生产城市以及通用电气帝国的总部所在地，它的地位被二战后的劳工运动摇撼得岌岌可危。1945 年 12 月底，美国电气、无线电和机器工人联合会的当地工会 301 支部以 7 票对 1 票通过决议，决定为争取每天两美元工资而对该公司举行一次罢工。公司试图分裂工会，单独与模型工和绘图员签订协议，还在《斯卡奈塔第新闻》上刊登整版的工资设想，指望以此赢得整个社会的认同。通用汽车公司也加入通用电气公司的行列，当时它正在与美国联合汽车工会就相同的问题发生斗争。1 月 7 日，通用汽车公司在《斯卡奈塔第新闻》上刊登整版的声明，抨击美国产业工会联合会主张工会有权检查公司账簿的观点，并评估了公司认为无法提供更高工资的声明。“对于工会来说，利用它们广泛的成员而获得垄断权力以扩大工资谈判的范围，并使它扩展到工资、工时以及工作条件，”通用电气公司宣称，“这只是它们的第一步，它们更深远的目的是将管理层对企业的控制转交给工会的头头。这种想法隐含了严重的威胁，对通用电气公司，对各行各业，也包括了你，公众。”[12]

但这些公司的努力没有任何成效，尤其对工厂内部的事务没有丝毫影响。设在通用电气公司 73 号楼的工业控制部门，劳资冲突主要围绕着公司用退伍军人来取代长期雇佣的工人的政策展开，在 60 号楼，冲突则集中于计件工资的削减上。不时发生小规模的罢工，当通用电气公司对 73 号楼一名工作长达 25 年的工人发出解雇通知的时候，人们自发举行了罢工。在 1 月 15 日，罢工席卷到公司设在全美国各地的工厂。1 月 25 日，通用电气公司对其股东发表了一份声明：“这是公司历史上的第一次，全国范围内的各个工厂都因罢工而不得不关闭。”在斯卡奈塔第，301 支部的15 000名成员在早上 6 点钟赶到工厂大门。早晨极其寒冷，温度降到零下 8 度，大门前画了五道 500 英尺长的纠察线。办事员也加入了罢工的行列，附近的美国机车厂的工人以及运输工人也举行了同情罢工。接下来的几天里，人们定期举行群众集会，当地的一些知名人士也出面支持罢工工人。[13]

1月29日，美国电气、无线电和机器工人联合会的财务主管朱利叶斯·埃姆斯帕克（Julius Emspak）与301支部的工会主席利奥·让多（Leo Jandreau）会晤，讨论全体工会成员罢工问题。前者以前是斯卡奈塔第的一名刀具和模具制造工，而后者曾经是斯卡奈塔第工业控制部门的机械工。两人的出身说明了美国电气、无线电和机器工人联合会的组成成分及历史起源。美国电气、无线电和机器工人联合会及其前身金属制造工会联盟的
156 早期组织者几乎全是机械工、模具工或机器操作工。因此，令人不感意外的是，不管是在全国层面上还是地方层面上，机械工仍然领导着整个组织。埃姆斯帕克对工会成员讲话，工会成员意识到工会领导正关注车间内部的事务。人们的士气持续高涨。第二天，《斯卡奈塔第新闻》刊登了一份前市长、律师以及当地商人签名的声明，声明赞扬了工会的所作所为，它的克制态度以及遵守纪律，并呼吁通用电气公司满足工会的要求以停息罢工。但是公司拒绝了这一建议，斗争仍然僵持下去。罢工者拒绝让任何人进入工厂。他们不顾公司持续的抗议，仍然把被派来维护设备的工程师关在门外。最后，在罢工持续了将近一个月后，一群工头与年轻的检测工程师（在通用电气公司著名的检测部门管理层实习的工程学毕业生）从雪地里爬过纠察线，进入到工厂里面，发现里面一片狼藉。3月，斯卡奈塔第议会成立了一个特别委员会，再次督促公司平息罢工，并认为工人的要求是合理的。一个星期后，通用电气公司终于屈服，同意支付每小时18.5美分的工资。“这次罢工得到社区许多机构的广泛支持，”通用电气公司后来承认，“不管从哪方面看来，谁赢得这次罢工，是没有任何疑问的。”[14]

通用电气公司的反击手段主要在三个方面：拓展工业关系与在劳资谈判上采用了博尔韦尔主义（Boulwarism，以通用电气的新上任的副总裁莱缪尔·博尔韦尔得名），对工会采取强硬的接受或者离开策略，并开展广泛的公共关系活动以宣扬通用电气公司的慷慨和对进步的追求（罗纳德·里根作为《通用电气剧场》栏目的主持人，在博尔韦尔的活动中发挥了重要作用）；进行反共产主义运动，消灭由共产主义者领导的美国电气、无线电和机器工人联合会，或者肢解工人运动及其组织；加强车间的纪律，提高机器运转速度并引进新技术。

莱缪尔·博尔韦尔详细研究了 1946 年的罢工，并做出了自己的判断。“罢工中存在一些因素，”他在费城召开的一次管理层会议上宣称，“决不可让这些因素再次出现。在一些地方，雇员以某种方式显示，他们自认处在把握方向盘的位置。他们认为自己可控制工厂。先生们，我们必须把这种看法扭转过来，把这种梦想消灭。”此时，部分出于公司们游说的结果，《塔夫脱—哈特莱法》得以通过，其中要求工会领导者必须签署非共产主义 157
的宣誓书。1947 年夏，斯卡奈塔第的塞尔瓦托·沃蒂斯（Salvatore Vottis）在众议院的反美行动调查委员会上作证，指认美国电气、无线电和机器工人联合会的领导层被共产主义者所支配。利奥·让多愤怒地予以回应，把沃蒂斯称为撒谎者。“很显然，”让多说，“你们所谓的听证不过是《塔夫脱—哈特莱法》的继续。他们有意打乱我们为工会成员所做的工作，我们在通用电气公司为维护工人的工作条件、工资以及计件价格所做的工作，以及为与你们这些塔夫脱们与哈特莱们战斗而进行的政治行动……我们绝不屈服，”让多勇敢地宣称，“我们仍将继续走下去。”一个星期后，斯卡奈塔第的《工会之明星》报道了涡轮生产部门在增加工作强度的同时，每周削减 2 个半小时的工作时间，从而让公司捞回 1946 年的罢工损失。在《塔夫脱—哈特莱法》通过一个星期后，工会指责通用电气公司违反协议，没有在引进钨钴硬质合金刀具（高速碳钨刀具）后改变六角车床的计件价格。迅速引进新型工具能够取得更高的生产率，但并未做出相应的补偿。[15]

斯卡奈塔第的通用电气公司工程师协会督促所有非生产性职员在罢工期间坚守岗位，其成员还多次试图穿越纠察线。1948 年 1 月，该协会宣称，“我们将通过缩减浪费、提高工作时间和劳动强度、避免旷工以及消极怠工来进一步提高我们的生产效率。”这是一份迟到的对工人发起的宣战书；战争早已进行得如火如荼。劳资冲突的焦点是工厂采用钨钴硬质合金刀具，以及提高机器运转速度的方法研究。工人与工会要求在新工作上获得更多的收益，因为它提高了产量，加强了操作的强度。工会主张，如果工人继续提高其劳动的强度的话，他们至少应该分享部分增加产出所带来的收益。工程师协会则强烈反对提高工资水平，主张针对个人采取激励措施，并提高劳动强度。它宣称，“工程师们强调要求，继续通过技术进步与改进设计来削减成本。”[16]

在这一年接下来的时间以及第二年中，斯卡奈塔第工厂里的争论仍然僵持不下，工业控制部门的争论尤其激烈。争论的问题包括违反工会关于资历规定的解雇与调职措施；通用电气公司拒绝在工会建议设立新工资结构的问题上协商，后者要求重新评估碳钨刀具所影响的工种；手工操作工人工资水平的不公平；手工工人拒绝加班，尤其在不提高任何工资的情况下提高机器的运转速度。罢工时时发生，模具工、机器操作工、机械工抗议他们认为是不平等的事情，要求为更快的工作速度提高工资。1949 年 2 月，公司加强了在加快机器速度上的工作方法研究；接着工业控制部门举行了一次罢工，公司用勤杂人员取代了原来的工人。这样就构成了一种模
158 式。以计件工资计算的熟练工人被散工、杂工和学徒所取代，与此同时还降低了工资标准。6 月，涡轮生产部门不顾工会的抗议，降低了部分钻床工作的工资；将熟练机械工解雇，把他们的工作分派给学徒。公司聘请劳动强度专家继续对安装钨钴硬质合金刀具的机床进行工作时间研究，以期在不改变工资的前提下尽可能地提高产出率。最后，1950 年 8 月，针对一次提高机器运转速度的事情，工业控制部门举行了一次罢工。工人抱怨产出增加了一倍，但没有任何工资补偿。第一轮提速的时候，工人就举行了一次罢工。在第二轮提速之初，工人们打了上班钟卡，然后立即打下班钟卡，加入罢工的行列。[17]

通用电气公司的工程师协会继续反对工会提高工资的要求，相反，它督促“增加个人努力”。与此同时，美国电气、无线电和机器工人联合会的地位却岌岌可危。由于美国电气、无线电和机器工人联合会拒绝按《塔夫脱—哈特莱法》的要求，签署非共产主义的宣誓书，它被逐出美国产业工会联合会，独自为自己的命运斗争。通用电气公司于 1949 年末宣称，来年春它将终结与美国电气、无线电和机器工人联合会的合同。从那时一直到 1954 年，美国电气、无线电和机器工人联合会与新成立的通讯国际工会（IUE）和公司斗争，开始取得了一些胜利，但最终遭到了失败，无法维持它在斯卡奈塔第的地位。1953 年 11 月，参议员约瑟夫·R·麦卡锡在奥尔巴尼市举行听证会，就通用电气公司的军工厂中所谓的共产主义渗透以及颠覆与间谍行为进行听证。麦卡锡督促通用电气公司解雇所有拒绝宣誓的工人，公司总裁拉尔夫·科迪纳（Ralph Cordiner）最终命令，对那些拒绝回答有关共产主义联系问题的工人给予停职。不久，停职、解雇、指控与反指控，乃至威胁的事件非常普遍。他们现在收紧了网绳。1954 年 3 月，一度坚决不屈服的利奥·让多也不得不为自己辩护，强烈否认他是或曾经是一名共产党。[18]

正是在这种环境下，通用电气公司启动了它的机床自动化计划，来研制“无需人的机器”。在其斯卡奈塔第的试验室里，霍姆斯与皮斯利考虑了各种解决问题的方案。霍姆斯后来回忆道，那期《财富》杂志上刊登的文章，虽然能够激发人们的想象，但充其量“预期了可能的前景，而没有告诉人们如何去做”。他们开始使用德国人率先采用的光电线路追随装置，但无法让程序带保持在一个合理的长度之内。奥林·利文斯通（Orrin Livingston）是通用电气公司聘来监督这个项目的顾问工程师，他对于控制带长度的建议是采用电子信号，而不是记在纸上的线条，这一方法把该项目引向德内高的记录与复制移位的研究方案（将移动记成电子信号相位的变换）。

在检验利文斯通的方案的时候，霍姆斯使用了一部自动同步发电机、
一部用来控制里程表的马达，并采用了伊利诺伊理工学院的马文·卡姆拉 159
斯（Marvin Camras）发明的钢丝录音方法。在第一次演示的时候，通用电气公司的工程师用钢丝录音机记录下马达转动的次数，然后将这些信号回放，产生相同的转动次数。这种方法果然有效。但是，采用钢丝录音，这只能限于单频道的信息；他们试图分离出多频道，采用不同的频率，但结果并不理想。这样，他们转向了磁带而不是钢丝。皮斯利采用了布拉什牌“声音镜子”——这是一种早期用于记录歌曲的单道磁带录音机——扩展其宽度使它能够容纳四个频道。由于当时的磁带录音机技术还不成熟，他们必须研制自己的转带与录音设备，就跟德内高曾经做的那样。他们最开始的想法是记录下靠模指针跟随模板断面的三轴动作。后来，这一想法扩展为还记录下人工操作时机床的动作。工程师们用从德内高那里借来的名字来命名他们的控制系统：“记录—回放”（关于它的技术描述，参见本书附录一）。[19]

通用电气公司的记录—回放系统在1947年做了演示，并且取得了成功。它能够记录下靠模指针的动作，或者由机械工操作机器时的机器运作，然后以0.001英寸的精确度复制这些动作——它比当时市场上任何一部仿形机都不逊色。虽然工程师们对它抱着很大的热情与期望，但公司只是将它看做仍处于试验阶段，并不可靠。所有这些操作以及演示都是在“试验室环境”中完成的，而且用于记录的加工过程的操作者也全都是工程师而不是通用电气公司的机械工——他们属于世界上技术最高的机械工。“（在工人

那里）我们没有得到任何反馈，”霍姆斯后来回忆道，“因为它根本就没有成为一个问题……我们没有告诉工会有关这一项目的事情。”但随着更可靠的记录系统可以在市场上买到时，而且磁带的质量更好且更便宜，通用电气公司开始认真考虑该新型控制系统商业化的可能性。这样，霍姆斯与他的同事开始考虑他们的系统可能带给用户的各种优点。其中许多优点在斯波诺格尔和德内高的专利申请书中已经说明过。而另一些长处，则由加拿大发明家埃里克·W·利弗（1946 年《财富》杂志所刊文章的写作者之一）在 1949 年与麻省理工学院出身的加拿大工程师乔治·R·莫尔斯（George R. Mounce）联合申请几乎完全相同的相移记录—回放系统专利时列举过。*
160 这些观念，正如诺伯特·维纳致沃尔特·鲁瑟信中所说的，很大程度上属“虚辞”。[20]

根据所有支持者的意见，该自动控制系统的最大优势就是减少了生产所需的技术要求。正如霍姆斯的上级哈里·帕尔默（Harry Palmer）所描述的，这种新技术可以作为“极少数优秀机械工的放大器”，因此可以雇佣最少的熟练机械工，这样在机器操作工上花钱更少——奥林·利文斯通指出，“绝不可以低估这种优势。”小说家库尔特·冯内古特（Kurt Vonnegut）当时是通用电气公司的宣传人员，他也指出，采用了这种新型系统，“就不需要浪费时间培养一代机械工来做这份工作”。[21]

---

* 正如《财富》文章所表明的，战争期间，埃里克·W·利弗最开始设想将可编程控制用于机器人和机床。二战后，利弗与乔治·莫尔斯一道，将这一想法付诸实践。文章的另一位合作者 J. J. 布朗后来把他们的成果描述为“第一部能够记住熟练工人的操作然后回放以生产产品的机床”。布朗也许是对的。利弗的控制系统称做艾姆柯罗（AMCRO，记录操作自动机器控制），在 1947 年第一次进行演示，这一年通用电气公司也演示了他们的控制系统。当年，利弗为该系统申请美国专利；1949 年获得了专利权（两年后，通用电气公司获得了其系统的专利）。这里的问题不在于利弗是否第一个将记录—回放方法变成现实的机床控制系统；很显然，利弗的系统与通用电气公司的系统如此相似，即使不是第一个，至少也属第一批。（两者之间似乎不存在影响，根据利文斯通与洛厄尔·霍姆斯的说法，他们是在自己的系统作了演示之后才得知利弗的系统。）关键的问题在于，利弗对自动化控制系统的整个领域认识相当深刻，他认为记录—回放系统是最好的方法。根据布朗的叙述，利弗曾经试验过其他方法，包括数值控制，但仍然拒绝了种种方法而采用记录—回放技术。“后来麻省理工学院的皮斯在 20 世纪 50 年代所采用的以打孔纸带贮存信息的方案，很早就为利弗所拒绝，因为它极其复杂而且成本高昂。”布朗后来回忆道。这样，利弗的早期成果就如此流产了，同时失落的，还有记录—回放技术以及加拿大在机床自动化未来发展中的地位。“从商业前景来看，”布朗认为，“艾姆柯罗系统的失败堪称加拿大技术史上最大的失败……利弗与莫尔斯无疑是这一领域中的先行者，并且有了一个很好的开端……然而他们那家在 1945 年以 1 万美元资本创建的小公司，根本不足以从专利权中获利并围绕着其基本思想建立起捍卫专利的防护措施。”

记录—回放控制的支持者们还指出其他专属于该系统的优点，它们与记录过程、存贮介质以及整个技术的易学好用相关。[22]皮斯利指出，当系统在记录一个熟练机械工的动作时，它不仅记录了所有自觉的动作，而且也记录下那些“非比寻常的”下意识动作，比如在加工过程中所做的自动微调以补偿耗损。此外，该系统还能够用于改进最初的加工过程，正如对复制钢琴机的记录在演奏完之后对它进行“提升”一样。比如，将错误消去，重新记录，确保生成一部不带任何错误的主带；可以在加工过程中停掉或启动记录，这样就可以在主带上消除空载时间——机械工停下来测量部件或参照设计图的时间——持续生产；最后，还可以以较慢的速度记录以确保准确，但以更快的速度回放从而尽数利用高速刀具的优点。（通用电气公司的工程师们还认识到，还可以采用更轻的记录设备，这样可以在不 161
与生产设备相连的情况下“离线”记录——斯波诺格尔早已预测过这一点。）

关于永久性的可编程存贮介质的其他优点，前面已经说过。由于参数信号而不是控制带的长度成为机器动作比较的基准，控制带受温度、湿度或手工操作失误而导致的变形并不对回放的精确性有任何影响。在不同时间所进行的不同操作都可以相继记录在同一控制带上，并且在任意时间都可以消去某个给定的程序，然后在旧记录上记下新的程序——这是磁带在经济成本上的优势。此外，使用磁带还可以大大减少在接下来的生产中安装刀具与装配机器的时间，这意味着大大减少了刀具的贮存，因为部件可以随时制造。（传统设备必须针对每个具体的部件加以专门的安装，因此要做到经济，必须每次安装后生产相当数量的部件，但这导致库存量很大，从而提高了库存成本与纳税成本。）此外，模具只用一次便不再需要，这种方法可以采用更为便宜的模具，从而减少贮存模具和检索模具的成本。而且，即使在记录时使用了靠模工作台，但也并不必然将该工作台用于回放，这样就可以节约宝贵的工作空间。

除了那些直接与记录过程相关的优点之外，绝大部分的优点也可用于后来的数值控制技术。但从设计者的观点来看，记录—回放技术最吸引人的地方在于它相对容易学习与利用（与后来的数值控制技术相比）。正如皮斯利与利文斯通所指出的，同样的部件，只需在配线上做少许更改，就可以用于记录与回放，而系统所需的，只是现成可用的资源，即熟练机械工与靠模设备。记录—回放技术不需要计算机、程序员或精密的部件程序设计技术，就可以令任何人工操作的传统设备自动化。“只需一些磁带就行，”

皮斯利在一本专业杂志上介绍通用电气公司的控制系统时说，“这种高度灵活的通用系统对于中小批量的生产来说堪称最理想的技术。”

当时，人们关注自动化的焦点在于其在成本上具有竞争力，而不是空军所要求的规格或技术上的优良性能，如后来麻省理工学院数值控制项目的情况那样。哈佛商业院的约翰·迪博尔德一眼就看出通用电气公司的记录—回放系统的商业潜力。他在其自动化研究的开创性著作中指出，“记录—回放技术对于短期的生产来说是一个相当好的解决方案。这是一项非同小可的成就，因为它意味着，小型工厂也能够实施机床自动化——人们本来根本就不会指望这里也能实施哪怕是一丝一毫的自动化。”[23]

即使如此，如一个通用电气公司的销售部门经理所说的，公司对记
162 录—回放系统的各种好处大肆宣扬，但在实际销售的时候却“没发挥作用”。这在当时是最先进的技术，但在演示时却吓跑了许多参观的人，参观者主要是制造商、新闻界、空军以及飞机工业代表。霍姆斯回忆道，“我们的设备事实上仍处于研制阶段，并且没有以很好的商业形式包装，这令许多制造业中不懂电子学的人感到畏惧。”此外，尽管演示者费尽口舌说明系统尚未完成，只需稍做一些改动就可以弥补现有的缺陷，机床制造商们仍然对他们所看到的种种技术错误感到不满。由于它使用仿形机来记录断面，这样模具的错误也很容易加以复制。此外，伺服系统方面也出现动力问题，记录—回放系统将伺服系统既用于记录模式，也用于回放模式，其中的差错更为复杂。这使得精确程度并没有达到人们的预期。吉丁斯和刘易斯公司的哈里·安克尼（Harry Ankeney）后来回忆道，按照空军以及飞机制造业的性能要求来看，“当时人们对精确性的狂热达到了极点；人们要求比现存最好的机器所能达到的程度还要精确 10 倍乃至 20 倍，任何设备，只要在精确性方面出了一点点差错，人们就会认为它不值得再去尝试。”[24]

最开始的时候，通用电气公司的工程师们在同步控制时启动与关闭记录方面存在困难，他们还不能在记录时用一个速度，在回放时则用另一个更高的速度（虽然霍姆斯在这方面已经开始研制一部正弦波稳压计）。这些问题让潜在的客户不放心，工程师们也无法说服他们相信，相同的控制带可以用于不同的机器，最终的控制带可以消除误差，可以同时控制三轴运动而不会在精确程度上有任何减少（演示是在两轴上进行的）。其他参观者则抱怨，该系统使用了 200 多个电子管，这对于工厂来说显然过于复杂。还有些制造商认为，如果用模板来制造第一份记录，那么它也可以用来生产

其余的部件。工程师们建议该系统可以使用一次性的廉价模板，从而可以节约工厂空间以及接下来的贮存与运行成本，但制造商并不相信这一点。霍姆斯后来指出，“参观者们认为磁带库最终取代模板与部件库是不可能的。”此外，“他们还不相信，系统可以在一部机器上记录并制作记录带，然后在另一部机器上回放。”[25]

30 年后，霍姆斯总结道，“记录—回放技术超越了它的时代，当时没有人想使用这种技术。”“机床制造商从未下订单，而通用电气公司的销售部门也没有认真推广，公司的制造人员则认为它过于复杂。”在演示的时候，系统的研制仍然“没有完成”。“许多可以回应批评的想法……从未得以付诸实施。这是因为我们在前面几个阶段已经耗费了大量的资金，手头已经 163
没有钱来进行后续研究以实现我们的各种设想，”他总结道，“当时，各行各业都朝不保夕……我们没能演示一个完整的系统，这使得许多人望而却步，没有认真考虑该系统。1950 年，我被调到工业控制部的其他部门，这也许是阻止我在这个上面再耗去更多的钱。”[26]

霍姆斯的上级哈里·帕尔默当时也承认该系统的市场“有限”，但后来回忆时，“个人认为销售人员本来可以做得更好一些。”当时推广系统的一个主要障碍是，通用电气公司不愿意直接向潜在用户做广告促销。通用电气公司只与机床制造商联系，希望能够将它的电子控制设备卖给它们。公司不愿意直接跟机床使用者打交道，这是因为它奉行不与自己的客户竞争这一政策。“我们的机床销售部门仅仅与机床制造商联系，”后者拒绝革新，因为这使它们现有的设备过时，帕尔默回忆道，“它们没有直接与使用者联系。根据我个人的经验，使用者将很乐意看到这种系统，但它们没有机会知道这一点。”加工厂本应是一个“很好的对象，机床制造商早就该为这个市场制造机器了”，但是加工厂这边缺乏这种系统的信息，也没有足够的市场和政治力量来引导机床制造商。“当时唯一有这个神通来强迫机床制造商采用类似技术的就是美国空军”，但空军却另有目的。[27]

最初的技术缺陷以及政治、制度上的约束阻碍了记录—回放系统的后续研制与商业成功。但事实证明，当时最大的障碍既不是技术上的，也不是制度上的，而是观念上的。记录—回放系统的突出特征——通过记录传统加工方式来制作控制带——在许多制造业工程师以及管理层看来，是其主要的缺点。在当时那种人们迷恋于整体的自动控制的情况下，像这种制作控制带时严重依赖人工的系统，还未出生就被人视做过时的技术。当时各家公司的管理层与工人和工会在争夺对机器和生产的控制权，而该系统似乎为机械工及其工会在自动化生产中保留了一个至关重要的位置，在他们看来，它充其量也只是一个半成品，更糟的情况是，它甚至可能导致事与愿违的后果。

“关键问题，”通用电气公司的工程师格伦·彼特森（Glenn Petersen）后来回忆道，“是记录—回放这一概念本身。”“制作控制带的方法是一个重大的缺陷。”通用电气公司的销售部经理也持相同的看法。与霍姆斯一样，
164 技术顾问约翰·达彻（John Ditcher）回忆起当时一家大型机床公司的机械工程师的话：“做我所说的，而不是我所做的……我希望机器按我说的去做，而不是按我所做的去做。”这句话包含两重意思。首先，它意味着该系统只能复制一个机械工已经能够做的，并不能够做更多的事情。比如，它不能够用于五轴机床的加工，如空军所希望的那样。它可以比得上最好的机械工，但在管理层看来，这仍然不够好。帕尔默指出，由于机械工“缺乏效率”或者“无能”，“我们需要一种更好的制作记录手段”。工业应用小组的厄尔·特鲁普（Earl Troup）也赞同这种看法。他指出，在制作控制带的时候，“机械工会耗费过多的时间来加工一个零件”；“所有细微的调节都会记录下来。然后记录—回放系统又会复制人们已经能够做的事情……机械工手工操作中的经验、手感、操作导螺杆的技术等，使得它所能达到的精确程度毕竟有限”。霍姆斯也承认，使用该系统，“你只能实现那些操作工已经能够做到的事情”。

就此而言，这种批评是正确的。但它忽略了从最后的控制带中消除空载时间和误差的技术潜力，并且在回放时提速的可能性。它还忽略了一个重要事实，即绝大多数金属加工业的加工（如果不算上空军所要求的加工）都处在机械工“已经能够做”的范围之内。[28]

该机械工程师所说的“做我所说的，而不是我所做的”的另一重含义是：做我——管理层——所说的，而不是他们——工人——所做的。这里的问题不是精确性或能力，而是控制问题。“采用记录—回放技术，”厄尔·特鲁普指出，“机器的控制，包括进给、速度、进刀次数和产出，仍然保留在机械工手中。这样，管理层仍然依赖于操作工，无法达到全部利用机器的生产能力。”约翰·达彻同意这一观点。他曾应伯利恒钢铁公司的要求，设计了一部磨光钢卷的自动机器。他回忆道，“伯利恒钢铁公司抱怨，操作工控制了生产过程，决定其生产量——比如，不管是什么情况，一天

只做8卷。”这家钢铁公司希望通用电气公司设计出一种自动系统，能够保证管理层控制生产，在消除工人“限额”（工人决定的产量）与“步伐”（工人决定的生产率）的同时增加产出，达彻与其同事接受了这个任务。* 他指出，“记录—回放控制技术无法做到这一点。”[29]

因此，达彻与特鲁普等工程师们寻求某种手段将“自动同步信号”实现离线集成，不仅在制作记录时可以不必与生产机器联系，而且更为重要的是，消除管理层对熟练机械工的依赖。通用电气公司的销售经理后来回忆道，“我们的工程师受到极大的压力，去研制使机器运转就能制作控制带的手段，但当时他们所设想的各种方案都没有付诸实施。”“许多参观者对我们说，最好的系统就是能够将设计图所规定的规格和加工技术直接转换为准确的指令，”霍姆斯回忆道，“而不是复制一个操作工的动作。”[30] 约 165
翰·迪博尔德证实了这种说法。虽然他也认识到记录—回放技术的可操作性，但他仍然对更为完备的自动化技术抱着强烈的热情。“这种复制手工操作并为手工操作设计的机器自动控制并不是控制技术最富成效的方式。”他断言。

> 采用根据反馈原则来运转的自动化控制设备，我们能够在自动化控制机器方面达到一个完全新的高度。相比较使现存的机器自动化来说，这将是一个意义极其重大的突破。我们很难预测这类机器的具体形式，但可以断定的是，它可以应用于工业领域——机器组装、材料加工、生产监督以及装配——其中机械化在这方面可说是最不成功的一种。显然，这种新型技术除了能够实现办公自动化之外，还能够实现工业领域的这些自动化。同样毋庸置疑的是，在所有这些环节都实现自动化之前，工业自动化不会停止。[31]

这样，至少在通用电气公司，记录—回放概念被永久搁置了，尤其是当时，更能满足管理层要求的数值控制技术方兴未艾。根据哈里·帕尔默的说法，“1949年，通用电气公司接到一个数控设备的高达几百万美元的订单，此后，便没有人再认真去钻研记录—回放技术了。”通用电气公司也曾

* 关于这一技术对钢铁厂的影响，参见查尔斯·沃克（Charles Walker）对美国钢铁公司设在洛雷恩市的工厂的自动化问题研究——《走向自动化工厂》（*Toward the Automatic Factroy*）。

售出过一套记录—回放系统，根据空军的安排，购买商吉丁斯和刘易斯公司用它来对飞机的外壳铣磨，但很快就将它改造成一个数值控制系统，其中虽然仍用磁带控制机器，但制作却由计算机来完成（见下文）。此后，通用电气公司还出售过用于两轴车床和三轴铣床的磁带机器控制系统（莫莱机床与爱克赛罗机床）。最开始，用于这些控制系统的手册还标明，磁带既可以通过"记录模式"在设备上制作，也可以通过"离线模式"在计算机上制作。但后来，这一部分被删掉了。虽然该系统仍然具备记录能力，并仍然以"记录—回放"的名义销售，但实际上已经成为数值控制中的一种形式。

"管理层更青睐数值控制，"奥林·利文斯通——他是第一个想到相移方法的技术顾问——回忆道，"这意味着他们能够坐在办公室里，写下他们所希
166 望的东西，然后把它交给某个人说，'照这个去做'……有了数值控制技术，根本就不需要把你的手弄脏，也不必去跟人争论。"工业应用小组的厄尔·特鲁普也同意这个看法，"采用记录—回放技术，机械工仍然控制着机器……而使用数值控制技术，控制权就转移到管理层。管理层曾经对机器有过控制，为什么我们不能控制它呢？"[32]

这样，在通用电气公司，记录—回放技术最终让位于人们对数值控制技术的热情。霍姆斯与皮斯利被调到其他研究部门，而他们的同事则将精力放在研制符合空军有关性能的要求以及管理层目标的技术上。在其他地方，记录—回放技术仍然吸引了一些人的关注，但是（下面我们马上谈到这一点），没过多久，它就遭到了彻底的抛弃，与此同时，通用电气公司的经历以及记录—回放技术便永久停留在小说的虚构之中。库尔特·冯内古特受到通用电气公用的记录—回放项目（以及他亲眼所见的记录—回放技术）的启发，写出了他最早一部也是影响最为广泛的小说。他的书名题为《自动演奏钢琴机》，较早地警告世人有关无歇止追求自动化所隐含的社会与人类危机（详细内容参见本书附录二）。

冯内古特的小说对普遍自动化的危机敲响了警钟，但他混淆了记录—回放技术与数值控制技术的区别。他认识到，在记录—回放技术中，编程依据主要是机械工的技术，但他并未深究这一事实所隐含的全部意义。为记录—回放技术编程并不是一件一劳永逸的工作；因为只要有新的部件或者在旧部件上做出改动，就必须制作新的控制带，这样记录—回放技术赋予熟练工人在自动化生产中一个永远关键的地位。并且由于这种制作控制带的方法实质上构成了传统技术的扩展，而不是对它的取代，这样工人及

其工会也许能够将编程置于他们的职能之内。这将导致管理层无法声称编程工作是一种崭新的职能从而有权不接受工会规则的管辖，因此也很难从车间中分离出编程工作（包括对生产的认识与控制）。此外，采用记录—回放技术，拥有现成技术而且比工程师更熟悉加工情况的人们也能够自己编程，它将使自动化控制更为“人性化”，也容易为车间的使用者所接受。

最后，也是最重要的是，由于记录—回放技术的进一步研究需要熟练工人的参与，这也意味着工人将在现代生产技术的设计与使用中有更多的发言权。这不仅大大有利于工人的福利，而且也有助发展更为实际的生产 167
技术。但这毕竟只是一种推测。也许正因为记录—回放技术深深根植于工人的知识与能力，它必须遭到那些拥有选择权力的人们的遗弃。他们选择数值控制技术，不仅仅因为它意味着管理层取得更大的控制权力，更符合空军对性能的要求，以及能够充分满足计算机狂的梦想。与记录—回放技术相比较，数值控制技术也意味着离自动化工厂更近一步。

无论如何，并不是每个人都相信计算机控制更有优势或者记录—回放技术处于劣势。还有一个事例就是艾伯特·加勒廷·托马斯（Albert Gallatin Thomas），他来自弗吉尼亚州，是一位富有创造力、善于独立思考的发明家。托马斯曾在弗吉尼亚大学和麻省理工学院学习过工程学，战争期间在科学研究与发展局工作，参与了雷达近爆引管计划，并负责过格伦·马丁飞机公司的专利事务。1944 年他加入了控制试验室，此时，他对最新的技术进展相当熟悉。控制试验室设在马萨诸塞州的伍斯特市，由实业家罗伯特·C·特拉弗斯（Robert C. Travers）在二战前创立，当时已进入机床自动化的最尖端领域。在这里，克莱图斯·基利恩建立起第一个数值控制系统，托马斯对此也做出了重要的贡献。他提出了自己有关机器控制的想法，包括采用他钻研多年的光电线路跟踪器。他还研究将计数功能与发电功能集于一身的特制步进马达，从而令数字控制系统更为简单。他使用步进马达和闸流管，建造了一种与坎宁安的自动刨齿机相似的胶带驱动控制系统。“虽然这种系统本质上是一种离散类型，”托马斯说，他所指的是数字方法，“但控制得如此完美，事实上已经成为一种连续系统。”此时，托马斯意识到在制作控制介质方面存在着极其巨大的困难，并开始考虑采用记录动作的方式来自动生成数字控制带，这样“就根本无需进行任何计算”。[33]

1948 年，控制试验室移至密尔沃基市，托马斯担任查塔努加大学工业研究所的研究室主任。他继续钻研机床控制，推进他在步进马达以及他在伍斯特市发明的间隙补偿机制的研究。此时，他仍然考虑沿着记录—回放技术这条路线来简化制作控制带的问题。“该控制系统有一个重要附件，”
168 托马斯解释道，“它具有人工或自动追踪设计图纸或模板，同时能够在纸带上打印或打孔，以记录图纸或模板的断面特征。控制带包含了所要制造的部件的形状信息，然后使用自动机床控制系统来驱动铣床、车床等机床复制出任意数量的部件，整个过程完全是自动化的，并且将取得人工所无法得到的精密程度。”该系统制作控制带的方法与通用电气公司的方法类似，它能够记录靠模指针或机床的动作，然后自动复制出这些动作。唯一的区别就是信号是数字的，而不是模拟的，这是斯波诺格尔已经预测过的研究路线。[34]

1955 年的《机械》杂志报道了托马斯制作控制带的方法，但此时他正在研制另一种控制系统，它可以无需实际记录机床或靠模指针的动作而制作出包含动作信息内容的控制带。他设计的机器本质上是一部模拟计算机，可以模拟机床的动作以生成数字控制带。编程仅仅包含角度、圆心及其半径、线段的起点与终点这些内容，然后机器就能够按要求生成相应的控制带。“我认为，我们这一控制系统最重要的优点就是它在制作控制带方面最为切实可行，”托马斯在写给罗伯特·特拉弗斯的信中说道，“我们只需对机器输入一些关键的点，机器就会将其余的事情完成，按人们的要求来计算并制作出控制带。”“除了那种极其昂贵的计算机之外，”托马斯声称，这是现存“最好的制作控制带的设备。”“现在我们只需 30 分钟就可以制作好控制带，这在以前需要好几天的功夫来计算……对于那些小型的加工厂来说，这部制作控制带的设备也能够让它们实现自动化。”[35]

> 在记录控制机床或其他设备领域，长期以来记录或控制带的制作构成了一个相当困难的问题。首先必须进行极其繁多的计算，然后通过打孔或其他方式将这些大量的计算数据输入到控制带上。这一程序相当缓慢，而且成本居高不下。采用电子计算机的价格不菲，而且由于使用控制带的系统相当多，要等待各个计算中心来制作控制带，可以预料得到，将延误时间。相反，如果有了价格更为便宜的控制带制作设备，加工厂或加工车间就能够在无需计算机专家的情况下，自己进行一些简单的计算，从而迅速而经济地制作控制带，因此它们将亟

需这类设备。[36]

事实上，托马斯所推销的廉价、简单、稳定而且易操作的控制系统，其主要的核心就是他的专用步进马达以及他的控制带制作方法。1951 年，他在查塔努加市成立工业控制公司，作为在该领域拥有他的专利的公司(他总计在步进马达上拥有 9 项专利，在控制系统上拥有 8 项专利，在控制带制作设备上拥有 2 项专利)。第二年，麻省理工学院演示了它的数值控制机器，托马斯批评它过于复杂，并声称他的机器能够切割出任何三维形状，且精确度并不亚于麻省理工学院的机器。然而托马斯的系统从未实现过商业化，他缺乏足够的资金，并且也没有什么政治影响力。托马斯是一名局外人，尽管他的教育背景相当优秀，而且技术上也尤其先进；并且作为一名完全独立的发明家，他对工业巨头抱着警惕的态度，不让它们染指自己的专利。他也没有任何军方的支持。工业控制公司也曾对两家小公司——宾夕法尼亚州巴特勒市的特勒公司与马萨诸塞州尼达姆市的佩斯公司——授权使用其专利，但它们都没能成功地推销他的理念。因此，尽管托马斯的系统在新闻界也曾获得一些反响，但从未真正实现商业运营。* 托马斯试图自己推广这种系统，但最终无法斗过那些控制系统的工业与科研巨头。1968 年，《美国机械师》刊载了一系列的文章讨论自动机器控制的历史，它们甚至完全没有提及托马斯所做的早期贡献。托马斯给该杂志写信，试图为自己争取迟到的应有地位，但也无济于事。杂志的副编辑不无同情与恩赐地回了一封信。他在信中写道：“一个美妙的想法就如此消失在人们的视野中，虽然让人有些遗憾，却也引人入胜。然而，我们认为，我们的读者完全不必了解这一段故事。”[37] 169

另一位试图坚持记录—回放技术的人是托马斯·G·爱德华兹，他是一名从事金属加工业的工程师与发明家，曾担任空军监督麻省理工学院数值控制计划的第一任督查员。他对最新的技术发展相当热情，但他也深知工业界的需要以及加工的实际情形。爱德华兹在 50 多岁的时候，担任空军装

* 步进马达是托马斯那简单的开环控制系统的基础。由于其马达的精确程度相当高，因此不需要任何反馈控制，机器也因此更便宜而且易于操作。但在空军和麻省理工学院所建立的标准下，这一方法未能在美国得以实施。“虽然美国公司仍然受闭环控制系统的‘传统’或先例的强烈影响，”1972 年的《机械设计》杂志指出，“但海外的用户却对开环控制的简单与低成本情有独钟。”比如，至 1972 年，日本高达 90%的设备都采用这类更简单也更廉价的设计系统。

备司令部的工业服务部下属的生产改进处的工业专家，其任务是使飞机制造业满足前所未有的加工规格。1951 年，爱德华兹被任命为空军的督查员，督查当时正在麻省理工学院进行的军方资助的数值控制计划。在那时，他遇到了各种能够决定机床自动化此后的发展方向的各种力量。爱德华兹很乐意按照金属加工业的实际需求来进行研究，试图把研究引向记录—回放技术或他所谓的“动作”方法，但未能成功。

170 1947 年，吉丁斯和刘易斯机床公司派了一名代表观摩通用电气公司的记录—回放系统的演示。与其他的参观者一样，演示并没给他留下深刻的印象。但吉丁斯和刘易斯公司仍然决定与通用电气公司达成交易，联合开发电子靠模控制设备。1950 年，通用电气公司设在密尔沃基市的销售人员成功地说服吉丁斯和刘易斯公司相信记录—回放技术的潜在优势。根据当时通用电气公司的一名销售经理的说法，吉丁斯和刘易斯公司之所以对记录—回放技术感兴趣，是因为它可以使用一次性模板，这对飞机制造商来说可以省去贮存模板的大笔费用。与其他机床制造商一样，吉丁斯和刘易斯公司也把飞机制造业视为潜在的客户（以及军方的成本加成合同）。通用电气公司的技术顾问约翰·达彻回忆道，吉丁斯和刘易斯公司对记录—回放技术感兴趣，主要是因为“它希望采用某种新技术，从而保持竞争中的优势地位”。不管是出于什么原因，吉丁斯和刘易斯公司成为通用电气公司记录—回放系统的一个，而且是唯一的购买商。[38]

通用电气公司与吉丁斯和刘易斯公司刚刚签订协议，1951 年夏，洛克希德公司就根据空军合同的要求公开招标采购成形表皮铣床。该机器用于生产集成加筋表皮，要求误差小，生产效率高且精确度高，能够用于五轴控制、三维成形，并且以超过操作工的人工限度以上的速度进行高速加工。这是一份前所未有的订单。辛辛那提铣床公司的招标书建议使用它的液压靠模控制铣床，只需重新设计为五轴控制。吉丁斯和刘易斯公司则建议采用它自己改装过的靠模机床，采用记录—回放系统。吉丁斯和刘易斯公司声称，由于记录—回放系统的记录能力相当强，模板只需用于生产第一个部件以及制作控制带，然后就能够以远远超过传统的靠模控制系统的速度回放控制带。而且，模板也不再需要贮存。[39]

爱德华兹参与了洛克希德的计划。为了推广所要求的自动控制机器，他试图将机床业与电子工业中的人们拉在一起，并把他们带到麻省理工学院和其他地方的研究人员相见。

1951年夏，他在麻省理工学院为通用电气公司与吉丁斯和刘易斯公司的代表组织了一次会议（此外还邀请了奥斯汀公司与飞兆记录公司的工程师，他们在机床控制与磁带记录方面富有经验，但未能与会）。爱德华兹列出洛克希德公司的要求，并鼓励通用电气公司与吉丁斯和刘易斯公司的代表们学习麻省理工学院沿着计算机控制路线研究的经验。他还表明了自己的观点。爱德华兹认为，存在两种实现自动控制的基本方式：或者在控制带上输入计算机指令，或者使用凸轮，包括模板与模板的磁带记录。在爱德华兹看来，空军装备司令部认为“迪吉”（帕森斯为数值控制所命之名） 171
远远“无法满足现在（洛克希德）的要求”，因此研究路线就仅限于凸轮，其中模板更有长处。通用电气公司机器部的C. M. 罗兹（C. M. Rhoades）试图说服爱德华兹接受记录—回放技术的优点，认为该系统能够用于高速运转，消除空载时间，并且可以减少库存。爱德华兹有些心动，但建议必须找到某种无需与生产设备相联系的情况下制作控制带的方式。他建议研制一部他称之为“分度器”的设备，它是“专用铣床的办公室版本”，能够离线“根据工程金属图纸或工程学测量数据在控制带上输入指令”。麻省理工学院的威廉·皮斯认为这种“分度器”“也许能够用来研制迪吉系统的控制带……其中信息都是数字形式”，从而“减少了计算控制带数据的时间”。吉丁斯和刘易斯公司的杰斯·多尔蒂（Jess Daugherty）同意爱德华兹的分度器的看法，并指出，由于减少了停机时间从而节约了成本，这样的记录设备在经济上完全是可行的。会议最后达成了共识：迪吉系统不能用于生产，模板控制太慢，而记录—回放系统能够适用于各种生产速度。这样，记录—回放技术得到了各方的承认。吉丁斯和刘易斯公司的D. M. 拉夫林（D. M. Laflin）说，他的公司将向洛克希德公司提出记录—回放系统控制铣床的正式投标书，托马斯·爱德华兹则向他的上级推荐接受吉丁斯和刘易斯公司的记录—回放系统标书，并认为“该研究计划中应该包括一个‘分度器’的研制计划（将指令输入到控制带上的办公室版）”。[40]

1951年9月5日，爱德华兹在麻省理工学院又召开了一次会议，讨论自动控制的一般问题与具体的“存贮介质”问题。与会者是来自奥斯汀公司与飞兆记录公司的代表，他们分别研究机床控制与磁带记录方向。爱德华兹试图推广记录—回放技术，希望这些人能够帮助他。[41]

爱德华兹再次描述了飞机制造业的要求与对自动化控制的需要，并敦促与会者熟悉麻省理工学院的工程。他比较了“信息制作中数字方法与动

作方法"的各自优缺点，并极力推荐记录—回放系统，认为它更优于迪
172 吉。* 爱德华兹后来描述道，麻省理工学院的人"坚持认为存贮介质可以根据实际需要来做选择，但信息内容必须是数字的而不是动作的"。麻省理工学院强调数字技术——尤其是飓风计算机项目——具有优势，爱德华兹指责"麻省理工学院没有对正在研制中的各个控制系统以及'磁带'给予客观的评价"。[42]

"我们应当按最适合所设立目标的要求来选择信息内容，"爱德华兹主张，"操作对数字类型信息的要求不应是每分钟 15 000 个指令（当时麻省理工学院项目的比率），而应只是每分钟 100 个或更少的指令。"比如在加工或监视的过程中。爱德华兹在麻省理工学院指出，铣床"正在采用数字控制方法"，但是这并非数字控制的"唯一，也非最好的应用对象"。"反过来，数字指令对于机床控制来说也并非唯一的方法"。爱德华兹坚持认为，"动作方法（记录靠模指针或人工手柄的动作）也具有广泛的应用前景，相比较数字方法而言，它可能是一种成本更为低廉的自动机床控制方法，理由有二。"第一，在制作控制带方面，"通过模板或手工，在做第一个部件的时候，就能够记录下动作（信息）；而采用数字信息，就必须对每个 0.001 英寸进行计算"。第二，"动作方法直接省却了高速计算机，减少设备数量，相应降低了成本"。爱德华兹认为，以数字方法来制作控制信息在某些应用方面具有一定的优势，但在机床控制方面并非所长。"在机床控制方面，每一秒钟就必须无限次地改变变量，"他认为，"这意味着应当采用（另一种）贮存信息的方法（原文如此。——原书注）。"他强调指出，"这类信息可以是复制类型的，而存贮介质可以是电影胶带或磁带。"他注意到，"在这个问题上，现在尚未有形诸文字的参考数据"，并号召"对这种方法以及信息在磁带上的应用进行更多的研究"。[43]

爱德华兹再次深入讨论了用于生产过程之外来记录动作的"分度器"。针对奥斯汀公司的亚历山大·屈内尔（Alexander Kuhnel）所表示的兴趣，

---

* 在当时各种自动机床控制系统中，爱德华兹此时只提到通用电气公司的记录—回放系统与麻省理工学院的数值控制系统。他所说的"数字"指数值控制系统，其中信息是离散的、不连续的并且是增量的，存贮在打孔纸带上，并对应于数值指令。他所说的"动作"指通用电气公司的系统，其中信息是连续的，像模拟信号一样贮存于磁带上，对应于所记录的机器动作。他并不知道斯波诺格尔与托马斯所采用的记录—回放技术，其中信息是离散的、不连续的信号，对应于所记录的动作而不是数值指令，存贮介质是打孔纸带而不是磁带。因此，爱德华兹所推荐的记录—回放概念，必然包括模拟控制与磁带这两部分内容。

爱德华兹建议对该设备的可行性与设计进行研究。屈内尔接受了这一建议，并指出也可以将分度器制成一部“缩微的真正机器，用于切削软塑料，这样操作工就能够理解切削路径，同时将动作转换给存贮介质”。屈内尔当时显然明白爱德华兹建议中的潜力，并提议给空军装备司令部递交一份报告， 173
要求研究“研制操作这些新型机器的最优方法所需的各种技术”。飞兆公司的代表也认为，他的公司也将递交这样的一份报告，以敦促进行这方面的研究。爱德华兹同意这些建议。他承认通用电气公司曾是“磁带机器控制的最初创始者”，但“根据这一原理各自独立研制也很好”。（参见本书附录三。）[44]

“麻省理工学院自然坚信，”爱德华兹在给他的上级约瑟夫·J·科伦布罗（Joseph J. Columbro）上校的报告中写道，“只存在一种制作与存贮信息的方法。”“在许多方面他们是对的，”他承认，“答案似乎存在于应用领域，制作信息的简单与否以及设备的成本与所要求的性能相关。”从这点出发，爱德华兹主张，“在磁带记录动作以用于机床控制方面，还大有潜力可挖。就已经指出的应用领域而言，这种方法将给该行业带来极大的帮助，因为它具有初始的低成本以及简单的信息制作技术。”“考虑到这种方法所带来的预期利益，”爱德华兹说，“建议给这些新的想法以鼓励。”他坚信并致力于研制记录—回放技术。“因为这种技术能够使自动机床控制的成本更为低廉……”他在写给科伦布罗上校的报告中说道，“建议整个工程朝着这个方向发展。”[45]

与此同时，麻省理工学院的项目主任威廉·皮斯在写给戈登·布朗的信中写道，“我们无法从爱德华兹先生那里得到该问题的明确答复，他只是一般性地建议，作为磁带记录—回放系统，它似乎包括一种他称之为分度器的设备”，而这种设备，实质上是“一种制作控制带方法”。“爱德华兹与我讨论了机器控制使用数字技术的未来发展，”皮斯继续说道，不悦地注意到，“与其上级的观点完全不同，他认为我们的控制系统对于空军而言无多大帮助。他的理由是控制带的制作过于困难。”

“我们认为，到目前为止，这种观点尚未得到证实，”皮斯强调指出，“控制带的制作问题尚未得到充分的研究。”但是，这样的研究正在进行之中。一个月以后，他直接写信给生产改进处的主管保罗·H·布吕克纳（Paul H. Brueckner）中校——皮斯后来在回忆中称他是一名数值控制的狂热支持者——宣称麻省理工学院是“从两个角度来研究制造问题的：第一，

检验正在研究的数值控制系统在各类机床上的应用；第二，研究制造问题
174 以确定是否存在应用数字技术的其他可能性”。“我们启动这个项目，”皮斯写道，“是为了得到更多有关飞机制造业制造问题的信息，这些信息对于数字技术也许不无益处。”他指出，“爱德华兹先生完全明白我们启动这个研究项目的意图。”明摆着，与其说麻省理工学院有兴趣研制用于金属制造业的机床生产技术、生产方法，不如说它正在推广数字技术与数字计算机的应用。[46]

这样，双方形成了战斗，但这并非势均力敌的竞争。爱德华兹试图为机床控制寻求一种更简单也更廉价的技术形式，以此反对麻省理工学院的做法，而学院则在计算机之外还有更多的目的。此时，麻省理工学院与空军已经结成了牢固的关系。空军委员会中负责更新美国防空系统的主席是乔治·瓦莱，一名来自麻省理工学院的物理学教授。前一年，也就是 1950 年，当海军研究局由于其研究范围过广且成本过高正准备放弃飓风计划的时候，正是瓦莱说服空军接手飓风计划。自飓风计划的负责人杰伊·福雷斯特重新改造了最初的迪吉项目，从而使它成为飓风计划的补充项目以来(参见第 8 章)，空军加倍了对数字方法的资助，已经在其中投入了一大笔资金。空军在其防空系统上，不仅仅资助了一般意义上的数字信息系统，而且也特别资助了麻省理工学院的自动控制试验室。对于空军来说，在机床控制上沿着同一条道路走下去是唯一合理的办法——麻省理工学院的人一直在不断地推动这一研究路线。另一边是爱德华兹，一名空军的中层技术专家，此外他只是一名普通公民。他所以输掉这场战斗，并非是没有做出努力，也不是他不能够说服别人。从一开始，他所面临的力量就已经极其强大。[47]

约瑟夫·J·科伦布罗后来回忆道，“他已经说服了我。”爱德华兹与科伦布罗都是技术专家，对金属切削业相当熟悉，希望能够应用这种新型技术；他们相互探讨了许多问题。“他是一名相当优秀的金属切削业专家，”科伦布罗回忆道，“他反应极其敏捷，完全可以称得上是发明家，而且富有远见。”科伦布罗在 1981 年的时候是一名工厂的管理者，强烈抱怨他现有的数控机床不稳定。他相信，爱德华兹是对的，但受到几个方面因素的不利影响。首先是缺乏资金，空军的高层觉得他们已经在数值控制技术上投入了这么多资金，已经无法脱身去找寻其他方法。麻省理工学院的人把“爱德华兹看成是什么也不懂的白痴”，通过布吕克纳说服了通用电气公司与空

军，使他们相信数值控制技术是唯一可行的路径。而空军里的大人物对技
术一窍不通，被他们牵着鼻子走。最后，爱德华兹失望地离开空军，回到 175
他在纽约市的家，不久，科伦布罗——他曾任空军第一任督查麻省理工学
院项目的督查员——被调离。爱德华兹“建议采用一种更为简便的控制带
制作方法”，科伦布罗回忆道，但他“的声音被置若罔闻”。[48]

在爱德华兹的帮助下，吉丁斯和刘易斯公司赢得洛克希德公司的断面表皮铣床合同，合同要求采用记录—回放技术控制机器。约翰·达彻回忆道，“在签约的时候，人们以为将是使用靠模设备，从机床上制作控制带。”但两年后，他与吉丁斯和刘易斯公司的哈里·安克尼提交了一篇题为《哈普罗表皮铣床的记录—回放控制》的论文，此时他们已经有了新的想法。他们在论文中再次引用了记录—回放技术的优势，并提出一些用以改进其系统精确性的措施（比如为自动同步机设置一部单独的精确导轨与传动装置，以降低机床负荷并减少磨损与后冲问题）。他们还提到在回放时消除空载时间，使用一次性模板以消除贮存模板的成本，减少部件的库存，通过切割新带以编辑控制带等办法。他们指出，由于是车间的操作工制作程序，它具有一些新的特征，比如使用已编好程序的自动停机作为操作的结束，它可以用来作为基准来“帮助操作工制作记录和生产余下的部件”。“尤其重要的是”，他们还指出这一事实，该系统“可以消除操作工的失误”，因为“一旦记录准确，随后的部件都将一致，从而消除了手误”。达彻和安克尼将他们的机器与传统的靠模机器相比较，并预期“用这部机器生产，将减少 50%的表皮铣磨时间”。他们认为记录—回放技术“只占用机器整个成本的一小部分……但能够实现更快速度的生产，并降低了单位生产成本”。但在这个时候，虽然两位作者对记录—回放技术抱着溢于纸上的热情，他们也知道这个概念永远得不到真正的实施。关于未来，他们知道各方都在想方设法“使记录远离机器，而直接从图纸上获得数值信息”。“许多公司都在沿着这一研究路线行进，但还没有一家研制出来”。[49]

在托马斯·爱德华兹的斡旋下，吉丁斯和刘易斯公司与通用电气公司的代表都已经与麻省理工学院签订了合同，但没有人对爱德华兹的观点在意。1952 年 9 月，吉丁斯和刘易斯公司的戈登·琼斯参加了麻省理工学院数值控制的演示会，他再次对该系统的复杂性表示失望。哈里·安克尼回忆道，“如果你看到操作该机器所需的各种电子机械装置的面板与齿条，你将与其他人一样，拒绝将它安装在你的工厂。”但琼斯有了一个更好的主意。

他决定将两个系统融合起来，“将所有这些玩意都装在一个空调房间
176 里”，然后共同离线制作包含数值信息的控制磁带。安克尼指出，“他把2与2相加，然后得到4。”吉丁斯和刘易斯公司决定采用数值信息（从而在控制带的制作过程中完全消除了模板与操作工），采用一部专用数字模拟计算机将各种相位信号输入到磁带上，然后插入能够在通用电气公司的机床上运行的模拟数据。这样做的根据是，与麻省理工学院的方法相比，它大幅减少了机器操作所需的电子信息，因为一旦磁带制作好，信息已经完全实现了插值（这一特征当然也可以兼容记录—回放技术）。吉丁斯和刘易斯公司要求通用电气公司建造所需的计算机，可以用来处理数值信息，并将数字指令转换成模拟信号，但当时通用电气公司并不答应。通用电气公司不相信，这种系统的成本能够相当低廉。这样，吉丁斯和刘易斯公司便向麻省理工学院求助计算机的研制，一部用来处理数字数据并生成打孔带，另一部（称之为指挥仪）则将打孔带转换为相应的磁带。这种结合麻省理工学院的迪吉与通用电气的回放技术的系统被称为“数字记录系统”（Numericord）。吉丁斯和刘易斯公司与麻省理工学院的合同由吉丁斯和刘易斯公司支付，其资金来源是洛克希德公司，最终的来源则是空军。这样，空军现在直接通过原来的麻省理工学院的合同以及间接通过吉丁斯和刘易斯公司和洛克希德公司来研制数值控制技术。[50]

1955年6月数字记录系统的成功演示加强了空军推广数值控制技术的决心。1955年末，空军将价值100万美元的订单（用于储备的机器）中的规格，从靠模控制改为数值控制。此时，空军还采购了100多台数控机床“以政府资助的形式分派给各机身制造厂用于检验和评估”（参见第8章）。哈里·安克尼回忆道，当时只有少数几种系统，而且“几乎没有人相信它；没有一家机身制造公司对此表达了一丝信心”。但是，大规模的政府投资最终改变了每个人对数值控制技术的态度：热情起来了。与电子和机床工业的其他厂商一样，通用电气公司也相信了那种不计成本的销售前景，开始研制自己的数值控制系统，如我们所见，彻底放弃了记录—回放技术。[51]

在整个20世纪50年代，也有一些小公司仍然采用记录—回放概念，将一些新型的数字技术与设备添加进去，这正是斯波诺格尔、托马斯所预期的道路，也是奥斯汀公司的屈内尔曾认真思考过的路径。比如，艾里逊设备公司曾研制出一种记录—回放控制系统，其中使用了一部循环脉冲生成器来生成脉冲信号，而不是用自动同步机来生成相位信号。脉冲生成器主

要起了一种传感器的作用，它与平滑传动导杆相连，每一脉冲对应动作的一精确增量。脉冲记录在磁带上，在回放时生成与原初记录相同数量的位 177
移信息。反馈则由一部脉冲记数与比较仪来完成。这一系统本质上是通用电气公司记录—回放技术的数字版。1958 年，托普斯工业集团的微型远程位置调控器公司研制出一部相似的系统。它使用了 11 道磁带，用于布里奇波特型铣床的改型，据称它可以在回放时以 4 倍的速度运转，精确性低于 0.001 英寸。有意思的是，该公司还设计出一部叫做“微型断面切削工作台”的设备，记录程序的方法可以是离线、靠模、图纸，乃至实际部件的缩微模型（与爱德华兹建议的分度器一样）。斯坦福大学的彼得·蒂尔顿是飞机工业协会数值控制小组的技术顾问，曾写过一部有关空军研制数值技术以及改进的书，他在写给飞机工业协会的报告中提到该系统，它采用三轴控制，包括人工控制带制作设备、靠模指针以及相应的附件，“可以轻而易举地为各类从简单到相当复杂的部件编制程序”。[52]

但这一技术并未得到广泛应用，这些公司不得不以失望告终。蒂尔顿后来回忆道，它们只是一些“很小的公司”，并且“没有足够的能力来涉足这一领域并推广它”。根据蒂尔顿的叙述，还有其他一些原因。数值控制技术的主要用户是飞机制造商，而资金的主要来源是美国空军，两者“都执著于‘数据转移’这一概念，其含义就是将数据直接从设计图纸转移到成品上”，其中不包含任何中介途径。它们相信“大规模的信息处理”，“集成操作与总体效率”的“整体生产环境”，其中不仅包括加工，还有计划、库存、生产控制乃至计算机辅助设计。“受数字处理这一概念的影响”，并受麻省理工学院的计算机与计算机软件技术人员的鼓吹——当时他们的信条可以用一句话来概括，“计算机无所不能”。[53]在这种环境下，仅仅限于实际加工过程本身以及人工或靠模控制的记录—回放技术，被人们“抛掷不理”。“当时许多人对记录—回放技术情有独钟，”蒂尔顿回忆道，“飞机工业协会对它也没有偏见。”事实上，“数值控制小组的一些领导者完全认可记录—回放系统的优势，但缺乏（空军的）资金来推动它”。当时的资金全都流向了数值控制。[54]

利夫·埃里克·德内高在 1945 年申请机床控制专利的时候提出了“记录—回放”这一概念，1950 年他加入吉肖特机床公司。此时，他在其上级的支持下开始将其想法付诸实施。德内高是一个机械方面的天才，尽管他

的努力并未为他赢得应有的声誉。进入吉肖特公司两年后，他完成了其控
178 制系统原型，该系统用于车床，所有的主要部件都是由德内高自己独力从头至尾完成。接下来的几年中，德内高在其助手汉斯·特雷希塞（Hans Trechsel）——他是一名曾在德国学习过的优秀工程师——的协助下，又研制出一种机床控制系统，这次是用于四轴六角车床。

早在这一项目的初期，特雷希塞与爱德华兹一样也认为，虽然记录—回放技术相当不错，但若制作带不仅能够在机器上制作也能够离线制作，那么它就更具优势，这样就可以不必与生产设备相连。与德内高一样，他也相信这种新技术应该可以让金属切削业中绝大部分熟练工即工厂中的机械工接受。根据这一想法，特雷希塞研制出一部能够满足这些要求的离线制作带控制设备。* 机器上也安装一部相似的系统，用来记录实际的操作过程，或者使用模拟设备在机器上制作程序。[55]

1954 年，《电子科技》杂志刊载了一篇介绍吉肖特公司的新型“面控”系统——当时这部六角车床的名称。该系统“提供了一种简便的动态控制方法，其中无需将数据转移成数字或其他形式的脉冲技术”。《美国机械师》与《金属制造业》也刊文赞扬该系统的优点。由于采用了标准模件设计以及固体组件，它成为一种“简便、迅捷的记录方式……用于断面切削的连续通路控制……这部新型的吉肖特面控机床将成为芝加哥机床展览会（1960）上的一个亮点”。虽然这种面控系统赢得了一片喝彩，但它并未真正打开市场。吉肖特公司建造了第三部原型，并采用最新的一些技术生产出许多机床，但在 20 世纪 50 年代末，这一项目失去了动力。德内高逝世，而机床业也遭受了一场严重的萧条，使得一切研究项目都停顿下来。1961
179 年，芝加哥机床展览会的第二年，吉肖特公司的工程部门进行了重组。根据 L. A. 利弗的说法，总工程师“对这一项目的态度急转直下，它最终不得不完全搁置下来”。一年后，这家为资金问题困扰的家族公司被吉丁斯和刘

---

* 它本质上是一部机械模拟计算机，采用少量设备以模拟机器动作；动作则生成程序信息，记录在磁带上。这样，控制带制作仍然属“动作”性质，与最初的记录—回放系统一样。为得出准确的动作，该系统还装备了两组刻度盘与键盘，可以让机械工按传统操作方式加工的时候来记录下机器的动作。操作工按下相应的按钮，然后转动刻度盘以标示相应的动作与距离、进刀的速率（进给与运刀速度）、角度（用于同时的动作）以及操作半径（用于转刀）。操作工然后按下记录按钮，推动控制带与动作模拟仪运转，程序则自动记录在磁带上。控制台还包括一部位置读数器，操作工可以在记录过程中用它来监控所需模拟的动作，并将它们与部件规格做出比较。使用 18 个按钮与刻度盘，操作工能够记录下 250 种不同的加工方式，包括各种断面、锥形与曲线。

易斯公司所收购，公司的领导层彻底更换。一段时间内所有的研发活动都被停下来，直到1965年，新的研究项目才被重新启动，此时通用电气公司与邦迪克斯公司的数值控制系统已经确立了市场上的主导地位，任何复兴面控系统或记录—回放技术的努力都已经无力回天了。[56]

面控系统曾接到过几份订单，但没有一份得以完成。特雷希塞在管理层变更之前就离开了公司，自己创建了一家小公司，他几次都陷入破产，自己的想法湮没无闻，或者为他人所窃取。他后来回忆道，面控系统从未真正得到推广。“数字系统是由计算机公司在推广，而模拟系统的市场力量并不存在。吉肖特自身又没有足够的资金投入到其研制中去。”其中有一次，另一家名叫靠模控制的公司与吉肖特签订协议，订购了一套面控系统用于它自身的“F系列”仿形机。但到了1965年，面控系统完全从人们的视野中消失，甚至没有人能够记起这么一回事。[57]（吉肖特在通过采用卡拉瑟斯的专用机床控制系统来转向数值控制时，仍然试图保持其自有的一些方法，但吉肖特公司被吉丁斯和刘易斯公司收购后则完全抛弃这一路线。参见前文的叙述。）

1957年，克利夫兰市的华纳和斯韦齐机床公司研制出自有的C25型“伺服进给”六角车床，其中采用了记录—回放技术概念。根据《财富》杂志的叙述，它在1960年芝加哥机床展览会上成为“最吸引人的亮点”。该车床装备了电子存贮设备、磁核记录仪，用于一边作画一边编制程序的方法。该公司的说明书解释道，“伺服进给车床存贮系统的操作并不需要磁带或其他外部的编程。在确定可行的切削工序之后，机器操作工只需按一下按钮。它将使进给、运刀速度、起刀、长度与宽度等相关的工作信息都自动地以指令形式记录在机器的内存中。接下来这些指令可以用来自动控制机床的运转，生产大量的相同部件。”该系统还可用来生成用于永久保存的程序带，而机床的内存则可以被抹去以装上新的程序。它事实上是一个双模系统，也可以用于编程打孔数字控制带，尤其是在加工那些难度大的复杂部件的时候。[58]

根据华纳和斯韦齐公司的工程师罗伯特·格里芬（Robert Griffin）的说法，公司设计该系统的意图是确保车间里的具有丰富经验的操作工也能够制作程序，“因为办公室并没有足够多的专家知道如何控制进给与运刀速度”。但这种方法也没能够长久。在华纳和斯韦齐公司内部，该系统也没有得到支持，主要是因为公司内部的争议，而且管理层并不认为公司不管是在技术上还是在财务上都有实力研制电子系统所需的各种设备。格里芬回 180

忆道，其中只是极少地使用了车床编程的概念。华纳和斯韦齐公司当时仍然使用电子管而不是固态组件。1965 年，更新的电子技术已经相当发达，“人们完全放弃车间控制的概念，而倾向完全预先编程的控制类型”。华纳和斯韦齐公司没有继续研制自己的控制系统，而是采用现成的通用控制技术，这种技术为通用电气公司——它是华纳和斯韦齐公司的一个客户——与邦迪克斯公司所发明。格里芬指出，从那时起，“控制系统的研制就是由对机床或加工要求一无所知的电子业技术人员来做了”。另一方面，“机床制造商并不研究出自己的系统，因为它们缺乏技术与资金，无法掌握这种技术”。在这种情况下，控制系统往往无法满足机床的实际需要，更常见的情况是，控制系统牺牲了加工的规格。华纳和斯韦齐公司曾卖出去一部伺服进给机器给另一家位于克利夫兰市的汤普森·拉莫·伍尔德里奇公司(TRW)，最开始的时候，“部件程序员预先设计的概念还只是操作工装配与记录的辅助”。但不久以后，伺服进给机器与 TRW 的其他的自动设备一样，全都改为全部数值与计算机控制。[59]

纽约州布法罗市的穆格机床公司的铣床应用也经历了一条类似的道路。穆格公司曾经制造出一部小型的液压传动的铣床，它与华纳和斯韦齐公司的车床相似，其控制系统能够让操作工在加工过程当中制作控制带。虽然该系统仅限于点对点定位控制，但能够在完工第一个部件后生成可以永久贮存的打孔带。与华纳和斯韦齐公司一样，穆格公司也迅速向数值控制方向转移，抛弃了车间控制概念。穆格公司宣称，其新型“液点”数值控制系统能够“让管理层更有效地计划与安排工作”，而“操作工则不再负有做出重要生产决策的职能”。[60]

20 世纪 60 年代晚期，记录—回放技术也曾以其他的技术改进形式出现过。麻省理工学院毕业的戴维·戈萨德当时在普渡大学任职，利用微处理器与计算机图形技术的最新进展，他研制出一种他称之为“模拟部件编程”或“加工部件编程”的控制带制作方式。它在本质上是消去一个步骤的记录—回放概念。操作工不是通过机床实际加工一个部件来制作控制带，而是在可视显示屏上模拟一个加工过程。这一概念在很大程度上与先前相同。工作件与切削工具都显示在屏幕上。操作工使用曲柄、调节器或操作杆，
181 可以像在机床上实际加工部件一样“加工”，停下来测量部件，必要的话重新切削，改换刀具、设计进给与运刀参数。当“加工”结束之后，该系统就会生成一部完全的数值控制带，然后用于机床上生产真正的部件。该系

统的精确程度达到 0.001 英寸，还具有一个吸引人的优点，即让程序员可以修正或“验证”其完工的控制带，然后再用于机床切削，从而削减了程序错误并提高了质量与效率。[61]

戈萨德的主要目的是为了克服他称之为数值控制所需的“繁琐的”、“无效的”部件编程要求，这一特征当时被视为“绝大部分数值控制设备所面临的困难”。尤其是，他还注意到，当时所使用的控制带制作方式严重限制了小型加工厂应用数值控制的前景，后者缺乏数值控制所需的资金与技术。他估计，在绝大多数金属切削工厂，“部件的生产方式要远远比许多部件编程简单”，这种部件编程语言主要是用于空间技术应用。（空军要求该系统具有五轴断面切削能力，但戈萨德估计数值控制在非空间技术应用中，有 80%只需用到两轴半——x 轴与 y 轴的切削再加上可有可无的 z 轴——乃至更少。）他声称，他的系统可以满足绝大部分金属加工的要求，并且减少了培训要求、计算机的性能规格、成本以及代价不菲的延迟时间。[62]

戈萨德声称，该系统不是“在信息转移时强加一个庞大的且很大程度上属于人工的结构，如通常的数值控制部件编程方法的研制效率所需的培训量所表明的那样”；模拟部件编程创造了一种“一边做一边编程的方式”，通过计算机图形来模拟加工过程，其后“机器运作的历史则直接转换成成品控制带”。这种新技术无需“部件编程知识专业训练”，因为它消除“用信号来描述机器动作的必要性。它是这样一种运行机制，其中有关切削的信息以尽可能准确地模仿机械工操作过程的形式来传输，从而避免了以数字信号来给部件编程所施加的各种限制条件”。戈萨德总结道，“这样的结果是，大大降低了部件编程的复杂性”，此外还减少了相应的成本与培训要求。“对于某些部件来说，模拟部件编程由于简单，速度更快，更有效率，因此也比现存的各种方法更经济。”戈萨德还强调指出，他的方法可以让“熟练技工但是没有经过专业培训的人员来生产成品数值控制带”，因此具有重要的“教育价值”，有助于撕开“编程所蒙上的神秘面纱”。[63]

戈萨德为车床研究出其系统的原形，除了为潜在的客户以及像邦迪克 182
斯之类的制造商进行演示外，还进行了“用户试验”，证明不具有任何编程经验的机械工都能在几个小时之内学会制作其本人的成品控制带。他把他的方法称做在控制带制作方面的一个“富有前景的新概念”。但是，与此前记录—回放技术的支持者一样，他并未得到足够的支持以进一步研制该系统。原型的组件在他的办公室书架上蒙尘至今。*[64]

20 世纪 60 年代末，几家制造商——邦迪克斯公司、布朗和夏普公司以及数字电子自动化公司——引进一种数字的“坐标测量机器”来对数值控制所生产的部件进行最后的检测。这些机器也用来使用动作方法来制作数值控制带，虽然其最初的用途并不在于此，从而也在某种意义上复活了记录—回放概念。检测仪本质上是数字跟踪仪；人工引导探针在所需检测的部件断面移动，其动作可以生成有关断面的充分插值的数字信息，这些信息同时用来与数值控制带上的数据相比较，并用于加工部件。布朗和夏普公司也使用其检测设备来以动作生成数值控制带。布朗和夏普公司使用了一种专用软件，将指针动作生成的完全插值数据转换为与表面及切削路径对应的复合指令（线性或圆形函数而不是坐标数据）。然后再采用加工规格、数值机床特征、辅助功能、切削偏移来“优化”这些指令，其最后的结果就是一份完备的数值控制带，可以用于数控机床以复制出原型部件。正如一名软件生产商所称，这实际是一种“冒牌数值控制”，其编程是通过记录动作来“回溯式”地生成，而不是通过数学描述切削路径的抽象数据来事先编程。

布朗和夏普公司使用这种记录—回放技术来仿形铣磨，其中部件已经是现成的或者事先制作出一个原型或主部件用以“感知”而不是做出数学规定（比如史密斯和韦森公司的枪托和斯蒂凯斯公司的椅子）。但是，该公司并未将该系统视为对传统数值控制编程的替代；当没有现成的部件或数据时，公司又宁肯不计算这些数据，而是通过第一次生产来生成这些数据。布朗和夏普公司提供的检测设备的购买者，也只是把它当做特殊的辅助设备，而且客户对此也不感兴趣。而这些仅有的几个使用该设备来生成数据的客户，也并没有用它在车间里制作控制带。恰恰相反，该系统生成的数
183 据是用来充实 CAD（计算机辅助设计）或 CAM（计算机辅助制造）的数据库（参看下文有关 CAD 和 CAM 的讨论）。一旦数据存储下来，就可以通过图形来操作，用来改变设计，还可以以标准形式制作部件的原型与控制带。这样，该记录—回放技术就被用于进一步推进管理层对生产的控制。根据这种专用软件的一名设计者的说法，用人工的动作方法来生成数值控制带毫无意义，而且鉴于总体上制造业技术的突飞猛进，这种方法也没什么前

* 1980 年，戈萨德出乎意料地得知，他的编程方法已经被应用于某些金属切削工厂——在日本。

途。20 世纪 70 年代末，数字电子自动化公司设计了一种检测设备与软件包，专门用来人工扫描部件以生产数值控制带。但直至 1982 年，这家意大利公司在全世界范围内只卖出过 8 台这种“人工扫描”系统，而绝大多数购买者仅仅将它应用于 CAD 或 CAM。[65]

记录—回放编程系统的销售不佳，这很可能是因为该检测设备的初始成本高，以及这些公司推广其制作控制带能力时未能全心全意（它们把主要精力放在将它们最贵的检测设备出售给那些已经严重依赖于数值控制编程以及 CAD 或 CAM 系统的客户）。但原因并不限于这些。正如福特汽车公司的拉尔夫·库恩（Ralph Kuhn）的经历所说明的，其他更有力量的社会、经济乃至意识形态因素使得潜在的客户拒绝了这一技术，或者对这种新版记录—回放技术所具有的潜力一无所知。[66]

福特公司采用数值控制设备主要是用来冲压模具。拉尔夫·库恩是庞大的红河联合体中迪尔伯恩刀具与模具厂中的一名刀具与模具技术监督员以及工程经济学部的职员，其职责是监督与评估福特的数值控制活动在车间层面上的应用。库恩是从车间里逐步爬到监督员这一位置的，至 1980 年退休的时候，他已经具有 30 多年丰富的生产经验。约翰·帕森斯出身于汽车制造业，曾经师从瑞典机械师阿克赛尔·布罗格伦。与此相似的是，库恩从一名来自德国的移民机械工那里进入刀具与模具行当，因此对他后来所依靠的熟练工人拥有一份深刻与长期的尊敬。作为一名生产监督员，除了对效率、质量、定额以及进度监督之外，库恩还倾向于简单与经济的生产方式。“我们都是简单的人，”他后来回忆道，“我们追问：‘这是不是最简单的做事方式?’‘它是不是最经济的办法?’”库恩以这些问题来质疑数值控制技术在福特公司的应用，并得出独有的富有争议的结论。

自 20 世纪 60 年代末以后，福特公司耗费大量的费用以及不计其数的工程学时间以研制自有的室内计算机编程语言，它叫 FURSUR（福特表面语言）。FORSUR 语言在计算机的辅助下，可以生成用于直接切削或仿形切削（断面）的数值控制带。库恩一直在试图增加数控机器的利用效率以减低成 184
本并提高生产率，在他看来，FORSUR 语言过于复杂，控制带的制作时间过于漫长（往往让昂贵的机器空闲），而运营费用则过高，完全超出了经济生产的限度。在库恩的眼里，福特数值控制小组的系统工程师“制造出一个完全崭新的语言障碍，把他们自己锁在象牙塔内，捣鼓出一些最复杂的生产方式”。为了提高机器的利用效率并减少成本，库恩寻求更为简便的方式，并研制出一种成本更低的新技术，它不仅可以用于直接切削，也可以用于仿形切削。

根据自己的车间生产经验，库恩采用一部精确铣床，在 20 世纪 60 年代末研制出一个简化的车间点对点编程程序，并用于直接切削。（他使用当时大多数加工厂都可见到的那种加工技术，设计出几种扩展点对点控制能力的方式以容纳断面切削。）他的简化编程方法与约翰·帕森斯最初设计的方法相似，被用于那些计算机编程方法用不上，而点对点数值控制设备的成本与充分利用对于工厂的生存又极其关键的加工厂。从一开始，库恩就遇到了福特数值控制工程师的反对，他们坚持 FORSUR 是最有效的或者是唯一的方法，但他成功地说服了他的一个上级让他进行一项比较这两种方法的研究。他按自己的方法花了几个小时指导两位刀具与模具工，这两人此前没有任何编程经验。他们使用三个通常部件的设计图纸作为指导，工具包括弗雷登计算器、一部用来打孔的电传打字机以及 5～6 个指令，就成功地为吉丁斯和刘易斯水平杆式铣床制作好数值控制带。库恩再来使用计算机以及 FORSUR 格式为由编程办公室准备好的同样三个部件制作程序并进行比较。结果相当令人震惊：库恩的车间方法仅仅耗了计算机方法的成本的 20%，时间的 1/4。

尽管数值控制工程师仍持怀疑与敌对态度，但由于试验的成功，库恩获得经费推广他的方法，第二年，迪尔伯恩刀具与模具厂将近一半的直接切削铣床都采用这种方法由模具与刀具工来编程。让这一追求简便与车间控制的短暂旅行画上句号的，不是它的经济可行性或技术缺点，而是阶级政治。当第二次工会集体谈判来临的时候，联合汽车工会抱怨公司管理层使用数值控制设备来取代工人，并削减工作职位，工会坚持工人应当控制
185 编程职能。福特拒绝屈服，最后命令库恩放弃已被证明是有效的车间编程，而采用管理层控制的 FORSUR 方法。“如果它成本更低的话，谁控制编程有什么关系呢?”库恩后来沮丧地评论道。但它确实很重要。对于管理层来说，它们已经认识到这种更简便的方法能够大大节约成本，但它们宁肯牺牲这种成本与时间上的经济，也要维持对生产过程的总体控制。*

几年后，库恩又遇到了相似的事情。这一次，他试图采用记录—回放技术以制作用于三轴仿形铣床的数值控制带，而三轴仿形铣床也是 FOR-

---

* 参见第 10 章。

SUR 语言的应用对象。库恩坚信，FORSUR 方法使得数值控制仿形铣床在福特公司的应用无法做到经济。福特公司使用数值控制来生产主模具，然后将之复制并冲压出数以百万计的汽车部件。因此，在福特公司，数值控制主要用来生产少量专用部件（模具），因此经常的情形是，数值控制带只是用来加工一个部件。由于采用计算机来制作数值控制带需耗费大量的成本，库恩坚持认为，在福特公司，"数值控制根本没赚一分钱"，因为根本就没办法通过大批量生产来摊平编程的成本。库恩认为，福特公司数值控制小组为采用数值控制以及 FORSUR 而提出各种"节约成本的项目"完全是"没有来由"的，它反映了人们对计算机编程与自动化的迷恋而不是对生产现实的清醒认识。库恩指出，这些项目从未实现，数值控制小组与福特管理层为了替自己辩护并隐瞒其巨大的失败，"玩弄数字"到这样一个程度，"真应该让联邦调查局来揭露他们的真实内容"。"数值控制机器得到了政府资助，但它们从未有任何真正的产出，"库恩后来回忆道，"任何人的其他说法都是赤裸裸的谎言。"*

由于控制带的制作成本对于数值控制实现经济有效极其关键，库恩想方设法寻求简化仿形机的编程，正如他在直接切削机上的编程一样。在 20 世纪 70 年代初，当时数字电子自动化公司试图卖给福特公司其自己的数字检测设备，库恩检验了其功能之后，立刻意识到可以用它们在无需计算机的情况下来制作控制带。这样，在设计汽车的时候，就可以首先制作出一部木制模型，从中得出所有模具及其相应部件所需的各种数据规格。库恩建议数字电子自动化公司的检测设备生产仿形木制模型的塑料替代品，以生成用于铣磨模具的数值控制带。他与数字电子自动化公司的控制专家法 186
布里齐奥·格拉西（Fabrizio Grassi）讨论了他的这种"跟踪与记录"方法，两天后，格拉西设计出一个精巧的软件，可以将检测设备转移成一部编程机器，从而生成福特三轴控制机床所需的数值控制带。

库恩得到上级的允许，得到一笔微不足道的 500 美元款项以检验常用部

---

* 福特公司的一个资本较小的公司最终领教了这一惨痛经验。根据库恩的说法，布法罗刀具与模具公司是在福特公司的坚持与资助下开展了三轴铣床项目。但一旦在布法罗工厂里安装上三轴铣床，这家供应商就严重依赖福特提供相应的控制带以开动这部机器。福特公司在制作控制带上也存在困难，再加上控制带必须优先应用于自己红河联合体的内部刀具与模具厂，这意味着布法罗公司经常不得不让其设备闲置。由于对其昂贵的设备无法提供便宜、更迅速同时也更为稳定的控制带制作方式，布法罗公司最终陷入破产。

件的动作编程方法，比如车窗调节器以及汽车内门。他采用数字电子自动化公司的检测探针，上附不同规格的聚氨酯球以模拟实际加工过程中不同规格的球形刀具。通过使用这些球来跟踪加工轨迹，库恩直接生成了切削路径，而不必对曲面信息进行繁复的计算来得出。他发现这种编程方法极其精确，成本相当低廉而且非常迅捷，刀具与模具工也可以很方便地掌握这一方法。1972 年 2 月，库恩只花了 10 分钟就制作出用于车窗调节器的控制带，并开始加工，而 FORSUR 编程方法则需要写出详细的计划手稿，然后编码、打孔、计算、绘图并检验完工后的控制带，此后才能用于控制机床——所有这些过程需要耗费几天时间，这将导致生产的延搁。但即使这种新方法具有如此多的优势，它在福特公司却并未得到采用。

反对库恩的意见来自几个方面，理由也不尽相同。首先，福特公司的管理层对于让机械工来为仿形铣床编程的态度与让他们为直接切削编程的态度如出一辙。他们反对动作方法是因为它让车间工人而不是工程师进行编程，如此强化了工会在编程职位控制上的谈判地位。管理层并不希望将这样一种控制手段交付给工人及其工会。这样将与整个数值控制技术的研制与配置的意图背道而驰。那些创造出 FORSUR 语言的福特数值控制小组也反对库恩的想法，虽然他们也相当热心地旁观这一项目。他们当然希望自己仍然保留对编程职能的控制，从而保住自己的职位以及权威。此外，由于他们在思想意识深处对抽象形式方法的优越性深信不疑，他们对动作方法所具有的潜在优势也就视而不见，后者由于依赖于人工，在他们看来，这是一种倒退。此外，他们都坚信，他们的计算机以及他们的专业技术与热情是现代生产中不可或缺的枢纽。毕竟，库恩只不过是一个车间里的监
187 督员，他们将其多年的经验视为是一种落后以及对现代生产技术的无知。“20 年前有这么一代人，”库恩回忆道，“他们发明了一部计算机，它能够很快把一加一之类的问题计算出来。他们的理论功底深厚，并决意将这种让人炫目与不解的先进技术应用到简单的机器上去。他们从未生活在这样一个必须用最少的时间、最直接和成本最低的方式来做事的世界里。”但他们有了计算机，并养成显然过于复杂、繁琐和昂贵的做事习惯，他们自认“要比其余的那些人在智力上高三四个层次”。

最后，“数值控制小组耗费了数百万美元”，研制出用于生成形状的 FORSUR 格式，但不管是他们，还是批准这一巨资项目的管理与执行层，都不愿意承认他们也许是犯下了一个代价高昂的大错。为了反映库恩所称

的“公司风貌”或说“遮丑”，他们实施“大规模的动作”。库恩的直接上级被调离，库恩本人则被命令停止其个人的项目，而那些知道这一项目的少数几个人为了保住其饭碗也不得不缄口不言。这样，没有走漏任何风声，汽车工程师协会或制造工程师协会的会刊上也没有发表任何论文，也没有为设备制造商或供应商提供任何展示。库恩试图说服检测设备的制造商数字电子自动化公司来推广“跟踪记录”方法，但没有获得成功。（几年后，数字电子自动化公司终于开始推广其编程机器，但也遇到了库恩所遇上的同样困难。）而库恩，用他自己的话来说，“独自于旷野中言语”。“20 年来，这些家伙一直对它极尽诋毁之能事，”1982 年他说起美国汽车业的衰落时，不无沮丧地说，“20 年来我们一直在走一条错误的道路。”

机床控制的记录—回放或动作方法，不管有多少次得到了推进，但从未在工业中得到充分的利用。但是，这一概念却在另一个领域找到了应用路径，那就是机器人领域。尽管工业机器人领域的第一家制造商通用自动公司的创始人约瑟夫·恩格尔贝格（Joseph Engelberger）被大众汽车冠以“工业机器人之父”的称号，但这一技术的实际发明者却是一名生于肯塔基州，后来自学成才的发明家乔治·德沃（George DeVol）。20 世纪 30 年代，德沃就创建了美国最早的一家制造光电控制设备的公司。在接下来的 10 年里，德沃与当时的其他发明家一样，将他的注意力转向磁带记录设备，并在二战后的最初几年里，也发明出一种用于车床的记录—回放控制系统。

“我们可以按自己的要求生产出任意部件，”德沃回忆道，“在制造部件的过程中，我们用磁带记录下车床的所有动作。自那以后，车床就可以自动生产出相同的部件。”德沃在他的专利申请书中把他的控制系统描述为 188
“能教会做事的机器”，并将他的方法与麻省理学院的方法（他把它归之于杰伊·福雷斯特）做比较。他认为，福雷斯特是“在给机器编程，而我是在教它。这里差别很大”。“我的原则，”他后来回忆道，“是把制造系统的复杂性尽可能削减。即使是一个相当复杂的问题……也许会存在一种简单的解决方案。”

根据德沃的说法，第一部工业机器人是他的可以学习机床概念的直接扩展，这是一部人工可编程操纵器，他命名为机械手（意为通用自动化）。“我并未想什么科幻小说虚构的那种机器人，”德沃回忆道，“我是非常实际的，因为我要与之打交道的人也非常实际。”1954 年，他自己的“磁带存贮与传感设备”（一种用于数字反馈系统的磁筒编码器）获得了专利，但在销售方面毫无所获（正如此前的帕森斯一样，德沃试图让 IBM 公司接受他的想法，但没有成功）。最后，1956 年，他与飞机工程师、企业家恩格尔贝格合作，后者使用他的专利创建了通用自动公司。第一部机器人的概念是使用记录—回放技术的“能教会做事的机器”，它于 1958 年投产，但第一份销售订单则出现于 3 年以后，购买者是通用汽车公司。[67]

1959 年，恩格尔贝格与麻省理工学院的威廉·皮斯、杰伊·福雷斯特讨论了将数值控制应用于机器人的可能性，但发觉成本过高，而且所遇到的困难极其巨大。*（记录—回放事实上最适合于机器人做的工作，它在一个多维度的空间中操作，很难确知也无法用数学来模拟，这与三轴乃至五轴机床有着很大的不同。）因此，所有的犹里迈特牌（Unimate）机器人做的工作，比如点焊、喷漆等工作，都用记录—回放编程方法设计。车间的操作者通过人工引导“教会”机器臂去做相应的动作，这些动作被自动记录下来，然后再加以回放。恩格尔贝格强调了车间编程的作用，他的销售与服务人员都教会工人如何给机器编程，同时并督促工程师远离设备（担心他们理解了其中的原理，然后把它做得更“精致”——如此便不那么富有操作性）。根据恩格尔贝格的说法，管理层经常声称，如果工人学会了编程，他们必然会“怠工”或给工作“捣乱”，从而牺牲了生产率，但恩格尔贝格认为情况恰恰相反，只有工人才能实现设备的最优利用。（K. G. 约翰逊在 1974 年提交给制造业工程师协会的报告《世界机器人概览》（World
189 Survey of Robots）中，发现管理层与工会一开始往往就由谁来编程发生争议——在这一争议中，工人潜在地具有一些优势，但若不是因为这种简单的记录—回放编程技术，这种优势就不可能具备，不管其结果如何。）[68]

1961 年，韦利科·米伦科威克（Veljke Milenkovic）为其“用于机床的单轨编程带马达控制”申请专利，这是一种改进的记录动作系统，它增加了精确性并确保更为广泛的动作合成能力。最开始，正如专利所表明的，该系统的目的是用于机床控制，它是比数值控制更为实际的控制方式。米伦科威克写道，“数字系统要求大量的复杂设备，以确保回放的精确性。此外，它们还要求大量的时间以确定相关动作的程序，从而让操作设备根据

* 此时 US 工业公司朝这个方向做过富有前景但最终流产的努力。参见本书附录四有关 US 工业公司的“搬运机器人”的叙述。

其指示操作。这样的系统并不适用于那些所控制设备具有灵活性并按要求能够容易做到且随时改变程序的情况。”在他的系统中，“按照所要求的路径，通过人工引导可移动设备，因而可以同时设定、记录并存贮此后操作设备重复使用的程序。”

第二年，沃伦·施密特（Warren Schmidt）与其在美国机器铸造厂的同事申请了一份专利，专利对象是他们的“自动定位设备”，记录—回放点对点定位的基础（与早期的穆格系统相似）。与米伦科威克一样，施密特也举出了他的系统优于数值控制方法的地方。他指出，在数值控制方法中，“要求技术相当高超的人员来维护计算机的费用以及计算机本身的费用，使得自动机械在经济上可行的限度相当狭窄……它的另一个缺点是，”他继续写道，“计算机的工作……往往达到特别大的比例，尤其是在存在许多程序点以及大量可能的定位的时候。”最后，他指出，“还有一个缺点是，这些系统编程极其复杂，通常要求接受过高等教育训练和高技能的人员。通常他们事先就计算出不同的程序点，然后将它们转移成计算机语言，再贮存在存贮介质里。”因此，施密特主张，“强烈需要不那么复杂并且易于编程的自动定位设备。”他的系统——只需通过人工引导定位来编制程序——便是用来满足这一需要的。[69]

不管是米伦科威克的专利，还是施密特的专利，都没有应用到机床上。相反，它们成为美国机器铸造公司的多功能搬运机器人的基础，后者就像应用记录—回放技术的犹里迈特机器人那样工作。这样，在一段时间内，记录—回放技术在机器人那里找到了归宿。但是，该领域也产生了采用数值控制的倾向，即由计算机合成程序的“更为先进的”控制系统。米伦科威克1963年离开美国机器铸造公司，在这一倾向中也产生了重要的作用。这一趋势的原因有很多，包括“新一代工程师”的计算机和数字倾向，在等级制生产组织中计算机控制对前面所述的各种方法更具有吸引力，偏离 190
手工技艺的“社会趋势”，控制车间生产的“制造哲学”，分离并尽可能减少对操作工技术依赖的设计习惯，等等。通用机器公司的恩格尔贝格认为，机器人从记录—回放技术朝数值控制技术的转移显然“尤其精美”，但也不那么“实际与有用”。他指出，这一趋势主要是由空军在推动，其目的是提高精确性，而由军方资助的设在麻省理工学院与斯坦福大学的研究项目，其着重点在于机器人装配的精确性。他不无嘲讽地指出，隐含于所有这些因素之中的是，“博士候选人渴望完成学位论文，学者则为他们的著作增添

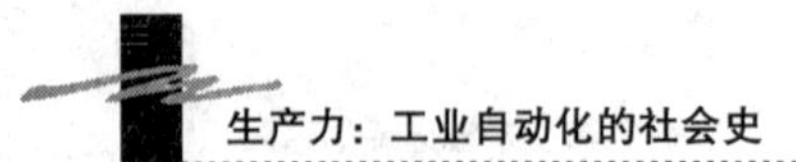

章节”，而工业工程师与管理者则渴求更为“理性的”生产以及更全面的控制。恩格尔贝格在1977年得出的结论是，“对于记录—回放技术而言，仍然有许多发展空间。”“当然，”他根据自己的经验建议，“对于软件工程师来说，这意味着更为低级的机械工手里仍然还握有许多没打出的牌。”[70]

数值控制技术的先驱弗雷特里克·W·坎宁安不能理解为什么记录—回放技术从未实现商业化。“许多专利都描述了这一机器，其中一些历史还相当久远，”他在1954年指出，“当我们读这些专利的时候，很难理解为什么这些设备从未派上用场。它们看上去相当实际可行，但显然，它们从未真正得到采纳。”放弃记录—回放技术的后果是，金属切削业中那些无法利用数值控制技术的公司长期以来被隔离在二战后自动控制技术的进步潮流之外。在所谓的数值控制革命之际，它们仍然采用旧的传统设备，而整个期间内记录—回放技术则湮没无闻。那么，到底是什么原因使得这条道路被人们所废弃？为什么记录—回放技术从未得到应用，即使只作为数值控制的替代品，或是作为一项补充措施——这对于飞机制造业之外的绝大多数金属切削工作都是比较恰当的——也没能够实现？为什么现存的技术可能性没有得到充分的挖掘，从而无法实现更为多样的选择，以满足工业的广泛需求？[71]

正如我们所看到的，唐纳德·P·亨特在其有关数值控制技术历史的著作中，只是顺便提及了记录—回放技术，并认为“这种试图将操作工的技术记录在控制带上的方法没有成功，因为一轴以上的控制与协调已被证明是极其困难的”。但是这种困难显然并不限于记录—回放技术，数值控制工程师也遇到相类似的困难。此外，记录—回放的设计者与推广者坚持认为，他们确实能够同时实现多轴控制，并且——与坚持数值控制技术的对立者
191 一样——根据充分的可靠理由认为，这些困难最终将会得到克服。因此，这种解释并不能够服人。在一句简要的评论中，亨特还提出另一种所以放弃记录—回放技术的可能理由，即潜在的客户认为记录—回放技术的控制带制作方式是“无法令人满意的”。但问题仍然存在：令什么人不满意？为什么不满意？我们在本章的初始就提出了这个问题，单线的技术发展理论，往往在其开始就留下一些无法兑现的承诺，通常情况下，它与其说反映了笔直的技术发展道路以及必然朝着更高级的技术演进的趋势，毋宁说反映了社会权力以及具有权力的思想的霸权。存在着一个更大的社会潮流，它超越于各个难产技术的故事细节之上，也超越于各种历史事件、财务危机、

公司的内部争论、领域争端、彼此竞争的技术指标以及不可避免影响这些事件的人事冲突之上；人们与技术不可避免地顺应这个社会潮流，或者与之相抗争。[72]

决定这一结果的这些观念在相互重叠的技术圈、管理层以及军方那里也有着自身的根源。首先，在技术圈内，这些观念包括了对形式的、抽象的以及计量的表达与解决问题方法的偏好，对控制、确定性和可预测性的迷恋，以及尽可能消除不确定性、偶然性以及工人误差的相应欲望。这些观念自身表现为对计算机以及数字技术的热情，对远程控制的追求以及对无需人工操作的机器的渴望。它们还反映为对人工技能的普遍贬低、对工人的不信任以及持续消除两者的努力。（这样做，当然是以提高生产效率的名义进行的，它减少了人类劳作的程度，并克服了熟练劳动力的常年短缺。）最后，这些观念还表现为对各种新奇与复杂事物以及新式方法——不管它们是否得到了检验——的久远崇拜，与之相伴随的是对已经得到验证的更为简单的方法的极端鄙夷，并且出乎人们意料地把经验视同落后。

其次，在管理层中，占支配地位的观念都与控制这一基本的执著有关，控制的范围既包括生产中的物质活动也包括人工活动。这种观念体现了一种传统的制造业哲学，它坚信任何管理层控制的加强都必然转换为效率的提高以及利润的提升，而要提高管理层的控制就必须通过劳动分工的细化、工作任务的简化以及去掉工人的技能。管理层对控制的关心还反映了生产中持续的阶级斗争，二战后的“国内战争”。在这种环境中，管理层追求控制，并相应地希望削减工人及其工会所行使的控制。这种对控制的追求与其说是达成其他目的——比如效率或利润——的手段，毋宁说本身已经成 192
为目的：扩大权威，保住地位与特权，捍卫并宣称管理层的决策“权力”。在此，对控制的关注本身也体现了对工人的不信任，对工人知识的轻视以及自动化工厂的梦想。

最后，在军方，占支配地位的观念则植根于命令与控制的军事传统。战争结束后，这种集中控制的操作传统演变成一种情绪，一方面受到对“国外战争”的恐惧的激发，另一方面则受到新的技术可能性的鼓舞。这种迷恋情绪自身则表现为精密的先进武器、对采用计算机集中命令与控制系统以及通讯网络的崇拜，此外就是不计成本而不是根据现有的人类能力追求武器性能，以挖掘很大程度上未经检验的技术潜力。军方对总体控制的追求打着国家安全的名义，更加刺激了技术狂热，同时也助长了管理层的控制倾向。

这三组相互补充的观念彼此强化对方，并在战争结束后融合到一起。三个群体的权力决定了当时的知识气氛，并使之制度化：军方资助并决定技术发展，技术界则对所选择的路线给予科学上的证明与声誉，而管理层则决定新技术如何使用并将这些决定实施于工人身上。这三种沆瀣一气的权力与观念有力地推动着数值控制技术的研制。并且，在这种环境下，记录—回放技术无法获得研发资金；潜在的客户与记录—回放的企业家都缺乏经济与政治力量以挑战数值控制技术背后已经结盟的势力；而且，劳工——分别被这三个群体视为过时生产方法与人工误差的代表或者是阶级敌人——则不得不被排除在技术研发之外。在这种情况下，记录—回放技术虽然是一种具有潜力的技术成就，并且有可能推进着工业进步，也只能在一出生就被视做是过时的、落后的、不完备的，一句话，“无法令人满意”。这样，社会权力与富有影响的观念决定了技术只能是数值控制。并且在这个过程中，这三个群体也开始被嵌置入这一技术，随后，必然的技术进步这一神话给它们加冕。

【注释】

[1] Frank Lynn, Thomas Roseberry, and Victor Babich, “A History of Recent Technological Innovations,” in National Commission on Technology, Automation, and Economic Progress, *Technology and the American Economy*, Ⅱ (Government Printing Office, 1966), p. 89.

[2] 针对技术发展的单线程解释以及主流观念的激烈批评，参见 Lewis Mumford, “Authoritarian and Democratic Technics,” *Technology and Culture* 5 (Winter 1964)。

[3] Hunt, “Evolution of an N/C Machine Tool.”

[4] 关于提花织机的历史可参见：Abbott Payton Usher, *A History of Mechanical Inventions* (Harvard University Press, 1954), pp. 288—295; Thomas M. Smith, “Origins of the Computer,” p. 318。

[5] 关于自动演奏钢琴可参见：Arthur W. J. G. Ord-Hume, Player Piano (George Allen and Unwin, 1970) pp. 64 — 66; Arthur W. J. G. Ord-Hume, *Clockwork Music* (Crown Publishers, 1973); David L. Saul, “Reproducing Pianos,” in Q. David Bowers, *Encyclopedia of Automatic Musical Instruments* (Vestal Press, 1972), p. 273; Ben M. Hall, “How Is It Possible? The Welte Technique Explained,” in Bowers, *Encyclopedia*, p. 327。

[6] Ord-Hume, Player Piano, p. 65.

[7] Erik Christenson, *Automation and the Workers* (London: Labour Research De-

partment, 1968), pp. 30—31, 40.

[8] L A. Leifer, "Automatic Control of Turret Lathes Using Punched Tape or Magnetic Tape," typescript report, Engineering Division, Gisholt Machine Company, August 1960 (courtesy L. A. Leifer).

[9] Sponaugle, "Method of Operating Machine Tools and Apparatus Therefor."

[10] Neergaard, "Method and Means for Recording and Reproducing Displacements."

[11] Eric W. Leaver and George R. Mounce, "Method and Apparatus for the Automatic Control of Machinery," U. S. Patent No. 2, 475, 245 (issued July 5, 1949); 1977年对 Lowell Holmes 的访谈以及与作者的通信; 1977 年 Harry Palmer 与作者的通信。

[12] Schenectady *Gazette*, January 7, 1946. See also Schenectady *Gazette*, January 3, 1946, and *UE News* (United Electrical, Radio, and Machine Workers), December 22, 1945.

[13] Schenectady *Gazette*, January 10, 1946, January 15, 1946; General Electric Co., Relations Services, "The Story of General Electric's 1960 Negotiations with the IUE," August 1960 (from General Electric Co. Library, Schenectady, New York); *UE News* January 19, 1946.

[14] Schenectady *Gazette* January 24, 29, 30, 1946; *UE News* March 2, 9, 20, 1946, "The Story of GE's 1960 Negotiations with the IUE."

[15] Boulware, paraphrased by Gilden, *Between the Hills and the Sea*, p. 224; Leo Jandreau, quoted in Schenectady *Union Star*, August 1, 1947; Union Star, August 8, 1947. See also Salvatore Joseph Bella, "Boulwarism and Collective Bargaining at General Electric," Ph. D. dissertation, Cornell University, 1962.

[16] 通用电气公司的工程师协会，引自 UE Local 301 *Electrical Union News*, January 23, 1948. *Electrical Union News*, September 3, 1948, February 18, 1949, March 4, 1949; *Union Star*, May 20, 1948。

[17] *Electrical Union News*, February 1, April 15, June 10, June 24, and March 4, 1949; *Union Star*, August 19, 1950.

[18] *Electrical Union News*, June 24, 1949, December 30, 1949, January 20, 1950, March 15, 1950, August 4, 1950, August 19, 1950; *Union Star*, June 16, 1948, March 10, 1950; Schenectady *Gazette*, November 14, 1953; *Union Star*, November 18, 1954; February 22, 1954; July 23, 1954; May 28; 1954, March 16, 1954。See also "Carving Out a New Union in the Electrical Manufacturing Industry," *Business Week*, June 17, 1950, pp. 112—114; Frank Emspak, "The Break-up of the CIO, 1945—1950," Ph. D. dissertation, University of Wisconsin, 1970; Ronald Filippelli, "The United Electrical, Radio, and Machine Workers of America, 1933 — 1949: The Struggle for Control,"

Ph. D. dissertation, Pennsylvania State University, 1970; David Oshinsky, "Senator Joseph McCarthy and the American Labor Movement," Ph. D. dissertation, Brandeis University, 1971; Ronald Schatz, "American Electrical Workers: Work, Struggles, Aspirations, 1930—1950," Ph. D. dissertation, University of Pittsburgh, 1977; Jeremy Brecher, "Roots of Power: Employers and Workers in the Electrical Products Industry," in Zimbalist, *Case Studies on the Labor Process*.

[19] 1977 年与 1978 年间的访谈与通信，对象包括 Orrin Livingston, John Dutcher, Louis Rader, L. U. C. Kelling, Darren B. Schneider, Harry Palmer, Lowell Holmes。

[20] 1977 年与 Holmes 的通信；Leaver and Mounce, "Method and Apparatus for the Automatic Control of Machinery"。还可参见 J. J. Brown, Ideas in Exile: A History Of Canadian Invention (McClelland and Stewart, 1967), pp. 272－274; 1982 年对 L. Holmes and O. W. Livingston 的访谈。

[21] Leaver and Mounce, "Method and Apparatus"; 1977 年对 Holmes and Livingston 的访谈与通信；Peaslee, "Tape-Controlled Machines"; 1977 年与 Kurt Vonnegut 的通信。

[22] Peaslee, "Tape-Controlled Machines"; Sponaugle, "Method of Operating Machine Tools"; de Neergaard, "Method and Means for Recording and Reproducing"; Leaver and Mounce, "Method and Apparatus"; 对 Lowell Holmes and Harry Palmer 的访谈与通信。

[23] Pease, "Tape-Controlled Machines"; Diebold, *Automation*, pp. 87－88.

[24] 1977 年对 Lowell Holmes 的访谈；1977 年对 Harry Ankeney 的访谈。

[25] 1977 年与 Glenn Petersen 的通信；1977 年与 Harry Palmer 的通信；1977 年对 John Dutcher 的访谈。

[26] 1977 年与 Lowell Holmes 的通信。

[27] 1977 年与 Harry Palmer 的通信。

[28] 1977 年与 Glenn Petersen 的通信；1977 年对 John Dutcher, Lowell Holmes, Earl Troup 的访谈。

[29] 1977 年对 Earl Troup and John Dutcher 的访谈。

[30] 1977 年对 John Dutcher, Earl Troup, Lowell Holmes 以及通用电气公司市场部经理的访谈。

[31] Diebold, *Automation*, p. 878.

[32] 1977 年与 Harry Palmer 的通信；"GE Program Control: Three-Motion Magnetic Tape Contouring Control," GE Z－2584 (courtesy John Dutcher); Ankeney and Dutcher, "Record-Playback Control of a Hypro Skin Mill"; "Computer-Prepared Numerical Data for Machine Control," *Electrical Manufacturing* (January 1956); "GE Approach to N/C of

Aircraft Milling Machines," n. d. (courtesy John Dutcher); John Dutcher to William Stocker, April 1957; Lowell Holmes, "GE History Relevant to N/C"; Schneider, "Programmed Machine Tools"; "Tape-Controlled Miller Saves on Short Runs," *Iron Age* (May t, 1958); "Giddings and Lewis Numericord System of Machine Tool Automation," Giddings and Lewis Publication Bulletin NR-I (courtesy Harry Ankeney); John Dutcher, "Contouring from Computer," *Machinery* (August 1957)。

[33] Albert Gallatin Thomas, Laboratory Notebooks, 1944—1955, Thomas Collection, MIT Archives; 1982年对 Mrs. A. G. Thomas 的访谈; A. G. Thomas 的私人信件, Charlottesville, Virginia; 1981年对 Joe Gano 的访谈; "City Man's Electronic Brain Draws International Attention," *City News* (Lynchburg, Virginia), January 16, 1955; A. G. Thomas, "Automatic Machine Control" (typescript), November 27, 1945, Thomas Collection, MIT Archives。

[34] A. G. Thomas, "Automatic Control System" (typescript), n. d., Thomas personal papers; "Always Something New, Says Laboratories Head," *Worcester Daily Telegram*, January 30, 1948 (courtesy Mrs. Robert Travers).

[35] "Automatic System for Machine Control," *Machinery* (London), November 1955, p. 180。Thomas 的笔记, 1954—1956; 1959年11月16日 A. G. Thomas 致 Robert C. Travers, Thomas personal papers; A. G. Thomas, "Advantages of Industrial Controls Corporation Automation System," n. d. (typescript), Thomas personal papers。还可参见 A. G. Thomas, "Tape-Actuated Machine Control," *Electrical Equipment* (June 1955)。

[36] Thomas, "Selected Patents" (typescript), description of "Device for Making Tapes and Other Records," U. S. Patent No. 2, 943, 906.

[37] 1974年8月16日 A. G. Thomas 致 R. E. W. Harrison, Thomas personal papers; Fred Scheider, "3—D Electronic Brain for Machines Perfected for Sale by Expert," Chattanooga Times January 16, l955; A. G. Thomas, "M. I. T. Tubes," *Business Week*, September 27, 1952; "What's New," *Control Engineering* (February 1955), pp. 12, 14; "Automatic System for Machine Control," *Machinery* (January 20, l956), p. 149; 1968年6月10日 A. G. Thomas 致 Richard T. Berg, American Machinist associate editor, June 10, 1968; 1968年6月13日 Berg 致 Thomas, June 13, 1968; A. G. Thomas, "Digital Control of Machine Tools," *Electronics* (March 11, 1960), pp. 174—176; footnote on stepping motors: Ronald Kohl, "Open Loop N/C," Machine Design (June 15, 1972), p. 110; John Proctor, "Stepping Motors Move In," *Product Engineering* (February 4, 1963)。

[38] 1977年对 John Dutcher, Harry Ankeney, Glenn Petersen 的通信与访谈。

[39] Thomas G Edwards, "Trip to MIT Servomechanisms Laboratory," report to Air Materiel Command, August 22, 1951, N/C Project Files, MIT Archives; Lockheed Air-

craft Corporation, "A Study of Aircraft Industry Requirements for a Contour Milling Machine," final report, June 1950, Parsons Files.

[40] 1951 年 6 月 6 日 William Pease 致 Gordon Brown；Thomas G. Edwards，"Trip to MIT Servomechanisms Laboratory"。

[41] William Pease, "Conference at Building 32," Memorandum to Gordon Brown, September 5, 1951; Edwards, "Trip to MIT Servomechanisms Laboratory-Magnetic Tape Machine Tool control," September 14, 1951, N/C Project Files；1979 年与飞兆记录设备公司的前职员 Charles F. Kezer 的通信；1979 年与奥斯汀公司的特种设备部门的前总工程师 Alexander Kuhnel 的通信；1980 年对马丁公司的 William Lambdin 的访谈；"Flexible Gunnery Trainer," T-13 photos (courtesy Charles Kezer); Glenn Martin Company, "History of Numerical Milling," n. d. (courtesy Vernon H. Broomall)。

[42] Edwards, "Trip to MIT Servomechanisms Laboratory-Magnetic Tape Machine Tool Control"；1951 年 9 月 2 日 William Pease 致 Gordon Brown，麻省理工学院档案馆的数值控制项目文件。

[43] Edwards, "Trip to MIT Servo Lab."

[44] 同上；1980 年对 Alexander Kuhnel 的访谈。

[45] Edwards, "Trip to MIT Servo Lab"；1980 年对 Joseph J. Columbro 的访谈与通信。

[46] 1951 年 9 月 2 日 William Pease 致 Gordon Brown；1951 年 8 月 8 日 Pease 致 Lt. Col. P. H. Brueckner, N/C Project Files, MIT Archives。

[47] 参见第 6 章。

[48] 1980 年对 Joseph J. Columbro 的访谈与通信。

[49] 1977 年对 John Dutcher 的访谈；Ankeney and Dutcher, "Record Playback Control of a Hypro Skin Mill"。

[50] 1977 年对 Harry Ankeney 的访谈；1952 年 7 月 9 日 Wilbur R. Carter 上校致洛克希德公司的 C. S. Wagner；1953 年 2 月 3 日与 3 月 4 日 R. W. Lawrie 致 James McDonough；1953 年 6 月 18 日 F. C. Ryder 致 Wilbur R. Carter 上校；1953 年 6 月 2 日 Alfred Susskind 致 James McDonough；1953 年 9 月 9 日 R. R. Pettler 致 James McDonough；1953 年 11 月 24 日 James McDonough 致 Adam Altglass 中校；1953 年 11 月 11 日 James McDonough 致 John Dutcher；1954 年 1 月 25 日 Alfred Susskind 致 James McDonough；1954 年 3 月 2 日与 15 日 Lawrence Peaslee 致 James McDonough；1954 年 3 月 8 日 James McDonough 致 Lawrence Peaslee，上述信函皆出自麻省理工学院档案馆的数值控制项目文件。有关 Numericord 项目，还可参见：1955 年 6 月 7 日 J. L. Bower 致 James McDonough；Servomechanisms Laboratory staff, "Preparation of Directory of Research for Industrial Liaison Office: Numerical Control System for a Skin Milling Machine, October 31,

1955,”麻省理工学院档案馆的数值控制项目文件；Harry Ankeney，“The Numericord System,” Proceedings of the Electronics Industries Association. Symposium on Numerical Control Systems for Machine Tools，September 17，18，1957（Engineering Publishers，1958)；1977年对 Harry Ankeney 的访谈。

[51] 1977年对 Ankeney 的访谈。参见第8章有关空军参与数值控制技术的商业应用的叙述。

[52] Edward E. Kirkham，“Developments in Electronic Control of Machine Tools,” Proceedings，EIA Symposium；Peter D. Tilton to E. F. Carlberg，December 2，1958，“Micro Path Contouring System”（Trip Report to Aircraft Industries Association)；N/C Panel，AIA N/C Panel “Minutes,” N/C Project，MIT Files. 1979年对 Peter D. Tilton 的访谈。

[53] 1979年对 Peter D. Tilton 的访谈。

[54] 1979年对 Peter D. Tilton 的访谈。

[55] 有关 Gishol 的材料可参见：1978年与 Lowell Holmes，L. A. Leifer，Hans Trechsel 的通信及访谈；L. A. Leifer，“Automatic Control of Turret Lathes Using Punched Tape or Magnetic Tape,” Gisholt Engineering Division，August 1960（courtesy L. A. Leifer)；Leif Eric de Neergaard，“Control System for Machine Tools,” U. S. Patent No. 3，329，963（issued July 4，1967）and de Neergaard，“Control System for Machine Tools Utilizing Magnetic Recording,” U. S. Patent No. 3，296，606（issued January 3，1967)。

[56] “Turret Lathe Positions，Contours Under Numerical Control,” American Machinist/Metal-workihg Manufacturing（August 8，1960)，p. 3；John W. Hogan，“Magnetic Tape Controls Machine Tools,” Electronics（December 1954)．“Factrol IOI Automatic Turret Lathe,” Gisholt Machine Tool Company brochure（courtesy L. A. Leifer). Hogan，“Magnetic Tape Controls Machine Tools”；“Turret Lathe Positions，Contours under N/C”；1978年对 L. A. Leifer 的访谈。

[57] 1978年对 Hans Trechsel 的访谈；“‘F Series’ Duplimatic ‘Factrol’ Analog System,” Tracer Control Company brochure（courtesy Hans Trechsel)。

[58] “Machine Tools-The 1960 Line,” Fortune，November 1960，p. 23，“Numerically Controlled Servofeed Turret Lathe,” Warner and Swasey Company brochure，June 1960（courtesy Warner and Swasey).

[59] 1979年对 Robert Hook，Robert Griffin，Warner and Swasey Company 的访谈与通信；1979年11月28日 Henry Steiglitz 致 TRW 公司的 Troy Messer（蒙 TRW 的 Troy Messer 惠允)。

[60] MOOG Corporation，Buffalo，New York，*HydraPoint News*，n. d.

[61] David Gossard，“Analogic Part Programming：Automation for the Small Job Shop”（打印稿，蒙 David Gossard 惠允）；1979 年与 1980 年对 David Gossard 的访谈。

[62] Gossard，“Analogic Part Programming.”

[63] 同上。

[64] 同上。

[65] 1981 年对布朗和夏普公司的 Ralph Hill 的访谈；1982 年对布朗和夏普公司的 Brian McCarthy 的访谈；1979 年对 A. S. Thomas 的访谈；Manufacturing Engineering Dept.，DEA Corporation，interview，1982；“Manual Surface Scanning Module for N/C Program Generation，” DEA Application Software Library No. 6，1981。

[66] 1982 年对 Ralph Kuhn 的访谈；1979 年与 1982 年对 Stan Heide（一名福特公司的前工程师）的访谈，下面有关福特公司的经验都取自对 Heide 尤其是 Kuhn 的访谈。

[67] Jerry W. Severiano，“An Interview with George DeVol，” *Robotics Age*（November 1981），pp. 22-28；Jerry W. Severiano，“An Interview with Joseph Engelberger，” *Robotics Age*（January 1981），pp. 10—24.

[68] George DeVol，“Magnetic Storage and Sensing Device，” U. S. Patent No. 2，741，757（issued April 10，1956）；1977 年对 Joseph Engelberger 的访谈；K. G. Johnson and D. W. Hanify，“Worid Survey of Robots，” Society of Manufacturing Engineers，1974，p. 12；J. F. Engelberger，“Robotics：Like It Was，Like It Is，Like It Wiii Be”（courtesy J. F. Engelberger）；J. F. Engelberger，“Production Problems Solved By Robots，” Society of Manufacturing Engineers，1974。

[69] Veljko Milenkovic，“Single Channel Programmed Tape Motor Control for Machine Tools，” U. S. Patent No. 3，241，020（issued March 15，1966）；1977 年 5 月对 Veljko Milenkovic 的访谈；Warren J. Schmidt et al.，“Automatic Positioning Apparatus，” U. S. Patent No. 3，241，021（issued March 15，1966）。

[70] 1977 年对 Milenkovic 的访谈；1977 年对 Engelberger 的访谈；1977 年 7 月 19 日 Joseph F. Engelberger 致作者。

[71] Frederick W. Cunningham，“Controlling Machine Tools Automatically，” Mechanical Engineering（June 1954），p. 488.

[72] Hunt，“Evolution of an N/C Machine Tool.”

第三部分

新工业革命：没有变化的变迁

生产上的智力在一个方面扩大了它的规模，正是因为它在许多方面消失了。局部工人所失去的东西，都集中在和他们对立的资本上面了……物质生产过程的智力作为别人的财产和统治工人的力量同工人相对立。这个分离过程……在大工业中完成……

——卡尔·马克思

可以写出整整一部历史，说明 1830 年以来的许多发明，都只是作为资本对付工人暴动的武器而出现的。

——卡尔·马克思

第8章　研发：一顿免费午餐

技术革命与社会革命并不是一回事，在我 195
们这个时代，它甚至会走向社会革命的反面。但有一点，两者是相同的，那就是它们并不会自然发生，而必须是有人使它们发生。推动这些革命的人们的热情必须克服现实的各种阻力，也就是现实中的另外一些人。数值控制推动者们的梦想并不会自动转换成浩大的工业转型。尽管麻省理工学院与空军拥有广泛的各种联系，并且不遗余力地传播数值控制的相关信息，但至数值控制项目结束时的 1955 年，学院里的人们所谓的“现实世界”仍然没有一点动静。“可以说，只有提高计算机的应用水平来将制作打孔程序带的工作实现自动化，并将整个全新的过程演示给大型的机床客户，才有可能为数值控制创造出一个市场，”杰克·罗森伯格（Jack Rosenberg），一位后来的数值控制系统的设计者（见下文），回忆道，“但是这种所预期的转换并未实现。麻省理工学院在1952—1955年为空军所做的工作并未让任何一家飞机制造公司信服，它们谁也没有投钱购买数值控制系统，也没有一家公司打算在什么时候改变这一决定。”[1]当时工业界所从事的一些研究数值控制的科研活动，很大程度上直接或间接来自空军的资助。

麻省理工学院的努力之所以没取得什么直接的商业成果，其中一个原因可能是约翰·帕森斯没再参与进来，当初正是他一个人让空军与洛克希德公司相信数值控制系统的优势。在这个项目中，没有一个人拥有第一手
196 的工业生产经验，也不能激发起加工厂中的潜在用户。生产经理们对麻省理工学院的“学院派”的不实际的夸夸其谈仍然持怀疑态度。“从一开始，”威廉·皮斯于1955年向帕森斯承认现实的不利情况，“工业界的买方的接受过程似乎有些太慢。也许是麻省理工学院的外联工作还没做到位。”[2]具有讽刺意味的是，帕森斯虽然已经被排挤到边缘，但仍然无望地推动他自认为是自己的科研成果商业化，结果是，他发现自己根本无法与麻省理工学院竞争。

1952年春，麻省理工学院的外联活动达到了高潮，空军装备司令部的哈里·普赖斯（Harry Price）中尉通知戈登·布朗有关帕森斯向空军提出的建议，帕森斯建议“与空军签订合同以装备你的（原文如此。——原注）研究成果，并在潜在的客户里做出推广计划”。普赖斯向戈登·布朗保证，“莱特空军基地将倾向于拨给麻省理工学院用于装备并推广迪吉系统的资金，但司令部是否会听取帕森斯的意见则不得而知。”司令部拒绝了帕森斯的建议。因此，帕森斯不得不依靠他自己的有限资源来单打独斗。第二年，他为迪吉系统制定了一个推广计划。《迪吉商业计划书》中包括根据自动控制试验室的图纸与规定建造出一部复制品，在帕森斯公司内部的加工厂内建造两部相同的原型机器，此外计划书还制定了详细的销售战略与制造计划。帕森斯指望能够至1958年售出200台机器，其主要客户是机床制造商。此外，他还预期从系统用户那里招揽到制作与维修控制带的业务。所有这些都没有下文。[3]

除了在制造与销售数值控制设备方面，帕森斯还在获得并保持该技术的专利权方面与麻省理工学院展开了竞争，并遇上极大的困难。根据空军最初与麻省理工学院的协议，帕森斯资助下的项目及其相关领域的所有发

明的专利权都归帕森斯所有。从一开始，他就要求麻省理工学院的研究者提供潜在的可用于申请专利的信息，1950 年，他的律师起草了一份综合的专利申请书。但是，由于项目的领域经常变换，再加上自己公司内部日渐高涨的要求放弃该项目的压力，帕森斯的进展极其缓慢。当他在 1951 年不得不被排挤出这个项目之外时，他已获得了空军对其专利要求的部分支持（正如合同的规定），然后他进一步加大了这方面投入的力度。有几个方面的理由促使他加快去实施。

1951 年夏，帕森斯得知，麻省理工学院除了发布该项目的推广手册，邀请人员参观自动控制试验室以检测机器，还在一份研究刊物上发表了有关数值控制的报告。专利局的规定是，公开发表之后必须在一年以内提交申请，这迫使帕森斯迅速行动。此外，1951 年秋，当时担任超声波公司顾 197
问的皮斯，开始向莱特基地咨询有关专利状况的问题。他和麻省理工学院的同事们都认定，既然帕森斯已经不再参与项目，数值控制的专利都将归于政府。但是，他们发现帕森斯仍然拥有全部权利，并且正在积极实施他的专利。此外，他们还得知，帕森斯正在提交专利申请，其内容并不限于他们所知的在麻省理工学院所做的研究工作，还包括麻省理工学院参与之前的工作——按空军的说法，这是“一种有利于帕森斯的情况”。在整个 1951 年和 1952 年，皮斯、布朗和詹姆斯·麦克多诺通过在莱特基地的同情者知悉帕森斯的一举一动。

帕森斯很快就感觉到了压力，他首先以为这压力仅仅来自于空军。“莱特基地的人现在认识到迪吉的潜在优势，并希望对我们的专利施加限制。”他在 1951 年 10 月的日记中写道。第二个月他就从其会聚专利律师那里得知麻省理工学院的利益，后者接到麻省理工学院的专利律师发来的调查通知。帕森斯被告知，“他们希望从我们的专利中分一杯羹”；“我们要面临艰巨的任务，稳住”他们，帕森斯在其日记中写道。帕森斯没能够阻止麻省理工学院将项目公开发表（比如，他后来得知麻省理工学院将全部的规格信息透露给吉丁斯和刘易斯公司），同时帕森斯还希望获得麻省理工学院的合作以得到专利申请的信息。麻省理工学院并不乐意合作。帕森斯指出，“我们根本就无法解释，麻省理工学院的人在专利申请方面抱着如此不合作的态度。”“很显然，尽可能宽泛地填写专利申请符合他们的利益，但在过去的两个月里他们没有任何实际建议，尽管帕森斯公司已经答应为麻省理工学院提供相关信息而支付费用……他们这种缺乏合作的诚意，使我们怀疑他们是否企图使帕森斯公司失去对麻省理工学院的研究工作的全部专利，从而使它们对整个工业界公开。从实际的角度来看，这将让这些成果落入到超声波公司的手里。”

经过冗长而困难的谈判，帕森斯与麻省理工学院签署了一项协议，规定麻省理工学院及其学院的工程师必须因对专利的贡献以及协助申请专利方面而获得报酬，该协议还详细规定了帕森斯专利要求所覆盖的“研究领域”。帕森斯承诺，如果帕森斯公司 10 年内没有满足市场的实际要求的项目的商业化，麻省理工学院有权取得其发明权利，麻省理工学院有权在机床控制领域以外应用该发明，并取得两项专利中所获得的 15%的专利费，该费用在 4 名签署人以及麻省理工学院（通过其专利机构研究公司）中平分。签约之后，帕森斯仍然对麻省理工的人怀有戒心，这并非没有来由。

198 1952 年 8 月，数值控制机器第一次正式演示的前一个月，《基督教科学箴言报》发表了一篇介绍最新进展的文章，并引用了麻省理工学院工程师们的话：“一旦潜在客户熟悉它的潜力并且找到一家公司来生产，麻省理工学院的专家们说他们将继续研究，将这种技术应用到其他领域，并让工业界来接手这部铣床。”帕森斯对此甚感焦急，因为这意味着，虽然麻省理工学院得到他的商业化计划，但并未认真看待他的工作。一个月后，他就知道其中的缘故了。有关 9 月演示会的宣传材料没有提及帕森斯的贡献以及他将数值控制技术商业化的计划，但却以整页的篇幅报道皮斯与布朗的超声波公司。该宣传手册上说，该公司在“机床的数字及模拟反馈控制方面具有多年的经验”，并邀请对数值控制感兴趣的潜在客户与该公司签订合同。“请致电或写信给我们，我们马上就可以启动研究计划”，手册上如是说，旁边还配有麻省理工学院控制带的插图。

可以想得的到，帕森斯对超声波公司与皮斯极其愤怒，后者在准备专利申请材料方面一点也不合作。“超声波公司的一些经理就是麻省理工学院曾经或现在与迪吉项目直接关联的人员，”当时帕森斯就注意到这一点，“威廉·皮斯是第二次专利申请中的一名发明者，他还是超声波公司的副总裁。”“该公司在全国范围内宣传它有意建造这种设备，我们认为它侵犯了我们正在申请的专利。我们认为，这种做法是不道德的，尤其是涉及我们与皮斯的协议。”“我们认为，麻省理工学院的人们的做法是完全错误的，他们试图通过私人联系，从而利用迪吉以满足他们自己的私利。我们认为，他们没有正当的道德理由来这样做，在法律上也没有这样的权利，除非等

到专利颁发之后。”为了跟踪超声波公司的进展，帕森斯让他的儿子购买了超声波公司的股票，从而获得公司的内部报告。但后来的结果是，这家公司在数值控制的市场化方面并不十分成功，原因是内部的资金问题以及在市场销售方面缺乏经验。[4]

最后，在 1952 年，在麻省理工学院极不情愿的帮助下，帕森斯提交了有关数值控制的两项基本的专利。第一项专利的拥有者是帕森斯与工程师弗兰克·斯图伦，最初的专利标题是“控制机床的方法与设备”。专利局将这一宽泛的名称改为“用于定位机床的马达控制设备”，并于 1957 年颁发专利。第二项专利，由帕森斯以福雷斯特、皮斯、麦克多诺以及苏斯金德的名义申请，最初的标题是“控制系统”，专利局随后将它改为“数值控制伺 199
服系统”，并于 1962 年颁发专利。这两项专利涵盖了数值定位与连续通路控制系统研究中的所有专利。帕森斯在制造与销售数值控制系统方面稍微有些起色之后，就将注意力转向了专利管理方面。他的专利律师警告他，以他一个人的力量，根本不可能强迫那些大企业尊重他的专利。帕森斯发觉自己处境艰难，因此决定将专利出售给那些有实力实施专利的公司。1955 年，他成功地与邦迪克斯航空公司达成一笔交易。[5]为了得到这两项基本的数值控制专利的独家使用权，邦迪克斯航空公司付给帕森斯 100 万美元，外加未来的许可销售中的专利费用——所有这些由帕森斯、斯图伦、麻省理工学院以及专利证书上所登记的 4 名麻省理工学院的工程师以及帕森斯的专利律师来共同分享。这样，帕森斯在金属切削业所做的开创性贡献，获得的报酬仅仅只是几部数控机床的零售价格。

尽管帕森斯在数值控制的商业化方面遭到了失败，但其他人却行动起来了。在空军直接或间接的支持下，吉丁斯和刘易斯公司与通用电气公司、卡尼和特雷克公司一道，再加上邦迪克斯公司，都在与麻省理工学院合作以研制自己的系统。吉丁斯和刘易斯公司正在研制洛克希德公司订制的数控表皮铣床，合作方是通用电气公司与麻省理工学院，经费则来自空军。正如前文所说的，最开始的设想是采用记录—回放控制设备，但在 1953 年，吉丁斯和刘易斯公司与麻省理工学院签订合同，研制数字模拟转换计算机，即所谓的指挥仪，用于根据存贮数值信息的打孔带来制作用于机床控制的磁带。在研制出“数字记录”系统核心的指挥仪原型之后，吉丁斯和刘易斯公司要求麻省理工学院制造更多的设备，并最终资助麻省理工学院的自动控制试验室的某些人员创建自己的公司——协和控制公司以生产这类设备。与此同时，洛克希德表皮铣床也于 1955 年成功地为空军作了一次演示。[6]

格伦·马丁公司在麻省理工学院演示其数控铣床之后，于 1953 年也开始进入数值控制领域。麻省理工学院的人拜访了位于巴尔的摩市的马丁公司，向它们介绍了数值控制项目的内容以及前景，并以自己的机器为马丁公司加工了一些配件作为测试，还担当起马丁公司与空军之间的中间人。后来，麻省理工学院帮助马丁公司向空军提出建议，生产以麻省理工学院机器为原型的铣床。项目批准后，学院的人又担任马丁公司的顾问。最初，马丁公司要求麻省理工学院自己建造机器，但在学院的“外部活动”委员会的压力之下，自动控制试验室不得不放弃这一想法，用赖因特耶斯的话来说，“避免去从事那种工业组织也能够做得同样好或者更好的事情”。但是，试验室的人们仍然以一种非正式的方式提供技术支持，更重要的是，
200 是麻省理工学院将马丁公司与邦迪克斯航空公司拉到了一起（其中研发工作都是在艾伯特·霍尔（Albert Hall）的指导下进行，霍尔曾是自动控制试验室的特邀研究员、皮斯以前的上级）。最后，在空军的资助下，邦迪克斯公司与卡尼和特雷克公司建造出马丁机床，这是第一部应用麻省理工学院数控系统生产的实际设备，时间是 1957 年初。[7]

洛克希德公司与马丁公司成了首批将数值控制变成现实的飞机制造公司。但该行业的绝大多数厂商仍然持观望态度。1954 年初，为了克服该行业的“冷淡”，空军开始积极地寻求商业化的建议，并承诺投资那些公司认为对于私人资本来说风险过高的项目。在洛克希德公司与马丁公司之后，康维尔公司（Convair）、布里奇波特—莱卡明公司（艾柯公司）、恺撒公司（Kaiser）、那斯罗蒲公司（Northrop）、道格拉斯公司以及北美航空公司也在麻省理工学院的鼓励与支持下提出各种项目的申请。（从麻省理工学院来说，它非常乐意在空军面前展现自己外部活动的成效，以确保空军对自动控制试验室的持续资助。）飞机制造业终于对这种新型技术表示出真正的兴趣，而空军资助的前景使得这种技术更为诱人。但就相关的机床工业公司来说，情形大不相同。[8]

尽管麻省理工学院也试图挑起机床制造商对这种新技术的兴趣，但它们仍然不愿为了商业目的而在数控技术的继续研究上投入更多的时间、精力或资本。它们的迟疑有着好几方面的原因。首先也是最重要的是，投资的经济回报前景是不确定的。此外这种新技术涉及许多电子设备，而机床制造商对这一领域所知甚少，几乎不存在任何经验。另外，它们还担心在

研发的早期阶段投入大量的经费，因为技术的迅速发展意味着此时设计的任何系统都有可能很快就过时。因此，这些机床制造商并不愿单独涉足这一领域，虽然也有一些公司——比如吉丁斯和刘易斯公司（与通用电气公司合作）和卡尼和特雷克公司（与邦迪克斯公司合作）——愿意为像马丁公司或洛克希德公司那样的飞机制造业客户——它们率先下注的，并不是自己的钱，而是公共资金——所下的订单研制与建造这类系统。因此，当空军决定不再支持麻省理工学院的项目，并坚持寻找一家私人机床制造商来继续这一事业时，所有的努力都归于无效。1955 年 6 月麻省理工学院项目结束的时候，飞机制造业只有几个有限的项目仍然在进行，还有一些项目正在申请之中，而机床制造业仍然在等待观望。最后演变的结果是，它们并没有等待多久。[9]

当年夏天，邦迪克斯公司与卡尼和特雷克公司发布了它们的马丁系统， 201
洛克希德公司成功地为空军演示了数字记录系统。受到这些突破性进展的鼓舞，空军装备司令部的威廉·M·韦伯斯特（William M. Webster）与空军内部数值控制的支持者决定换一种方式来推动这种新技术的商业化。在为朝鲜战争而动员的问题上——事实上，此前的二战也面临着相似的问题——工业计划者就在确保机床的充分供给上面临着严重的困难，这部分是因为它们的生产需要一个较长的交付周期。因此，在朝鲜战争结束后，为了避免出现类似的情形，空军决定"大宗购买"并储备交付周期需要较长时期的机床，比如大型的靠模控制成形铣床，这一行动的计划称做"机床现代化与选择性扩展及取代设备计划"。该计划的目的是让工业处于随时备战的状态，从而将未来的动员成本最小化。此外，在韦伯斯特看来，这项在 1956 财政年度将占空军装备司令部 6 000 万美元预算的计划，"将为数值控制机器被迅速而有效地引入飞机制造业提供一条解决途径"。[10]

在数字记录系统演示后，韦伯斯特与其同事成功地改变了这一计划的规定，具体地说，将一些大型机床（尤其是新型的五轴通用成形铣床）的规格从靠模控制改为数值控制，并规定将这些机床安装在主要承包商的工厂里，而不是把它们封存起来直到下一次军事动员。他们签订了 63 台数控表皮铣床与仿形铣床的合同，然后再扩大合同，将现存的 42 部政府拥有的靠模铣床改装成数值控制系统，然后将它们安装在承包商的工厂中。空军一共采购了 105 台机床：5 台五轴通用铣床、24 台三轴表皮铣床以及 76 台三轴仿形铣床，所有这些设备都使用连续通路数值控制。此外，空军还与麻省理工学院签订了支持这些设备的自动编程技术的合同。韦伯斯特后来解释道，空军所以关注连续通路控制，是因为它“必定会成为生产机翼以及飞机的其他复杂构件所需的高度灵活而又准确的生产手段”。“我们有理由相信，”他接着说，“根据连续通路控制系统而制定的问题解决方案，也可以同样应用于离散的定位系统。”[11]

在很短的时间内，空军就为数值控制创造出一个“市场”，这样做的时候，它使政府在这种新技术上所耗的费用高达 6 200 万美元（罗森伯格的估
202 计）。当然，在那个时候，仅仅只有三种系统，还有许多研究开发工作有待人们去做，而这正是韦伯斯特希望通过这次采购所刺激的。韦伯斯特“知道，这些产品那时根本就不存在”，罗森伯格叙述道，“因此他不是大批购买数值控制系统，而是让政府花钱，把它们装备在大型的空军主承包商以及子承包商那里，并支付它们学习与维护这些系统的费用。空军承担了将该技术转移至工业这一全部工程的费用，这种风险是任何其他组织都不愿意承担的。”[12]

空军宣布，它将为这 100 多套系统买单，用以帮助 4 家能够满足相关规格（它们事实上与靠模控制的规格要求相同，仅仅是用磁带取代模板）的机床制造商。控制系统的销售商必须同时将它们的系统卖给机床制造商与飞机制造公司，并且所有的投标商都必须在有空军代表在场的情况下通过实际的切削来证明其系统的优点，演示过程将在波音公司进行，目的是检验系统是否满足了规定的误差要求。成功通过检验的 4 种系统是：吉丁斯和刘易斯公司/通用电气公司/协和控制公司的数值控制系统；卡尼和特雷克公司/邦迪克斯公司的系统；莫莱机器公司/电子控制系统公司的系统；以及辛辛那提机床公司/百代唱片公司的系统。“采购合同最终公布的时候，”卡尔·怀尔兹指出，“机床制造商都根据它们自己的规模（前一年的销售额或诸如此类的标准）而获得了相应的份额。”这样，作为全国最大的机床公司，辛辛那提机床公司与百代唱片公司以及后来的努米奥公司一道获得了最大的订单；吉丁斯和刘易斯公司与卡尼和特雷克公司则分别使用通用电气公司和邦迪克斯公司的系统，几乎瓜分了剩下的全部合同，而莫莱公司使用电子控制系统的迪吉系统仅取走最后留下的几份订单。在控制系统销售商方面，通用电气公司（与协和控制公司一道）占得最大的份额，在 105 台机器中获得了 55 台机器的订单。[13]

与原来的外部活动不同，空军这次大胆的举措很快就取得了预期的效果。“一切如他们所料，”研究麻省理工学院项目的历史学家唐纳德·亨特指出，“这一计划深刻地影响了机床制造业对待数值控制的态度。机床制造商们从消极无为转变成积极地参与，并很快就熟悉了这一领域中的进展，想方设法为它们的机器找到能够应用的设备。”此外，“自 1955 年下半年以来，自动数值处理设备以及机床控制设备需求的增加，也极大地促进了电子工业在这一领域的研究开发工作。”人们的热情有增无减；数值控制终于成为工业界的关注中心。此前，空军的规格要求很大程度上决定了这种新技术的设计路径，现在它也影响到它的商业化进程。一度观望并且传统上相当保守的机床制造业，亲眼目睹这样的繁荣景象，现在有充分的理由将自己的 203
审慎抛到天外，并让越来越大胆的工程师尽情地奔驰。自那以后，不管生产会出什么问题，也不管成本有多高，公众都很乐意为它们买单。[14]

最初的 4 种数值控制系统存在着很大的差异，这说明了连续通路控制问题具有广泛的解决方案的可能性。* 所有这 4 种系统都是为飞机制造工厂而设计的，而且其用途都是与空军相关的加工，在潜在的用户看来，它们各有其不同的优缺点。这些差异对空军所强调的统一规格、兼容性以及可互换性——它们是总体命令与控制的必要条件——构成了挑战。因此，在空军的要求下，为了满足其主要客户的需求，飞机制造业开始对这种新技术实施标准化。这一艰巨的工作持续了数年时间，其内容除了硬件的标准化，也包括软件的标准化。最终的结果是，在硬件方面，以麻省理工学院—邦迪克斯公司的部件作为标准；而在软件方面，则以接受空军所支持的 APT 语言作为标准。这样，为了满足空军的规格要求，该行业最终确定了数值系统中可能是最复杂、成本也最高昂的方法。

乔治·E·金尼（George E. Kinney）任职于休斯飞机公司，他也是飞机工业协会数值控制小组的成员。根据他的叙述，空军与飞机制造业之所以对标准化感兴趣，有着几个方面的理由。飞机制造业长期以来都是小批量订单，经常改变设计，因此亟须更灵活的设备，能够从一道加工工序转移到另一道工序。相比较已有的传统机床而言，飞机制造业不愿意接受那种零部件互换程度非常低的设备。此外，根据军工合同的要求，飞机制造公司通常要将其一部分工作转承包出去，而这要求在公司与供应商、公司

* 关于这些系统的技术描述，参见本书附录四。

内部的不同部门以及各个公司之间保持某种程度上设备的可互换性。空军要求机器之间能够兼容，是出于战略的目的，以实现迅速的军事动员并且在必要的时候改变生产的场所。但是，这 4 种不同的数值控制系统对标准化构成了挑战。“这并不是一个标准化的问题，而是要从它们之中挑选出一种。”通用电气公司的约翰·达彻 1957 年说。“如果你有 4 种系统，它们在每个方面都完全不相同，唯一能够标准化的办法就是选出其中一种，然后消除所有其他的系统，或者至少对部分系统而言是如此。我认为，唯一的方法就是，”达彻做出结论道，“让某个人，以某种方式从现存的各个系统中挑选出一种，使它成为标准，或者规定为其他完全不同的系统。”而这正是飞机工业协会所着手做的事情。[15]

数值控制子委员会由飞机工业协会的机身制造设备委员会于 1955 年组
204 建成立，其职责是调查与评估正在研制过程中的各个系统。不久，其名称发生改变（1958 年改为数值控制小组），职责范围还包括为数值控制系统起草国家机身标准，并评估各种数据处理的方式，培训人员，检测这种新技术。该小组确定了四类宽泛的控制带设备，但主要精力集中于第四类，亦即连续通路控制。它的标准化工作则主要涉及数值控制的三个方面：机床控制输入介质的类型与格式、与插值有关的系统结构、部件编程技术与语言。

1957 年春，子委员会把工作重心放在磁带的标准化上，当时通用电气公司与电子控制系统公司所使用的机床控制介质就是磁带。通用电气公司的控制系统在当时最为普遍，它声称磁带可以是任何标准系统中不可或缺的组成部分。但小组内的一些成员也支持把打孔带作为介质，比如邦迪克斯（与麻省理工学院合作）的系统，“它可以建立在机床自身所安装的插值设备之上”。第二年，小组就决定将重点从磁带转移到打孔带。詹姆斯·麦克多诺现在是协和控制公司的总裁，该公司生产制作通用电气公司系统的磁带所需的数字记录指挥仪。他认为，从技术上看，磁带介质并非任何系统的必备部件；但它能够用于远程插值，因此“不过是一种相当简捷而且经济的实现该职能的手段”。麦克多诺暗示道，尽管有可能不方便或者不经济，但排除磁带并非不可能，亦不是那么困难。

至 1959 年春，小组成员完全倾向于这一争议的另一端；他们的注意力完全放在打孔带上。小组备忘录写道：“小组注意到并充分讨论了不采用任何磁带的可能性”，忽略磁带有四个方面的充足理由。第一，当时只有两个

供应商在使用磁带（通用电气公司与电子控制系统公司），并且它们彼此之间完全不兼容（分别采用模拟与数字方法）。第二，磁带并非系统的必备部件，而只是能够在机床下线后进行插值的设备。第三，两位供应商中至少有一位，亦即通用电气公司，也在供应兼容的打孔带。第四，一些成员对磁带抱怨有加，声称它过于昂贵，而且在车间环境下很难控制，对脏、老化以及错误操作极其敏感，并且磁带的修正相当困难，因为不可能用肉眼观察出代码。但小组没有提及这些事实，比如它可以擦写因此可以重复使用，它的介质密度更高因此能够存贮充分插值的数值，能够高速读取数据，更快地将信息输入机床。这样，磁带便从标准数值控制系统中被排除出去，
与通用电气公司的控制系统一同出局的还有电子控制系统公司的最初的系 205
统。电子控制系统公司系统的设计者罗森伯格回忆道，“空军接受了用户的建议，并将1.8英寸的纸带确定为数据输入介质。选择它的主要理由是它是制造业工程师能够校验、理解并有信心使用的唯一存贮介质。”在排除磁带之后，数值控制小组也有过重新考虑的意愿，但除非“磁带系统在其可靠性方面有了实质性的提高”。根据备忘录的说法，“需要指出的是，尽管没有成为标准，但这并不妨碍供应商改进并供应磁带控制系统，也不妨碍机身制造公司购买它们”，但是，“供应商有责任证明，远程插值是它们的系统的可取优点”。当然，一旦工业标准已经确定下来，供应商并不愿意承担这样的证明责任。相反，它们很快就转移到打孔带上，好从政府创造的市场中分得一杯羹。[16]

打孔带并不意味着机器系统就能够实现完全的互换，只是意味着相同的打孔、读数、复制并校验的设备。在这里，打孔带的编码与制作方式也存在争论。数值控制小组最初倾向于一种“与邦迪克斯航空公司系统在原理上相似的”系统，但是电子工业协会的批评声音则指责这是不公平的。它不仅意味着过早地结束研制的进程，而且更重要的是，它确定的是一种只能通过计算机来制作的控制带，而无法人工通过电传打字机来制作，因此这“对于人类极其不方便”。但数值控制小组在这个问题上立场很坚定。“有必要指出，”小组备忘录写道，“任何一种规范意义上的标准化都会在初期伤害一部分人的利益，但标准化的益处终究将超过那些在初期走不同道路的人所受的损失。”小组坚持认为，“标准的存在就给未来的机器设计指明了方向，为任何工厂内部的规格提供了一个校验表，并且（有望）最终削减工厂的采购与操作成本。”现在，连续通路控制机床的用户就锁定在计

算机制作的打孔带介质上。[17]

与介质标准相关的还有一个插值问题。磁带能够存贮充分插值的数据，这意味着插值能够在远离机床的情况下远程操作（正如吉丁斯和刘易斯公司/通用电气公司的数字记录系统的操作所表明的）。远程插值削减了计算机设备数目，从而削减了机器控制成本以及恶劣的车间环境下必不可少的维护成本。指挥仪或插值仪是数值控制系统中最复杂的部件，因此能够安装在装有空调的洁净环境中，并能够为多部机器制作控制带。[18]

206 数值控制小组倾向于打孔带（它无法容纳充分插值的数据），似乎完全接受了麻省理工学院的"原理"以及具体而言的邦迪克斯公司的系统，"后者得到子委员会的高度评价"。1957 年春，小组对插值问题的经济效益进行了研究，在承认远程控制存在的诸多优势并且"普遍认为离线插值是可取的方法"的同时，仍然声称邦迪克斯公司的在机上插值的方法更为可取。子委员会认为，对小数目的机器来说，在线插值更为经济（委员会认为，离线指挥仪的成本效益取决于控制带制作所供应的机器数目），而邦迪克斯公司的方法在车间与办公室两者所需的劳动力都较少，而且该系统只使用打孔带，因此要优于磁带方法。子委员会也承认，由于插值设备就安装在车间里的机器上，它的维护要求可能要更高一些，但仍然以肯定的（并且是过于乐观的）口吻认定，"邦迪克斯公司认为，这对于它们的机器控制设备来说，是一项可以忽略的缺点。"这样，小组最终确定下打孔带输入以及插值问题的标准。可以想象得出，这种新型的连续通路控制系统在 1960 年芝加哥的机床展览会上出现时，许多设备都装上了通用电气公司的数字控制系统，但它们与邦迪克斯系统有着惊人的相似之处，而邦迪克斯公司由于拥有两项数值控制专利，完全支配了市场。[19]

为了有效地实现标准化的目标，在硬件标准化的同时也伴随着软件的标准化。最初的 4 种系统不仅在设计上彼此有别，而且也导致在编程方面也完全不同。按照罗森伯格的说法是，每个机器系统都有自己的"个性"，编程员想编好程序，就必须对它们非常熟悉。在麻省理工学院的自动程序设计工具（APT）研制出来之前，这 4 种系统都在装载各自的首部机器并等待装配其余的机器。飞机公司根据自己的需求研制出特殊的部件编程方式以及子程序的数据库。APT 语言的创造者道格拉斯·罗斯估计，在 APT 语言出现之前，大约有 40 多种这类的编程语言。飞机工业协会在标准化数值控制设计与使用方面的做法是，联合启动 APT 语言项目以治理这种群龙无首的局面。[20]

“最开始的几次会议上，”罗斯后来回忆道，“现存与即将发布的机床类型与指挥仪的庞大数目，使得人们觉得机床指挥仪语言上的标准化似乎不那么现实。”但是，由于无所不包的 APT 概念既包括了制作条款，也包含了“后处理”内容，能够以任何特殊的指挥语言代码的形式输出，“看上去，如果能够在 APT 系统上达成全行业的协议，该系统将能够在任意机床系统上制作控制带”。这样，飞机工业协会决定研制用于数值控制的标准通用语言，第一步集中讨论编程与根据原始的数据指令表制作控制带的问题。* 用罗斯的话来说，APT 联合工程是“在空军的资助下由麻省理工学院领导 14 家公司共同实施的联合政府、大学、工业三种力量的世界上首次 207
大型编程事业”。它将该行业的计算机以及计算机编程力量都投入到研制某个单一的系统之中，装配在 IBM 704 计算机上（参与其事的公司都可以使用这部大型计算机）。在飞机工业协会的领导下，联合项目致力于为数值控制“提供完全可以互换的信息处理方案”，最终在 19 家公司长达 15 个月的努力下得以完成。正如我们所看到的，APT 可以支持尽可能多的机床能力，比如五轴成形铣床。“我们相信，”道格拉斯飞机公司的参与 APT 项目的技术人员指出，“具有五轴乃至更多轴的机床在最近的将来将得广泛的应用。它所达到的精密程度使得我们认为，只有 APT 程序系统能够使它变成现实。”“APT 联合项目的目标是，”罗斯强调指出，“确定通用的自动编程系统，从而充分挖掘出数值控制机床的潜力。”[21]

在联合项目启动之初，飞机制造公司并未表现出原有的热情。比如，1957 年 3 月，罗斯将 APT 系统的最初版本提交给数值控制子委员会与工业界的客户。罗斯的同事唐纳德·克莱门特（Donald Clements）当时注意到，“由于麻省理工学院的数值控制编程方法与现有的做法完全不同，小组成员们觉得，未来如何实施些技术是一个很大的问题，而且需要首先建立一个子程序库。”罗斯也指出，当时波音公司极力销售它自己研制的子程序库，而且整个小组“对自己的系统都有些心存疑虑”，担心它“过于困难”。但是各个公司代表在麻省理工学院对 APT 系统经过长达 1 个星期的讨论后，罗斯与其同事的方案最终胜出，联合项目终于开始全力推进。[22]

---

* 这成为标准的“刀位坐标带”，由机器控制系统供应商所发明的后处理器将一般的 APT 输出信息转移成针对每个具体系统的机器控制带。

经过最初阶段中艰难的协调工作之后，麻省理工学院退出该项目（飞机工业协会的解释是，“麻省理工学院自感该系统在实际应用方面能力欠缺”），工业界将它接手过来。但是，这些公司仍然向空军寻求资金上的支持。飞机工业协会“认为，空军装备司令部应该资助目前在研制 APT 语言
208 中比较积极的一家大型飞机制造公司，由它根据最终目的来研制并协调 APT 的研制工作”。“普遍的看法是，”飞机工业协会指出，“由于需要经过高水平专业训练的数学家来全力投入这一项目，并且除了机床检测、刀具、控制带、IBM 卡带等成本之外，还包含了额外的操作计算机与其他 IBM 设备的成本，因此指望众公司以零星资本自愿实施这一计划是不现实的。”空军装备司令部非常“慷慨”，继续予以资助，并由北美航空公司的戴尔·史密斯（Dale Smith）及其同事来协调监督联合项目的进展。整个 APT 项目组耗费了 4 年时间来研制与调试 APT 系统。“在当时，”罗森伯格后来写道，“它是工业界所从事的最大的软件设计工程。”他估计总共耗费了 3 300 万美元的公共资金与私人资金（而且很可能是该数字的“两倍”）来创造 APT 系统，其中还包括计算机公司的支出——IBM 公司、UNIVC 公司、控制数据公司以及通用电气公司——它们为了在数值控制领域中保持其商业上的利益而不得不为自己的特殊设备研制与 APT 系统相对应的程序。[23]

1959 年，APT 的设计者道格拉斯·罗斯以哲学反思的眼光分析了程序设计者的核心作用。“我们为人设计了让他操作的语言，而这种语言又将他程序化，”他说，“因为他唯一能够操作该系统的方法是按规定的语言形式来表达他的愿望。”对于 APT 的首批用户来说，这就是问题的关键所在。“早期的版本存在许多程序缺陷，”罗森伯格回忆道，“许多部件编程员拒绝从一种简单而熟悉的编程方法转换到这种复杂、陌生而且未经证实的语言，而且 APT 并不能提供先前的编程语言所能提供的一些功能。”（“当你使用一种通用语言，”一位部件编程的学生认为，“你必然会失去原来的某种专用的办公室语言所具备的特殊功能；一旦你成为通用的，你就会失去一些东西。”）罗斯本人也承认，APT 系统的某些部分“经常出错，不稳定”，而与满脑子理论的麻省理工学院的设计者不同的是，客户必须与 APT 系统所带来的“实际运行中无穷无尽的问题”打交道。尽管存在诸多问题，但用麦克唐奈·道格拉斯自动设备公司的总裁的话来说，APT 系统仍然成为工业界的“圣经”。“因为各家工厂的高级经理们深信，基于商业上的理由，必须学会生产应用中已经成为工业标准的软件系统，”罗森伯格后来解释

道，“这最终导致 APT 系统一统天下的局面。”“1961—1966 年，APT 系统大行其道，使得高达 30%的（IBM）7090 与 7094 型计算机都安装在飞机制造工厂，它们是这些机器的最大客户。”[24]

用于连续通路控制系统的 APT 语言的标准化，对于空军实现数值控制数据以及最终设备（五轴控制）的可互换性这一目标来说，是具有重要意义的进展，但是其代价也并不小。首先，计算机制造商不得不为 209
它们的系统设计可兼容的软件，而机床控制制造商也往往需要设计精致的后处理程序，使它们的机器系统能够兼容 APT 语言。其次，APT 联合项目——最后由伊利诺伊理工学院研究所（IITRI）来承担协调工作——事实上仍然相当严格，最新的 APT 研制报告仅限于参与的公司有权知情，并用于商业上的利益。

名义上，联合项目对“所有在数值控制上具有商业利益的组织开放”，并且在 1957 年，飞机工业协会的 APT II 系统改名为 2D－APT II 系统，“因为原来的名称意味着系统是飞机工业协会的独家产权，并且引起了一些误解”。但事实上，它仍然相当封闭。比如说，费拉蒂电子公司请求从麻省理工学院获得有关飞机工业的 APT 课程的讲稿，但遭到了拒绝，理由是“该课程仅为该群体人员而设”。一年后，麻省理工学院拒绝了另一次有关 APT 信息的请求，这次的请求者是奥尔万卡公司（Alwac）的阿兰·贝克。“我所能给的坦率回答只能是，”唐纳德·克莱门特在写给贝克的信中说道，“我无法提供。”后来这一项目移交到伊利诺伊理工学院研究所，但实际的限制条件并没有改变。该项目信息仅限于飞机公司（其中有波音公司、洛克希德公司、康维尔公司、钱斯·沃特公司、道格拉斯公司、贝尔试验室、马丁公司、麦克唐奈公司、北美航空公司、那斯罗蒲公司、共和航空公司以及联合飞机公司）以及“飞机工业协会之外的有资格的组织”，后者支付大笔费用以获得联合开发的信息并已经“可以使用相关计算机”。这些非工业协会成员也只限于通用汽车公司、固特异轮胎与橡胶公司、IBM 公司以及联合碳化公司等。只有合作的成员才能够对项目的进展情况拥有知情权，而它们在获得有关消息后都隐秘不发。在它们的工厂里，也只有高层人员以及必须签名的程序设计员有权看到通报，他们也不得将它带出工厂或复制。由于空军与其他政府机构开始程序化地将拥有最新的 APT 系统能力作为获得政府合同的先决条件，获得 APT 研制进展消息本身也成为商业上的重要事件。[25]

除了事实上的APT渠道限制之外，APT的标准化进程还倾向于抑制其他程序语言与控制带制作方法的研制与使用。这种倾向早在APT项目启动之初就已显现出来。比如，1958年3月，一个根据奥尔万卡计算机利用基础代数公式来计算曲面而编制的程序所加工的部件被提交给飞机工业协会的数值控制子委员会，检测之后，波音公司与那斯罗蒲公司的代表一致认为，“该部件完全符合空军规定的‘大致范围’”，并且一般地，“数值控制子委员会认为，该编程技术相当先进，值得进一步研究”。通过进一步检验
210 奥尔万卡编程方法，发现它具有“两项相当现实的优点”。首先，“由于奥尔万卡系统能够用于更小型的计算机，因此对于小公司或者希望使用自己的计算机来实现数值控制的制造业部门来说，它也许具有成本上的优势”。其次，“奥尔万卡系统拥有现有的APT系统所不具备的某些技术优势”。飞机工业协会的报告建议“资助奥尔万卡公司进一步研制该系统”。（至今，奥尔万卡公司仍然在独自研制自己的系统，未曾从麻省理工学院处获得任何有关APT的信息。）

这份飞机工业协会的报告很快就遭到反对。一些成员警告不得出现这种“那些有想法但没钱的公司向我们求助”的类似情形。经过讨论之后，报告改变了建议。它不是敦促资助奥尔万卡系统或任何其他有价值的系统，而是建议飞机工业协会“敦促空军装备司令部资助研制用于中小型计算机的数值控制系统，其中不必提及任何具体的计算机型号或供应商”。这样，与APT不同，该系统由空军资助IBM公司与其他大型计算机公司以及飞机工业中的重要用户来研制，而奥尔万卡公司由于规模小而被抛在了一边。空军几乎无意资助这类系统的研制，因为APT已经实现了它的主要目的。这样的结果是，规模较小的数值控制用户无法充分参与研制符合它们需要的编程系统，并且也对现有的编程工作毫不知情，而只能被动地去适应APT系统。这一工作并非易事。事实上，APT的设计者们自己也承认，“该系统对于加工厂来说具有一种断层的效果，除非服务中心能够向它们提供打孔带，从而让它们从自动化进程中获益。”[26]

1959年2月，麻省理工学院、飞机工业协会以及空军联合在麻省理工学院举行了一次公开演示会与记者招待会，宣布APT II系统研制完成。从它们散发的宣传材料来看，APT系统的狂热支持者们反映出当时的科技界普遍的冷战思维。“现在我们相信，我们远远超过了俄罗斯人。”麻省理工

学院的杰罗姆·文克（Jerome Wenker）胜利地宣称。空军装备司令部的副司令克拉伦斯·S·欧文（Clarence S. Irvine）中将从另一个角度指出 APT 的系统的“完美无缺”。“APT 可以省掉许多技术人员与机械工，”他指出，然后兴奋地加上一句，它“将为那些其职责为大型计算机所取代的人提供其他的工作机会”。APT 系统的发明者道格拉斯·罗斯同意这种观点，并描述了数值控制的远景。“这个项目现在渗透整个制造过程，”他在一个月后写道，“至少现在可以得出的结论是，技术上完全可以继续推动数据的自动处理，使它容纳大部分——如果不是全部的话——人工设计、绘图以及部 211
件编程工作……这样，数值控制制造的新目标是，在自动数据处理技术的帮助下，直接根据部件规格实现成品部件的生产。”在这位技术狂的眼中，自动化工厂已经触手可及。[27]

【注释】

[1] Jack Rosenberg，“A History of Numerical Control，1949—1973：The Technical Development，Transfer to Industry and Assimilation，” Information Sciences Institute Research Report ISI/RR－73－3（DOD Contract DAHC－15－72－C－0308），October 1973，p. 8.

[2] 1955 年 4 月 26 日 William Pease 致 John Parsons，Parsons Files。

[3] 1952 年 4 月 24 日 Harrison Price 致 Gordon Brown，N/C Project Files；John T. Parsons，“A Program for Commercialization of Digitron”（typescript），1953，Parsons Files。

[4] 1949 年 7 月 29 日麻省理工学院与帕森斯公司的协议备忘录以及 1953 年麻省理工学院与帕森斯公司的协议，Parsons Files；帕森斯的日记；Parsons，“The Digitron Story”；“Parsons Corporation Patent Search”（mimeo.），July 15，1949；“Patent Notes”（typescript），August 7，1950；1951 年 3 月 3 日 Albert Sise 致 File；1951 年 8 月 14 日 William Pease 致 Albert Sise；1951 年 7 月 10 日 John Parsons 致 William Pease；1951 年 8 月 14 日 Albert Sise 致 File；1951 年 8 月 20 日 William Pease 致 Albert Sise；1951 年 11 月 8 日 Melvin Jenney 致 Albert Sise；1951 年 11 月 8 日空军装备司令部的 William Adams 致 Melvin Jenney；1951 年 11 月 15 日 James McDonough 致 File；1952 年 5 月 20 日 Melvin Jenney 致 R. J. Burton；Melvin Jenney，memorandum，May 20，1952；1952 年 3 月 23 日 William Pease 致 File；1952 年 6 月 16 日 James McDonough 的电报；1952 年 7 月 18 日 McDonough 致 Pease；1952 年 8 月 22 日 Nat Sage 致 Elmo Rumley；1952 年 8 月 26 日 Ralph Burton 致 Melvin Jenney；1952 年 10 月 4 日 Elmo Rumley 致 Nat Sage；1952 年 10 月 16 日 Nat Sage 致 Elmo Rumley；1952 年 10 月 15 日 Albert Sise 致 File；1952 年

11 月 17 日 Elrno Rumley 致 Nat Sage；1953 年 1 月 6 日 Nat Sage 致 Elmo Rumley；1953 年 1 月 8 日 Elmo Rumley 致 Nat Sage；Servomechanisms Laboratory staff，"Numerical Control Project，" August 1，1954；"Chronology，" Patent File，见麻省理工学院档案馆数值控制项目文件；Wildes，"Electrical Engineering"；Files on Parsons and Forrester N/C patents，U. S. Patent Office；Patent Management Committee Minutes，November10，1953，March 10，1954，Presidential Files (AC 4)，MIT Archives；1979 年对 Carl Parsons 的访谈。

[5] 1978 年 7 月对麻省理工学院专利律师 R. J. Horn 的访谈；Wildes，"Electrical Engineering，" Parsons diary notes；files on Parsons and Forrester N/C patents，Nos. 2，820，187 and 3，069，608，U. S. Patent Office；1954 年 1 月 27 日 H. P. Grossimon and R. W. Lawrie 致 James McDonough，A. Project Files；1979 年对 Parsons 与 Stulen 的访谈；1978 年对 Pease 的访谈；Parsons "Patent Files，" Parsons Files；1955 年 4 月 27 日 Richard Mason 致 Melvin Jenney；1955 年 5 月 3 日 Melvin Jenney 致 John Parsons；1955 年 2 月 2 日 Richard Mason 致 John Parsons；1957 年 12 月 9 日 John Parsons 致 Richard Mason；John Parsons，memorandum of Visit to Albert Hall (Bendix)，April 21，1955；John Parsons to Rex Bailey (Bendix) August 2，1968。

[6] 参见第 6 章与第 7 章有关 Numericord system 的叙述。

[7] Glenn Martin Company，"History of Numerical Milling，" brochure，N/C Project Files；1953 年 6 月 5 日 R. W. Lawrie 致 James McDonough；1954 年 1 月 4 日 Herzberg 致 James McDonough；1954 年 4 月 17 日 McDonough 致 File；1954 年 6 月 Albert Hall 致 McDonough；1954 年 11 月 5 日 Frank Reintjes 致 William Lambdin，见麻省理工学院档案馆数值控制项目文件。

[8] 1954 年 1 月 26 日 William J. Adams 致 James McDonough；1954 年 2 月 2 日 James McDonough 致 Adam Altglass；1954 年 3 月 4 日 R. W. Lawrie 致 Adam Altglass，见麻省理工学院档案馆数值控制项目文件。

[9] 1977 年对 Harry Ankeney 的访谈与通信。还可参见：1951 年 10 月 20 日 William Pease 致 James McDonough；1954 年 6 月 6 日 Pease 致 Gordon Brown；1950 年 11 月 13 日 Pease 致 File；1953 年 2 月 2 日 Albert Hall 致 James McDonough；1957 年 4 月 23 日 William M. Stocker 致 John Dutcher (蒙 John Dutcher 惠允)；Hunt，"Evolution of an N/C Machine Tool"；Oliver A. Foss，"Control System Definitions，" Proceedings of EIA Symposium。

[10] Hunt，"Evolution of an N/C Machine Tool"；Jack Rosenberg，"A History of Numerical Control"；Wildes，"Electrical Engineering"；William M. Webster，"Air Force Participation，" *Mechanical Engineering* (May 1959)，p. 68。不幸的是，根据俄亥俄州莱特空军基地档案馆员与阿拉巴马州马克斯韦尔空军基地辛普森历史研究中心的研究部的

叙述，所有关于机床现代化、有选择的扩充军备与淘汰旧设备计划的案卷与空军装备司令部资助的数值控制计划的材料都已销毁。

[11] William M. Webster, "Continuous-Path Numerical Control," American Society of Mechanical Engineers Paper No. 58—A—162, December 1958.

[12] Rosenberg, "A History of Numerical Control."

[13] Wildes, "Electrical Engineering"; Rosenberg, "A History of Numerical Control."

[14] Hunt, "Evolution of an N/C Machine Tool."

[15] George E. Kinney, "Summary of Aircraft Industries Association Activities in Numerical ControI," Proceedings of the EIA Symposium; 1957 年 5 月 15 日 John Dutcher 致 William M. Stocker。

[16] Aircraft Industries Association, Airframe Manufacturing Equipment Committee Subcommittee on Numerical Control, Minutes, May 20, 1957, N/C Project Files, MIT Archives; AIA AMEC Numerical Control Panel (formerly Subcommittee on Numerical Control), Minutes, January 15, April 20, 1959; Rosenberg, "History of Numerical Control."

[17] Numerical Control Panel, Minutes, January 15, 1959, April 16, 1958.

[18] 1978 年对 Harry Ankeney 的访谈。

[19] F. Tupper, G. Bender, and R. Abbott, "The Economics of Interpolator Location in Numerical Control Systems," AIA AMEC Subcommittee on Numerical Control, Minutes, May 20, 1957, March 5, 1958; Numerical Control Panel, Minutes, January 15, 1959, Rosenberg, "A History of Numerical: Control"; McDonough, quoted by Wildes, "Electrical Engineering."

[20] Rosenberg, "A History of Numerical Control"; 1978 年对 Douglas T. Ross 的访谈。

[21] Douglas T. Ross, "Origins of the APT Language", Ross, "The APT Joint Effort"; Numerical Control Panel, Minutes, October 18, 1957, Douglas Aircraft Company (Long Beach), "APT Phase 2," brochure, July 23, 1958, N/C Project Files; 1958 年 11 月 24 日 Douglas T. Ross 致 Jerry Maurice，数值控制项目文件。

[22] Donald F. Clements, "Status Letter No. 84," March 8, 1957, N/C Project Files; 1978 年对 Douglas T. Ross 的访谈；Ross, "Origins of the APT Language"; 1957 年 7 月 2 日与 29 日 Douglas T. Ross 致 William Schroeder（洛克希德公司）；Numerical Control Panel, Minutes, April 16, 1958。

[23] AIA AMEC Subcommittee on Numerical Control, Minutes, October 18, 1957; Numerical Control Panel, Minutes, April 16, l958; Rosenberg, "A History of Numerical

Control."

[24] Ross, "Origins of the APT Language"; Rosenberg, "A History of Numerical Control"; Christopher Barnett, "N/C Programming Languages," term paper, Center for Policy Alternatives, MIT, 1979 (courtesy Christopher Barnett); A. S. Thomas, interview, 1978.

[25] Ross, "The APT Joint Effort"; "Memorandum" (probably Ross), June 14, 1957, N/C Project Files; 1957 年 4 月 15 日 Donald Clements 致 D. E. Nuttall; 1958 年 1 月 6 日 Donald Clements 致 Allan Beck; 1958 年 11 月 24 日 Douglas Ross 致 Jerry Maurice，数值控制项目文件; Douglas Ross, "Automatically Programmed Tools"; Rosenberg, "A History of Numerical Control"; 1978 年对 McDonnell Douglas 的前数值控制程序员 Max Donath 的访谈；1978 年对 A. S. Thomas 的访谈。

[26] Numerical Control Panel, Minutes, April 6, 1958; Juan Cameron, "MIT Tape Tells Tools What to Do," Boston *Herald*, February 26, 1959.

[27] Jerome Wenker, quoted in "Scientists Praise New 107—Word Alphabet," Portland, Maine *Evening Express*, February 26, 1959；欧文将军语见数值控制项目文件中未注明出处的剪报；Douglas T. Ross, "Problem Application Form for Computer-Aided Design," October 8, 1959, N/C Project Files, MIT Archives。

第9章　扩散过程掠影

“技术变迁的社会与经济后果是它们扩散速度的函数，而不是它们第一次应用时间的函数，” 212 经济史学家内森·罗森伯格认为，“这里，需要仔细观察的重要社会环节就是它扩散的过程。”[1]当像道格拉斯·罗斯这样的梦想家仅仅将眼光放在自动化工厂的技术可能性——第二次工业革命的终极目的——时，绝大多数数值控制的狂热支持者在20世纪50年代末的时候迫不及待地热盼着这场革命的到来。对他们而言，等待的时间太久，远远超出他们的预期。

《美国机械师》的编辑威廉·斯托克第一个对数值控制技术的商业前景进行了分析，他于1957年满怀信心地宣称，“不存在任何已知或预期的相当困难的问题，从而足以阻碍或延搁数值控制概念在机床领域中的应用。”第二年，《邓恩评论》（*Dun's Review*）刊载了一篇题为《机床革命来了》（The Coming Revolution in Machine Tods）的文章，文章大胆地预测，至 1963 年，数值控制机床将占到所有制造机床的 50%。1959 年，《商业周刊》预测，这种新技术“对于工业界来说将越来越具有吸引力”，因为“自动化机床在操作方面已经成了技术能手”。1960 年在芝加哥举办的全美机床展览会上，大约有 40 家制造商展出了使用数值控制概念的近 100 台机器。* 受这个展览会的鼓舞，邦迪克斯公司工业控制部门的 G. S. 诺普夫（G. S. Knopf）认为，“确实存在着一个越来越多使用定位
213 和仿形控制系统的积极趋势。”“在接下来的几年里，”他认为，“可以预计，数值控制系统的销售将以每年 50%的速度递增。”哈罗德·A·斯特里克兰（Harold A. Strickland）是通用电气公司的副总裁和生产通用数值控制系统的工业电子部的经理，他极力宣扬“自动化的不可避免”。北美洛克韦尔公司（Rockwell）的董事长威拉德·F·洛克韦尔（Willard F. Rockwell）将数值控制与原子能、太空飞行相提并论，称它是“我们这个时代的第三大发明”。吉丁斯和刘易斯公司的乔治·W·扬金（George W. Younkin）号召把所有人“唤醒，让他们明白，我们已经进入并仍然处于第二次工业革命”。[2]

事后证明，这些美妙的预言都过早了。迟至 1973 年，此时距数值控制研究已经近 1/4 个世纪，《美国机械师》刊载了一篇题为《盘存金属切削业设备》（Inventory of Metalworking Equipment）的文章，文章指出，在所有正在使用的机床中，数值控制仅占 1%多一点的比例（“在总体生产能力上只占几个百分点”），虽然此时较 1968 年已经增长了一倍，较 1963 年增长了 10 倍（根据电子控制系统公司的杰克·罗森伯格的说法，该年飞机制造业首次大规模将私人资本投入到这种新技术中）。1977 年，S. 库拉特（S. Kurlat）在国家科学基金的资助下，为艾柯尼克斯公司（Eikonix）进行有关数值控制技术的扩散过程的研究，他承认，“扩散过程太慢了”。[3]

可以想象得出，数值控制技术主要集中在像飞机**、飞机发动机、飞机部件等国家资助的产业以及机床工业本身（机床工业的目的更多地是为了促销，而不是为了生产）。“绝大多数现存的数值控制设备都安装在大型工

* 其中包括卡尼和特雷克公司著名的密尔沃基加工中心。装配的第一台自动刀具转换装置由华莱士·布雷纳德（Wallace Brainerd）设计。

** 正如技术编程协会的 A·柯蒂斯·丹尼尔（A. Curtis Daniel）在 1971 年所指出的，“飞机工业仅仅占美国金属切削量的 10%……数值控制技术只触及金属切削市场的表皮。”

厂。”1973年，雇工人数在100人以下的加工厂——它们占了整个金属加工业83%的比例——只拥有现存数值控制设备的22%，而且这些机器都集中在少数几家工厂里。1971年，小型企业管理局举行了一场听证会，会上披露，95%的小工厂没有安装一部数值控制机床，尽管这种技术已经被人宣称是加工厂小批量生产的理想途径。10多年前，汤普森·拉莫·伍尔德里奇公司的卡尔·W·海德尔（Carl W. Haydl）就宣称，“接下来的五年里，那些不安装数值控制设备的小型刀具与模具厂将无法支撑下去。”但事实是，它们无法支付起这类设备。[4]

当时存在两类通用的数值控制技术：连续通路仿形系统与点对点定位系统。前者出自麻省理工学院的设计模式，主要用于飞机制造业，并得到空军的资助。早在20世纪50年代末，通用电气公司的约翰·达彻就指出， 214
对这类精致的设备，是美国空军“撑起了全部市场”。1971年共有约5 000台连续通路机器，其中90%以上都安装在飞机制造工厂以及相关的企业中。点对点定位系统是由约翰·帕森斯、弗雷德里克·坎宁安、F.P.卡拉瑟斯与A.G.托马斯等人最先提出来的数值控制技术，经过10年追求连续通路技术后，它终于在20世纪60年代实现了商业化。定位系统更便宜，易于操作、维护与编程，主要用于钻眼、镗孔、冲压，以及直接切削铣磨（帕森斯与托马斯的设想），步进车削（坎宁安的设想），甚至还可以用来成形（卡拉瑟斯与帕森斯的设想）。早期的定位系统研制者包括通用电气公司（其系统沿着帕森斯的路线再加上IBM的卡片读数器）、琼斯和拉姆森公司（它与超声波公司的麻省理工学院的工程师们的合作没有成功，后来采用专用机床定位系统）、辛辛那提机床公司、普惠公司、波特和约翰逊公司、华纳和斯韦齐公司、卡尼和特雷克公司、伯格马斯特公司（Burgmaster）、电子控制系统公司、希利尔公司（后来帕森斯自己本人也购买了其定位系统）。根据《商业周刊》1959年的一篇文章的叙述，这些系统能够“应付绝大部分要求直线切削与圆形切削的加工工序”，并且“控制系统制造商估计点对点系统将占到（数值控制）设备市场的80%～90%”。“事实上，”克罗斯机床公司的董事长拉尔夫·克罗斯指出，“目前绝大部分使用机器进行金属切削的加工工序都是一些直线的简单运动。因此，工业界所需求的数值控制设备中，90%将是那类相对简单且成本不会过高的机器。”“我们认为，数值定位控制系统将比数值仿形系统具有更广泛的应用前景，”同一年，通用电气公司的约翰·达彻也这样认为。他是对的。电子控制系统公司的杰克·罗森伯格后来发现，在整个20世纪60年代，“由于它的成本低很多，点对点设备的销量大约是连续通路系统销量的10倍”，而且这个成绩是在这样的背景下取得的——正如达御指出的——“数值定位系统的启动并没有接受过空军的任何资助”。可以用邦迪克斯公司的经历来说明这一点，它是早期的连续通路控制设备的主要制造商之一，后来也转向了更为简单的定位系统。[5]

邦迪克斯的系统最初是沿着麻省理工学院的数值控制路线来研制，它反映了军事方面以及飞机制造业的特殊需求。邦迪克斯公司的设备相当精密，而且部件极其昂贵，只有极少一些公司能够买得起，而这些公司也都接受了政府资助。转向更为简单的定位系统，这是因为飞机制造业的市场已经饱和，必须去开拓新的市场。部分原因也是由于专用机床的设计者F.P.卡拉瑟斯现在担任了邦迪克斯工业控制部的技术主管。在卡拉瑟斯看来，“从操作工到管理者，仿形系统简直就是一场噩梦，
215 其中最难堪的是维护人员。”卡拉瑟斯反对军方资助的发展趋势，继续强调简单、经济、车间与操作工控制。这都倾向于人工代用装置、车间编程以及点对点定位系统。“早期使用点对点模式的数值控制系统极其可靠，”他后来回忆道。此外，与拉尔夫·克罗斯一样，他也坚持认为，应让熟练生产工人来操作两轴控制系统，因为这样就能完成绝大部分加工任务——也包括绝大部分仿形加工——剩下的极少数金属切削量就是需要满足军方性能要求的加工任务。

邦迪克斯公司在经过该公司有史以来最大的一次“极其广泛的市场调研”后，于20世纪60年代中期转向了定位控制系统。调查结果表明，定位控制系统已经构成了增长最快的机床控制领域。而此时，邦迪克斯还没有打进这个市场。根据《钢铁》杂志的报道，它做过一些努力，但是“在这个技术含量并不是很高的市场里业绩不佳，有人据此推断，邦迪克斯将放弃这块市场”。邦迪克斯的管理层承认，公司严重受到“飞机工业的影响”，而“公司在定位系统的努力所以失败，是因为技术与销售部门把着重点放在了用于飞机工业的仿形系统”。换句话说，军方与飞机工业所引导的方向最终严重妨碍了邦迪克斯生产与销售用于商业金属切削业市场的设备。邦迪克斯工业控制部门的总经理I.C.莫斯特（I.C.Maust）承认，“基本原因是，我们是从硬件的角度，而不是从市场的角度来看问题。”直到那时，邦迪克斯系统“只是我们生产的研究工具”，并不能符合市场的需求。由于“它不是从生产角度来设计的，”邦迪克斯公司的副总裁拉塞尔·赫登

(Russell Hedden) 承认，“它的成本控制是失败的。”因此，在 1965 年，邦迪克斯公司开始启动已经耽搁的商业市场。公司设立一个独立的部门研究定位控制系统，从而可以完全不受军方与飞机工业导向的连续通路控制项目的影响。该部门以卡拉瑟斯为首，强调车间操作性、经济以及操作工控制（通过具备全部机器职能的人工代用装置）。邦迪克斯公司最终生产出商业上很成功的动点两轴控制的数控系统，它面向整个金属切削业以及那些实际加工金属的加工厂。但在此时，人们预期的数值控制技术的扩散——第二次工业革命——却受到军方资助科研的过度拨款的严重阻滞。

存在许多影响这种新技术扩散的因素，其中大部分都不是依靠自发的市场力量所能解释的。一般的经济条件、竞争的强度、相关产业的商业环境、有关税收与主要设备折扣提成的政府政策，当然，还包括资本与劳动的相对价格，所有这些因素都相当重要。但对于复杂的历史事件发展来说，216
仅仅依靠这些“底线”解释是远远不够的，而且也不是必要的条件。尤其是在像数值控制这类本质上全新的，因此也未经检验的技术上，还有许多其他因素也推动或阻碍着技术的扩散，这些因素通常不能用所谓的理性经济行为来解释。如果一家公司希望引进某种新技术，它通常都会用估计的成本有效或利润最大化来证明购买的合理性。但这并不意味着，如此就满足了真正的（或唯一的）动机或期望。经济上的证明极少反映人类的现实处境——众所周知，这些证明也很难做到“客观”。数值控制上也不例外。“并不存在一种绝对正确的方法来预测安装数值控制设备的所有成本，”1975 年，联邦总审计局的调查报告得出如是结论。在数值控制的成本估计上。“有些成本相当高，”分析者认为，“这些成本相差很大，它取决于许多因素，比如机器的类型与规模、部件编程的方式以及设备的维护等。”[6]

购买成本、安装、培训、部件编程、计算机支持、专用刀具、后处理程序、维护与修理部件、检测设备——所有这些应纳入计算的支出，往往都难以分析并简单归为一种标准的“运营支出”。根据通用电气公司的哈罗德·A·斯特里克兰的说法，计算运营支出的通常办法是将它算做直接人工成本的一个固定比例，“但在许多高度自动化操作的设备上，这样做毫无意义”。总审计局的会计师也深有同感，他指出，“最常用的办法是使用通用的将直接人工与间接人工对比的车间人工比率。”但“由于间接劳动包括了不变运营支出，这很可能使得数值控制所节约的劳动并不像这一比率所说明的那么多”。这一点非常重要，因为“采用数值控制的最常用的根据就是它在直接人工成本方面的节约。计算数值控制设备节约直接人工成本的依据是传统设备上的相同加工时间、数控设备提高的生产率以及车间人工比率”。“这些因素往往难以证实，因此往往被人为调整以证明数控设备的经济，但实际上并没有计算出真正的成本节约。”针对总审计局 1975 年的研究报告，能源研究与开发署审计办公室的执行副主任 R.J. 格里芬指出，目前尚未存在“一种有效的计量方法来确定任何工业生产设备的生产率”。“（数控设备）在许多应用中的经济效率并没有得到证实，”通用电气公司的斯特里克兰承认，“我们在自动化方面的技术能力要优于我们证明其经济有效的能力。”[7]

217 认为任何有关新技术的决策都是严格根据冷静、严肃且极其精致的分析程序来估计它的成本收益才做出的，这只不过是经济学家的还原主义白日梦。这并不是说，追求利润不足以成为动机，它是一种动机。但是人类行为的纯粹经济分析，尽管在有些情况下，有助于加深对历史的理解，但绝不可替代历史的解释。现实远没有经济模型那样整洁，这类决策更多地是一种预期、信念、自我、兴奋、冲动等。它所涉及的经济信息，不管如何庞大，也仍然是模糊的，令人怀疑它的真实有效*。“你是否怀疑过，很多情况下记录并没有记下应有的内容？”1960 年，《加工与生产》杂志如是询问它的金属切削业的读者，“先生们，在某些情况下，它的节约效果如此可观，以至于披露所有事实将导致（与工会）重新谈判。你能否继续忽略并推迟行动以避免出现这种情况？”[8]

在缺乏有关数值控制的可靠经济信息或鲜明的经验下，管理者与工艺工程师们全都凭着自己的信念、偏见、恐惧、梦想等来推动着数值控制革命。总的来说，他们相信用资本取代劳动永远是对的（哪怕劳动的相对要

---

* 这一事实不仅阻碍新技术的潜在客户，而且也让试图客观评价新技术的经济可行性的独立调查者头痛。往往不存在可靠的数据，或者有也无法取到。不管引进新设备的动机是什么，购买本身一定得到了经济理由的支持。但这些支持理由往往是那些想购买它的人所做出的，如果人们非常想拥有它，那么经济上的证明最终将反映他们的利益。由于很少做出事后审计，即使有事后审计也是有意来证明此前的决策，因此往往缺乏可靠的证据来评价购买设备的正确性。此外，公司有维护信息不外露的利益，深知披露信息后将影响（并损害）它在面对工会（工资问题）、竞争者（价格问题）以及政府（管制与税收）时的谈判地位。资料并未全部摊在桌上，而是锁在抽屉里。在单独预算时，它分发给各部门，但一个部门的成本是不让其他部门得知的。此外，有充分的理由认为，由于各个部门有动机将自己的成本信息隐藏起来以免受批评，从而维护在公司中的地位，各部门提供的数据也有着其特殊的目的。最后，经济可行性对不同的人有着不同的意义。有时，不管机器是否提高了生产率（甚至不管它是否投入生产——比如免税），它都能给公司带来收益。

素价格比较低)*，并且“技术进步”将必然带来经济上的回报。这种意识形态再加上人们有关自动化的梦想、害怕落在竞争对手的后面、渴望扩展职业与管理权威的追求以及对工人的深刻不信任，所有这些都推动着系统供应商、专业杂志、技术企业家与军方去努力推广数值控制。 218

供应商将这种新技术当成一种万用灵药，通过富有煽动力的广告宣传以掩盖它存在的各种困难与问题。而专业杂志由于依靠这些广告收入来维持生存，也随之高调回应。虚假广告、鉴定书、所谓成功应用案例——所有这些都是工业媒体的惯用伎俩，通常都会持续到一直有人对供应商的宣传提出质疑或进行严肃的评估为止。“数值控制设备可以节约50%～90%的生产成本，”《商业周刊》如此宣称，此外“它还在间接的制造成本上节约一笔可观的费用。”《加工与生产》杂志发表了一系列有关这一主题的介绍性文章，好让读者明了未来的情形：《生产者先生，认识计算机》；《如何实施控制带控制?》；《制作控制带的各种方法》；《加工厂通过控制带实现专业化》。1959年，还专门为数值控制新闻开辟了一个专门的栏目，以帮助读者“跟踪数值控制的进展”。《美国机械师》在推广数值控制时也不遗余力，集中叙述了数值控制在改进金属制造业的年度存货方面的进展。“这些系统的所谓复杂性被过多地强调，”针对诸多对供应商宣传的质疑声音，杂志编辑强调指出，“事实上，只要具备了相关的知识，这些系统就相当简单。”杂志以及供应商紧紧抓住独立加工厂与管理者的焦急心理来做文章，后者试图在竞争中胜出或至少维持其地位，跟上那些有可能威胁其不稳定地位的新发明(或者用以提升其地位，并塑造一种与时俱进的形象)。“关于数值控制的生产效率与成本节约问题，重要的是记住，”《加工与生产》杂志的编辑画龙点睛地指出，“不管数值控制能为你做什么，它能够(并必然)为你的竞争对手做同样的事情。”“数值控制技术的问题还不至于大到你无法去解决的地步，”吉丁斯和刘易斯公司的哈里·安克尼在《加工与生产》的

---

* 经济学家迈克尔·皮奥里(Michael Piore)考察了18家工厂与11家公司的总部后，撰写了一篇题为《劳动力市场对制造业工厂中生产技术的设计与选择的影响》的论文。他在文中指出，制造业工程师存在着一种“对劳动密集型技术的偏见”。“毫无例外，”皮奥里指出，“工程师们不信任劳工，并承认自己若拥有权力就用资本取代劳动力的倾向。一位工程师如此解释道，‘如果比较显示劳工更具优势，但机器也很接近的话，我会决定用机械化的机器。’”皮奥里还指出，客户经常抱怨“供应商的推荐产品几乎总是低估了对劳动力的要求。一位供应商承认可能存在这种情形，并解释关于人力配备是建立在最优的工程学标准之上的。”毫无疑问，这样的标准本身就反映了工程师们的偏见。[9]

《每月访谈》栏目中说道，因此，“不管它现在走到哪一步，你应当马上采用数值控制技术。”等到明天，那未免太晚了。[10]

专业媒体的推广努力也得到各公司内部的自动化狂热者的响应与支持，这些技术专业的大学毕业生极力在管理层中夺取采购权力。新技术将给他们带来更高的地位与权威，更重要的是，它可以满足他们对最新式的技术的职业迷恋。技术编程协会的副理事长A·克蒂斯·丹尼尔指出，“飞机工
219 业许多做数值控制的高层技术人员的流动将成为将数值控制技术卖给其他行业的触媒。”[11]许多麻省理工学院的学生参与了自动控制试验室长达10年的数值控制项目，他们进入工业界的各家公司后，虽然对生产现实一无所知，但却成为这种新技术的热情宣传者。此外，空军也在宣传自动化以及进一步自动化的福音，期盼能够从该新技术的巨额投资中有所收获。

20世纪60年代中期，空军制作了一部数值控制的宣传片，以推动更新型的技术在工业界中得到应用。该影片题为《现代制造：命令的效能》，主要针对金属加工业公司的高层管理者。它堪称是查尔斯·卓别林的《摩登时代》的专业技术版。该片首先讲述一位坐在橡木办公桌后面的管理者的梦想。管理者轻松地画出一个新部件的草图，然后前倾身体，对着麦克风把部件的规格说出来：“对工厂下命令。”然后这些口头命令自动转移成计算机指令，接下来的生产、装配到运输全部都实现了自动化，根本无需人的干预——这就是自动化工厂。影片全部集中在机器，而不是人上。“现代”制造业的成就体现为数值控制机床设备，再加上自动浇铸、成型、焊接、检测、钻孔、维护以及设计设备——所有“我们未来计划的元素”。(相对照的是“传统”制造方法，其中一群半裸的黑人“国民”在草屋中操作老式的普通车床!）影片强调了制造工艺总体集成、可复制性以及可互换性的重要性（“控制带可以送往世界各地，然后生产可以互换的相同部件”)，并且极其精粹地概括了自动化的意识形态。解说员反复强调，“现代制造缩短了命令的链条”，“消除了人工错误”，并且“极大地减少了社会罢工的可能性”。“指令都是固定的”，不为人所干预或因“人类情感”而转移；管理层的指令将得到贯彻，不会有一丝改变。现代制造事实上是体现了命令的效能，其中命令来自高层。影片的结论是，我们必须实施自动化，我们必须消除人工错误与不确定性，并“尽可能地缩短从概念设计到成品之间的时间”。这样一种命令的绩效“对于工业及美国的生存来说”至关重要。[12]

除了以权力、利润、爱国主义、管理层对贯彻命令的偏好来诱惑观众

之外，国防部还另外提出独有的激励措施："国防部希望防卫合同能够让承包商的设备维持在现代水准之上。"这样，国防部除了资助承包商以采购"现代制造"设备——从而创造出一个数值控制设备的市场，它还承诺支付培训、维护、计算机、编程的成本，并为几乎所有的硬件与软件（工业界以及大学的）研发买单。空军如此力挺数值控制设备，从而使它成为军工合同承包商的一个前提。如果公司仍然希望维持军工业的业务，它就不得不追求这种命 220
令的绩效。这一要求不仅仅适用于飞机制造业中的大型主承包商，对于这些承包商的供应商来说，它们也必须据此去研制现代制造设备。1971 年，小型企业管理局的威尔弗雷德·加尔文（Wilfred Garvin）指出，飞机制造公司"逐步放弃传统的小供应商在供应大型项目的零部件时所要求的设计规格……取而代之的是打孔卡。这样，小公司如果想继续成为供应商的话就必须购买数值控制设备"。主合同商针对其供应商或子承包商所提出的需求"可能是目前为止所见到的最大的推动力"，参议院小型企业特别委员会的科技子委员会的主席戴维·H·甘布里尔（David H. Gambrell）参议员指出，"你无法得到合同……除非你装备了符合他们要求的数值控制系统。要想成为一名投标者，你就必须这样装备。"[13]

政府的合同政策、资助以及推广宣传，再加上企业家的热情——所有这些都激起了人们的恐惧、梦想与渴望，它们则进一步推动着数值控制技术的扩散。但也有其他因素限制着它的传播，其中一些具有决定性的作用，尤其是对于那些飞机工业之外的小企业，它们构成了金属加工业的主体。具有讽刺意味的是，这些不利因素很大程度上也来自于空军的卷入这一事实。空军最初启动了数值控制技术，但是其系统过于复杂（因此也不稳定），并且导致昂贵的频繁的维护、编程、计算以及其他运营成本。这些技术特征能够满足空军的需要，但却使得那些不受政府资助的企业望而却步。

"复杂性降低了稳定性，"工业经济学家西摩·梅尔曼指出。数值控制方面无疑就是这种情形，数控设备堪称加工厂中装备的迄今为止最复杂也是最不稳定的设备。电子控制系统公司的杰克·罗森伯格描述 1958 年空军资助的系统装备在主承包商的各家工厂的情形时说，"此时设备才真正用到现实生产环境中，结果对有关各方是一个严重的打击。"工厂的空气很热，充斥着电子设备的噪音，地板震动，空中漂浮着物理的与化学的污染物，机器操作工把控制带弄得一团糟，维护人员根本应付不了电子控制、伺服系统或计算机。“没有一台数控设备的设计是针对这种实际生产中的恶劣环境的，”罗森伯格回忆道。生产经理们预期这种机器将能够像所宣传的那样工作，很快就安排它们进入正常的轮班生产。其结果是——用罗森伯格的话来
221 说——“一场混乱”。“由于不适当的编程、操作、维护或伺服系统的设计出了错误，有几种机床根本就没法正常运转。”1959 年，数控机器的停工时间大约占了 80%，主要用于维修各种问题以及特别麻烦的程序带“装载”。（如果没有程序带，数控机床就仅仅成为昂贵的饰品。）此外，编程极其复杂，很容易出错，耗费成本较多，使得西部电气公司的爱德华·E·米勒认为，“数值控制设备比我们熟悉的任何其他设备更容易出错。”* 当系统没有按预料中的运转时，由于难以确定谁应负责或哪个部件出了差错，问题更加复杂。机床制造商认定，这些问题出自电子设备，应由电子制造商来负责，而后者则指责前者拙劣的设计或指令。诊断机器错误远比设计一种技术工作要难，而后者本来就殊为不易。此外，诊断问题还蕴含着自己独有的政治形式。[15]

数值控制的前 10 年的生产经验说明了，工业界对于第二次工业革命准备并不充分，那些用来推动这次革命的技术也不成熟。那些参与其中的人很快就明白，他们不过是刚刚开始，还需要做大量的工作来修正设计，使系统更为稳定，为系统用户提供更好的指令菜单，并且为操作工、维护人员以及管理者进行专业培训。这些早期的失败经历看在了数控机器的潜在用户眼里，并加强了早已存在的针对金属切削业革命的善意怀疑态度。数值控制技术的经历也说明了，空军的资助是一个意义复杂的福音。有一点是可以明确的，那就是军事方面的需求与商业化生产的要求并不必然相容，
222 其结果给潜在用户留下难以磨灭的印象。“第一个问题是，”拉尔夫·E·克

* 其中许多这类“差错”并非程序员的错误，而是他们对加工过程所知甚少的缘故。“在过去，”《美国机械师》指出，“人既是信息的编译者，也是信息的传送者：操作工是设计图或指令中的设计信息与加工过程之间的最终界面。人使用智力与体力来控制机器。现在，计算机越来越担任起信息的编译者与传送者的职责，而在这一应用计算机的潮流中，数值控制可能是最有代表性的极少利用人工干预的控制技术。从历史来看，数值控制肯定是电子革命中对制造业影响最为深远的发明。”但即使如此，数值控制也深刻地揭示出金属加工业中管理者对工人的隐含知识与技能的依赖程度。在缺乏人工干预，生产完全依赖于计算机控制的形式方法的情况下，结果是“一场混乱”。这是因为这些技术，不管它如何先进，也取决于“对切削过程的有限认识，其结果是导致完全不令人满意的数学描述”。美国机床特别工作组在其对计算机加工工艺的研究报告中，也指出“加工系统的多样性，从而缺乏适当的处理办法”，此外该类工艺对“可加工性、刀具损耗以及部件材料属性仅具有有限的知识”。换句话说，加工过程本身就难以实现完全自动化所要求的预先规定的形式要求（这一挑战后来引发了所谓的适应性控制工艺）。[14]参见本书结语。

罗斯就数控技术的扩散问题指出，“人们有这样的印象，数控机床过于复杂而且极其昂贵。造成这一印象的原因主要是空军引导下的机床研制方向。毫无疑问，这些设备必然是非常复杂且成本居高不下，因为它们所要执行的加工任务极其精密与困难。现在，飞机制造业是唯一关注这些复杂加工问题的行业，而且实际上它也是唯一需要这些精密加工设备的行业。但是，”他警告道，“要让机床制造业说服它的客户，并非所有的数控机床都是如此复杂，可不是一件容易的事。”格哈德·维德尔（Gerhard Widl）于1972年指出，“数控机床首先用于军工或飞机类生产，而且在许多年之内也局限在这类行业，因为在这里钱并不是一个限制因素。”5年后，两位兰德公司的分析家把它视为数值控制技术扩散的重要障碍。“第一代数控机器是受了军工方面要加工复杂形状的推动，”他们指出，“其目的是提高性能水平；其中一些机床用于五维控制，结果是成本相当高。”军工与飞机工业的市场很快就饱和了，当机床制造商再试图别寻市场时，它们就“简化了机器，降低了性能水平与成本，以满足民用工业的需求”。但做到这点也非一朝一夕之功。*[16]

军方资助数值控制技术造成了负面影响，它们的承担者是那些没有政府资助却也攀上数控快车的公司以及完全被排斥在金属加工业革命之外的公司。受供应商承诺节约成本以及巨额利润的鼓动，一些加工厂很早就在这种新技术中投资。它们预期自己的巨额投资将很快得到回报，但对数值控制技术所要求的严格维护与编程技术准备不足，最后，它们发现自己毫无例外地困在这种不稳定而且大部分时间都闲置的设备上。通常的情况是，223 供应商因为机器的问题而责备受害者，认为它们或者是没有满足改变存货或进度的要求，或者是使用了错误的程序带或让数控机床做不应该做的加

---

* 此时，外国的机床制造商则主攻生产用于商业市场的产品。1973年，日本机床制造商巨头富士通公司一家所生产的用于商业市场的数控机床量要比美国所有机床公司的生产量还要大。联邦德国的机床制造商也把精力放在商业市场上。根据皮特勒公司（Pittler）——联邦德国数控技术的重要生产商——的保罗·施托克曼（Paul Stöckmann）的论述，联邦德国的制造商无法得到美国的军工合同以及APT程序，并且发现“没有人对这种需要应用大型计算机的极其精密的程序感兴趣”。这样，制造商将注意力放在成本较低且容易操作的编程方法上，并相应地研制出更便宜的机器。因此，并非意外的是，当美国国内的机床制造商忙于应付军方和飞机工业的订单与规格时，外国的制造商则在美国的商业市场中取得了很大的份额。1960—1975年，美国有关机床的进口增加了300%。至1978年，美国已经成为机床的净进口国；其中日本在这些进口中占1/3，联邦德国的机器占1/5。[17]

工任务。“公司使用程序带控制能够取得成功，”吉丁斯和刘易斯公司的乔治·W·扬金坚持认为，“关键在于工作人员在编程、操作及其维护方面的能力。”西部电气公司的爱德华·米勒谨慎地指出，“一个问题是，数值控制技术被认为是什么都能够去做。许多人与我一样，到处宣扬它能够实现 4 比 1 或 3 比 1 的用料节约，这些都有记录在案。但是对某个具体部件来说，未必如此。比如它没有那么多眼，或者生产并不复杂，那么它的节约程度就没有那么多。如果你用传统方法制造一件刀具，使用 3 比 1 或 4 比 1 的系数，成本将更高。但你可能没有意识到，你必须装载更多的部件使机器运转。并且生产设备利用不足也必须计入你的装载率，如此你必须有一个通盘的考虑。”对于那些初期购买数控设备的加工厂来说，这样的更正消息未免姗姗来迟。它们试水然后破产的故事——并没有刊载在专业杂志上——到处流传，使得许多金属加工公司将数控系统供应商视同二手车贩子。1972 年，数值控制协会的估计是，“大约有 50%的应用于生产过程中的数控设备，在性能方面没有实现购买它们的管理人员的期望。”协会的一名分析者评论道，很难说数值控制技术是一剂“万用灵药还是毒药”。[18]

不管结果如何，在没有政府资助的情况下投资购买数控设备的公司毕竟是少数。对于绝大多数金属加工公司——它们基本都属小型企业——来说，数值控制革命仍然只是吸引眼球的体育竞技比赛，遥不可及。“人们曾指望数值控制技术能够在加工厂获得广泛的应用，”克利福德·福西特（Clifford Fawcett）在 1976 年关于机床业的研究报告中指出，“因为它能够让小型加工厂在维持灵活性的同时，实现提高生产率、标准化与自动化的目标。但是，数值控制技术在加工厂层面的扩散极其缓慢。”爱德华·米勒也同意该判断，“你可能会认为，那些小公司会抢着去购买数控设备，因为它能够让这些公司在很多领域都保持竞争力。”但是，米勒指出，在 1971 年，该行业中，有 95%的小型公司不曾拥有一部数控机器。[19]

技术编程协会的 A·克蒂斯·丹尼尔认为数值控制所以无法在加工厂市场扩散的原因有：经济衰退，数控设备较高的初始投入，与传统设备相比收回投资的时间更长，对电子设备与计算机的恐惧，缺乏经过培训的掌握
224 计算机技术的人员，以及相比较其他设备而言更难预测数控设备的回报（它更多地是质量与控制方面的改进，但未必降低了直接材料成本或直接人工成本）。联合飞机公司的诺登工厂的数据系统部经理爱德华·C·格里姆

肖（Edward C. Grimshaw）批评制造商，“机床制造商与控制系统供应商都往往忽略了中小型加工厂在转向数值控制技术时所面临的各种问题。”其他的分析则指出，数值控制技术并没有如其所宣扬的那样满足中小型加工厂的要求：包括编程在内的过多配备要求使得数值控制仅仅适用于大规模生产或高度专业化的生产部门，而不是批量生产的加工厂。不管数值控制技术没有在加工厂立足的解释是什么，有一点是肯定的，单纯的资助无法克服这个困难。1966年，小型企业管理局启动一项贷款计划以资助小企业购买数值控制设备。小型企业管理局的贷款额度高达初始成本的85%，而且除了要求以贷款购买设备之外不附加任何其他条件。但即使如此，三年之内也只贷出66笔。1970年，由于没有达到预期效果，小型企业管理局中止了这项资助计划。[20]

1971年，美国参议院小型企业特别委员会就数值控制技术对于小型企业的影响举行了一场听证会。一个接一个的发言者都强调了这个问题的重要性，并提出各自的应对措施。西部电气公司的爱德华·米勒号召金属加工业的生产习惯与手段要进行彻底的革新。“就我们今天所看到的数值控制技术而言，”他坚持认为，“它已经是最能适应加工厂环境的。”但他也承认，数控技术确实让那些小企业的操作工感到畏难，并建议小型企业管理局予以更多的资助与编程服务。A·克蒂斯·丹尼尔也支持这种提供软件服务的建议，并指出培训计划尤其重要。苏皮尔电气公司的销售顾问约瑟夫·劳登（Joseph Loudon）也强调了这一主题，主张州与地方政府启动职业培训。空军装备司令部的约翰·C·威廉姆斯（John C. Williams）是空军的数控与计算机辅助制造方面的项目官员，他认为数值控制技术在中小型加工厂的扩散对于军事动员来说极其关键，并把它视为进一步自动化的解决方案。威廉姆斯引述了军方资助阿瑟·D·利特尔（Arthur D. Little）的一项研究，认为“我们已经有了20世纪的技术，但整个工业仍充斥着19世纪的古董。”他号召采用更多的材料处理、转移与检测设备，加速物流与信息的传送，从而使数值控制更为有效并节约成本。与此同时，他也认为有必要采取新的管理形式，新的职位描述与事业模式，相应地，开展更多的培训项目。[21]

但其他证人对这些补救措施并不看好，并将数值控制技术的缓慢扩散归之为政府影响硬件与软件设计——使得系统过于复杂而且成本居高不下——的直接后果。数值控制协会主席詹姆斯·蔡尔兹（James Childs）是

225 前共和航空公司的飞机工程师以及许多小型商业加工厂的独立数值控制技术顾问，他证实一个严重的问题是轻信宣传的工厂主往往“过度投资”，因为“所购买设备的生产能力完全超出了有效生产的需要”。蔡尔兹指出，“设备销售员倾向于价格更高的模型与附加部件。”因为他们头脑里所想的就是防务合同，那些未经资助的商业加工厂最终不得不购买超出实际需要的生产设备，从而负上一笔无法清偿的债务。这种追求过度生产能力的倾向并不限于商业加工厂。总审计局 1975 年对军工厂应用数值控制技术的研究表明，用户“拥有许多加工过程中并不需要的过于精密的昂贵设备”，这些设备往往“极其先进”，具有“一些没有实际用处的性能”。机床制造商与控制系统供应商已经习惯了飞机工业的过度期望，很自然地将同样的设备卖给其他市场，并取得了一些成功。然而，对于飞机制造来说所必需的高精密性能，对于小企业来说却完全是不必要的支出与过度的生产能力，有时甚至造成毁灭性的后果。[22]

编程也是另一个政府无意中留下的隐患。1976 年，总审计师提交了一份有关美国制造技术的报告，报告指出“APT 语言是使用新技术所必需的标准化的良好事例。使用标准来创造一种系统框架以引导各个公司的研发，只要标准符合公共利益，它最能促进自由市场的创造性”。但并不是每个人都认为 APT 的标准化是一个好主意，或者符合公共利益。1971 年，设计出 NUFORM 编程系统的 A. S. 托马斯公司总裁 A. S. 托马斯证实，APT 的标准化工作限制了许多可行程序的研制，比如 NUFORM 程序，商业企业更易于用它来实现连续通路控制。托马斯认为，国防部规定 APT 程序作为承包的内容，事实上是一种歧视，对象包括那些使用更简易的程序的企业，不能支付 APT 程序的企业，以及不愿意因为 APT 程序带制作而依赖于外部计算机服务的企业。[23]

托马斯认为，APT 语言对计算、计算机以及培训方面的严格要求对于绝大多数商业企业来说成本过高，并认为 APT 标准是“数值控制技术不受欢迎”的主要原因，而且对那些没有接受资助的公司在竞争复杂部件的连续通路加工方面的合同时构成了严重的障碍。托马斯引用了 1960 年总审计局对 178 家企业的调查数据，其中只有 0.3%的企业拥有数值控制设备，并
226 将该数据与数值控制技术与计算机在大型飞机公司的高利用率相比较，指出后者的计算机、机器、培训甚至人工成本都由政府所资助。“众所周知的是，”他指出，“它们的利润通常只占其成本的一个百分点。这些组织所使

用的技术直接或间接得到了政府机构的资助。由于它们都有相同的背景，因此都没动机进行经济运营。而对于私人企业说，情形完全两样。”因此，绝大多数私人企业由于规模有限，只能使用点对点系统，这种系统对于绝大多数加工过程已经足够，但对于政府合同中更为复杂且性能极高的合同则不能适用。“私人企业还面临着这样的问题，即如何找到既是数学家又是计算机专家的熟练机械工，来做点对点系统、直线铣磨与简单仿形中已经做好了的部件编程工作。对于任何复杂的加工，它仍然采用传统的制造工艺，或者更先进的就采用靠模设备与数字转换器等类似于数值控制的技术。”托马斯认为，私人商业企业因此相对于政府资助的竞争者来说处于一个不利的位置。[24]

托马斯坚持认为，出路就在于政府不再予以资助，而是研制更简便的编程方法，从而让那些不受资助的企业更具有竞争力。托马斯与其同事自己研制了 NUFORM 系统，这是一种完全“数字化的”编程技术（使用数字而不是英文输入），可以用于各类数值控制设备，而其目标群就是那些缺乏大型计算机、专业数学家或政府资助的商业企业。* 数值控制协会于 1974 年为美国陆军电子装备部做了一项有关各种数值控制部件编程的研究，报告认为 NUFORM 是最容易学的，而且可以迅速投入使用，它只使用了 APT 语言一半或 1/3 的时间来完成相同部件的编程。但是，当托马斯在 20 世纪 60 年代末将 NUFORM 语言公之于众，并请求政府资助它的研制时，
他的请求被拒绝了。“国防部拒绝了我的请求，”托马斯后来回忆道，“嘲笑 227
我自认比麻省理工学院、飞机工业协会以及伊利诺伊理工学院研究院做得还好。它们决意采纳 APT，而且没有任何办法可以让它们回头。”飞机工业的主承包商也同样坚决。麦克唐奈自动设备公司用一句简洁的评论拒绝了

---

* 20 世纪 60 年代末，约翰·帕森斯重新进入数值控制领域，使用泡沫聚苯乙烯来做铸件模板，他也发现编程成本过高。他设计了一种更为简便的方法，其中采用了小型铸造厂可以利用的 NCR 100 型计算机（地方银行通常都有这类设备）。他与李·斯特里普林（Lee Stripling）合作，于 1970 年研制出 PARTRAN 系统，其中包括一部绘图机、图像显示终端以及一部键盘。程序员在屏幕上画出部件的三维形状，然后自动生成硬拷贝以及用于模板和成品的程序带。该系统使用了最新的微电子学和微型计算机技术，将设计与编程工作合二为一。不幸的是，帕森斯在与一家制造企业签订制造该系统的合同之后，资金短缺，最后没有产出任何成果。

APT 标准限制了程序语言的研制，直至 20 世纪 70 年代初期微型计算机技术的出现。此时，最新的语言都是从 APT 中派生而出的（APT、ADAPT、UNIAPT 语言），但在 70 年代末，就出现了新的语言，比如 COMPACT 与 COMPACT II（加工数据系统公司）、SPLIT（Sundstrand 公司）、CUTS（Warner and Swansey 公司）、GETURN（通用电气公司）等，它们都具有更易操作的特点。[25]

NUFORM 语言："在这里，APT 就是圣经。"[26]

托马斯反复强调，APT 的标准化除了限制其他程序系统的研制之外，还使得许多公司在与政府竞争合同时处于不利地位。* 大型公司"由于得到了政府资助从而在数值控制领域中有优势，"托马斯认为，"现在它们利用自己的地位对美国工业造成了不利影响，尤其是那些小型企业。"[27]

詹姆斯·蔡尔兹也指出了金属加工业日益增长的集中趋势，这其中政府的资助即使不是有意的，但也起了重要作用。蔡尔兹还指出，小企业由于缺乏资源无法跟踪数值控制技术的进展，更不用说从中获利。他还举出事例说明，在数值控制协会 1969 年年会上，700 名与会者中只有不到 5%的人来自小型加工厂。（他还批评小型企业局在调查数值控制技术对小型企业的影响时没有小型加工厂的代表。）听证会结束之后，蔡尔兹写信给参议员甘布里尔，一针见血地指出，数值控制技术的传播模式很有可能影响未来小型加工厂的生存。"在听证会上，您询问数值控制技术是否造成了大型企业与小型企业之间的技术差距，并且不利于后者，"蔡尔兹写道，"证人们所表达出来的共识似乎说明，过去小企业已经面临着这个问题，因此有可能得以生存下去。如果我的理解是正确的话，我不同意这个观点。"[28]

> 过去大企业与小企业之间的差距主要体现在数量上。小企业也许拥有三部 X 型车床，而大企业则有 33 部 X 型车床。大企业的优势在于以经济的方式生产出更多的产品；而小企业的优势在于迅速的反应以及机动性。（但现在，）大企业用五六部数值控制车床和一部计算机取代了，或者正在取代这 33 部 X 型车床，从而大幅削减了成本，并大大缩短了反应时间并提高了机动性，而这本来是小企业的天然优势。
>
> 228 通常情况下，小企业无力投资数值控制技术，更不用说购买设备了。尽管大企业与小企业之间总是存在着一定的技术差距，但现在这种差距在扩大，这应当引起我们的关注。技术差距确实在扩大，并且除非采取适当的办法，它还继续扩大，直至小企业不复存在。这里的问题是，小企业的生存是否是这个国家的福音。除非我们希望极少数

---

* 合同不得使用其他系统并继续规定只可使用 APT 系统（往往有这样的条款规定："必须依据 APT（最新系统）与 FORTRAN（最新版本）的后处理程序提供相应的部件程序与编译程序带"或者"承包商必须提供扩展的 APT 程序系统"）。确实托马斯本人也失去了这些合同，由于他使用 NUFORM 语言而不是 APT 语言，哪怕标的相当小。

> 几家大企业控制市场，并且无意为追求更大的机动性而削减国防开支，否则，我们必须支持小企业。[29]

A·克蒂斯·丹尼尔是一家为加工厂提供编程服务的公司的副总裁，他也认为这里存在问题，尤其是“数控设备的当前用户通过根据数值控制制造技术来设计其产品，大幅提高质量控制标准，要求部件必须由数值控制设备来制造，只有那些拥有数值控制技术的公司有权投标等办法，从而直接或间接地要求它们的外部供货商也采用数值控制技术”。他坚持认为，尽管它们将那些完全独立的厂商置于一个危险的境地，但外部编程服务是真正的出路；没有程序带，它们就无法进入这一领域，不能够在适当的时间内提供程序带，它们就失去了生意。大型软件服务商加工数据系统公司的肯尼思·斯特凡兹（Kenneth Stephanz）也持相同看法，“一些企业将破产，而另一些企业则迅速成长。”参议员甘布里尔对这种社会达尔文主义的乐观看法并不满意。面对金属切削业日益增长的集中度，他很担心这种情形，“大型企业将通过对技术与科研的控制，从而在某些贸易、商业或制造业中取得如此大的竞争优势，以至于小企业被完全排除在外。”[30]

在数值控制技术的推广者看来，这种新技术的初期产业经历，尤其是在飞机工业之外的遭遇，是极其令人沮丧的。数值控制设备的设计目的是满足军事规格与用途，其结果是过于复杂、不稳定、成本居高不下，并且在运营与支持系统方面要求过于严格。除了复杂性与不稳定性之外，数值控制系统的初始成本已经相当之高，阻碍了它在加工厂层面的扩散。20 世纪 60 年代中期，由于人为的军工市场的膨胀，这种新型机床的成本第一次超过了人工成本。这也许会降低新设备的投资，并很有可能导致金属加工业劳动生产率的下降，并使得美国机床存货日益老化（至 20 世纪 70 年代中 229
期，这使得美国成为工业化国家中设备老化最为严重的国家之一，此时它对成本较低的主要是进口的设备进行迟到的投资）。*[31]

总之，预言过无数遍的金属加工业革命从未“真正起飞”。自数值控制技术第一次演示证明它的可行性之后的数十年，一直缺乏其他的替代技术，

* 关于有关金属切削业的生产率下降及其原因的详尽讨论，可参见 Seymour Melman，*Profits without Production*（New York：Alfred A. Knopf，Inc，1983）。

美国的金属加工业在很大程度上根本就没有受到二战后突飞猛进的控制技术的影响。由政府资助的飞机工业尽享这种新技术生产能力所带来的好处。但限制这些生产能力的问题也很快显露出来，这些问题揭示出一个根本的矛盾：一方面是工程师的梦想与管理者的目标，另一方面是生产的实际情形与社会关系。

【注释】

[1] Nathan Rosenberg, quoted in S. Kurlat, "The Diffusion of N/C Machine Tools," Eikonix Corporation, April 1977. See also Anthony A. Romeo, "Interindustry Differences in the Diffusion of an Innovation," Ph. D. dissertation, University of Pennsylvania, 1973.

[2] William Stocker, "The Production Man's Guide to Numerical Control" (typescript), 1957 (courtesy Frederick W. Cunningham); Melvin Mandell, "The Coming Revolution in Machine Tools," *Dun's Review and Modern Industry* (August 1958), pp. 46—48; "On the Job, Automatic Tools Prove Virtuosos," *Business Week*, March 14, 1959, p. 73; G. S. Knopf, quoted in Charles Weiner, "Which Door to Tape Control?" Tooling and Production (January 1961); Harold A. Strickland, Jr., "The Inevitability of Automation," *Tooling and Production* (July 1960), p. 8; Willard F. Rockwell, "Technology and Profits," talk to Western Metal and Tool Exposition and Conference, Los Angeles, March, 1968, George W. Younkin, "N/C Machinery…… We've Come a Long Way," *Tooling and Production* (November 1963). See also E. Willard Pennington, "What Can N/C Do for Me?" *Tooling and Production* (August 1960); and Herbert Solow, "How to Talk to Machine Tools," *Fortune*, March 1962.

[3] "Inventory of Metalworking Equipment," *American Machinist* (October 1973); Jack Rosenberg, "A History of Numerical Control"; Kurlat, "The Diffusion of N/C Machine Tools."

[4] 1971年6月24日，美国第92届国会第一次会议期间，A. Curtis Daniell在参议院小型企业特别委员会的科技子委员会有关数值控制对小企业的影响的听证会上所做的证词；James Childs，语见Edward E. Miller在听证会上的证词；John C. Williams在听证会上的证词；Carl W. Haydl，语见Charles Weiner, "Job Shop Specializes in Tape Control," *Tooling and Production* (February 1961), p. 45。

[5] John Dutcher to William M. Stocker, May 15, 1957; "On the Job, Automatic Tools Prove Virtuosos," *Business Week*, March 14, 1959; Ralph Cross, "A Machine Tool Builder Looks at N/C," Proceedings of the EIA Symposium; Jack Rosenberg, "A History of Numerical Control." The material on the Bendix experience is based upon: Caruthers, interview, September 1983; F. P. Caruthers, "From Relays to Microprocessors or What Is

Happening to Numerical Control," typescript of talk before the Society of Manufacturing Engineers, May I, 1976; "Bendix Alters Course in a Shifting N/C' Market," *Steel*, September 11, 1967.

[6] General Accounting Office, *Use of Numerically Controlled Equipment Can Increase Productivity in Defense Plants* (Government Printing Office, June 26, 1975).

[7] Harold A. Strickland, Jr., "The Inevitability of Automation"; GAO, *Use of N/C Equipment*; R. J. Griffin, Jr., ERDA, to Henry Eschwege, GAO, January 28, 1975 (Appendix Ⅷ to GAO, *Use of N/C Equipment*).

[8] Clark Redfield, "Common Sense and Tape Control," *Tooling and Production* (January 1960), p. 35.

[9] Michael Piore, "The Impact of the Labor Market Upon the Design and Selection of Production Techniques Within the Manufacturing Plant," *Quarterly Journal of Economics* 82 (1968).

[10] 1978 年对《加工与生产》的前副编辑 Charles Weiner 的访谈；"On the Job, Automatic Tools Prove Virtuosos," *Business Week*, March 14, 1959, p. 73; Charles Weiner, "Mr. Production Man, Meet the Computer," *Tooling and Production* (January 1960), p. 43; Charles Weiner, "Which Door to Tape Control?" *Tooling and Production* (January 1961), p. 49; Charles Weiner, "Job Shop Specializes in Tape Control," *Tooling and Production* (February 1961), p. 41; "N/C News," *Tooling and Production* (June 1959); William M. Stocker, "Machine Tool Control for Tomorrow." *American Machinist* (October 25, 1954), E. Willard Pennington, "What Can N/C Do for Me?" *Tooling and Production* (August 1960); Harry Ankeney, "Talk of the Month," *Tooling and Production* (August 1960)。

[11] 1971 年 Daniell 在科技子委员会听证会上的证词。

[12] U. S. Air Force, *Modern Manufacturing: A Command Performance* (film), distributed by National Audio Visual Center, General Services Administration, No. SFP—1153 (528125).

[13] 同上；Wilfred Garvin 在科技子委员会听证会上的证词；David H. Gambrell 在科技子委员会的主席致辞。

[14] American Machinist and U. S. Machine Tool Task Force, both quoted in Dieter Ernst, "Automating Manufacturing Equipment in a Period of Crisis" (typescript), 1982, Projekt Technologietransfer, University Hamburg (courtesy Dieter Ernst).

[15] Seymour Melman, Profits without Production (Knopf, 1983); Rosenberg, "A History of Numerical Control"; Edward E. Miller 在科技子委员会听证会上的证词。

[16] Ralph E. Cross, "A Machine-Tool Builder Looks at N/C"; Gerhard Widl, "N/C

in Europe," in M. A. DeVries, ed., *The Expanding World of N/C* (Numerical Control Society, 1981), p. 2; Alvin J. Harman and Arthur J. Alexander, "Technological Innovation by Firms," Rand Corp. R—2237—NSF, November 1977, p. 52 (courtesy Judith Reppy).

[17] Clifford Fawcett, "Factors and Issues in the Survival and Growth of the U. S. Machine Tool Industry," Ph. D. dissertation, 1976 (University Microfilms); National Machine Tool Builders Association, *Economic Handbook*, 1980/81, *p*. 180; 1980年对西德皮特勒机床公司的开发部主管 *Paul Stockmann* 的访谈; See also Judith V. Reppy, "The Role of the Air Force in the Development of N/C Machine Tools," unpublished paper, Cornell Center for Intcrnation31 Studies, 1981 (courtesy Judith Reppy); Melman, *Profits without Production*。

[18] George W. Younkin, "N/C Machining... We've Come a Long Way"; Edward E. Miller testimony, Hearings before Subcommittee; John H. Greening, "N/C, DNC, CAM: Panacea or Poison?" in DeVries, ed., *The Expanding World of N/C*, p. 246.

[19] Fawcett, "Factors and Issues in the Survival and Growth of the U. S. Machine Tool Industry"; Edward E. Miller 在科技子委员会听证会上的证词。

[20] A. Curtis Daniell 在科技子委员会听证会上的证词; Edward C Grimshaw, 语出自 Charles Weiner, "Which Door to Tape Control?" *Tooling and Production* (January 1961), p. 49。

[21] Edward Miller, Joseph Londen, A. Curtis Daniell, and John C. Williams 在科技子委员会听证会上的证词; Small Business Administration, "The Impact of N/C on Small Business," Office of Planning, Research, and Analysis, SBA, July 26, 1971, p. 133 (科技子委员会听证会的附件); see also Ernst, "Automating Manufacturing Equipment in a Period of Crisis"。1971年6月20日 James J. Childs 致 David H. Gambrell, 科技子委员会听证会上的附件; GAO, *Use of N/C Equipment*。

[22] *Manufacturing Technology-A Changing Challenge to Improved Productivity*, Report to the Congress by the Comptroller General of the U. S. (General Accounting Office, June 3, 1976), p. 47; A. S. Thomas 在科技子委员会听证会上的书面证词。

[23] A. S. Thomas, "Is There a Need for Higher Level N/C Software?" (typescript) (蒙 A. S. Thomas 惠允), 没有出版日期。

[24] A. S. Thomas 在科技子委员会听证会上的书面证词。

[25] 1979年对 John Parsons 的访谈; "PARTRAN," brochure (courtesy John Parsons)。

[26] 同上; Curtis Reichold, "NUFORM: The Universal N/C Language," *N/C COMMINE*, n. d. (courtesy A. S. Thomas); "Language Study Yields a Worthy Benchmark," *Iron Age* (October 28, 1974), pp. 51—57; 1978年对 A. S. Thomas 的访谈。

［27］"Contract Specifications N00600 — 69 — C — 0436," U. S. Navy，p. 16；E. V. Oates，A. S. Thomas，Inc.，to James West，U. S. Army Procurement Office，May 7，1974；George H. Allen，Small Business Administration，to Major J. Hinking，U. S. Army Procurement Office（Natick，Mass.），June 5，1974（courtesy A. S. Thomas).

［28］1971年7月20日James J. Childs致David H. Gambrell，见科技子委员会听证会上的证词。

［29］同上。

［30］Daniell在科技子委员会听证会上的证词；还可参见T. L. Pahde，"The Case for Outside N/C Support Services," *Manufacturing Engineering and Management* 66（June 1971）；Kenneth Stephanz在科技子委员会听证会上的证词；Gambrell在科技子委员会听证会上的主席致辞。

［31］Melman，*Profits without Production*；"Twelfth American Machinist Inventory of Metalworking Equipment，1976—1978," cited in Glynnis Anne Trainer，"The Metalworking Machinery Industry in New England：An Analysis of Investment Behavior," M. S. Thesis，Department of Urban Studies and Planning，MIT，1979.

第10章 配置：数字中的权力

230 至20世纪50年代末，第二次工业革命已经在各家飞机制造工厂中如火如荼地展开。在这里，受到技术狂热者的承诺以及相关军事目的的支持，管理层一步一步地追求自己的意图。随着数值控制机器的引入，管理层的总体控制与自动化工厂目标也得以付诸实践，它们决心用这种新技术约束劳工，降低他们的技术要求，从而取而代之，同时强化与集中管理层在生产上的权威。但没过多久就可以看出，即使得到政府的资助，这种做法与第二次工业革命的推定目标——更有效的生产与更高的质量——存在着根本冲突。在引进昂贵且复杂的设备之后，质量生产要比任何其他情况都更依赖于这种设备的充分利用。事实证明，这类新型设备的有

效利用，更少依赖于生产经理、系统工程师与程序员的指令与设计，而更多取决于操作这些设备的技能、判断以及合作精神。工人们现在不得不起而为保留他们的职位、权力与尊严而斗争。现在，由于新工业革命，那为人所熟悉的资本主义生产方式旧矛盾进一步激化，而不是减弱。

通用电气公司的副总裁哈罗德·斯特里克兰坚持认为，自动化是不可避免的，但他也指出，“要实现这一不可避免的目标，需要许多人来从事大量的艰苦工作，并需要做出许多牺牲。”但他没有说明，这些艰苦的工作与牺牲并不是必然由同一群人来承担。毫无疑问，数值控制的推广者与工程 231
师们的工作极其艰巨，他们所遭遇到的阻力相当大，但他们的回报也并不小——而真正的牺牲却是由另外一部分人来承受。这种新技术为管理层创造了许多机会与新的可能性，管理层认为，只要机器一装好，这些机会与可能性便唾手可得。管理层指望数值控制技术能够将“数字”的口头权力——工人与工会力量的传统源泉——揽在自己怀里。[1]

除可以拥有更大的加工能力之外，数值控制技术似乎还可以为管理层带来几个方面的前景。第一，它承诺对生产进行更严密的控制，同时削减对工人的依赖性。数值控制将概念与执行分离开来，将编程从机床操作分离出来，这看上去意味着将生产的决策与判断完全从车间中分离出来。生产过程的“脑力”部件现在可以由管理层、工程师以及程序员将它完全垄断，并集中在办公室里面。一旦做出决策，并确定性能与生产标准，详细的命令将直接发送给车间，不是发送给那里的人，而是通过控制带输入那里的机器。正如管理顾问彼得·德鲁克（Peter Drucker）所言，“当代所谓的‘自动化’理论上是泰勒科学管理的逻辑扩展……泰勒宣称，生产所要求的是，‘做’必须从‘计划’中分离出来……一旦操作过程被解析成如同机器的操作环节，并如此组织起来……那么就能够让机器而不是人手来执行这些操作。”将管理层要求编码，加入控制带，然后直接输入机器之后，那么决定每个操作环节时间的是控制带，而不是操作工，而泰勒的死对头“怠工”或“磨洋工”则终于得以消除。管理层不仅可以详细规定做什么与如何做，还可以规定它应该做多久。加工厂里的机械工现在则如装配线上的工人一样，成为机器的照看者，接受工头与机器的管束。[2]

第二，由于“生产知识”被嵌入机器或者直接由管理层将它输入机器，机械工的技能将失去用武之地。数值控制似乎有可能将熟练机械工——长期以来属最顽固的工人之列（从管理层的角度来看）以及金属加工业中富有抗争精神的工会的骨干——整个端掉。他们的位置可以由“半熟练的”“按钮工”来取代，后者不那么倾向于（或者说不敢）挑战管理层的权威。
232 管理层指望通过降低劳动者的技术要求，从而大幅削减培训成本，并永久性地降低职位分类——从而在直接与间接人工成本上花费更低。最后，管理层认定，在实际加工中，数控机器比传统机器具有更高的生产能力（折算运营成本），因此引进数值控制技术将削减工作时间，从而降低直接人工成本、额外的福利以及工会成员，并最终削弱工人的力量。[3]

正如我们看到的，数值控制是一项成本相当高、经济上尚不确定的创新。但正如以前用来“节约”劳动并赋予管理层对生产以更多控制的创新一样，它并非由市场自发产生，而是由政府以公共资助的方式促成的。因此，那些从这一转变中获利的人所负担的成本，要比那些置于这一进程之外的人更低，因为那些为了这种“不可避免性”而做出牺牲的人将为它付两次账——第一次支付的是他们的税收，第二次是他们的力量、技能、职位、工资以及尊严。但也与此前的改进一样，以数值控制为突破口的这次转型也相当缓慢。这种昂贵且问题重重的新型技术是一点一点地改进，而且正是在一个持续经济增长与工业扩张的时期，这里经济繁荣掩盖了严重的人为后果。

1968 年，加州大学伯克利分校的工业管理系对飞机工业应用数值控制机器的情况进行了一项研究，研究发现，“事实上，令人惊讶的是，它们在经济上的应用范围极其有限。”但是数值控制具有其他的优势，最初的设计者们对此心知肚明。通用电气公司的厄尔·特鲁普指出，“采用数值控制技术，控制权就转到管理层手中，从而不必依赖于操作工。”除了扩大控制权之外，数值控制还可以让管理层以更低的成本来配备机器的“低级操作工”，正如奥林·利文斯通所言，这一“想法并不可笑”。约翰·帕森斯也同意这个看法。“我强烈地感觉到，将十进制系统改成二进制系统是一个非常不错的办法，”帕森斯写道，这里他指的是所预测的手动输入系统，“这不仅仅是因为它更稳定，容易避免出错，而且也因为它大大有助于将操作工确立在一个较低的工资级别上。”“机器操作工只需一般的技能即可，”他在迪吉系统的宣传手册上也如是说。[4]

“数值控制不需要什么技能，”弗兰克·斯图伦回忆麻省理工学院的工程师们的说法，因为它只需“按数字行事”。他记得有一次，麻省理工学院的工程师们告诉他的合作者，说他们在自动控制试验室所建立的机器宁肯让法学学生来操作，而不是让经过培训的机械工来操作。斯图伦说，他们 233
认为，“机械工并不相信这些数字；他们只会把事情弄糟。而另一方面，法学学生则不会理会其他事情，只管根据指令行事。”在有关数值控制的最后报告中，麻省理工学院的工程师也强调了这一点。“由于数值控制铣床是自动化的，”他们说道，“一位全能的操作工对它的切削过程没有任何帮助。”他们承认，需要一位操作工来看管这部机器，但这名操作工“仅仅具备初级操作工的水平就可以了”。他们还指出，“编码与程序制作完全由办公室来完成”，“操作几乎不需要判断力，整个过程是一个程式，因此最好是让一名没什么技术的人来从事这项重复的、预先设定好的工作”。[5]

刀具工程师唐纳德·P·亨特在其有关数值控制历史的著作中解释道，数值控制的目的是“直接把设计者有关部件的计划转换成用于机床的数字指令”。因此，“车间里引进数控机床意味着可以取代该车间的熟练工人。因为这样的机器的生产效率要数倍高于传统机器，从而有效地剥夺了两三个熟练机械工的职能。”亨特警告道，不可避免的是，“工厂里的熟练工人必将把这类设备视为对他们工作的直接威胁。”“为了避免发生这类不愉快的劳工关系，”亨特建议道，“有必要教育职工有关新技术对于公司与他们自己的重要性，并小心地做好引进机器的前期工作。”因为数值控制如要在工厂里取得成功，亨特强调指出，“有必要下大力气加强培训与规划”——换句话说，要注意策略。在自动控制试验室，工程师们正在做这样的事情。[6]

“通过多次使用数值控制铣床，”自动控制试验室主任弗兰克·赖因特耶斯向麻省理工学院校方报告指出，“项目组希望能够将其技术知识扩展到如何给机器配备人工方面。”在具体的实践方面，赖因特耶斯、艾尔弗雷德·苏斯金德、詹姆斯·麦克多诺与乔治·牛顿与工业界的工作测量小组接洽，共同“研究将自动化的基本动作时间值用于整个生产流程的可行性……用以说明使用最简单的动作元素的最低可能性”。自动控制试验室认为这类时间动作分析具有“相当的利益”，同时也是“很大的挑战”，并与管理学院合作，寻求外部资助以进行这项研究。麦克多诺考察了“各种时间动作的分析方法”，将操作时间测量方法（methods time measurement，MTM）与美国无线电公司的“工作要素”分析方法（J. H. 奎克所发明）、通用电气公司的“维运转时间”（Dimensional Motion Time）以及其他的管

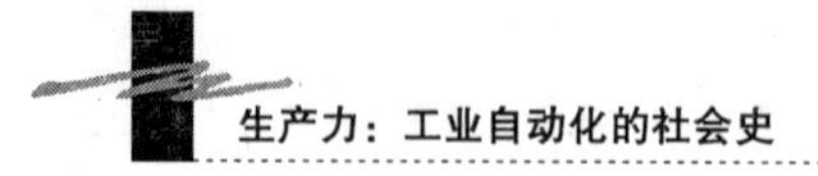

理方案相比较，以分析与控制工人的操作行为。[7]

麻省理工学院的工程师们深知他们的技术工作的社会效应。他们并不
234 是那些对更大范围内的非技术事务毫不关心或懵懂无知的技术专家。尽管在长达10年的数值控制研究过程中，他们中没有一个人想过与他们所欲“革新”的金属切削业的工人或工会签订合同。与此同时，他们与该行业中的管理层有着广泛的业务关联，但他们仍然意识到工人看到这种新技术的想法与反应，并把这个问题提交给管理层。他们也关注有关自动化的争论，并注意到“在联合汽车工会在有关年度工资的讨论中，自动化扮演了一个重要的角色”，但他们倾向于把这类看法视为“危言耸听”。与管理层中的同仁一样，他们也认为自动化是不可避免的，但他们不理解良好公共关系的重要性。如果说他们一方面将数值控制视为金属切削业中的革命来不遗余力地推广，那么另一方面，他们坚持认为，这其中不会有什么差错，大可不必担心。库特·冯内古特的《自动演奏钢琴机》一书于1952年出版，通用电气公司记录—回放技术的研制者洛厄尔·霍姆斯的回应态度就是如此；次年钢铁工人协会代表参观自动控制试验室时，试验室的人员的反应也认为这是杞人忧天。“这是学院第一次接待这样的群体，”艾尔伯特·赛斯（Albert Sise）在写给麦克多诺的信中提到即将到来的参观，“我认为这是一个很好的机会，我们可以让工会减轻在自动化工厂上的恐惧情绪。”[8]

空军也理解管理层对数值控制所抱有的期望，空军装备司令部的威廉·J·亚当斯（William J. Adams）少校把它描述为“通过机器自动化来取代非比寻常的操作工技能”。军方的推广电影《现代制造：命令的效能》着力渲染数值控制是如何提高管理层对生产的“命令”的，它消除了管理层与机器之间的大部分人工干预，从而实现“命令链条的缩短”：“指令是固定的”，没有为“人工误差”、“人类情感”或“沟通障碍”留下余地。1957年，空军装备司令部的副总司令C.S.欧文中将在一次对电子工业协会的重要演讲中，热情地宣称数值控制如何提高了命令的绩效。“它可以准确地调整工作台与刀具，如此完美地将工程师的意图转化成最后的成品。在我看来，”他说，“这是一项伟大的成就。在此以前，不管纸上的设计与规格如何细致，成品也无法比机械工们所想象的更好。设计者的个人判断……有一个天生的缺陷，即让机床操作工必须完全与工程师或设计者的想法吻合。”但自有了数值控制技术之后，“由于规格被转换成数字信号或电子脉冲，判断只需工程师一个人就可以了。现在他的判断直接从机床应用到成

品。”这种新技术从而确保了对整个过程的控制。[9]

数值控制对于管理层的利益很快就被工业界所接受，这一点从 1952 年
麻省理工学院演示其数控铣床时的直接反应中可以看出。“我相信，这部机 235
器标志着控制设备而不是控制操作工这一生产控制的开始，”美国钢铁公司的艾尔弗雷德·特普利茨（Alfred Teplitz）指出，并设想出完全自动化的铣床。哈佛商学院的 C. J. 雅可比与其同事主张，数值控制的“一个重要特征就是大大减少生产所需的人工注意力与技能。由于机器的控制自动，操作工的职能是装载、卸载与启动机器。这样，他就能同时看管几部机器，单位产品人工成本得以降低。”总而言之，数值控制意味着“使用不熟练的工人，更容易确定进度安排”，以及更严密的生产控制。“操作时间的控制都已机械化了，”M. S. 克蒂斯（M. S. Curtis）——华纳和斯韦齐公司的技术主管以及后来全国机床制造商协会数值控制委员会的主席——在这次演示后写信给麻省理工学院的威廉·皮斯道，“我对自动化控制这一主题极其感兴趣。”他明确表示：“没有人比我更理解这一事实，机床制造商必须尽可能地让我们的机器实现自动化。这显然是日益增长的人工成本以及更难以找到合适的机械工所造成的。”但也是因为“劳工在获取更多工作技能与怠工倾向这两个方面的巨大差异”。安德鲁·尤尔在第一次工业革命来临之际指出（参见 1830 年出版的《制造业哲学》（*Philosophy of Manufactures*）），“资本家从科学那里汲取资源，以尽可能摆脱难以忍受的枷锁”，即必须与工人谈判并依赖工人以获取利润。这样的情况在第二次工业革命再次发生。数值控制第一次演示以后，阿瑟·D·利特尔公司的阿兰·A·史密斯（Alan A. Smith）兴奋地写信给麦克多诺，认为这种新技术标志着我们“从工人那里解放出来”。[10]

作为数值控制的首批用户，各飞机制造商也确认这种新技术在管理上的优势。“数值控制存在着多种解释，”罗尔飞机公司数值控制部门的主管尼尔斯·奥尔斯坦（Nils Olesten）指出，“但最有意义的解释是数值控制将让管理层最切近地实施制造决策。”奥尔斯坦主张，数值控制“让管理层最大可能地拥有控制权力……因为机床上的决策已经从操作工那里转移出来，而且决策的形式是控制中的脉冲。”此外，“数值控制还可以使用一种更有效的报告系统来帮助实现管理层的控制”。其他公司在数值控制问题上也深有同感。在格伦·马丁公司里，数值控制意味着加工可以“不需要操作工；制作程序带的资深工程师的技术则反映在部件上，而操作工对此不能做任何

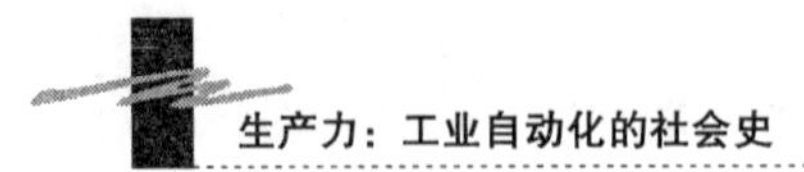

236 更改。”康维尔公司里的情形也一样，数值控制意味着那些“其操作在完全无需人工干预的情况下根据已记录的数据来加工的”机器；波音公司与它们相同，在那里，加工过程“无需操作工的协助”。因此，毫无稀奇的是，在联合技术公司的诺登工厂里，数值控制已经意味着“数字中的权力”。[11]

尽管许多人很早就认为数值控制具有管理上的优势与潜力，但仍然有一些人持谨慎态度，只是他们的观点并不属于主流。邦迪克斯公司的默里·凯纳斯（Murray Kanes）与他的同事卡拉瑟斯一样，强调了邦迪克斯机器上安装的进给速度人工代用装置——他曾参与这一装置的研制——的重要性，认为它“有了更大的操作余地，能够让操作工监控刀具的操作或轴功率表，以确保最好的加工质量”。“虽然程序带控制系统能够实现处理与机器控制的高度自动化，”凯纳斯承认，“但系统的总体可靠性仍然主要取决于人的因素……操作工代用装置控制事实上是一种对于工艺设计与编程中的人工误差所造成的时间损失与部件加工失误所进行的人工补救措施。”空军装备司令部早期负责数值控制工程的约瑟夫·科伦布罗上校在其研究数值控制的硕士论文中指出，即使有了数值控制技术，工人的“忠诚、热情以及对行业的理解以及公司的做法与传统都仍然很重要，是一笔不可估量的资产”。最后，克罗斯机床公司的总裁拉尔夫·克罗斯强烈批评数值控制狂热者，认为他们在推动自动化以把自己“从工人那里解放”出来的想法是低估了工人技能的重要性。“在我看来，”他对电子工业协会的成员说，“人们在巨型计算机、计算机控制的工厂和消除工厂工人方面谈论得太多了。这些热门词汇给报刊提供了很好的报料，同时也让工会领导人有了顺手的谈判材料，但是他们并不销售机床。数值控制绝不可能消除工厂工人。我听到许多有关机床编程的发言，这使我想起昨天欧文将军所说的话，大意如下，‘数值控制将从机器操作工那里夺走部分决策权力，如有关速度、进给、操作工序等的决策权，并将它们置于那些理应能够做得更好的工程师手里。’我很高兴他使用了‘理应’这个词，因为我的经验告诉我，如果没有工厂工人的帮助，工程师根本无法有效地工作。在设计与建造大型的自动传送设备时，相同的问题也出现过许多次。根据我自己的经验，我可以毫不怀疑地说，工人以及他对工厂条件的知识绝对关键。正如我以
237 前说过的，笼统地谈论消除工厂工人只会有害于新机床的发展。还是让我们接受这些现实吧。如此数值控制将获得稳步的发展。”[12]

辛辛那提麦克米伦公司生产的靠模控制的液压垂直铣床。

通用电气公司最初应用于普通车床的记录—回放控制系统，图片左边是电路与磁带记录设备。摘自《电子制造》1953 年 11 月刊。

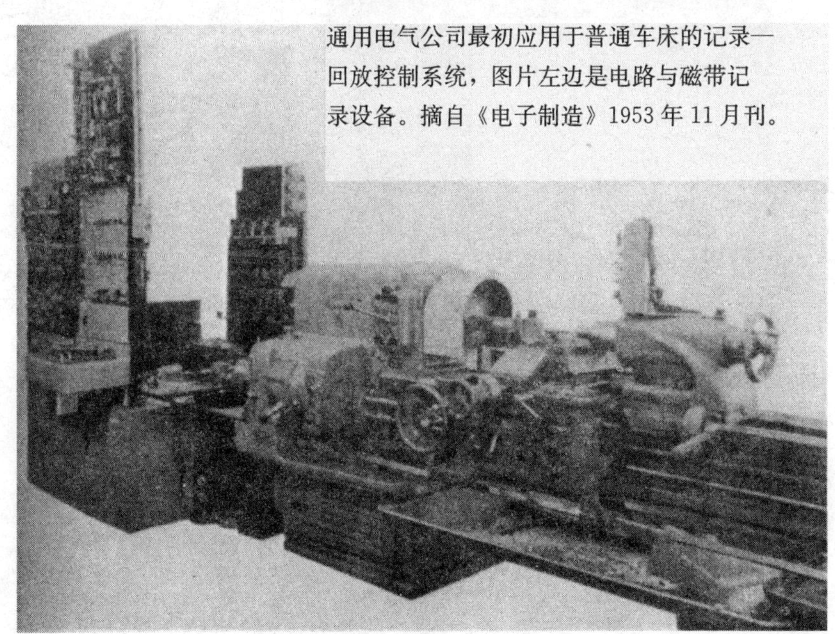

吉丁斯和刘易斯公司与通用电气公司研制的数字记录系统中所使用的记录—回放控制箱。摘自欧尼斯·E·格拉伯的《工商业自动化》（约翰·威利父子出版公司1957年出版），经许可刊载。

采用利夫·埃里克·德内高所设想的记录—回放控制系统的吉肖特车床。摘自吉肖特机器公司的宣传册，L.A. 利弗提供。

华纳和斯韦齐公司的自动进给六角车床，它采用了两模控制系统（记录—回放系统与数值控制系统）。摘自华纳和斯韦齐公司1960年的宣传册。

空军订购的辛辛那提液压垂直铣床，此时尚未改造成数值控制。麻省理工学院档案。

安装数值控制系统的辛辛那提液压垂直铣床。麻省理工学院档案。

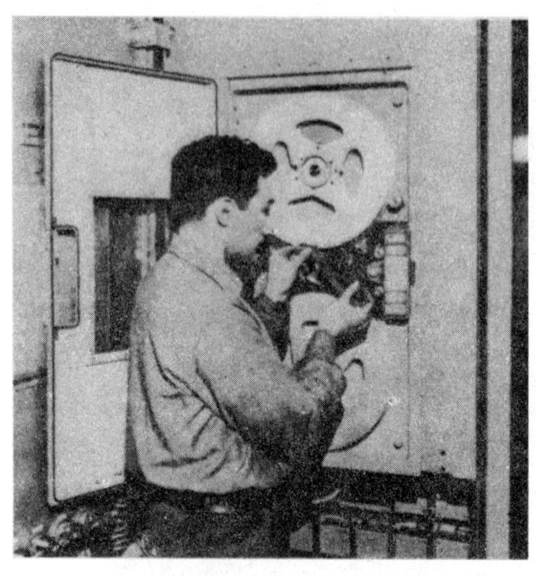

通用电气公司的磁带控制铣床的操纵箱，公司最初宣称采用双模控制系统。经《铁器时代》杂志许可重印。

电子控制系统公司设计的迪吉控制系统，据称是“适用于小工厂的数值控制系统”。摘自《机床与制造业工程师》1960 年 11 月 1 日刊。

第一部交付使用的连续通路数控机床，由邦迪克斯公司与卡尼和特雷克机床公司为马丁公司设计。摘自《美国机械师》1957 年 7 月 15 日刊，蒙《美国机械师》许可重印。

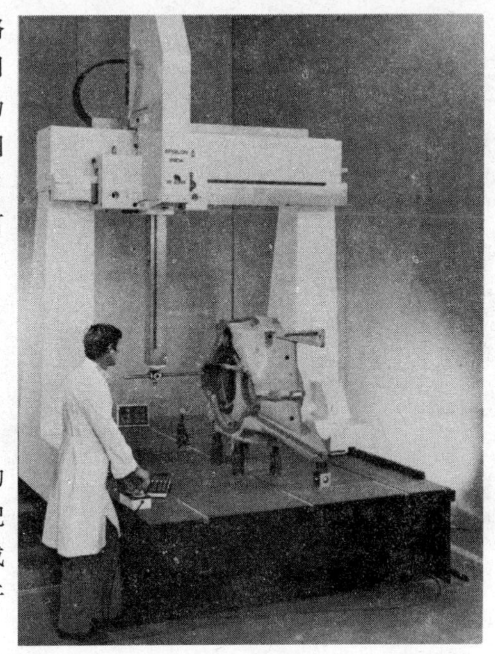

数字电子自动化公司设计的数字检测设备，用于以记录—回放或动作方法来生成数值控制带。摘自数字电子自动化公司的宣传册。

记录—回放控制的标志 II 号犹尼迈特工业机器人。摘自通用机械公司的宣传册。

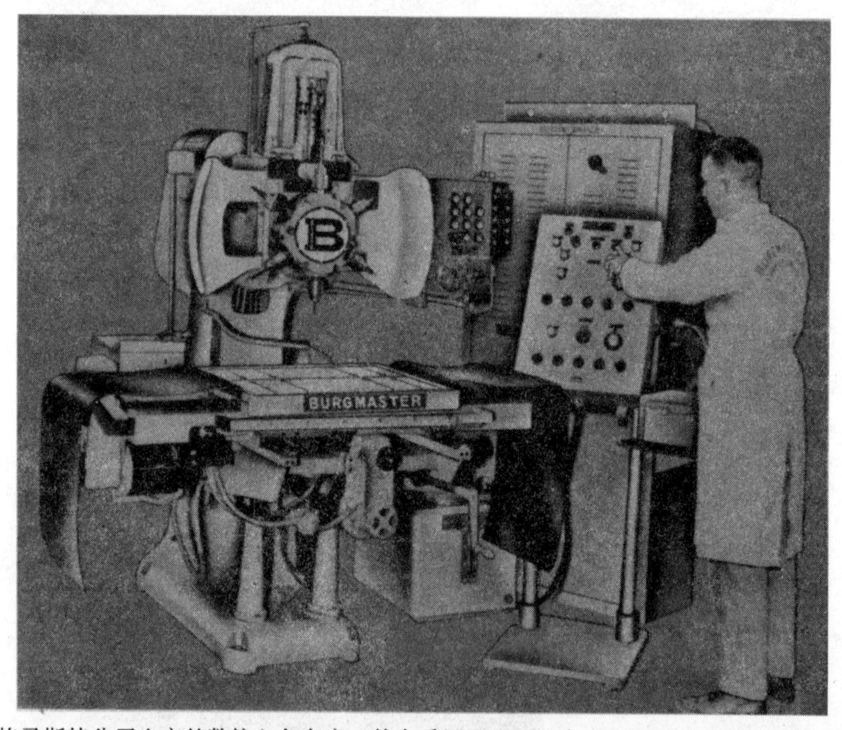

伯格马斯特公司生产的数控六角车床，其中采用了通用电气公司的定位控制方法。摘自伯格马斯特公司的宣传册，埃里克·布雷巴特许可刊载。

空军中将克拉伦斯·S·欧文在麻省理工学院参观数控铣床。麻省理工学院档案。

两份有关数值控制系统的宣传册：左边是超声波公司的广告，为配合 1952 年数值控制铣床的演示而制作，麻省理工学院档案；右边是 1982 年的广告，其中明确鼓吹管理层而不是工人控制机器的优势。蒙国际机床公司提供。

步入管理者的天堂——完全自动化的工厂。摘自金属切削业专业杂志《现代加工厂》1982年9月刊的封面，蒙该杂志许可重印。

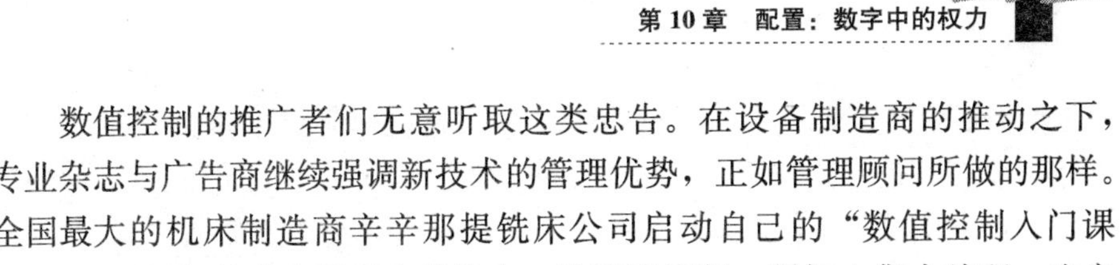

数值控制的推广者们无意听取这类忠告。在设备制造商的推动之下，专业杂志与广告商继续强调新技术的管理优势，正如管理顾问所做的那样。全国最大的机床制造商辛辛那提铣床公司启动自己的“数值控制入门课程”，也强调新技术在管理上的优点。计算机控制，再加上集中编程，这意味着生产可以“按照科学管理的原则以统一而有效的方式进行，不再听取任何单个操作工的判断”。辛辛那提公司的赫伯特·L·赖特（Herbert L. Wright）认为，车间唯一需要人工干预的地方是全自动机器的装载与卸载。“毫无疑问，工人在操作数控机床时可以学到一些东西，”他承认这一点，“但这种学习过程不同于手工艺人或传统的操作工。数控机床的操作工所习得的技能主是装配技能与加工转换技能。这意味着它不再是标准加工过程的传统学习曲线，而是一段相当短的学习曲线。”吉肖特机床公司的总工程师 L. A. 利弗指出，有了数控机器，生产方法的决策者“不再是操作工”。“对某些用户来说，更重要的是这样一个事实，”他强调认为，“加工必须按照计划部门所规定的速度、进给以及工序来进行，操作人员对此无法做出大的改动。”“采用了现代自动化控制技术之后，”兰德斯机床公司的总裁格雷森·斯蒂克尔（Grayson Stickell）于 1960 年指出，“生产步骤将取决于机器，而不是操作工。”穆格机床公司在它们数控机器的广告中也重复了这一主题。这些机器可以让“管理层更有效地安排制造计划与进度”，他们强调指出，其结果是，“操作工不再有权做出至关重要的生产决策。”专业出版界也洋溢着类似的兴奋情绪。[13]

“数控机床的运行几乎完全不需人手接触，”《商业周刊》如是报道，安装了一部自动刀具转移装置之后，它们就可以“按顺序执行几百种操作，根本不需要操作工的干预。”（这一前景“让某些工会领导为之恐惧，他们预期将有大量的失业”。）《美国机械师》认为，数控机床“可以不知疲倦地全天候工作……而操作工则被重新培训成一名看管者”。“由于缺乏人工变量，时间研究将改变它的研究范围。生产时间将是机床与工作范围的函数，可以很容易地确定它的值并维持下去。”“严格来说，数值控制并不是一种 238
加工技术，”它总结道，“它是一种控制哲学。”[14]

1958 年，空军装备司令部第一批订制的数控机器开始安装在各家飞机工厂里，芝加哥考克斯管理咨询公司发布了一份《有关数控机床的管理报告》。“当下发生了一场管理革命，”该报告宣称，“管理是机器的管理，而不是人的管理。”它们解释了“为什么加工不再取决于熟练操作工”，以及

"如何事先得知准确的生产标准与加工能力，从而确保准确的进度安排"。对于那些有意进行管理革命的公司，咨询师们承诺将向它们演示如何使用数值控制，以"削减额外福利、招工、培训以及劳资谈判的成本"。针对那些率先使用数控机器的用户，他们还将帮助组织一个数值控制协调委员会。"数值控制的基本优势现在已经是很明了的，"《铁器时代》于 1976 年说，"它让工艺设计部门拥有了生产控制权力。"[15]

将数值控制技术视为管理的万用灵药的观点并没有停留在口头上。当这种新型的机器系统安装在全国各地的工厂中时，这些工厂的管理层就试图将这种观念付诸实践，以实现这种技术所承诺的管理梦想。加州大学伯克利分校的工业管理系向国际劳工组织的自动化部门提交了一份题为《数值控制对工业关系的影响》的报告，报告详细叙述了五家飞机制造公司（空气喷射通用公司、康维尔公司、休斯公司、北美洛克韦尔公司以及罗尔公司）采用数值控制的经历。报告指出，"工业关系部门、工资管理员以及技术人员之间存在着一种共识，他们认为，通常而言，数值控制机器要比传统机器需要相同或更少的技能"，而且他们倾向于在这种新设备上采用一种更低的职位等级。次年，亦即 1969 年，厄尔·伦德格（Earl Lundgren）公布他对数值控制影响组织结构的研究成果，他研究了中西部的两家加工车间与一个生产车间，其中每家至少拥有三部数控机器。"其中一些公司希望它们的操作工拥有处理低劣设计、帮助试验新型产品或参与装配的技能，"伦德格报告指出，"但多数公司认为，技能已经嵌入机器之中，只需要半熟练的操作工人就足够了。"在这些车间中，渴望更多控制生产的管理层与技术人员——后者经常被那些熟悉车间操作的机械工批评为不实际——都坚信这样一种看法，即"有了数值控制技术，操作工不再需要参与计划行动"。因此，它们认为，"与传统设备相比，数值控制设备所需的
239 技能将更为简单"，相应地，工人的工资也更低。数值控制将决策权交给了管理层与程序员（后者"在做越来越重要的决策，其权力日益扩大"）。伦德格指出，"每个公司所关心的是尽可能地将这类计划与控制权力从车间转移到办公室。""在所有这些案例中，有一点是不容置疑的，"他重复强调指出，"那就是管理层在不遗余力地试图将尽可能多的计划从车间转移到办公室。"[16]

1971 年小型企业管理局的研究也证实了这些观点。"数控机器操作工只

需比传统机器的主要操作工更少的技能，”写作者指出，用以支持管理层的观点，“如此半熟练机器操作工的需求将增加，而熟练机械工的需求将减少。这两者所造成的差距将由更高技能水平的人员如部件程序员、管理者、维护人员以及销售人员来补足。”“原来认为应由熟练机械工所具备的技能现在则由设计工程师、工序分析师以及部件程序员来执行。”由于大幅削减了车间操作工的技能要求，“那些采用数值控制的工厂频繁为数值控制操作工制造新的标准”。“管理层可以很轻易地确定绩效标准，”作者们再次认同管理者的主张，“因为现在可以在后处理程序中，使用计算机在几秒钟之内确定所需的切削、钻孔、研磨的机器时间或操作时间。任何没有完成标准的事项都必须在当天或流程结束之后向管理层做出解释。这有助于管理层安排进度、下单、装货、计划以及做人事安排。”[17]

1978 年麻省理工学院的政策研究中心也对数值控制在工业中的应用进行了一项研究，他们调查了 24 家分布于机床业、飞机发动机与零部件生产业、机身制造业、农业机械业以及重型建筑设备生产业的公司，并得出相似的结论。“我们认为，确实存在着一个降低数控机器操作工技能的趋势，”报告的作者们指出，“一些公司有意降低操作工所需的技能水平，从而削减这些职位的工资。有些情况下，公司雇佣技术相当差的妇女来操作这些机器。在另一些情况下，有一些反对这些做法的意见则来自于担心降低职位等级的工会以及担心设备过于昂贵而带来风险的管理层。”报告还指出，除了降低技能水平之外，某些管理者将“数值控制程序视为一种在车间中执行更严格的进给与进刀速度的手段。如果操作工试图降低速度或改变工作流程，它可以更轻易地检测出来。”“人们觉得，数值控制使得操作工不大可能降低机器运转速度……而且对数控设备的监控也更为简单，因为现在机器控制着许多原先属于操作工的职能。”最后，作者们还指出，在管理人员看来，“数值控制可以更容易得到有关产出水平、机器停工时间以及质量 240
的数据，从而扩大了管理层的控制。”[18]

1959 年，欧文·伯特（Ervin Birt）调查了马萨诸塞州北格拉夫顿市怀曼·戈登公司（Wyman Gordon）实施数值控制技术的情况。该公司为空军生产大型铸件，曾参与空军的重型冲床计划——该计划最初也曾为帕森斯项目提供过资金——后来又是空军推广数控机床现代化的对象。1958 年，空军在怀曼·戈登公司的工厂里安装了一部数控铣床，用于加工模腔。伯特指出，这种新设备的引进“并不是按引进新设备的通常方式来实施的”。

公司成立了一个专门的“数值控制小组”来计划并执行它的运转。数值控制小组主要由工程师与程序员组成，他们拥有“更为抽象的车间如何运转的技术知识以及用于车间的规划与方法”。这样，虽然他们本身“并没有权力实施监督控制，但仍然对车间发挥了相当大的指示影响”，并且，这样做的时候，他们“倾向于在自己内部进行交流”。“必须指出的是，”伯特强调指出，“操作工并没有纳入到这个小组中去。他们中没有一个被纳入到这个小组的名单，更没有参与它的实际工作。”操作工“与这个小组几乎没有任何接触”，而且数值控制小组禁止那些没有经过相关训练的人“接触数控机器的控制部件”。用伯特的话来说，操作工被置于一个“结构上孤立的地位”，这使得他们根本无法对数值控制小组发挥任何影响力。“另一方面，”伯特推测道，“这种孤立也可能预防那些更高水平互动将出现的各种问题。”[19]

麻省理工学院政策研究中心的调查也发现相似的情形。康涅狄格州托灵顿市的托林公司（Torrin）是一家生产弹簧设备的制造商，公司的管理层相信，“数控设备的操作人员的技能水平可以更低，而这意味着更低的工资。”与其他地方一样，该公司的绝大部分编程都相当简单。调查人员询问管理者何以操作工没有自己来进行编程。管理者声称，如此操作工就必须懂得如何确定进给与进刀速度，也就是说，他必须是一位工艺工程师。调查人员指出，在采用传统设备的时候，操作工都知道如何确定进给与进刀速度，并通常对工艺工程师所下的进度单做些调整从而最终确定操作过程。管理者同意这一看法，但他们认为操作工不能理解编程语言。调查者注意到，车间里经常可以看到操作工在“阅读”程序带，并估计程序错误，而
241 这意味着他们至少能够学会编程（估计最困难的结果然后逆推）。管理者最后承认：“我们并不想让车间里的人来编制程序”，并加上一句，“那些家伙有无数种办法来与你捣乱。数值控制至少消除了他们的一些欺骗手段”。[20]

在克利夫兰市的汤普森·拉莫·伍尔德里奇公司，管理层“将数值控制当成一种降低工资的手段来引进”。最开始，“目标是降低操作工的技能”。操作工不可以“捣弄”程序，理由是“太多的人参与会把事情弄砸了。”而数值控制技术则被用来为操作工确立时间标准。“有了数值控制，你可以通过计算机的后处理程序来确定工作的时间，”一位生产经理指出，“根据程序的规定，你可以确切知道具体的机器运转时间。”“程序时间”将决定生产速度。他补充道，“你可以用数值控制技术来打破原来的操作步

骤。”“一旦程序带安装好，人工代用装置就可以锁住不用，”另一位生产经理指出，“操作工完全没有办法——你所需要的只是一名机器人。”没有工会力量的辛辛那提米拉克伦公司使用数值控制技术削减了 20%～25%的直接人工成本，在这里，管理层采用这种技术，从而将管理艺术变成了“一门科学”。在康涅狄格州哈特福德市的汉密尔顿标准公司，直接的生产工人 1969—1979 年间减少了一半（此时每年的产出一直在增长）。一名经理坚持认为，数值控制削减了工人，“任何其他的说法都是谎言”。“如果一个人看到机器能够自己工作的时候，他若还没意识到自己的工作岌岌可危，那此人必定是个白痴。”在这里，管理层还希望“剥夺任何工人的决策权”。一名车间工头说，他不希望“操作工决定使用人工代用装置或自己来编程”。“如果是由操作工来编程的话，你将付给他们更高的工资。”“我不希望由这些家伙来做出决策，他只需要按工头的命令去做就是，不可以有丝毫变动。”但另一方面，车间的工头也希望操作工在面对紧急事故时有随机应变的本领。“我需要那些能够思考的人。”他说，承认设备过于昂贵。但是这种能够处理紧急事故的本领并未得到正式的承认，也没有任何补偿。表面上，操作工无需任何技能，并且事实上工头也没有这方面的知识。“你没必要懂得如何去运转这些机器，”一名工头说出实情，“实话跟你说，我根本就不知道如何启动这些机器，不过这并不碍事。当机器出错的时候，我知道该叫谁来处理。”[21]

在克利夫兰市的大型车床制造商华纳和斯韦齐公司，数值控制的“程序时间”则被用于确定操作的激励系统的基准速度。作业标准由周期时间再加上装料与卸料的时间以及一定程度上的人工干预时间来确定。密尔沃基市的卡尼和特雷克公司的情形也相似。作业标准由“程序时间”加上“延迟宽限时间”来确定。一位经理指出，采用了数值控制技术之后，作业时间可以说是“极其清楚”的，而使用传统设备的时间研究，其中的作业时间都是一些估计值，双方可以进行协商。与其他地方一样，数控设备的操作工相比较传统机器的操作工，被置于一个更低的职位等级上，工资也更少。在卡尼和特雷克公司的管理层看来，既然数值控制技术对技能的要 242
求更低，那么培训也就不是很重要，从而可以更为迅速且成本低廉地安排人员。最开始，公司有意安排“核心队员”来操作数控机器，并付出略微更高的工资，但这只是一种临时的办法，其目的是让那些勉强的操作工来接受这部新设备。随后，公司就降低了数值控制操作工的职位等级。

伊利诺伊州皮奥里亚市的坎特皮勒拖拉机公司的情形也一样。该公司的管理者宣称："与操作工一样，我们必须降低维护人员的技能。"位于罗得岛州金斯顿市的布朗和夏普公司是美国历史最悠久的机床制造商之一，该公司的管理者也认为，"数值控制的全部目的就是从加工过程中消除操作工。""程序带拥有了操作工的技能。操作的控制完全有赖于程序带。除了最初需要操作工来补偿偏移之外，我们并不希望操作工干预任何事情。"在布朗和夏普公司，数控机器的操作工与传统机器操作工领取相同或者更高的工资。"数控机器极其昂贵，"一位经理解释道，"我们需要一位感觉敏锐、反应迅速的操作工。否则的话，小小的错误将造成巨额的损失。"但管理层也利用程序带时间来确定工作速度，自己也忙于控制车间里的操作。"工人们总是想工作得更少，工资却还想更多，"一名经理愤愤不平，"这样，管理层必须负起更多的责任。数值控制可以让管理层做更多的事情，而这些事情以前都是让操作工来完成的。管理层现在全盘负责进给、进刀速度以及刀具的安装等。数值控制技术迫使你像经理一样行事。它的目标是将所有的技能都从操作工那里夺取过来。这意味着削弱车间工人对生产的影响。"[22]

西雅图市的波音公司是采用数值控制设备的一位重要客户，该公司也使用程序带时间来为每个操作确定标准。根据一名操作工的说法，"已经计算到0.01分钟。""不过时间总是出错，"他补充道，"或者是因为程序带沾了灰尘，或者是因为经常使用进给的人工代用装置以降低切削速度——这对于生产优质部件来说是必不可少的。"在这里，甚至极其熟练的模型操作工也经常被安置到数控设备上，而从操作工的角度来看，调换工作是一件极其麻烦的事情。一名操作工解释道，"唯一可以让我感觉到自己存在的时候就是由我从头至尾来按自己的计划工作。"做模型的时候，"他们给你一张图纸，仅此而已。"机械工自己决定如何来制作部件，采用哪一部机器来制作以及如何操作。但若被调到一部四轴数值控制铣床的时候，

> 我有一种窒息的感觉，完全不需要头脑思考。你只需像一具木偶那样坐在那儿，然后看着这头家伙。我已经习惯了控制生产，按自己的计划去做。现在我觉得好像另外有个人，替我做好了一切决策。我觉得自己被降级，极其沮丧。吃不下饭，也睡不安稳。当我又调回到传统的铣床上，我像是发疯一样去根据自己的方式去工作。我感觉我

> 为整个事情都承担起了责任，从头至尾。我不喜欢任何其他人来替我思考。在数控机床上，我觉得自己的大脑整个睡着了。[23]

与库特·冯内古特的《自动钢琴演奏机》中的熟练技工鲁迪·赫兹一 243
样，波音公司的模型机械工也觉得自己被抛弃了。“你看，看它们上上下下，博士!”赫兹指着无需演奏家而自动按键的自动钢琴演奏机，向着充满内疚感的工程师吼道，“看到这些键自动弹上弹下，你难道不觉得毛骨悚然？就好像一个幽灵坐在那儿，掏出心来弹琴。”[24]

但这名机械工深知，他并非被技术所抛弃，而是被管理层使用这种技术的做法所抛弃。他完全可以为这些机器制作程序，但却无权去做。除了“根据指令来做”，他几乎什么也做不了。他甚至也不可以关掉机器去洗手间，因为机器太过昂贵，以至于连几分钟的停工也不容许。波音公司的管理层在数控设备上安装了一个按钮，操作工无权使用它对机器实施任何命令，而只可用它向办公室通知他想去上洗手间。这一改进在已有的伤害上更增添了侮辱。“这使我觉得自己像是一个幼儿园的孩子。”他苦闷地说。[25]

在内布拉斯加州林肯市的一家小加工厂里，数值控制这一优势得到了极致的发挥。在这里，数值控制加工中心由一名精神上有障碍的人来操纵，他最多只有 12 岁孩子的智力水平。根据《美国机械师》的说法，所以挑选此人来做这份工作，“因为他的智力有限使得他有足够的耐心与毅力来照看机器，并按其要求来工作。”工厂管理者解释道，“他最大的优点是，他会按规定一步一步照看机器的每个操作过程……他按照别人教他的方式丝毫不错地将料装上工作台，照看穆格机器的操作，然后再卸料。”他补充了一句：“这是一种非常乏味的工作，那些精神正常的人可能难以应付这份工作。”[26]

“我们现在在参加一场我们输不起的战斗，”1968 年，威拉德·F·洛克韦尔（Willard F. Rockwell）在西部金属机床展览会上向听众宣扬道，“苏联人完全明白，我们现在处于一场工业技术的竞争之中，而竞争的胜利者将通吃一切……如果美国人民决定降低技术更新的速度，那么就等于是承认了失败。如果我们的技术是过时的，那么我们也将被时代抛弃。”这位北美洛克韦尔公司的总裁在着重强调了国外的战争之外，不忘加上美国国内的战争。“我清楚地记得 20 世纪 50 年代国内工业管理层所忍受的那种恐惧气氛，”洛克韦尔说道，“当时我们担心失去对日益复杂且难以控制的公司运营的控制。”他指出，现在情况则完全改观了。“部件编程现在交给了管理部门，并且将必要的数据输入到程序带。生产部件所需的确切循环时间
244 是一个已知的要素。生产线完全可以自动运行……数值控制正在恢复管理层的控制权。”克罗斯和特雷克公司的董事长拉塞尔·赫登也同意这种看法。“你们研究数值控制的人为我们做了一件大事，”1980年，他对数值控制协会的成员如是说道，“数值控制将许多加工过程都交到了工艺工程师手里。”而不是让车间工人来执行，从而让管理层能够从容应对“工作伦理衰落”与“美国人失去工作激情”而引发的挑战。他宣称，数值控制赋予管理层一件有力的武器，可以补偿“人工生产率下降”的损失，并与工人的“精神怠惰”作战。[27]

但是有了愿望，并不必然保证会实现，也更不可以将愿望与现实相混淆。不管管理层的目标如何宏大，也不管它们的要求是如何庞大，但仍然不是工作场所的全部现实。这里还需考虑一个实际经验的考验，看貌似无比优秀的技术如何应付车间生产的恶劣现实。这也是一个意志的较量，那些封锁技术以实现自己目的的人与那些不拥有此种技术的人的意志较量。“在雇主与雇工之间的冲突中，”约翰·布鲁克斯在1903年写道，“‘风暴中心’很大程度上就在于科技发明应用于工业的地方。”正是在这个“风暴中心”，生产现实才凸显出来，决定结果的是实际技术与阶级冲突，而不是追求美妙全能的科学梦想。也正是在这里，那些试图将自己从工人那里“解放”出来的人发现，他们还有一段很长的路要走。[28]

从实际的经验中，管理层真切地感受到，在数值控制技术上，它们仍然与以前一样——甚至更为严重地——依赖于工人（正如拉尔夫·克罗斯和默里·凯纳斯所预见的）。将这种价格不菲的新型设备利用到最优程度，现在已经成为经济、高效生产的关键，而工人的技术与合作态度现在则成为达到最优利用数控设备的关键。这样，管理层试图降低工人技能并强化自己权威的做法都取得事与愿违的后果，因为它消除了必要的技能，并激化了车间的冲突。

比如说，数控设备的不稳定是众所皆知的，原因有机械的尤其是电子设备上的问题、编程错误，此外还有经常变更条件而且往往是未知条件下的预先规定所必然带来的局限性。在布朗和夏普公司，空载时间“过分得

多”，而在辛辛那提米拉克伦公司，它多得“极其令人不安”，在其他公司，也耗去了许多成本。“管理层对数值控制的期望完全脱离了现实，”新罕布什尔州的一名数控机床操作工认为，“它们把数控技术当成一种魔法，但事实上让它自动生产只能生产出一堆废料。”温度过高往往使得刀具突然沿着轴切进工作台，甚至不按指令任意钻孔。而且，在正常运转的情况下，要
在经常变换的条件下生产出优质产品，这要求操作工对操作过程予以细致 245
观察，并时时通过人工代用装置来实施人工干预，停止机器颤动，为粗糙的铸件（以及程序错误）补偿偏移，并且检查刀具的磨损程度。

> 要使切削保持严格的精密程度，这意味着对经常变动的难以处理且容易出错的设置时时予以控制。钻头在跑。立铣刀在行走。机器则在爬行。那些看似极其严格的铸件被扔在切削环境的时候，就有些弹性了，卸下来有时会反冲使得直线切削成曲线，而本应准确的钻眼的孔却钻到了别处。硬质合金刀具也有一些难以察觉的磨损，使得一个关键狭槽小了 0.000 5 英寸。任何这些变化中的一个都有可能在几秒钟之内使你所生产的完美部件成为现代雕塑公园的用料。[29]

约翰·加尔文在西屋公司设在宾夕法尼亚州莱斯特市的工厂中操作一部吉丁斯和刘易斯公司生产的价值 30 万美元的数控镗床，他于 1967 年为《UE 通报》(*UE News*)（美国电气、无线电和机器工人联合会）通报描述了他的经历。“操作有一种压力，因为你希望那些制作这部程序带的人没有任何错误。即使他没有出任何差错，你还希望机器中的电子设备运转正常，否则的话可能会伤着你。你的双手一直在握着控制杆，就像猴子爬树一样——如此你就能够一出问题就随时关掉机器。”

> 有一天，我接到一部有 80 个工位的程序带。当操作运转到第 39 个工位的时候，它跳过了下一个工位，直接到达第 41 个工位。这是打孔的电传打字机所出的错。
>
> 在那种情况下，按规定你应该去找程序员并说，“看，你在这里漏掉了一些东西——我希望你能将它补足。”这也许将要等两个小时来完成程序带，因为他们必须从头开始来制作。但我没有那样做，而是回到我必须重复去做的步骤，这样我自己就解决了问题。

“他们说你不必能够读懂程序带，但你必须读懂，从而可以知道程序带是从哪里开始的。”这样还可以避免发生错误以及可能的严重事故，加尔文坚持这一观点，* 并讲述了这样一个故事：

> 他们把那部特殊的机器叫做顺序制表机；你必须了解它，因为它是与程序带相连接的。每个制出来的数都表示工作台朝着某个方向的
> 246 移动位置。如果刀具在孔里面，程序员将标示刀具拔高 3 英寸，并标示工作台横向移动 2 英寸。但如果他标示首先移动工作台，而且这里没有空间来移动工作台的话，那会怎么样呢？
>
> 有一次他标示错误，当时我们正在钻孔。我正在操作一个 2 英寸的钻头，并钻了 7 英寸。机器突然失灵，将钻头扔出 50 英尺远。钻头足足有 2 磅重。它没有击中我，从我助手的头上掠过去，把他的帽子撸飞了。自打那以后，我就说：“我必须得弄懂这部机器，因为它可能会杀了我。”[30]

罗伯特·克拉夫奇克（Robert Kraweczyk）是密尔沃基市艾伦一布拉得利公司（Allen-Bradley）的一名数值控制机床操作工，他同意这种看法。“你必须要比机器聪明，”他坚持认为。

> 你必须在全部操作过程中全神贯注。你必须知道按钮什么时候失灵，或保险丝可能会熔掉，但机器仍然在运转。你必须要比在普通机器上更能够阅读设计图纸。如果保险丝熔掉，工作台仍然在移动，但轴却不会运转。你必须全部时间呆在那儿……你根本不知道机器将要做什么——如果你什么也不知道的话。

汤姆·马利布朗斯基（Tom Malibrowski）是艾伦一布拉得利公司里一部数控坐标镗床的操作工，他也认为生产“不能够全部让程序带来完成”。

---

* 一名转塔式六角车床的装配工也认为，“即使不让操作工知道编程的方式，他们也能够以自己的方式获知，从而了解其工作原理。”他“经常看到操作工在阅读程序带，有些事情我自己也做不了”。既然他们通常无缘接触程序员的办公室，他们能够这样做必然是因为自己的聪明。有一次，这名装配工看到一名操作工以手钻和从垃圾桶里拾来的纸带来编辑错误的程序带，他经常这样来填补错误的打孔带。

“在旧机器上，我知道机器是如何运转的，但现在唯一的理解途径就是看机器的运转并将程序带拿出来琢磨。”“我认为人们对程序带控制设备抱有错误的看法，”马利布朗斯基认为，“他们认为只要把操作输入到程序带，然后自动让它去运转。其实完全不是这么一回事。”[31]

管理层不情愿地接受了现实。它们认识到，如果没有操作工的技术、注意力以及激情，有可能导致昂贵设备与重要部件的损毁，于是决定提高数值控制操作工的职位等级与工资，比如汤普森·拉莫·伍尔德里奇公司、华纳和斯韦齐公司、波音公司等。此外，还有些管理者认识到，通过简单的“程序带时间”来确定工作标准是不现实的，因为存在许多难以进行进度安排的人工干预、机器失灵与延迟。

“这些贵重而又极其脆弱的设备很容易出现机械或电子故障，”美国电气、无线电和机器工人联合会认为，“油里的一粒灰尘或错误的边线不仅弄砸了零件，甚至会威胁到操作工的生命……此外，预先规定好的进给速度也是一个不安全的因素。有的材料对于这种进给与进刀速度来说过于坚硬，或者这种进给与进刀速度无法让机器承受……而且，程序带控制机器还有一种不可预测的地方是它往往以谁也不可能预知的方式狙击操作工。”“要想生产出优质部件，你必须使用人工代用装置，”波音公司的模型操作工这样描述他操作数控机器的经验，“操作工必须熟悉每部机器的特性；否则的 247
话，只会生产出一堆废品。”[32]

为了让这种贵重设备生产出优质产品，一些管理者自愿放松使用数控技术来降低工人技能并约束工人的做法——至少在当前这个时机。他们现在让熟练工人操作数控设备，并以增加工资与职位等级作为诱饵。“一些管理者费了很大的精力才让操作工从传统设备转移到数控设备，”加州大学伯克利分校工业管理系的研究指出，“可以理解的是，一些操作工拒绝转换工种，因为对他们来说，这似乎意味着冒着丧失旧的但仍然有用的技能而同时没有获得新技术的风险。”因此，一些公司接受工会的资历规则与施加的压力，提高了新设备的职位等级。但是，更多的情况下，它们支付数控设备操作工一份津贴，而没有提高正式的职位等级——这应该是指望有一天机器能够让它们以更低的工资来让那些非熟练工人来操作。更为精明的管理者还试图去满足那些无形的工人“需要”。“绝大多数人都有一种天生的拒绝变动的倾向，而这在机械工那里尤其明显，”小型企业管理局提出了一个建议，“他们似乎滋生出一种与他们的机器亲近的感情。”

> 为了克服这个问题，一个政府工厂调查了49名机械工是否愿意受训以操作数控机器。只有两名工人不十分情愿地报了名。然后对这两名工人加以培训，穿上白色的新工作服，并允许穿白衣衬衫，打上领结。地板上铺上瓷砖，打扫得一尘不染。这种特殊待遇与标志创造了一种气氛，使得又有几名机械工要求加入。

另一家大公司则通过将最复杂的五轴机床分派给工头“来解决这种潜在的劳工问题”。“这里再一次出现这种情况，”小型企业管理局指出，“操作数控机器的特权减轻了许多人对于转移到数控设备的恐惧与问题。”这两种情况都提加了工资，提升了职位等级，此外还有其他的福利使得数控机床对于那些在意身份的工人来说极具诱惑力。它们也意味着，即使是数值控制革命，管理层仍然依赖于工厂里的工人，需要他们的技能、合作以及工作意愿来实现自己的目的。生产的中心要素、成败的关键、利润的决定因素仍然是人。因此，自数值控制发明的15年后，两名工艺工程师撰写了一篇《数控时代的工资激励的理由》（A Case for Wage Incentives in the N/C Age）。

> 有人认为，在自动化生产条件下，机器基本控制了制造周期，这
> 248 使得工人的重要性在下降。这一论断是错误的，因为如果操作工操作
> 失误或者由于各种原因而无法让机器正常生产，不管是设备的利用程
> 度，还是资本的回报率，都将急剧下降。
>
> 研制数控设备的基本前提是致力于提供比传统机器生产能力更高的加工能力。此外，它们还可以让操作工“降低技能”。但是，令人吃惊的是，人工因素仍然是设备最优利用程度或机器产出量的主要因素。它向管理层提出了一个并未结束的问题，因为最大限度的设备利用是确保丰厚的资本回报的前提。[33]

不仅试验新型设备的经历提醒了管理层生产过程中人员因素的中心地位，而且“人的因素”本身也不断说明这一点。工人厌恶并抵制管理层的攻击。对于管理层来说，数值控制是一种管理层的武器，它可以最大限度地发挥管理层的特权，集中生产的控制，弱化工会，压制工人对产量的限制或“怠工”，让那些“顽固的”工作惯例无效，降低工资与职位等级，强

化操作步骤，而最终也许会让管理层从“工人”那里“解放”出来——借着进步的名义。“自启动自动化之后，”沃顿商学院咨询师爱德华・希尔斯（Edward Shils）指出，“管理层开始承担管理机器与人的新职责。”这种欲盖弥彰的攻击并不能逃过工人的眼睛，不管是在车间还是在地方工会，甚至那些最支持技术进步的工会领导，也都警觉起来，予以回应。[34]

劳工害怕并抵制技术变化的说法是一个在大众、管理层以及学术界广为流传的有关进步的老观念。“在各类抵制变化的类型中，”希尔斯认为，“也许最常为人们讨论的是产业工人对技术变迁的抵制，最近它表现为对自动化的抵制。”1961年，耶鲁大学的尼尔・张伯伦宣称：“管理者致力于变迁，而工人则极力维持现状。”“自动化问题上有不少问题困扰着商人，”约翰・迪博尔德预计，“也许最为紧迫的是劳工的抵制。”但是，这一普遍的看法根本上就是错误的，至少就20世纪的工人而言可以这样说。因为，与管理层和科学界的人一样，劳工也全盘接受自由主义的进步意识形态，并将它内在化。劳工领袖极力向世人证明，他们也是理性的、可尊敬的，并且也是进步主义的——以此避免那种目光狭隘、反动的、自私自利的、阻碍社会进步的、非理性的社会耻辱形象。劳工议员支持技术进步，而那些因此而失业的工人则坚信，他们的牺牲是为了社会进步，如此他们也对社会福祉做出了自己的“贡献”。“工会对技术变化的阻碍只是一种例外，而不是常情，”杰克・巴贝什（Jack Barbash）在其研究20世纪技术与劳工的著作中指出。最近密歇根大学的多里斯・麦克劳林（Doris McLaughlin）等 249
人的研究也证实了这一结论，该研究将劳工的地位描述为一种对他们认为是“必然的”与“不可避免的”事物的“适应”与“接受”。事实上，麦克劳林发现，“抵制”更多地存在于中层管理人员，而不是工会会员中。欧文・伯特也在其调查怀曼・戈登公司引进数值控制的研究中发现，管理层存在着抵制现象。“机器操作工那里并不存在着抵制现象，”他指出，相反，它存在于管理层的数值控制小组本身，他们对这种不稳定的精密设备表现出一种沮丧感。麻省理工学院政策研究中心有关美国应用数值控制的研究也同样指出，“在我们访谈的公司中，没有在公司工人那里发现抵制数值控制技术的现象。”[35]

不管是好是坏，劳工都接受了这种新技术。而如若持反对态度的话，那么情形只会更糟——“一旦某个被激怒的劳工领袖诅咒自动化的话，”也就是说没有持一种对社会负责的态度，本・塞利格曼（Ben Seligman）指出，“美国商业部的头头就会跳出来说他是一个卢德分子（卢德为英国工人，据说于1799年带动工人捣毁纺织机器。——译者注）”，一个破坏机器的疯子。但事实上，工会官员与工人们与当年的卢德分子一样，都不是那种疯狂的破坏机器的人。* 并不是机器威胁了他们的生存与权力，而是管理层使用机器作为进攻工人的武器，并掩饰其作为的伪装。他们所反对的并不是数值控制或自动化，而是管理层、资本所有者、工贼、削减工资并提高机器运转速度、失业。面对失业与制造业日益减少的就业机会，劳工无法从美好的“长远”前景的动听说词中寻求到安慰。[36]

1961年，美国众议院的自动化子委员会向各工会征求它们所在行业的失业情形的报告。所得到的数字是相当惊人的。联合汽车工会报告，1947—1960年，汽车工业的产出增加了50%，而就业人数下降了3%，并指出自动化取代了16万工人的岗位。通讯国际工会也报告了1953—1960年的类似数据，电子机械工业在此期间产出增加了20%，而丢掉了8万个工作岗位。钢铁联合工会声称，1937—1959年，钢铁业失去了95 000个工作岗位，而产出则增加了121%。美国电气、无线电和机器工人联合会则指出，1953—1960年，电子制造业的产出增加了20%，而就业人数减少了10%。美国电气、无线电和机器工人联合会的报告还指出，单单在通用电气公司一家，就失去了4万个工作岗位。塞利格曼的研究发现，1957—1961年，全国总共丧失了110万个工作岗位，而在此期间产出增加了8%，每人
250 小时的单位产出增加了18%。劳工部估计每年大约有20万个工作岗位受到自动化的“影响”，其中不仅包括那些失掉职位的人，也包括那些“被默默解雇的人”——因人员正常减少而不再雇用的岗位。不管实际数字是多少，而且这些数字中也存在着许多错误的地方，但有一点是可以肯定的，那就是劳工很关注工会成员的流失、社会地位的下降以及相对于管理层力量的削弱。正如塞利格曼所言，在这个时候，“管理层的主要目标就是保护它的主要特权，对生产以及工人的控制。”[37]

受到裁员影响的工人有着不同的反应方式。一些人接受了他们的命运，向这种不可避免的结局屈服或承认社会的进步，虽然以牺牲自己为代价。另一些人则坚决反对，不应该由他们来承受失业，认为机器并不能复制人

---

* 有关最初的卢德分子（Luddites），可参见我的“Present Tense Technology,” *Democracy*, April, July, and October 1983。

的技术，还有一些人则试图跟上“未来”的脚步，乐观地尽力“改装”自己来重新寻求就业。

塞利格曼指出，与此同时，“面对自动化明显的裁员效应，工会代表中也存在着一种恐慌的情绪。他们非常关注此事，虽然公开承诺支持技术进步。”1959 年，美国劳联—产联发布了第 21 号文件，公开其对于自动化的正式立场。“劳工欢迎这些技术进步，”劳联—产联强调指出，“这些新技术可望为所有人提供更高的生产标准、更多的闲暇以及更好的工作条件。”“但是，”他们警告道，“除了这些前景之外，它也可能存在着种种陷阱。它并不能自动保证，所有这些对于全社会的潜在好处会自动变成现实。”几年后，劳联—产联主席乔治·米尼（George Meany）警告指出，自动化“迅速地成为社会的祸根……它疯狂地生产越来越多的产品，与此同时雇佣的人数却越来越少，并且丝毫不考虑它对于整个经济的意义”。民意调查公司在劳工领袖中进行了一次调查，发现其中 2/3 的人认为自动化是劳工最紧要的问题。“虽然学者与公司的管理者们坚持说，自动化对于工作的影响与那些普通技术的影响并没什么区别，”塞利格曼指出，“但工会并不相信他们的说法。”正如国际码头工人协会的主席托马斯·W·格利森（Thomas W. Gleason）所说的（针对码头作业的机械化），他们越来越相信这一结论：“排除工人的进步绝非真正的进步。”[38]

劳工对自动化的后果所公开表达出来的抗议，不仅反映制造业就业人数的长期下降趋势，也反映了 20 世纪 50 年代末 60 年代初（在越战推动的 60 年代中期产业扩张之前）大规模的失业浪潮。这些抗议引发许多空洞的争论以及一些真切的忧虑。具有讽刺意味的是，其中最感担忧的却是像数值控制之类的自动化设备的推广者，他们不得不试图寻求更容易让人接受的方式来销售这种导致裁员的设备。劳工“非常恐惧，对自己的未来没有 251
信心”，广告杂志《油墨》（*Printer's Ink*）在 1964 年的专稿中指出，这对供货商与广告人员都造成了严重的问题。“数值控制无疑是造成工人失业的自动化设备中一个重要的因素，”该杂志在一篇题为《谁害怕数值控制》（Who's Afraid of Numerical Control?）的文章中暗示道，“工会在施加压力，再加上它所导致广泛裁员的公众形象，这对于许多试图采购数控设备的工厂来说构成了约束因素……为了避免损失巨大的罢工以及复杂的工业关系，许多公司决定不采用数值控制设备……‘这个问题具有爆炸性，’一位销售经理说，‘许多公司都将数控设备的人力效果当成最高的军事机密来对待，'”——所谓的军事秘密，指的就是美国国内的战争。

如果说工会领导人的公开争论与声明是观察者谨慎标为“自动化恐惧”的最明显标志的话，绝大多数工会都在致力于不那么张扬的做法，如集体谈判、申诉与仲裁、立法游说以及最后的手段——车间斗争。工会无意直接对抗管理层决定生产手段与目的的特权，也无意质疑技术变化的方向与形式，而只是想方设法降低裁员的速度，减轻那些迟早离职的人的负担，维持现有谈判单元的力量与团结，捍卫（或者尽可能朝好的方向重新界定）岌岌可危的职位等级与工作惯例，维持并增加工会成员的工资，并为工人在技术进步的收益中赢取公平的份额。在车间里，工人每天以自己的方式对抗管理层逐步升级的对他们工作的侵犯。*[39]

在集体谈判领域，工会寻求各种改善（或减轻后果）措施，诸如与管理层就自动化问题联合协商；只通过人员自然减员来实现裁员（以及“红色迂回方法”，或确保现存的工作）；为离职的工人重新培训；将职位的自动化仅限于高就业时期；提前退休；解雇费；为解雇、退休、调离、提升以及各种职位等级与职位结构的变动设定各种有序的结构；要求更短的工作周期以及定期的休假；扩展资历规定，将调职也纳入其中；优先雇佣离职人员；根据资历来分派那些职位等级下降的工作；彻底修改职位等级与工资结构以反映新的“提升后的”职责；设立“自动化基金”；开展“分享
252 进步”计划；设立人际关系委员会；增加失业补偿金。虽然工会公开表达出对失业者的关怀，但考虑到管理层对它们的最新进攻以及希冀将最新技术进步的利益引向工人，它们的注意力几乎集中在如何保护现存的工作，并细致地界定其内容、人员配备要求以及工资标准上。[40]

通讯国际工会积极与爱默生电气公司和西尔韦尼亚公司接洽，建立有关自动化的联合委员会，以研究技术变迁对就业的影响，并建议“将自动化的收益扩展到雇主与工人”。与此同时，通讯国际工会主席詹姆斯·B·凯里（James B. Carey）宣布，“传统的职位描述必须做大幅的修改……因为操作中的知识技能、脑力与责任性现在具有日益突出的重要性”，并号召彻底“重新评估数千份职位”以反映新制造方法给劳工带来的收益。“就目前而言，自动化与程序带控制机床尚未对就业造成严重的后果，”1959 年，国际机械师协会太平洋海岸副主席罗伊·M·布朗（Roy M. Brown）指出，但是这一严重后果

---

* 见下文及第 11 章。

也可能在未来发生，因此“我们采取一种静观其变与未雨绸缪的立场。”[41]

国际机械师协会的领袖向各地的分支工会提出建议，要求它们在集体谈判中提出确切的条款以处理“技术进步”的影响，包括预先通知、调职权利、离职津贴、保薪重新培训、解雇费、提前退休以及“通过普遍提高工资从而实现在生产率收益的提高中获得公平的份额”。1962 年，国际机械师协会开始与一个由美国工业公司资助的基金会合作，帮助那些由于自动化而失业的工人。约翰·I·斯奈德（John I. Snyder）是该制造与使用自动化设备公司的董事长。* 他第二年在参议院的就业与人力资源子委员会上作证，认为有关“自动化的荒诞说法”让决策者“哑口无言”，后者不愿承认自动化所带来的一系列问题，也不愿就此采取补救措施。这些说法认为，自动化不会大规模消除职位，自动化将为那些失业者创造出足够的职位，那些被裁员的人将可以轻易地被重新加以培训，然后提升到更高的职位上，自动化所裁下的工人将很容易得到安置并在其他地方找到工作。斯奈德认为这些说法是荒谬的，它们只是一些“安慰剂”与证明不存在严重问题的无稽之谈，并且有碍于切实地去寻求解决方案。美国工业公司与国际机械师协会合作的目的是澄清这个问题，并找到有效的解决方案。但是根据本·塞利格曼的说法，“他们讨论了一圈又一圈，但没有人知道如何去做”，只能安排更多的会议，并建议增加解雇费。[42]

“联合汽车工会的政策是拒绝那种工会应当反对引进先进技术的观念，”
联合汽车工会的副主席伊文·布鲁斯通（Irving Bluestone）解释道，“经验 253
表明，这种抵制的做法是无效的。”联合汽车工会认为，“技术创新所导致的生产率的提高提供了一个基准，在此基础上工会将在谈判中致力于改善其成员的生活标准。我们的目标……是通过在劳资协议中写入保护性条款与共识以保护工人免受对工作与工资安全的侵蚀。”这样，部分受到诺伯特·维纳向沃特·鲁瑟提出的建议的影响**，联合汽车工会在 1955 年大会上通过了一份史无前例的决议。

> 联合汽车工会—美国产联欢迎自动化与技术进步……我们将为此提供合作……将共同致力于制定政策与计划……以确保更大的技术进

* 参见附录四有关美国工业公司有关运输机器人的研制。

** 参见第四章的相关叙述。

步将获得更大的人类进步。但是，如果我们听凭天意或盲目地相信经济力量，这一目标不可能实现。我们坚信，只有我们自觉地并建设性地为人类福祉而利用自动化，才能实现它的美好前景，并避免那些不负责地使用自动化而造成的各种危险。我们不可以沉醉于消极而千篇一律的乐观看法，即就长期而言，经济将自动为第二次工业革命——正如第一次工业革命那样——所导致的劳工失业及分裂做出调整。

鲁瑟全心全意地接受技术进步的步伐与增长的福音，试图通过工业扩张——他认为这将提高劳工的总需求——来制止对工作的侵蚀。与此同时，他极力为工人在做大的蛋糕中为工人争得更多的份额，比如保证工资协议以及所谓的进步分享协议（如与美国汽车公司签订的协议）。他还致力于减轻裁员工人的损失，比如补充失业收益、提前通知条款以及公司资助的再培训计划（与美国汽车公司签订的协议）。此外，联合汽车工会还极力维护谈判单元的团结，反对管理层试图利用数值控制作为一种夺取车间的责任与控制的企图。[43]

1960 年，通用汽车公司在底特律市的费舍车身部门的第 21 车间安装了一部程序带控制的伯格马斯特牌数值控制钻床。公司将数值控制操作的职位按传统的伯格马斯特八轴六角钻床的方法来定位，并将该数控设备的编程工作——对于这种点对点定位系统来说是一种比较简单的人工任务——分派给谈判单元和车间之外的生产工程师。工会针对公司的行动提请了一次具有历史意义的申诉。它们认为，一方面，数控机器构成了一种负有更
254 多责任的新职位；另一方面，编程任务不过是传统上由刀具工执行的计划职能的现代变种，因此，它仍应属于刀具工的职责范围。工会驳斥了管理层的说法，后者认为数控技术要比传统加工需要更少技能，并且在技术上完全可将编程职能与机器操作职能分离开来。* 在定位系统中，编程方法比较容易学会。工会认为，参与谈判单元的人们完全有能力承担起全部的责任。工会还坚持认为，刀具工对这份新工作拥有既定的权利，它应在全国

* 巧合的是，这一年自动化特种设备公司引进了新型的专用数值控制设备，它专用于设计并仅用于车间编程以及完全的操作工控制。在该年的机床展览会上，专用机床的设计者 F. P. 卡拉瑟斯敦促联合汽车工会施加压力，采用这种替代性系统以捍卫车间对生产的控制，保住职位并提高总体生产力（参见第 5 章的叙述）。显然，这一建议并没有被听取，而这种设计方案也没有成为谈判的要点。

性的协议中得到保护。[44]

管理层强烈反对就业合同创造职位权利这一原则，也强烈反对这种看法，即将自动化设备安装前谈判单元中的工人所做的工作仍保留在自动化设备安装之后的谈判内容之中。公司声称，因为这些主张不仅削弱了管理的灵活性，而且它也侵犯了管理层的特权——根据全国性协议的规定，管理层有权“维持雇员的效率”并且可以单边决定“制造的方法、工艺以及手段”。此外，通用汽车公司还坚持认为，数控机器的技术要求并不高于传统六角钻床的技术要求，而编程是传统的管理职能的延伸。“当生产工程师就操作工序以及有待钻眼或加工的部件做出决策时，”公司认为，“他是在执行基本的管理职能，而这些决策权利是管理层的基本权利。”公司指责道，“在此工会的要求是将制造方法、工艺以及手段的控制都纳入到谈判单元之中。”[45]

在联合汽车工会的伊文·布鲁斯通欢呼为“里程碑式的判决”中，联合汽车工会与通用汽车公司的仲裁者于 1961 年做出裁决，在这两个方面都支持工会的主张。仲裁者认为，数控机器要求更多的责任，因此必须给操作工予以更多的补偿。更重要的是，仲裁者判定，编程工作只是传统的谈判单元职能中的一个变化形式。“在这里，管理层的决策职能并未受到侵犯，它也没有改变制造方法、工艺或手段，”仲裁者指出，“编程职能仍应保留下来，并让以前的同一人员来执行。就争议中的机器而言，管理层确实从刀具工那里剥夺了该职能。”

> 如果根据效率的要求而如此去做的话，这可能会导致在所有类似 255
> 的编程工作，或刀具工的所有职能，或此前由任何职位所执行的任意职能上做出相类似的决定。长此以往，（工会）的代表权利将化为乌有，而谈判单元将受到实质性的损害。

“将编程任务……分派给非谈判单元中的生产工程师，并将此前执行编程职能并继续在其他工作上执行该职能的刀具工完全排除在外，”仲裁者得出结论道，这“违反了”有关工会地位的全国性协议。布鲁通斯回忆道，这一判决的“后果是，许多已经从谈判单元中移交出去的工作现在又加入了谈判单元，并且工人受到了必要的培训”以帮助他们跟进最新的技术。在这个极其罕见的事例中，工会至少成功地挑战了管理层全盘夺取数值控制的潜在利益的做法。劳工暂时地，而且极其短暂地*，提出机器应用（如果不涉及机器设计）中的社会选择这一关键问题，并拒绝了管理层根据技术必要性所做的管理选择、自由使用人员的管理权利以及以社会进步之名而实施的管理权力。[46]

美国电气、无线电和机器工人联合会也在新技术的配置问题上挑战了管理层的选择。1961 年，它们开始研究自动化的影响。至 60 年代末，它们获得了大量的有关数控技术应用的数据，并于 1969 年发布了《UE 自动化手册》。该手册指出，这种新技术是由纳税人的钱来资助研制的，它的应用是建立在牺牲公民与工人的利益之上，而目的是增加私人公司的权力与利润——美国电气、无线电和机器工人联合会将这一做法斥为“公共财产的私人所有”。手册还指出，“各公司想方设法降低自动化以及其他先进设备所需的技能”，而“工程师们则迫切地将新工作尽可能低地划分职位等级”，而且技术变化被用做提高机器运转速度的借口。“在制作程序以启动新机器与新设备的问题上，存在着两类问题，”1967 年美国电气、无线电和机器工人联合会大会的决议认为，“第一，有必要为工作安全制定规划，减轻职位
256 的损失（美国电气、无线电和机器工人联合会认为，自动化是通过战时生产的工业扩张来掩盖了工作岗位的减少）。第二，有必要保护职位分类与工资水平并反对加速机器运转。”[47]

美国电气、无线电和机器工人联合会宣布，它将以成员经历作为证据，“我们必须揭穿管理层认为新技术必然会减少技能或努力的说法”。正如西屋公司的约翰·加尔文告诉美国电气、无线电和机器工人联合会的财政官员詹姆斯·马特尔斯（James Matles）的：

> 在你装配和启动机器之前，机器做你希望它如何做的事情。你确定进给量与进刀速度。现在它们将机械性的职能与事务性的职能合二为一。你就不仅仅是一名机械工。你还是一名生产部门办事员；是一名程序员；还是一名监工；你将所有事情合并在一起……吉姆，等你

* 正如我们在福特公司红河联合体工厂中有关拉尔夫·库恩的经历（参见第 7 章）中所看到的，数年后，联合汽车工会试图保留一部点对点拉杆铣床的类似编程职能的努力遭到了失败。此外，工会也许是没有意识到记录—回放方法的优势（显然忽略了专用机床所提出的替代性方法），从未挑战管理层对于仿形铣床编程职能的垄断。关于联合汽车工会与福特公司在数值控制以及其他计算机自动化技术上的争议，参见 Harley Shaiken，*Work Crisis*（Hotl，Rinehart and Winston，1984）。

> 回家的时候，你将会累得散架，因为你一刻也没闲过。

厄尔·维亚（Earl Via）是通用电气公司设在宾夕法尼亚州韦恩斯伯勒市的工厂的数控设备的维修工，他指出采用数控伯格马斯特钻床使得操作的职能大大增加，而该种机床恰恰也是联合汽车工会申诉的焦点。“操作工的技能必须增加。他必须保留人工操作伯格马斯特机床的全部技能，与此同时，他还要具备操纵数值控制系统的额外技能”。[48]

美国电气、无线电和机器工人联合会认为马萨诸塞州霍利奥克市的沃辛顿水泵公司的情形也一样。“很显然，”《UE 通报》于 1968 年报道，“与早些时候在西屋公司和通用电气公司的工厂里的事例一样，自引进程序带控制机器之后，操作工需要比以前多得多的技能与努力。它与工业界有意散播而广泛流传的观念相反，后者认为自动化将所有工作变成了只需按键的操作，从而可以降低工人的职位等级。”美国电气、无线电和机器工人联合会引用了沃辛顿水泵公司的数控六角车床操作工托尼·迪奥多（Tony Diauto）的话来证明程序带控制机器——管理层使用它的目的是控制操作工的生产速度——增加了人工的努力。“操作工迪奥多现在必须照看四部机器（而不是一部），为每部机器搬运成品，检查可能的废品并提醒装配工或维修工来解决问题。在整个过程中，他以极快的速度工作。”约翰·加尔文则描述了他的工厂里一位妇女的遭遇。

> 制造小型部件极其单调乏味的，而且它还需付出更多的精力。制造铝制品部件的装配工将一个 40 英寸的工作台上的夹具填上工作件。他确定这些部件的中心距，然后按规定启动机器，并加工第一个部件。他所做的仅止这些——剩下的都交给那位妇女操作工和程序带。不管其他的工作件处在什么位置，程序带都将驱动机器来加工它们。
>
> 现在以每分钟 500 曲面英尺的速度来加工这些铝制品；一个 1.5 英 257
> 寸的钻头以每分钟 1 500 转的速度钻眼。这仅仅是在一个 1.5 英寸厚的铝板上钻入钻出的问题。
>
> 当机器完成第一个部件的加工后，操作工将部件从夹具上卸下，然后用一个空气软管吹去金属屑，捡起另一个部件并把它夹好。这时机器已经把第二个部件加工好，她接着去应付第二个部件，把它卸下

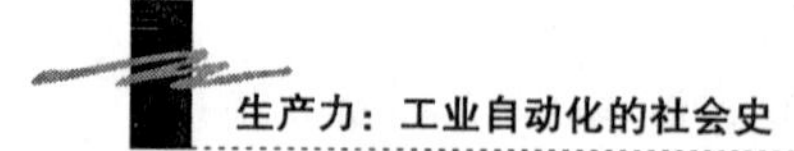

来……（就这样，她一直跟着机器与夹具不停地）装上部件，然后卸下部件，再装上部件……等到晚上回家的时候，她已经累得站不直了。[49]

美国电气、无线电和机器工人联合会认为，“工人在自动化机器上所多付出的努力应当获得更高的报酬”，并且“新机器的高额获利也能够让所有工人得到更高的工资，提高生活标准”，此外，“美国人民有权将最新的技术发展所获得的收益回报于自己，尤其是因为促成这些技术进步的绝大部分研究都得到了政府财政的资助”。工会与通用电气公司斗争，要求提高数控设备的职位等级与工资水平。公司坚持认为，新设备仅仅是“试验性的”，因此无需给予任何永久性的职位分类，并且在这种情况下，管理层有权依据它所要求的技能来决定何种工资水平。“如何测定这些新工种的职位等级与工资水平，还没有先例，”马特尔斯与詹姆斯·希金斯（James Higgins）后来回忆道。

调试车间第一部机床的三位熟练机械工的职位等级以及那位调试并操作所有这12部机床的机械工的职位等级这个问题，成为劳资谈判的重要问题。公司建议采用与传统的旧机器上相同的职位等级与工资水平。公司方面说，无论如何，职位等级与工资水平本应下调，因为它需要更少的技能与体力，工人承担的压力更小。工会的回答是，情形根本不是这样。

工会要求提高它的职位等级。工会与公司协调委员会之间的斗争持续了很长一段时间。此时，车间里的机器静静地待在那儿，机械工则等待工会争取适当职位等级斗争的结果。管理层每每把他们说成为静止的纪念碑。

他们很可能成为纪念碑。公司决定自这些新工种确定了职位等级之后，将剥夺熟练工人操作这些机床——以及相类似的机器——的权利，而管理层则将获得所有产出增加而带来的好处。经过几个月的斗争，管理层同意稍稍提高职位等级，并给小时工资提高20美分的报酬水平。[50]

258 但这场胜利非常有限，正如马特尔斯与希金斯在事后所列出的“盈亏平衡表”所言：“9 名机械工失去了他们的工作；留下来从事新工作的 3 名机械工获得每小时增加 20 美分的工资；生产增加了 300%，而人工成本则下降了 75%。”在美国电气、无线电和机器工人联合会看来，这种坚持提高职位分类的做法是非常重要的，但仅仅这些仍然是不够的。在 1968 年的大会上，美国电气、无线电和机器工人联合会决定，不应让技术变迁导致任何失业，公司应当提供有关新型机器及其作用的全部信息，公司应当启动并资助再培训计划，并且在不导致失业的情况下缩短工时以补偿生产率的提高。

美国电气、无线电和机器工人联合会还决定对其成员开展一个教育计划，以消除有关这种新技术的各种错误观念，并帮助工人为自己的正当权益而斗争。“公司很乐意把新技术宣扬成一种神秘的事物，我们必须破除这种神秘观念，”地方工会主席弗兰克·罗森（Frank Rosen）——他是一名接受过正规训练的工程师——宣称，“如果我们也接受了这种神秘观念，那么在谈判中我们就只能是任人宰割。”“有了技术知识，而不去战斗，”马特尔斯补充道，“这将使我们找不到立足之处；但是没有技术知识而去战斗，那么我们遭到了暗算还不知是怎么回事。”“自动化的形式与各种流行观念遇到了劳工运动，产生了一个与技术本身也同样具有革命性的问题”：

> 大幅提高生产效率而产生的收益……应如何在在职工人、失业者、消费者以及产业的所有者之间分配呢？战斗还需要继续下去。显然，劳工运动必须在经济与政治这两个方面都应坚持斗争——这是一场最艰巨的挑战。[51]

即使它们不采取其他办法，一些工会也针对管理层借技术进步之名而实施的进攻而保护其成员利益的做法，这也足以揭示出这场变革的本质。但是撇开义愤的言词不说，工会正处于守势，工会领袖也知道单单他们自己的努力是不够的。正如马特尔斯指出的，长期的解决方案必须是政治性的。“集体谈判中产生了许多新点子，”本·塞利格曼认为，“有些人把它们描述为具有‘创造性’，但是仍然还有许多工作有待去做。”他指出，美国劳联—产联本身“也认识到，自动化的压力对于集体谈判来说过于沉重”，而且“依靠各个工会单独谈判的做法，最好的情况也只是处于招架的地位，最坏的情况下只能表达辞令上的……噱头”而不是真正的解决之道。

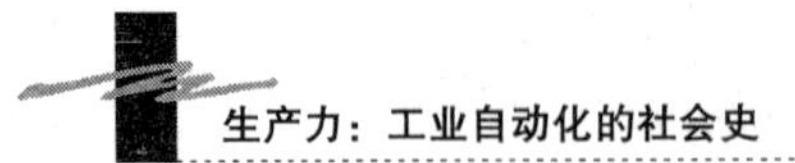

码头工人面临着集装箱化的作业考虑，印刷工人则面临着电子排版与计算机的竞争，炼油工人则面临着计算机集中工艺控制的问题，这些都是
259 人们关注的焦点。虽然这些行业中的普通工人做出各种努力，试图避免或至少是减缓这些新技术（这些新技术的设计目的部分就是削弱工人的力量并减少他们的数量）的引进。工人们的方法是罢工、怠工以及其他各种直接行动（以及要求在引进新技术上具有否决权，比如印刷工人的建议）。但工会却毫无例外地向进步屈服。工会领袖坚决否认他们“反对技术”，避免媒体指斥他们为卢德分子，并承认技术进步的“不可避免性”，他们不得不接受反对的无效，或者热情支持那种技术变迁是促进劳工福祉的最好方式的说法。

因此，国际码头与仓储工会（ILWU）的哈里·布里奇斯（Harry Bridges）“认为技术的命运是不可抵御的，（劳工）必须‘自我调整’才能获得生存”；相应地，他批准了防御性的《1960年机械化与现代化协议》，并将它视为劳工的胜利。印刷工人的处境也相似，虽然他们也很强大，但也有一种相似的天命注定的感觉。伯特·鲍尔斯（Bert Powers）是强大的国际印刷工会（ITU）纽约市第六地方工会的主席，他于1963年承认，在自动化的艰苦斗争中，“我们没有任何办法，只有接受自动化”。工会领袖们几乎毫无例外地接受了他们的“命运”，而只求做到极力减少损失，弥合伤口，他们的办法是游说联邦立法、重新安置费用、更多的失业补助、启动联邦再培训计划、修改社会保障条例以让提前退休的工人不致有福利损失，并通过立法来减少工作时间。[52]

1955年，第84届国会召开了长达两个星期的听证会，讨论先进技术的经济与社会后果，最后的结论是没有严肃的理由值得为此担忧。但在同一年，美国产联召开了一次全国性的自动化会议，从此引发了长达10年的争论。1961年，肯尼迪总统把控制技术应用所导致的失业问题称为“60年代国内的重大挑战”。两年后，他的劳资顾问委员会承认这个问题的严重性：“自动化与技术进步对于普遍福利、经济实力以及国家的防卫来说至关重要”，但是，“应当而且能够在不牺牲人类价值并且对个人利益没造成不公平的成本的情况下实现这一目标”。肯尼迪政府认为——约翰逊政府也持同样的看法——若想缓和劳资关系的冲突与矛盾，就必须认真对待这个问题。肯尼迪虽然拒绝了劳工要求缩短工时的要求，但的确也鼓励在这个问题上进行争论，共同进行调查研究并提出可能的减轻损失的措施。“如果工会在

处理与自动化有关的地位问题上进一步合作的话，”沃顿商学院的经济学家爱德华·希尔斯认为，“那么他们的要求也许会温和一些……（比如）他们可以重新审查自己设定的严格的工资政策。”[53]

1962 年，作为工会游说与政府干预的结果，国会通过了《人力资源发展与培训法》(the Manpower Development and Training Act)，以“研究并应用用以处理自动化与技术变迁而导致的失业问题的相关信息与方法”。除了培训计划并改善新技术的信息传播之外，该法令还试图增加劳工的“流动性”，让生产中的人力因素可以像资本一样自由流动，以期在不降低公司管理灵活性的前提下帮助人们找到工作。同一年，国会还通过了《区域发展法》(the Area Development Act)，对那些高失业的地区——往往是自动化与资本流动的后果——予以援助，以让失业工人习得雇主认为是必要的新技能。[54] 260

这些减轻损害后果的措施并未触及问题的核心所在，并且用进步的辞令掩盖了如火如荼展开的斗争。争论也很快进入了学术领域。越南战争刺激的经济增长则引起了新一轮的乐观主义。有关新技术取代工人的争论陷入了两难境地之中。学者们认为，自动化仍然处于初始阶段，并宣称短期内没有什么可担忧的。并且因为经济在持续扩张，它似乎能够吸收所有那些可能在未来失业的工人，他们建议，就长期而言，也没什么可害怕的。全国最知名的经济学家们现在则断言说，所谓的技术性失业不过是语词上的逻辑错误。此外，学术上就自动化是提升工人技能抑或降低工人技能的争论最后也得出一个基本结论——这也是工会早已明白的事实——即不管结果是提升还是降低，它都不是“自动化”本身的逻辑结果，而是劳资双方就技术形式斗争的结果。国际机械师协会的研究部在其 1969 年对 22 家工厂的数值控制的研究中发现，从根本上讲，采用数值控制所导致的职位等级、工资水平和工人失业并不取决于技术发展，而是取决于每个具体的工厂里工会的力量与谈判手段。学术上的分析远离了现实的车间斗争，而专注于抽象的人与机器（所谓“闲暇”问题）之间的竞争，最后都无一例外地倒向了技术决定论——它恰恰混淆并掩饰了更为严重的有关控制与权力的争论。（这也是 IBM 公司在 20 世纪 60 年代末资助哈佛大学 500 万美元在长达 10 年的时间里来研究这个问题的原因，但却几乎没有取得任何实质性的结果。）至 60 年代末，管理层显然重新控制了有关公众对于自动化问题的讨论。[55]

“不太可能会大量出现”那种导致失业的技术，1965 年，机械及联合产

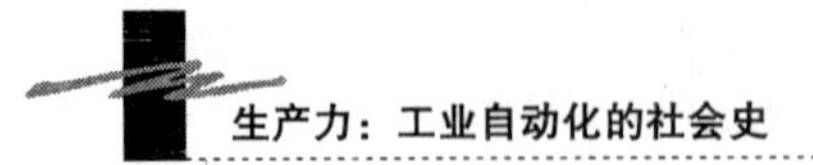

品研究所的乔治·泰尔博（George Terborgh）信心十足地宣称，他还认为
261 自动化的负面影响被人为夸大了。此外，这种新技术并未对过去的收益构成严重决裂。

> 技术进步是一个长期存在的现象，并且技术进步的过程总是伴随着产出的增加，它不仅导致生产率的提高，也导致就业人口的增加。还能找到更好的证据吗？答案是不可能。历史中最有说服力的证据表明，技术进步与充分就业完全不相矛盾。

《财富》杂志的编辑查尔斯·西尔伯曼（Charles Silberman）等人完全同意这个观点。“人们不负责任地过分夸大了自动化对就业的影响，”西尔伯曼于 1965 年说，“这主要是那些彼此竞相预言凶兆的社会科学家所为的。”[56]

西尔伯曼嘲笑了那些散播“启示录”的悲观预言家，泰尔博则批评了所谓的“自动化恐惧症”，学术界与记者则将注意力转移到那些更为流行的事物上，联邦政府认为，危机已经结束。政府的声明重新肯定了技术进步的必要性，但不再就那些技术进步中的失业工人提出任何建议。现在，它们承认工人的担心是可以理解的（然而是没有根据的），并再三重申它们的信仰。“那些担心技术进步威胁其生活的人对此感到忧虑，这是可以理解的，”1964 年，经济顾问委员会宣称，“但缺乏明智有效的私人行动或政府行动能够证实这些忧虑。”

> 而任何广泛的评估都只能得出这样的结论，即技术变迁的好处——未来与过去一样——如此巨大，以致公共政策必须资助而不是阻碍其发展。有的人担心机器将成为我们的主人，或者认为我们不能接受或适应迅速的变迁，或者认为我们必须排斥知识增长而赋予我们的物质财富的迅速增长以及它所带来的追求更高目标的自由——这些悲观主义的观点没有得到证实，并不值得我们去接受。

“像这类技术并不会导致经济中工作职位的净损失，”第二年，国家统计局局长宣布，“它确实导致某些工人的职位与职业的损失，但它创造了需要工人的新职位与新职业。技术变迁与失业的出路并不在于防止自动化或减缓技术进步的速度，而是致力于提高劳工的流动性与适应性。”最后，约翰逊总统的国家技术、自动化与经济进步委员会终于在 1965 年发布了人们期待已久的报告，从而为自动化恐惧症正式划上了一个句号，并为下一个 262
10 年指出了新的航向——强大而持续增长的战争经济以及迅速扩张的“民用经济”。在同一份总统咨文中，数值控制技术被正式认可为“也许是制造业中自流动生产线发明以来最重要的发明”。[57]

在媒体、学术界、决策者以及高层工会领导看来，“自动化恐惧”已经结束了，但在车间中，有关这种新技术的斗争仍然没有丝毫的放松。工人们现在没有了全国关注与公共支持，他们必须为工作、工资、控制与尊严而斗争。对于管理层来说，它们的任务是让受“害怕变迁的非理性情绪”控制的工人接受现代制造的现实——这种现实就是管理层对生产实施更彻底的控制。伴随着管理上“适应”变迁的挑战，还有如何最好地“动员”立场对立并且富有反抗精神的工人这个永恒的资本主义难题。自引进昂贵而复杂的数值控制设备以后，这个问题变得更为紧迫，因为工人的合作更加重要。比如说，一名机器操作工，不管是熟练工人还是非熟练工人，如果眼看着一部价值 25 万美元的机器即将发生事故，他该怎么办？他是否会冲向机器，做出紧急性的措施，按下应急按钮使部件从刀具下解救出来，然后关掉机器？抑或他会只是坐在那儿，想着“哦，明天不用上班了”，然后让机器就这么自动毁掉？无论如何，管理层必须想方设法让工人和工会合作——以进步、利润分享、改善生活或不管是其他什么名义。由于在每一步都会遇到工人和工会的挑战，自动化工厂的前景似乎远非那么清晰。

在汤普森·拉莫·伍尔德里奇公司设在克利夫兰市的庞大工厂里，管理人员开始注意到，在各个车间，数控车床的人工进给代用装置——它可以让操作绕过控制带以补偿粗糙的模型、刀具磨损、程序错误——都一致设定为程序规定的进给速度的 80%。管理层将这称为“80%综合征”，它在各个工作轮班都一样，显然是操作工之间非正式协议的结果。一些管理者希望锁定这些人工代用装置，从而不让操作工来决定生产速度，但另一些人则承认，这些代用装置对于生产优质产品是不可或缺的装置。尽管他们通常不让操作工来干预编程工作，但一些程序员仍然希望留下代用装置，从而不必让操作工就一些极其微小的自己本可解决的错误来打扰他们。有位经理承认，这个问题“让他们伤透了脑筋”，他们最后决定反击操作工的对抗行为，办法就是将进给速度提高到原来的 120%。“这是一场博弈”，一名监工指出。

263 这场博弈在其他地方也在进行。在辛辛那提米拉克伦公司，人工代用装置也设置在80%的速度，而在布朗和夏普公司，这一速度设定为程序规定进给速度的70%。在这里，管理层也希望试图通过将进给速度提高到原来的130%来进行补偿。还有一些管理者为了对应这种“怠工”，宁可牺牲产品质量，将人工代用装置锁定。汉密尔顿标准公司的规矩是“机器以100%的速度运转，并且只有得到程序员或工头的许可才可以关掉机器”，但也出现了相似的现象。“非常难以监管这类事情，”一名经理承认，“因此我们就在操作工不知情的时候，让按钮（与人工代用装置）自动断线，这样他以为降低了整个加工的速度，但实际上并没有。”而在通用电气公司的林恩市的工厂里，数控车床的操作工（与绝大多数数控机床操作工一样，他们领取的是计时工资而非计件工资）使用了一个飞利浦螺丝起子重新调整人工代用装置的界面，这样量表指示为100%的速度，但实际上要低。[58]

在人工代用装置上的斗争集中体现了管理层要求控制与继续依赖操作工的矛盾，它远非管理层的全部问题所在。隐蔽的，有时甚至极富创造性的怠工成为一种相当普遍的现象，使得管理层遇上了大量的、代价不小的且很大程度上无法预计的停工，而工人则借此得以暂缓每日的辛劳，这是一种蔑视他们“主人”的情绪，还有可能暂时延迟了自己失业的时期。一名曾是操作工的人回忆道，数控机器特别“容易让它们歇火”，而一旦停机，他们就可以借此歇一会——直到某个聪明的家伙找出问题的症结，或无意中发现了原因。电路板是系统中最脆弱的部分，各个公司的管理层不得不大量备有电路板存货（锁住控制箱通常无济于事）。机器装配工和维修工经常可以在机器线路中找到钉子。“他们能够破坏任何系统，”一名汉密尔顿标准公司的经理愤愤不平地承认这一点，“他们总想尽一切办法与你作对。就看谁斗得过谁。我看到许多人故意磨洋工，好争取加班。他们太狡猾了。他们知道会发生什么事情，而且又不会陷入困境。”在托林公司，另一名经理也承认这一点：“这些家伙有一千种办法来打败你。不管你有多少部计算机，他总能想出个办法来整你。”“如果工人想为自己谋些利益，”布朗和夏普公司的一名经理指出，“其结果往往是机器失灵。你安排一个家伙来操作数控机器，如果他认为工资太低，他就愤愤不平。结果，他的情绪渗透到机器，机器也愤愤不平起来了。”[59]

在庞大的通用电气公司设在马萨诸塞州林恩市的工厂里，管理层试图建立一种数控车床的人员配备制度，但每一步都遇到无休止的反对声音。

在 1965 年，公司最后坚定地宣布，数控车床的工资水平此后将低于传统车床的工资水平，因为自动化设备降低了对技能水平的要求。不久——国家 264
技术、自动化与经济进步委员会所提交的那份充满玫瑰色的报告墨迹未干——全部林恩河畔工厂的工人为了数控设备操作工的待遇而聚集起来，发动起罢工，关闭了工厂，并走上了街头。[60]

【注释】

[1] Harold A. Strickland, "The Inevitability of Automation."

[2] "The Machine Tools That Are Building America," *Iron Age* (August 30, 1976), p. 158; Peter Drucker, "Technology and Society in the Twentieth Century," in Kranzberg and Pursell, *Technology in Western Civilization*, Ⅱ, p. 26.

[3] Roger Tulin, "Taylorism on Tape," unpublished term paper, Brandeis University, 1980; Harry Braverman, *Labor and Monopoly Capital*; Herbert L. Wright, Beginner's Course in Numerical Control (Cincinnati Milling Machine Company, n. d.), cited in Kraakman, "Machine Ex Deo?"

[4] Edward Crossman, Stephen Laner, and Stanley Caplan, "The Impact of Numerical Control on Industrial Relations at Plant Level, U. S. A.," Human Factors in Technology Research Group, Department of Industrial Engineering and Operations Research, University of California, Berkeley, February 1968, p. 33; 1955 年 4 月 21 日 Parsons 致 File, Parsons Files; Parsons, "Digitron" brochure 1952.

[5] 1979 年对 Stulen 的访谈；MIT Servomechanisms Laboratory, "An N/C Milling Machine, Final Report to the U. S. Air Force on Construction and Initial Operation," Part Ⅱ, May 31, 1953, p. 19。

[6] Hunt, "Evolution of an N/C Machine Tool."

[7] Frank Reintjes, "Activities of the Servomechanisms Laboratory" (typescript), October 14, 1954, N/C Project Files; "Group from Industry," January 29, 1954; 1954 年 3 月 James McDonough 致 File；参见 1954 年 3 月 4 日 Albert Sise 关于操作时间方法测量一事致 McDonough；1954 年 4 月 13 日 R. W. Lawrie 关于人事安排、人际关系以及"拒绝变迁"等问题致 George Newton，以上都见麻省理工学院档案馆数值控制项目文件。

[8] 1954 年 12 月 7 日 R. W. Lawrie 致 J. O. McDonough；1955 年 12 月 8 日 Lawrie 致 Arthur D. Little 公司的 C. Lincoln Jewett，数值控制项目文件；1977 年对 Lowell Holmes 的访谈；1953 年 7 月 3 日 Albert Sise 关于工会代表造访一事致 McDonough。

[9] William J. Adams to McDonough, February Ⅱ, 1954; U. S. Air Force, *Modern Manufacturing: A Command Performance*; Lt. Gen. C. S. Irvine, "Keynote Address," Proceedings of the EIA Sumposium, 1957.

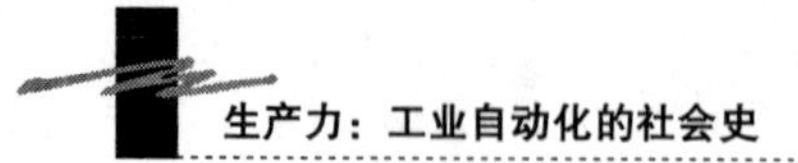

[10] 1952年9月22日 Alfred Teplitz 致 Servomechanisms Laboratory，数值控制项目文件；C. J. Jacoby，"Analysis of Developments in Automation," *Mechanical Engineering* (October 1952) (abstracted form D. R. Aufderhride et al.，"Machine Controls That Remember," Harvard Business School Report，1952)；1952年10月22日 M. S. Curtis 致 William Pease，数值控制项目文件；Andrew Ure，*The Philosophy of Manufactures* (A. M. Kelley，1967)，p. 369。1952年9月18日 Alan A. Smith 致 J. O. McDonough，麻省理工学院档案馆数值控制项目文件。

[11] Nils O. Olesten，"Steppingstones to N/C," Automation (June 1961)；Glenn Martin Corporation，"Numerically Controlled Milling," 1957；Convair Corp.，"N/C Manual," Convair Tooling Department，November 1957；Boeing Corp.，"Numerical Control of Manufacturing Equipment," June 1956；Norden Division，United Technologies，"Power in Numbers：The How and Why of N/C," n. d..

[12] Murray Kanes，"Bendix Tape Control System," *Proceedings* of the EIA Symposium；Joseph J. Columbro，"Numerical Control：Automation for the Job Shop," M. S. Thesis，Department of Business Organization，Ohio State University，1958 (courtesy Joseph J. Columbro)；Ralph Cross，"A Machine-Tool Builder Looks at N/C."

[13] Herbert L. Wright，*Beginner's Course in N/C*；Leifer，"Automatic Control of Turret Lathes"；Grayson Stickell，"How Can New Machines Cut Costs?" *Tooling and Production* (August 1960)；MOOG，*Hydrapoint News*，1975.

[14] "On the Job，Automatic Tools Prove Virtuosos," *Business Week* March 14，1959；"Machine Tool Control for Tomorrow," *American Machinist* (October 25，1954)，p. 134；"What Is Numerical Control?" *American Machinist* (October 25，1954)，p. 142.

[15] Cox and Cox，"Management Report：N/C Machine Tools," July 1958，N/C Project Files；还可参见1958年7月16日 David M. Cox 致 Frank Reintjes；1958年7月14日 Reintjes 致 Cox，麻省理工学院档案馆数值控制项目文件；"The Machine Tools That Are Building America," Iron Age (August 30，1976). p. 158。

[16] Crossman et al.，"The Impact of N/C on Industrial Relations"，Earl Lundgren，"Effects of N/C on Organizational Structure," *Automation* (January 1969)，p. 44.

[17] Small Business Administration，"The Impact of N/C on Small Business."

[18] Robert T. Lund et al.，"Preliminary Findings of Study of N/C Machine Tools and Group Technology," Center for Policy Alternatives，MIT，December 21，1977；Lund et al.，"Final Report：N/C Machine Tools and Group Technology," Center for Policy Alternatives，MIT，January 13，1978.

[19] Ervin M. Birt，"Organizational and Behavioral Aspects of N/C Machille Tool Innovatio," M. S. Thesis，School of Management，MIT，1959.

[20] 政策研究中心"数控机床与集团技术"课题组的调查问卷与访谈（作者为课题组成员并参与了绝大部分访谈）；也可参见 James J. Childs, "Organization of an N/C Operation," *Mechanical Engineering* (May 1959), p. 61。

[21] 政策研究中心"数控机床与集团技术"课题组的调查问卷与访谈，1978 年。

[22] 同上。

[23] 1979 年 6 月 5 日对波音公司的机械工 Larry Kuusinen 的访谈；Tapio Kuusinen and Clint Stanovsky, "Automated Machine Tools and the American Machinist," term paper, Technology and Policy Program proseminar, MIT, April 1979。

[24] Vonnegut, *Player Piano*, pp. 37—38.

[25] 1979 年 6 月对 Larry Kuusinen 的访谈。

[26] "Special Reasons to Hire the Mentally Handicapped," *American Machinist* (July 1979).

[27] Willard F. Rockwell, Jr., "Technology and Profits," keynote address to the Western Metal and Tool Exposition and Conference, Los Angeles, California, March Ⅱ, 1968, N/C Project Files, MIT Archives. See also Willard F. Rockwell, Jr., "The Unseen Bonus," *Aviation Week and Space Technology* (April 19, 1968), p. Ⅱ; Russell A. Hedden, "Numerical Control: Key to the Productivity Squeeze," keynote address, Numerical Control Society, Los Angeles, March 26, 1979 (courtesy Christopher Barnett, Center for Policy Studies).

[28] John Brooks 语，出自 David Montgomery, "Fall of the House of Labor," 未发表的手稿。

[29] 政策研究中心"数控机床与集团技术"课题组的调查问卷与访谈；1978 年 11 月对数控机床机械工 Roger Tulin 的访谈；1979 年对 Frank Emspak 的访谈，Emspak 是马萨诸塞州林登市通用电气公司的前机械工、车间工人代表与通讯国际工会地方 201 工会执行委员会成员；1979 年对通讯国际工会地方 201 工会的工人谈判代表 Peter Teel 的访谈，以及对通用电气公司林登工厂的几名机器操作工的访谈；Roger Tulin, "Machine Tools," letter to *New York Times*, April 2, 1978, p. 19F; Frank Emspak, "Robots at General Electric," *Science for the People*, November 1981, p. 7。

[30] *UE Guide to Automation and the New Technology* (United Electrical, Radio, and Machine Workers of America, 1969), pp. 1920, 1923; 1979 年对 William Tooey 的访谈，Tooey 曾是一名 Behrens 牌冲床的安装工与操作工。

[31] *UE Guide to Automation*, pp. 20, 30.

[32] Lund et al., "Final Report"; questionnaires and interviews, CPA study. *UE Guide to Automation*; Larry Kuusinen, interview.

[33] Crossman et al., "The Impact of N/C on Industrial Relations"; SBA, "The Im-

pact of N/C on Small Business"; Lund et al., "Final Report"; questionnaires and interviews, CPA Study. Harry Ankeney, interview, 1977; Martin R. Doring and Raymond C. Salling, "A Case for Wage Incentives in the N/C Age," *Manufacturing Engineering and Management* 66 (1971), p. 31.

[34] Edward Shils, *Automation and Industrial Relations* (Holt, Rinehart, and Winston, 1963), p. 89.

[35] 同上, p. 116; Neil Chamberlain 语, 出自 Shils, *Automation and Industrial Relations*. p. 238; Diebold, Automation, p. 128; Jack Barbash, "Teehnology and Labor in the Twentieth Century," in Kranzberg and Pursell, *Technology in Western Civilization*, Ⅱ, pp. 70—71; Doris McLaughlin, "The Impact of Labor Unions on the Rate and Direction of Technological Innovation," Institute of Labor and Industrial Relations, University of Michigan-Wayne State University, February 1979 (Courtesey Doris McLaughlin); Birt, "Organizational and Behavioral Aspects"; Lund et al., "Final Report", questionnaires and interviews, CPA Study。

[36] Ben Seligman, *Most Notorious Victory* (The Free Press, 1966), p. Ⅷ; on the Luddites, see Eric Hobsbawm, "The Machine Breakers," *Past and Present*, Ⅰ (1952); Eric Hobsbawm and George Rude, *Captain Swing* (Pantheon, 1968); Geoffrey Sea, "General Ludd and Captain Swing: Machine Breaking as Tactic and Strategy," unpublished manuscript, 1980; Edward P. Thompson, *The Making of the English Working Class* (Pantheon, 1963).

[37] Shils, *Automation and Industrial Relations*, p. 136; 1963 年 6 月, Seymour L Wolfbein 在参议院小型企业特别委员会的证词, 以及 *Monthly Labor Review*, April 1965, 都出自 Seligman, *Most Notorious Victory*, p. 211; *Most Notorious Victory*, pp. 212, 230。

[38] 同上, pp. 219—225, *Labor Looks at Automation*, AFL—CIO Publication No. 21, AFL—CIO Department of Research, July 1959, p. 3; George Meany 语, 出自 Seligman, *Most Notorious Victory*, p. 223; Opinion Research Corporation, cited in Seligman, *Most Notorious Victory*, p. 225; Seligman, the Notorious Victory p. 228; Thomas Gleason 语, 出自 Seligman, *Most Notorious Victory*, p. 249。

[39] Steve Blicksteein, "Who's Afraid of Numerical Control?" *Printers' Ink*, February 21, 1964, pp. 29—34; George Terborgh, *The Automation Hysteria*, Machine and Allied Products Institute, 1965.

[40] Seligman, *Most Notorious Victory*; Shils, *Automation and Industrial Relations*; Benjamin S. Kirsh, *Automation and Collective Bargaining* (Central Book Company, 1964); J. J. Healy, ed., *Creative Collective Bargaining* (Prentice-Hall, 1965).

[41] 通讯国际工会与爱默生电气公司和西韦尼亚公司，出自 Kirsh, *Automation and Collective Bargaining*, p. 191；James B. Carey, *The Impact of Automation on Production and Employment* (The Religion and Labor Foundation, 1957), p. 9；Roy M. Brown 语，出自 Tom Towers, "Automation No Worry to Air Industry"。Milwaukee *Sentinel*, April 23, 1959, p. 20。

[42] 有关国际机械师协会的立场参见 Seligman, *Most Notorious Victory*, p. 255；1963 年 9 月，John I. Snyder 向就业与人力子委员会与参议院劳工与公共福利子委员会所做的证词，出自 Terborgh, *The Automation Hysteria*, p. 7。

[43] 1980 年 1 月 18 日联合汽车工会通用汽车公司分部的副主席 Irving Bluestone 致本书作者；1955 年联合汽车工会与美国产业工人联合会的联合决议，出自 Shils, *Automation and Industrial Relations*, p. 135。还可参见 Shils, *Automation and Industrial Relations*, p. 135, and Seligman, *Most Notorious Victory*, pp. 230—233。

[44] Nathan P. Feinsinger, "Umpire Decision, (1) Paragraph 3, Recognition: Programming of work for tape Controlled Burgmaster Machine; (2) Classification of Operation of the Machine," September Ⅱ, 1961, No. J—66, GM Department, UAW, pp. 167—169 (courtesy Irving Bluestone).

[45] 同上。

[46] 1980 年 1 月 18 日 Irving Bluestone 致本书作者；Feinsinger, "Umpire Decision," pp. 167—169；Seligman, *Most Notorious Victory*, p. 230。

[47] 1978 年对 Frank Emspak 的访谈；1978 年对美国电气、无线电和机器工人联合会第二地区（芝加哥）工会主席 Frank Rosen 的访谈；*UE Guide to Automation*, pp. 7—15, 17, 46—56。

[48] 同上，pp. 53, 20, 25—26。

[49] 同上，pp. 27—29, 24。

[50] 同上，pp. 6—17, 31—42, 57—61；Matles and Higgins, *Them and Us*, pp. 294—295。

[51] 同上，p. 295；*UE Guide to Automation*, pp. 46—56, 57, 60。

[52] Matles and Higgins, *Them and Us*, p. 295；Seligman, *Most Notorious Victory*, p. 229；J. J. Healy, *Creative Collective Bargainting*, 1965, Bridges 语，出自 Seligman, *Most Notorious Victory*, p. 245；David L. Goodman, "Labor, Technology and the Ideology of Progress: The Case of the New York Typographical Union, Local 6," unpublished B. A. Thesis, Harvard University, 1983；关于国际码头与仓储工会的情况，参见第 4 章的注释 5。

[53] Seligman, *Most Notorious Victory*, passim；John F. Kennedy 语，出自 Donald N. Michael, "The Impact of Cybernation," in Kranzberg and Pursell, eds., *Technology in*

Western Civilization，Ⅱ，p. 659；1962 年总统顾问委员会的意见，出自 Kirsh，*Automation and Collective Bargaining*，p. 5；Robert Heilbroner，"Introduction" to Seligman，*Most Notorious Victory*；Shils，*Automation and Industrial Relations*，p. 64；James R. Bright，"The Development of Automation，" in Kranzberg and Pursell，eds.，*Technology in Western Civilization*，Ⅱ，pp. 635—655。

[54] Kirsh，*Automation and Collective Bargaining*，p. 26；Shils，*Automation and Industrial Relations*，p. 40.

[55] James R. Bright，*Automation and Management*（Harvard University Press，1958）；"Wage Comparisons of N/C and Manual Machining Job Classifications at 22 IAM Plants，" IAM Research Department，Washington，D. C.，1969。还可参见 "Problems of Classifying and Grouping Workers Employed on N/C Machines，" IAM Research Department，September 1970。还可参见 Robert Blauner *Alienation and Freedom*（University of Chicago Press，1964）；Joan Woodward，*Industrial Organization*（Oxford University Press，1970）；Duncan Gallie，*In Search of the New Working Class*（Cambridge University Press，1978）；John McDermott，"Technology：The Opiate of the Intellectuals，" *The New York Review of Books*，July 31，1969（review of Harvard University Program on Technology and Society，Fourth Annual Report，1967—1968）。

[56] Terborgh，*The Automation Hysteria*，p. 78；Charles Silberman，*Fortune*. January 1965，p. 124，quoted in Terborgh，*The Automation Hysteria*，p. 95.

[57] 经济顾问委员会语，出自 Terborgh，The Automation Hysteria，p. 80；1964 年总统经济报告，引自 Terborgh，*The Automation Hysteria*，p. 80；劳工统计局局长语，引自 Terborgh，*The Automation Hysteria*，p. 89，Heilbroner，"Introduction，" to Seligman，*Most Notorious Victory*；Gerard Piel，"Mechanization of Work，" talk to Program in Science，Technology，and Society，MIT，October 1981；Frank Lynn et al.，"A History of Recent Technological Innovations，" p. 89。

[58] 政策研究中心的调查问卷与访谈；对通用电气公司林登工厂的工人的访谈（参见第 2 章）。

[59] 政策研究中心的调查问卷与访谈；1979 年对 William Tooey 的访谈。

[60] 参见第 11 章。

第11章 谁在管理车间

通用电气公司是自动化的一个主要推动者，它在自动化机床控制技术方面走在前列，现在已经放弃早期的记录—回放技术，而成为数值控制技术的重要制造商之一。此外，通用电气公司本身也是这种新型数值控制技术的重要客户，它自己的车间里所安装的数值控制设备要超过其他任何一家美国制造商。通用公司的飞机发动机集团（AEG）设在俄亥俄州伊文达尔市与马萨诸塞州林恩市的工厂采购了大笔这种昂贵的设备，用以生产军用或民用飞机发动机的转动件。小型飞机发动机的制造（与飞机设备和燃气涡轮的生产）都集中在林恩河畔的工厂里。通用电气公司在19世纪末曾在这里设立自己的总部，现在已经成为AEG的总部，大约 265

有1万名工人在此工作。林恩是一个老工业城市，存在着一个庞大的工人阶级。工人们拥有一个具有战斗精神的工会传统，现在集中在通讯国际工会的通用电气公司的第201地方工会中。如果在数值控制的应用上存在什么冲突的话，最有可能的地方就是通用电气公司，而在通用电气公司，这场风暴的中心就是林恩河畔的工厂。[1]

对于通用电气公司的管理层来说，数值控制可谓一举多得。首先，作为一种最先进的新型计算机制造技术，数值控制有助于提升公司的形象，因为“进步”本身就是“最重要的产品”。其次，正如我们所看到的，数控机器能够满足美国空军对飞机发动机部件的规格要求，这些规格要求前所未有地复杂，其加工的误差也堪称微乎其微。最后，数值控制可望为公司提供一个强有力的武器，帮助公司降低人工成本，并减少管理层对工人的
266 依赖。一直以来，通用电气公司的管理层都倾向于那种采用严密细致的监控并确保管理层对整个生产过程的控制的制造工艺。作为科学管理的先驱以及将生产过程彻底理性化的鼓吹者，通用电气公司将数值控制视为这同一方向的最新进展——实现管理层总体控制的必经之路。但是，这些期望并未实现，一方面是因为技术并未兑现最初的承诺，另一方面是因为工人像以前一样抵制管理层的进攻。机器既没有如管理层所希望的那样稳定，自动化程度也没有想象的那么高，而且编程极其复杂，每每出错。其结果是，难以确保高质量的生产——从而不得不严重依赖工人的合作与技能——此外，机器的空载时间也相当长，耗去相当成本。而工人则厌恶并抵制管理层引进新设备的做法，将这视为对他们的技能、工资、职位以及艰难赢来的权利的威胁。[2]

通用电气公司的故事堪称数值控制技术上的冲突的最好说明。一方面，根据泰勒的“科学管理”观，管理层将数值控制视为强化管理层对生产过程控制并且降低工人技能、约束并取代工人的手段——这种观点还得到了军方资助者与技术狂热者们在意识形态上的支持。它们抱着这些想法，坚信数值控制技术必将提高生产效率，并带来更多的利润。但在另一方面，管理层的策略与目标不可避免地将导致工人的敌视与抵制，从而为实现其目标带来了严重的挑战。

为充分理解这一矛盾起见，我们不妨来看看数值控制应用的经济账。在美国空军的资助下，通用电气公司的管理层承诺将更多的加工任务交给数控设备而不是传统设备，这使得公司更加有必要以尽可能低的成本来运

转这些机器。管理层很快发现，在经济上有效地利用数值控制技术的现实情况，完全不同于传统设备上的情形，也不同于当初关于这些新型贵重设备的肤浅而乐观的看法。

首先，虽然数值控制削减了直接人工成本——这就是支持者所宣称的——但它不可避免地蕴含了更高的直接人工成本，而增加的成本往往超出了削减的成本：需要更多的管理与维护人员用以监控操作工、为机器编程并操作计算机设备。不管会做账的会计师如何隐瞒这些成本，以便让人们相信这种新型技术的所谓优点，但这些成本并不会蒸发；它们只不过是算在另一本账上。

其次，数控机床意味着要比传统设备投入更多的固定资本。数控机器的购买价格更昂贵，维护成本也更高，并且——多数情况下——需要耗费更多的成本才能有效地运转。因此，有效地利用设备对于抵消固定资本来 267
说至关重要，但即使如此，最好的情况也不过是持平。此外，由于这种新技术发展极其迅速，现存的设备很快就被淘汰。因此，采购商必须尽早收回投资。只有经济有效地利用设备，才能确保在数值控制技术上最快地取得回报。

要做到经济上划算，这意味着要降低每个部件的单位成本，并使得从中获得的收益超过在设备上的投资（在通用电气公司，这不仅意味着降低每个部件的单位成本，而且也意味着降低发动机成品的成本）。而降低单位成本取决于两个因素：第一，将每部机器的单位时间加工成本保持在最低值，从而控制部件的总单位成本。第二，数控设备只用于那些数控加工技术可以大幅降低单位成本的特殊部件。

单位时间加工成本反映了像机器的初始购买、安装与维护等固定成本、折旧率、利息、税收、保险以及小时人工成本、运营费用和能源。数控机器的固定成本要远高于那些传统设备。由于数控机床具有更高的固定成本，因此它在经济上要做到划算的根本出路就在于提高资本的产出，而不是人工的产出。固定成本的增加，只有靠更大程度上提高设备利用率来抵消，因为提高了设备利用率，才能降低机器的单位时间固定成本，从而降低制成品的单位成本。

但不管数控机器的单位时间加工成本是多少，它最终的经济效率仍然取决于它是否实际上降低了产品的单位成本，并取得比其他传统机器更低的价格。而这又取决于生产每个特殊部件所蕴含的实际成本，它反映像部件复杂性、加工工序、准备时间（编程、调试与机器装配）、加工时间以及生产规模等变量。

数控机器的用户们很快发现，让数控机器承担所有工作在经济上并不划算，因此决定让它来加工那些传统设备无法加工的部件。当时斯坦莱·J·马丁（Stanley J. Martin）在为生产工程师编的数控技术手册中指出，“如果有一种直接简明的标准，能够帮助生产工程师立即决定数控机床与传统设备生产哪个更划算，那该多好！但人们往往有各种考虑，并且有时倾向于不去比较这个方面。”虽然经济可行性的比较非常重要，但通用电气公司的管理层仍然决定让数控设备承担更多的加工任务，不管是加工简单部件还是复杂部件，也不管它们用数控设备来加工是否划算。正如前面已经
268 指出的理由，通用电气公司已经承诺提高数控设备的利用率，它现在主要考虑的事情就是如何让它尽可能多地加工，提高设备利用率从而降低单位时间加工成本——虽然与传统设备相比较，这实际上并未降低每个部件的单位成本。那种要求车间严格根据经济边际效益来生产的方法，并没有为通用电气公司林恩工厂所接纳，那里对自动化的追求以及管理层在数控设备上的承诺已经远远超过了这种精致的经济分析。* 通用电气公司的管理层使得这一形势更加恶化，也令自己面临着更大的压力以抵消数控设备的固定成本。正如它们自己说的，关键就在于“最优的利用”。[3]

“由于数控设备的初始成本高而且很快过时，”马丁在他的手册中指出，“因此尽可能地提高利用率就相当重要。”对于通用电气公司的管理层来说，这已经成为它们全力以赴的目标。更高的利用率意味着机器的运转时间更长。马丁指出，“在数控设备上实施轮班制是一项诱人的办法……经理们往往采用两班倒甚至三班倒的方法。”在数控设备上实施轮班制便成为通用电气公司林恩工厂的通例。同等重要的是，最优的利用还要求稳定性——用于维护的停工时间更少——这要求有效地进行维护与常规检修。它还要求更有效地使用机器，与装机时间相比要有更多的实际加工时间，并且在自动加工循环中尽可能不要中断。这种效率不仅可以提高机器的设备利用率，从而降低单位时间加工成本，而且也降低了每个部件的加工时间，从而降

* 尽管遭到了多位具有经济头脑的经理的反对，但这种倾向仍然有增无减。在1978年的一次访谈中，这个领域中的生产经理强烈抱怨，预算如此倾向于数控设备，以至于他没有资金来维护传统设备，虽然他完全是靠这些传统设备来实现生产进度（并用以补偿不那么稳定的数控机器）的。

低单位成本，提高每部机器与操作工的产出。最后，更高的利用率意味着稳定、连续的车间生产，而这要求材料堆放合理，并有效地安排进度让机器满负荷运转。这种连续生产不仅减少了贵重设备的空载时间成本，它还使“物料通过时间”、“周转时间”降到了极点，从而降低了生产中的处理量以及相应超额存货的存贮费用与税费。*

可见，数控设备的经济可行性取决于设备的最优利用，而只有维护好 269
设备，协调好整个生产过程并实现高效率的加工才可能实现设备的最优利用。若分析起来，这些因素最终不仅取决于更多的管理控制、计划以及计算机的使用，也取决于工人的主动性、技能、判断以及合作精神。使用数控设备的困境便是：管理层极力控制生产，试图降低工人的技能并约束和取代他们，而后者的知识与良好意愿正是最优利用数控设备所不可或缺的因素。管理层的传统策略是消耗并贬损工人的本领并激化车间里的冲突，在这里却让人怀疑——事实也是如此——是否产生了事与愿违的后果。在通用电气公司的林恩工厂里，各种出人意料的加工问题、编程以及进度安排问题使得连续而稳定的生产成为泡影。为了实现设备的最优利用，管理层集中攻克一个它们认为能够控制的因素：操作工的效率。但在这里，它们的传统大棒政策只是产生了令人失望的后果，工人不愿意合作，而且缺乏主动性，这使得产品质量与设备的利用程度都相当之低。

在一段充斥着低质少量生产以及彼此对立的艰难时期之后，通用电气公司的管理层不得不放弃其最初的策略。为了最有效地利用数控设备，它们不得不绞尽脑汁想出各种新招。林恩工厂的管理层提出了一个工作充实计划，它也称试验计划，其中赋予工人以更多的责任，增加工人对生产的控制，并且具有更多发挥主动性与创造性的空间。

这一计划（管理层打着科学的旗号，称之为试验）的实际目的是弱化数控设备应用中的各种矛盾：消弭冲突，引诱工人及其工会的合作，并从工人那里学习如何最大限度地使用设备的方法。在不放弃其根本权威的前

---

* 马丁指出，“任何待工时间的减少，都将减少半成品在车间中的闲置数量，从而削减了工艺成本，这些都体现在该行业中的小项目资本支出与小额利息费用。”有些人认为，存货的削减是数控设备实现经济效率的关键。1978 年布朗和夏普机床公司的董事长亨利·夏普指出，“数控机床降低了工作的技术，但增加了工人的焦虑感，它减少了工人，但增加了管理者。因此，数控技术并未带来净增长，算不上什么了不起的革命……但是，数控设备用固定资本取代了存货资本。出路就在于，存货的削减要大于固定资本的增长，从而实现总成本的降低。”[4]

提下，管理层指望获得一些短期收益，此外还可以借此占取工人的知识，
从而可在日后无需工人——或者至少无需其中绝大部分工人——的情况下
实现设备的运转。如果说该计划致力于建立一支更具有责任感、能力更为
全面、也更具有主动性的工人队伍，那么它也致力于创建一支人数更少的
工人队伍。试验计划与所有其他的工作充实计划一样，预先假定分工极其
270 详细，而且工作任务非常简单，因为只有这样，这些重新设计的工作才能
够“充实”或者“扩大”（尤其是与管理层或执行层的工作相比较）。无论
如何，计划终究默认了——虽然是姗姗来迟——这一事实，那就是，对于
新式的资本密集型生产来说，工业组织中的泰勒主义方式已经过时。

通用电气公司相信那种数控设备甚至能够让猴子来操作的说法——设备供应商兜售这种观念而传统的泰勒主义者又对此推波助澜，因此将数控车床操作工的工资定为第 17 级，比传统车床操作工的第 19 级低两级，虽然加工任务往往是由两种机器共同完成的。工人与工会强烈抗议这种低工资，坚持认为，既然数控机器需要更多的技能，那么工资就应该反映这一事实。地方工会认为，数控设备运转时更需要集中精力，以估计、纠正或避免各种机器出错的情况，这需要更多的技术与经验，使得工作更紧张，也更容易疲劳。工会还主张，由于设计以及将切削工序合并相当复杂，各种部件的精密程度往往相互影响，这使得要在加工时满足这些规格相当困难。最后，工会指出，即使有了控制程序，机器也不能自己来操纵，因此在生产过程中有必要频繁地进行人工干预，以检查精密程度，调整刀具，补偿刀具磨损以及工作件的不规则性，否则的话无法保证高质量的产成品。这在为新型部件试用新程序的时候尤其突出，此时出错的几率高于 90%。

但通用电气公司不为所动。有个别经理也试图在工资上做出调整，但工资专家坚持将数控设备操作定为较低的级别。对于管理层来说，数控设备中最吸引它们的地方之一就是“更廉价”的劳动力就能够开动它，当通用电气公司无法在数控设备上获得其他方面的收益时，这一点显得尤其重要。最终而言，工资专家的目标是为公司节省更多的资金或工资，而无意触及飞机发动机制造所涉及的各种现实问题。事实上，这种态度使得工资专家与生产经理发生了冲突，后者迫于增加产出的压力而愿意付出更高的工资。（与数控技术狂和系统工程师不同的是，生产经理深知，没有工人的合作，根本不可能按期按量交付产品。）然而工资仍然定在第 17 级上，而更

低的工资导致数控机器的设备利用率降低，并且质量低下。[5]

生产效率低有各种原因。机器的停工时间过多；维护人员没有经验，不能迅速找出故障的原因并予以更正，机器一旦歇下来就是很长时间。机器本身的机械系统不稳定，还有不熟悉的电子问题，再加上复杂严重的编程困难——此时的程序员几乎没有任何加工经验。（与其他工厂一样，公司 271
后来也意识到这个错误，然后将机械工提升为程序员。）还有一个职工流动的问题。由于工资比率低，数控设备的操作主要是由刚入职的工人来承担，他们很快就调到涡轮生产部门中其他工资更高或计件工资更高的岗位上去。这种职工流动意味着操作工从未得到有效的培训以操作数控设备，其结果是设备利用率低，废品率高，经常返工，产生大量的次品（那些不符合规格也无法返工的部件，送到材料检测人员处，看是否还有用处而不必当做废品处理）。[6]

设备利用率低，质量老出问题，使得管理人员对工人施加更多的压力。生产经理试图让一个工人看管两部机器，并在私下里鼓励个别的操作工提高生产——要不然就侮辱和惩罚工人，让他们疲于奔命。但这反过来引发了各种怠工、暗中抵制，车间蔓延着一种不信任和不满的气氛。40 号厂房是最早安装数控设备的地方，那里的气氛远比河畔的其他工厂要紧张得多。

管理者们陷入了一个两难处境，一方面要加强对工人的控制，另一方面又要增加产出。职工流动极其频繁，高层管理者根本就找不着那些能够让数控机器产出预期回报的管理与生产人员。这时，具有多年工作经验、高资历和高工资的老工会工人便被“提升”到数控车床的职位（在停工期间，最先离职的是没有资历的工人，然后高资历工人取代他们的职位）。与那些街上招募进来，对以往的操作和斗争没有经验的临时工不同，这些拥有丰富经验的熟练工人很快就看出，公司的意图是降低熟练工人的工资。他们以传统的方式来应付这一挑战。[7]

1963 年 12 月，自动车床的操作工正式就工资比率问题提交了一份集体诉状，认为他们做传统设备操作工相同的工作，应该得到相同的工资级别，第 19 级工资。1964 年 1 月至 8 月，工会结束了申诉的三个步骤，将它提交给总公司。每一步，公司都拒绝屈服，认为这是一个公司政策问题，不接 272
受仲裁。在第二步时，工会宣布应该重新评估工资比率，公司冷冷地回应道，“我们对此不感兴趣。”在总公司层次上，工会认为，“操作这些机器的工人必须具有各种技能，这些技能与那些工资比率更高的岗位相似。他们还承担更多的责任……他们必须深知复杂的机器问题，从而可诊断各种故障并做出调整。”“我们认为，”工会主张道，“他们必须偏离计划，并发挥自己的主动性，诊断故障并利用各种技能……这类机器需要更高的判断力，装配也是一份更为困难的任务。”公司拒绝工会的主张，认为数值控制降低了技能要求。“我们无法接受你们将其工资提升到第 17 级以上的要求。我们让程序带来控制机器，这显然使工作更为容易而不是复杂。我们无法理解，为什么这类机器需要更多的知识与技能……使用这类机器的目的就是让工作更简单。这里，总目标是降低该工作的技能水平。”通用电气公司上下坚决不接受工会的申诉，也不愿意将工资比率问题提交仲裁，工会做出让步。1964 年 6 月，集体诉状被搁置一边，“因为所有的理由都已穷尽”。[8]

在山穷水尽之际，40 号厂房的自动机床操作工自己站了出来。10 月 6 日中午，他们离开工作岗位，进行了一起长达一个星期的罢工，前后有 600 名工人参与。(巧合的是，当天也发生了另一起小型罢工。42 号厂房的检测工人因为另一个工资问题而举行罢工。）数控机器操作工将一份准备好的声明送到了工会手里：

> 本声明的署名者希望，所有人都能够理解我们罢工的情形。我们于 1964 年 10 月 6 日 12 时 15 分举行的罢工是我们一致同意的集体行动，它并未违反合同规定。我们愿意强调指出，这里不存在第 201 地方工会的任何代表、干事或领导的强迫与建议。我们认为自己是一个富有战斗精神的工会成员，并且认为，既然我们已经有过申诉，现在我们有理由采取这次一致行动。[9]

引发这次罢工的导火索是，操作工们发现，两位数控设备的操作工“暗中”得的是第 19 级工资。正如前文指出的，生产经理为了增加产出试图在“工资问题上要花招”——这是一种对付怠工的特殊激励办法。公司知道这一点，虽然它造成了不公平与区别对待，但也听之任之。甚至公司的工资专家也倾向于这种非正式的举措，这使得他们可以任意提高某个人的
273 工资，而不必正式（并且永久地）提高每个人的工资。公司管理人员认为这只是一种权宜之计，一旦设备“调试好”，而且工人也跨越了“学习曲线”后，就可以不必这样做，如此就可以向看管自动化设备的“非熟练按

钮工”支付固定而正式的低工资。但这种耍花招的办法恰巧处在申诉的第三个阶段，这成了一件极其严重而带有风险的事情。为了避免怠工，公司对个别操作工给予了第 19 级工资，结果引发了一起罢工，这戏剧性地让本来就有争议的工资问题再次成为斗争的中心。现在，工会认为，管理层开出的高工资本身就意味着，它默认了该岗位的应有工资级别。[10]

通用电气公司为这种欺骗手法辩护，认为高工资仅仅给予那些参与“研发”工作或者培训他人的工人。公司仍然坚持第 17 级的低工资。“装配都是按照既定的程序去做，而机器一旦开动，操作工对于程序出错的情形也毫无办法。”工会不同意这种观点。“这是错误的，”工会认为，“操作工可以指出，机座移动过多还是过少，装配哪个地方出了问题，他还可以如传统设备的操作工一样关闭机器……操作工对整部机器具有控制，并且在发生故障的时候对它予以纠错……由于各种部件的要求不同，这要求操作工具备更多的技能。”公司否认这一说法，拒绝承认数控设备操作的现实，“自动化操作完全无需个人的判断……只要你正确地启动机器，程序带就会做其余的一切事情。”[11]

工会更加坚信，无论结果如何，公司已经决意削减自动化设备上的工资级别。“40 号厂房问题的原因是，”工会向其成员解释道，“公司将第 19 级的普通和六角车床的工作任务转移到自动化车床，但工资级别却是第 17 级。”

> 工会代表经过讨论后认为，自动化设备的技术要求并不下于普通车床或六角车床的技术要求，公司有意压低所有自动化设备的操作工的工资水平。地方工会有责任告诉所有会员，这种压低工资的做法并不限于这些车间的工作人员，这些问题关系到每一个人。[12]

在持续罢工的压力下，通用电气公司最后同意修改工资级别，罢工暂时得以停息。第二个月，公司与工会组成的一个委员会就争议中的工作岗位进行现场评估。但是，通用电气公司仍然拒绝承认数控设备操作工是一个能够操作所有五类设备（勒布隆牌（Le Blonds）、松德斯特兰德牌（Sundstrands）、莫纳奇牌（Monarchs）、波特和约翰逊牌（Potter and Johnsons）以及通用电气公司自己的“磁带”）的熟练工人群体，并坚持认 274
为，任何单个机器的操作不应评第 19 级工资。但通用电气公司终究第一次表达出诚意，愿意严肃考虑承认这个群体的整体性，并给予他们第19级的工资，交换条件是达成在全公司范围内进行裁员并调动工作的协议。通用电气公司认为，自动化车床还不足够稳定，职工流动过多，不能确保全面的培训费用与更高的工资，但提议一种新式的脱产调动与裁员政策，通过限制“调整”而事实上“在这种工作上树立了防护墙”，从而实现所期望的稳定性。* 工会认识到这对资历规定是一种威胁，“断然拒绝了这个厚颜无耻的建议”，而提议仅仅实施更高的工资以稳定局势，因为工人并不急于为了更高的工资而离开这一岗位（那些在数控技术做得越久的人更不愿意离开）。“这是非常荒谬的，”工会声称，“管理层一直想改变裁员与调动政策，现在却把它与40号厂房的问题联系在一起。要我们同意这个建议，这简直是发了疯，那就让我们接受精神治疗吧。”公司“应该把它定为第19级，并让资历久的工人来做”。[13]

在面临工厂全面罢工的压力下，公司同意将该问题提交给由通讯国际工会和通用电气公司共同组建的委员会来处理，并由总公司的一位工资专家来重新评定工资级别。总公司来涉足这类事情是前所未有的，它反映了通用电气公司对于坚持第17级工资级别这一要求的重视。公司拒绝让通讯国际工会的工资专家来重新评定工资级别。“我们不欢迎任何外部人员作为自己工资的协调者，”通用电气公司宣称，“我们无意与任何外部人员合作。通用电气公司的历史上，也从没有一家工厂这样做过……那将是史无前例的。”“任何工会都不可能在通用电气公司拥有这种权利，”劳资与社区关系部门经理罗伯特·A·法雷尔（Robert A. Farrell）宣称，“我们更不可能赋予它们在林恩工厂确定工资的权利。”由于不能进入工厂以参与修订工资的事务，通讯国际工会研究了其他工会是如何解决这类情况的。在讲述了联合汽车工会、国际机械师协会、美国钢铁工人协会以及其他通讯国际工会的地方工会的经验之后，通用国际工会的研究者公布了它的含糊看法。在其他地方的新设备上，工资或者维持在传统设备的原有水平上，或者更低，
275 而决定性的因素与技术根本没什么关系。“就所掌握的资料而言，”他写道，“分析表明，在数控设备的操作上并没有一定的模式。从人工设备转到自动

* 公司的做法除了解除工会的“约束”而实现更多的管理“灵活性”之外，大概还有意避免熟练（也因此更机智）工人进入这一领域，这原来已经激化了冲突。通用电气公司建议开展培训计划，就等于是默认，有效地应用这种新型技术需要熟练工人，但公司希望创造出一个新的操作工群体，专门为这类工作而设，不受任何持对立立场的态度的影响或利用。

化设备，工资级别的高低直接与当地工会的谈判能力与技术有关。”[14]

一个月后，联邦政府与州政府介入调停以避免罢工，通用电气公司宣布专家的观点：现在的工资级别是合理的，将继续坚持下去。工会要求得到该报告的复本，但遭到拒绝。“我们可以按自己的意愿做出决定，”公司宣称，“这是我们的权利。你们不是通用电气公司的管理者。我们才是工作岗位的管理者……现有的工资级别是完全合理的。”[15]

工会认为结局突破了底线。通过投票，工会成员一致同意，决定于 1965 年 1 月 22 日举行罢工。这在通讯国际工会第 201 地方工会的历史上，还是第一次为工资级别申诉而导致的全厂性的罢工，这场罢工持续了 28 天，这在该工会历史上的历次罢工中持续时间第二长。公司指责罢工含有政治目的，与工资级别没有什么关系——在罢工期间，通用电气公司的工资政策遭到了普遍的批评。工会这边则指责通用电气公司“在需要高技能的工作岗位上设立完全无法接受的低工资”，并警惕地指出，如果这次屈服于低工资，这将为相关的自动化设备树立一个危险的先例。

> 工会领导人相信，如果公司胜利，它将把许多其他工作的工资也拉低到这个水平。那些多年来评定工资级别的方法将被抛弃，工人将丧失多年斗争才争取到的工资与工作条件。工会宣称工会的资历规则与工资受到了威胁。不管这种威胁是否真实，公司愿意对付一次罢工，接受利润损失，并严重打击了社区的生活，这本身就说明了，公司要么确实在威胁工人的工资与工作条件，要么就是过于幼稚。[16]

通用电气公司宣布以新的有关调动和裁员的补充协议来作为其改变工资级别的条件，但工会坚持认为，改变工资级别是讨论任何有关工作调动政策的先决条件。最初，公司拒绝工会的回应，认为这对地方工会没有任何约束，并且也赢得高工资。但当罢工持续的时候，通用电气公司开始屈服。最后，双方达成协议，公司同意支付高工资，而工会则同意给三个月的时间就调动问题进行谈判，此后再订立一个补充协议让工会成员来批准。根据该协议，即使成员拒绝新的工作调动政策，也仍然坚持第 19 级工资。 276
正如工会领导的预期那样，工会成员拒绝了这一建议。地方工会与操作工赢得了一场漂亮的胜利。一名曾最早参与罢工的工会代表回忆道，“这是我们地方工会所举行的最重大的罢工之一。第 19 级工资成为 20％～40％工人中的基准标准，而这种高工资为整个通用电气公司设立了一个先例。”

罢工结束后，公司坚持认为，所有操作工必须能够看管五类自动化车床中的至少三类，并且接受管理层分派的工作任务。在培训计划中，通用电气公司还采用了一个“能手”概念，这意味着某些工人由于承担特殊责任而可以得到比第 22 级（全能机械工的工资级别）还高的工资。这里，公司再一次优待那些突破群体工作速度的工人，而不公平的现象继续延续下去。但操作工与工会已经成功地赢得了统一的第 19 级基准工资。在职位分类上数控车床与传统车床获得了相当的级别，这已经不再有疑问——直到公司在试验计划中决定增加数控设备操作工的工作职责，而工会则相应地要求更高的工资。[17]

当时在数控操作岗位的工资标准的斗争结束了，但是有关数控技术的斗争仍然在继续。生产问题仍然存在，比如设备不稳定、程序出错、过多的停工时间，再加上进度安排不当、工人与管理人员的流动以及低落的工作精神。1965—1968 年，通用电气公司开始“慢慢意识到”数控设备的现实：机器根本就不可能“自己运转”，而“按钮工”也不会生产出高品质的部件，在可编程的生产工艺中，为了生产出精密的产成品，仍然需要人工干预来对刀具磨损做出调整，并补偿粗糙铸件的问题。

但公司仍然坚信，数值控制能够让它对车间发生的一切都实施控制。比如，通用电气公司坚持使用“程序带时间”来作为设备的利用率标准。程序带时间指机器实际上受到程序带控制的时间，它也是完全受管理层控制的时间。管理层希望能够达到 80%的程序带时间。为了执行这个标准，管理层派了几名工作时间研究专家以确证工作速度并拿它与 80%的标准来比较。

但是车间工人认为，时间研究专家对他们来说不合适，并且轻而易举地“糊弄了”他们——比如，在抛光工序上使用粗切削方法，使得本来只需 20 分钟的工作拖长到一个半小时。由于操作工使用人工代用装置来调整进给与进刀——这种常见的办法一方面有助于生产优质品，另一方面也可
277 以让他们控制住生产的速度——管理层每每怀疑他们有意限制产量。为了报复，一名制造工程师建议锁住代用装置，管理层还考虑用电子装置来对付人工控制。（这些办法在美国工业史上并不鲜见。有些地方，管理层还有意让机器转得比规定速度更快，因为它们知道工人肯定会用人工代用装置

来降低速度。）但是，工业史表明，管理层这些的控制工人自由的伎俩无一例外都遇到困难，那就是自由对于优质品的生产来说不可或缺。在通用电气公司，这些办法并未实施。[18]

公司的办法是指责工人产出了过多的废品，生产效率与设备利用率都很低，并增加了监管压力。在管理层看来，不管工人如何做，他们都应受到责备。如果他们干预生产以确保优质品，从而减少了程序带时间，管理层则指责他们降低生产速度，并限制产出。如果工人拒绝实施必要的人工干预（正如其中一些人所说的，“既然你们把我们当揌按钮的人来看待，那我们就只揌按钮好了”），管理层则指责他们按工会的惯例在怠工。工人则更不愿意有什么主动性——哪怕是小小的维护，帮助诊断故障，修理破损刀具，甚至是避免机器的出错。废品率很快就上去了（一名操作工挖苦道，数控设备做得最快、最有效而且是自动去做的事情之一就是生产废品），机器停工时间增加，而低落的精神则导致经常旷工以及职工的流动。抗议罢工非常普遍，并且即使面临着监工们的经常骚扰，工人仍然想出各种巧妙的办法来保持对生产的控制，其中包括灵活地运用人工代用装置。

管理层对工人的想法并不知情，只是一味增加压力。根据工资标准罢工协议的要求，管理层使用能手来提高生产速度。监工们诱使操作工增加产出，向他们承诺一个能手级的工资（产量达到某个数量级别后，60%以上的工人都可以获得这种优待）。当产量下降的时候，就把“懒家伙”带走。工头也督促操作工们为获得更高的工资而彼此竞赛，这在车间的工人中引发了一种深刻的不信任与关系紧张。疏远与敌意充斥于 74 号厂房。在这里，工厂装备了最先进的设备，但也有着最高的废品率，最高的职工流动率以及最低的生产率，成为飞机发动机制造的“瓶颈”。

美国空军资助了数控设备的采购，指望它能够生产得更多，产品质量也更好，但现在两者都落了空，它们希望通用电气公司想办法解决这个问题。通用电气公司的管理层最初以数控设备能够更多更好地生产为理由购 278
入了这些设备，现在不得不承受上面要求扭转局面的压力。正是在这种背景下，它们启动了试验计划。[19]

1968 年，通用电气公司的飞机发动机集团承诺在下一个 10 年里把其销售量扩大一倍。这一目标还包括把数控设备扩大一倍（在 1968 年，通用电气公司已经安装了 52 部数控机器，价值超过 500 万美元）。增加设备的实际利用率成为当务之急。当时的数控设备都安装在 40 号至 74 号厂房。1968 年 2 月，一个高级分析师建议将所有的数控设备都移放在 74 号厂房，再配备相应的辅助部门（计划与编程），从而成立一个单独的部门，即“数控部门”。其目的是将与数值控制技术相关的活动集中起来，有利于检验并纠正各种问题，比如工作内容、职位分类以及工作定额等。这样就为试验计划奠定了基础。管理层并不知道应怎样增加数控机器的利用率，而设备的集中则创造了一个试验的环境。最后成立了一个管理数控设备的独立部门，史蒂夫·朗马多兹（Steve Lomardozzi）成为数控制造部门的经理，其上司是新成立的配件制造运营经理 H. W. 林赛（H. W. Lindsay）。[20]

林赛刚刚从通用电气公司的伊文达尔工厂调过来，他是一名以严格按生产计划办事而著称的经理。但此时，他已经听过几次组织心理学的课，并且“虔诚地相信”有关“企业的人性管理”学说，认为“工人的参与”很有意义，并接受了“工作充实”与“工人生活质量”的观念。* 林赛的上司肯尼思·布什（Kenneth Bush）也在某种程度上接受了这种学说，在他的支持下，林赛要求工会关系经理雷蒙德·M·霍兰（Raymond M. Holland）协助设计一种更人性化的新式管理方式来处理数控瓶颈，用以一劳永逸地实现“数控设备的最大化利用”。霍兰与林赛组织了一个“人道主义批判团队”——一位经理后来如是称呼它——组成人员除了他们自己之外，还有雇员关系部门的罗伯特·柯里（Robert Curry）、重组数控组织的发起者 F. L. 高恩（F. L. Gowen）、职业发展专家戴夫·伯顿（Dave Burton）、朗马多兹等。成立这个“研究团队”的目的是明确界定问题所在，查明问题的根源，并提出解决措施。[21]

279 研究团队不费吹灰之力就查清了问题：低设备利用率，低生产率，高生产成本，过多的废品与返工，过长的生产周期，引进新工作的冗长程序，工人有意怠工，车间缺乏沟通，旷工，职工流动性大，经常性的小罢工。但研究团队终究偏离了林恩的传统，他们并没有仅仅把这些问题归咎于工人；相反，他们认为这与管理层设立的工作结构有关。

虽然问题很多，但最大的问题似乎处在机器的操作工层面。正是

* 管理层接受“企业的人性管理”学说，这与当时美国与欧洲工人的“骚动”——涉及一般的工作条件以及具体的自动化技术——有关，并不限于通用电气公司。

> 在这个层面上，各种影响最终加总结果的因素都通过数控设备而聚集在一起。
>
> 雇员（尤其是临时工）缺乏动力，他们认为自己被看成是不成熟、不负责任而且低能的人，因此被分派来做这种仅仅是揿按钮的工作。由于他们的工作已经被这样结构化：没有挑战性，不能激发人的主动性，与总体的制造计划无关，因此无法让他们对被通用电气公司雇佣而得到丝毫的满意，这根本谈不上任何的成就感。[22]

研究团队提出了一个有关数控生产问题的观点，这个观点工人早就理解了。现在他们的看法得到了管理层的承认，并从而合法化。他们确定了问题的根源之后，提出一项具有深远意义的解决措施。他们建议开展一项“扩展与充实工作”的试验，其中操作工的工作没有任何“限制性的分类”，他们可以从事各种必要的任务以“完成工作单元的目标”。这些任务包括检修程序带，选择夹具与刀具，安装，诊断故障并予以维护，甚至还包括参与制定计划，监控，编程以及其他辅助职责。他们提议让一组莫纳奇机器作为试验组来进行试验。

报告在最后部分提出一个“行动计划”。在接下来的一个半月里，研究团队提出了一个数值控制“工作单元”的基本结构，并将它提交给管理部门，然后根据管理部门的建议做出修正。他们来设立一名数控特别协调者，提出正式的报告，并从公司那里取得支持，将计划付诸实施。最后，8月底，团队“向工会兜售这套方案”，解决与计划及工时单元相关的争议问题(法律问题)，重新修订了最后的方案，挑选人员，当年秋天启动研究。事情完全按照预料的方向发展——虽然后来的事情表明，所有潜在的障碍并未得到真正的解决。[23]

在6月的时候，管理层已经确定好计划。计划的核心是“激励”。“结论就是，”霍兰在其报告的引言中解释道，“如此多的问题，其根本的原因就 280
是我们的计时雇员缺乏激励。”结论便是老调重弹的管理者观点。

> 专门小组认为，缺乏激励的基本原因是我们的管理层过分相信工业工程学的传统观点。这些观点（所谓的X理论）对付以前的传统设备与工人很有效果，但现在成为问题的根源。我们相信，现在有必要打破多年来在职位分类以及谈判单元上存在着的各种观念壁垒。简言

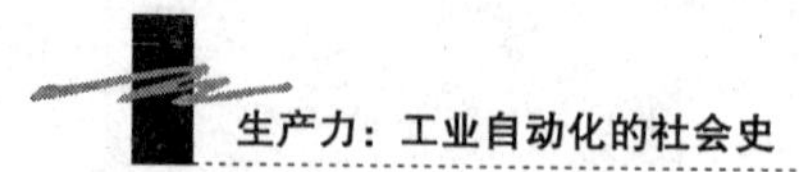

> 之，现在应该针对当代的设备与工人，重新对工作进行分类。
>
> 这些结论还需要进行检验。我们要营造出一种良好的气氛，让我们的工人感觉有必要大幅度提高数控设备的利用率。这就是试验计划的目的。

试验计划的详情如下。参与的设备与人包括5部莫纳奇数控车床、13名数控操作工以及3名高级数控机械工，后者承担起“领工”的责任，每个人负责一班。* 生产任务包括传统的发动机部件（J85、CF700、J97、T58），也有新式发动机部件（T64）。数控设备机械工负责设备的运转（各班之间的沟通，在生产周期中预先调好刀具，确保程序带、刀具、夹具、标尺、材料到位，建立个人的进度表以保证连续运转）。他们还调试新设计的程序带、刀具以及夹具（检查程序带，记下出错，建议更正程序带错误以及调整程序）；检查程序带的错误（阅读计算机打印出来的程序带并分析故障原因，查看程序，必要的话重新打印）；检修夹具与刀具（如果夹具需要维修就通知领工，自行改正小错误）；调试第一次生产；检测第一次生产的部件；必要的话建议重新安装刀具；检修机器故障并按照进度安排维护机器。

领工们（高级数控机械工）为整个工作单元的运转承担“职能部门的责任”。他们协助所有的数控设备操作工，并与他们沟通，以完成“整个工作单元的任务”。要做到这一点，他们必须：

1. 安排机械工调试新设备、新刀具以及新生产工艺。
2. 在机械工个人休息的时候操作设备。
3. 决定启动设备。

281

4. 参与制定研制、执行并控制新方法与新程序的计划。
5. 根据自己丰富的车间经验批准编程。
6. 检查工作台、夹具和刀具的变动并提出建议。
7. 协助建立并执行机器工作进度表。
8. 承担工作单元的质量责任，参与质量控制。
9. 确保各种材料到位，并检查设备以确保安全与正常运行。

* 这些数字后来有所变动，试验计划启动时有7部机器和21名操作工。

10. 指导新工人工作，对其他人员进行培训以承担新的工作任务。[24]

除了要求操作工承担起“完成工作单元任务”这一广泛的目标，其他没有任何限制之外，* 试验计划还有一个独到之处，没有任何工头，也没有任何安排好的午餐时间，实行灵活的上班与个人休息时间。“每个雇员”在完成工作单元中自己的那部分事情上，具有“相应的自由、权威和责任”。此外，当操作工接受新工作任务时，培训时间也算在工作时间之内，并且在各轮班之间有一个固定的 18 分钟重叠时间（一个星期共延时 1 个半小时），以确保各班之间充分沟通以实现成功交接。公司把试验计划看做一场“试验”，因此开始没有对数控单元工人的工作进行评估，“直到检验时间来临，而工作内容、职责及其他因素都非常清楚之后”才予以评估。换句话说，管理层并不知道试验的结果——其唯一目的是寻求各种提高设备利用率的途径——这样可以避免过早地进行评估。（这种观望态度也有一种副作用，那就是不愿意对试验的意义、效果以及未来做出任何明确的承诺。）为了表示诚意，也为了“避免在试验研究过程中出现任何消极的动机”，研究小组建议每个参与人在参与试验时获得 10%的津贴。[25]

通用电气公司林恩工厂的管理层主动启动这一研究计划，目的是通过赋予工人更多的自由与责任来实现数控设备的充分利用，并且从他们那里学习如何最优利用这类设备来实现高品质的生产。一旦确定这一战略之后，研究团队现在必须去说服高层管理人员。林恩和伊文达尔工厂的管理人员 282
对此完全接受，但费尔菲尔德市的总部高层对津贴一条感到不满，认为违背了通用电气公司的工资结构。但在这里，飞机发动机集团决意维护自身的有限独立性，事实上采取了一种与费尔菲尔德相冲突的立场。由于与费尔菲尔德在津贴问题上存在冲突，飞机发动机集团寻求一种变通办法，最后从公司的工资政策中找到漏洞。公司规定，分公司经理有权设立“临时工资”。飞机发动机集团将这 10%的津贴以“临时工资”的名义发放，后来又提高到 16%。（但是，当工会为增加的数控机器职责要求一个统一的固定工资时，这个为解决僵局而想出的“临时工资”又不过是临时的。）

* 必须指出的是，工人从来就以各种非正式的方式承担了许多责任。这里的新意在于，它正式承认并鼓励工人这种没有挑明的贡献——工人则因此而得到补偿。

在避开总部对试验的反对之后，林恩管理层开始将这套观念向工会兜售。但此时还有其他的任务也有待解决，做得好，这件事让试验更容易，做得不好，它会更加难以开展下去。总部管理层决定在林恩工厂尽快结束计件工作。当时飞机发动机集团共约 120 个计件工作（占林恩工厂的 4%），全都集中在 74 号厂房的二楼，数控设备部门的楼上。他们都是传统的工作台工人和传统设备操作工，他们在林恩工厂得到的工资是最高的。工厂管理层深知，如果废除计件工作制，工人会认为是一种失败，将遭到工会的强烈抵制。管理层担心工人的反应会发展到对试验计划的敌意甚至强烈反对。但由于试验计划有 10%的津贴，可以把它当做全厂范围内提高工资的措施来兜售给工人，并同时在数控设备与传统设备上废除计件工资制，如此管理层就实现了两个目标：试验计划获得支持，而同时转移或者至少减轻废除计件工资的影响。管理层决定将这两件事合在一起来做。

通用电气公司希望废除飞机发动机集团的计件工资，是因为这种制度所花的钱超过它愿意出的份额。自 1936 年，将它作为一种激励措施引进以来，工人靠它谋得自己的利益，并且希望把这种制度扩展到整个工厂（在
283 燃气涡轮部门早已实现这一点）。* “只要 74 号厂房二楼还实行计件工资制，”一名经理在 1968 年 6 月的备忘录中写道，“地方 201 工会与计时工资工人就会实施压力，要求把这种制度推广到其他生产部门。”此外，飞机发动机集团刚刚设立的新工作的工资标准还有待制定，管理层敏锐地意识到，“想不把这种工作与现在的计件职位分类联系起来，也越来越困难。”最后，管理层坚持认为，“新的（数控设备）工作并不适用于计件工资”，因为是程序带而不是工人在控制生产的进度。**[26]

---

* 历史上，机械工曾经强烈反对计件工资制，因为它破坏了工人的团结以及工人对生产的集体控制。在泰勒制的实施上失败以后，工人开始掌握了这种制度，并利用它来增加自己的收入——即使管理层调和各种精致的制度以避免工人获得“过高工资”。这样，计件工作现在成为通用电气公司中收入最高的工作之一，因此任何向日工资制的改变，像引进数控设备，都会导致工资收入的减少。

** 并非所有人都认为数控设备不适合于计件工资。地方 201 工会的一些机械工坚持认为，完全有充足的余地制定出数控机器的标准，虽然这意味着要从一个新的角度来着手。的确，正如一名工会会员指出的，在卡尼和特雷克公司密尔沃基机械加工中心（数控技术），仍然有一些工作实行计件工资，而操作工仍然做得非常好。还可参见两名工业工程师在 1971 年所作的《一个数控时代的工资激励案例》（第 249 页）。正如通用电气公司的说法所指出的，关键问题是，数控技术不必与计件工资存在冲突。通用电气公司使用这一理由只是为了辩护，它也是执行公司单方面废除计件工资策略中的一部分，无论是否采用数值控制技术。

不管理由是什么，计件工资制必须全盘废除。林恩工厂的管理层负责把这一决定通知工会。据林恩工厂 1968 年 6 月的备忘录的记载，管理层还必须进一步“将公司的义务限制在那些最大范围内具有可行性的事务上”，办法有“批准那些请求调到埃弗雷特做计件工作的要求”，“通过人员的自然损耗来实现以日工资制工人取代计件工资制工人”，“对那些外部也生产的部件，只要可行就将订单下给供应商”以减轻计件工资的负担，以此逐步废除计件工资制。计件工人有权得到总工资平均水平的保证，只要他们愿意呆在原来的工作岗位上，虽然实行的是日工资制。每个月他们都可以获得日工资制的收入与计件工资制下的平均收入的差额，但条件是他们的产量必须保持在计件工资制的水平。最后，计件工人还可以考虑“调动到任何改进后的工资体制下工作”。除了这些以外，林恩管理层还决定“把（废除计件工资的）声明与行动和试验计划捆绑在一起”，并且“劝说地方
201 工会相信，这一计划与试验最符合工人与企业双方的利益”。这样，虽然试验计划最初并不是作为取代计件工资的方法或者说废除计件工资策略的组成部分，但这两件事却绝非毫无关联。工会马上看清了其中的奥妙。[27]

7 月中旬，每年一度的歇工刚结束，公司找来工会，把废除计件工资的计划透露出来。最初，计件工资的废除理由是数值控制的要求；它们起初将扩大数控设备而不是为公司节约费用作为将计件工作改为日工作的理由， 284
这样就为讨论即将实行的试验计划留下伏笔。“采用新机器迫使我们不得不废除计件工资，”通用电气公司对工会说，言下之意是将新工作纳入现有的工资体系存在困难，而且将来“由于生产工艺的改变不再有激励的空间”。“我们认为，绝大多数操作工只要揌揌按钮就了事”。[28]

工会将这个废除计件工资的坏消息传达给成员，果然得到的反应是憎恨与反对。工会的协商人员返回到谈判桌，向管理层强调事情的严重性，并要求设法维持“这些人的收入”。（他们之中的 2/3 已经为公司工作 20 年以上。）通用电气公司重复废除计件工资的计划，并再次指出，根本原因就是数值控制。“在我们看来，数值控制设备不适合于计件工资”，公司还指出，如果将数控设备也用于计件工资（即用于 74 号厂房二楼，这里集中使用计件工资），那么“一楼（数控设备区域）的工人也希望如此”。通用电气公司说它会设法帮助工人，因为如果采用了数值控制设备，由于进度都是由程序规定的，工人将无法获得一份体面的收入。（公司没有解释为什么已经习惯操作数控设备的工人会希望采用计件工资——这似乎违背了自己

的利益。真正原因当然是，计件工资并未违背工人的利益。由于习惯了数控设备，他们有信心以此来增加自己的收入。)[29]

最后，通用电气公司揭开了它的真实意图：“如果有一种我们能够控制并且能够合理控制的激励机制，我们会很乐意采用。”公司坚持要废除计件工资，但承诺设法减轻相关人员的收入损失。工会建议提供调动到其他计件工资岗位的机会，提高工资等级，在他们未离职前暂时保存现在的工作以保证他们的收入。公司的发言人暗示试验计划：“我认为，我们可以考虑一种对双方有利的新方法，这种方法同时还必须保证设备利用率和产品质量。我们的意思是，我们不能用老方法来衡量新的机器。”[30]

几天后，工会讨论了计件工资问题，人们怨气冲天。一名与会者指出废除 74 号厂房的计件工资与 74 号厂房的困境存在关联。“数值控制区域是个大麻烦，”他说，并批评通用电气公司“试图采用贝都克斯公司（Bede-
285 aux)（群体激励）制度。”作为成员要求的反应，地方 201 工会提起了一次“集体申诉”，指责废除计件工资违背了合同，坚持 74 号厂房“仍然按过去那样实行计件工资制”。现在——当年 8 月——正是推选试验计划的时候，一切如公司所安排的那样。[31]

夏天歇工结束，工厂重新投入生产。地方 201 工会立即找到林恩工厂的管理层讨论集体申诉问题，公司则披露了它的计划。公司仍然坚持要废除计件工资制，但此时稍微改变了立场。管理人员没有谈到数值控制，而是提到制造业整体的变化以及相关工资和工作分类上的混乱。“无论技术是否变化，我们都有必要废除这种旧的工资制度，”公司现在承认这一点。它试图建立一种自己能够控制的制度，“在这种制度下，人们不能随意离开工作岗位。”而在数值控制问题上，公司也表达了对操作工技能与责任的下降这种情况的担心，认为它“影响到其他方面”（比如，编程办公室）。公司的谈判者将这种预先设计好的管理与组织决策描述成一种自然的、不可避免的过程，然后做出自我实现的预言：“我们可以看到，操作工被挤压出去，而工作不再蕴含责任。”他们认为，传统设备的工资标准完全不能用在自动化设备上，旧制度也不能适应数控设备。然后他们建议开展一项试验，好让双方能够准确界定数值控制的工作内容，确定工作标准，并“让操作工保持技能与责任心”。换句话说，通用电气公司用一眼就能看穿的伎俩，威胁剥夺操作工的技能，以诱使工会参加试验。管理人员并未说明的是，如果数控操作工具备技能与责任的话，那么他们反对在数控设备上采用计件工资制的理由就纯属无稽之谈了。此外，既然数控操作并不包含技能的剥夺，那么就不存在任何技术上的理由来分离编程与操作这两道工序。无论如何，公司抱着试试看的态度，披露了扩大职责和工作充实计划，并对工人在自动化过程中的命运表达了关切。更重要的是，他们的话中之话是，不存在任何既定的或不可避免的事情，只要有充足的理由来做出变动，那么事情就会完全两样。“我们愿意实施一项试验计划。”通用电气公司的发言人宣称。[32]

试验计划可以让他们明白“生产一个部件需要哪些东西”，公司管理层解释道。操作工必须承担哪些责任——制作或修改程序带，装配设备，质量控制？“我们的工人是那种计时工作的按钮工，还是具有责任心的人？”它们没有肯定的答案，承认两者皆有可能，而它们必须做出选择。工资级别与标准应该是什么——计时工资还是激励工资？公司把一切都考虑在内。 286
更重要的是，通用电气公司的谈判者在一开始就指出，有可能将试验计划扩展到整个工厂，包括 74 号厂房二楼的传统设备，这里是受废除计件工资影响最大的地方。“比较恰当的办法是，”他们提议道，“试行了试验计划之后，就让 74 号厂房二楼第二个来实施这种制度。”（因此，绝非偶然的是，工会后来将试验计划视为一种取代旧的计件工资制的永久措施，并认为它将会在全厂范围内推广，包括数值控制设备与传统设备。一名参加谈判的工会代表在试验计划结束——通用电气公司拒绝将它扩展到 74 号楼的传统设备部门——后回忆道，“双方一开始就一致同意扩大这个计划。”）[33]

最初地方 201 工会对这一建议持怀疑态度，并谨慎地研究了试验计划。“公司的最终目标是什么？”工会很想知道这一点。“这是一个大问题，”公司发言人含糊地答复道，“我们很乐意推行一种受控制的激励制度。我们希望开展试验计划，还希望废除计件工资制。我们不能够老是这个样子。我们希望你们能够观察并参与这一计划。”

工会认为，试验计划是用来转移人们对废除计件工资制的注意力，同时也是用来收买那些改从计时工资制的人的。工会谈判者则相应地要求把这两个问题分开，单独进行谈判。为了让工会相信试验计划并不是用来收买人心，公司承诺保证计件工人的收入，他们在两年内都将获得今年 5 月的平均收入，然后再实施彻底的计时工资制。这种答复避免了两年后的日工资水平以及日工资是否受试验计划的结果所影响（增加）。毕竟，在这些工作岗位上，计件工资已经实行了 30 多年，两年工资保证的作用并不是特别

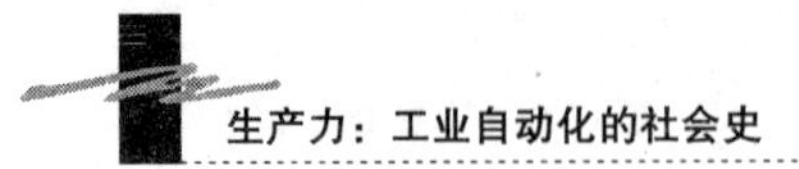

大，如果此后的20年中收入都在减少的话。公司则强调试验计划并非只是一些赐予工人的甜头，这次把它描述为解决“进度问题”的办法。会议结束时，双方决定立即处理计件工资问题——公司正式安排在9月中旬中止计件工资制。地方201工会认为这两个问题必须分别对待，并成立了两个子委员会来处理它们。[34]

通用电气公司的解释是，试验计划的目标是“研究机器的利用问题”。现在已有7部莫纳奇机器，21名操作工，两名领工，计划还包括津贴，18分钟的交班（事实上延长了工作时间），灵活的午餐时间，没有工头。公司
287 还加上每个星期讲授一小时有关数值控制的课。“操作工与领工负责各种事情”，包括维护、读取程序带、故障检修等。“我们的考虑是想看看普通操作工能否适用这类工作。我们愿意在这个计划上花钱。”公司的说法在细节上很准确，但在有关目标与期望、实际的责任与任务上的表述却含糊不清。正如一名参与者后来回忆的，试验计划一开始完全是“黑箱操作”；“管理层说，你只管去做你想做的事情。”[35]

地方201工会对计划的含糊有些担忧，不是很热衷于参与这种无法控制的“试验”。与公司不同的是，工会与其成员根本承担不起错误的后果，这种错误却是“科学”所必然包含的成分，他们也没有资本来让他们进行这种“学习经历”以便弄清来看它是否合理。虽然津贴比较诱人，但工会有理由把它看成是工作增加之后的补偿。他们所关心的问题是，这一工作所包含的内容以及津贴是否能够合理并永久地补偿给工人，从而让工人取得生产增加所获利益中的公平份额。工会还担心工作内容交叉，侵占了计划人员（国际职业技术与工程师联盟，IFPTE）与维修工人的职责。在这个问题上，工会坚持认为不应使工作内容交叉，并认为任何工作内容的变动必须经过数值控制子委员会的讨论，并得到地方工会与管理层的同意。工会还认为，不应在试验上设立各种隔离措施，使它不受地方工会有关正常调动及解雇程序的约束。工会还就公司任命领工的做法提出异议，认为根据经验，他们往往成为替公司办事的“诱鸽”。工会还就津贴的数量以及工作责任问题提出讨论。为了确定起点，检验计划的效率并获得计划收益中的相应份额，它们还要求检验当前有关废品率、机器停工时间等数据，但没有获得同意。最后，工会还主张参与人有权利随时中止试验，返回到原来的工作岗位上（在可行的情况下，这个问题由试验者们自行投票决定）。[36]

公司同意了工会的大部分要求，因为它迫切需要解决74号楼的瓶颈问

题。通用电气公司希望削减开支，稳定工人队伍，提高工人的积极性从而提高设备的利用率——总之，实现数控设备的最优利用（并获得更多利润），并确定工作内容、进度安排以及恰当的工资制度。但在同时，公司坚持飞机发动机集团林恩工厂必须永久废除计件工资制，坚持管理人员有权 288
挑选试验计划的领工，并且拒绝提供工会所要求的基本数据，声称手头没有这些资料。

也许至关重要的是，通用电气公司并没有澄清“试验责任”究竟是什么，而只是近乎恼怒地重复说，明确责任内容正是开展试验计划的目的。“我们所需的操作工只是会摁按钮还是承担多种责任?”“是否可以在车间里制作程序带?”“操作工在安排生产进度、维护设备、查清机器故障、检修设备、检测产品中的地位究竟是什么?”公司坚持说，它不知道这些问题的答案，不管最终的结果对工人还是工会来说如何恶劣。“我们什么都不知道。我们并未设定任何限度。从现在开始，工人就可以启动计划。他们将决定工作的进度，并决定下一步应该做什么。我们对他们将要做的事情一无所知。我们完全放手，让工人决定他们自己愿意做到哪一步。”“现在我们所做的事情，”他们严肃地断定，“也许是蓝领工人有史以来最大的进步。”[37]

试验计划就这样启动，双方对它的启动条件没有一致认可的数据，彼此在相关责任上也没有达成协议。但公司承诺，“工人可以自由地决定项目的进度”，并且将与工会共同负责，“不让公司高层干预其事”。工会最关心的是，在交了学费之后，应该怎么办？谁是得利一方，谁是失利一方？这是一个很重要的问题，因为工人太熟悉管理层的伎俩，它们偷学工人知识而又拒绝补偿，并进而用学到的东西来对付工人。通用电气公司不耐烦了。管理层叫道，“他们到底想怎么样?”这句反问所隐含的意思是，公司只打算到此为止了。(后来的结果表明，事实并非如此。)[38]

最后，工会与公司达成一个协议。公司选定 21 名操作工与 3 名领工；参与必须是自愿的，并根据资历选择。参加者将获得 10%的津贴，每个星期的工时延长一个半小时，午餐时间自己决定，不用工头，工人将获得每星期一个半小时的带薪数控技术培训。初步协议规定，试验将持续一年，其中任何一方可以随时退出。[39]

确切地说，地方 201 工会是冲着津贴而签署协议的——其背景是计件工资制的废除——而且它们也满怀着信心。它们希望建立一种固定的统一工资，并希望在此后继续维持这种工资，而且还将计划中的其他一些方面扩展到整个工厂。工会也很认真地希望为其成员创建一些令人满意的内容丰
289 富的工作岗位，这种想法在当时相当普遍。很快，申请加入试验计划的人远远多出实际所需的人数。大多数申请者都是冲着津贴而来的，虽然也有一些工人的确想把握住这个机会来改变他们的工作并承担更多的责任。但随着计划的推进，越来越多的试验参加者都受到了那些金钱以外的因素的吸引——在控制个人的生产与工作中所体现的更多的责任、技能、知识、自尊以及尊严。1968 年秋，试验者、工会代表、相关管理人员举行一场宴会，在一个充满期待、良好意愿以及相互尊重的气氛中启动了试验计划。[40]

虽然试验计划启动之初的气氛相当热烈，但在参与其事的人当中，仍然有一些人对此抱有合理的怀疑，更多的是想法混乱。根据公司与工会达成的协议，试验者除了切削发动机部件之外（生产 J85 机轮、分离器和 T64 部件的各道工序），还承担大量原来由质量控制和生产工程师、计划人员、工头以及其他辅助人员所做的事情。他们将为增加的工作内容而获得补偿，管辖权限问题上不存在争议，并且该计划最终将建立一个固定的统一工资制度，将全厂（包括传统设备区域）都纳入范围——此外还包括增加生产与提高设备利用率的目标（再就是如管理层备忘录所说的，“抵消废除计件工资的影响”）。从理论上看，所有这一切都无懈可击。[41]

从一开始，招募好工人之后，参加人员就表现出了主动性。在管理层的鼓励之下，他们开始维护夹具，调试程序带（与程序员一起），诊断故障（与维修人员一起），检测产品（与质量控制工程师一起），纠正计划单的错误（与计划人员一起），并做出进度安排（与生产工程师一起）。在这种合作的工作环境中，他们为各类设计图研究出各种调试刀具、改变刀具以及新的切削路径的方式。此外，他们还彼此相互培训，尤其是针对那些数控操作的新手，对生产过程中的复杂与困难有了更深刻的认识。针对其中的一些问题，他们想出各种实际的解决措施。他们提出了许多建议，包括在车间里为材料与刀具的运送安装轨道，必须更多留意车间内务，试验人员应该配备工具柜这样可以控制调准仪表的使用，并且配备小工具箱装入常用的夹具。此外，他们还建议配备专门的装配人员，对从粗加工车间送来
290 的部件进行仔细的检查（粗加工车间送来的部件质量在下降，这部分是因为试验计划把这些地方最优秀的机械工都招募进来了）。最后，试验人员还

就生产进度的安排提出建议，提议应该如何配送材料从而最大限度地提高设备利用率。

试验人员一开始就遇到了一些此后一直困扰他们的问题。辅助人员的合作不够得力，而且当试验人员似乎超出了职权范围行事的时候，他们有时还表现出敌对的情绪。管理层则对试验人员的纪律、车间清洁以及安全意识一直抱怨有加。工会则从它自己的角度批评管理层没有合理地配送材料——从而降低了挖掘设备利用率的作用——而且管理层并没有兑现制定培训计划、发布试验通报、发放专门制服以及维护管理层延续性（5 年时间里共有 8 个管理者）的承诺。试验人员与工会很早就抱怨管理层对计划支持不够，比如突然改变质量控制程序，使用生产图表记录每个人的产出，每一班只有一个计划人员。培训就是一个事例。在参与者施加压力之后，公司最后终于同意按其承诺的为他们提供数值控制的指导。参与者要求教授数控技术的各方面内容，但管理层只是提供有关数值控制基础、发展方向、二进制数学、机器装配与操作等一些肤浅的知识——没有教有关编辑程序或编程。计划开展一年以后，工会仍然注意到，“问题是按照现有的模式教学，究竟能有什么用处。”[42]

试验人员遇到各种无法控制的问题：生产新型部件，不熟悉生产中所需的文字工作，装配工与其他辅助人员不合时宜的休息与商务旅行，600 名维修工人就工资问题举行了一次罢工。（有意思的是，这次罢工也受到了试验计划的影响，工会建议打破各个岗位之间的界限，设立多种岗位的工作单位进行轮班。）计划最主要的问题仍然是缺乏有关目标、形式、责任、评估、补偿以及最终范围的明确表述。在计划实施过程中，地方 201 工会不断要求予以更明确的界定，但通用电气公司坚决避免这样做。工会希望知道，操作工到底拥有什么权力。“他们能够做什么？在什么条件下，他们不能够做什么？我是否有权力做出决策?”工人不能肯定他们应在多大程度上遵守公司传统的工作纪律，这种工作纪律在其他地方（仅仅隔了一条过道）得到普遍的遵循，他们还强烈抱怨，公司没有按其承诺的那样“放手去让他们做”。[43]

工会关心的问题是操作工与其他辅助人员之间相互交叉的工作内容与
权限，对仍然含糊的职位描述与责任界定感到不满——“工作到底包含哪 291
些内容?”一名工会代表对各种问题提出了质疑，包括补偿的数量与形式不确定，缺乏双方接受的评估计划成功与否的标准，缺乏有关废品率、生产率、质量、设备利用率、返工率、旷工、工作拖拉、职工流动率、工作态度与精神的数据与记录。总之，从协商的那一刻始，试验计划就一直存在三个关键的问题：如何测量与评估试验计划？何时以及以何种形式制定一个固定的补偿制度（津贴、工资、特殊工资、第 23 级或更高的工资级别）？何时扩展试验计划以及扩展到哪些部门（传统设备、数值控制领域）？只要有机会，工会就提出这些问题，这些问题从友好之音转变成愤怒之音，最后陷入了绝望。[44]

1969 年 3 月，试验进行了半年之后，试验计划的管理人员对工人与监督人员进行了一次访谈，以衡量它的进展，充分学习计划的经验。不管是管理层，还是工人，他们对计划的评估有着不同的看法，往往混杂了热情、期待以及种种保留态度。其中一些较为怀疑的工人这样表达他们的看法：

"作为一个群体，我们应该知道如何去做。"

"这项计划是在为公司做事，它应该告诉我们这一点。"

"我们仍然没有控制计划；管理人员不让我们这样干。"

"我还要看一看，这到底是应该这样做，还是在'偷学我们的技术'。"

"我们愿意敞开胸怀——但是我们必须警惕。"

"工头并不喜欢这个计划——他们不喜欢是因为担心丢掉工作。"

"管理人员不愿意改变，比我们严重得多。"

"管理人员没有改变他们对车间工人的看法。"

另一些工人则很喜欢这个机会以发展自身的技能，并对其工作条件拥有更多的控制：

"最开始我很焦急——现在我很喜欢这个计划，并且也更加投入。"

"我现在处理问题时积极多了，因为我是这个群体的成员。"

"大家都很感兴趣，也很投入。他们都在学习。"

"当你回到家的时候，你还会想着工作上的事。"

"工作内容增加了许多，我现在也参与制定计划，要是在过去，我根本就不管工作计划是否准确。"

“出了问题后，我们主动去找计划员，而不再是干坐在那里。”

“你根本就不能让一个白痴站在机器面前摁按钮。”

“我们是人，也希望别人把我们当人看。” 292

“有时候你很喜欢工作，有时候你不喜欢工作——工作目标是由我自己决定的。目标是每天做好自己的工作，而不是每天要有多少产品。”

“我希望每天生产更多的部件，但不喜欢由别人告诉我要这么做。”

“管理人员只是对数字感兴趣。他们不信任我们。现在，可以让我们放手去做，如果他们还是不满意，那我们就可以一起来讨论。”

“（计划开展之前）那种处境难以忍受。我们在工头制造出来的紧张气氛下工作。现在没有了工头，气氛也不紧张，而且生产也上来了。”

“我不愿意回到原来的那种工作方式。”

与工人的怀疑一样，管理层也有人不看好：

“这根本就不管用。”

“工人离开了他们的工作岗位，从粗加工车间送来的产品质量极其低。工人没有遵守纪律。”

“质量很糟糕。”

“双方仍然不信任。”

“我们要开多少工资，他们才肯干?”

“参加者没有信心，他们不知道计划的结局是什么。我怀疑管理人员也不知道。”

“怠工仍然存在。”

“计划人员并未相信操作工。”

“工作场所的清洁仍然是个问题。”

“设备利用率并未提高。”

“并不是每一个人都希望增加工作内容。”

“我们一直在宣传工作专业化与职位分类，但现在突然来个 180 度的大转弯，他们还没反应过来。”

“没人监督导致了许多问题：清洁、旷工、没有按时上下班、没有戴防护镜。”

“操作工根本就管不好自己。”

“要派一个严厉的工头！”

还有一些管理人员也同样乐观：

“从开始到现在，试验计划的人们一直很卖力。”

“我们一直热烈关注计划的进展。”

“参与者们提出了许多管理者没有注意到的问题。”

“生产率提高了，他们现在做得很好。”

“总的来说，质量上去了。”

“他们提高了生产率与设备利用率，这是一大进步。”

“我希望这种做法流传开来。”

“参与者们解决了测量问题，现在所关注的是不必要或不准确的文书工作，他们认为有必要设立一个装配工。”

293 他们的所作所为表明，“一些计划好的生产进度可以做到，另一些则做不到。”

“他们做得比以前利索多了。”

“怠工少了。”

“如果工人完成了一天的任务，他就会大大方方地看报纸；如果有工头在，他就把报纸藏起来。”

“我们发现，他们可以不需要工头也做得好。”

“操作工现在参与一些决策，以前的一线工人从来不管这事。”

“决不能回到以前的那种工作方式了。”[45]

可见，人们对试验计划看法不同。这取决于个人所处的立场、他认为作为工人应该如何去做以及如果计划成功他个人的得失。因此，第一年，人们带着期望与怀疑。而参与者，不管持什么立场，都忙于处理各种问题与冲突，同时努力澄清目前工作任务的方式与目的。

计划进展中第一次大的中断发生在1969年9月，电子工业的几个工会联合起来举行长达101天的罢工反对通用电气公司，其目的是挫败公司的谈判策略，并在与公司的斗争中将几个工会再次团结起来。罢工期间，所有的正常生产与试验生产都停止了，机器则由监督人员操作。当劳资双方达成协议，工人回到工作场地，工作场地——用一名操作工的话来说——简直就是“猪窝”，而且还有价值 25 万美元的产品有待返工。

当罢工结束的时候，管理人员对数值控制设备的情况有了更深刻的理解。比如，他们发现，这些设备并不是白痴（甚至管理人员也不行）所能开动的。监督人员也学会了如何在工作中忙中偷闲，这样不至于很快累垮——为了维护自己的工作速度，工人们一直以来就在努力向他们解释这些事情。一些管理人员对车间工人所面临的各种现实问题有了更深刻的感触。[46]

工人带着一种在生产上优于管理人员的优越感而返回到工作岗位，迅速地清理了 74 号厂房杂乱无章的情况，并把各种废品重新做成优质品。但这次，他们的士气却开始显著地下降。罢工的影响产生了挫折感，并妨碍了他们去追求试验计划的目标。一线的监督人员更加对试验计划持反对态度，把计划的进展视为自己的失败。此时，公司无法保证军方的采购量，因此采取一种“严厉”的管理体制。这意味着对工人严加控制，削减成本， 294
紧缩支出，大幅缩减重要辅助部门的费用。1970 年春，试验计划进展得很不顺利，公司也开始暗示计划已经失败的说法。在这种情况下，工会再次提出公司应提供计划进展的数据，要求公司开展更多的培训计划，并且承诺给予固定的补偿以及其他有关该计划的前景等内容。

工会以进度安排不当以及缺乏服务为例，强烈抱怨管理层对计划的支持不够得力，并指责管理层不希望看到计划成功。经过在是否放弃计划问题上的激烈谈判，工会成功地说服公司，扩大试验计划的责任范围，给自我管理以实施的空间。工会的目标是让试验人员能够更多控制各种影响绩效的因素，比如进度安排。一名参与者指出，“此时，大家有一种感觉，计划现在有了真正的目标，工作充实与自我管理不再是停留在口号上。”工人们希望拥有更多的责任，以证明这些概念的有效以及计划的成功。“普遍而言，我们这些参加计划的人认为自己已经做到了这一点，（作为操作工）我们确定是处在最有利的地位来对机器装料、进度安排以及产出做出有效的决定。”简言之，用该计划的一名热烈支持者的话来说，“我们只希望没有人管。”[47]

通用电气公司已经准备好这个新阶段的到来。奥斯汀·德格罗特（Austin De Groat）是试验计划的管理者以及工人看法的支持者，在公司上层持续游说以扩大工人的责任，并让试验计划成为一座真正的“学习试验室”。在工会以及内部管理人员的压力下，公司决定继续推进试验计划。“好吧，我们将会让试验者承担一切事务，并撤销车间运营管理人员。”工人们现在可以“管理自己的工作”，他们的工作内容扩大到包括管理凭单、图表，评估进展情况（机器的生产速度而不是操作工的工作情况），决定粗加工车间送来的部件是否可用（质量太差），并且处理所有送往 MRB 的部件的文字材料（用于检测与批准）。领工承担起质量控制、安排生产进度、分配工作（在群体的总额中加以分配——跟旧的“班组制”一样*）。除了
295 维持纪律（工会与工人坚决拒绝承担这一责任）之外，全体试验人员则承担所有的管理职能与文书工作，这样他们就可以计算他们工作的间接人工成本，并可以有权按他们所认为的最好的工作方式去做。[48]

到了 6 月，用一名经理的话来说，试验人员已经可以“自如地去做事”。从群体的工作充实角度来看，试验计划这才真正起步，它直接的后果是生产率与设备利用率的提高，而且减少了制造过程中的损失。两年后，一名工会代表指出，“我们突破了通用电气公司的传统政策（指工会不得插入管理事务），这一事实本身是振奋人心的，更何况，我们还成功地提高了生产。”参与者们对计划重新燃起了热情。他们现在更加积极地研究新的生产手段，并且致力于界定他们的职责，包括职位描述与分类所应包含的内容。他们继续要求固定工资，对计划进行评估，并且扩展计划的范围。整个群体增加了凝聚力，充满着同志般的友爱，并且经常举行非正式的会议来讨论计划。一些工人开始站在抱负更为远大的角度来看待计划的意义。“由于生产方面的理由，既然我们全都是一个整体，”其中一个工人宣布，“我们就必须公平地分享计划的成果，正如合伙事业中的人们一样。”[49]

与此同时，军用飞机行业的严格要求使得回到岗位的管理人员越来越不能容忍那些无法杜绝的问题：清洁与纪律。尽管进行了培训，但对要求试验人员承担起新的责任来说，仍然很不够。一名负责安排整个部门生产进度的参与者回忆道，公司在生产进度、凭单以及相类似的事务上几乎就没有培训过。管理层“并不大希望与工人分享这些知识，他们只是想‘偷学人家的东西’”，吸取工人的建议与技术，并利用他们来服务于自己的利益。工人与质量控制、计划以及生产方面的辅助人员的冲突也开始加剧，这主要是试验计划的工人们扩大了职责，从而严重侵犯了那些人所强烈保护的领域。[50]

---

* 英国标准汽车公司曾实行这种“班组制”，关于它的讨论以及它与工业生产和工人决策的相容问题，参见 Seymour Melman，*Decision-Making and Productivity*（Basil Blackwell and Matt Ltd，1958）。

1970 年 12 月，此时距计划进入新的扩展阶段已有半年，地方 201 工会成员投票一致同意继续就试验计划进行协商。将这一概念扩展到其他部门，比如废除计件工资制，现在看起来似乎很快就要实现了。但是通用电气公司仍然回避评估并扩展计划以及制定固定工资等关键问题，而宁愿强调计划的试验性与临时性。公司仍然拒绝做出任何实质性的承诺。[51]

两个月以后，德格罗特给他的上司送去一份有关计划评估的报告。他坚持认为，该计划是“迄今为止工业界的工作充实事例中为数不多的成功案例之一”。他充分相信自己的评价，因为一个月以前，他收到汤普森·拉莫·伍德里奇公司副总裁与人事部门经理托马斯·威克斯（Thomas 296
Wickes）的信，后者曾参观过通用电气公司的林恩工厂。“这比我在星期一所想到的成就要大得多，”威克斯写道，“我敢说，它的意义远高于你们自己所认识的程度。你们应当为此感到自豪。我衷心希望你们能够成功地扩展这个项目。”德格罗特虽然也热情不减，但也深知计划存在着各种严重的问题，而且在管理层方面也存在着许多错误的观念。

> 我们仍然不能确定工作充实究竟包括哪些内容。即使我们知道这一点，我们也许并不愿意看到它的实现，或者没有能力去实现它。我们确实不知道试验计划应如何去做，目标是什么。我们说，希望能够充实工人的工作，但是我们不理解它，不知道应该如何去做，也不知道如何去实现它。
>
> 事实上，我们只是给予试验参与人员一个他们也许根本就看不清的移动枪靶，并要他们用玩具枪来射击。我们改变了监督操作工的方式，让他更能安心工作，他确实也安心许多，他的工作效率提高也说明了他的需要，但是我们并不能使他显著地提高生产率。我们并未建立一种能够满足计划成员、公司与工会需要的测评体系。我们仍然在摸索各种方式，以建立可以用具有操作性的手段来充分测量得失的标准。[52]

这些具有人道主义倾向的“试验者们”——一名工会代表如此称呼他们——知道，他们在控制与准确监控试验方面存在着许多困难。对他们来说，这只是一场试验，而对工会来说，它是扩大工人职责与权力，制定统一的固定工资并与其成员分享收益的努力。1971 年 3 月，计划启动了两年半后，日益不安的工会与毫不妥协的公司之间就计划的目标的冲突公开爆发。

“让我们有啥说啥，直说就是。”工会代表主张道，“如果你们想扩展计划——什么时候扩展，在哪些领域，如何扩展？布什（林恩工厂的制造经理）说这个计划很不错。纽约（公司管理部门）也看过了。我们不希望把它办成一所学校。我们感觉，你们在偷学我们的智慧，在这个计划中受益良多。但对于参与计划的群体来说，却没有公平的补偿。工资级别首先就是一个问题；你们应当确定工作内容具体包括哪些；并且解释如何执行这些工作以及工资级别的设置。这对你们来说并不新奇，不是吗？”他总结道，“工人已经做到了自我约束。”它应当成为工人的“生活方式”。[53]

通用电气公司对于工人的不满抱着一种复杂的、相当保留的态度。公司的立场是，现在评估计划的成功与否还为时过早，并且不恰当地提到，
297 试验数据并未如最初承诺的那样得以保存。公司原则上同意与工会就工资级别和测评问题达成某种协议。但通用电气公司坚持认为，不可能仅仅为22个人就设定一个工资制度，并建议扩展计划。双方在计划的数据、工资级别以及扩展的规模上进行了激烈的争论（工会使用了德格罗特1970年的数据，该数据认为计划为公司共节约了19万美元，从而证明计划到目前为止是成功的观点），最后达成协议，决定将计划扩展到整个数控部门的约60名工人。其中包括莫纳奇机器、原有的通用电气公司的“磁带机”、波特和约翰逊机床、勒布隆机床以及松德斯特兰德机床。协议还认为，评估应当建立在整个群体的基础上（而不是单个人的测量），并且给试验计划的最初参与者以16%的津贴，新加入的工人则得到10%的津贴。[54]

为了发放这些津贴，林恩工厂的管理层再次利用了“临时工资”这个名词，正如在试验计划启动之初所做的那样。但这一次，公司总部对它提出了严重的警告。1971年5月，总公司的人力资源经理唐·索伦森（Don Sorenson）将一份备忘录递交给林恩工厂的经理唐·菲利普斯（Don Phillips），列出了他认为存在的各种风险：

> 我现在对你所送交的材料做出回复……根据公司的执行政策，任何变化（扩展计划）都必须得到公司批准。我所提出的问题包括以下几个方面：
>
> ——将管理责任分派给计时工人的长期意义是什么，尤其是在一

个工会化的工厂里面？

——职位描述很模糊。

——我们是否彻底评估了公司内外所存在的各种提高激励的方法？

——工作标准是否符合公司的经济利益？我们所给出的工资是否过高？

——将各种可评估的工作与不可评估的工作混在一起，我们是否对两者都失去了控制？

——我们真的能确定它的经济效益吗？

——如果控制环境中各种因素都消失的话……[55]

在经济效果与管理层的权威和控制方面，公司管理层越来越重视试验计划的长期意义，但林恩工厂的管理层仍然同意扩展这一计划，以 14 个月作为试验期。并决定在该试验期结束之时，即 1972 年 7 月——此时距工会第一次得知试验计划已有 4 年——双方将评估整个试验。此时，1971 年 3 月，扩展计划的协议签署前一个月，飞机发动机集团与哈佛商学院的人员 298
在林恩工厂召开了一个研讨会，讨论“影响工厂的‘变化’”问题。[56]

扩展后的计划，除了增大试验规模并进一步改变了生产的管理与运营过程外，它还——用德格罗特的话来说——“让许多希望与恐惧得以公开表达（并构成我们无法控制的压力）”。《基督教科学箴言报》的记者特鲁迪·鲁宾（Trudy Rubin）在其报道中集中表达，甚至在某种程度上夸大了，这种希望。她在 1972 年夏来到林恩市的河畔工厂，并撰写了一篇有关试验计划的报道。自通用汽车公司设在俄亥俄州洛兹敦市的工厂在当年爆发了一场针对自动化与工作条件的罢工以来，媒体对这类试验特别感兴趣。其他公司所进行的扩大职责与工作充实试验——如克莱斯勒汽车公司、通用食品公司*、科宁公司（Corning）、得州仪器公司、宝利来公司（Polaroid）、西北电话电报公司、萨阿卜公司（Saab）、沃尔沃汽车公司和菲亚特汽车公司——都受到了广泛的关注，并被视做是解决自动化所产生的异化与冲突问题的出路。[57]

鲁宾采访了许多试验计划的参与者，在这样做的时候，她提高了他们

---

* 见下文对通用食品公司计划的评价。

对计划意义及前景的评价。媒体的关注又迫使他们将自身的所作所为放在一个更大的全美国甚至全世界范围内来加以思考。鲁宾的报道在 9 月份出版，题为“没有上司，工人是否更好地工作?”副标题则暗示这个问题的答案：“解决工厂中厌烦工作与生产率下降的一种办法就是赋予蓝领工人更多的职责”。鲁宾叙述通用电气公司的工人们是如何承担安排生产进度以及分配工作的职责的，并表达了工人要求废除工头的呼声。一名参与者为自己获得的自由而兴高采烈：“只要我们把任务完成，如果我们希望渡过一个更长的周末或在星期五晚有一个宴会，我们就可以改变工作时间或者更换班次。”在其文章的结尾，鲁宾提出了她的疑问：“在多大程度上，这种概念可以在工厂里面加以扩展? 整个工厂能够‘自我管理’吗?”在那个夏天里，她并不是唯一提出这类疑问的人。[58]

6 月，通用汽车公司装配部门的负责工艺设计的副经理 R. D. 格兰姆斯 (R. D. Grimes) 参观了河畔工厂，实地了解了试验的情况。他撰写了一篇长文章，督促通用汽车公司也沿着这种道路去做（第二年通用汽车公司在其纽约州塔利顿市的工厂开展这类计划）。“这是迄今为止在垂直工作充实方面最成功的范例，”格兰姆斯写道，“它证明，在适当情况下，可以绕过工会申诉程序来解决各种问题。”他认为，通用电气公司林恩工厂的管理层
299 “能够提高设备与人员的利用率”，现在“获得了降低废品率、次品率、产品缺陷以及返工的经验”；劳资双方不存在“争议”，而且车间也不再是一个“瓶颈”。格兰姆斯还指出，试验计划“提高了工人对于工作的兴趣”，“职工流动情况大大改善”，而且“管理层也知道，它削减了成本”。（他还指出，管理层“无法证实成本的削减，因为缺乏严格的初始基准”并且“许多基本产品的变化”使得建立标准相当困难。）[59]

格兰姆斯认为试验能够取得成功，并强烈暗示通用电气公司的管理层也持相同的看法。“绝大多数人似乎都主张扩展计划，很可能以其他形式扩展到装配部门。”他与工人也进行过交谈，并记录下他们的工作热情。他还指出，“74 号厂房的其他操作工很希望计划把他们也纳入进来。他们向我吐露，如果没有的话，他们将采取报复措施。”格兰姆斯以一种勇于反思的态度结束了他的报告。“我们必须正视问题，”他对底特律的上司说，“我们是否愿意放弃所谓的‘管理特权’，从而改变操作工的态度并得到他们在生产上的合作。我认为这是一项获利丰厚的投资。”

洛兹敦综合征（指自动化装配线给工人带来的烦躁不安与不满情绪）

显然使得通用汽车公司的一些高级主管认真思考传统管理方式的缺陷。格兰姆斯并没有忽视这种新方式所面临的种种困难。比如，他也指出河畔工厂的旷工率有所上升，一些工人似乎在“滥用他们的特权”（尤其是灵活的午餐时间）。在管理人员看来，“纪律”成了一个问题，与受到威胁的工头和辅助人员一样，邻近的操作工对试验计划的工人抱着怨恨的态度。即使如此，格兰姆斯仍然督促通用汽车公司开展一项类似的试验，并根据通用电气公司的经验，认为“一开始就必须将决策过程界定清楚。参与其事的人们必须知道高层管理人员是否希望看到试验的成功”。[60]

格兰姆斯准确描述了林恩工厂的现状。虽然大有希望，但问题仍然不少。而新产品的转产过程要比试验者与管理人员所预想的困难得多。而林恩工厂的管理层在公司总部的压力之下，开始指责试验人员在滥用他们的特权，认为纪律与车间清洁问题日益严重。这种持续的厉行节约使得辅助部门的服务大大减少，因为各个部门都在尽可能地节约成本。招募新的计划人员要远比原来所设想的更为艰难。更大的问题是，紧张气氛在升级，在工资级别、期限、扩展以及评估问题上的冲突也更加激烈。格兰姆斯指
出，让参与人员感到最困惑的是，他们身份的不明确。通用电气公司从一 300
开始就拒绝对计划的前景做出正面的承诺，而林恩工厂管理层与公司总部的关系也越来越僵，工人与工会所发出的信号也比此前更让人难解。[61]

这就是 1972 年 7 月工会与管理层会谈的背景，此时按预先的安排应该开始对计划进行总体评估。地方 201 工会很自然地要求公司提供有关测量、工资级别以及扩展计划的信息。而通用电气公司则也如人所意料地，再次持一个模糊的立场。公司虽然承认，工人的态度与技术水平较计划启动之前有了改进，并且之后工人的抱怨也少了许多，但公司认为，“人工成本没有显著下降，设备的利用也没有得到改善，而质量方面则没有变化。”公司还认为，“流水作业的生产率仍然处在以前的水平。”这是公司迄今为止所持的最消极的立场，它还使用了前 14 个月的生产图来证明它的观点。[62]

工会一直以来都认为计划开展得相当不错，现在被这些数据所震惊。工会领导人如此沮丧，以至于没有发现，公司仍然在使用与计划开展之前相同的测量手段——将程序带时间的百分比来作为设备利用率的标准。工会主张，设备利用率的实际决定因素——包括进度安排与计划——完全没有纳入测量的标准之内，因此公司给出的数据并不能说明情况。“从实际情况来看，”工会坚持认为，“我们觉得计划很成功。”公司不同意这种看法，

对管理层来说，“实际情况”意味着对其他人的控制。“公司所面临的一个问题是，”通用电气公司明确声明，“对计划的全面管理。如果想扩展这一计划的话，会不会发展到不受控制的程度呢？”[63]

地方 201 工会极力要求继续扩展计划，将 74 号厂房中所有数值控制操作工都包括在内，并将这一概念与津贴应用到传统设备部门，正如双方最初所考虑的。工会谈判者十分清楚不同工种的工人之间所存在的压力。8 月，传统设备部门的 50 名六角车床和普通车床操作工联名请愿，要求公布得到有关试验计划前景的答复，并要求把他们也纳入计划。他们的代表在征得地方 201 工会领导的同意之后，参与了管理层与工会在该计划上的谈判。“其他部门的工人也希望加入，”他以一种急促的语调强调道。“玻璃鱼缸”外面的人对他们所看到的东西很感兴趣。工会也受到新加入计划的工人的批评，做同样的事情，而新加入者只得到 10%的津贴，而原来的人则得到 16%的津贴。他们要求公平的分配。一名参与谈判的人后来回忆道，公司很愿意看到这种情形，认为公司给出分等级的工资政策是其用来破坏计划的“分化与击溃”策略的一部分。[64]

301 在这些压力之下，地方 201 工会要求“公司应该放弃这种骑墙的做法”，批评通用电气公司不适当地配送了材料，忽略了维护（波特和约翰逊机器尤其需要维护），并有意分化试验人员。它主张进一步扩展计划，那些现在得 10%津贴的人应当获得 16%的津贴。在第二次会议上，工会正式将其建议提交给公司，其中着重强调应当把 74 号厂房的所有工人都纳入计划，并且制定统一的固定工资。地方 201 工会还要求工会与管理层的子委员会定期会晤（管理层的子委员会于 1968 年成立，几乎没有发挥任何作用），全盘记录会谈详情，以确保工厂的“其他生产部门也了解计划进展”。[65]

通用电气公司回应这些新要求的办法是，反对工会认为计划已经建立起“先例”的观点。它再次强调整个计划仅仅是“探索性的”；不仅对扩展计划的可能性持严重的保留态度，而且对是否有必要按现在这个模式开展计划表示怀疑。公司认为，由于经济上的困难，现在缺乏资金来维持现有的计划，更不用说扩展计划。此外，资金也不应全都投入到这个问题上。这可能只是一个探讨“新型”管理（即没有工头）的试验计划，而无须影响工资级别“或工作充实”。“我们认为，”公司威胁工会道，“金钱并不是唯一的激励方式。”地方 201 工会同意此说。金钱确实不是唯一的激励方式，但它必须是其中的一种。“职责的增加必须获得补偿。”工会督促确立一种

更好的“标准”——正如通用汽车公司的格兰姆斯所建议的——用以评估计划的进度，如此就可以在统一的固定工资上做出最终的承诺。林恩工厂的管理层指出，它已向“纽约总部提出了建议”，并在补偿问题上阐明了自己的立场。“我们的立场众所周知，我们期望以最低的成本生产出最好的质量。”工会不需要管理层提醒这一点，再次带着受欺骗与失望的感觉离开会场，并未获得任何实质性的内容可向其成员交代。[66]

林恩工厂的管理层也承受着来自公司总部的巨大压力。前一年索伦森提交给菲利普斯的备忘录就已清楚表明管理层对计划进展方式的严重保留态度。一名工会代表后来回忆道，“他们确实不希望扩展计划；他们觉得，如果他们将计划扩展到传统设备部门（正如通用汽车公司的格兰姆斯曾预测的），这会使得扩展计划永无休止。”根据另一名工会代表的说法，管理层一直希望工会由于试验人员与其他人员的冲突以及试验人员因不同的津贴之间的冲突而叫停试验。“公司很大，有耐心等待这一结果出现，它的策略是慢慢磨耗的办法。”但事情并未如管理层所期望的情况出现。事实上， 302
部分是因为内部的压力，工会反而坚持计划，并强烈要求扩展计划。不仅如此，由于该计划吸引了人们的眼球，其他工厂——俄亥俄州、西马萨诸塞州、纽约州、肯塔基州、佐治亚州的工厂——也开始考虑在其车间中实施类似计划（带津贴）的前景。所有这些使得费尔菲尔德的公司管理层处于一种不安的状态中。[67]

1972 年 10 月，林恩工厂的管理层第一次与通用电气公司总部严肃讨论了它们所面临的问题。它们向工会披露，它们受到上司的“尖锐批评”。“人们极其关注我们究竟走到哪一步以及我们如何把握这个概念的问题。”正如公司总部的看法所表明的，主要问题仍然是管理这个部门及阐释试验这个概念本身。威廉·利特尔（William Lytle）此时在宝丽来公司（Polaroid）也制定了一个工作充实计划，也时刻关注着林恩工厂的试验。他回顾了通用电气公司管理层的担心：林恩工厂并没有充分告知有关计划扩展的内容；10%的津贴将打乱全公司范围内的工资等级体系；垂直的工作充实提出了其工资相对于公司其他岗位而言是否公平的问题；更具有流动性的工作群体也许不符合国家劳资关系委员会对于豁免工作（管理层）与非豁免工作（谈判单元、计时工作）的界定；公司没有承认灵活开机时间与不受限制的午餐时间；无法证明试验计划能够长期可靠地提高生产率。林恩工厂的管理层还向工会披露，公司还担心其他班次（第二班与第三班）的贡献不如白班，而且仍然存在着怠工的问题。“关于怠工问题，我能在公司高层面前说什么好呢？”雷蒙德·霍兰向工会代表质问道。[68]

但这次，该地方工会很清楚，不管公司总部对林恩工厂管理层施加的压力是如何大，它也为林恩工厂管理层拒绝做出任何承诺提供了借口。“每个人都在怠工，你也一样，霍兰。”一名工会代表回敬道，愤怒地转身就走。这次讨论与计划启动前所遇到的“瓶颈”时期相似。公司的发言人温和地警告道：“如果不是我处在这个位置，而是其他人通知公司高层的话，这对工会没有任何好处。”“顺便说一句，”他继续说道，“《基督教科学箴言报》的记者给试验计划写了一篇宣传报道——当我去纽约推广这个概念的
303 时候，他们首先甩给我的，就是这篇文章。”对计划前景的富有倾向性的宣传更加坚定了公司的反感。记者这样问道：“整个工厂能够自我管理吗？”

公司总部对试验计划的进步性质与含义提出了批评，在这种情况下，林恩工厂的管理层做了管理者在其决策受到质疑时所能做的事情；他们寻求名为“确切事实”的挡箭牌。工会强烈抱怨“我们得到的答复仍然只是一些遁词”时，林恩则祭出了各种图表来作为反对扩展计划的“根据”——从而体面地屈服于公司高层，并从容脱身于种种困境。“我们认为，无法在扩展计划或固定工资的问题上做出承诺，”他们在第二次会议上告诉工会道，“这一答案有其事实依据，而不是我的或你们的看法。”[69]

正如公司总部的唐·索伦森曾说过的，如果没有准确的底线，再加上工作内容的混合以及产品的变化，要得出客观的可靠数据，如果不是不可能，那也相当困难。可以想象得出，虽然没有确凿的证据，林恩工厂的管理层在这里再次利用了设备利用率这个手段。在将试验人员与非试验人员在相同时间内生产相同部件进行比较时，它们将一周内总的程序带时间与总的凭单时间相比较，由此得出程序带时间的百分比。如人们所预料的，它们认为设备利用率没有提高。工会坚决反对这个判断。“它们再次使用旧标准，而工会对它们的这种测量方法不知所措。”“公司的测量方法没有纳入各种无形因素，而且忽视了新部门、辅助部门的支持不充分、进度安排不合理、配送材料不及时、生产周期短（意味着需要在装配机器上耗费更多的时间）等类似问题。”[70]

不幸的是，虽然工会的批评相当尖锐，但地方 201 工会没有自己的数据来回击公司的观点。方法上的批评，虽然正确，但在这种情况下仍然不够。通用电气公司已经成功地将谈判转换成数字上的竞赛，而在这种竞赛中，

只有一方是全副武装的。这样，由于没有自己的数据，工会不情愿地处在一个防守的地位，其结果是，不得不提出各种没有说服力的证据。“你们想扩展计划，总能够找到对你们有利的证据。”公司轻而易举地批评了各种带有臆测性的判断，认为扩展计划的依据仅仅只在于提高了工人态度以及希望在扩大试验群体之后将有更好的测量方法。但很抱歉，这些测量方法并不那么可靠。“如果这些部门的成本确实有所下降，那么就必须有个办法来说明这一点。但我们找不到。我们不能感情用事。我们必须要有实实在在的改进作为依据。”

林恩工厂管理层提起了公司总部所施加的压力，直截了当地点明：“我 304
们希望投资要有回报，”更重要的是，“该计划对我们的工资制度构成了威胁。”“公司的看法是，”他们解释道，“如果你们进一步采取行动的话，那么其他部门也会抱着这样的期待。这将影响到整个工厂乃至整个公司的工资结构。在没有确切的证据来支持这个计划之前，我们不希望这样做。我们认为是数据限制了计划的扩展。”工会现在学得了一个教训：数据（不管它多么假）和钱一样，也能说话，而数据与钱结合起来，再加上权力，就是决定性的。

“你们的做法让人不寒而栗，我觉得受到了欺骗。”一名工会谈判者不服地说，并且退出谈判。另一名工会代表则指责公司采用“多米诺理论”为自己辩护——与当时美国政府为自己在东南亚的所作所为辩护一样：如果将该计划扩展到整个 74 号楼，那么何时才是个终点？还有一名工会代表明白现在的处境，而陷入了沉默。“也许我们早就给套进去了。”他咕哝道。[71]

工会遭受了挫折，但并未退出斗争。“我们绝不后退，我们认为计划是好的。”地方 201 工会坚持认为。后来，工会在该项目上的子委员会在这个月里拟好对计划的辩护词。该辩护词批评公司低估了生产率与设备利用率，因为它荒谬地片面强调了设备利用率，而忽视了“车间需要”，而且在计划上，公司缺乏相应的投资、参与、沟通与承诺。工会指责林恩工厂的谈判者无权做出公司决策，无法做出承诺，甚至言行前后不一，由此造成了一种不信任的气氛，使得工会方面认为它在找托词。子委员会赞扬了试验人员的团结协作、士气与主动性，并且主张计划仍应维持工人的连续性（从而大幅减少培训成本），减少工人的不满，还可以解决那些在“旧体制下”永远也不会得到解决的问题。[72]

子委员会认为，更重要的是，计划让试验人员“总体感觉到，他们在决策中实现了对自动车床部门的管理”。正是出于这个原因，试验人员“讨厌工头与特别小组，后者所耗成本很高，对于管理层来说也是一个值得吸取的教训”。这完全可以解释通用汽车公司的格兰姆斯的观察，他在其试验计划的报告中，指出“当贵人（大概指他自己）穿过试验部门的时候，操作工无需在不忙的时候有意装着忙碌的样子。如果他正在阅读报告，他大可以继续读下去”。工会认为，这类行为表明试验人员对其试验部门拥有一种“骄傲”与“主人翁意识”。管理层将这视为纪律松弛，认为是不服从。工会承认，这其中也许存在着纪律问题，但建议引进第三方来讨论综述
305 （虽然没有仲裁力）。总体上，子委员会对计划仍然抱有热情与期待。“作为一个整体，我们认为，”子委员会代表试验人员的立场，“由于这个概念所提供的自由与安宁，我们是所有机器制造部门中最满意的人。”[73]

公司不为所动。在工业萧条的 1973 年，通用电气公司似乎决意等待计划自然终止，坚持认为“公司不会扩展”计划。显然，工会仍然有望受到其内部压力的冲击。这些压力确实相当大。“我们不能接受这样的条件，其中一部分人得到 10％的津贴，而另一部分人则得到 16％的津贴。”工会无助地抗议。但公司却安之若素。

1973 年对于试验计划来说可谓是相当风平浪静的一年；表面上不存在任何发展方向的动作，劳资双方也没有任何会议。但在这些表面现象之下，紧张气氛在加剧。当年春天，地方 201 工会收到地方 191 佐治亚州洛姆地区工会要求提供有关试验计划内容的请求，显然在林恩工厂的外部，人们对它的兴趣日益高涨。两个月后，那些仍然按 10％的标准发放津贴的试验人员提出了第二步申诉，指责公司实施工资歧视并要求 16％的津贴。[74] 1974 年 3 月，飞机发动机集团与哈佛商学院再次举行了一次研讨会，讨论计划、工人的纪律以及未来前景等问题。

一名管理人员估计该计划每年耗资 80 万美元，相比较之下，收益甚微：“仅仅在一段时间里没有工头，并减少了废品率。”工会强烈反对这种观点。“我们正在学习，”一名工会代表坚持认为，“并不是每个人都立刻接受工程学上的各种方法。”另一名试验人员则批评管理层使用过时的标准与报酬制度，考虑的也只是短期的利润，而没有考虑长期的灵活性。他提醒与会者该计划的关键之点：“必须持续地让操作机器的人得到发展。”“让他继续当一名操作工，并同时发展他的智力与责任。”他主张，公司也必须转变观念，“从强调对机器的信赖转变到对人的信赖”。他与其他到场的试验工人

一样，坚持认为计划是有效的，只要管理层“放弃控制”，公司终将从中获益。“让它就这样走下去吧”，这是一种充满希望的观点。[75]

一个星期后，地方 201 工会要求与管理层会晤，再次要求制定统一工资，将所有试验人员都确定为 16%的津贴，并且将计划扩展到整个 74 号厂房，将传统设备部门也纳入进来。但公司已经受够了。“工会与公司有权随时退出计划。”公司谈判者提醒工会道。“工会看不到任何推进试验计划的理由。这个部门很难管理。经过我们的观察，飞机发动机集团认为，我们必须从试验计划中退出。我们不想扩展计划，我们也不认为在这个问题上有继续商量的必要。我们将叫停计划。我们正准备讨论终止计划的事宜。 306
必须想办法逐步淡出计划。”他最后警告道，“我们希望在计划终止之后，生产仍然继续进行。”“谁做出这个最后的决定?”工会希望知道这一点。“我觉得工会还是尽早放弃为好，”林恩工厂的新经理 D. W. 卡梅伦（D. W. Cameron）说，“没有人做出最后的决定，最终决策权取决于评估。”“我们已经受到公司总部的训斥，”公司发言人解释道，“最后的决定是，我们将从试验计划中退出。”[76]

工会试图做最后的努力以挽回试验计划，向新的工厂经理卡梅伦求助（他的前任由于同意 16%的津贴而受到上司批评，成为这个倒霉计划的牺牲品）。“我们接受挑战，”工会宣称，“我们应当实行这个计划。”卡梅伦解释道，他曾从一些参观伊文达尔工厂的试验人员那里得知试验计划的消息，并留下了深刻印象，虽然他认为这其中的某些说法可能是由于宣传的缘故而有些夸大。但他解释道，“我们认为，必须削减成本。纽约总部很关注这个事情。如果它成功了，他们就会扩展它。”卡梅伦又说，他从未想到工会如此强烈地要求维护这个计划。“我觉得，如果其他数控设备操作工的工资较低，工会将不会让它继续下去。”他最后说，无论如何，“我们不能实行两种工资，并且我们不可能扩展。”但是，他答应可以重新考虑放弃计划之事，并且可能同意试行一段时间的继续运行。这个决策反映了许多因素。一个原因是，卡梅伦刚来林恩工厂两个月，并不愿以从别人那里得知的消息来做出仓促的判断。另一个原因是，车间也遇到了麻烦。当试验计划终止的消息传到了车间，7 名工人马上就离开车间，而且机器的生产率明显下降。“人们被激怒了，”霍兰警告道，“我们已经预料到会这样，”但“不可再让这种事情发生了”。[77]

卡梅伦承认，他对这样的结果感到“悲观”，并再次表明，他不同意车间里现有的两种工资标准、工作规则、填单程序以及纪律状况，因为它们“不符合通用电气公司的总体政策”。但他决定让试验计划再试行一段时间。但这一次将确立用以测量计划进度的条件与标准。而这些条件事实上就已践踏了“试行”性质，因为其内容与目的就意味着试验计划的终结。计划
307 不会得到扩展，领取10%津贴的试验人员也不会提升到16%。工头将重新返回到车间，并被分配到各班以加强工作规则；各班之间18分钟的交班时间也不再是计划的条件（现在由工头决定）；而且也不再有灵活的午餐休息或开机时间。计划进展的衡量标准将是通用电气公司的正常的财务标准；每个星期，车间层面的工会与管理委员会举行一次会议以监控计划的进展，并且如果任何一方决定退出必须提前30天通知对方。“如果地方201工会不能接受这些条件，”公司宣称，“我们将继续按我们原来的安排放弃计划。”[78]

3月31日，试验人员举行了一次紧急会议。他们对在“继续试行”计划的名义下实施放弃计划的做法感到愤怒。他们投票决定维持计划的最初框架，坚持16%的津贴发放给所有人，并推动制定固定工资以及将计划扩展到其他部门。他们决定如果公司决意放弃计划的话，他们将举行罢工。但地方201工会主张接受这些条件，如此至少可以保留津贴，从而有利于多数人。地方工会还认为，它必须尽可能地挽救这一计划。即使不能维持原来的框架，至少工人应当维持这些津贴。但这激怒了许多热烈拥护“新生活方式”的工人，后者攻击工会领袖，指责他们让公司收买了。[79]

可以理解的是，工会对这些条件也非常不满，并强烈要求，“必须尽可能地对工头的职责加以限制”。工会希望有机会来挽救这个计划。“我们应当证明自己是对的，而且我们必将做到这一点”，地方201工会声明，其办法是“诚实努力的工作”与“持续协商”。“（让我们）从今天开始，查清并测量现在的状况”；不必担心过去的“成绩与问题”。“你们不必担忧过去”，现在我们从零开始。工会决定向前看。第二个星期，试验人员举行了一次特别会议，投票决定继续进行计划一段必要的时间，“从而让整个运转情况得到应有的评估”。与此同时，车间又恢复了旧的管理制度。[80]

奥斯汀·德格罗特是这一计划的经理，许多试验人员认为他是计划的真正支持者，他后来回顾道，“试验计划应当在1973年结束。那时人们已经清楚地明白，它不会获得纽约的同意；它绝不可能得到扩展。它不应该继

续前行，就像一名癌症患者在拖延时日一样。这也就是这个癌细胞现在也没有得到根除的缘故。”他也许是对的。试验计划的最后试行实际上是一种系统而痛苦的废除计划行动。工头们又回到了车间，他们被授意破除工人们新近建立起来的自我依赖、自我约束和自尊的“习惯”。[81]

鲍勃·亨德森（Bob Henderson）是新任车间主任，在第一次车间的工会与管理层会议上，他就定下了计划试行中的严厉调子。他宣布重新实行固定时间午餐制，打卡制，并警告道，“在工作场所读报或读书并不是车间活动的惯例。”他还提出了测量计划进展的标准：旷工、相对于生产潜能的每班产量、休闲时间、废品率与送交 MRB 的成品率，以及生产成本。他认 308
为，“有少数试验人员仍然没有执行‘与试验人员相称的责任’”，并让一名旧试验人员说明他们的职责，建议“只要可能，工会与车间管理人员就将纠正这种情形，而不必等上级单方采取行动”。工会拒绝列出试验人员的职责（在这种紧张气氛下，避免给人一种与管理层合作的表象），这样亨德森决定自己做这件事。此时，他通报给上级三次试验人员自行离开工厂的事件，其中一个是滥用了午餐时间，另外则是几名操作工声称“被迫接受难以完成的生产任务”。他在报告中指出，总体来说，“试验人员的形象有了很大的改进”，但是“旧有习惯仍然时时复发”。他并没有大惊小怪，并向上司保证，“将齐心协力”以确保各项事务得到控制。[82]

亨德森列出了“试验人员的各项职责”，其中指出了希望他们完成的目标以及“有待改进的地方”。他清楚地指出——那些仍然不理解计划的人也不难看出——试验计划的“试行”或“恢复”实际上是回到了计划之前的“生活方式”。这些职责包括：

● 操作工对工头所承担的责任：

工头的主要目标是维持纪律并全面管理该部门。工头将填写加班表，执行安全生产规程、生产程序、质量控制章程并且分配所有人的工作。操作工在换班之初向工头报到，并要求分派任务，在该班生产结束之时填写工作单。

● 工头可以自由决定是否实行 18 分钟的交班时间。午餐时间将固定化，并由工头监督。

● 操作工必须：

制定生产与试制计划，并尽可能降低成本。

根据工头的要求，参与设备的维修，维护设备。
根据工头的要求，团结协作来装配设备。
将故障机器报告给维修部门与工头。
执行工头分派的新任务。
通知工头有关机器问题。
必要的时候研磨或维修刀具。
进行返工和检测次品。
填写工作记录。
维护设备。
培训和帮助不熟练的操作工。
与质量控制和其他辅助人员合作，维持车间运转。

309 这种“试验人员职责”对于参加者来说太熟悉了，他们知道，这种职位描述又回到了4年前的情况。而现在这些行为则被置于一个完全不同的，甚至具有进攻性的环境。事实上，试行计划的目的在于为管理层“掠夺”计划的收益，其手段是将新的扩大的试验人员职责纳入到传统的管理模式之中。当时一名参与者指出，“必须削减工头，否则计划将又回到传统的‘X理论’管理模式上去，而这本来是我们要改革的对象。”[83]

亨德森不仅保留试验人员的职责并将他们置于工头的管理之下。他还增加了一些新的职责。首先，他建议撤掉“装配工”——这是试验所采用的办法——而提议由每个操作工自己装配自己的刀具。他坚持认为，在某些工作上——比如生产T65卷轴——一名操作工必须看管两部莫纳奇机器，再次回到74号厂房的“瓶颈”时期的做法。他建议撤掉“领工”职位，同时废除计划中所有领第22级工资的领工的10%的津贴。显然，亨德森的做法是加强对车间的控制。他还列出各种“有待改进的地方”：

- 操作工必须将维持车间清洁视为其工作内容（其停机时间的工作不受此限）。
- 消除午餐时间过长的现象。
- 不得读报或杂志。
- 改进文书处理工作的拖沓现象。
- 提高出勤率。

● 上下班打卡。如果考勤卡丢失，工头将分配卡片，不得填入以前的记录。

● 没有群体喝咖啡的休息时间。

● 不得游荡。离开工作岗位之前必须得到工头的许可。

● 不得玩“幼稚把戏”：

在刀具装配间刚刚粉刷好的地上画个红心。

在整个试验区域将模板乱放。

将电话锁在凭单盒中。

卸掉电话中的扩音器。

在记录本上涂写猥亵句子。

试验人员之间的问题：撕掉彼此的工作单，藏匿他人的工具箱、考勤卡等。

新的做法显然又恢复了参与者之间以及劳工与管理者之间的对立与紧张。试验人员所玩的“幼稚把戏”在各个工厂里都非常普遍，其实不过是参与者表达他们不满的方式之一。[84]

最后，亨德森涉及问题的实质：生产。他要求立即停止各类怠工现象，
还坚持每个试验人员“满负荷工作”并“克服那种反正还有的事要做，只 310
要完成工作量，一天的任务就算结束的态度”。换句话说，亨德森在挑战计划启动之初管理者与试验人员都热烈支持的观念，即“公平有效地工作，然后领取一份公平的工资”。规则现在是：只要有人吩咐，就按吩咐去做。1969 年，一名试验人员说他是凭着“良心”去做事。现在这已经不够——他的良心被工头所取代。

一名参与者后来回忆道，“计划已经废止；他们让工头回来，并拿掉了工作充实、灵活性、自我控制与休息时间。”亨德森详细描述了新制度的纲要之后，最后警告道：“那些不支持、维护或达到计划的要求的人将被调离。”这一威胁策略使得强硬政策得以贯彻下去，不久就发挥了它的作用。[85]

不难想象管理层从试验人员那里得到的反应。亨德森不久向麦考密克（McCormick）报告，“车间确实有一种试验人员与管理人员之间的对立。许多试验人员不愿意承担责任，也不愿实施监督与执行清洁的职能。他们不愿意修理他人生产的部件，认为‘让工头去做吧，既然他就是为这个拿工

资的'"。一个月后，亨德森报告道，他遇到了一些问题，"试验人员不愿意为整个群体而进行合作"，一些人专门找麻烦，或者"游手好闲"。（一些当事的试验人员后来回忆道，绝大部分游手好闲的现象都是管理层有意安排的，为的是破坏试行计划，"污蔑整个群体的形象"。）"为了克服这种态度，"亨德森继续回到泰勒主义与个人主义的人际关系方法的老路上，"私下里，我与那些我认为缺乏群体合作精神的人进行过多次严肃的谈话。"亨德森对工人说，纪律问题不容商量，但工会不这么看，要求在这些场合上必须有一名工会代表在场。亨德森同意工会代表的参与，并试图把它仅限于在车间之外与工会代表的交流，但没有成功。[86]

随着计划的进行，情况越来越糟糕。通过让工头回到车间，管理层已经破坏了试行计划。在试验启动之初，试验人员就已清楚表明他们对工头的看法：他们指责工头让他们累得喘不过气来，加剧了车间里的紧张气氛，并引发了各种纪律与生产问题。试验计划撤销了工头，纪律就成为自我约束的问题；试验人员自己控制自己，生产者所接受的是其"良心"的监督。在这两种情况下，生产得到了显著的改进。而当工头返回车间，纪律再次
311 成为一种外在的而不是内心的问题；生产是一种强迫，而不是"公平有效地工作"。可想而知，双方都难以接受这个事实，而现在管理层却以生产的下降作为计划失败与试验人员缺乏自我管理能力的证据。

管理层一次又一次地使用这种千疮百孔的逻辑来批评试验计划。6 月中旬，亨德森报告道，"第二班的工头整个星期缺席，而第三班的工头则在星期五没有上班。我决定不调来其他工头，为的是检验'试验'概念的含义。由此看来，其结果似乎表明，这个决定是错误的。"在接下来的一个星期里，停工与旷工有所增加，再次提出了车间纪律与工头作用的问题。"试验人员与管理人员之间的关系也问题重重。"亨德森一针见血地指出。"每个试验人员都知道，工头的职责是协助当班工人解决问题，并提供指导。在多数情况下，这种协助应当是告诉工人如何去做或如何去解决问题，而不是替工人做事。不应把这错误地解释为不提供帮助。如果试验计划可以在没有工头的情况下做到正常运转，"亨德森告诫工人道，"那么试验人员自己就将全面接管各种工作内容。"试验人员现在极其愤怒与失望。这个星期，亨德森报告道，"各项评价指标都在下降，车间里肮脏不堪，各班彼此推卸责任。有人破坏了午餐与上下班进出厂的考勤卡。""我将进一步进行调查，并纠正这种现象。"亨德森向他的上司 W. 麦考密克保证。一名试验

人员后来回忆道，当时“每个人都承受了极大的压力；人们在这种压力之下自愿放弃试验计划。”管理层提供各种期望以诱使他们努力工作，如果他们没有做到这一点，就采取威胁手段。[87]

评估结果仍然“令人失望”，亨德森认为，这“表明绝大多数试验人员缺乏履行承诺的诚意”。7 月，亨德森决定在生产 T65 卷轴时让一名操作工看管两部莫纳奇机器，但没有成功，他认为这是一个“人的问题”。他指出，“有几名试验人员开始希望计划早点结束，因为评估结果很糟糕，他们也就无所谓了。如果有足够多的人持这种看法的话，那么就可以按他们的要求去做。”即使如此，此时“工头仍将对车间运营进行日常管理，以确保计划得以完成”。[88]

1974 年 9 月 18 日，潜在已久的冲突终于爆发出来。表面上，公司只是准备开除一名工人，并试图发挥儆戒的作用。特迪·马基（Teddy Markee）被调离试验部门，理由是破坏了考勤卡。工人立即停止工作。工会举行了一次紧急会议。地方 201 工会对“试验计划中管束工人的做法”提出抗议。“引起我们注意的是，”工会谈判者指出，“政策已经做出变动。我们认为， 312
有必要对政策做出澄清。”经过几次协商，马基重新回到试验部门，但有一点是无可置疑的：试验人员已经被“分化”，而且管理层打算在它们认为违背工作纪律的地方将实施除名措施。但马基事件使得厂方以 F. J. 基尼利（F. J. Keneally，他的儿子是一名试验人员）取代亨德森，并以 R. P. 艾森豪尔（R. P. Eisenhaure）取代了麦考密克。

管理层的变化也无济于事。10 月，基尼利的报告中提供了更多的计划衰败的证据：“工作速度慢是一个严重的问题”，“有人答应加班但后来却没有兑现”，“工作凭单填得很草率”。这时，戴维·格尔伯（David Gelber）在波士顿的《真实报道》（*Real Paper*）（1974 年 10 月 9 日）上发表了一篇长文，描述了计划衰败的过程。格尔伯预计计划将要终止，重复了通用汽车公司格兰姆斯的看法，批评了通用电气公司的管理层。“他们担心，试验计划所取得的公认的成功，”他写道，“最终将促使它们在全厂乃至全行业范围内放弃传统的管理特权。”德格罗特认为这篇文章是分析试验计划方面最好的、最准确的报道。[89]

“一些试验人员，”基尼利抱怨道，“对批评或任何改善形象、提高评估方法尤其是产出的做法过分敏感。”但他让艾森豪尔放心，他将会把一切理顺。“无论评估标准是什么，也无论这些指标是否符合我们的期望，”他向其上司保证，“我们将尽最大的努力找出原因，探讨并做出各种必要的纠正或调整措施，以满足评估标准。这一点是永远不会变的。”这听起来很不错，但实际上完全不起作用。基尼利仍然只给试验人员很少的时间来保持车间的清洁并提高生产率，但试验人员憎恨这一点，也憎恨他这个人。有一天上午，基尼利对车间里混乱不堪的情形大为光火，他命令所有操作工都关掉机器，拿起清洁工具打扫车间。但他忘记告诉他们停下来。因此，试验人员就像魔法师的徒弟一样，一丝不苟地按照工作条件去做，他们整整打扫了一天的卫生。[90]

1975 年 1 月，加州大学洛杉矶分校的工人生活质量研究中心的路易斯·戴维斯（Louis Davis）教授应工会的邀请，对试验计划进行一个“个案研究”。地方 201 工会对此感兴趣，但显然公司则毫无此意。戴维斯的一名同事乔尔·费德姆（Joel Fadem），主要根据格尔伯的文章写了一篇短文，发表在《数值控制协会会刊》上，不久，这两名学者得到了通用电气公司的允许而进入到现场进行研究。公司不希望在这个问题上出现学者与工会联合起来的情形，因此决定让两人分别进行研究，一个主要依据工会的叙
313 述，另一个则主要根据公司的叙述。但经过几个月的协商后，通用电气公司决定反对这项研究。根据费德姆后来的解释，公司的主要理由是，“公司正打算废除仍然还在实行的 10%的津贴，不希望在这个问题上再弄出麻烦来。”由于公司不予合作，工人生活质量研究中心只好放弃了它们的研究计划。费德姆说，中心并不愿意在只有一方的叙述的情况下开展研究。

此时，公司管理层决定终止试验。2 月，林恩管理层正式宣布这一决定。

> 我们在此提前 30 天通知你们，我们决定终止飞机发动机集团的试验计划。我们愿意就转变中的问题进行协商。我们认为，你们曾经努力实现这一计划的目标，但最终还是失败了。我们希望能够尽可能让你们受到公平的对待。[91]

就在这个星期，由卡梅伦负责，公司开始制定详细的步骤，并讨论逐步结束计划的方案。有意思的是，通用电气公司将逐步废除计件工作制作为先例，以此说明它所要采取的措施。不可否认的是，试验计划的部分目

的是减轻废除计件工资制的影响，在工会看来，它是为了建立一种新的固定计时工资，其长期目的是补偿废除计件工资的损失。而林恩工厂却把计划中的津贴当成收入问题的“临时”解决方案，它们也以此兜售给公司总部。现在，林恩工厂早已废除了计件工作，而又没有制定任何新的工资级别，这一临时举措也步计件工资制的后尘而逐渐淡出。虽然用了 10 多年的时间（1979 年结束逐步淡出的过程）才完成这一任务，但通用电气公司总算是得到它所希望的一切目标：数值控制岗位的日工资定在第 19 级（没有任何津贴，但工人却承担着新的工作职责），获得了如何最有效地使用数控设备的信息，更为灵活的有关操作工的职位描述，更为重要的是，不存在任何操作工“可以应用的”计件工作制。

地方 201 工会也许已经意识到大势已去，虽然此后还举行过两次会议，但谈判者维持试验计划的努力并没有获得成功。“不可能去拯救这一概念，”公司坚持认为，“很显然，它没有达到目标。公司不能采用这种运作方式。因此必须终止它，而且绝不可能更改。”“在接下来的 30 天里，”它建议工会道，记得“去如何考虑这些人的利益”。[92]

通用电气公司表示，它愿意通过渐进放弃津贴的方式来减轻这一举措的冲击，这种方式正是 1968 年它所答应保护计件工作工人的办法。公司知道如何在一个强势的地位上做出妥协。“只要我们仍然在支付这一工资，”公司提醒工会道，“我们希望试验人员仍然像现在这样履行他们的职责。当 314
过渡期结束的时候，也许他们不愿意去做现在与计划有关的事情。如果我们制定了一个过渡计划，并且给予他们一些报酬的话，我们希望他们有所回报。”[93]

工会在面临着妥协的前景时，仍然试图坚持固定工资的问题。“我们不接受你们的决定，”一名工会代表宣称，“我们认为，这一群试验人员可以看管任何一种机器。我们应当得到这一工资级别，因此必须给他们加工资。”公司拒绝这一要求：“在数控设备部门，决不加薪。”工会虽知希望不大，但仍努力挽回计划。“是否还有其他方法，从而不必废除试验计划？换一种眼光来看计划，我们所能说的就是它很受欢迎。再说，工会的要求是公司改变对已经做出的决策的看法。”公司的发言人回应道：“决定已经不可更改了，我们必须中止试验计划。”双方的讨论现在转移到有关逐步停止计划的问题：期限、维持收入、调动程序、培训、替工、升职等。工会艰难地支撑局面，深知在这个问题上与公司正面冲突有可能会影响津贴问题，那种“要么全赢要么全输”的态度很可能会一败涂地。工会明白，最后的协议对许多试验人员来说肯定是难以接受的，它也担心把这个消息通知其成员。它对公司谈判者说，“我们希望双方先就这个问题举行几次会谈”，制定出具体的细节，“然后再通知试验人员”。[94]

地方 201 工会对于将消息通知试验人员的担心是可以理解的。谁都可以想象得出，车间对中止计划的反应。管理人员现在抱怨“车间工人的态度”以及“生产效率与质量的”低下。“我们必须采取一些行动，”基尼利警告道，“我们仍然有事务去做。我们希望人们的合作。”工会指责公司应为 74 号厂房的工作问题与劳资关系负责，并强烈抱怨公司管理层日益强硬的态度。一名曾参加会议的试验人员讲述了发生在他身上的一件事：“昨晚我遇到了一卷有问题的程序带。我把它送给工头，工头凯利对我说‘去你的吧，你知道你可以对付它’。我告诉他，如果用这卷程序带生产，所生产的部件将成为废品。凯利对我说‘凑合着用吧。我是工头并且我希望就这么切削部件’。”试验计划的精神是鼓励工人在遇到问题的时候，发挥主动性去处理它们，现在则受到了一些人的直接攻击。1968 年，为了增加产量，质量有所下降，而废品率急剧上升。“我可以向你们说明管理人员的态度，”一
315 名原试验人员对公司谈判者说：“我们仅仅希望每件事就像其通常的那样去做。”一名工会代表也说，“我再次告诉你们，是管理层造成了这些问题，而不是我们。”该原试验人员对公司提出一句预言式的建议与警告：“怎样才能管好数值控制部门，希望你们认真考虑。”[95]

公司坚持主张，停机、罢工或拒绝加班将损害逐步退出的计划，并迫使它单方决定取消津贴。通用电气公司还继续认为，第 19 级工资就是固定工资。“他们承担了许多其他部门都没有的职责，你们怎么能指望他们还仅仅领取第 19 级工资呢?”工会希望公司解释这一点，“试验计划做出了许多改进，你们不能要求他们去做第 19 级工资所对应的工作之外的事情。你们在这个部门增加了许多职责，然后又把这个办法推到其他部门。我们在这里尽最大的努力与你们合作，而你们却说以此衡量伊文达尔工厂的生产部门。”公司没有放松半步。“我们处在一个非常不利的境地。”一名工会代表回忆道。[96]

“我们不会在此时建立一个高于第 19 级的标准，”公司声称，“我们绝不可能将一个完全不同的工资标准写入协议。”一名工会成员警告道，“我们将就工资级别提出申诉。我们认为，不可能再回到旧的工资体系。”这种看

法在试验计划上极其常见，试验人员一直认为他们创造了历史，而历史不可能走回头路的。但它确实走了回头路。一名参与人员回忆当时工会极其担心出现这种情况，但结果终究是这样。地方 201 工会的代表似乎别无他法，只能放弃试验计划这一概念，同时为其成员争取最好的条件。而试验者们却完全无法接受这一变化。他们后来的回忆表明，对他们中的一些人来说，试验计划是他们所参与的最激动人心的事件，他们极其不情愿在没有任何斗争的情况下就放弃这一计划。一名试验者回忆道，“一些人真的很不愿意看到计划的失败，他们甚至愿意牺牲津贴——仅仅只要求让工头走开！”其中有 13 个人——他们称自己为“脏十三”——拒绝接受逐步中止计划的安排，坚持为维护最初的框架并制定固定工资而游说。他们认为，他们不仅被公司所欺骗，也为工会所出卖。他们激励其他人也加入进来，并为试验计划斗争，并且在必要的时候，举行罢工。

但金钱起了作用。“脏十三”中的一个回忆最后一次会议，说它简直是一场闹剧。“工会代表喋喋不休地在说话，而投票纸则有意设计成让人出错的式样，标着‘同意’的地方就意味着不同意，而标着‘不同意’的地方则意味着同意。他们不希望人们理解这件事。”但不管是理解还是不理解，有足够多的试验人员选择了金钱，同意逐步中止计划。没有人勇敢地为试验计划作最后的抵抗。公司获得了决定性的胜利，工会则被置于一个完全防守的位置，只能维护着试验计划的残骸碎片。[97]

工会就中止计划投票并为其命运打上封条之后，仍然无望地要求公司 316
方面澄清计划目标中涉及工人职责方面的含义。公司仍然按其原有的办法，含含糊糊地说明哪些职责应当中止以及哪些职责应当保留等内容。“你们能否明确列出工人的哪些职责应当逐步取消?”工会追问道。“我们无可奉告，”公司的答复是，“这是不可能的。”“你们日后可以就这个问题提出申诉。”公司建议道，它充分相信，到那时这个事情已经如此琐屑，必定有利于公司。通用电气公司显然试图获得计划的全部收益，以为不具体规定职责内容，如此工会就无法要求补偿。在有关数值控制设备上长达 10 年的谈判中，工会仍然无法强迫公司澄清新的职位描述，从而无法支持加薪要求。[98]

双方签署的中止计划协议于 1975 年 4 月 7 日生效，该协议根本就没有提及工人的职责。但协议却明确规定，所有工人的工资标准是第 19 级，并且详细规定了逐步中止计划的程序，其最后的期限是 1979 年。重要的是，该协议还包括了一项纪律条款——它反映出公司确实是处在强势地位上做出妥协这一事实——该条款规定如果工人不遵守纪律，将被取消“附加利益”（津贴）。工会将执行逐步中止计划的程序——该权力有效期至 1979 年——以确保工人维护纪律与合作。协议书规定：“双方同意，在该部门不得有意减慢工作速度而加班、禁止个人或群体的其他任何打断生产或制造过程的行为。如果发生此类行为，该人的附加利益将被中止。”[99]

1975 年 4 月 23 日，D. W. 卡梅伦将有关中止计划协议的备忘录发放给其管理人员，其中要求“逐步中止普通工人那里的这类社会试验”。在简短描述了逐步取消计划的细节之后，卡梅伦强调指出，工资仍然是第 19 级，并警告道，“任何个人削减产量都会立即停止发放其附加利益。”在执行协议问题上，卡梅伦解释道，“该部门豁免人员的工作范围已经做出变动，因
317 此有必要在不增加间接维护成本的情况下，安排两名工头和一名生产进度安排人员。* 这些人将承担起安排生产进度、维护纪律以及其他需要对付试验人员的车间控制职责。”[100]

1975 年 10 月，试验计划正式启动 7 年后，通用电气公司紧急召来工会协商。“我们在 74 号厂房 1 楼遇到问题，”管理层有些惊慌道，“我们现在与工人发生了正面冲突。”问题出在新来的工头弗兰克·赖特（Frank Wright）身上。事情可以追溯到 1969 年 3 月，试验计划人员被询问他们对试验计划的看法时，一名管理人员谴责了他看到的纪律败坏现象。“必须在那儿安排一名严厉的工头。”他建议道。六年后，公司按他说的去做了。一名试验人员抱怨道，“赖特收受了公司的好处，成为公司的走狗。他的工资很高，整天穿着那身制服耀武扬威。”这名工头毫不讳言他的目的，甚至在工人面前——或者说有意在工人面前——表明这一点。他告诉一名试验人员，他所以被分派到这里，就是要“打扫这一块地”，并警告道，“我现在已经准备好了。”工会警告公司要约束好赖特，不可虐待车间工人。公司同意“去

* 这事实上引出了试验计划是否真正节约成本的问题。如果仅改变辅助人员的工作范围，就能够在不增加成本的情况下安插进三个新的监督人员，那么情况将是：或者是管理人员已经学习了管理该部门的新方法，或者是试验人员——现在是领第 19 级工资的机械工——已经承担了制造过程中的某些职责（以及包括某些无形的支出，但却没有获得补偿），或者两种情况兼而有之。不管计划的收益是什么——笔者相信这是一项具有回报的事业——从长期来看，这些收益都落入了公司的口袋，而工人则一无所获。

关照这个事情”，但坚持认为，“工头关心生产是天经地义的事”。但车间工人并不这么想，并很快想出了招数。一天，所有工人宁可牺牲当天的工资，都称病不来上班。赖特很快就调到其他部门。如果没有一个人来上班，便是再“严厉的”工头也不可能完成其工作目标。[101]

原试验人员要求，既然现在计划已经终止，那么必须对他们的职责给予明确说明与界定。公司给他们一张打印好的单子，上面标明“回到常态”。“原试验人员”——现在已是拿第 19 级工资的机械工——“在将来的工作中可以不用按其过去的职责来要求自己”。原试验人员的职责“将由计划人员、工头和监督人员来履行”。这名经理本人没有参与试验计划，他提醒那些参与计划的工人说，试验计划远没有那么好夸耀的。他指出，地方 201 工会倾向于试验计划，“即使它包括区别对待、职责范围不清、同一级别工人之间的不协调”等因素，只是为了“在计件工人与计时工人之间实施一种不同的工资结构”。显然，这名经理说出了公司在实施问题上的底线。“所要追求的最终目的，”经理继续说道，“是做一名快乐的工人，他有机会独立行事，根据自己的能力而获得公平的补偿，并且还可以根据激励机制来提升自己。”“从理论上说，”他极力宣扬这种哲学观，“这种观念是最理想的。”并且“在现实中，这种状况可以极大地满足公司与工人的利益”。“但不幸的是，试验计划失败了。”他简短地提及计划“失败”的一些 318
原因，泛泛予以批评。（“测量可以说明问题”。）“确实很不幸。”他重复道，但它毕竟已经结束了。“我们希望，”他最后说道，“原试验人员能够勇敢地度过这一过渡阶段，并回到原来的工作方式上。”[102]

在一些支持“试验”的管理人员看来，试验计划所以终止，是因为整个管理层拒绝放弃其传统的权威。“管理层所看重的，与其说是生产率，毋宁说是对原有工作规则的维护，”一名管理人员断言道，并加上一句，“抵制这种变化中的管理者与操作工之间的关系，也许对管理层而不是工人的危害更大。”他指出，总的来说，“管理层从未真正放弃这一想法，即只有他们才能做‘管理’工作，而操作工所以不能参与管理，只因为他们是操作工。”换句话说，试验计划遇到了资本主义生产的基本矛盾：谁来管理车间？[103]

在通用电气公司高层看来，工会的目的是扩展计划，从而将它当成实现工人更多生产的步骤，而这样做，构成对生产资料私人所有制所蕴含的传统权威的威胁。终止计划的决策不仅维护了生产监督与管理人员的特权，也维护了财产私有制所赋予的权力。如果现实生产需要放宽对车间的监督，并且在工厂里实行更为民主的决策，那么类似试验计划的做法还是可以容忍的——当然也有它的限度。从根本上说，这些限度的决定因素远比追逐利润这些考虑更为基本，即维护阶级权力。

试验计划的故事向工人与工会揭示了这类参与管理计划的限度。它还表明：首先，就这类计划实际上成为扩大工人权力的手段而言，它们必将与资本所设立的最大的限度相冲突，因此资本必然会结束它们。其次，它们可以在不向管理层权威进行任何挑战的情况下，鼓舞工人的士气，从而提高生产，在这个意义上，它们得到了资本的鼓励——但事实上牺牲了劳动者的利益。

参与这类计划确实是一种解放人们思想与能力的愉快经历，人们可以从中看到自己被压抑的潜能，并实现工人对生产的集体控制。一名管理人员是这样描述原来的试验人员的："这些人再也不是原来的那些人了。他们已经明白，事情完全可以不是这个样子。"然后，计划所激发出来的热情，以及对共同目标的高度责任感，往往被用来对付工人自身。第一，目标并
319 非真正是"共同的"，而仍然由管理层独自决定，它们继续在生产什么、什么时候生产、在什么地方生产等方面做出决策。对生产的参与并不包括对投资决策的参与，后者仍然是所有者的特权。这样，参与事实上只不过仅成为一种常见管理方式——下达命令——的改动罢了，只不过是以合作的名义鼓励工人的服从。

第二，参与计划有助于产生精英，减少工人，而精英们则拥有特权，与管理层打交道更具"合作性"倾向——如此削弱了工人的敌对立场，并致使其成员减少。正如一名前通用电气公司的管理人员提到试验计划时所说的，"管理层可以将其注意力集中在某些工作充实上面，因为如此充实了职责之后，管理层控制起来也就得心应手了。"

第三，这类计划让管理层从工人那里学到很多东西——它们鼓励工人以合作的精神将自己的知识与技能拿出来与大家分享——然后再根据泰勒主义的传统，将从工人那里学到的东西来对付工人。一名原试验人员回忆道，"它们偷学车间工人，学会怎么去最佳操作的技术，一等到将它们学到手，马上取消试验计划，将这些知识运用到机器上去，再让那些没有知识的人来看管机器——后者服从公司的管理，而且没有适当的补偿。"通用电

气公司也许是将试验计划当成一个试验室，学会如何管理这类参与计划，这样好从中渔利，同时权力又不曾削减。

第四，这类计划还可以让管理层避免工会的规则与申诉程序，甚至于整个取消工会的作用。通用汽车公司的格兰姆斯看到试验计划的操作后，就完全明白这种可能性。"这就是明证，"他对底特律的上司报告说，"我们可以在适当情况下绕过工会的申诉程序来解决这种问题，甚至可以有效地鼓动那些顽固的工会积极分子。""总而言之，我们必须正视问题，"格兰姆斯总结道，"即我们是否愿意放弃所谓的'管理特权'，从而改变操作工的态度并得到他们在生产上的合作。我认为这是一项获利丰厚的投资。"通用汽车公司很爽快地同意，我们从该公司的提高"工人生活质量"计划的范围就可以看出——该计划的主要目的是减少与工会化的车间的冲突，并在新工厂里尽可能少地建立工会。

简言之，各种管理矛盾——它们植根于像数值控制之类资本密集型的技术中，并促成通用电气公司开展试验计划——是更大范围内资本主义生产矛盾中的组成部分。这些矛盾对这类参与计划施加了限制，并最终决定了参与计划的命运。正如通用电气公司的事件所说明的，这些参与计划事实上并非单纯意义上的"试验"，也不能说明所谓管理技术的先进，而是管理层为达到生产目标而做出的偏锋之举。面临新技术发展之际，传统的泰 320
勒式的管理已经失效，管理者们也会尝试各种新式的、似乎更为开明的管理手段。一旦他们的权威受到威胁（或者出现其他机会时，比如因为经济衰退而引发的失业浪潮），他们就会迅速又回到传统的强迫管理方式上去，他们认为还是老办法管用——新技术则不然。这里蕴含着一个反复出现的模式，即权力模式。不存在任何证据表明，资本仅仅为了提高生产而自愿放弃权力，或者与工人分享权力；生产是次要的，权力才是症结所在。因此，对工人来说，这类计划，除了它们的教育与激发精神的意义之外，还可能构成了一种未来前景的错误假象，但事实上，要达到这种前景，尚需更为深远的社会眼光，更大的权力以及远为宽阔的斗争舞台。

通用电气公司试验计划的衰落代表着这类"工作充实试验"的典型模式。比如，在通用食品公司设在托皮卡市的狗食厂，管理层大致在通用电气公司试验计划的相同时间里启动了一个类似的计划，其结果与命运也相似。工厂也建立了一支团队，工人则负责承担起更为广泛的决策职责，岗位轮换取代了劳动分工，团队领工取代了工头，管理上的等级制则让位于似乎更为民主的决策过程。西摩·梅尔曼指出，“这种做法也很有效。”该计划运作了 4 年，将单位产品成本削减了 5%，减少了职工流动率以及工作事故，每年为公司节约 100 万美元。

虽然梅尔曼认为，“该计划在经济上取得了成功”，但它也最终被停止了。用《商业周刊》的话来说，它对“许多人构成了威胁。计划启动之初，就承受了许多压力”。该杂志指出，所以如此，“并不是因为制度没有效率。基本理由就是权力。一些管理人员与人事部门认为，由于工人做了一切事情，自己受到了威胁……而律师们则担心国家劳资关系委员会的反应，反对让团队成员投票决定加薪的做法。人事部门经理反对是因为工人自主决定雇佣事宜。而工程师则憎恨工人参与工艺管理。”“最后，”梅尔曼指出，“公司高层结束了这场‘试验’。1977 年，通用食品公司的高层人员千方百计阻止有关托皮卡试验的报道，不让新闻媒体的记者进入这家工厂。”[104]

在通用电气公司，当做出终止计划的决定之后，公司也同样拒绝提供任何有关试验计划的消息。在林恩工厂，管理层马上又回到传统管理的“老路”上，制定出严格的工作纪律，对各种小“错误”——比如在上班期间吃三明治或看书——提出警告，甚至给予 6 个月的察看处分。集体喝咖啡
321 的时间也取消了，监督人员则试图将工人在工作时的交谈减少到最少的限度。此外，管理层还重新引入了工时定额研究人员，将一个固定的“程序带时间的百分比”视为衡量设备利用率的标准。

然而，管理层采用老办法以恢复它们对生产的控制时，却再次遇到数值控制应用中的矛盾——当初正是这些矛盾才促使它们启动了试验计划。车间中的紧张气氛再度升级，并引发工人的工作士气下降，缺乏合作，职工流动率与旷工现象增加。不时发生没有得到工会批准的罢工，怠工更是相当突出，工人不服工头的管束，“态度极其恶劣”（尤其是那些原试验人员），车间里弥漫着普遍的敌意以及对生产管理目标的抵制情绪。不多久，设备利用率直线下降，产量与质量都在下降，而 74 号厂房的数值控制部门再次成为林恩河畔工厂生产运营中的瓶颈。

为了控制，通用电气公司的管理层有意——完全可以假定，它们还乐意——牺牲了更经济的生产。试验计划不仅说明了管理层最终将权力置于企业内部的生产与利润之上，而且也说明了在更大范围内，维护私有权力与特权与实现更有效、高质和有用生产的社会目标之间的矛盾（姑且假定

飞机发动机是一种对社会有益的产品）。管理层决定终止计划的做法不仅导致对工人进一步的虐待，而且也导致整个社会的福利损失，社会不能享受到公共的技术发明所带来的好处。

这令人难以理解，尤其是对那些受过正统经济学的系统教育或影响过深的人（自由主义者与马克思主义者都一样），他们一直都把资本主义看成是一种受利润驱动的、有效率的生产制度。但事实并非如此，它从来也没有实现过这一点。如果说对利润的追逐——通过私有制以及对生产的控制——曾经在历史上作为资本主义发展的主要手段而发挥作用的话，它也从来不是资本主义发展的最终目的。目标永远是统治（以及相伴随的权力与特权）以及维护统治的地位。几乎找不到任何历史证据可以证明这种看法，即最终而言，资本家按照理论家所设想出来的经济游戏规则来行事。相反，大量的证据表明，当追逐利润与有效生产的目标与维持统治相冲突时，资本就会寻求更为古老的手段：法律的、政治的乃至军事的手段。无论如何，在各种细心计算的背后，总隐藏着权力的威胁。过去，已经有一种意识形态将这种统治体系合法化，这种意识形态认为，生产手段私有制以及通过生产来追逐利润将最终造福于整个社会。它声称，资本主义生产更好，更便宜，也更多，这样做的时候，它就促进了经济增长——或者说
增加了所谓的“国民财富”。试验计划的故事——它不过是美国工业中数千 322
类似故事中的一种——对这种意识形态描述现实的方法提出了严重的质疑。

1971 年，卫生、教育和福利部开展了一项有关“美国工作状况”的研究，以应对日益增长的工人骚乱、非法罢工、破坏设备、生产率显著下降以及所谓的“职业伦理”问题。这项研究所主要关注的是这些现象对现存制度——工会、管理层、资本当然还有政府本身——所构成的潜在威胁，并试图寻求缓解矛盾的办法。就在试验计划开始逐步终止的时候，卫生、教育和福利部发布了它的研究报告，报告强烈建议更广泛程度上的“工人参与管理”，这不仅是为了提高生产率，而且也为了维持现存制度的合法性：“几十份翔实的试验报告都表明，当工人参与到影响其生产的工作决策中的时候，生产率得到了提高，而各种社会问题则下降。”

但是，尽管有这样或那样的证据，甚至其自己的试验计划也可以说明这一结论的有效性，通用电气公司仍然主要倾向于采取维护其权力的传统方式以及更为现代的提高生产率的方式。（在一些新设立的工厂里，尤其是在南方，通用电气公司采用了一些“质量小组”或其他一些“参与”方法，

以提高工人的效率、主动性与忠诚，并拒绝工会化。这些参与方式得到了精心的控制与设计，远没有试验计划的范围广泛，也不具有潜在的颠覆作用。）而在林恩工厂，通用电气公司不仅销毁了试验计划，甚至销毁了人们对试验计划的记忆。管理层开始分化他们，通过调动或升职从而使他们不再属于工会谈判单元，打消了他们的凝聚力，抹掉对工人集体控制生产的回忆。公司拒绝工人参与，从短期来看，只是选择了一种更为粗暴的问题解决方案，而从长期来看，公司在追求又一种新式技术。

前面指出，在公司高层的鼓励下，工厂监督人员继续压迫难以驯服的工人，与此同时，他们还寻求各种不仅能够保证管理层对生产的控制而且能够扩大其控制的手段。20 世纪 70 年代中期，工会发现公司使用摄像设备，暗中进行操作研究并对车间实施监控，几年后，公司应用一种新型的基于“SAM”计算机的工厂数据收集系统来监控工人、机器以及材料流程。与此同时，公司为了实现在生产中消除工人参与，启动了一项更为大胆的自动化计划——自动化工厂。通用电气公司林恩工厂的管理层再次加大对自动化设备的采购，并将这些机器联结到一个名叫“康曼德”（CommanDir）的中央直接数字控制系统上。此外，在美国空军与国防部的鼓励下，通用电气公司将自动化计划发展成一个完全集成的计算机辅助设施和计算机辅助制造（CAD/CAM）生产系统。林恩工厂披露其首先建造“无文
323 书工厂”，然后迈向“未来工厂”的计划，通用电气公司则承诺投资 50 万美元让其成为“工业自动化的世界超市”。公司在所属各家工厂启动“全面自动化计划”的时候，同时宣布它将用机器人取代超过半数的计时工人。[105]

【注释】

[1] 本章材料主要取自通讯国际工会地方 201 工会档案，尤其是工会与公司谈判备忘录（承蒙地方 201 工会谈判代表 Peter Teel 惠允使用）。此外，还使用了与工会官员、试验计划参与者、过去与现在的管理者（其中部分人员参与了 1977 年政策研究中心有关数值控制的全部讨论）的访谈，以及通用电气公司所提供的各类材料。应其中仍然供职于通用电气公司的人维护隐私的要求，文中将隐去他们的名字并尽可能不去引用他们的话语。关于马萨诸塞州林登市的历史，参见 Paul Faler，“Workingmen，Mechanics，and Social Change：Lynn，Massachusetts，1800—1860，” Ph. D. dissertation，University of Wisconsin，1971；Alan Dawley，*Class and Community*：*The Industrial Revolution in Lynn*（Harvard University Press，1976）。

[2] 关于电子工业的劳工关系史，参见 Ronald Schatz，“American Electrical Work-

ers," and Jeremy Brecher, "Roots of Power: Employers and Workers in the Electrical Products Industry",参见第 7 章。

[3] Stanley J. Martin, *Numerical Control of Machlvie Tools* (The English Universities Press, 1970), pp. 170, 174, 180, 184.

[4] 同上;1977 年对 Henry Sharpe 的访谈,interview, Brown and Sharpe Machine Tool Company, CPA Study。

[5] 1977 年对 Earl Troup 的访谈;interview, CPA Study, 1977。

[6] 同上;对通用电气公司林登工厂职员的访谈。

[7] 同上。

[8] Grievance slip: "Group Complaint, Auto Lathe Operators," December 20, 1963; Executive Board Case, December 31, 1963, January 16, 1964, January 24, 1964; "Conference with Management," January 31, 1964; "Supplementary Facts," March 4, 1964; "Report of Section Four Committee," May 29, 1964; "Conference with Management," March 6, 1964; "Union Memorandum," June 4, 1964.

[9] *GE News* (General Electric Company, Lynn, Mass.), October 9, 1964; "Special Meeting with Management," October 6, 1964; "Statement of the Position of Building 1—40 Auto Lathe Group," October 19, 1964.

[10] "Special Meeting with Management," October 6, 1964;访谈。

[11] "Special Meeting with Management," October 6, 1964.

[12] IUE Local 201, "Strike Report," October 8, 1964.

[13] *GE News*, October 21, 1964, December I, 1964; "Strike Settlement Agreement," October 12, 1964; "Special Meeting with Company," November 23, 1964; "Meeting with Management," November 30, 1964; "Strike Issue Talks Concluded," memorandum, IUE, December 7, 1964.

[14] "Emergency New York Level Meeting on Pending Strike," January 4, 1965; Robert A. Farrell, quoted in *GE News* December 23, 1964; IUE International office memorandum, 1965 年 1 月 19 日 William Gary 致 David Lasser。

[15] *GE News* December 23, 31, 1964, January 5, 22, 1965, "New York Report: Meeting with Management," January 21, 1965.

[16] *GE News* January 28, 1965;工会传单,日期不详;1965 年 2 月 11 日工会的新闻稿。

[17] "A Fair Way to Settle the Strike" (company proposal), n. d.;公司的罢工简讯,工会传单;"Strike Settlement," IUE Local 201 Stewards Newsletter;与工会成员及官员的访谈。

[18] 1977 年政策研究中心对通用电气公司生产经理的访谈;对管理人员与工会成

员的访谈。参见第 10 章。

［19］访谈与各类记录。还可参见 Joel Fadem，“Fitting Computer-Aided Technology to Workplace Requirements：An Example，” Proceedings of the 13th Annual Meeting of the Numerical Control Society，March 1976；Trudy Rubin，“The Workers Work Better Without Bosses，” *Christian Science Monitor*，September 5，1972；David Gelber，“Bring Back the Punch Clocks，Welcome the Foreman，” *The Real Paper*，October 9，1974. See also Mike Sidell，“Impact of Technological Change on Engineering，Drafting，Planning，and Related Occupations，” International Federation of Professional and Technical Engineers，Local 149，Lynn，Mass.，1974 (courtesy Mike Sidell，Local 149 president). See also Robert Zager，“The Problem of Job Obsolescence：Working It Out at River Works，” *Monthly Labor Review* communications，July 1978，pp. 29—32。

［20］F. L Gowen，“Memorandum on Rl7 Lathe Automatic，Area 3，” February 16，1968；Austin de Groat，“Pilot Program：Looking Back，” 1978.

［21］对参与者的访谈；James O'Connor，administrator，Manpower Training and Development，“Interim Report on Pilot Program，” March 11，1969；H. W. Lindsay，“Memorandum，” November 19，1968。

［22］O'Connor，“Interim Report on Pilot Program.”

［23］Lindsay，“Memorandum.”

［24］Ray Holland，“Numerical Control-Pilot Program，” in “Working Unit for N/C Pilot Run，” June 17，1968.

［25］“Working Unit for N/C Pilot Run.”

［26］“Piecework—LEMO—AEG” in “Working Unit for N/C Pilot Run.”

［27］同上。

［28］“Conference with Management，” July 12，1968.

［29］“Conference with Management，” July 16，1968.

［30］同上。

［31］“Group Meeting，” July 17，1968；“Emergency Executive Board Case，” July 18，1968.

［32］“Conference with Management，” August 20，1968.

［33］同上；对参与者的访谈。

［34］“Conference with Management，” August 20，1968；“Special Executive Board Meeting，” August 26，1968；“Conference with Management，” August 27，1968.

［35］“Conference with Management，” August 30，1968；对参与者的访谈。

［36］Sidell，“Impact of Technological Change”；Zager，“The Problem of Job Obsolescence”；“Executive Board Meeting；” September 25，1968；“Conference with Management," October 8, 1968.

[37] 同上。

[38] 同上。

[39] "Conference with Management," October 14, 1968; "Report of Business Agent on Pilot Program at Group Meeting," October 27, 1968; "Conference with Management," October 28, 1968, November 1, 7, 1968.

[40] 对参与者的访谈。

[41]1970 年 2 月 12 日 Austin De Groat 致 R. O. Emmons。

[42] "Conference with Management," December 9, 1968, February 6, 1969.

[43] 同上; "Pilot Study Program," May 6, 1969; "N/C Machine Operator Training," n. d.; "Pilot Study Enrichment," n. d. 。

[44] 同上; 对参与者的访谈; 1970 年 7 月 20 日 Austin De Groat 致 R. O. Emmons; "Conference with Management," September 15, 1969。

[45] "Summary of the Data Gathered from Interviews with Members of the N/C Pilot Program During the Week of March 17, 1969."

[46] 对参与者的访谈; 1970 年 2 月 23 日、1970 年 3 月 18 日、1970 年 7 月 16 日的试验计划《简讯》。

[47] "Meeting with Management," March 19, 1970; "Pilot Program Experiences," n. d.; 1970 年 3 月 18 日的试验计划《简讯》。

[48] "Meeting with Management," April 17, 1970; "Subcommittee on Pilot Program," May 28, 1970. See also Gerard Gryzyb, "Decollectivization and Recollectivization in the Workplace: The Impact of Technology on Informal Work Groups and Work Culture," unpublished manuscript, September 1980.

[49] 1973 年 1 月 6 日通讯国际工会地方工会主席 Peter S. diCicco 致通讯国际工会总律师 Winn Newman; "Summary of Data Gathered from Interviews"。

[50] 对参与者的访谈; "Conference with Management," August 13, 1970。

[51] "Subcommittee Recommendations to Executive Board," October 15, 1970; "Membership Meeting," December 21, 1970; "Conference with Management," December 21, 1970.

[52] Austin De Groat, "The Pilot Program: A Review, a New Direction," February 1, 1971; T. A. Wickes to Robert E. Curry, January 21, 1971; Austin De Groat to R. O. Emmons, July 20, 1970.

[53] "Conference with Management," February 12, 23, March 30, 1971.

[54] "Conference with Management." April 13, May 4, 1971.

[55] 1971 年 5 月通用电气公司总部 Don Sorenson 致 D. Phillips。

[56] 1971年3月19日 Austin De Groat 致哈佛商学院的 Wickham Skinner；"Joint Conference on 'Change' as It Affects the Factory," GE Aircraft Engine Group Harvard Business School, March 3, 1971。

[57] Austin De Groat, "Pilot Program-Looking Back."

[58] Rubin, "Do Workers Work Better Without Bosses?"; see also Henry Blanch, "Thoughts and Trends," IUE Local 201 *Electrical Union News*, March 24, 1972.

[59] R. D. Grimes to C. Katko, May 30, 1972; R. D. Grimes to Austin De Groat, June 7, 1972.

[60] 同上。

[61] 1972年1月13日 Austin De Groat 致所有试验人员；对参与者的访谈。

[62] "Special Conference with Management," July 12, 1972.

[63] 同上。

[64] Second Shift, "Petition," August 1, 1972.

[65] "Conference with Management," August 21, 1972; "Subcommittee Meeting," September 5, 1972.

[66] "Special Conference with Management," September 21, 1972.

[67] 对参与者的访谈。

[68] "Conference with Management," October 5, 1972.

[69] 同上。

[70] "Conference with Management," December 7, 1972; see also data compiled in De Groat, "Pilot Program-Looking Back."

[71] "Conference with Management," December 7, 1972.

[72] "Union Subcommittee Report," December 21, 1972.

[73] 同上。

[74] "Meeting with Management," January 23, 1973; James Scanlan to Alvin Worthington (Rome, Georgia), March 12, 1973; Step Ⅱ Grievance: "Group Auto Lathe, R—19 + 10 Percent, Pilot Program," May 9, 1973.

[75] 1974年3月14日 Robert T. Lund 的哈佛商学院会议的个人记录（承蒙 Robert T. Lund 惠允使用）。

[76] "Special Conference with Management," March 22, 1974; "Special Meeting with D. W. Cameron," March 27, 1974.

[77] 同上；"Meeting with Management," April 11, 1974。

[78] 同上；"Special Conference with Management," March 31, 1974。

[79] "Group Meeting," March 31, 1974.

[80] "Meeting with Management," April 11, 1974.

[81] Austin De Groat，“Pilot Program-Looking Back”；对参与者的访谈。

[82] R. V. Henderson to W. McCormick，April 29，May 6，1974；“Minutes of Pilot Committee Meeting，” April 22，1974.

[83] R. V. Henderson，“Pilot Responsibilities，” n. d.；“Union Response，” n. d..

[84] Henderson，“Pilot Responsibilities.”

[85] 同上。

[86] 1974 年 5 月 28 日、6 月 4 日与 10 日 R. V. Henderson 致W. McCormick。

[87] 1974 年 6 月 18 日与 27 日 R. V. Henderson 致 W. McCormick。

[88] 1974 年 7 月 9 日 R. V. Henderson 致 W. McCormick。

[89] “Strike Conference with Management，” September 18，1974；1974 年 10 月 10 日、10 月 29 日、11 月 6 日 F. J. Keneally 致 R. P. Eisenhaure；Gelber，“Bring Back the Punch Clocks”。

[90] 1974 年 10 月 10 日 F. J. Keneally 致 R. P. Eisenhaure；对参与者的访谈。

[91] 1975 年 1 月 27 日 Louis Davis 致 Peter diCicco；Joel Fadem，“Fitting Computer-Aided Technology to Workplace Requirements”；1980 年 5 月 23 日 Joel Fadem 致作者；“Conference with Management，” February 20，1975。

[92] “Conference with Management，” February 24，1975.

[93] 同上。

[94] 同上。

[95] “Subcommittee Report，” March 5，1975.

[96] “Conference with Management，” March 14，1975.

[97] 同上；对参与者的访谈；“Special Meeting of Pilots，” March 22，1975。

[98] “Meeting with Management，” March 24，1975.

[99] “Local Agreement on Termination” (effective April 7，1975).

[100] D. W. Cameron，“Pilot Program Termination，” April 23，1975.

[101] “Conference with Management：Auto Lathe Area，” October 23，1975；对参与者的访谈。

[102] E. J. Kelleally and P. Johnson，“N/C Pilot Group，” n. d..

[103] De Groat. “Pilot Program-Looking Back.”

[104] Melman，*Profits without Production*，pp. 280—281；*Business Week*，March 28，1977，p. 78，cited in Melman，p. 280.

[105] Dieter Ernst，“Automating Manufacturing Equipment in a Period of Crisis，” pp. 33—35；HEW Special Commission，*Work in America* (MIT Press，1973)，p. XVIII.

结语　另一种进步观

324　当第二次工业革命展现在我们面前时，谁都可以看见，生产力今天已然成为制造历史的力量。工业机器再次成为这个历史舞台上的中心，而追求自动化程度更高的生产工艺则成为这一过程中的推动力量。但正如这项研究所表明的，这些机器本身从来都不是生产中的决定性力量，它们仅仅反映了生产中的决定性力量。在每一个时点上，这些技术进步都受到了各种力量的干预：社会统治权力阶层、全知全能的非理性幻想、具有合法性的进步观念以及技术工程本身与其社会生产关系的矛盾。如果说——历史学家伊丽莎白·福克斯·杰诺韦塞（Elizabeth Fox Genovese）与尤金·D·杰诺韦塞（Eugene D. Genovese）曾经这样写道——“历史不过是讲

述谁统治谁并如何统治的故事”，那么，技术史也不例外。[1]那种认为机器制造历史而不是人制造历史的技术决定论是错误的；这种观点对过于残酷而难以直接面对的现实给予了模糊的、神秘化的、逃避主义的以及息事宁人的解释。如果说施加在我们身上的社会变迁是不可避免的，那也是因为，这种变迁并不是遵从某种独立的技术逻辑，而是根据某种我们所有人都服从的社会逻辑。

将技术进步视为一种社会进程，而不是一种自动的超越性的决定力量，这可以解放我们的思想（如果我们忽略了社会权势阶层的巨大力量），因为它让我们看到一个长期被否定的自由领域。它将人从技术逻辑的魔爪下解救出来，再次恢复了人作为历史真正主体的地位，而人的行为也不再如自然或形式逻辑所要求的那样具有决定性的力量。现在，技术进步本身只是被当成一个社会结构的产物，是一个新的变量，而不是第一原因，为人类提供了广泛的可能性，并预期多种未来的存在。此外，对技术进步的审慎检视显示，技术也可以通向两种不同的生活，其中一种服从设计者的意图 325
与权势阶层的利益，另一种则完全相反——在技术设计者后面产生各种出乎意料的结果与不可预期的可能性。正如人类容易犯错一样，机器也不例外，不管最初的设计是如何完善、周全，自动化程度如何高。最后，如果技术进步是一个社会过程，那么它与其他社会过程一样，充满了冲突与斗争，而其最终结果总是无法预测的。

上述看法具有解放性，它们削弱了长期以来安抚和麻醉技术进步受损者的技术决定论。愤世嫉俗与悲观绝望将让位于谨慎的乐观，后者将重新唤醒我们的政治精神。这样，即使一些人仍然比较消极，让他们仍然可以稍许宽慰的是，现有的技术秩序是不完备的，然后安心等待其弊处的积累直到统治阶层的意图因为不堪其弊而崩溃。其他消极观察技术进步所展现出来的种种矛盾的人将坚信，新技术将为一个更为人道的未来奠定基础。更为活跃的乐观者，则加速激化其内在的弊端，并利用这逐步展开的矛盾，推动着这一过程沿着更符合人性的道路前进。在这些努力中，更具想象力的是辨别现存设备中所隐含的其他可能性，然后再发展这种可能性，直至技术可能性不得不改变政治力量的时候。有些人相信，他们的替代性设计自身天然具有实现政治变化的力量，从而推动我们走向另一种历史命运。另一些人则更为冷静，将替代性技术的应用视为一种策略，一种提高对大的社会权力结构的意识的方式，它符合更宽泛的政治斗争的需要。只要将技术视为一个社会过程，所有人都能够从中找到支持其要求的证据。

虽然说超越技术决定论的动向具有解放性，但是它也充满了各种错误的承诺。乐观主义者为新发现的自由与前景而欢欣鼓舞，对替代性技术充满热望，但他们也往往失去了判断力，夸大了可能性，并低估了社会权力仍然决定技术前途的现实。那些等待即将来临的现存统治大厦崩溃的人将会失去信心，因为权力拥有者存在许多选择，他们力图欺骗民众。对那些积极采用替代性技术的人来说，困难极其巨大，成功也可能姗姗来迟。（如果没有必需的力量与时间来推动技术成为解放与自我实现的工具，替代性技术将必然遭到摒弃或者走向它的反面：以一种相当微妙的方式成为统治的工具。）更重要的是，技术乐观主义者，不管是消极乐观还是积极乐观，
326 他们事实上都接受一种表面上被他们拒绝的观念：技术崇拜论，信仰技术进步，认为技术将最终决定一个解放了的未来。他们已深深陷入那种使资本主义美国缺乏自由这一局面合法化的观念之网，他们必须明白，不存在任何的技术承诺，不存在任何的技术拯救。因此，不管他们做如何的努力，也不论现实存在各种冲突，未来将继续以一种社会决定的方式展开，而技术仍然再度成为统治的工具与面具。在这个意义上，替代性技术尚且如此，更何况现存的统治技术。

微电子技术的发明也许比近年来的任何发明都更重要，也曾给人带来一个富有前景的希望。计算能力越来越便宜，制造商也进入机械加工市场并克服了繁重的程序设计任务，它们提供了便于操作的硬件与软件，从而提供了此前被否定的技术可能性。最新一代的机床自动化被称之为“计算机数值控制”（computer numerical control，CNC），初看之下，它意味着又回到以操作工为中心的加工方式。“数值控制现在已经落后了，”最近，一名控制工程师在制造工程师协会上如是说，“第一代麻省理工学院所设计的控制系统是一种复杂的、成本居高不下的庞然大物，主要是用于大规模加工军用飞机所需的复杂机械部件。”但是，“由于数值控制的技术尚不成熟，经过 10 年的技术回归，数值控制技术才能够对工业生产做出最大的贡献，即能够应用于小型机床的简单、经济的控制系统。但是，数值控制仍然保留着其诞生之初所带来的编程复杂的特征。再过了 10 年……人们才研究出各种组件与设备……以缩减设备的尺寸并简化编程，这样小型加工厂也能用上数值控制技术。”[2]更便宜的而且更稳定的计算能力最开始以微型计算

机的形式出现，随后诞生了微处理器，从而实现了精密、灵活且易于操作的"可编程"控制，机床本身也具备了程序存储能力。这种技术的出现，使得一些设计者开始考虑让操作工来熟悉程序，在机器上对程序进行编辑，甚至在车间里编程。一旦控制系统中嵌入了编辑程序的能力，操作工不仅能够修改程序以实现机器的最优利用（以及安全方便），而且也能够从头开始设计程序。有了所谓的手动数据输入系统（manual data imput，MDI），机械工能够在加工第一个部件的时候就在逐步编写程序，其方法仅仅不过是在加工的时候将指令存入机器。最新的电子控制技术更让设计者如虎添翼，让他们设计出更经济和更易操作的系统，并把目光集中在被遗忘的机械工身上，开始考虑各种将他们再次嵌置于控制环的方式，而不仅仅限于人工代用装置。

亡羊补牢，时犹未晚。邦迪克斯公司追随卡拉瑟斯的道路，开发出自 327
己的动态通路计算机数控系统，它具备可编程控制、人工数据输入以及编辑控制带的功能，并宣称能够"在实际切削第一个部件的时候就可在短时间内制作出简易的程序"。德国西门子公司与日本富士通公司在美国合资设立的通用数字技术公司开发出一种采用微处理器的计算机数控系统来用于车床、铣床、加工处理中心，据称其"独有的技术"是"设计图编程"，这是一种简易的人工编程方式，将数据输入设计图，然后自动计算出几何数据以及相关的加工指令。通用数字技术公司强调其系统具备"简单、灵活、稳定"的优点，并指出这种新型控制系统"基本上用于手动数据输入编程方式，具备'教会回放'的能力"（虽然名称相似，但这并不是记录—回放系统，因为它实际上并没有记录动作，而只是插入简单的数字指令）。最后，为弥补数值控制系统过于复杂的缺陷，一些毕业于麻省理工学院的设计者在1980年研制出一种简单的、低成本的数值控制系统，其中采用了轴向位移编码器，从而能够让小型加工厂也能应用数值控制技术。这些年轻的发明家们似乎认为他们为切削加工开辟了一条全新的道路，高兴地宣称该系统"是一种互动系统，其中操作者从所加工部件的设计图中获取相关信息并输入数据"。[3]

更便宜的计算机内存使得最新一代的计算机加工技术能够得到广泛的应用，并克服了较早的数值控制技术中所遇到的各种问题，这无疑扩展了以操作工为中心来生产的可能性。"计算机数控系统具有如此广泛的应用前景以及计算能力，以至于唯一限制它的因素就是硬件设计者的创造能力。"

约翰·邓肯如此对制造工程师协会的成员说。美国最大的机床制造商辛辛那提米拉克伦公司的开发部门主管尤金·麦钱特（Eugene Merchant）激情洋溢地宣称，“通过互动式软件编程等技术，计算机自动制造系统为工人参与决策或管理提供了无限可能。”三名来自德国汉堡的工程师在其讨论“微机数控机床上的工作充实”的论文中指出，计算机数控系统能够让分散式的计划、更为灵活而稳定的生产、工作充实与工人控制来取代早期数值控制系统中紧逼的权威式管理、呆滞且稳定性低的生产等特征。可以肯定的是，这些特征在那些小加工厂以及部分大工厂中得到了部分的实现*，其中 328 管理者很乐意让工人来参与管理从而提高机床的利用率。但夸大这种趋势或者期待从技术上颠覆自动化工厂的趋势，则未免过于天真。因为权力的格局依然如故，技术主流也没有改变。[4]

由于竞争日益激烈，而劳动力、能源、原材料、资本的成本增加带来很大的压力，再加上一如既往的管理层、军方以及技术狂的冲动，整个社会对自动化工厂的追求以及完全有序世界的渴望丝毫不曾减弱。总体控制的思想基础仍然是贫乏的人性观以及系统否定人类潜能的假设，但以一种更为精致的方式表现在制造有利可图的先进的军用设备上，这种制造方式否定了人们的合作与智慧。它披着先进技术的外衣，似乎意味着高度的理性，但所谓的理性也只体现在狭隘的计算上。而在社会环境中，它意味着对生产手段的高度集中控制以及相应的敌对式的生产关系。

在新一轮兴盛科学主义与进步主义的背景下，对总体控制的追求还打着爱国主义、竞争、提高生产率和进步的名号。但是，它的不可分离的两个目标仍然是控制与统治，对其不恰当的夸张恰恰显示出它的荒谬。《时代》杂志在其1982年的年度人物评选中宣称，“计算机来了——新世界崭露曙光”。只有这一次，年度人物竟然是一部机器。“有好几个代表1982年的人类候选人，但谁也不能像计算机那样能够如此代表1982年的丰富内涵，或者被历史视为过去一年里更有意义的符号。”制造业的声音也证实了这一时代的符号。《美国机械师》指出，“在过去，人既是信息的译码器，也是信息的发送器：操作工担当着设计内容与加工之间的最终界面的职能。人使用他的脑力与体力来控制机器。”但“现在，计算机日益承担起信息译码

* 关于数控机床在新英格兰的小型加工厂中的应用情况，参见 Roger Tulin，*A Machinist's Semi-Automated Life*（San Pedro：Singlejack Books，1984）。

器与发送器的职能，数值控制也许是最大限度降低人工干预这种潮流的代表性技术”。因此，“制造业倾向于购买其控制系统将减少生产过程中操作工作用的设备。业内人士议论着先进的自动控制系统，希冀在公司中采用高级计算机来实现双向交流……就等级制而言，操作工不大可能有什么发言权。”[5]

因此，通用数字技术公司一方面以车间编程与操作工控制的优点向加工厂兜售其计算机和数控系统，却又同时向大企业宣称其设备具有“更稳定”的性能并能让管理层拥有更多的控制能力。“该计算机数控系统使用了磁泡存储器，”公司向潜在的客户强调指出，“它可以按照客户的需要，防 329
止操作工干预部件程序。用户可以锁住手动数据输入功能，这样所有的程序可以由数值控制系统直接转入磁泡存储器。”换句话说，有了计算机数控系统，操作工也可以贡献其创造力，将其技术存储于生产过程——目的是提高设备的利用率并稳定生产；该系统也可以通过一部管理层控制的计算机来实现对机床的远程直接控制，从而将操作工排除在管理层控制生产这一“主流”之外。“总体指令：采用管理者操作的计算机数控表面磨床。”《现代加工厂》1982 年 9 月刊登出了这样一则广告。“管理者操作?”广告开门见山，提出这个核心问题。“为什么不? 在你的办公室安装一部终端，你就可以亲自控制它……操作工仅仅只是装料与卸料。”[6]

这正是通用电气公司所采用的制造方式，公司管理层现在正追求着无需人的机器以及“无文书工作的工厂”。与其他地方一样，操作工被排除在计算机数控系统之外，还有些车间规定，那些被发现进入该系统的操作工将立刻被解雇。* 通用电气公司不是指望发挥工人的积极性从而最大限度地利用其自动化设备，而是研制出所谓的康曼德（源于计算机制造指挥仪）直接数控系统（DNC)，该系统将所有的操作设备都连接到一部中央计算机上。这种所谓“等级制方式”所“隐含的观念”是尽可能不让“操作端”涉及数据处理工作，虽然微处理器与廉价存储器使得分散化的计算完全不成问题。根据《美国机械师》的说法，通用电气公司的设计者认识到，“计算机数控系统代表着未来的方向……基本原则——等级制方式——绝不可

* 整个美国航天工业都是这样。打个比方，操作工所面临的这种处境就如同人们在操作复印机，当纸当或油墨用完，待你打开机柜，却发现本来很容易加纸或油墨的地方被锁住。除了让人恼火之外，这还降低了贵重设备的利用率。（但正如一名罗尔斯-罗伊斯公司的前经理所指出的，“只要控制系统安装在车间，那么不管你锁不锁，你都不可能避免他们使用。”）

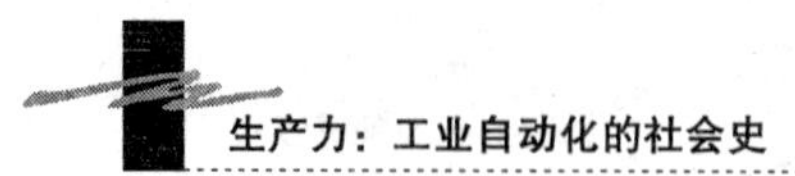

能改变。”通用电气公司的经理威廉·沃德尔（William Waddell）认为，“事实上，计算机辅助制造只是一种信息沟通系统，如果能够成功地运用，它可以将组织转变成一种纪律严密的制造手段。”[7]

计算机集成制造系统一方面协调与控制水平方面上的工作流与加工程序，另一方面又纵向连接从设计到加工的各道程序，现在已被广泛称为“CAD/CAM”（计算机辅助设计与制造系统）。* 从其所蕴含的理念来看，这种系统体现了早期数值控制专家们永不满足的梦想，其目前的形式则代
330 表着该领域的最高水平。“人们若没有在其工厂里安装了CAD/CAM系统，就根本不敢走进他的乡村俱乐部，”通用机械公司（Unimation）的总裁约瑟夫·F·恩格尔贝格最近嘲讽道，“他必须在打出第三个高尔夫球的时候谈起他的CAD/CAM系统——否则就有他的难堪了。”[8]

与数值控制技术——它构成了CAD/CAM系统的核心——相同的是，最新的技术突破仍然得到了军方的大力支持，尤其是空军。这也许最好理解成数值控制项目的扩展。1979年，美国空军启动了长达5年、资金达1亿美元的ICAM（集成计算机辅助制造）计划，计划于1984年完成既定目标。国际收割机公司的前ICAM项目经理以及CAD/CAM系统主管丹尼斯·维斯诺斯基（Dennis Wisnosky）解释道，“现在的ICAM计划是先前的数值控制计划的逻辑扩展。”工业界与科研界大约共有70位承包商参与了该计划，空军还提供了风险资本以推进这个项目，它的范围如此广泛，期限如此长以至于工业界自身无力承担。它堪称“工业界、大学以及政府资助的结合”。与数值控制计划一样，空军决定“推动该项目的技术发展”，包括技术的传播与交易。现在，“未来工厂”的原型将“设计美国工业的样板”。维斯诺斯基指出，“今天许多工厂似乎管理混乱，工人失去了控制，而成本则完全无法预期。”美国空军资助的计算机集成制造系统将“疗救这些弊病”。[9]

正如其鼓吹者所描述的那样，ICAM计划本质上是一种将车间自动化与管理自动化结合起来的努力，目的是削减由于减少人工成本并剥夺车间的权力与判断而大幅上升的间接成本。因此，ICAM计划可以视为是自动化所

---

* 计算机辅助设计系统的诞生对于工程师与设计师来说具有双刃剑的效果。一方面，采用它可以将生产控制集中在技术人员而不是车间生产工人的手中，但另一方面，由于设计工作的程式化，它也降低工程师的技能并取而代之。自动化设计者们自己也被自动化了。关于这个主题，可参见本章的注释8。

带来的各种问题的解决方案。除了机床自动化与机器人之外，它还包括研制并集成用于计划、进度安排、发布文件、存货控制、沟通、维修安排与设计等管理职能的各种计算机辅助功能，用以“实现更好的管理层控制”，并“将管理层从过多的事务性职能中解放出来，而从事创造性的工作”。车间自动化的主旨是尽可能降低工人的创造性、车间控制并实现操作的程式化，而这个计划的目的却恰恰相反。在 ICAM 计划实施过程中，美国空军视察项目承包商时所得到的反馈是，工业界认为“在计算机辅助制造中， 331
管理层控制获得了最大的回报”。空军系统司令部（Air Force Systems Commands，AFSC）将 54%的人工（蓝领工人）削减视为空军计算机辅助制造所获得的最主要的“成效”。但是，正如参与 ICAM 计划的戈登·迈耶（Gordon Mayer）所指出的，这种对削减人力的强调是有选择的：“我看不出有谁会认为，这种系统的目的是取代经理的地位。”[10]

最初，ICAM 计划还包括“总体规划”的设计以及语言的标准化。该计划高度体现了“等级制制造结构”，目的是集成所有的制造工序。计划的承担者是软技公司，一家从麻省理工学院数值控制工程所分离出的公司，其总裁是自动程序设计工具的开发者道格拉斯·T·罗斯。新的语言叫 IDEF（集成系统定义语言），将成为空军与工业界就各种制造问题沟通时的共同平台。维斯诺斯基指出，“我们要让整个航天业，至少为了 ICAM 计划，采用这种标准的系统定义方式。”这样，空军再次通过标准程式与合同而强行推进这种最新语言的应用。空军最近的一份征求建议书提出了这一事业的目标，被送给潜在的合同商，并刊于 1980 年末的《商务日报》上。

> 诚征具备相关经验、技能和生产基础并能够参与建立生产部件的可调加工系统（Flexible Manufacturing System，FMS）的人士。可调加工系统的目的是建造技术先进的生产设备来制造航天业所需的批量产品。该系统必须能够自动调控，自动传送部件、夹具和刀具，自动检测部件的尺寸与刀具的质量。集成系统控制还包括加工数据分析、计算机辅助处理、计划、进度安排等能够实现计算机集成加工能力的功能。

征求建议书强调指出，“项目可望广泛分包给航天业与其他工业制造商、机床制造商、大学以及高科技公司。”[11]

初看之下，ICAM 的观念似乎“过于大胆，遥不可及”，维斯诺斯基承
332 认，但“现在它已经成为现实”。* “我们正迈向未来工厂，它将是材料、设备、工人的最优配置，而加工过程中的每个环节将能够反馈管理决策所需的信息。”美国空军希望有一天能够实现“计算机与机器可以在一起工作，从而尽可能减少人工干预”，抱着这一目的，它在 1977—1982 年间与 50 家公司共签订了 65 份 ICAM 合同。1983 年，仍有 20 份合同仍在执行，其中沃特公司承担着有关“未来工厂”的设计任务。空军系统司令部则承担起在 1985—1990 年间推广这种工厂模式的职责，与机器人一道，ICAM 被视做美国 CAD/CAM 以来最为重要的创新。除此以外，ICAM 计划还衍生出技模公司（TECHMOD），空军耗资 6 700 万美元用以改进通用动力公司的沃思堡工厂的产物，其职责是生产计算机集成制造系统的专用部件。ICAM 计划同时也刺激了其他军方部门对制造技术的改进。美国海军则有造船技术计划，陆军坦克司令部则有可调加工系统计划，海、陆、空三军还联合启动了电子计算机辅助制造计划。[12]

军方，尤其是空军，大力推广新型制造技术。1981 年，美国空军系统司令部开展了一个 300 万美元的制造科学项目，旨在“刺激科研界更多地参与制造技术”。ICAM 的资助者还注重培养后备人才，致力于在工学院与大学里“提出各种新的教学课程”，并为“学生提供各种新的事业发展机会”，换句话说，“帮助学生了解现实世界”。然而，这个现实世界本身充满了梦想：“逐步走向自动化工厂。”《现代加工厂》的封面这样写道。这份似乎很务实的专业杂志把这个梦想描绘成这样的画面：一双澄亮的鞋蹬着金色的阶梯走入云端，阶梯的尽头就是自动化工厂。《财富》杂志在其充满未来主义色彩的封面上宣称，“自动化工厂的竞赛”正在进行，让人回忆起该杂志在 1946 年在同一个问题上的宣传。《商业周刊》描述了制造业有关无需人的

---

* 约翰·帕森斯认为 ICAM 计划对于小工厂来说是一场灾难，而对于大公司来说则是福音。主承包商将在其建议书中写明，如果更多采用 ICAM 方式来生产机身部件，那么将更有机会获得合同。在这种情况下，小工厂由于不具备 ICAM 生产能力，将失去合同，而主承包商则有了将该合同放在自己工厂生产的绝妙理由。

帕森斯坚持认为，更重要的问题是，ICAM “对于高规格飞机的生产来说可有可无……有了记录—回放技术、微型芯片和计算机，制造业就能够实现任何加工任务，但是技术的可行性并不能保证经济上的可行”。在这位很早就熟悉空军的数控技术观念的人看来，ICAM “必将成为一个庞大的技术废物”。

机器、自动化工厂以及总体控制的梦想，认为按钮工人与执行人员虽然远离工厂，但已经成为计算机集成制造实体中不可分割的部分。如果说工业界也回应了军方的梦想，那么作为军方—工业界—科研界三角联盟中的第三极，大学也不例外。[13]

比如，在弗吉尼亚工学院（VPI），科研者与汉威公司联合承担了
ICAM 人力要素工程的子项目。弗吉尼亚工学院工业自动化试验室主任理查 333
德·维斯基（Richard Wysk）教授指出这一合同的主旨。“从一个更广泛的角度来看自动化，你就必须采用比人更可靠的机制来执行命令……我们所做的事情就是让各个工序实现自动化，并让人除了完全执行命令之外不必做任何事情。”既然数值控制设备的操作工现在不过是“装料工与卸料工，我们节约了他的劳动”，这样他就可以看管 4～5 部机器而不是一部机器。“现在系统真正意义上控制了人，而不是人控制了系统。”当然，相比较用机器人来取代人这一目标来说，这还只是一个开头。但那时的问题就是，如果机器人失灵，操作工就必须在工地承担起相应的纠错责任。维斯基也在研究这个问题：“我们已将人排除在加工过程之外。现在我们要做的就是将人彻底排除在纠错的过程之外，也就是说，自动计算机集成系统也能够处理各种意外情况。”[14]

这一“技术”目标近乎完美地补足了工业管理层的追求。正如维斯基的一名同事所承认的，“一旦实现了这个变化（自动化），他们将彻底改变此前所遇到的各种问题（比如消除工会）。”但是，这种变化打着科学的旗号，并得到了科研界的认可。通用电气公司就曾借用密歇根大学的莱斯特·V·科尔韦尔（Lester V. Colwell）教授的话来为其自动化辩护：“实施计算机辅助制造的头等目的就是将制造技术从‘基于经验的’技术转变成‘基于科学的’技术，并确认和整合其信息结构，从而让计算机执行产品设计与制造计划中的技术，并实现对车间的控制。”[15]

这个美妙的梦想是否会因不堪重负而破灭？对全知全能的执迷是否会被其内在的缺陷与短视而削弱？换言之，这些新技术是否在经济上与技术上可行？显然，我们有理由对此抱有怀疑。

第 7 章指出，达尔文主义的进步观假定，如果商人引进一种新技术，这种技术必定是经济的。因为根据其逻辑，如果这种技术不经济，那么精于计算的商人或者会拒绝这种技术，或者由于错误地采用这种技术而破产

（市场自动纠正错误的经济判断）。在此，技术的经济价值不是通过举证与细致的计算而得到估价，而是根据表面的商业行为来作为先定的理由。但这种推理本身仍然存在着有关商人实际动机的历史疑问，它包括对实际而
334 非预期的经济回报的考量，包括对所谓自我纠错（同时受到政府的严重影响）的市场机制的实际运行状况的审察。即使存在这些问题，自第一次工业革命以来，这种逻辑充斥于人们对于技术进步的理解，并在第二次工业革命之际仍然占据着观念的主流。

这种观念浸染了对于“美国制造体系”——比如机器大规模生产——崛起的解释。它假定，降低竞争成本的动机与熟练劳动力短缺的压力促使富有经济头脑的制造商研制开发节约劳动力的机器与资本密集型制造方法（专用设备、可互换零部件、标准化程序细致的劳动分工等），从而降低单位成本并减少了对熟练劳动力的需求。它还进一步假定，这种资本密集型制造方法将比传统制造方法更经济，从而也是美国制造业成功的关键。

正如尤金·弗格森（Eugene Ferguson）在最近的一篇史学评论中指出的，史学界开始对这一解释的事实与逻辑提出了质疑。[16]保罗·乌泽尔丁（Paul Uselding）是一位研究 19 世纪美国工业史的经济史学家，他认为，“绝不可以从理论的帽子中抓住一只历史事实的兔子。”学者证明，降低成本并不是南北战争前工业进步的动机，而且熟练工人的供需情形在各地也不相同。虽然一些地区在某个时期缺乏熟练工人，但其他地区并非如此。弗格森还认为，美国制造业的成功，与其归功于昂贵而精密的设备的采用，毋宁归功于发明了“设计简单、制造轻便且有助于提高技术”的各类设备，它们的发明目的是节约“机器辅助制造下的手工加工”的时间，而且“正是技术的存在，而不是缺乏，构成了美国制造体系崛起的重要因素”。

与此同时，学者们通过对资本密集、节约劳动、降低工人技能技术的实际设计与用途的考察，发现降低成本并不是一个主要的动机，而且它也没有实现降低成本的作用。创造美国制造体系的主要动机并不是经济的，而是军事的；推动这种新型制造方法的主要推动者并不是自我调节的市场，而是站在市场之外的美国陆军军械部。兵工厂对制造业可互换部件的研发被视为是“拥有无限资金的客户的昂贵爱好，而军方则不计成本地将它树立为规格统一与性能优越的标准”。兵工厂商带着军事上的热情，实现了对统一规格与自动化的目标，随后又将它推入民用品生产（农用器具、缝纫机、自行车），而后者又反过来加强了工业界对于削减劳工来“完善”生

产——安德鲁·尤尔语——的热情。弗格森指出，研究美国工业，绝不可 335
忽视“大量的事例，其中决策与趋势更多取决于参与者的态度与热情而不是严密的经济估算”。比如，约翰·理查德在其对19世纪末木工业的研究中指出，“在自动化设备的热潮中”，制造商在它们的机器中大量采用机械动力进给，尽管熟练工人的手动进给“在成本与质量上”都远远优于前者。

经济并不必然是资本密集型生产方式的主要动机，也不是它的后果。梅里特·罗伊·史密斯（Merritt Roe Smith）指出，在军工厂里，这种新制造方式并不经济，而是恰恰相反，这是因为设备昂贵而且需要投入更多的管理。弗格森认为，所谓削减成本的优势，只不过是一种“说辞”，目的是获取与维持政府的资助。弗格森估计，直到19世纪最后的10年，这种新技术才达到盈亏平衡点——此时距它的发明已经过去了半个世纪。史学家戴维·豪舍尔（David Hounshell）与艾尔弗雷德·钱德勒证明，采用这种新型制造方法的企业——比如麦考密克公司与辛格公司——并非依靠这种新技术所带来的降低成本的优势而取得成功。相反，它们的成功应归功于组织管理尤其是市场营销，而不是低价与生产上的革新。弗格森在其史学评论中指出，一言以蔽之，近来学者们严重质疑了“资本密集型的美国制造方式所具有的经济重要性”。

然而，这种显然未经证实的技术创新观念已经扭曲了我们对第一次工业革命的认识，现在仍然误导着我们对第二次工业革命的理解。此外，对于19世纪工业的罗曼蒂克式的叙述往往被程式化地提出来，被用于为20世纪末所发生的事情辩护，证明历史——它意味着经济进步——站在了当前提倡昂贵的、资本密集的、节约劳动的、降低工人技能的技术的人那边。我们再一次听到，各种克服熟练劳动力短缺的呼声，在日益激烈的竞争下削减生产成本的要求，而且再一次，他们提出的对策仍然是自动化。

正如人们传统上将熟练劳动力短缺当做“解释”采用节约劳动机器的原因，而今的制造商与销售商也将熟练劳动力的短缺视为自动化的终极根据。《加工与生产》（*Tooling and Production*）杂志指出，“许多专家一致认为，美国工业所面临的最大问题就是熟练技工的短缺，尤其是金属切削业。”《时代》杂志也附和此说，认为在冷战中，“美国工业受到熟练工人短
缺的挤压。缺乏熟练工人，我们就无法制造数以千计的金属部件，它们本 336
可以安装在战斗机、新型坦克、导弹与三叉戟潜艇上面。”全国机床制造商协会主席詹姆斯·格雷（James Gray）也如出一辙地提出了警告，美国将面

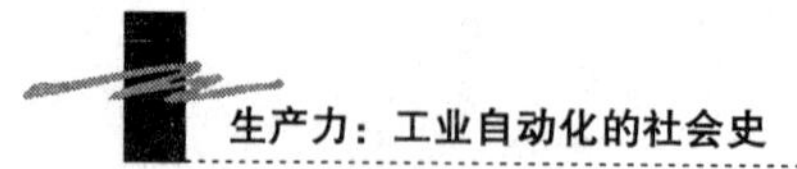

临“有史以来该国最大的一次熟练劳动力短缺”。[17]

针对这种惊诧声，劳工统计局职业前景部的主管尼尔·H·罗森塔尔（Neal H. Rosenthal）对这个问题开展了一项细致的调查。[18] 1982年夏，他发布了对机械工短缺问题的评估报告。他将“短缺”定义为“在现存的工资水平下无法雇到足够多的工人”。“是否存在机械工短缺呢?”罗森塔尔提问道：“未来的机械工供应是否短缺?”罗森塔尔最后模棱两可地结束了其报告，“不同的研究提供了相互冲突的结论，根据现有的数据无法得出明确的判断。”他检验了机械工相对失业数据，认为，虽然机械工的失业率相对较低——这与熟练工人短缺不悖——但这一证据本身却不足以充分证明劳动力短缺。因此，他寻求其他的确证。根据现有的经济理论，他假定，如果存在劳动力短缺，雇工将试图通过提高工资、增加培训或两者并用来增加劳动力的供给。

但他发现，虽然厂商抱怨劳动力短缺，但它们并未提高机械工的工资。他指出，“1972—1980年间，机械行业工人的工资相比较所有的产业工人的工资而言，并没有变化或者略有降低。”“与失业的数据不同的是，”他得出结论道，“有关机械工人收入的证据并未显示出劳动力短缺理论上应表现出来的模式。”根据相同的逻辑，罗森塔尔发现，“在劳动力短缺或劳动力预期短缺的时候，工人将愿意增加培训的机会……但在整个20世纪70年代，学徒数目减少了，这意味着短缺并不存在，或者短缺尚未严重到必须增加培训机会的程度。”他还指出这样的现象，即使存在培训计划的地方，这往往也是那些“非备案”的课程，其中整个培训时间要低于培训新手所需的必要时间。虽然培训要求的降低也许是对付熟练劳动力短缺的短期措施，但对于长期而言，这并无助于解决熟练劳动力短缺的充足供给问题。

罗森塔尔还遇到自然减员中失业的老年熟练工人的普遍呼吁，他们认为现存的熟练劳动力根本无法取代他们。比如，《铁器时代》（*Iron Age*）抱怨，“当一名工人退休，你就再也不可能雇到相同经验的工人。”[19]“机械工的平均年龄正在增加也值得深思，”罗森塔尔指出，“许多报告都提到，机械工的年龄分布正在向老年倾斜。但最近人口调查有关机械工、模具安装工的年龄分布的数据对这一结论提出了异议。比如，1972—1980年，
337 55～64岁年龄段的工人所占的比例在下降，而20～24岁与25～34岁年龄段工人所占的比例大幅上升。”

罗森塔尔的结论是，“现有的证据……并不能证实或否定机械工短缺的

判断。”并再次强调，“政府所收集的现有统计数据尚不足以提供证实劳动力短缺的必要信息。制造商协会所进行的调查中得出的计量数据在统计上是不可靠的，并且很可能高估了短缺的数量。”

劳工统计局的研究对所谓熟练劳动力短缺的存在或严重性提出了质疑，但它并未抓住另外两个也许更重要的问题。第一，无论是否存在熟练劳动力短缺，不可否认的是产业领袖们都认定存在短缺；确实，他们的做法更像是希望发生了熟练劳动力短缺——为什么？第二，如果真存在熟练劳动力短缺，为什么工业界不去采取一些增加供给的措施——正如经济理论所预期它们会做的——比如，通过提高工资或增加培训？更重要的问题是：如果工业界人士相信存在熟练劳动力短缺，为什么他们的行为却与他们的信念相对立？我们能否找到一种逻辑一贯的解释从而充分回答这些问题？

首先，可能是这样一种情况，在某些地区，雇主很难雇到他们所需的工人——在他们所提供的工资水平上。因此，他们认为存在短缺。无论如何——不管统计数据是什么——在他们看来，这就是短缺。根据这一逻辑，他们认为存在短缺，所短缺的不是熟练机械工，而是达到他们眼中的熟练机械工标准的熟练机械工。比如，专业杂志所登的广告通常都把熟练机械工描绘成一位穿格子衬衫的中年白人男子。广告提问道：如果他走了，你怎么办？答案是一部计算机控制的自动机器。另一个答案也许是雇佣一个年轻人、黑人或者女机械工，他们都是最近才进入美国工业的熟练工人行列。这种对熟练工人短缺的认知反映出一种微妙而不被承认的种族主义或性别歧视。还有一种可能是，对熟练劳动力工人短缺的抱怨仅仅不过是为实施自动化而找的一个便捷的——也是传统的——借口。这样的解释与工业界的行为是一致的。工业界不提高工资，并有意削减培训要求与计划，但它在加强自动化方面却不曾懈怠。如果有什么不同的话，那就是自动化更多地造成熟练劳动力的短缺，而不是熟练劳动力的增多（正如我们所看到的，自动化也曾被当成一种降低工人技能并削减工资的手段）。

尽管不存在确切的证据证明，人们所理解的熟练劳动力短缺实际上是推动自动化的一种重要动机，但它确实一再被提出作为自动化的借口。伊莱·惠特尼（Eli Whitney）在 19 世纪就曾使用这个理由，洛厄尔·霍姆斯在 1946 年也把这个当成说辞。在 20 世纪 80 年代，它再次成为自动化的借口，“以自动化来补偿工人数量的下降。”《铁器时代》如此宣称。工业界不 338

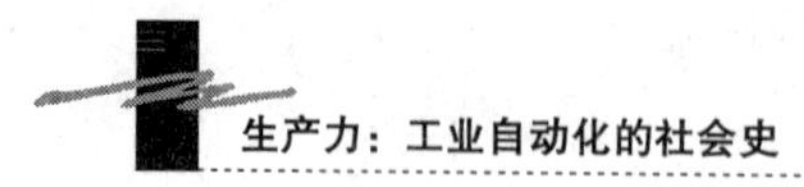

是研发足以扩大现存技术的机器——另一种补偿劳动力短缺的策略，并且在19世纪取得了成功——而是继续推进降低工人技能并从而取代工人的技术。“许多大型制造商一如既往地依赖各种CAD/CAM系统来缓解技能下降的压力。”《加工与生产》杂志指出。《纽约时报》报告了1980年的机床展览会，并发现由于经理认为存在熟练劳动力短缺，他们“乐意耗资数千万美元来购买高度自动化的数值控制系统”。《纽约时报》指出，“展览会中最吸引眼球的场景”是“没有人操作的制造中心”——据称其目的是“提高生产率并解除熟练机械工短缺的困境”。[20]

从一开始，自动化浪潮就源自于减少对熟练劳动力的依赖，降低工人的必要技能，从而削减工资。当代的培训方式完全符合这个总趋势。在一封写给《纽约时报》的信中，布莱尔机床公司的总裁表达了对熟练机械工短缺的关切，并呼吁创建一个“机械工学院”来增加其未来的供给。其立论根据就是熟练劳动力对于工业来说起着至关重要的作用。自数值控制技术发明以来，“机床制造商宣称对熟练工人的需求将大大削减，从而可以起用半熟练工人。”他提醒读者注意这一事实。“我不能代表所有的工厂，”他对此表示异议，“但就我的公司过去15年来采用各种数值控制技术的经验而言，这种预言从未实现。我们最好的工作绩效都是由最好的工人所取得。”他进一步敦促道，建立一个机械工学院对于工业的复兴极其有益：“它将巩固美国的战略与经济地位，并给这个从未得到应有声誉的行业带来荣誉与尊严。这将是实现美国再度工业化的一项重大举措。”[21]

但没有人采取这一措施，建立机械工学院的呼吁被湮没无闻。相反，工业界根据自动化技术的要求，或者削减培训计划，或者重新安排培训方式以培训半熟练的工人。比如，在1978年，国家生产力中心考察了金属切削业管理层的需求，并建议对那些进入制造业工人大军的人削减培训要求。“除非是那些最复杂的数控设备，数控机床将削除对于高度熟练机器操作工的需求。”国家生产力中心的报告这么认为。报告对《纽约时报》所刊来信中表达的共同经验视而不顾，认为，“过去有些企业在引进数控机器时配备了最优秀的刀具工或机械工，这是因为它们错误地相信，像这类昂贵和生产能力高的设备应当配备最优秀的工人。某些设备可能仍然无法从数值控
339 制技术中获利，而这些设备本可以使用不那么熟练的工人。”报告建议，培训应当反映出设备对技术的较低要求。[22]

美国国防部也关注人力资源问题，它一方面拒绝国际机械师协会参加

其计划，并决定继续推进自动化，另一方面则贬低一些政府资助的职业培训计划——这些计划没有为大学毕业生提供新手责任的内容。工业界则仿效军方的做法。1981 年，在一份提交给美国空军的报告中，美国机床制造商协会培训部主任约翰·曼德尔（John Mandl）建议将机械工学徒的时间削减一半，从而“在一个更为狭窄的范围内增加其内容，并降低操作或维护某些机床所需的技能水平”。[23]

这样，虽然工业界并不能增加熟练劳动力的供给——无论短缺是否存在——对自动化的强调仍然如故。与此相伴随的降低工人技能、削减工人职位并降低培训要求的做法，无疑实际上导致这样的短缺的发生——正如历史上的故事一样。这种人力资源的贫乏并非是自动化的原因，而是自动化的后果，但却被当成是进一步自动化的根据。这种循环论证主要依赖于其自身，此外还有社会的工业能力。

如果说自动化浪潮的熟练劳动力短缺解释充其量只是模棱两可的话，那么所谓降低制造成本以提高生产率和经济竞争力的说辞也不例外。这一假定也带来有关动机与实际回报等历史问题。正如我们所看到的，数值控制研发过程中的主要动机——与一个世纪以前美国制造体系崛起的表面原因相似——绝不仅仅是经济的。相反，它们综合反映了军方、管理层与技术狂的复杂冲动、利益、信念以及希冀，今天仍然如此。*

军方不顾成本，对性能与命令的重视仍然是主要的推动力。再一次，广泛的军方影响以及丰厚的政府资助不仅仅激发了自动化浪潮，而且也抵消了所谓市场机制的自我纠错功能。其结果是持续的自动化浪潮，人们根本不管其实际的生产成本或所蕴含的收益。空军材料试验室的制造技术部的主管加里·登曼（Gary Denman）指出，如果没有政府的资助，私人承包 340
商“显然不可能”推进自动化，这一看法也得到了 ICAM 计划的主管戈登·迈耶的同意：“我们的承包商设立各个相关部门，其目的仅仅是为了获得 ICAM 项目合同。我们让这些部门活下去。在某些情况下，人们自动地寻求自动化项目。这并不是一个好现象，也不是一个好理由，事实上这也许相

---

* 有关美国机床与金属切削业的各种行为的累积效果的简要总结，参看我于 1983 年 7 月 26 日在第 98 届国会第一次会议时在美国众议院银行、金融与市政委员会下辖的经济稳定子委员会所召开的有关产业政策听证会上所做的证词。

当有害。我们与公司的各个部门合作，它们的工作仅仅只是执行这些高端技术，只要它们能够从空军那里得到合同，它们就不计回报地把它做下去。”[24]

但绝不是仅仅只有军方决定了自动化发展的趋势。在工业界，无论是在军事工业内还是军事工业外，传统的管理层意识形态和对技术的迷恋也刺激了这种不计成本与生产率的自动化浪潮。这种趋势现在甚至被商业媒体所认可。1982 末，《商业周刊》与哈里斯调查公司联合开展了一项对美国工业管理人员的调查，调查结果表明，即使在工业萧条的时候，对于自动化的追求也仍然没有减弱——此时他们对增加产出或降低成本并未表现出过多的关心。调查还显示，“对于各种节约劳动技术存在着大量的投资，这些技术的目的是在不必增加产出的情况下（着重号系原作者所加。——译者注）提高盈利。”此外，调查结果显示，“目前，一个潜在的节约成本的领域似乎在技术革新下仍然没有受到影响：管理层。”因此，撇开言辞上的争论不议，管理层的做法似乎已经抛弃了其所谓提高生产率的历史任务——这是它们存在的理由，也是意识形态上将资本主义合法化的基石。[25]

经济上合理的生产并不必然是自动化的主要动机（或甚至不是利润最大化的主要动机*），但那种认为新型生产方式是提高生产率、加强竞争力和实现繁荣的关键的看法却仍然十分流行，不管是在工业界之内还是之外。可以肯定的是，这种未加反思的信念促进了对自动化的追求。但我们不应将这种对经济回报的信念当成是经济回报存在的事实。新体系是否果真在经济上合理呢？通常而言，这类问题总是永远得不到答案——它有待于技术的进一步创新，还需要经验的积累，再加上最终的突破。如果必须给出答案的话——毕竟数值控制技术到现在已经有 30 年了——其答案也总是模棱两可的。

1980 年，空军退休将军亨利·米利（Henry Miley）对众议院武装力量委员会说道，“我所关心的是，当我站起来用我的美国话发问，我能否走进某家工厂，抚摸某个部件，并询问由于采用了 MANTECH 技术（国防部的
341 自动化计划），它的生产成本是否比 5 年前更为便宜，我得到的回答总是让人含混不清……当我直截了当提问，导弹是否比两年前便宜，回答总是，

* 有关盈利与经济合理生产之间的区别，参看 Seymour Melman，*Profit without Production* (New York：Knopf，1983)。

哦，没有。”当委员会质问米利，成本的增加是否出于“通货膨胀因素”，米利一语中的：“通货膨胀以及生产的低效率。”[26]

空军ICAM计划的戈登·迈耶也抱有同感。他花了两年时间研究休斯公司承包的空军资助项目中的一种自动处理计划辅助系统——ICAM的决策支持系统（IDSS），最后的结论是，这一项目虽然得到了工业界与军方的技术狂的支持，但最后仍然“浪费了金钱”，在“整个项目期间”没有得到任何实质性的回报。与此相似的是，德雷珀试验室的制造自动化计划的项目主管与空军FMS手册的主要作者布赖恩·莫里亚蒂（Brian Moriarty）不无尖锐地批评道，在很大程度上，工业界引进这种新技术完全“不切实际”，它们不计成本，而且事后也没有对其成果进行审计。*[27]

这些新型自动化技术是否提高生产效率？其前提是它们降低了成本，从而提高生产率，增加了竞争力，而更强的工业竞争力则导致经济的繁荣兴盛。当然，即使这些新技术降低了生产成本，这也并不必然意味着竞争力的提高（它与产品设计以及市场营销有关，而不仅仅是单位成本），也并不必然意味着国家财富的增长（它不再与日益流动的跨国公司的竞争力直接相关）。但即使假定这些因果关系成立，这些新型自动化技术是否真的如传统观念所认为的那样，提高了生产效率？**[28]

英国经济学家巴里·威尔金森（Barry Wilkinson）对新型自动化设备 342

---

* 密歇根大学的经济学家托马斯·魏斯科普夫（Thomas Weiskopf）收集了一些有关投资与产出的汇总数据。他的结论至少对两者之间的对应性提出了质疑。他考察了1948—1978年间的变化（与本研究的时间框架大体重合）后发现，在制造业，资本对劳动的比率的平均年增长率几乎提高了一倍（它反映出机械化与自动化加快了速度），但生产率（每人小时的产出）的平均年增长率却下降了一半多。他的结论与解释写入了劳动教育与研究协会的报告《美国经济哪里出错了?》（*What's Wrong with the U. S. Economy*?）（Boston：South End Press，1982）。

** 制造商普遍认为，自动化是竞争力与企业生存的根本。比如，通用电气公司副总裁唐纳德·K·格里尔森（Donald K. Grierson）在《华尔街日报》上撰文解释道，“世界竞争的形势如此严重，如果其他公司实现了自动化，而你不这样做，那么你很可能无法生存下去。”这一论点被许多公司所接受，包括通用电气公司，它们借此强迫工会接受自动化：要么自动化与更少的工作，要么就没有工厂，也没有工作。

但这一论点，虽然它迫使工会做出了让步，却值得深刻怀疑。事实上，在自动化与竞争之间的关联，正如自动化与生产率之间的关联，充其量也是不确定的。而且如果假定日本企业的竞争优势来自于自动化，这将是完全错误的。1981年，国家机床制造商协会派出一个研究小组前往日本研究其企业的竞争力，并得出了这个结论。它们发现，日本在技术上并不先进。相反，日本企业的优势并不仅源自于更多的设备投资，而更加是“严格的”长期管理、“进攻性”的营销策略以及日本人“每年花大量的时间来培训与激励（他们的）工人”。

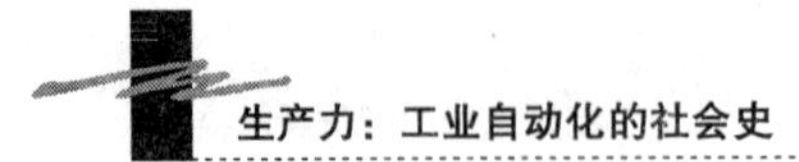

在制造业的应用进行了最为细致的研究，当时他在英国阿斯顿大学的技术政策系任教。在其 1983 年出版的著作中，威尔金森提醒他的读者，由于“管理者与工程师善于根据所谓‘客观依据’来为自己的决策辩护……创新也披上了效率的意识形态外衣，而选择的真实理由也许因此被埋没不见。”我们“有理由怀疑，”他警告道，“正式的辩护可能只是一种‘事后的’技术合理化，倾向于贬低决策所涉及的社会与政治因素。”

威尔金森展开了一系列的案例研究，力图揭示出这种神秘化的过程。他指出，“案例研究”有助于“说明新技术在技术与效率方面所发挥的真实作用，因为人们通常把它们视为技术变迁中的主要因素，如果不算是唯一因素的话”。他的发现是，新技术的经济现实往往并不那么具有说服力：

> 首先有必要说明的是，“效率”、“产品质量”、“生产率”等有关技术成功的指标，通常并未受到质疑，但很难对任何某种程度的准确性做出评估，而且在任何一种情形下，都很难找到充足的证据证明某种技术必然对另一种具有确定无疑的经济优势。当然，正式的（成文的）投资计划书都会对不同新型机器之间的生产率、资本成本、回报期限等做出详细的比较。根据财会规则，这些比较将用做案例研究中企业在选择技术时的决策依据。但我们有理由认为，在任何一种情况下，它都不能证明，在现实的运作中，该新技术必然符合为该技术辩护的生产工程师的预期，或者必然符合推广该技术的机器供应商的预期。此外，新工艺的经济回报的衡量数据毫不例外地采用类似“人均产出提高了两三倍之多”，或“大约两年内将收回投资”的模糊说法，而不是在执行前做出严格到英镑、便士与小时、分钟的程度。因此事实上，不存在严格的有关生产率或比较效率改进的评价标准。
>
> 这并不是说，我们可以根据相对于传统的（非自动化的）技术来对一般意义上的新技术或批量生产的电子控制技术的效率做出评价——虽然在某些情况下它确实能够做到这一点。（在几个被研究的企业中，一些工人与低层管理人员对某些工艺的自动化提出了质疑，通常很难证明他们的判断是对还是错。有时候，管理者与工程师以暗示工人使用人工借用装置的方式而实际上默认了这一点。换句话说，他
> 343 们承认，至少对于某些产品的批量生产来说，传统生产方式更为适

当。）相反，关键就在于，绩效评估的模糊不准确的性质意味着，针对在现有的不同设计方式以及用途（工作的组织方式）之间所做出的选择，其评价标准不能仅仅根据它们的技术与经济优势。在工程师与管理者采用这种解释的时候，我们必须保持警惕，并寻求其他的动机解释。[29]

因此，自动化的经济理由——无论是作为动机还是收益——是无法让人信服的。此外，既然自动化并不是所谓劳动力短缺的唯一解决方案，也不是提高日见下降的生产率的充分措施，而在严格的技术意义上——它能否有效运转——它更不是必然可行的方案。1983 年，《华尔街日报》（1983 年 4 月 11 日刊）探讨了制造业自动化的现实，指出“其结果难以判断”，比如“技术很快提升，而用户则疲于对付技术变化以及问题频出的机器：计算机控制的设备往往不能按照其性能来运转……新设备要比传统的工业设备更不稳定……用于操纵设备的软件更是频频出错”。“自动化加工：为什么要耗这么长的时间?”一位备感失望的支持者大声追问。对它的解释并不简单，解释也不能够仅限于经济上的困难，因为它必然涉及自动化企业本身所蕴含的某些不足。确实，新型设备的高昂成本（虽然计算机硬件的采购成本在逐步降低）仍然是一个大问题，而随时出现的停机与维护成本——这反映出系统的不稳定以及全天候保持新设备运转的必要——更是让人头痛。运营费用仍然相当高，完全抵消了削减直接人工成本所带来的收益。(甚至 ICAM 计划也承认，通过自动化来节约成本已经成为一个“遥不可及的目标”，而间接的计划、进度安排、监控等费用则占到生产成本的 60%～70%，而“手动工作”——陆军的装备研制部的副主管的用语——则萎缩到 10%的比例。)[30]

此外，自动化方法本身也存在着内在的弊端。计算机制造要求所有的行为都必须转换成机器可读取的术语。形式化的描述、标准化的程序、代数式的整齐必须取代生产的人工与社会过程。虽然理论上美妙无比，但在现实中，这种宏大的抱负被证明是存在问题的。“每个人都认为可调加工方式是唯一的出路，”空军 FMS 项目的一名官员这样对《铁器时代》杂志说，“但美国并不只是有了可调加工方式就万事大吉了。”布朗和夏普公司的亨利·夏普也指出了相类似的问题：“理论上，数值控制可以说是完美无缺的，但我们遇到了某些实际上的困难。”[31]

344 “工厂的运营本来似乎非常有规则，但你要用计算机程序来描述它的时候就不是这样了，”《财富》杂志的吉恩·比林斯基（Gene Bylinsky）指出，“这时这些运营开始显出它的不规则性来。”[32]这种问题在加工过程中无处不在，构成了计算机集成制造的一个拦路虎，而金属切削业中有限的形式知识则使这个问题尤其突出，虽然自弗雷德里克·泰勒以来，工程师们在这个方面已经探索了近一个世纪。现在尚不存在确定“科学的”方法来描述并充分预测刀具磨损、各类材料的“可加工性”，实际的机器性能以及经常改变的工作条件。当然，机械工与机器操作工每天都要遇到并处理这类意外情况，对付这些情况，他们所依赖的是他们积累的技能与经验。克服这些生产问题的最可靠办法就必须有赖于工人的合作。一名大型飞机制造工厂的熟练数控设备机械工详细地解释，他们是怎么遇到这些问题以及又如何在车间里处理这些问题的：[33]

> 毫无疑问，控制带类设备的理念是保持产品规格的绝对统一。尤其是设备设计者的目的是最大限度地减少程序与操作工的关联装置。但程序首先的定位就是错的，他们让操作工难以介入程序带，并发现他处在程序带的哪个位置。如果程序带不能按其预期的工作，他们所设计程序带是如此复杂以至于无法做出任何改动。他们锁住了机器的控制系统，这样操作工就不能编辑程序带或者找出问题所在。
>
> 工程师们都一门心思放在编程上。他们认为，操作工只需在机器上夹住部件，摁下按钮，启动机器就行了。它所隐含的观念是操作工是最笨的人。这样如果你让操作工也参与一些事情的话，他将搅得一团糟。
>
> 事实上，在程序带类设备的问题上你总遇到这样的官僚。你有一大群人调试夹具，开动机器加工，然后你又叫另一个人来编制生产部件的程序。加工者只是在一定程度上使用机器，但他们对生产设备一无所知。那些设计夹具的工程师也许一辈子都没有在车间工作过。而程序员则通常是那些在计算机方面经验丰富的人，而不是曾经在车间里工作过的人。即使程序员曾经在车间里工作过，他们通常也只是在开动程序带设备，这样他们实际上对于加工并不拥有多少知识。如此，加工、编程与生产部门往往配合不力。每次要转产的时候，总有人因为生产中的问题而受到批评，或者让某个人承担起责任，填写全部的

文书工作。本质上就不可能将它们完全协调好。通常的做法是花很长
的时间来制作一个程序带，调试好之后再根据进度来生产部件。而部
件的生产进度很大程度上依赖于操作工摸清楚生产出优质部件的方式。
此时，程序带已经完全确定。而一旦确定好程序带，就实际上不可能 345
对它做出任何变动。因为只要美国空军认可了这些程序带，而你却回
过头说我们必须做出改动，这会让他们大费周章。哪怕是一个很简单
的事情也是如此。如果你只想做出微小的改动或者变动位置，这将影
响程序带的其他内容；于是你必须通过一连串很长的程序去做出更改。
将由监督人员检查工序，并反复检测部件。通常情况下，他们会通过
人工移动机器、换下夹具或其他零件来做出微调，如此就不必重新编
辑程序。需要花许多时间来调整夹具或垫隙部件，而这又是一个问题，
因为根据规定，安装好的刀具是不可以变动的。

无论如何，操作工通常都承担起找出加工、编程中存在问题的责任，并最终生产出合格的部件。以前在绝大多数加工车间里只有几个在加工完成后清理毛刺的人员（清理部件的毛刺），现在已经发展成一个大部门，专门修理机器生产出来的成品。他们需花很多时间在机器上生产一个部件；然后车间外还有人打磨、锉平部件等一切必要的工序，或者干脆再将它放在一个传统的铣床上以达到合乎规格的尺寸，而这本来在一开始就应做到这一点。

很难判断程序是好是坏。我以为，更有可能的是，编程背后所依据的原理本身就是一个错误。如果你是一个时间研究工程师并走入车间，你将只会发现两件事情：机械工做出计算——他坐下、察看设计图、做出计算；然后他们将部件送入机器——定位、从部件 A 移动至部件 B，或者移动切削刀具。表面来看，这仅仅是加工所蕴含的内容，你应该也能够复制这些内容。计算机确实能够计算。而且你也可以使用伺服马达与逻辑电路来固定机床，这样机械部件就能按照程序带所规定的计算机指令来做出相应的移动。

问题是加工过程还涉及许多相当精妙之处。如果你没有木工的经验，你看他人用刳刨机制作榫头，似乎非常简单。但如果由你来做，你将发现错漏百出。工人的技能并非一目了然。你观察他人制作陶器，陶器只是一个简单的弧形，你只需一个用脚踏板转动的陶轮就能生产

出来。如果你雇佣一些工程师与程序员来制作陶器，如果你有足够的钱，你当然能够制造出一部生产陶器的机器。但你会发现，这将是一部极其复杂的机器。而你生产的陶器也绝非上品。这并不是说程序非常糟糕。这是因为不可能让某个人闭门造车，写下一组指令与二进制编码，然后让机器生产出优质的产品。在加工过程中，即使是钻一个
346 孔也包含了许多精微之处。所有你能告诉机器去做的就只是在这个点上启动钻机，然后钻进去再抽出来。但你无法告诉机器，如果材料比较硬就必须用力推进，或者如果钻头温度过高就必须抽回。你只能根据平均值来做出这种预测。

与计算一样，有一些职能让机器来做显然能够做得更好。但这也有限度，因为这将使得你的机器过于复杂。最明显不过的事例就是刀具转换装置。你也许会认为这是让机器去做的最理想的事情。变换一把刀具，本质上不过将一根圆棒插入一个圆孔罢了——这似乎是刀具转换装置所做的唯一事情，你自己去做这件事的时候会觉得它确实是一件简单的任务。但如果你真正去分析你的肌肉与神经末梢的工作，你将发现那是极其复杂的。如果你想让机器来承担这个任务，你就必须具备一台液压水泵、一部蓄电池以及各式各样的阀门、伺服马达、开关，而这些设备都经常失灵。一天之内你的手臂通常只需转换刀具 15 次，你并不觉得这有什么复杂。在使用相同的圆棒插入相同的圆孔以及机器的不同零件上时，你可以做得相当完美。而如果让机器来做，任何温度或振动的变化都有可能超出规定的范围，从而让机器不能有效工作。一旦轴承、操作轴与齿轮出现了磨损，你就必须停机。

一个有意思的现象是许多车间都不再购买安装刀具转移装置的机器，因为人们认识到，让一个操作工来转换刀具更为迅捷。你让一部刀具转换装置来完成这个任务也许可以节约几秒钟。但如果刀具转换装置出了差错，你将受到损失，而且操作工根本就无法对程序带的问题做出任何改动。一旦刀具转换装置失灵，这部价值达 50 万美元或 100 万美元的机器就只能停机等待维修。

还有一个缺陷是，机器出错的时候，它自己并不知情。如果一名操作工在机器上安错了刀具，这很可能是因为这把刀具与正确的刀具极其相似——这可能会导致 0.001 的误差或者不同的转角。但如果你让

> 机器来安装一把端铣刀，而机器出错的话，它很有可能将一把 3 英尺长的拱铣刀插入只有 4 英寸长的圆孔。如果真发生这样的情况，机器将受到严重破坏，你的损失将极其巨大。如果这样的事情发生好几次，那也意味着机器就报废了。每个车间都发生过这样的事情，谁都有过类似的经验。

管理层不是依靠工人来解决这些问题，而是乞灵于所谓的自适应控制装置——所谓全面自动化的关键。“自适应控制”是一种通过使用精密的传感器、反馈装置甚至“人工智能”来让机器实现充分的自我纠错的做法。管理层希望采用这类自适应控制装置来自动对工作中的各种参数的变化做出补偿，从而使加工成为一个完全自动化的自足的过程，仅仅接受远程的管理层控制。但在这里，也存在着一个内在的矛盾。“机床有了更多的诊断 347
数据事实上更不稳定，”一个机床研究小组最近指出，“在机器上安装多少传感器、监视器、计算器、警报器或者自动维修装置，事实上有个限度……人们越想通过引进附加装置来避免出错，就越容易出现更多的差错。”针对不稳定性而增加的复杂装置更加使得设备不稳定，而自适应控制也绝非某些人所想象的那样是一剂万用灵药。“人们错误地认为，自适应控制能够克服各类加工问题，”研究小组得出结论道，但“在加工系统上增加部件与控制系统通常并不是一个取代初始设计与处理分析不足——或者为了实现控制与纪律——的良好途径”。[34]

很显然，追求“尽可能少的人工干预的做法是有极限的。”一名军工试验室研究自动化的学生指出。比如，在德雷珀试验室 FMS 手册中承认这一限度：“可调加工系统只有在优良的硬件再加上热情且熟练的人员的支持下才有可能符合相关性能规格。”空军“人力要素影响 ICAM 执行”这一课题的报告在描述通用动力公司的自动化时则更加明确地指出这一点：“通用动力公司的机器人并不是一个技术问题，而是一个现实问题。”[35]

这样，我们又回到开始的地方，即让传统的管理层不安的问题。我们是否有理由相信，有了这种经验，系统设计者与生产责任人终将认识到，他们那些脱离现实的举措必将失败，并从而走上较为实际且更为确定的道路？至少在目前，我们没有理由抱着这样乐观的看法，因为人们认定，现在做出决策的人们在真诚地关心生产，并且以一种十分理性的态度从事。现实完全相反。如果这一宏大的抱负陷入了自身泥潭，它的支持者们将想方设法来掩盖事实，并且他们还找到其他方法来扩大他们的权力，延续他们的美梦。

“除了那些成功的高科技故事，”1983 年 4 月 3 日的《华尔街日报》说，“还有许多失败的故事：精密设备不能正常运转，昂贵的新系统用非得法，从未实现节约成本的目标。”“在计算机辅助设计或制造系统问题上，”阿瑟·D·利特尔公司的托马斯·G·冈恩（Thomas G. Gunn）指出，公司往往要“花上比它们预期多出两三倍的金钱与时间”才适应它的工作。可见，如果说追求自动化背后的动机是令人费解的，那么自动化的经济收益与技
348 术可行性也是如此。对于这种新型自动化技术来说，唯一可以确定的是，广泛的、没有节制的应用包含了高昂的社会成本。这种新技术的误用与失灵的现象比比皆是。[36]

比如，第二次工业革命刚刚崭露头角的时候，库特·冯内古特就预测会有结构性失业这一挥之不去的幽灵，现在每个人都看到这一点。最近几年，对于技术性失业的恐惧，官方的通行口径是乞灵于技术推进的经济增长。人们被告知，技术性失业仅仅只是一种幻象，因为技术所创造的就业岗位远比它毁灭的多；具体来说，那些失去某型机器上的工作的人将会在该型机器的制造上找到工作。二战后美国的新帝国主义经济扩张、战争推动的间歇性工业“繁荣”以及政府大规模扩大对“服务部门”的资助，所有这些掩盖了就业错位的现象，吸收了大批失业者，同时也赢得了人们对于“增长”的认同。但现在这一招已经失灵了。

当经济处于收缩的时候，工业强国之间日益加剧的国际竞争、节节高涨的反帝国主义以及持续而且日益强化的自动化趋势，所有这些使得官方对于传统的补救措施也不敢抱乐观的态度。“长期而言，还不能肯定自动化是否造成失业。”1982 年，总审计局这样说，明显失去了以往的乐观。第二年，国会预算办公室估计，至 1990 年，“基础工业中自动化与生产能力的削减将共同削减 300 万加工岗位。”新闻媒体也开始认识到制造业中失业的严重性，而且也看不到服务部门或自动化设备制造部门——它们本身也在进行一场自动化——有能力改变这种萧条的背景。[37]

1983 年 3 月，《商业周刊》承认，“令人大失所望的是，高科技所创造的新就业机会远远低于制造业所失去的就业机会。”比如，机器人制造业“预期创造 3 000～5 000 个就业机会，”而这些机器人本身“将导致 50 000

名汽车工人失业。”* 杂志预测道，“至 20 世纪 90 年代中期，这些新产业的就业将只占到美国整个就业中的极小一部分。”此外，新产业规模较小，而且“高技术职位的增长与推进自动化的产业一样缓慢”——“未来将出现大量的无人工厂。”《商业周刊》警告道。[38]

此外，许多新创造的职位还可能流入外国，因为那里的劳动力价格低，国家强迫执行工作纪律，而且工会是不合法的。比如，“高科技行业中的非熟练工作将遇到低成本外国劳动力的持续竞争。”《商业周刊》指出，制造 349
商们由此越来越将它们的工厂设在外国的土地上。雅达利公司(Atari)——高科技乐观主义的政治象征——宣布将 1 700 个职位搬到外国，这对它的支持者来说称得上是当头一棒，而惠普公司“预测其海外工人的增长速度将高于美国国内工人的增长速度”。[39]

对自动化的无歇止的追求已经造成了工人的失业与错位，与之相伴而来的是美国工业基础的普遍削弱，具体而言，技术的永久性流失。正如威廉·莫里斯针对第一次工业革命的后果所论以及刘易斯·芒福德在第二次工业革命之初再次重复该论断所表明的，在这个方面，社会所失去的远比它所得到的更多。它所蕴含的成本绝不限于生产，而且也具有深远的政治含义。芒福德警告道，无歇止的自动化将逐步削弱小规模的、分散化的、以技术见长的、多样性的永久工业基础——这至少是民主的一个基石，是知识积累最可靠的载体，人类社会弹性与连续性的枢纽。取而代之的是高度集成的、大规模的、复杂的权威结构——既令人生畏同时也岌岌可危。芒福德宣称，在每个文明中，这两种工业结构都是同时并存的，如果说“权威”结构在生产物品与荣誉方面获得了丰厚的回报，那么“民主”结构则具备另一个优点：它长期生存。[40]

自动化制造体系的推广者对他们的宏大工程所造成的社会后果根本不放在心上。只要他们能够利用公共经费尽情追求他们的梦想，并同时在这个过程中扩大他们在社会财富中的份额与权力，他们就会继续忽略这种灾难性的前景，或者对此仍然一无所知。但是，工人从未抱有这种奢想。只有当他们的生存、组织、车间权力以及尊严遇到威胁的时候，他们才再一次对自动化的危险发出警告。在 20 世纪 50 年代和 60 年代期间，绝大部分

---

* 《商业周刊》报道指出，诺贝尔经济学奖得主瓦西里·列昂惕夫估计，汽车工人得到制造机器人工作的机会就跟马匹得到制造汽车工作的机会一样。

工会仅仅只能采取防御性措施——比如在谈判期间保持那些将交给计算机去做的工作，维持现存的工作与收入，转移工作时提前通知，对失业者再培训——其他人则试图让最新技术朝着有利于自己的方向发展。

受到欧洲工会（尤其是挪威的钢铁工人工会与英国的飞机制造厂的工人）实现对计算机制造系统的设计与配置的某些控制的鼓舞，一些美国地方工会（比如福特汽车公司红河工厂的联合汽车工会地方 600 工会中的刀具与模具工人，通用电气公司林登河工厂的通讯国际工会地方 201 工会的“新
350 技术委员会”成员）也有组织地抗议管理层对新技术的控制。正如欧洲工会团结了抱着同情心的科学家与工程师来设计偏向于劳工的技术，出于相同的目标，美国工会也与大学里的技术工人结成了前所未有的联系。[41]

国际机械师协会正着手在全国范围内创建一个科学家与工程师小组，与工会成员一道研究技术的可能性与革新策略。所有这些初步的努力反映了这样的事实：工人与工会越来越认识到，技术并不是中性的，而是一种政治，为了保障他们的安全与权力，他们必须直接挑战此前视为神圣不可侵犯的管理层特权。除了前面已经提到的举措之外，他们还要求对所有与生产有关的信息享有知情权，有权参与有关新技术的设计与引进方面的决策。国际机械师协会甚至还提出一个“技术的权利法案”，对新技术的采纳设置条件，不仅为了保障工人的利益，而且也为了整个美国工业的基础，以确保美国经济的稳定。最后，工人与工会的这些举措也获得了一些科学家与工程师的同情，他们意识到他们所从事职业中的管理层倾向，并开始设想“以人为本”的技术，考虑如何让计算机系统为工人提供对于生产的更多控制。[42]

如果管理层不管其内在的矛盾与社会后果，一意孤行去追求总体控制，这些来自外部的挑战能否带来一个不同的前景？显然，至关重要的是，工人——包括工程师与科学家——开始将技术视为一种政治现象。同样重要的是，影响广泛的产业工会重整旗鼓，不仅挑战管理层有关车间生产的权力，而且也要求参与社会应生产什么以及如何生产的决策——也就是说，质疑了工业领袖的合法性与领导能力。夸大这种倾向是不切实际的，反对的声音仍然很强大。计算机监控系统、远程控制与卫星连接工厂、CAD/CAM 系统、用机器人来生产——所有这些设计都是服务于管理层的目的，削弱工人与工会的权力，并确保它们对末端作业的控制。公司权力的集中化，企业的跨国化，在全球劳动分工中用一个国家的工人来反对另一个国家的工人，史无前例的资本流动，对美国工人组织的直接攻击，所有这些

使得管理层在这场斗争中处于一个优势地位。此外，工会内部也遇到了挑战，工会领袖不被更富战斗精神的工人所信任，而且，许多工人继续对技术前景抱着轻信。* 351

不存在任何的技术前景，只有人类前景，社会进步不能简化为单纯的技术发展，它与技术发展并非一物。当然，在指明与实现人类前景的政治、道德与知识斗争中，技术进步——尤其是当前的技术进展——也许更多是一种障碍而不是帮助。可以肯定的是，关键就在于我们必须意识到，还存在另一种技术前景，一种不同的未来。但这种解放想象绝不可以遮蔽或者转移我们对当前挑战的认识。我们应当认识到，作为一种遗留下来的资源，一种具有解放潜力的事物，技术仅仅是一种社会变量，可以根据我们的选择而做出改变。出于同样的原因，鉴于技术具有政治性，我们还必须看到，在现存的政治结构下以及可预见的未来，技术仍然将构成权力与控制的扩展。因此，我们不仅应怀疑与质问它们，而且必须抵抗与拒绝。我们还应追求另一种不同的前景，坚持对更为人道的未来世界的渴望，同时我们也深信，在现存的政治结构下，指望技术服务于人道的目的将是危险的幻想。设想以这种方式来提出并实现新的技术途径，从而来削弱当前的权力阶级是荒谬的。

再重复一遍，技术并非症结所在，也不是解决之道。真正的问题是政治的、道德的与文化的，解决之道也是如此：对化装成进步的统治体系予以挑战。这样的挑战不仅必须反对现存形式下的技术——争取时间，回击当前的攻击。此外它还需要政治动员与宣传，文化创新与复兴，并且重振人们的道德信心。我们还要永远超越非理性的和幼稚的技术进步意识形态，它在过去的两个世纪中长期困扰了西方的思想——这种意识形态长期以来掩盖了社会的权力现实，为那些掌控权力的人提供了合法化的论证与文化上的认可，并麻痹了所有的抵抗。

必须对技术进步的意识形态进行全方位的批判。根据这种意识形态，技术进步永远有利于社会，甚至等同于社会与人类进步。由于它在社会中占据了支配地位，它定义了何种言论与行为才够得上尊敬。这样，那些对

---

* 有关劳工组织策略的批语，参见我在《民主》杂志上于 1983 年 4 月、7 月和 10 月连续发表的《当前的技术》。这些文章以《持续的自动化狂热》为名于 1984 年 7 月出版（Singlejack Books，San Pedro，California）。

引进与研发新技术的反对——至少自卢德派时代以来——总是被视做对社
352 会进步本身的反对，从而被视为反动的、自私的、无益的和非理性的。因此，当控制论之父诺伯特·维纳建议，在面临大规模失业的情况下，有必要先压制“这些思想”，他被视做不可理喻的。最近，当公认的数值控制之父约翰·帕森斯建议暂缓所有的新技术开发，从而让社会吸收所有现存的技术，并集中精力对付技术所造成的社会问题时，《美国机械师》的编辑警告他说，读者将认为他头脑不清。当然，这两个人并不是反对技术。他们只是希望在面对他们认为是疯狂的、无意识的、追求技术的浪潮时试图保持自己的理智。从那些对他们的批评声来看，我们不难理解，为什么工人领袖与其他潜在的技术批评者极力避免被视为是技术进步的敌人。但是，我们仍然面临着真正的挑战：抵抗今天的技术进步，追求更人道、更民主的未来。这里不存在捷径，不存在万用灵药，也不存在任何的技术路径。[43]

在另一个问题丛生的时代，20世纪30年代的大萧条时期，刘易斯·芒福德写了经典名著《技术与文明》。在这本开创性的著作中，芒福德试图——正如他后来解释的——在现代技术演进的恶劣现实与危险的趋势中“把握潜在的可能”。他拒不屈服于当时流行的悲观倾向，而是坚信技术进步中那偶尔被激起的乐观精神，并在满目废墟中寻求美丽的前景，并找到他称之为“新技术”的事物。在他看来，这些技术清晰、有效、灵活，充满了人道气息，它建立在电子学、化学、社会科学与生物科学之上——在许多人看来，它与今天的高科技非常相似——将意味着一个充满希望的未来。但正如芒福德在30多年后自己所承认的，年轻的芒福德抱着这种不可救药的天真，在这方面梦想得太远。

“这并非因为该书的基本观念而是因为它所抱有的乐观期望与信心满怀，使它看起来像是博物馆的陈列物。芒福德错误地假定，”这位睿智老人反思道，“有迹象表明，对机器的宗教崇拜正在减弱，同时人们更倾向于技术的生物与人道方面。回过头来看，即使就那些得到贯彻的计划而言，这些目标的实现也扭曲了原先的预想。”[44]

本书无意重复年轻时代的芒福德的错误，以另一种过时的技术超越奇
353 迹论的错误承诺来维持自己的信念。相反，本书的目的是支持更为冷静的老年芒福德的评价，即“获得这种技术的真正成就的唯一有效方式就是变更整个体系的技术基础”。“这是人的问题，而不是技术问题，”芒福德提醒

道，“只有人才能解决它。”这无疑是一个巨大的挑战，它要求我们从根本上反思科技的形式与作用，反思建构更为民主、更为平等、更为人道、更具有创造性的和谐社会的现实途径。因此，仅仅是抵抗现有的技术进攻，即使还伴随着对那些权力执掌者的政治对抗，仍然是不够的。（当然，这是往正确方向所迈出的一步。）[45]

“每个人都相信，在工业革命的推动下，美国正在经历一场经济转型。”《商业周刊》最近报道说。今天没有一个人亲身经历过第一次工业革命的痛苦与骚乱。这也可以说明，为什么今天的人们如此自负地——甚至抱着极其幼稚的乐观态度——迎接着第二次工业革命。另一次工业革命的前景已经引发了广泛的兴奋与期待——其中管理者们并不担心自己的工作，而是期待以工人为代价来扩大自己的权威，技术狂则继续沉湎在不负责任的幻想之中，而军方则指望立刻实现总体控制的现实（或超现实），新进步主义政治家则满嘴讲着玫瑰色的言辞，这足以说明他们根本不了解第一次工业革命中人类的苦难与悲剧以及随后的群众暴动。[46]

将现在的经济转型与 19 世纪的转型所做的类比往往只是完成了一半：灾难性后果被省略不计。更充分的对比将会带来震惊，让思想者停下来思考：那些受到损失的人将会怎么样？如果我们这个世界也将发生“翻天覆地的变化”（英国史学家克里斯托弗·希尔（Christopher Hill）用来贴切地描述早期工业革命的话），其后果会是什么？[47]目前而言，很少有人提出这些问题，更不用说回答它们。与此同时，自动化的冲动（以及统治的冲动）——受到新近燃起的竞争恐惧的激发——仍然不曾稍停（并且抵抗也在增长）。其结果是，正如，我们将看到的，这个国家的工业基础不是复兴而是进一步被侵蚀；资源不是增长而是耗竭；珍贵的技能不是得到补充而是永久地消失；国家财富不是增加而是逐步损耗；不是民主与平等的扩展，而是权力的集中，控制的加强，特权的巩固；不是希望满怀的进步欢呼，而是失望不安的忧郁声音。

【注释】

[1] Eugene D. Genovese and Elizabeth Fox Genovese, “The Political Crisis of Social History Marxian Perspective,” *Journal of Social History* 10 (Winter 1976), p. 219.

[2] Gene Bylinsky, “Here Comes the Second Computer Revolution,” *Fortune*, November 1975, pp. 135－183; John D. Duncan, “Tapeless N/C and the Small Job Shop,”

Society of Manufacturing Engineers Paper MS 78－149（The Computer and Automated Systems Association of the Society of Manufacturing Engineers，1978）.

[3] "Fill'er Up，" advertisement for Bendix DynaPath，Modern Machine Shop（June 1981）；"New General Numeric GN 3 Series CNC's Are No. 1 in Programming Simplicity，Versatility，and Reliability，" General Numeric advertisement，*Manufacturing Engineering*（January 1981），p. 90； "General Numeric GN8T Microprocessor CNC's for Turning Machines，" General Numeric Form No. 8T－880；1980 年 10 月 14 日通用数字技术公司的总裁 Juergen C. Gehrels 致作者；"Student Team Develops 'Intelligent' Control Device，" *Tech Talk*（MIT），December 17，1980，p. 4。

[4] Duncan，"Tapeless N/C and the Small Job Shop"；Eugene Merchant，"Social Effects of Automation in Manufacturing，" Joint Automatic Control Conference，1976，PPOD 7－1，p. 48. See also Eugene Merchant，"Technology Assessment of the Computer Integrated Automated Factory，" CIRP Annals 24（1975）；Wolf Martin，Ulrich Klotz，Thomas Diekmann，"Ansätze zur Arbeitsbereicherung an NC-Maschinen durch Mikrocomputer，" Ratibnalisierung 30 Jg. L979－2，pp. 39－42。还可参见本章注释 8 所引用的 Cooley 与 Rosenbrock。

[5] "The Computer Moves In，" *Time*，January 3，1983；*American Machinist*，quoted in Ernst，"Automating Manufacturing Equipment in a Period of Crisis."

[6] General Numeric Company Form No. 8T－880；"*Modern Machine Shop*"（September 1982），p. 228.

[7] George Schaffer，"Minis Make Tapes，Run Machines，" *American Machinist*（March 1976），pp. 113－118；Waddell，quoted in Schaffer.

[8] Joseph Engelberger 语，引自 Gene Bylinsky，"A New Industrial Revolution Is on the Way，" *Fortune*. October 5，1981，p. 114。有关计算机辅助设计的社会后果的讨论，参见 Mike Cooley，*Architect or Bee*?（South End Press，1982）；M. J. E. Cooley，"The Impact of Computer-Aided Design on Designers and the Design Process，" Ph. D. dissertation，Northeast London Polytechnic，March 1981；Mike Sidell，"The Impact of Technological Change on Engineering，Drafting，Planning，and Related Occupations，" International Federation of Professional and Technical Engineers，1974；H. H. Rosenbrock，"Interactive Computing：A New Opportunity，" Control Systems Centre Report No. 388，University of Manchester，September 1977；"The Redirection of Technology，" IFAC Symposium，Bari，Italy，May 1979；"The Future of Control，" Automation 13（1977），pp. 389－392；*Computer-Aided Control System Design*（Academic Press，1974），"Automation Economics-Employment，" paper presented to Finish Engineering Days Seminar，November 1979。

[9] John Miklosz，"Air Force Targets Computerized Aerospace Factory for 1984，"

High Technology (February 1980), pp. 7—9; Jerry Mayfield, "Factory of the Future Researched," *Aviation Week and Space Technology* (March 5, 1979), pp. 35—37; "ICAM Program Prospectus," Air Force Systems Command, Wright-Patterson AFB, Ohio, September 1979.

[10] 同上; Tom Schlesinger et al., Our Own Worst Enemy: *The Impact of Military Production on the Upper South* (Highlander Center, 1983)。

[11] 同上; Wisnosky语，引自 Bylinsky, "A New Industrial Revolution"; Mayfield, "Factory of the Future"; Miklosz, "Air Force Targets Computerized Aerospace Factory"; *Commerce Business Daily*, December 11, 1980。

[12] Wisnosky 语，引自 Mayfield, "Factory of the Future"; ICAM Prospectus; Schlesinger, *Our Own Worst Enemy*。

[13] 1981 年对 John Parsons 的访谈; *Modern Machine Shop*, September 1982; "The Race to the Automatic Factory," *Fortune*, February 21, 1983; *Business Week*, quoted by Ernst, "Automating Manufacturing Equipment in a Period of Crisis"。

[14] Wysk 语，引自 Schlesinger, *Our Own Worst Enemy*.

[15] Wysk 与 Joel Greenstein 语，出处同上; Lester V. Colwell, quoted in management memorandum on CAD/CAM, Aircraft Engine Group, GE-Lynn。

[16] Eugene S. Ferguson, "History and Historiography," in Otto Mayr and Robert C. Post, eds., *Yankee Enterprise*: *The Rise of the American System of Manufactures* (Smithsonian Institution Press, 1981).

[17] Richard G. Green, "The Problem Is Still with Us," *Tooling and Production* (November 1981), p. 236; Peter Pavlik, "Overcoming the Scarcity of Skilled Toolmakers," Tooling and Production (November 1981), p. 96; Alexander L Taylor, "A Shortage of Vital Skills," *Time*, July 6, 1981; Gray 语，引自 Schlesinger, *Our Own Worst Enemy*。

[18] Neal H. Rosenthal, "Shortages of Machinists: An Evaluation of the Information," *Monthly Labor Review* (July 1982), pp. 31—37.

[19]《铁器时代》杂志语，引自 Schlesinger, *Our Own Worst Enemy*。See also "Your best machinist is retiring—perhaps it's time to think about CNC," Dana Industrial, Inc., advertisement, Manufacturing Engineering (April 1980), p. 63。

[20] 同上; Pavlik, "Overcoming the Scarcity of Skilled Toolmakers"; Winston Williams, "Toolmakers Challenge Imports," *New York Times*, September 11, 1980, p. DI。还可参见 Agis Salpurkas, "Machine Tools: Uproar Over A Bottleneck," *New York Times*, February 26, 1978, p. 1。

[21] John E. Bergman, "What This Country Needs Is a College for Machinists," *New York Times*, January 27, 1981, p. A18.

[22] *New Technologies and Training in Metalworking* (National Center for Productivity and Quality of Working Life, 1981).

[23] Tom Schlesinger, unpublished study of the Department of Defense "Partners jn Preparedness" program, 1981; William W. Winpisinger, "Written Testimony: Skilled Manpower and the Rebuilding of America," prepared for the Subcommittee on Economic Stabilization of the Committee on Banking, Finance, and Urban Affairs, U. S. House of Representatives, July 24, 1981; Dick Greenwood, office of the I. A. M. International president, interview, 1981; Mandl, quoted in Schlesinger, *Our Own Worst Enemy*.

[24] Denman 与 Mayer 语，出处同上。

[25] Business Week/Harris Poll, *Business Week*, December 13, 1982.

[26] Miley 语，引自 Schlesinger, *Our Own Worst Enemy*。

[27] Mayer 语，出处同上；1983 年 3 月对 Moriarty 的访谈。

[28] Grierson, quoted in "High Tech Track," *Wall Street Journal*, April 3, 1983; "Trade War," Wall Street Journal, March 29, 1983.

[29] Barry Wilkinson, *The Shopfloor Politics of New Technology* (Heinemann Educational Books, 1983), p. 83.

[30] "High Tech Track," *Wall Street Journal*, April 11, 1983; M. Ross, "Automated Manufacturing—Why Is It Taking So Long?" *Long Range Planning* 14 (1981), p. 30 (quoted in Ernst, "Automating Manufacturing Equipment in a Period of Crisis"); ICAM Prospectus.

[31]《铁器时代》语，引自 Schlesinger, *Our Own Worst Enemy*; 1977 年对 Henry Sharpe 的访谈，CPA Study, MIT, 1977。

[32] Bylinsky 语，引自 Ernst, "Automating Manufacturing Equipment in a Period of Crisis"。

[33] 对机械工的访谈，引自 Schlesinger, *Our Own Worst Enemy*。

[34] "Technology of Machine Tools: A Survey of the State of the Art by the Machine Tool Task Force," Lawrence Livermore Laboratory, University of California, October 1980, quoted in Ernst, "Automating Manufacturing Equipment in a Period of Crisis."

[35] Schlesinger, *Our Own Worst Enemy*; 可调加工系统手册，出处同上。

[36] "High Tech Track," *Wall Street Journal* April 3, 1983; Gunn 语，出处同上。

[37] GAO study, cited in Martha M. Hamilton, "High Tech Revolution Makes, Breaks Jobs" *Washington Post*, July 27, 1982; Congressional Budget Office, cited in "High Tech Track," *Wall Street Journal* April 3, 1983.

[38] "Anlerica Rushes to High Tech for Growth," *Business Week* (March 28, 1983).

[39] 同上。

[40] E. P. Thompson, *William Morris* (Pantheon, 1976).

[41] David F. Noble, "Social Choice in Machine Design, and a Challenge for Labor," *Politics and Society* 8 (1978), pp. 313—347; "New Tecbnology: Who Will Control It?" *American Labor*, No. 13, 1981; David Moberg, "The Computer Factory and the Robot Workers," *In These Times* (September 15, 1979); Len Ackland, "Science, Labor Meet Head-on," *Chicago Tribune*, November 5, 1979; "Technology: A Strikeable Issue," *Ford Facts* (UAW Local 600, River Rouge), September 1979; "UAW Fears Automation Again," *Business Week* March 26, 1979; Sidell, "Impact of Technological Change"; Harley Shaiken, "Computer Technology and Relations of Power in the Workplace," unpublished manuscript [see also Shaiken, *Workers and Automation in the Computer Age* (Holt, Rinehart, and Winston, forthcoming)]; Frank Emspak, "Robots at General Electric," *Science for the People*. November 1981; Mike Cooley, *Architect or Bee*?; Kristen Nygaard, "Trade Union Participation," Norwegian Computing Center, Oslo, Norway, July 1977, Judith Gregory, *Race Against Time* (Working Women, 1979); Frieder Naschold, "Humanization of Work In Between The State and the Trade Unions: Problems of Societal Control Over Technology Policy," Wissenschaftszentrum, Berlin, 1980.

[42] 1981年5月国际机械师协会的科学家与工程师会议。也可参见 Mark Albert, "A Technology Bill of Rights," *Modern Machine Shop* (October 1981), p. 63; IAM "Rebuilding American Program" (IAM, 1981); Winpisinger, "Written Testimony"。

[43] 1949年8月13日 Norbert Wiener 致 Walter Reuther，麻省理工学院档案馆的维纳文件；1980年对 Carl Parsons 与 John Parsons 的访谈。

[44] Lewis Mumford, "An Appraisal of Lewis Mumford's *Technics and Civilization*," Daedalus (Summer 1959), pp. 527—536.

[45] 同上。

[46] "America Rushes to High Tech for Growth," *Business Week*, March 28, 1983.

[47] Christopher Hill, *The World Turned Upside Down* (Penguin Books, 1975).

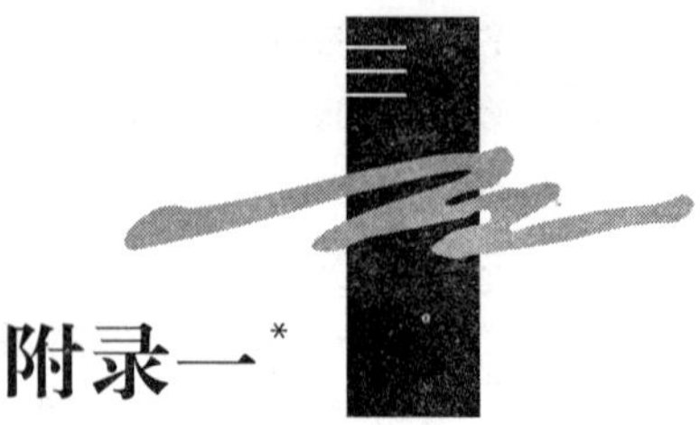

附录一*

357 通用电气公司的记录—回放系统堪称工程

---

* 有关通用电气公司的记录—回放系统，参见：Larry Peaslee，“Tape Controlled Machines，” *Electrical Manufacturing*，November 1953；Darren B. Schneider，“Programmed Machine Tools”（typescript），October 25，1957；“A Brief Look at Metalworking Program Control，” November 16，1960（both courtesy of Darren Schneider）；Schneider，correspondence，1977；“Record-Playback Control，” GE Publication GE A－6092；John Dutcher，letter to William Stocker，*American Machinist* editor，“N/C Systems Questionnaire，” April 1957（courtesy John Dutcher）；“Giddings and Lewis Numericord System of Machine Tool Automation，” Giddings and Lewis Publication，Bulletin NR-I（courtesy Harry AnKeney）；Harry Ankeney and John Dutcher，“Record-Playback Control of a Hypro Skin Mill，” October 26，1954（courtesy John Dutcher），Patents on GE Record-Playback：O. W. Livingston et al.，“Programming Control System，” U. S. Patent No. 2，537，770（issued January 9：1951），O. W. Livingston，“Record-Reproduced Programming Control System for Electric Motors，” U. S. Patent No. 2，755，422（issued July 17，1956）；Lowell Holmes，“Magnetic Tape Recording Device，” U. S，Patent No. 2，755，160（issued July 17，1956）；Lawrence Peaslee et al.，“Error Signal Developing Means for Position Programming Control System，” U. S. Patent No. 2，866，145（issued December 13，1958）；Lawrence R. Peaslee，“Programming Control System，” U. S. Patent No. 2，937，365（issued May 17，1960）；O. W. Livingston，“Position Control System，” U. S. Patent No. 3，051，880（issued August 28，J962）。

学的绝妙典范。车床的每根轴都实现了机动化，并由一部自动同步发电机来连接进给电动机，其中自动同步发电机是该系统的核心。该系统将直线动作转换为角度转动，再将角度转动转换成电压相位信号，反过来也一样。将发电机安装上同步装置，这意味着在几个关键变量中建立了一个固定的联系：沿着轴直线运动 0.075 英寸就等于旋转 360°，或者说电压信号的一单位相移。

在记录的时候，数根机器操作轴或跟踪指针的动作记录在磁带上不同的磁道，同时还生成相应的参照信号。每个动作信号都由同步装置的电压信号的相位来表示，后者又对位于同步转子的角度与机器部件的线性位置（纵长度进给、横向移动等）。在回放的时候，读取控制带，沿着每个磁道重新制造出动作信号，并将这些动作信号转换成相当的控制轴动作。与此同时，将参照信号发送给同步装置，同步装置生成一个电压信号，后者的相位对应于相应角度，再转换成机器各个部件的实际直线位置。同步装置 358
的信号与磁带的动作信号将输入一个鉴相器，再将相差信号增强以开动进给电动机。电动机再改变机器部件的线性位置，它通过将同步装置的角度信号与相位信号对应于磁带的控制信号从而最大限度地减少误差。这是一个彻底的闭环控制系统，它确保机器部件在任何时候都能实际对应于所记录的信息，从而忠实而连续地记录了原初的动作。除了动作之外，通过对磁带的磁道上加入某些必要的信号，该系统也能用于记录和回放间隔性的（开—关）操作，比如轴马达、油泵、冷却液泵等。

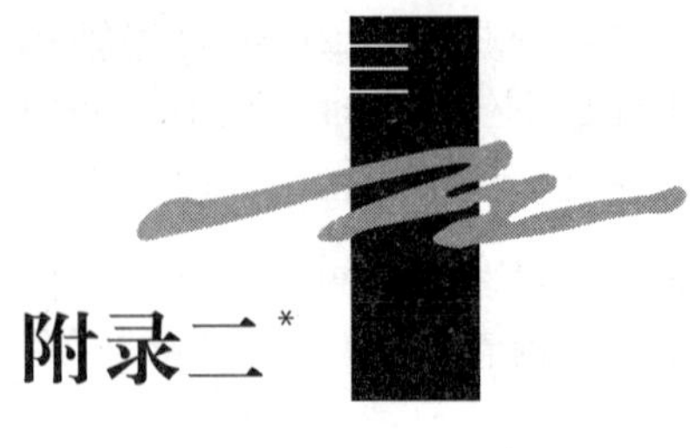

附录二*

359 20世纪50年代初，小说家库特·冯内古特任通用电气公司斯卡奈塔第市总部的技术文书和发言人。“我看到的第一部完全自动化的机器是一部铣床，”库特·冯内古特后来回忆道，“那时还是一个秘密……这部机器用于制造燃气涡轮上的动叶片。我得知，采取这项计划是因为普通机械工很难加工动叶片。”冯内古特说，“那些通知我这个消息的人似乎比较担心。作为一名公关人员，我与项目组成员早已相当熟悉。但那时他们不愿意把这个消息发布出去……他们所以想保密是担心工会对此做出不利的解释。

* 本附录取材于1977年与Kurt Vonnegut的通信、1977年对Lowell Holmes的访谈以及Vonnegut，*Player Piano*（Avon Books，1967），pp. 37—38。

工会可能会反对把它们的成员排除在外的做法。没有人这样对我说。我的职责只是写下那些让每个人都对公司满意的文字。”

项目组的工程师中，除了一些“老工程师对公司与熟练工人不愿意过多评价外”，冯内古特指出，“他们都坦率地指出自动化所可能带来的不快之处。事实上，正是他们的不安情绪才促使我去写《自动钢琴机》这本书。”但冯内古特补充道，他们“并没有否定项目，也没有拒绝参与其事”。“毕竟，所有人都认为，技术进步在本质上是一件好事，”而“自动化将使人类摆脱那些非人性的工作”。人们提到了技术性失业，但又认为它是无稽之谈。

《自动钢琴机》于1952年出版，里面实际叙述的就是通用电气公司与斯卡奈塔第市的事情。通用电气公司的人对它特别感兴趣，至少是因为他们能够从中找到自己或其朋友的影子。绝大多数人都把故事以及所表达的意思当成无谓的虚构。霍姆斯认为该书“毫无意义”，满纸“幼稚的不实之词”。他说，冯内古特“沉在里面太深了”。冯内古特以一种已经过时的语气开篇：“这并不是一本讨论当前实情的书，而是一本讨论未来可能性的书。”在他的描述中，自动化实现之后，世界就分成两半：一边是工程师与管理人员——以书中的保罗·普罗特斯为代表，另一边是失业工人——以鲁迪·赫兹为代表。前者控制着整个世界，并享有相应的各种特权；后者运气好的话则维修车间，运气差的话只能给工程师打下手。他们就这样做下去。

世界在地理上被分成了两个部分（伊琉姆是工厂所在地与自动化主人 360
的居住地；而霍姆斯泰德则是“下九流人士”谋生之处）。在精神与情感上，世界也被分裂成信心满怀与绝望怨怒、未来与过去、生命——哪怕极其平淡——与卑微的死亡。冯内古特解释所以如此发生的历史。

> 老式车床的设计目的是由人来控制，但在战争期间用新技术进行了改造……工人们分为5排，每排10部机器，他们一齐将工具穿过铁栏杆，将生产好的成品部件夹到流水线上；当原材料还在轴承座与尾架之间加工的时候，他们就停下来，等产成品生产好，他们再将产成品放到流水线上……保罗把控制带的盒子锁住，这些磁带控制了所有工人的工作。控制带由一部小功率电动机带动，这是一个小型的闭环，它在电磁拾波器之间来回反复，上面记录了一个熟练机械工的操作过去。

12年以前，保罗就在研制（记录—回放）控制带。

> 协议的墨迹未干，他、菲勒提与谢泼德就被送到加工车间去做记录。工头挑出最好的操作工（鲁迪·赫兹）……这三个年轻人一边与一头雾水的操作工开玩笑，一边将记录设备接上车床……保罗想起了那个老人对这些年轻人所表现出的厌恶情绪。
>
> 后来，他们让鲁迪的工头准他半天假，然后在一片喧闹恣谑声中把他架到酒馆去喝啤酒。鲁迪并不明白记录设备是怎么一回事，但就他目前所知的情形而言，他还是很高兴的：在数千机械工中，他被挑选出来，并让他的操作动作被记录下来以垂不朽。
>
> 现在，在这个盒中的控制环，保罗就成了鲁迪，正如那天下午的鲁迪一样操作：开关电源，确定操作进度、操纵切削刀头。就机器而言，也就经济而言，这就是鲁迪的灵魂……控制带就是从那个长着大手与黑指甲的文质彬彬的瘦小男子身上抽取的灵魂；也就是从那个认为如果每个人每夜读取一行《圣经》，世界也将由此得以拯救的男子身上抽取的灵魂……现在，保罗只需从车床的主板上按下按钮，将控制带的信号输入，他就能在一个、十个、一百个，乃至上千个部件中烙上鲁迪·赫兹的灵魂。

一天，保罗·普罗特斯从工厂出来，沿河驱车到霍姆斯泰德。他看到的还是以前的情形。他走进一家酒馆，一个老人走上来，想为自己的儿子找上一份工作。“……能不能让这个孩子在工厂里找份活做?”他恳求道，“他非常聪明，手脚灵便。他在机器操作方面是个天才。给他一个他从未见过的机械，他可以在10分钟之内把它拆开再重新装上。”保罗努力摆脱他。“他应该去拿个大学学位，”他对老人说，“或者也可以去开一家修理厂。”保罗还遇上现在已经上了年纪，略呈老态的鲁迪·赫兹。鲁迪热情洋溢并语带夸张地欢迎保罗，并自豪地把保罗当成自己的朋友来介绍给周围的人。他向保罗祝酒，从口袋里掏出一个硬币，投入自动钢琴机，启动音乐来向这位工程师致敬。

> 鲁迪似乎把这种老旧设备当成最新式的玩意，兴奋地辨认着键锤所击出的美妙音乐：机器发出颤音，然后一轮高音，接着又是低音区的舒缓旋律。“你看，看它们上上下下，博士！正是那个演奏者的节

拍。看它们一路演下去吧!”

音乐戛然而止，价值五分钱的欢愉已到了尽头。鲁迪仍然大声叫道，“看到这些键自动弹上弹下，你难道不觉得毛骨悚然?就好像一个幽灵坐在那儿，掏出心来弹琴。”

保罗急速摆脱了他们，钻进了自己的汽车。

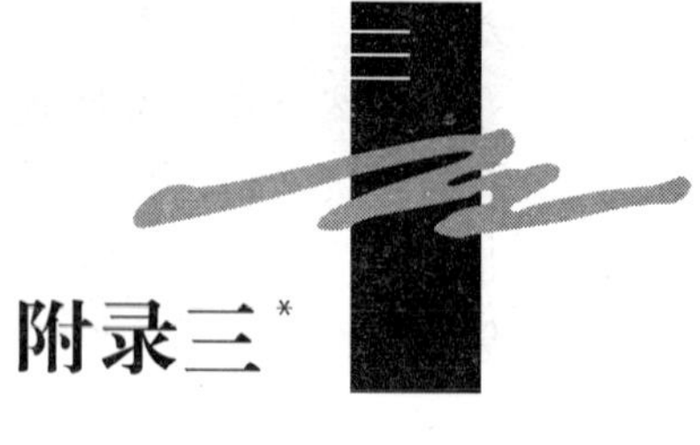

附录三*

361 1951年9月5日的会议后，爱德华兹将飞兆公司的查尔斯·克泽（Charles Kezer）与奥斯汀公司的亚历山大·屈内尔拉来，与另一名来自底特律的道格拉斯机床公司的工程师一道研制记录—回放程序技术。此前不久，克泽曾任巴尔的摩市格伦·马丁公司的项目工程师，在那里，他（与戴维·特维利格（David Terwilliger）、哈里·索恩）研制出一种用于T－13飞行射击训练机的磁带记录—回放控制系统。程序带记录下训练机的动作，模拟实际的飞行与

---

* 本附录取材于1980年与Charles Kezer，Alexander Huhnel以及William Lanbden的通信、1980年对Kenneth O'Connor的访谈，以及1951年11月16日Nathaniel Sage致道格拉斯机床公司（麻省理工学院档案馆数值控制项目文件）。

炮火，用一个同步装置记录信号，跟踪设备则用于跟踪得克萨斯大学国防试验室中斯比特兹牌卡式两轴铣床切削出的凸轮。总之，在使用跟踪模板方面，这种跟踪器控制系统与通用电气公司的记录—回放系统极其类似。“跟踪器非常成功，”克泽回忆道，“因为性能优越，我们接到了 5 单合同，每单都在 100 万美元以上。”

但是马丁公司从未将这种系统用于机床控制。马丁公司与卡尼和特雷克机床公司、邦迪克斯公司合作，在空军的资助下，研制出最早的一部数值控制机床。威廉·拉姆登是将数值控制技术引入马丁公司的工程师，他后来承认，记录—回放技术也许更为简单。“这是人的问题，”他解释道，“没有人愿意研制一种很简单或易于操作的系统；那样就不具有挑战性，让人提不起劲。”记录—回放技术虽然更切合实际，也更经济，但未获采用。克泽离开马丁公司，在飞兆记录设备公司任总工程师，这是一家由谢尔曼·费尔柴尔德（Sherman Fairchild）所创立的集团公司下的一家子公司，克泽与爱德华兹、屈内尔一道，将自己在记录—回放方面的技术用于研制多轴机器的控制系统以切削涡轮叶片，但是空军拒绝了这一项目，研发工作不得不终止。

奥斯汀公司的总工程师屈内尔是一位控制系统专家，他曾参与研制过空军的导弹跟踪系统，并发明出几种在磁带上记录数字信息的方法。他曾就读于麻省理工学院，1931 年入的学，但后来放弃学业去工作。爱德华兹早已听说过屈内尔在磁带方面的技术，邀请他来麻省理工学院开会，后来又与他一道参与涡轮叶片项目。屈内尔设计出该机器的电子系统，控制系
统事实上也已经做过示范并已经成功。但当道格拉斯公司在该项目的总工 362
程师 G. B. 海拉汉被解雇后，项目彻底中断。自那以后，屈内尔与爱德华兹也曾向空军装备司令部提出过几次建议，希望资助研制记录—回放系统，并证明了它的优点。但空军装备司令部从未资助，屈内尔不得不放弃。

根据肯·奥康诺（Ken O'Connor）——屈内尔以前的同事，现任高级技术系统公司（以前的奥斯汀电子公司）的总裁——的说法，屈内尔“是一位真正的天才，能够发明出那些匪夷所思的东西”。而屈内尔则将爱德华兹描述为“非常内行的工程师，在机床领域拥有丰富的经验，他完全明白自己的决策的含义”。屈内尔后来回忆道，爱德华兹“强烈认为，与数值控制系统相比较，磁带系统具有很高的价值。制作控制带极其简便。在人工控制下，它可以轻易地记录机床的动作，然后再回放来控制其他机器。这

里根本不需要应用计算机。速度才是关键所在。而使用打孔带，你根本就得不到磁带的那种速度”。爱德华兹“很担心磁带系统不能得到应有的关注。他抱怨没有人推动这个项目。他看准了，坚持推崇记录—回放技术，认为这是唯一可行的方式，也是唯一经济实用的方式”。屈内尔最后说，“他非常失望，因为机床业显然不愿意采纳这种先进的技术，而空军装备司令部对他所推崇的项目不感兴趣。”

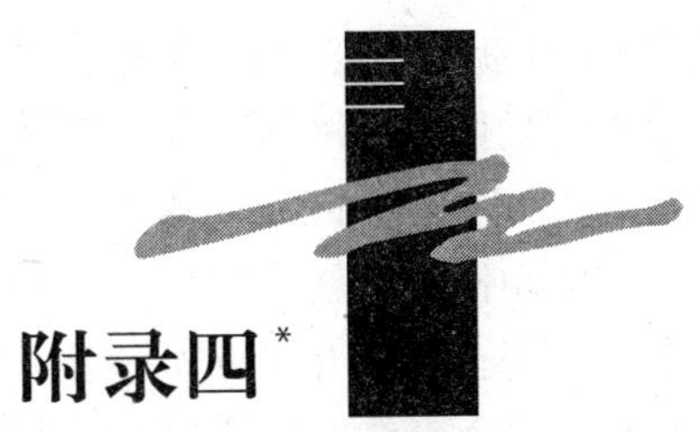

附录四*

20世纪50年代，美国工业公司的埃德温·F·谢利与其同事最早为机器人编制数值控制类型的程序。谢利曾任布洛瓦表业公司的科研主管，探讨如何消除轻工业中重复单调的人工劳动。1959年，就职于美国工业公司之后，谢利为“自动操作与装配伺服系统”申请专利，这一系统后来发展成美国工业公司的搬运机器人。这是一种完全程序化的定位系统，用于精密的 363

* Edwin F. Shelley et al.，“Automatic Handling and Assembly Servosystem，” U. S. Patent No. 3，007，097 (filed September 2，1959，issued October 31，1961)；US Industries brochures (Robodyne Division)；“An Electrically-Programmed Small Parts Handling Device，” *Automatic Control*，February 1960；John Snyder，quoted in *Chicago Daily Tribune*，September 8，1959；Edwin Shelley quoted in Edwin Darby，“Builds Robot to Man Production Lines，” *Chicago Sun Times*，March 28，1960，p. 44；1983年11月对Edwin Shelley的电话采访。

部件搬运以及小部件的操作，采用半封闭的三轴定位控制。与记录—回放技术的犹里迈特机器不同，搬运机器人更像是插板数值控制机器。首先将任务进行动态分析，分解成一系列按位置序列描述的分散动作。这些预先确定的动作（包括次数）列在操作单上，然后转录到一个纸模板上来实施机器控制。模板上安装了一组开关，分别指示所要实施的动作。（模板也是一种记录下来的永久性程序，可以用于未来操作相同的动作。）公司到处宣传搬运机器人是一种稳定的完全程序化的自动设备，可以用于各类工业，它成本低，而且有现货供应。美国工业公司的总裁约翰·斯奈德认为，搬运机器人标志着“我国在将工人从机器操作的重活中解放出来方面的重大突破”。谢利估计，它至少可以取代 300 万名工人。公司于 1959 年的劳动节正式推出它的机器人。（与此同时，美国工业公司与国际机械师协会也宣称将共同努力安置失业工人；美国工业公司将为每部卖出的搬运机器支付费用，投入到双方共同设立的美国自动化与失业基金以帮助失业工人的再培训。）一些搬运机器人卖给了像钟表业、打印机、汽车业和制糖业的厂家，但在 1963 年，美国工业公司由于财务困难，停止了其机器人项目，并彻底打断了这个富有开创性的工业机器人计划。

附录五*

我们已经指出，吉丁斯和刘易斯公司的数字记录系统采用了一种离线“指挥仪”，用于插值打孔带数据，并将这些数据转移成磁带上的相位模拟信号。这种系统当时还在使用通用电气公司的记录—回放控制系统。邦迪克斯公司 364

* Harry Ankeney, “The Numericord System,” Glenn R. Petersen, “General Electric Numerical Contouring Control,” and Murray Kanes, “Bendix Tape Control System,” all in *Proceedings of* the EIA Symposium; Jack Rosenberg, “Digimatic Control System: Technical Description,” *Proceedings* of the EIA Symposium; Rosenberg, “A History of Numerical Control”; 1957 年 5 月 15 日 John Dutcher 致 William M. Stocker, (courtesy John Dutcher); J. M. Morgan, “The Cincinnati System,” *Proceedings* of the EIA Symposium; 1957 年 5 月 15 日 John Dutcher 致 William M. Stocker; North American Aviation Corporation, “NUMILL,” brochure, N/C Project Files; John L. Bower, “The NUMILL,” in *Proceedings* of the EIA Symposium; see also Peter J, Farmer, “Analogue Control, Application of EMI Control System to a Standard Vertical Milling Machine,” *Aircraft Production* (London)(April 1956), pp. 126—134; Peter J. Farmer, “Fairey-Ferranti,” *Aircraft Production*, May 1958, p. 174; “Co-ordinate Control Of Machine Tools,” *Engineering* (London), June lI, 1954。

的加尔文·约翰逊等人研制的“指挥通路”系统实际在麻省理工学院的控制系统上加以改进，并使用了晶体管。它是一种全部的数字化设计，由打孔带输入，并在机器上插值，不需要转换成模拟信号或磁带介质。

电子控制系统公司的数字制造系统在使用磁带作为机器控制介质方面与数字记录系统相似。与数字记录系统不同的是，数字制造系统是一个完全数字化的系统；磁带上的信号是离散的脉冲信号，而控制与麻省理工学院系统一样，是一种增量控制。根据杰克·罗森伯格——他承担着电子控制系统公司卡尔松部（通用动力公司）的大部分科研工作——的说法，该系统的突出之处是它的人工编程能力。电子控制系统公司的系统可以在一个专用计算机的键盘上将人工输入的十进制数据转换成磁带上的插值数字信号。其基本原理与吉肖特公司的汉斯·特雷希塞系统相似，后者为一部六角车床设计一个专用的人工编程平台，不同之处是吉肖特系统的信息是磁带上的模拟“动作”信号。两者都可以使用人工编程，从而那些在车间出身的人也能够使用，并且两者都可以让部件信息按传统上的部件制图与
365 数控加工设备上的加工指令的形式输入系统。“我们花了大量的努力，把我们的设备设计成以一种标准形式来接受数据的格式，”罗森伯格回忆道，其结果是，“我们的系统可以持续运转。”而其他系统由于控制带用光而空置下来。电子控制系统公司的系统“无论在技术上还是在经济上都适合于商业加工厂”；其“整个系统都可让计划者、设计者或机械工根据传统部件制图来实施操作，并生产符合规格的产品”。但并不是所有人都认同这种说法，通用电气公司的约翰·达彻 1957 年在《美国机械师》上撰文评估了这 4 种系统，认为在电子控制系统公司的系统中，“除非是那种相当简单的形状，否则其控制带制作将极其繁重，耗时良久”，并指出该系统并未计算刀具的磨耗数据，这是编程中最困难的任务。“据我所知，”达彻说，“他们现在正讨论使用通用计算机。”

最后，辛辛那提控制系统由英国的百代唱片公司（EMI）设计，是这 4 种系统中最为特殊的一种。与数字记录系统一样，它也使用一种绝对数据控制而不是增量（相对动作）控制，而且整个使用模拟信号，与通用电气公司的系统一样，其基础是电压信号量的变化而不是相移信号。它使用打孔卡输入，并使用步进开关和独有的环形自动转换器等电子机械设备将数据插入机器中的模拟信号。根据通用电气公司的达彻的评价，该系统的稳定性与性能并没有它所宣传的那么好（达彻判断，用 10 伏特对应于 100 英

寸的工作台距离，0.001 的误差要求使得电压量过小而难以检测）。辛辛那提公司很快放弃了百代公司系统，而采用了 NUMILL 系统，该系统由北美航空公司的自动控制部门研制，其基本结构模仿邦迪克斯与麻省理工学院的系统。尽管空军挑选出这 4 种系统，但实际上并不止这些。苏格兰爱西堡的费拉蒂公司在麻省理工学院模式之上设计出一种数字系统，其中使用磁带来输入机器控制信号，并用于费尔雷航空公司。该系统的设计者是 D. T. N. 威廉姆森，他安装了一个线性光学分级定位仪和费兰德光学感应传感器。其他还有汤普森公司（“指挥控制系统”）与泰勒公司（A. G. 托马斯工业控制公司系统）等研制的系统。

译名对照*

A

* 朱勇、王一凡、王建昌、张伟、王小芽、李剑、黄俊、杜晖、洪元硕、胡安荣、袁志、贾健民、王义伟、崔静、李树青、姜丽、孟达菲、马建、刘刚整理了书中译名对照。

B

C

401

D

E

F

J

K

L

M

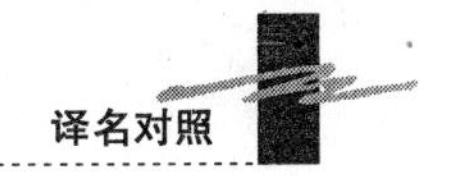

406

R

S

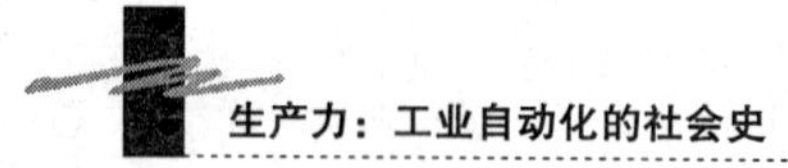

Y

Z

鸣　　谢

在本书出版过程中王宝来、冯丽君、顾晓波、胡安荣、孙涛、李剑、程诗通读了全书并提出了宝贵意见，在此表示感谢。

Forces of Production: A Social History of Industrial Automation/
David F. Noble

ISBN: 0-394-51262-6

图书在版编目（CIP）数据

生产力：工业自动化的社会史/（美）诺布尔著；李风华译.
北京：中国人民大学出版社，2007
（当代世界学术名著·经济学系列）
ISBN 978-7-300-08681-1

Ⅰ. 生…
Ⅱ. ①诺…②李…
Ⅲ. 生产力一研究
Ⅳ. F014.1

中国版本图书馆 CIP 数据核字（2007）第 166489 号

当代世界学术名著·经济学系列
生产力：工业自动化的社会史
[美] 戴维·F·诺布尔 著
李风华 译

出版发行	中国人民大学出版社		
社　　址	北京中关村大街 31 号	**邮政编码**	100080
电　　话	010－62511242（总编室）		010－62511239（出版部）
	010－82501766（邮购部）		010－62514148（门市部）
	010－62515195（发行公司）		010－62515275（盗版举报）
网　　址	http://www.crup.com.cn		
	http://www.ttrnet.com(人大教研网）		
经　　销	新华书店		
印　　刷	河北三河市新世纪印务有限公司		
规　　格	155mm×235mm 16 开本	**版　　次**	2007 年 10 月第 1 版
印　　张	29.25 插页 2	**印　　次**	2007 年 10 月第 1 次印刷
字　　数	469 000	**定　　价**	48.00 元